Tacitus · Historien

# P. Cornelius Tacitus
# Historien

Lateinisch / Deutsch

Mit 8 Abbildungen
und 6 Karten

Übersetzt und herausgegeben von
Helmuth Vretska

Reclam

D M
PATRIS
OPTIME MERENTIS

RECLAMS UNIVERSAL-BIBLIOTHEK Nr. 2721
1984, 2009, 2021 Philipp Reclam jun. Verlag GmbH,
Siemensstraße 32, 71254 Ditzingen
Revidierte Ausgabe 2009, bibliographisch ergänzt 2021
Druck und Bindung: Eberl & Koesel GmbH & Co. KG,
Am Buchweg 1, 87452 Altusried-Krugzell
Printed in Germany 2021

ISBN 978-3-15-002721-9
www.reclam.de

# Historiae

# Historien

# Liber I

**1** (1) Initium mihi operis Servius Galba iterum Titus Vinius consules erunt. nam post conditam urbem octingentos et viginti prioris aevi annos multi auctores rettulerunt, dum res populi Romani memorabantur pari eloquentia ac libertate: postquam bellatum apud Actium atque omnem potentiam ad unum conferri pacis interfuit, magna illa ingenia cessere; simul veritas pluribus modis infracta, primum inscitia rei publicae ut alienae, mox libidine adsentandi aut rursus odio adversus dominantes: ita neutris cura posteritatis inter infensos vel obnoxios. (2) sed ambitionem scriptoris facile averseris, obtrectatio et livor pronis auribus accipiuntur; quippe adulationi foedum crimen servitutis, malignitati falsa species libertatis inest. (3) mihi Galba Otho Vitellius nec beneficio nec iniuria cogniti. dignitatem nostram a Vespasiano inchoatam, a Tito auctam, a Domitiano longius provectam non abnuerim: sed incorruptam fidem professis neque amore quisquam et sine odio dicendus est. (4) quod si vita suppeditet, principatum divi Nervae et imperium Traiani, uberiorem securioremque mate-

## Buch I

### *Einleitung* [1–11

1 (1) Anfang meines Werkes[1] sollen die Konsuln Servius Galba – er Konsul zum zweiten Mal – und Titus Vinius sein. Denn seit der Gründung der Stadt – diese 820 Jahre der Vergangenheit haben viele Schriftsteller beschrieben, solange die Taten des römischen Volkes behandelt wurden, mit gleicher Beredsamkeit und Freimütigkeit:[2] als der Krieg bei Actium entschieden war und alle Macht an einen einzigen zu übertragen dem Frieden diente,[3] schwanden jene großen Talente. Zugleich wurde die Wahrheit auf immer neue Arten entstellt, vor allem aus Unkenntnis des Gemeinwesens, als sei es ein fremdes Gebilde, dann aus dem Drang zur Schmeichelei oder auch aus Haß gegen die Herrschenden; so gab es bei diesen beiden Gruppen keine Sorge um die Nachwelt, weder bei den erbitterten Gegnern noch bei den unterwürfigen Schmeichlern. (2) Aber von der Liebedienerei eines Autors kann man sich leicht abkehren, Mißgunst und Neid nimmt man mit geneigten Ohren auf; denn die Schmeichelei birgt in sich den häßlichen Vorwurf der Sklavengesinnung, Übelwollen aber den falschen Schein des Freimutes. (3) Mir sind Galba, Otho, Vitellius weder durch Wohltat noch durch Unrecht bekannt; daß mein politisches Ansehen von Vespasianus begründet, von Titus gemehrt, von Domitianus noch weiter erhöht worden ist, möchte ich nicht leugnen.[4] Aber wer sich zu unverbrüchlicher Glaubwürdigkeit bekannt hat, darf über niemanden mit Zuneigung, muß von jedem ohne Haß sprechen. (4) Sollte meine Lebenszeit ausreichen, so habe ich die Regierung des Divus Nerva und die Herrschaft des Traianus, einen ergiebigeren und gefahrloseren Stoff, meinem Alter vorbehalten: dank der seltenen

riam, senectuti seposui, rara temporum felicitate ubi sentire quae velis et quae sentias dicere licet.

**2** (1) Opus adgredior opimum casibus, atrox proeliis, discors seditionibus, ipsa etiam pace saevum. quattuor principes ferro interempti: trina bella civilia, plura externa ac plerumque permixta: prosperae in Oriente, adversae in Occidente res: turbatum Illyricum, Galliae nutantes, perdomita Britannia et statim omissa: coortae in nos Sarmatarum ac Sueborum gentes, nobilitatus cladibus mutuis Dacus, mota prope etiam Parthorum arma falsi Neronis ludibrio. (2) iam vero Italia novis cladibus vel post longam saeculorum seriem repetitis adflicta. haustae aut obrutae urbes fecundissima Campaniae ora; et urbs incendiis vastata, consumptis antiquissimis delubris, ipso Capitolio civium manibus incenso. pollutae caerimoniae, magna adulteria: plenum exiliis mare, infecti caedibus scopuli. (3) atrocius in urbe saevitum: nobilitas, opes, omissi gestique honores pro crimine et ob virtutes certissimum exitium. nec minus praemia delatorum invisa quam scelera, cum alii sacerdotia et consulatus ut spolia adepti, procurationes alii et interiorem potentiam, agerent verterent cuncta odio et terrore. corrupti in dominos servi, in patronos liberti; et quibus deerat inimicus per amicos oppressi.

**3** (1) Non tamen adeo virtutum sterile saeculum, ut non et bona exempla prodiderit. comitatae profugos liberos

Glücksfügung der Zeiten, da man denken, was man will, und, was man denkt, sagen darf.[5]

2 (1) Ein Werk nehme ich in Angriff,[6] reich an Wechselfällen, blutig durch Schlachten, zerrissen von Aufständen, selbst noch im Frieden grausam; vier Kaiser durch das Schwert beseitigt,[7] drei Kriege unter Bürgern,[8] noch mehr auswärtige und häufig miteinander vermengte; günstige Lage im Osten, widrige im Westen;[9] in Aufruhr Illyrien, die gallischen Provinzen schwankend; bezwungen Britannien und sogleich aufgegeben;[10] aufständisch gegen uns die Stämme der Sarmaten und Sueben; weithin bekannt durch Niederlagen und Siege die Daker;[11] beinahe im Aufbruch auch die Waffen der Parther durch das Gaukelspiel des falschen Nero.[12] (2) Aber auch Italien durch neue oder nach langer Reihe von Jahrhunderten wieder hereingebrochene Katastrophen betroffen: verschlungen oder verschüttet die Städte im fruchtbarsten Landstrich Kampaniens;[13] auch die Hauptstadt durch Brände verwüstet, von Flammen verzehrt uralte Heiligtümer, selbst das Kapitol durch Bürgerhand in Brand gesteckt. Befleckt die heiligen Riten, aufsehenerregend die Ehebrüche, voll von Verbannten das Meer, besudelt von Mordblut die Klippen[14]. (3) Noch gräßlicher in der Hauptstadt das Wüten: Adel, Besitz, abgelehnte oder bekleidete Ämter – alles als Verbrechen gewertet, und: mannhaftes Verhalten – sicherster Tod. Ebenso verhaßt die Belohnungen der Denunzianten wie ihre Verbrechen, wenn die einen Priesterämter und Konsulate wie Beutestücke an sich rissen, die anderen Prokuratorenstellen[15] und Einfluß am Hof erlangten – aber dann alles betrieben, aufwühlten in Haß und Schrecken. Bestochen gegen ihre Herren die Sklaven, gegen die Patrone die Freigelassenen; und wer keinen Feind hatte, wurde durch Freunde erledigt.

3 (1) Aber doch nicht so arm an großen Taten war diese Zeit, daß sie nicht auch gute Beispiele vorwiese: Mütter,

matres, secutae maritos in exilia coniuges: propinqui audentes, constantes generi, contumax etiam adversus tormenta servorum fides; supremae clarorum virorum necessitates fortiter toleratae et laudatis antiquorum mortibus pares exitus. (2) praeter multiplicis rerum humanarum casus caelo terraque prodigia et fulminum monitus et futurorum praesagia, laeta tristia, ambigua manifesta; nec enim umquam atrocioribus populi Romani cladibus magisve iustis indiciis adprobatum est non esse curae deis securitatem nostram, esse ultionem.

4 (1) Ceterum antequam destinata componam, repetendum videtur, qualis status urbis, quae mens exercituum, quis habitus provinciarum, quid in toto terrarum orbe validum, quid aegrum fuerit, ut non modo casus eventusque rerum, qui plerumque fortuiti sunt, sed ratio etiam causaeque noscantur. (2) finis Neronis ut laetus primo gaudentium impetu fuerat, ita varios motus animorum non modo in urbe apud patres aut populum aut urbanum militem, sed omnes legiones ducesque conciverat, evulgato imperii arcano posse principem alibi quam Romae fieri. (3) sed patres laeti, usurpata statim libertate licentius ut erga principem novum et absentem; primores equitum proximi gaudio patrum; pars populi integra et magnis domibus adnexa, clientes libertique damnatorum et exulum in spem erecti: plebs sordida et

die ihre Kinder in die Verbannung begleiteten; Frauen, die ihren Männern ins Exil folgten;[16] wagemutige Verwandte, standhafte Schwiegersöhne, trotzend sogar den Folterqualen die Treue der Sklaven. Äußerste Bedrohung berühmter Männer – tapfer ertragen, und: den gerühmten Todesarten der Alten vergleichbar – ihr Hinscheiden. (2) Neben vielfältigen Wechselfällen im menschlichen Bereich (gab es) am Himmel und auf Erden Vorzeichen und Warnungen durch Blitze und Prophezeiungen der Zukunft: Freudiges – Trauriges, Zweifelhaftes – Handgreifliches; denn niemals ist durch blutigere Katastrophen des römischen Volkes und gültigere Anzeichen erwiesen worden: nicht sorgen die Götter für unser sorgloses Dasein, nein, für unsere Bestrafung.[17]

4 (1) Aber bevor ich das geplante Werk niederschreibe, muß man wohl weiter ausholen: wie die Lage in der Hauptstadt, wie die Gesinnung der Heere, wie der Zustand der Provinzen, was auf dem ganzen Erdkreis gesund, was krank gewesen ist, so daß man nicht nur die Wechselfälle und geschichtlichen Ereignisse, die meist zufällig sind, sondern auch Sinn und Ursachen erkenne. (2) Neros Ende war zwar im ersten Freudensturm glückverheißend gewesen, aber es hatte auch gegensätzliche Emotionen nicht nur in der Stadt bei Senatoren und Volk oder der Garnison von Rom[18] hervorgerufen, sondern bei allen Legionen und Heereskommandanten; der Masse preisgegeben war ein Geheimnis der Herrschaft: daß man zum Prinzeps auch anderswo als in Rom gemacht werden könne. (3) Aber die Senatoren waren glücklich – sie bemächtigten sich der Freiheit allzu zügellos, verständlich bei einem neuen und noch abwesenden Kaiser. Die ranghöchsten Ritter[19] glichen in ihrer Freudenstimmung am meisten den Senatoren. Der integre und den großen Familien verbundene Teil des Volkes, die Klienten und Freigelassenen der Verurteilten und Verbannten richteten sich an der Hoffnung auf; der

circo ac theatris sueta, simul deterrimi servorum, aut qui adesis bonis per dedecus Neronis alebantur, maesti et rumorum avidi.

**5** (1) Miles urbanus longo Caesarum sacramento imbutus et ad destituendum Neronem arte magis et impulsu quam suo ingenio traductus, postquam neque dari donativum sub nomine Galbae promissum neque magnis meritis ac praemiis eundem in pace quem in bello locum praeventamque gratiam intellegit apud principem a legionibus factum, pronus ad novas res scelere insuper Nymphidii Sabini praefecti imperium sibi molientis agitatur. (2) et Nymphidius quidem in ipso conatu oppressus, set quamvis capite defectionis ablato manebat plerisque militum conscientia, nec deerant sermones senium atque avaritiam Galbae increpantium. laudata olim et militari fama celebrata severitas eius angebat aspernantes veterem disciplinam atque ita quattuordecim annis a Nerone adsuefactos, ut haud minus vitia principum amarent quam olim virtutes verebantur. accessit Galbae vox pro re publica honesta, ipsi anceps, legi a se militem, non emi; nec enim ad hanc formam cetera erant.

**6** (1) Invalidum senem Titus Vinius et Cornelius Laco, alter deterrimus mortalium, alter ignavissimus, odio flagitiorum oneratum contemptu inertiae destruebant.

gemeine, nur an Zirkus- und Theaterspiele gewöhnte Pöbel, dazu die übelsten der Sklaven und alle, die ihren Besitz verpraßt hatten und nun sich auf Kosten von Neros Schandleben nährten, waren betrübt und auf Gerüchte versessen.

**5** (1) Die Garnison von Rom fühlte sich durch die lange Dienstzeit für das Kaiserhaus (an den Eid) gebunden und wurde zum Abfall von Nero mehr durch List und äußeren Anstoß als durch inneren Antrieb verführt;[20] nun mußten sie erkennen, daß das angeblich im Namen Galbas versprochene »Ehrengeschenk«[21] nicht ausgezahlt werde, daß für große Leistungen und Belohnungen sich im Frieden nicht die gleiche Gelegenheit wie im Kriege biete und daß sie überholt worden seien in der Gunst beim Kaiser, der ja von den Legionen dazu gemacht worden war: fast schon entschlossen zu einem Umsturz, wurden sie noch dazu durch die verbrecherischen Umtriebe des Nymphidius Sabinus, der selbst nach der Herrschaft trachtete, in Erregung versetzt. (2) Nymphidius kam zwar beim Putschversuch ums Leben, aber obwohl das Haupt der Verschwörung beseitigt war, blieb beim Großteil der Soldaten das Gefühl der Mitwisserschaft; es fehlte auch nicht an Stimmen, die Alter und Habgier Galbas verhöhnten. Seine einst gerühmte und im Soldatenmund gepriesene Strenge ängstigte alle, die die alte Zucht ablehnten und in vierzehn Jahren von Nero daran gewöhnt worden waren, ebenso die Laster der Kaiser zu lieben, wie sie einst die Vorzüge verehrten. Dazu kam noch Galbas Ausspruch – für das Gemeinwesen ehrenhaft, ihm selbst gefährlich: ausgehoben werde von ihm der Soldat, nicht gekauft. Es entsprach nämlich alles andere nicht dieser Haltung.

**6** (1) Das Ansehen des kraftlosen Greises untergruben Titus Vinius und Cornelius Laco, der eine der verkommenste, der andere der untätigste unter den Menschen, und belasteten ihn – der eine mit dem Haß über seine

tardum Galbae iter et cruentum, interfectis Cingonio Varrone consule designato et Petronio Turpiliano consulari: ille ut Nymphidii socius, hic ut dux Neronis, inauditi atque indefensi tamquam innocentes perierant. (2) introitus in urbem trucidatis tot milibus inermium militum infaustus omine atque ipsis etiam qui occiderant formidolosus. inducta legione Hispana, remanente ea quam e classe Nero conscripserat, plena urbs exercitu insolito; multi ad hoc numeri e Germania ac Britannia et Illyrico, quos idem Nero electos praemissosque ad claustra Caspiarum et bellum, quod in Albanos parabat, opprimendis Vindicis coeptis revocaverat: ingens novis rebus materia, ut non in unum aliquem prono favore ita audenti parata.

*7* (1) Forte congruerat, ut Clodii Macri et Fontei Capitonis caedes nuntiarentur. Macrum in Africa haud dubie turbantem Trebonius Garutianus procurator iussu Galbae, Capitonem in Germania, cum similia coeptaret, Cornelius Aquinus et Fabius Valens legati legionum interfecerant, antequam iuberentur. (2) fuere qui crederent Capitonem ut avaritia et libidine foedum ac maculosum ita cogitatione rerum novarum abstinuisse, sed a legatis bellum suadentibus, postquam impellere nequi-

Schandtaten, der andere mit der Verachtung seiner Trägheit. Langsam war Galbas Anmarsch und blutig: getötet wurden der designierte Konsul Cingonius Varro[22] und der Konsular Petronius Turpilianus[23]: jener war als Helfer des Nymphidius, dieser als Heerführer Neros ohne Verhör und Verteidigung, als wären beide offensichtlich unschuldig, ums Leben gekommen. (2) Der Einzug in die Stadt: nach der Hinschlachtung so vieler tausend waffenloser Soldaten unheilvoll in der Vorahnung und sogar für die Mörder grauenerregend. Hierher verlegt wurde die spanische Legion[24], es verblieb auch die Legion, die Nero aus der Flottenmannschaft gebildet hatte:[25] voll belegt war die Stadt mit ungewohnter Heeresmacht; dazu kamen noch viele Truppenabteilungen aus Germanien, Britannien, Illyricum, die ebenfalls Nero ausgehoben und (seinerzeit) vorausgeschickt hatte zur Kaspischen Pforte für den Krieg, den er gegen die Albaner plante; um dem Unternehmen des Vindex[26] ein Ende zu machen, hatte er sie zurückbeordert: eine gewaltige Masse für einen Umsturz, zwar noch nicht auf einen bestimmten in ihrer Zuneigung festgelegt, aber für einen, der verwegen zugreift, (zum Handeln) bereit.

7 (1) Es hatte sich so getroffen, daß gleichzeitig die Morde an Clodius Macer und Fonteius Capito gemeldet wurden. Den Macer, der in Africa zweifellos zum Aufruhr trieb, hatte der Prokurator Trebonius Garutianus[27] auf Befehl Galbas getötet, den Capito in Germanien, als er Ähnliches plante, die Legionslegaten Cornelius Aquinus und Fabius Valens – noch ehe sie den Befehl dazu erhielten. (2) Manche glaubten, Capito sei zwar durch seine Habgier und seine Ausschweifungen abstoßend und gebrandmarkt gewesen, habe aber dem Gedanken an einen Umsturz ferngestanden, vielmehr hätten seine Legaten zum Krieg geraten, und dann, als sie ihn dazu nicht bewegen konnten, sei von ihnen obendrein noch

verint, crimen ac dolum ultro compositum, et Galbam mobilitate ingenii, an ne altius scrutaretur, quoquo modo acta, quia mutari non poterant, comprobasse. ceterum utraque caedes sinistre accepta, et inviso semel principi seu bene seu male facta parem invidiam adferebant. (3) venalia cuncta, praepotentes liberti, servorum manus subitis avidae et tamquam apud senem festinantes, eademque novae aulae mala, aeque gravia, non aeque excusata. ipsa aetas Galbae inrisui ac fastidio erat adsuetis iuventae Neronis et imperatores forma ac decore corporis, ut est mos vulgi, comparantibus.

**8** (1) Et hic quidem Romae, tamquam in tanta multitudine, habitus animorum fuit. e provinciis Hispaniae praeerat Cluvius Rufus, vir facundus et pacis artibus, bellis inexpertus. Galliae super memoriam Vindicis obligatae recenti dono Romanae civitatis et in posterum tributi levamento. proximae tamen Germanicis exercitibus Galliarum civitates non eodem honore habitae, quaedam etiam finibus ademptis pari dolore commoda aliena ac suas iniurias metiebantur. (2) Germanici exercitus, quod periculosissimum in tantis viribus, solliciti et irati, superbia recentis victoriae et metu tamquam alias partes fovissent. tarde a Nerone desciverant, nec statim pro Galba

diese heimtückische Beschuldigung ersonnen worden; Galba aber in seiner wankelmütigen Sinnesart – oder um nicht nachforschen zu müssen – habe allem, wie immer es auch geschehen sei – da es ja doch nicht mehr zu ändern war –, seine Zustimmung erteilt. Im übrigen wurden beide Morde übel vermerkt, und dem einmal verhaßten Kaiser trugen seine Maßnahmen, ob gut oder schlecht, gleichen Haß ein. (3) Käuflich war alles, übermächtig die Freigelassenen, die Sklavenscharen wegen des plötzlichen Umschwunges voll Gier und – beim Gedanken an das hohe Alter ihres Herrn – hastig im Zugreifen: dieselben Mißstände am neuen Hof – gleich drückend, aber nicht gleich entschuldbar. Gerade das hohe Alter Galbas gab Anlaß zu verächtlichem Gespött, da ja die Leute an die Jugend Neros gewöhnt waren und sie die Imperatoren – wie es Art des Pöbels ist – nach dem Glanz ihrer äußeren Erscheinung verglichen.

**8** (1) Das jedenfalls war die Stimmung in Rom, wie es eben bei einer derartigen Menschenmenge natürlich ist. Nun die Provinzen: Spanien verwaltete Cluvius Rufus,[28] ein redegewandter Mann, mit Fähigkeiten für Friedenszeiten, aber in Kriegen noch nicht erprobt. Die gallischen Provinzen waren, abgesehen von der Erinnerung an Vindex, in Treue verpflichtet dank der kürzlichen Verleihung des römischen Bürgerrechtes[29] und für die Zukunft durch Steuererleichterung. Aber die gallischen Stämme in der Nachbarschaft der germanischen Heere[30] wurden nicht gleich ehrenvoll behandelt, einigen war sogar Land weggenommen worden: so verglichen sie mit gleicher Erbitterung die Vorteile der anderen und das ihnen selbst widerfahrene Unrecht. (2) Die germanischen Heere – eine große Gefahr bei ihrer Stärke – waren erregt und erbittert: voll Stolz über ihren letzten Sieg und voll Furcht, weil sie die falsche Partei begünstigt hatten. Nur zögernd waren sie von Nero abgefallen, und nicht sofort hatte sich Verginius[31] für Galba erklärt. Ob er die Herr-

Verginius. an imperare noluisset dubium: delatum ei a milite imperium conveniebat. Fonteium Capitonem occisum etiam qui queri non poterant, tamen indignabantur. dux deerat abducto Verginio per simulationem amicitiae; quem non remitti atque etiam reum esse tamquam suum crimen accipiebant.

9 (1) Superior exercitus legatum Hordeonium Flaccum spernebat, senecta ac debilitate pedum invalidum, sine constantia, sine auctoritate: ne quieto quidem milite regimen; adeo furentes infirmitate retinentis ultro accendebantur. inferioris Germaniae legiones diutius sine consulari fuere, donec missu Galbae A. Vitellius aderat, censoris Vitellii ac ter consulis filius: id satis videbatur. (2) in Britannico exercitu nihil irarum. non sane aliae legiones per omnes civilium bellorum motus innocentius egerunt, seu quia procul et Oceano divisae, seu crebris expeditionibus doctae hostem potius odisse. (3) quies et Illyrico, quamquam excitae a Nerone legiones, dum in Italia cunctantur, Verginium legationibus adissent: sed longis spatiis discreti exercitus, quod saluberrimum est ad continendam militarem fidem, nec vitiis nec viribus miscebantur.

10 (1) Oriens adhuc immotus. Syriam et quattuor legiones obtinebat Licinius Mucianus, vir secundis adversisque iuxta famosus. insignes amicitias iuvenis ambitiose

scherwürde abgelehnt hatte, ist zweifelhaft; daß ihm von den Soldaten die Herrschaft angetragen wurde, war allgemein bekannt. Die Ermordung des Fonteius Capito empörte sogar die, die darüber nicht klagen konnten. Ein Führer fehlte ihnen: Verginius war unter dem Vorwand der Freundschaft abberufen worden; daß er nicht zurückgeschickt werde, ja sogar unter Anklage gestellt sei, betrachteten sie gleichsam als Vorwurf gegen sich selbst.

9 (1) Das Heer in Obergermanien verachtete den Legaten[32] Hordeonius Flaccus; infolge seines hohen Alters und eines Fußleidens war er kraftlos, ohne feste Haltung, ohne Ansehen: nicht einmal in ruhigen Zeiten herrschte bei den Soldaten strenge Ordnung; in ihrem Wüten wurden sie durch seine schwächlichen Versuche, sie zu zügeln, noch mehr gereizt. Die Legionen in Untergermanien waren längere Zeit ohne einen Konsular, bis im Auftrag Galbas Aulus Vitellius erschien, der Sohn des Zensors und dreimaligen Konsuls Vitellius: das schien zu genügen. (2) Im britannischen Heer gab es keine Anzeichen von Erbitterung: überhaupt gab es keine anderen Legionen, die sich während aller Bürgerkriegswirren loyaler verhalten haben, vielleicht weil sie weit weg und durch den Ozean getrennt waren, oder weil sie in häufigen Feldzügen gelernt hatten, eher gegen den Feind ihren Haß zu richten. (3) Ruhe herrschte in Illyrien, obwohl die von Nero aufgebotenen Legionen, während sie untätig in Italien lagen, mit Verginius Verhandlungen aufgenommen hatten. Aber durch weite Entfernungen getrennt – das heilsamste Mittel, Soldaten in Gehorsam zu halten –, konnten die Heere sich weder mit ihren Lastern noch mit ihrer Leistungskraft vereinen.

10 (1) Der Orient verhielt sich noch ruhig.[33] Syrien mit vier Legionen hatte Licinius Mucianus unter seinem Befehl – ein Mann, in seinen glücklichen und unglücklichen Zeiten gleich viel in aller Munde. Freundschaften mit

coluerat; mox attritis opibus, lubrico statu, suspecta etiam Claudii iracundia, in secretum Asiae sepositus tam prope ab exule fuit quam postea a principe. (2) luxuria industria, comitate adrogantia, malis bonisque artibus mixtus: nimiae voluptates, cum vacaret; quotiens expedierat, magnae virtutes: palam laudares, secreta male audiebant: sed apud subiectos, apud proximos, apud collegas variis inlecebris potens, et cui expeditius fuerit tradere imperium quam obtinere. (3) bellum Iudaicum Flavius Vespasianus (ducem eum Nero delegerat) tribus legionibus administrabat. nec Vespasiano adversus Galbam votum aut animus: quippe Titum filium ad venerationem cultumque eius miserat, ut suo loco memorabimus. occulta fati et ostentis ac responsis destinatum Vespasiano liberisque eius imperium post fortunam credidimus.

**11** (1) Aegyptum copiasque, quibus coerceretur, iam inde a divo Augusto equites Romani obtinent loco regum: ita visum expedire, provinciam aditu difficilem, annonae fecundam, superstitione ac lascivia discordem et mobilem, insciam legum, ignaram magistratuum, domi retinere. regebat tum Tiberius Alexander, eiusdem natio-

bedeutenden Persönlichkeiten hatte er in seiner Jugend aus Ehrgeiz gepflegt; bald war sein Vermögen zerrüttet, seine Stellung unhaltbar, bedrohlich auch der Jähzorn des Claudius: in den fernsten Winkel Asiens abgeschoben, war er der Verbannung ebenso nahe wie später der Herrschaft.[34] (2) Er war eine Mischung von Schwelgerei und Betriebsamkeit, Freundlichkeit und Anmaßung, von schlechten und guten Eigenschaften: übermäßige Sinnenlust, wenn er nichts zu tun hatte; sooft er sich zu einem Feldzug aufgerafft hatte, viele Beweise männlicher Tatkraft. Sein Auftreten in der Öffentlichkeit konnte man loben; was er im geheimen trieb, trug ihm üblen Ruf ein. Aber auf Untergebene, auf Freunde und auf Kollegen hatte er dank jeweils entsprechender Anziehungskraft viel Einfluß; überhaupt fiel es ihm wohl leichter, die Macht zu vergeben, als sie zu behaupten. (3) Den Krieg in Judäa führte mit drei Legionen Flavius Vespasianus – zum Feldherrn hatte ihn Nero ernannt. Vespasianus empfand gegenüber Galba weder Interesse noch Neigung: jedenfalls hatte er seinen Sohn Titus zu dessen Begrüßung und zur Huldigung entsandt, wie ich an der geeigneten Stelle noch erwähnen werde.[35] Den Glauben an ein geheimes Walten des Schicksals, daß durch Vorzeichen und Weissagungen dem Vespasianus und seinen Kindern die Herrschaft verheißen worden sei, habe ich erst nach seinem Erfolg gewonnen.

**11** (1) Über Ägypten und die Truppen, durch die es in Gehorsam gehalten werden sollte, herrschten schon seit dem Divus Augustus[36] römische Ritter anstelle der Könige.[37] Es schien nämlich zweckmäßig, die Provinz – sie war schwer zugänglich,[38] an Getreideertrag reich, infolge des religiösen Fanatismus und der Zügellosigkeit innerlich zerrissen und unruhig, ohne Wissen um Gesetze, ohne Erfahrung mit unseren Magistraten – dem Kaiserhaus vorzubehalten. Damals regierte Tiberius Alexander,[39] ein Mann aus der dort ansässigen Bevölke-

nis. (2) Africa ac legiones in ea interfecto Clodio Macro contenta qualicumque principe post experimentum domini minoris. duae Mauretaniae, Raetia, Noricum, Thraecia et quae aliae procuratoribus cohibentur, ut cuique exercitui vicinae, ita in favorem aut odium contactu valentiorum agebantur. (3) inermes provinciae atque ipsa in primis Italia, cuicumque servitio exposita, in pretium belli cessurae erant. hic fuit rerum Romanarum status, cum Servius Galba iterum Titus Vinius consules inchoavere annum sibi ultimum, rei publicae prope supremum.

**12** (1) Paucis post kalendas Ianuarias diebus Pompei Propinqui procuratoris e Belgica litterae adferuntur, superioris Germaniae legiones rupta sacramenti reverentia imperatorem alium flagitare et senatui ac populo Romano arbitrium eligendi permittere, quo seditio mollius acciperetur. (2) maturavit ea res consilium Galbae iam pridem de adoptione secum et cum proximis agitantis. non sane crebrior tota civitate sermo per illos menses fuerat, primum licentia ac libidine talia loquendi, dein fessa iam aetate Galbae. (3) paucis iudicium aut rei publicae amor: multi stulta spe, prout quis amicus vel cliens, hunc vel illum ambitiosis rumoribus destinabant, etiam in Titi Vinii odium, qui in dies quanto potentior

rung. (2) Africa und die Legion dort waren nach der Ermordung des Clodius Macer zufrieden mit jedem beliebigen Prinzeps nach der Erfahrung mit ihrem kleinen Tyrannen. Die beiden Mauretanien,[40] Rätien, Noricum, Thrakien und die anderen Provinzen, die von Prokuratoren[41] verwaltet werden, ließen sich je nach Nähe eines Heeres unter dem Einfluß der Mächtigeren zu Gunst oder Haß bewegen. (3) Die Provinzen ohne Besatzung[42] und vor allem Italien selbst, das jeglicher Knechtschaft ausgeliefert war, mußten (dem Sieger) als Kampfpreis zufallen. Das war der Zustand des römischen Reiches, als Servius Galba zum zweiten Male und Titus Vinius ihr Konsulatsjahr begannen, das ihnen den Tod, dem Staat beinahe den Untergang bringen sollte.

## *Adoption Pisos – Ermordung Galbas* [12–50

**12** (1) Wenige Tage nach dem 1. Januar kam aus Belgien ein Schreiben des Prokurators Pompeius Propinquus, die Legionen von Obergermanien hätten den Fahneneid gebrochen, forderten einen anderen Kaiser und überließen dem Senat und Volk von Rom die Entscheidung der Wahl, wodurch ihre Meuterei milder beurteilt werden sollte. (2) Das beschleunigte den Plan Galbas, der schon lange wegen einer Adoption mit sich und seinen engsten Vertrauten zu Rate ging. Tatsächlich gab es in der ganzen Stadt kein häufigeres Gesprächsthema in diesen Monaten, einmal wegen der ungezügelten Lust, über solche Dinge zu reden, dann auch infolge der Altersschwäche Galbas. (3) Nur bei wenigen zeigte sich gesundes Urteil oder Liebe zum Gemeinwesen, viele, in törichter Hoffnung befangen, bezeichneten, je nachdem einer Freund oder Klient war, bald diesen, bald jenen in selbstsüchtigem Gerede (als Nachfolger); auch bestimmte sie Haß auf Titus Vinius: denn je mächtiger dieser von Tag zu

eodem actu invisior erat. quippe hiantes in magna fortuna amicorum cupiditates ipsa Galbae facilitas intendebat, cum apud infirmum et credulum minore metu et maiore praemio peccaretur.

**13** (1) Potentia principatus divisa in Titum Vinium consulem Cornelium Laconem praetorii praefectum; nec minor gratia Icelo Galbae liberto, quem anulis donatum equestri nomine Marcianum vocitabant. hi discordes et rebus minoribus sibi quisque tendentes, circa consilium eligendi successoris in duas factiones scindebantur. (2) Vinius pro M. Othone, Laco atque Icelus consensu non tam unum aliquem fovebant quam alium. neque erat Galbae ignota Othonis ac Titi Vinii amicitia; et rumoribus nihil silentio transmittentium, quia Vinio vidua filia, caelebs Otho, gener ac socer destinabantur. credo et rei publicae curam subisse, frustra a Nerone translatae si apud Othonem relinqueretur. (3) namque Otho pueritiam incuriose, adulescentiam petulanter egerat, gratus Neroni aemulatione luxus. eoque Poppaeam Sabinam, principale scortum, ut apud conscium libidinum deposuerat, donec Octaviam uxorem amoliretur. mox suspectum in eadem Poppaea in provinciam Lusitaniam specie legationis seposuit. (4) Otho comiter administrata provincia primus in partes transgressus nec segnis et, donec

Tag wurde, im gleichen Maße wurde er verhaßter. Denn Galbas Nachgiebigkeit steigerte noch die wegen seiner hohen Stellung ohnehin unersättliche Gier der Günstlinge, weil man bei einem leichtgläubigen Schwächling mit geringerer Furcht, aber größerer Gewinnaussicht seine üblen Absichten verwirklichen kann.

**13** (1) Die Macht des Prinzipates war geteilt zwischen dem Konsul Titus Vinius und dem Prätorianerpräfekten Cornelius Laco; nicht geringeren Einfluß hatte Galbas Freigelassener Icelus, den man nach der Verleihung des Goldringes[43] allgemein mit seinem Ritternamen Marcianus nannte. Sie waren uneinig, und auch bei unbedeutenden Fragen verfolgte jeder für sich seinen eigenen Vorteil; so waren sie auch bei der Frage der Wahl eines Nachfolgers in zwei Parteien gespalten. (2) Vinius war für M. Otho, Laco und Icelus förderten übereinstimmend nicht so sehr einen bestimmten wie überhaupt einen anderen. Auch dem Galba war die Freundschaft zwischen Otho und Titus Vinius nicht unbekannt; und im Gerede der Leute, die nichts mit Stillschweigen übergehen, wurden sie, weil die Tochter des Vinius unverheiratet, Otho unvermählt war, zu Schwiegersohn und Schwiegervater gemacht. Ich glaube, daß auch Galba Sorge um das Gemeinwesen beschlichen hat, das ja umsonst von Nero (auf ihn) übergegangen wäre, wenn es nun dem Otho überlassen würde. (3) Denn Otho hatte seine Knabenjahre gedankenlos, seine Jugend leichtfertig verlebt, beliebt bei Nero, weil er dessen üppigem Lebensstil nacheiferte. Deshalb hatte dieser Poppaea Sabina[44], die kaiserliche Kurtisane, bei ihm als dem Vertrauten seiner Ausschweifungen untergebracht, bis er sich seiner Gemahlin Octavia entledigt hatte. Bald aber geriet er gerade wegen der Poppaea in Verdacht, und Nero schob ihn unter dem ehrenvollen Schein der Statthalterschaft in die Provinz Lusitanien ab.[45] (4) Otho verwaltete die Provinz human; er trat als einer der ersten

bellum fuit, inter praesentes splendidissimus, spem adoptionis statim conceptam acrius in dies rapiebat, faventibus plerisque militum, prona in eum aula Neronis ut similem.

**14** (1) Sed Galba post nuntios Germanicae seditionis, quamquam nihil adhuc de Vitellio certum, anxius quonam exercituum vis erumperet, ne urbano quidem militi confisus, quod remedium unicum rebatur, comitia imperii transigit; adhibitoque super Vinium ac Laconem Mario Celso consule designato ac Ducenio Gemino praefecto urbis, pauca praefatus de sua senectute, Pisonem Licinianum accersiri iubet, seu propria electione sive, ut quidam crediderunt, Lacone instante, cui apud Rubellium Plautum exercita cum Pisone amicitia; sed callide ut ignotum fovebat, et prospera de Pisone fama consilio eius fidem addiderat. (2) Piso M. Crasso et Scribonia genitus, nobilis utrimque, vultu habituque moris antiqui et aestimatione recta severus, deterius interpretantibus tristior habebatur: ea pars morum eius, quo suspectior sollicitis, adoptanti placebat.

**15** (1) Igitur Galba, adprehensa Pisonis manu, in hunc modum locutus fertur: 'si te privatus lege curiata apud pontifices, ut moris est, adoptarem, et mihi egregium

zur Partei Galbas über und war nicht untätig, solange der Krieg dauerte: in der Umgebung Galbas war er die glänzendste Erscheinung; an die Hoffnung auf Adoption, der er sich sogleich hingegeben hatte, klammerte er sich von Tag zu Tag mit größerer Leidenschaft, zumal ihn die Mehrheit der Soldaten begünstigte und auch der Hofstaat ihm als dem Ebenbild Neros gewogen war.[46]

**14** (1) Nun aber Galba: Obwohl seit den Berichten über die Meuterei in Germanien noch keine Gewißheit über Vitellius bestand, war er in ängstlicher Sorge, nach welcher Richtung die geballte Energie der Heere losbrechen werde; da er nicht einmal der Garnison von Rom trauen konnte, führte er, worin er das einzige Heilmittel sah, »freie Wahlen« eines Nachfolgers in der Herrschaft durch.[47] Außer Vinius und Laco zog er noch den designierten Konsul Marius Celsus und den Stadtpräfekten[48] Ducenius Geminus bei, sprach einleitend kurz über sein hohes Alter und ließ dann Piso Licinianus herbeiholen – sei es auf Grund eigener Wahl oder, wie manche glaubten, auf Lacos Drängen, der im Hause des Rubellius Plautus[49] mit Piso freundschaftlich verkehrt hatte. Aber in schlauer Weise förderte er ihn, als ob er ihn nicht kenne, und der gute Ruf Pisos hatte seinem Vorschlag noch mehr Gewicht verliehen. (2) Piso war ein Sohn des Marcus Crassus und der Scribonia:[50] adeliger Herkunft von beiden Seiten; in Miene und Auftreten ein Mann alten Schlages; bei gerechter Beurteilung mußte er als streng erscheinen, neigte man zu mißgünstiger Deutung, als ziemlich finster; gerade diese Seite seines Charakters, desto verdächtiger allen, die beunruhigt waren, gefiel dem Adoptierenden.

**15** (1) Galba faßte also Piso an der Hand und begann, wie man berichtet, folgendermaßen zu sprechen: »Wenn ich dich als Privatmann nach dem Kuriatsgesetz vor den Pontifices, wie es Brauch ist, adoptierte,[51] so hätte es ebenso für mich eine Ehre bedeutet, einen Nachkommen

erat Cn. Pompei et M. Crassi subolem in penates meos adsciscere, et tibi insigne Sulpiciae ac Lutatiae decora nobilitati tuae adiecisse: nunc me deorum hominumque consensu ad imperium vocatum praeclara indoles tua et amor patriae impulit, ut principatum, de quo maiores nostri armis certabant, bello adeptus quiescenti offeram, exemplo divi Augusti qui sororis filium Marcellum, dein generum Agrippam, mox nepotes suos, postremo Tiberium Neronem privignum in proximo sibi fastigio conlocavit. (2) sed Augustus in domo successorem quaesivit, ego in re publica, non quia propinquos aut socios belli non habeam, sed neque ipse imperium ambitione accepi, et iudicii mei documentum sit non meae tantum necessitudines, quas tibi postposui, sed et tuae. est tibi frater pari nobilitate, natu maior, dignus hac fortuna, nisi tu potior esses. (3) ea aetas tua, quae cupiditates adulescentiae iam effugerit, ea vita, in qua nihil praeteritum excusandum habeas. fortunam adhuc tantum adversam tulisti: secundae res acrioribus stimulis animos explorant, quia miseriae tolerantur, felicitate corrumpimur. (4) fidem, libertatem, amicitiam, praecipua humani animi bona, tu quidem eadem constantia retinebis, sed alii per obsequium imminuent: inrumpet adulatio, blanditiae *et* pessi-

des Gnaeus Pompeius und Marcus Crassus in meine Familie aufzunehmen, wie für dich eine Auszeichnung, die ruhmvolle Ahnenreihe der Gens Sulpicia und der Gens Lutatia deinem Adel hinzuzufügen.[52] Da ich aber nun mit Zustimmung der Götter und Menschen zur Herrschaft berufen worden bin, haben mich dein vortrefflicher Charakter und deine Vaterlandsliebe bewogen, den Prinzipat, um den unsere Vorfahren mit Waffengewalt kämpften, nunmehr, da ich selbst ihn in einem Krieg errungen habe, dir in Friedenszeiten anzutragen – nach dem Beispiel des Divus Augustus,[53] der Marcellus, den Sohn seiner Schwester, dann seinen Schwiegersohn Agrippa, hierauf seine Enkel[54] und schließlich seinen Stiefsohn Tiberius auf die nach ihm höchste Stufe der Würde erhoben hat. (2) Aber Augustus suchte in seinem eigenen Haus einen Nachfolger, ich im Gemeinwesen, nicht etwa, weil ich keine Verwandten oder Kriegskameraden hätte: vielmehr habe ich selbst die Herrschaft ohne persönlichen Ehrgeiz übernommen, und Beweis für mein klares Urteil sollen nicht nur meine verwandtschaftlichen Beziehungen sein, die ich deinetwegen zurückgestellt habe, sondern auch die deinen. Du hast einen Bruder gleichen Adels, älter an Jahren, würdig dieser hohen Stellung, wenn du nicht den Vorzug verdientest. (3) Du stehst in einem Alter, das über die Leidenschaften der Jugend bereits hinaus ist; dein Leben ist so, daß du nichts, was geschehen ist, zu entschuldigen brauchst. Du hast bisher nur ein widriges Schicksal ertragen: günstige Zeiten aber erproben mit härteren Prüfungen unsere Herzen; denn Elend ist zu ertragen, durch das Glück werden wir korrumpiert. (4) Treue, Freimut, Freundschaft – die vorzüglichsten Güter des menschlichen Herzens – wirst du zwar mit gleicher Charakterstärke wie bisher bewahren, aber andere werden sie durch ihre Unterwürfigkeit beeinträchtigen. Eindringen werden Kriechertum und Schmeichelei und das gefährlichste Gift

mum veri adfectus venenum, sua cuique utilitas. etiam *si* ego ac tu simplicissime inter nos hodie loquimur, ceteri libentius cum fortuna nostra quam nobiscum; nam suadere principi quod oporteat multi laboris, adsentatio erga quemcumque principem sine adfectu peragitur.

**16** (1) Si immensum imperii corpus stare ac librari sine rectore posset, dignus eram, a quo res publica inciperet: nunc eo necessitatis iam pridem ventum est, ut nec mea senectus conferre plus populo Romano possit quam bonum successorem, nec tua plus iuventa quam bonum principem. sub Tiberio et Gaio et Claudio unius familiae quasi hereditas fuimus: loco libertatis erit quod eligi coepimus; et finita Iuliorum Claudiorumque domo optimum quemque adoptio inveniet. (2) nam generari et nasci a principibus fortuitum, nec ultra aestimatur: adoptandi iudicium integrum et, si velis eligere, consensu monstratur. sit ante oculos Nero, quem longa Caesarum serie tumentem non Vindex cum inermi provincia aut ego cum una legione, sed sua immanitas, sua luxuria cervicibus publicis depulerunt; neque erat adhuc damnati principis exemplum. (3) nos bello et ab aestimantibus adsciti cum invidia quamvis egregii erimus. ne tamen territus fueris, si duae legiones in hoc concussi orbis motu

für wahre Gesinnung, der persönliche Eigennutz. Auch wenn wir beide, du und ich, heute ganz offen miteinander reden, so werden die anderen das lieber mit unserer hohen Stellung als mit uns selbst tun. Denn einem Fürsten zu raten, was nottut, bedeutet viel Mühe; Ja sagen vor jedem beliebigen Fürsten, das bringt man ohne innere Anteilnahme zustande.

**16** (1) Wenn der unermeßliche Reichsorganismus bestehen und sich im Gleichgewicht halten könnte ohne Regenten, wäre ich der Würdigste, mit dem die Republik (wieder) beginnen könnte. Nun aber ist es schon längst zu einer solchen Zwangslage gekommen, daß weder mein Alter dem römischen Volk mehr bieten könnte als einen guten Nachfolger, noch deine Jugend mehr als einen guten Herrscher. Unter Tiberius, Gaius und Claudius waren wir gewissermaßen einer einzigen Familie Erbgut: als Ersatz für die Freiheit wird es gelten, daß mit uns die Wahl eingesetzt hat; und nach dem Aussterben des Hauses der Julier und Claudier wird jeweils den Besten die Adoption herausfinden.[55] (2) Denn Abstammung und Geburt Herrschern zu verdanken ist Zufall, und es wird auch nicht anders bewertet. Bei der Adoption ist das Urteil ungetrübt, und wenn man jemanden erwählen will, liegt der Beweis in der allgemeinen Zustimmung. Es stehe vor unseren Augen Nero: ihn, den die lange Reihe der Caesaren vor Stolz aufgebläht hatte, haben nicht Vindex mit seiner waffenlosen Provinz oder ich mit einer einzigen Legion,[56] sondern seine eigene Ungeheuerlichkeit, seine eigenen Ausschweifungen vom Nacken des Staates herabgeworfen – und es hatte bis dahin kein Beispiel der Verurteilung eines Herrschers gegeben.[57] (3) Wir – durch Krieg und von Leuten mit Urteil berufen, werden, wenn auch noch so überragend, immer von Mißgunst begleitet sein. Nicht jedoch laß dich erschrecken, wenn zwei Legionen in dieser von Aufruhr geschüttelten Welt noch nicht zur Ruhe gekom-

nondum quiescunt: ne ipse quidem ad securas res accessi, et audita adoptione desinam videri senex, quod nunc mihi unum obicitur. Nero a pessimo quoque semper desiderabitur: mihi ac tibi providendum est, ne etiam a bonis desideretur. (4) monere diutius neque temporis huius, et impletum est omne consilium, si te bene elegi. utilissimus idem ac brevissimus bonarum malarumque rerum dilectus est, cogitare quid aut volueris sub alio principe aut nolueris; neque enim hic, ut gentibus quae regnantur, certa dominorum domus et ceteri servi, sed imperaturus es hominibus, qui nec totam servitutem pati possunt nec totam libertatem.' et Galba quidem haec ac talia, tamquam principem faceret, ceteri tamquam cum facto loquebantur.

**17** (1) Pisonem ferunt statim intuentibus et mox coniectis in eum omnium oculis nullum turbati aut exultantis animi motum prodidisse. sermo erga patrem imperatoremque reverens, de se moderatus; nihil in vultu habituque mutatum, quasi imperare posset magis quam vellet. (2) consultatum inde, pro rostris an in senatu an in castris adoptio nuncuparetur. iri in castra placuit: honorificum id militibus fore, quorum favorem ut largitione et ambitu male adquiri, ita per bonas artes haud spernendum. circumsteterat interim Palatium publica expectatio, magni

men sind:[58] Auch ich habe die Regierung nicht in ruhigen Zeiten angetreten, und wenn man von der Adoption gehört hat, werde ich nicht mehr als Greis betrachtet werden, was allein man mir jetzt vorwirft. Nero werden stets die übelsten Elemente zurückwünschen; du und ich, wir müssen vorsorgen, daß ihn nicht auch die Gutgesinnten zurückwünschen. (4) Für längere Ermahnungen ist dies nicht die Stunde, und erfüllt hat sich all mein Planen, wenn ich dich zu Recht erwählt habe. Die brauchbarste und zugleich kürzeste Entscheidung zwischen Gut und Böse liegt darin, zu überlegen, was man selbst unter einem anderen Herrscher gebilligt oder abgelehnt hätte. Denn hier gibt es nicht wie bei Völkern, die von Königen regiert werden, ein bestimmtes Herrscherhaus und sonst nur Sklaven; nein, du wirst gebieten über Menschen, die weder die volle Knechtschaft ertragen können noch die volle Freiheit.« Galba also sprach solches und ähnliches, als ob er ihn zum Herrscher erwählen wollte, die anderen aber sprachen mit ihm, als ob er schon erwählt wäre.

**17** (1) Piso soll zunächst vor Augenzeugen und später, als die Blicke aller auf ihn gerichtet waren, keine Regung von Verwirrung oder triumphierender Freude gezeigt haben. Seine Worte an den Vater und Imperator waren ehrerbietig, die über sich selbst bescheiden. Nichts war in Miene und Gehaben verändert, als sei er eher befähigt zu herrschen, als daß er es wünschte. (2) Man beriet dann, ob die Adoption von der Rednerbühne aus oder im Senat oder im Prätorianerlager feierlich verkündet werden sollte. Man beschloß, ins Lager zu gehen; das werde als Ehrung für die Soldaten gelten, deren Zuneigung durch Geschenke und Anbiederung zu gewinnen gewiß von Übel sei; sie sei aber nicht zu verachten, wenn es mit ehrlichen Mitteln gelänge. Um das Palatium[59] hatte sich inzwischen erwartungsvoll eine Menge geschart, ungeduldig über das bedeutungsvolle Geheimnis; und das nur

secreti impatiens; et male coercitam famam supprimentes augebant.

**18** (1) Quartum idus Ianuarias, foedum imbribus diem, tonitrua et fulgura et caelestes minae ultra solitum turbaverunt. observatum id antiquitus comitiis dirimendis non terruit Galbam, quo minus in castra pergeret, contemptorem talium ut fortuitorum; seu quae fato manent, quamvis significata, non vitantur. (2) apud frequentem militum contionem imperatoria brevitate adoptari a se Pisonem exemplo divi Augusti et more militari, quo vir virum legeret, pronuntiat. ac ne dissimulata seditio in maius crederetur, ultro adseverat quartam et duoetvicensimam legiones, paucis seditionis auctoribus, non ultra verba ac voces errasse et brevi in officio fore. nec ullum orationi aut lenocinium addit aut pretium. (3) tribuni tamen centurionesque et proximi militum grata auditu respondent: per ceteros maestitia ac silentium, tamquam usurpatam etiam in pace donativi necessitatem bello perdidissent. constat potuisse conciliari animos quantulacumque parci senis liberalitate: nocuit antiquus rigor et nimia severitas, cui iam pares non sumus.

**19** (1) Inde apud senatum non comptior Galbae, non longior quam apud militem sermo: Pisonis comis oratio. et patrum favor aderat: multi voluntate, effusius qui

mühsam eingedämmte Gerücht verbreiteten erst recht diejenigen, die es unterdrücken wollten.

**18** (1) Am 10. Januar, einem düsteren Regentag, hatten Donner und Blitz und andere drohende Himmelserscheinungen mehr als sonst für Aufregung gesorgt. Eine solche Beobachtung, seit alters Grund zur Auflösung der Volksversammlung, schreckte Galba nicht davon ab, sich ins Lager zu begeben; denn er achtete solche Dinge als Zufallserscheinung gering – oder: man kann dem, was vom Schicksal zu erwarten ist, mag es auch noch so genau angezeigt sein, nicht entgehen. (2) Vor dichtgedrängter Heeresversammlung verkündete er mit imperatorischer Kürze, adoptiert werde von ihm Piso entsprechend dem Beispiel des Divus Augustus und dem militärischen Brauch, nach dem ein Mann den anderen wähle.[60] Und damit nicht, weil verheimlicht, die Meuterei für allzu bedeutend gehalten werde, beharrte er von sich aus darauf, die 4. und die 22. Legion hätten sich, von wenigen Rädelsführern aufgewiegelt, nicht mehr als in Worten und Drohungen vergangen und würden in Kürze wieder zu ihrer Pflicht zurückkehren. Aber dieser Rede fügte er kein einziges freundliches Wort noch das Versprechen eines Geldgeschenkes hinzu.[61] (3) Die Tribunen jedoch, die Zenturionen und die zunächst stehenden Soldaten gaben freundlich klingende Antwort; unter den übrigen (herrschte) Verdrossenheit und Schweigen, weil sie den im Frieden fest erworbenen Anspruch auf ein Geldgeschenk jetzt im Krieg verloren hätten. Fest steht, daß man die Leute durch eine auch noch so geringe Freigebigkeit des knausrigen Greises hätte gewinnen können: ihm schadeten sein altertümlicher Starrsinn und die allzu große Strenge, Eigenschaften, wofür wir nicht mehr das Format haben.

**19** (1) Dann vor dem Senat: Galbas Ansprache war ebenso schlicht und kurz wie vor den Soldaten; Pisos Rede klang freundlich. Sie fand die Zustimmung der

noluerant, medii ac plurimi obvio obsequio, privatas spes agitantes sine publica cura. nec aliud sequenti quadriduo, quod medium inter adoptionem et caedem fuit, dictum a Pisone in publico factumve. (2) crebrioribus in dies Germanicae defectionis nuntiis et facili civitate ad accipienda credendaque omnia nova, cum tristia sunt, censuerant patres mittendos ad Germanicum exercitum legatos. agitatum secreto, num et Piso proficisceretur, maiore praetextu, illi auctoritatem senatus, hic dignationem Caesaris laturus. placebat et Laconem praetorii praefectum simul mitti: is consilio intercessit. legati quoque (nam senatus electionem Galbae permiserat) foeda inconstantia nominati, excusati, substituti, ambitu remanendi aut eundi, ut quemque metus vel spes impulerat.

**20** (1) Proxima pecuniae cura; et cuncta scrutantibus iustissimum visum est inde repeti, ubi inopiae causa erat. bis et viciens miliens sestertium donationibus Nero effuderat: appellari singulos iussit, decima parte liberalitatis apud quemque eorum relicta. at illis vix decimae super portiones erant, isdem erga aliena sumptibus quibus sua prodegerant, cum rapacissimo cuique ac perditissimo non agri aut faenus sed sola instrumenta vitiorum manerent. (2) exactioni triginta equites Romani praepositi,

Senatoren: viele (handelten so) aus Überzeugung, überschwenglicher diejenigen, die ihn nicht gewollt hatten, die Mitte, und das war die Mehrheit, bewies freundliches Entgegenkommen, wobei jeder seine persönlichen Absichten verfolgte ohne Sorge um das Gemeinwesen. In den folgenden vier Tagen, die zwischen Adoption und Ermordung vergingen, wurde von Piso weiter nichts in der Öffentlichkeit gesagt oder getan. (2) Da von Tag zu Tag häufiger Meldungen über den Abfall in Germanien eintrafen und die Bürgerschaft gern geneigt ist, alle Neuigkeiten aufzunehmen und zu glauben, wenn sie nur betrüblich sind, hatten die Senatoren beschlossen, Gesandte zum germanischen Heer zu senden. Im geheimen beriet man, ob auch Piso mitreisen solle zur Hebung des Ansehens, wobei jene die Autorität des Senates, dieser die Würde des Caesars repräsentieren würde. Man beschloß, zugleich auch den Prätorianerpräfekten Laco zu entsenden: der aber erhob Einspruch gegen den Beschluß. Auch die Gesandten – der Senat hatte nämlich die Auswahl Galba überlassen – wurden mit beschämender Unentschlossenheit ernannt, entschuldigt, ersetzt; persönliche Beziehung entschied über Bleiben oder Abreise, je nachdem einen Furcht oder Hoffnung bestimmt hatte.

20 (1) Die nächste Sorge galt dem Geld; und als man alles untersuchte, schien es am gerechtesten, es von dort wieder einzutreiben, wo die Ursache des Geldmangels lag. 2200 Millionen Sesterzen hatte Nero durch Schenkungen verschleudert; Galba ließ (die Beschenkten) einzeln gerichtlich belangen, nur ein Zehntel des Geschenkes sollte jedem von ihnen verbleiben. Aber jene besaßen kaum noch dieses Zehntel: mit gleichem Aufwand hatten sie fremdes Geld wie vorher ihr eigenes verschleudert, da diesem raubgierigen und verkommenen Gesindel nicht Grundbesitz oder Kapital, sondern bloß die Werkzeuge ihres Lasterlebens verblieben waren. (2) Mit der Geldein-

novum officii genus et ambitu ac numero onerosum: ubique hasta et sector, et inquieta urbs actionibus. ac tamen grande gaudium, quod tam pauperes forent quibus donasset Nero quam quibus abstulisset. (3) exauctorati per eos dies tribuni, e praetorio Antonius Taurus et Antonius Naso, ex urbanis cohortibus Aemilius Pacensis, e vigilibus Iulius Fronto. nec remedium in ceteros fuit, sed metus initium, tamquam per artem et formidine singuli pellerentur, omnibus suspectis.

**21** (1) Interea Othonem, cui compositis rebus nulla spes, omne in turbido consilium, multa simul extimulabant, luxuria etiam principi onerosa, inopia vix privato toleranda, in Galbam ira, in Pisonem invidia; fingebat et metum, quo magis concupisceret: praegravem se Neroni fuisse, nec Lusitaniam rursus et alterius exilii honorem expectandum. suspectum semper invisumque dominantibus qui proximus destinaretur. nocuisse id sibi apud senem principem, magis nociturum apud iuvenem ingenio trucem et longo exilio efferatum: occidi Othonem posse. (2) proinde agendum audendumque, dum Galbae auctoritas fluxa, Pisonis nondum coaluisset. opportunos magnis conatibus transitus rerum, nec cunctatione opus, ubi perniciosior sit quies quam temeritas. mortem omnibus ex natura aequalem oblivione apud posteros vel

treibung wurden dreißig römische Ritter betraut, einem neuartigen Amt, infolge der Bestechungsversuche und der Zahl (der Betroffenen) mühevoll. Überall Zwangsversteigerungen und Güteraufkäufer,[62] und die Stadt in Unruhe wegen der Prozesse. Und doch: gewaltige Freude, daß ebenso arm sein sollten die von Nero Beschenkten wie die von ihm Beraubten. (3) Aus dem Dienst entlassen wurden in diesen Tagen folgende Tribunen: aus der Garde Antonius Taurus und Antonius Naso, von den Stadtkohorten Aemilius Pacensis, von der Stadtwache Iulius Fronto.[63] Diese Maßnahme wirkte aber nicht beruhigend auf die übrigen, sondern war Anlaß zur Furcht, als würden mit List und aus Angst nur einzelne ausgestoßen, während alle in Verdacht stünden.

**21** (1) Den Otho, für den in geordneten Verhältnissen keine Hoffnung, alles Planen für Zeiten des Aufruhrs galt, spornte vielerlei gleichzeitig an: der üppige Lebenswandel, sogar für einen Fürsten eine Belastung; der Geldmangel, kaum für einen Privatmann erträglich; gegen Galba Erbitterung, gegen Piso Neid. Er spiegelte auch Furcht vor, um noch leidenschaftlicher seine Wünsche zu verfolgen: mehr als lästig sei er dem Nero gewesen, er dürfe nicht auf ein neuerliches Lusitanien und die Ehre einer zweiten Verbannung warten. Verdächtig und verhaßt sei den Herrschenden immer, wer allgemein als Nachfolger bezeichnet werde. Geschadet habe ihm das schon beim alten Prinzeps, mehr schaden werde es ihm bei dem jungen, der von Natur aus schroff und infolge der langen Verbannung noch wilder geworden sei: getötet könne Otho werden. (2) Daher müsse man handeln und wagen, solange Galbas Macht schwankend, die Pisos noch nicht gefestigt sei. Günstig für kühne Wagnisse seien die Zeiten des Machtwechsels; nicht gelte es zu zaudern, wo ruhiges Warten verderblicher sei als tollkühnes Wagen. Der Tod, für alle von Natur aus gleich, unterscheide sich bei der Nachwelt

gloria distingui; ac si nocentem innocentemque idem exitus maneat, acrioris viri esse merito perire.

**22** (1) Non erat Othonis mollis et corpori similis animus. et intimi libertorum servorumque, corruptius quam in privata domo habiti, aulam Neronis et luxus, adulteria, matrimonia ceterasque regnorum libidines avido talium, si auderet, ut sua ostentantes, quiescenti ut aliena exprobrabant, urgentibus etiam mathematicis, dum novos motus et clarum Othoni annum observatione siderum adfirmant, genus hominum potentibus infidum, sperantibus fallax, quod in civitate nostra et vetabitur semper et retinebitur. (2) multos secreta Poppaeae mathematicos, pessimum principalis matrimonii instrumentum, habuerant: e quibus Ptolemaeus Othoni in Hispania comes, cum superfuturum eum Neroni promisisset, postquam ex eventu fides, coniectura iam et rumore senium Galbae et iuventam Othonis computantium persuaserat fore ut in imperium adscisceretur. (3) sed Otho tamquam peritia et monitu fatorum praedicta accipiebat, cupidine ingenii humani libentius obscura credendi. nec deerat Ptolemaeus, iam et sceleris instinctor, ad quod facillime ab eius modi voto transitur.

**23** (1) Sed sceleris cogitatio incertum an repens: studia militum iam pridem spe successionis aut paratu facinoris

durch Vergessensein oder Ruhm; und so wahr den Schuldigen wie den Unschuldigen dasselbe Ende erwarte, so zieme es einem tatkräftigeren Manne, ehrenvoll zu sterben.

**22** (1) Nicht weichlich und nicht seiner körperlichen Verfassung entsprechend war Othos Geist; und die Vertrautesten unter den Freigelassenen und Sklaven, zuchtloser gehalten als sonst in einem Privathaus, hielten den Hof Neros, das Luxusleben, Ehebrüche und Heiraten und die sonstigen Gelüste der Herrscher ihm, der auf solcherlei versessen war, als sein Eigentum vor Augen, wenn er nur wagemutig zupacke; bleibe er untätig, gehöre es, so höhnten sie, anderen. Zudem bedrängten ihn die Mathematiker,[64] indem sie erneute Umwälzungen und ein für Otho ruhmvolles Jahr aus der Beobachtung der Gestirne behaupteten – eine Menschensorte, den Machthabern gegenüber verräterisch, den Hoffenden trügerisch, die man in unserem Staat immer wieder ausweisen und doch immer zurückhalten wird. (2) Viele Mathematiker – den übelsten Hausrat einer fürstlichen Ehe – hatte es im Vertrautenkreis Poppaeas gegeben. Einer von diesen, Ptolemaeus, war Othos Begleiter in Spanien: nachdem er ihm schon verheißen hatte, er werde Nero überleben – die Ereignisse bestätigten das –, hatte er ihm auch nach eigener Schlußfolgerung und nach dem Gerede der Leute, die das Greisenalter Galbas und die Jugend Othos verglichen, eingeredet, er werde zur Herrschaft berufen werden. (3) Otho nahm das wie eine auf Sachkenntnis und Schicksalsmahnung begründete Weissagung auf – in dem der menschlichen Natur eigenen Trieb, lieber das Geheimnisvoll-Dunkle zu glauben. Auch ließ es Ptolemaeus nicht an sich fehlen – bereits Anstifter zu einem Verbrechen, wozu man ja von Wünschen dieser Art her sehr leicht gelangt.

**23** (1) Aber der Gedanke an das Verbrechen tauchte kaum plötzlich auf. Um die Gunst der Soldaten hatte er

adfectaverat, in itinere, in agmine, in stationibus vetustissimum quemque militum nomine vocans ac memoria Neroniani comitatus contubernales appellando; alios agnoscere, quosdam requirere et pecunia aut gratia iuvare, inserendo saepius querelas et ambiguos de Galba sermones quaeque alia turbamenta vulgi. (2) labores itinerum, inopia commeatuum, duritia imperii atrocius accipiebantur, cum Campaniae lacus et Achaiae urbes classibus adire soliti Pyrenaeum et Alpes et immensa viarum spatia aegre sub armis eniterentur.

**24** (1) Flagrantibus iam militum animis velut faces addiderat Maevius Pudens, e proximis Tigellini. is mobilissimum quemque ingenio aut pecuniae indigum et in novas cupiditates praecipitem adliciendo eo paulatim progressus est, ut per speciem convivii, quotiens Galba apud Othonem epularetur, cohorti excubias agenti viritim centenos nummos divideret; (2) quam velut publicam largitionem Otho secretioribus apud singulos praemiis intendebat, adeo animosus corruptor, ut Cocceio Proculo speculatori, de parte finium cum vicino ambigenti, universum vicini agrum sua pecunia emptum dono dederit, per socordiam praefecti, quem nota pariter et occulta fallebant.

**25** (1) Sed tum e libertis Onomastum futuro sceleri praefecit, a quo Barbium Proculum tesserarium specula-

sich schon längst in der Hoffnung auf die Nachfolge oder in Gedanken an die Übeltat bemüht: unterwegs – in der Marschkolonne, in den Quartieren[65] – sprach er die ältesten Soldaten mit Namen an, und in Erinnerung an Neros Gefolgschaft nannte er sie Zeltgenossen. Die einen erkannte er wieder, nach einigen erkundigte er sich und half mit Geld oder Gunstbeweisen; dabei flocht er öfters Klagen und zweideutige Reden über Galba ein und ähnliche Mittel zur Aufputschung der Masse. (2) Die mühevollen Märsche, die mangelhafte Verpflegung, die Härte des Befehls wurden von ihnen mit größerer Erbitterung aufgenommen, weil sie – gewohnt, die Seen Kampaniens und die Städte Griechenlands zu Schiff anzufahren – nun der Pyrenäen und der Alpen maßlose Wegstrecken ächzend unter der Waffenlast überwinden mußten.

**24** (1) In die schon angeheizte Stimmung unter den Soldaten hatte gleichsam Brandfackeln geworfen Maevius Pudens, einer aus dem Vertrautenkreis des Tigellinus.[66] Wer wankelmütig war in seiner Haltung, wer Geld brauchte und auf noch nie erlebtes Lusttreiben versessen war, den lockte er an und ging dabei allmählich so weit, daß er unter der Bezeichnung »Kostgeld«[67] jedesmal, wenn Galba bei Otho speiste, an die wachhabende Kohorte pro Mann 100 Sesterzen verteilte. (2) Diese gleichsam offizielle Spende erhöhte Otho bei einzelnen durch heimliche Gaben – so ungestüm bei seinen Bestechungen, daß er dem Leibgardisten[68] Cocceius Proculus, der wegen eines Grundstücks mit seinem Nachbarn in Streit lag, den ganzen Acker des Nachbarn um sein eigenes Geld kaufte und zum Geschenk machte; (möglich war das) infolge der Gleichgültigkeit des Prätorianerpräfekten, der von Bekanntem ebenso wie von Verborgenem nichts merkte.

**25** (1) Nun beauftragte er einen seiner Freigelassenen, Onomastus, mit der Planung des Verbrechens. Von diesem wurden ihm die Gardeordonnanz Barbius Proculus

torum et Veturium optionem eorundem perductos, postquam vario sermone callidos audacisque cognovit, pretio et promissis onerat, data pecunia ad pertemptandos plurium animos. suscepere duo manipulares imperium populi Romani transferendum et transtulerunt. (2) in conscientiam facinoris pauci adsciti: suspensos ceterorum animos diversis artibus stimulant, primores militum per beneficia Nymphidii ut suspectos, vulgus et ceteros ira et desperatione dilati totiens donativi. erant quos memoria Neronis ac desiderium prioris licentiae accenderet: in commune omnes metu mutandae militiae terrebantur.

**26** (1) Infecit ea tabes legionum quoque et auxiliorum motas iam mentes, postquam vulgatum erat labare Germanici exercitus fidem. adeoque parata apud malos seditio, etiam apud integros dissimulatio fuit, ut postero iduum die redeuntem a cena Othonem rapturi fuerint, ni incerta noctis et tota urbe sparsa militum castra nec facilem inter temulentos consensum timuissent, non rei publicae cura, quam foedare principis sui sanguine sobrii parabant, sed ne per tenebras, ut quisque Pannonici vel Germanici exercitus militibus oblatus esset, ignorantibus plerisque, pro Othone destinaretur. (2) multa erumpentis

und der Gardefeldwebel Veturius zugeführt. Als er sie in einem Gespräch über dies und das als schlau und verwegen erkannt hatte, überhäufte er sie mit Geschenken und Versprechungen, gab ihnen zusätzlich Geld, damit sie sich an noch mehr Kameraden heranmachten. So übernahmen es zwei gemeine Soldaten, die Herrschaft des römischen Volkes zu vergeben – und sie haben sie auch vergeben. (2) In die Verschwörung wurden nur wenige eingeweiht; die übrigen, soweit erregt und unentschlossen, stachelten sie durch verschiedene Mittel auf: die höheren Ränge unter den Soldaten, sie seien wegen der Beförderung durch Nymphidius verdächtig geworden, die Mannschaften und alle übrigen durch Zorn und enttäuschte Hoffnung über das so oft aufgeschobene Geldgeschenk. Manche entflammte die Erinnerung an Nero und die Sehnsucht nach der früheren Ungebundenheit; insgesamt aber herrschte bei allen Angst und Schrekken vor einer Änderung ihres militärischen Dienstverhältnisses.

**26** (1) Diese Gärung ergriff auch die Legionen und Hilfstruppen[69], die schon in Erregung waren, seit sich die Kunde verbreitete, es wanke die Treue des germanischen Heeres. So stark war bei den üblen Elementen die Bereitschaft zur Meuterei, bei den Unbeteiligten aber die Gleichgültigkeit, daß sie am 14. Januar Otho bei der Rückkehr von einem Gastmahl entführt hätten, wenn sie nicht die Unsicherheit der Nacht, die über die Stadt verteilten Lagerplätze des Heeres und die Schwierigkeit, unter Betrunkenen Einmütigkeit zu erreichen, gefürchtet hätten. Das geschah nicht aus Sorge um das Gemeinwesen – sie schickten sich ja an, einmal nüchtern, dieses mit dem Blut ihres Prinzeps zu besudeln –, sondern damit nicht in der Finsternis der erste beste, der den Soldaten des pannonischen und germanischen Heeres entgegenliefe, anstelle Othos, den die meisten ja nicht kannten, erkoren werde. (2) Viele Anzeichen für den Ausbruch

seditionis indicia per conscios oppressa: quaedam apud Galbae aures praefectus Laco elusit, ignarus militarium animorum consiliique quamvis egregii, quod non ipse adferret, inimicus et adversus peritos pervicax.

**27** (1) Octavo decimo kalendas Februarias sacrificanti pro aede Apollinis Galbae haruspex Umbricius tristia exta et instantes insidias ac domesticum hostem praedicit, audiente Othone (nam proximus adstiterat) idque ut laetum e contrario et suis cogitationibus prosperum interpretante. nec multo post libertus Onomastus nuntiat expectari eum ab architecto et redemptoribus, quae significatio coeuntium iam militum et paratae coniurationis convenerat. (2) Otho, causam digressus requirentibus, cum emi sibi praedia vetustate suspecta eoque prius exploranda finxisset, innixus liberto per Tiberianam domum in Velabrum, inde ad miliarium aureum sub aedem Saturni pergit. ibi tres et viginti speculatores consalutatum imperatorem ac paucitate salutantium trepidum et sellae festinanter impositum strictis mucronibus rapiunt; totidem ferme milites in itinere adgregantur, alii conscientia, plerique miraculo, pars clamore et gladiis, pars silentio, animum ex eventu sumpturi.

**28** (1) Stationem in castris agebat Iulius Martialis tribunus. is magnitudine subiti sceleris, an corrupta latius castra et, si contra tenderet, exitium metuens, praebuit

der Meuterei wurden von den Mitwissern unterdrückt, andere verharmloste vor Galbas Ohren der Präfekt Laco: ohne Wissen um die Soldatenseele und gegen jeden auch noch so trefflichen Rat, den nicht er selbst beisteuerte, feindlich eingestellt und gegenüber erfahrenen Leuten starrsinnig.

**27** (1) Als am 15. Januar Galba vor dem Apollotempel[70] opferte, verkündete ihm der Haruspex Umbricius[71] aus den Eingeweiden Unheil, einen drohenden Anschlag und einen Feind im eigenen Haus; das hörte Otho – er war ganz nahe herangetreten – und deutete es – anders als die übrigen – als glückbringend und seinen Plänen günstig. Gleich darauf meldete der Freigelassene Onomastus, er werde vom Baumeister und den Unternehmern erwartet: das hatte man als Zeichen vereinbart, daß sich die Soldaten bereits sammelten und alle Vorbereitungen für die Verschwörung getroffen seien. (2) Als man Otho nach dem Grund seines Weggehens fragte, gab er vor, in Kaufverhandlungen um ein Landhaus zu stehen, das wegen seines Alters verdächtig und vorher zu prüfen sei. Seinen Arm um den Freigelassenen gelegt, ging er durch das Haus des Tiberius zum Velabrum, von dort zum Goldenen Meilenstein unterhalb des Saturntempels.[72] Dort begrüßten ihn 23 Leibgardisten als Imperator; da er über die geringe Zahl der Begrüßenden bestürzt war, setzten sie ihn eilig auf einen Tragsessel und schleppten ihn mit gezückten Schwertern fort. Ungefähr ebensoviele Soldaten schlossen sich unterwegs an, die einen mit voller Zustimmung, die Mehrzahl aus Neugierde, ein Teil mit Geschrei und erhobenen Schwertern, ein Teil stillschweigend, als wollten sie erst nach dem Gang der Ereignisse Mut fassen.

**28** (1) Wachhabender Kommandant im Lager war der Tribun Martialis. Wegen der Größe des plötzlichen Frevels oder weil er eine größere Ausweitung der Meuterei im Lager und für den Fall des Widerstandes seinen

plerisque suspicionem conscientiae; anteposuere ceteri quoque tribuni centurionesque praesentia dubiis et honestis, isque habitus animorum fuit, ut pessimum facinus auderent pauci, plures vellent, omnes paterentur.

**29** (1) Ignarus interim Galba et sacris intentus fatigabat alieni iam imperii deos, cum adfertur rumor rapi in castra incertum quem senatorem, mox Othonem esse qui raperetur, simul ex tota urbe, ut quisque obvius fuerat, alii formidine augentes, quidam minora vero, ne tum quidem obliti adulationis. igitur consultantibus placuit pertemptari animum cohortis, quae in Palatio stationem agebat, nec per ipsum Galbam, cuius integra auctoritas maioribus remediis servabatur. (2) Piso pro gradibus domus vocatos in hunc modum adlocutus est: 'sextus dies agitur, commilitones, ex quo ignarus futuri, et sive optandum hoc nomen sive timendum erat, Caesar adscitus sum. quo domus nostrae aut rei publicae fato in vestra manu positum est, non quia meo nomine tristiorem casum paveam, ut qui adversas res expertus cum maxime discam ne secundas quidem minus discriminis habere: patris et senatus et ipsius imperii vicem doleo, si nobis aut perire hodie necesse est aut, quod aeque apud bonos miserum est, occidere. solacium proximi motus habebamus incruentam urbem et res sine discordia trans-

eigenen Tod befürchtete – jedenfalls erregte er bei den meisten den Verdacht der Mitwisserschaft. Auch die übrigen Tribunen und Zenturionen zogen die gegenwärtige Lage einer ungewissen, wenn auch ehrenhaften Tat vor: so war eben die Stimmung, daß das scheußliche Verbrechen wenige wagten, mehr es wollten, alle es geschehen ließen.

**29** (1) Ahnungslos und ganz mit dem Opfer beschäftigt, bestürmte inzwischen Galba die Götter des Reiches, das schon einem anderen gehörte – da verbreitete sich das Gerücht, fortgeschleppt ins Lager werde ein Senator, man wisse nicht, wer; bald hieß es, es sei Otho, der dorthin geschleppt werde: zugleich Menschen aus der ganzen Stadt, wie jeder dazugestoßen war – die einen aus Furcht übertreibend, einige die Wahrheit abschwächend, ohne selbst da auf Schmeichelei zu vergessen. Daher beschloß man in der Beratung, die Gesinnung der Kohorte zu erproben, die als Wache auf dem Palatin lag – aber nicht durch Galba selbst, dessen unverletztes Ansehen man für stärkere Gegenmaßnahmen aufsparte. (2) Piso hielt von den Stufen des Palastes an die herbeigerufenen Soldaten folgende Ansprache: »Es ist nun der sechste Tag[73], Kameraden, seit ich – ohne von den kommenden Ereignissen zu wissen, noch, ob der Name zu wünschen oder zu fürchten sei – zum Caesar erkoren worden bin. Mit welchem Schicksal das für mein Haus oder das Gemeinwesen verbunden ist, liegt in eurer Hand: nicht als ob ich, was meine Person betrifft, vor einem traurigeren Schicksal Angst hätte: habe ich doch unglückliche Zeiten erlebt und lerne gerade jetzt, daß nicht einmal Glück weniger Gefahr in sich birgt. Um des Vaters, des Senates und gerade des Reiches willen schmerzt es mich, wenn ich heute umkommen – oder was in den Augen der Gutgesinnten ebenso beklagenswert ist – morden muß. Trost beim vergangenen Umsturz bedeutete es für uns, daß man in der Stadt kein

latas: provisum adoptione videbatur, ut ne post Galbam quidem bello locus esset.

30 (1) Nihil adrogabo mihi nobilitatis aut modestiae; neque enim relatu virtutum in comparatione Othonis opus est. vitia, quibus solis gloriatur, evertere imperium, etiam cum amicum imperatoris ageret. habitune et incessu an illo muliebri ornatu mereretur imperium? falluntur quibus luxuria specie liberalitatis imponit: perdere iste sciet, donare nesciet. stupra nunc et comissationes et feminarum coetus volvit animo: haec principatus praemia putat, quorum libido ac voluptas penes ipsum sit, rubor ac dedecus penes omnes; nemo enim umquam imperium flagitio quaesitum bonis artibus exercuit. (2) Galbam consensus generis humani, me Galba consentientibus vobis Caesarem dixit. si res publica et senatus et populus vacua nomina sunt, vestra, commilitones, interest, ne imperatorem pessimi faciant. legionum seditio adversus duces suos audita est aliquando: vestra fides famaque inlaesa ad hunc diem mansit. et Nero quoque vos destituit, non vos Neronem. (3) minus triginta transfugae et desertores, quos centurionem aut tribunum sibi eligentes nemo ferret, imperium adsignabunt? admittitis exemplum et quiescendo commune crimen facitis? trans-

Blut vergossen und der Machtwechsel sich ohne Zwietracht vollzogen hatte. Durch die Adoption schien dafür gesorgt, daß auch nach Galba ein Krieg nicht möglich wäre.

30 (1) Keinesfalls will ich mich auf meinen Adel und mein maßvolles Verhalten berufen; denn eine Aufzählung der Vorzüge ist bei einem Vergleich mit Otho nicht nötig. Die Laster, womit allein er sich rühmen kann, haben das Reich schon damals erschüttert, als er den Freund des Imperators spielte. Sollte er vielleicht durch sein Gehaben und Einherstolzieren oder durch jenen weibischen Aufzug die Herrschaft verdient haben? Es täuscht sich, wem Verschwendung unter dem Deckmantel der Freigebigkeit Eindruck macht: zu verschwenden, darauf wird sich dieser Mensch verstehen, zu schenken wird er nicht verstehen. Hurerei, Saufgelage, Weibergesellschaften gehen ihm jetzt durch den Sinn: das betrachtet er als Vorrechte der Herrscherwürde, wovon Lust und Genuß ihm zufallen, Schmach und Schande aber allen; noch nie hat jemand eine durch Verbrechen errungene Herrschaft auf gute Weise ausgeübt. (2) Den Galba hat die Übereinstimmung des Menschengeschlechtes zum Herrscher, mich Galba mit eurer Zustimmung zum Caesar ernannt. Wenn schon Gemeinwesen, Senat, Volk nichtige Namen sind, dann kommt es auf euch an, Kameraden, daß nicht die übelsten Elemente den Imperator machen. Von Meuterei der Legionen gegen ihre Führer hat man dann und wann einmal gehört; eure Treue und euer Ruf sind unverletzt geblieben bis zu diesem Tag; und auch Nero hat eher euch im Stich gelassen, nicht ihr den Nero. (3) Sollen weniger als dreißig Überläufer und Fahnenflüchtige, denen niemand die freie Wahl eines Zenturio oder Tribunen zubilligen würde, sollen die den Thron vergeben? Ein solches Beispiel laßt ihr zu und macht durch eure Untätigkeit mit den Verbrechern gemeinsame Sache? Ausgreifen wird

cendet haec licentia in provincias, et ad nos scelerum exitus, bellorum ad vos pertinebunt. nec est plus quod pro caede principis quam quod innocentibus datur, sed proinde a nobis donativum ob fidem quam ab aliis pro facinore accipietis.'

**31** (1) Dilapsis speculatoribus cetera cohors non aspernata contionantem, ut turbidis rebus evenit, forte magis et nullo adhuc consilio rapit signa *quam*, quod postea creditum est, insidiis et simulatione. (2) missus et Celsus Marius ad electos Illyrici exercitus, Vipsania in porticu tendentes; praeceptum Amullio Sereno et Domitio Sabino primipilaribus, ut Germanicos milites e Libertatis atrio accerserent. legioni classicae diffidebatur, infestae ob caedem commilitonum, quos primo statim introitu trucidaverat Galba. pergunt etiam in castra praetorianorum tribuni Cetrius Severus, Subrius Dexter, Pompeius Longinus, si incipiens adhuc et necdum adulta seditio melioribus consiliis flecteretur. (3) tribunorum Subrium et Cetrium adorti milites minis, Longinum manibus coercent exarmantque, quia non ordine militiae, sed e Galbae amicis, fidus principi suo et desciscentibus suspectior erat. legio classica nihil cunctata praetorianis adiungitur; Illyrici exercitus electi Celsum infestis pilis proturbant. Germanica vexilla diu nutavere, invalidis

diese Zügellosigkeit auf die Provinzen, und auf uns werden die Folgen der Verbrechen zukommen, auf euch die des Krieges. Es ist ja der Lohn nicht größer, der euch für die Ermordung des Prinzeps gegeben wird, als wenn ihr schuldlos bleibt, vielmehr werdet ihr von mir ebenso ein Geldgeschenk erhalten wegen eurer Treue wie von den anderen für ein Verbrechen.«

**31** (1) Die Leibgarde hatte sich davongestohlen, der Rest der Kohorte hörte dem Redner ohne Widerspruch zu und griff eilig zu den Waffen – wie es in wirren Situationen geschieht, eher zufällig und noch ohne bestimmten Plan, und nicht, wie man später glaubte, aus Hinterhältigkeit und Verstellung. (2) Entsandt wurde auch Celsus Marius zu den Abteilungen des illyrischen Heeres[74], die in der Halle des Vipsanius[75] lagerten. Die Primipilaren[76] Amullius Serenus und Domitius Sabinus erhielten den Befehl, die germanischen Soldaten aus dem Atrium der Libertas[77] herbeizuholen. Der Legion der Flottensoldaten[78] mißtraute man, da sie erbittert war wegen der Ermordung ihrer Kameraden, die sogleich bei seinem Einzug Galba hatte niedermachen lassen. Sogar in das Prätorianerlager begaben sich die Tribunen Cetrius Severus, Subrius Dexter und Pompeius Longinus, ob vielleicht die erst entstehende und noch nicht voll entwickelte Meuterei durch bessere Ratschläge noch abgewendet werden könne. (3) Über zwei der Tribunen, Subrius und Cetrius, fielen die Soldaten mit Drohworten her; den Longinus hielten sie gewaltsam fest und entwaffneten ihn, weil er nicht infolge seines militärischen Ranges, sondern wegen der Zugehörigkeit zu Galbas Freundeskreis dem Herrscher treu ergeben war und daher den Abtrünnigen verdächtiger erschien. Die Legion der Flottensoldaten schloß sich ohne Zögern den Prätorianern an. Die Abteilungen des illyrischen Heeres vertrieben Celsus mit drohend erhobenen Lanzen. Die germanischen Truppen schwankten lange; sie waren körper-

adhuc corporibus et placatis animis, quod eos a Nerone Alexandriam praemissos atque inde rursus longa navigatione aegros impensiore cura Galba refovebat.

**32** (1) Universa iam plebs Palatium implebat, mixtis servitiis et dissono clamore caedem Othonis et coniuratorum exitium poscentium, ut si in circo aut theatro ludicrum aliquod postularent: neque illis iudicium aut veritas, quippe eodem die diversa pari certamine postulaturis, sed tradito more quemcumque principem adulandi licentia adclamationum et studiis inanibus.

(2) Interim Galbam duae sententiae distinebant: Titus Vinius manendum intra domum, opponenda servitia, firmandos aditus, non eundum ad iratos censebat: daret malorum paenitentiae, daret bonorum consensui spatium: scelera impetu, bona consilia mora valescere, denique eundi ultro, si ratio sit, eandem mox facultatem, regressum, si paeniteat, in aliena potestate.

**33** (1) Festinandum ceteris videbatur antequam cresceret invalida adhuc coniuratio paucorum: trepidaturum etiam Othonem, qui furtim digressus, ad ignaros inlatus, cunctatione nunc et segnitia terentium tempus imitari principem discat. non expectandum ut compositis castris

lich noch entkräftet und daher friedlich gestimmt: von Nero nach Alexandria vorausgeschickt und dann wieder zurückberufen[79], waren sie von der langen Seereise erschöpft, und Galba ließ sie mit besonderer Sorgfalt pflegen.

32 (1) Schon füllte der gesamte Pöbel den Palatin, Sklaven mischten sich darunter, und mit mißtönendem Gebrüll verlangten alle die Hinrichtung Othos und der Verschwörer Vernichtung, als ob sie im Zirkus oder im Theater irgendein Schauspiel forderten; jedoch leitete sie nicht Urteil oder Wahrheitsliebe – sollten sie ja noch am selben Tag mit gleichem Wetteifer das Gegenteil fordern –, sondern sie handelten so nach althergebrachtem Brauch: jedem Prinzeps, wer immer es war, zu schmeicheln mit hemmungslosem Beifallsgeschrei und gedankenlosen Huldigungen.

(2) Inzwischen ließen zwei Vorschläge Galba nicht zu einer Entscheidung kommen: Titus Vinius meinte, man solle im Palast bleiben, Sklaven als Gegenwehr aufstellen, die Zugänge absichern und sich nicht zu den Erzürnten begeben: er solle den üblen Elementen Zeit zur Reue, den Gutgesinnten Zeit zu gemeinsamem Planen geben; Verbrechen führten zu Erfolg durch rasches Zupacken, vernünftige Pläne durch geduldiges Zuwarten; schließlich: aus eigenem Entschluß dorthin zu gehen, falls es vernünftig erscheine, diese Möglichkeit habe man noch immer, der Rückzug, falls man es sich anders überlegen sollte, hänge ab von der Macht eines anderen.

33 (1) Rasches Handeln schien allen anderen notwendig, ehe die noch unbedeutende Verschwörung weniger Leute sich ausbreite; in ängstliche Unruhe werde auch Otho geraten, der sich heimlich davongestohlen habe und zu Leuten gebracht worden sei, die von der Lage keine Ahnung hätten –, der aber jetzt infolge ihres eigenen Zögerns und der Trägheit, mit der sie die Zeit vergeudeten, lernen könne, den Kaiser zu spielen. Man

forum invadat et prospectante Galba Capitolium adeat, dum egregius imperator cum fortibus amicis ianua ac limine tenus domum cludit, obsidionem nimirum toleraturus. (2) et praeclarum in servis auxilium, si consensus tantae multitudinis et, quae plurimum valet, prima indignatio elanguescat. proinde intuta quae indecora; vel si cadere necesse sit, occurrendum discrimini: id Othoni invidiosius et ipsis honestum. repugnantem huic sententiae Vinium Laco minaciter invasit, stimulante Icelo privati odii pertinacia in publicum exitium.

**34** (1) Nec diutius Galba cunctatus speciosiora suadentibus accessit. praemissus tamen in castra Piso, ut iuvenis magno nomine, recenti favore et infensus Tito Vinio, seu quia erat seu quia irati ita volebant; et facilius de odio creditur. (2) vixdum egresso Pisone occisum in castris Othonem vagus primum et incertus rumor: mox, ut in magnis mendaciis, interfuisse se quidam et vidisse adfirmabant, credula fama inter gaudentes et incuriosos. multi arbitrabantur compositum auctumque rumorem mixtis iam Othonianis, qui ad evocandum Galbam laeta falso vulgaverint.

**35** (1) Tum vero non populus tantum et imperita plebs in plausus et immodica studia sed equitum plerique ac

dürfe nicht warten, bis er das Lager in Ordnung bringe, über das Forum hereinbreche und vor den Augen Galbas auf das Kapitol ziehe, während der vortreffliche Imperator mit seinen tapferen Freunden bei Tür und Schwelle den Palast verriegle, wahrscheinlich in der Absicht, die Belagerung zu überstehen. (2) Und wahrhaftig, eine prächtige Hilfe habe man an den Sklaven, wenn die Einmütigkeit einer solchen Masse und, worin noch ihre größte Stärke liegt, die erste Entrüstung erschlaffe. Was gegen die Ehre verstoße, sei in gleichem Maße unsicher; und selbst wenn der Tod unausweichlich sei, müsse man der Gefahr rasch entgegentreten: das werde dem Otho größeren Haß und ihnen Ehre einbringen. Als sich Vinius diesem Vorschlag widersetzte, ging Laco drohend auf ihn los – und Icelus stachelte ihn noch auf, an seinem persönlichen Haß verbissen festhaltend –, zum Verderben des Staates.

**34** (1) Ohne länger zu zögern, schloß sich Galba denen an, deren Rat ehrenvoller klang. Trotzdem wurde Piso ins Lager vorausgeschickt – als ein junger Mann mit angesehenem Namen, seit kurzem in hoher Gunst stehend und verfeindet mit Titus Vinius – sei es, daß er es wirklich war, sei es, daß die erbitterten Gegner es so wollten; und leichter glaubt man ja an Haß. (2) Kaum war Piso fortgegangen, da verbreitete sich, zuerst da und dort und ungewiß, das Gerücht: umgebracht worden sei im Lager Otho; bald, wie es bei Lügen um bedeutende Ereignisse geschieht, erklärten einige, sie seien dabeigewesen und hätten es gesehen: leicht findet ein Gerücht Glauben bei freudig erregten und daher sorglosen Menschen. Viele glaubten, das Gerücht sei erfunden und aufgebauscht worden von eingeschleusten Anhängern Othos, die, um Galba herauszulocken, glückliche Nachrichten fälschlich verbreitet hatten.

**35** (1) Jetzt aber brachen nicht nur das Volk und der ahnungslose Pöbel in Beifall und maßlosen Jubel aus,

senatorum, posito metu incauti, refractis Palatii foribus ruere intus ac se Galbae ostentare, praereptam sibi ultionem querentes, ignavissimus quisque et, ut res docuit, in periculo non ausurus, nimii verbis, linguae feroces; nemo scire et omnes adfirmare, donec inopia veri et consensu errantium victus sumpto thorace Galba inruenti turbae neque aetate neque corpore *re*sistens sella levaretur. (2) obvius in Palatio Iulius Atticus speculator, cruentum gladium ostentans, occisum a se Othonem exclamavit; et Galba 'commilito', inquit, 'quis iussit?' insigni animo ad coercendam militarem licentiam, minantibus intrepidus, adversus blandientes incorruptus.

**36** (1) Haud dubiae iam in castris omnium mentes tantusque ardor, ut non contenti agmine et corporibus in suggestu, in quo paulo ante aurea Galbae statua fuerat, medium inter signa Othonem vexillis circumdarent. nec tribunis aut centurionibus adeundi locus: gregarius miles caveri insuper praepositos iubebat. (2) strepere cuncta clamoribus et tumultu et exhortatione mutua, non tamquam in populo ac plebe, variis segni adulatione vocibus, sed ut quemque adfluentium militum aspexerant, prensare manibus, complecti armis, conlocare iuxta, praeire sacramentum, modo imperatorem militibus, modo mili-

sondern auch sehr viele Ritter und Senatoren, befreit von Furcht und daher unvorsichtig, rissen die Tore des Palastes auf, stürzten hinein und zeigten sich vor Galba: entwunden sei ihnen die Rache, klagten sie – vor allem die größten Feiglinge, die, wie der Verlauf zeigte, in der Gefahr keinen Mut beweisen würden, waren maßlos in ihren Worten, Maulhelden. Niemand wußte etwas, und alle stellten Behauptungen auf, bis schließlich Galba, unfähig, die wahre Lage zu erkennen, und überwältigt vom allgemeinen Wahn, seinen Panzer anlegte, aber dann, infolge seines Alters und seiner körperlichen Verfassung nicht imstande, sich vor der eindringenden Menge auf den Beinen zu halten, auf einen Tragsessel gehoben wurde.[80] (2) Entgegen trat ihm im Palast der Leibgardist Iulius Atticus, zeigte sein blutiges Schwert und rief ihm zu, getötet habe er Otho; Galba aber sagte: »Kamerad, wer hat das befohlen?« – mit vortrefflichem Mut, militärische Zügellosigkeit zu unterdrücken, vor Drohungen unerschrocken, gegen Schmeicheleien unbestechlich.

**36** (1) So einmütig war schon im Lager die allgemeine Stimmung und so groß die Begeisterung, daß die Soldaten sich nicht mit Aufmarsch und körperlichem Einsatz begnügten, sondern auf dem Tribunal[81], auf dem kurz vorher noch die goldene Statue Galbas zu sehen war, den mitten zwischen Fahnen stehenden Otho mit ihren Gardestandarten umgaben. Weder Tribunen noch Zenturionen gewährte man Zutritt; die Gemeinen verlangten sogar, daß man vor den Vorgesetzten auf der Hut sei. (2) Das ganze Lager hallte wider von Geschrei, Tumult und gegenseitigen Anfeuerungsrufen: nicht wie beim Volk oder Pöbel ein Durcheinanderrufen müder Schmeichelei,[82] sondern sooft sie einen der herbeiströmenden Soldaten erblickten, schüttelten sie ihm die Hand, umarmten ihn,[83] wiesen ihm einen Platz in ihrer Nähe an, sprachen den Fahneneid vor, empfahlen bald den Impe-

tes imperatori commendare. (3) nec deerat Otho protendens manus adorare vulgum, iacere oscula et omnia serviliter pro dominatione. postquam universa classicorum legio sacramentum eius accepit, fidens viribus, et quos adhuc singulos extimulaverat, accendendos in commune ratus pro vallo castrorum ita coepit.

37 (1) 'Quis ad vos processerim commilitones, dicere non possum, quia nec privatum me vocare sustineo princeps a vobis nominatus, nex principem alio imperante. vestrum quoque nomen in incerto erit, donec dubitabitur imperatorem populi Romani in castris an hostem habeatis. (2) auditisne, ut poena mea et supplicium vestrum simul postulentur? adeo manifestum est neque perire nos neque salvos esse nisi una posse; et cuius lenitatis est Galba, iam fortasse promisit, ut qui nullo exposcente tot milia innocentissimorum militum trucidaverit. (3) horror animum subit, quotiens recordor feralem introitum et hanc solam Galbae victoriam, cum in oculis urbis decimari deditos iuberet, quos deprecantes in fidem acceperat. his auspiciis urbem ingressus, quam gloriam ad principatum attulit nisi occisi Obultronii Sabini et Cornelii Marcelli in Hispania, Betui Cilonis in Gallia, Fontei Capitonis in Germania, Clodii Macri in Africa, Cingonii in via, Turpiliani in urbe, Nymphidii in castris? (4) quae usquam provincia, quae castra sunt nisi

rator den Soldaten, bald die Soldaten dem Imperator. (3) Auch Otho ließ es an nichts fehlen: mit ausgestreckten Händen bezeugte er der Menge seine Ehrerbietung, warf Kußhände – das alles in Sklavengesinnung um der Herrschaft willen. Als die gesamte Legion der Flottensoldaten auf ihn den Eid geleistet hatte, faßte er Vertrauen in seine Macht: entschlossen, alle, die er bisher einzeln aufgehetzt hatte, gemeinsam anzufeuern, begann er vom Lagerwall aus so zu sprechen:

**37** (1) »In welcher Eigenschaft ich vor euch hingetreten bin, Kameraden, kann ich nicht sagen: denn Privatmann vermag ich mich nicht zu nennen, von euch zum Prinzeps ernannt, aber auch nicht Prinzeps, solange ein anderer herrscht. Auch euer Name wird ungewiß sein, solange nicht entschieden ist, ob ihr den Imperator des römischen Volkes oder einen Staatsfeind im Lager habt. (2) Hört ihr, wie meine Bestrafung und eure Hinrichtung zugleich gefordert werden? So handgreiflich ist es, daß wir nur gemeinsam umkommen oder gerettet sein können. Bei seiner bekannten ›Milde‹ hat Galba vielleicht schon (unsere Hinrichtung) versprochen, er, der doch, ohne daß es jemand forderte, so viele Tausende völlig unschuldiger Soldaten hinmetzeln ließ. (3) Schaudern erfaßt mich jedesmal, wenn ich an seinen leichenübersäten Einzug denke und an diesen einzigen Sieg Galbas, als er vor den Augen der Stadt jeden zehnten derer hinrichten ließ, die sich ihm ergeben hatten: Leute, die er auf ihre flehentlichen Bitten hin unter seinen Schutz genommen hatte. Unter solchen Vorzeichen hat er die Stadt betreten; welchen andern Ruhm hat er seiner Herrschaft verliehen als die Ermordung des Obultronius Sabinus und des Cornelius Marcellus in Spanien,[84] des Betuus Cilo in Gallien, des Fonteius Capito in Germanien, des Clodius Macer in Africa,[85] des Cingonius auf dem Marsch, des Turpilianus in der Stadt, des Nymphidius im Lager?[86] (4) Wo gibt es überhaupt noch eine Provinz,

cruenta et maculata aut, ut ipse praedicat, emendata et correcta? nam quae alii scelera, hic remedia vocat, dum falsis nominibus severitatem pro saevitia, parsimoniam pro avaritia, supplicia et contumelias vestras disciplinam appellat. (5) septem a Neronis fine menses sunt, et iam plus rapuit Icelus quam quod Polycliti et Vatinii et Aegiali perdiderunt. minore avaritia ac licentia grassatus esset T. Vinius si ipse imperasset: nunc et subiectos nos habuit tamquam suos et viles ut alienos. una illa domus sufficit donativo quod vobis numquam datur et cotidie exprobratur.

**38** (1) Ac ne qua saltem in successore Galbae spes esset, accersit ab exilio, quem tristitia et avaritia sui simillimum iudicabat. vidistis, commilitones, notabili tempestate etiam deos infaustam adoptionem aversantes. idem senatus, idem populi Romani animus est: vestra virtus expectatur, apud quos omne honestis consiliis robur et sine quibus quamvis egregia invalida sunt. (2) non ad bellum vos nec ad periculum voco: omnium militum arma nobiscum sunt. nec una cohors togata defendit nunc Galbam sed detinet: cum vos aspexerit, cum signum meum acceperit, hoc solum erit certamen, quis mihi plurimum imputet. nullus cunctationis locus est in eo consilio quod non potest laudari nisi peractum.' (3) aperire deinde armamentarium iussit. rapta statim arma, sine more et

wo ein Lager, das nicht bluttriefend und besudelt oder, wie er selbst es bezeichnet, gesäubert und zur Ordnung gerufen ist? Denn was andere Leute Verbrechen, das nennt er Heilmittel, wobei er mit falschem Namen Strenge statt Grausamkeit, Sparsamkeit statt Geiz sagt und Hinrichtungen und eure entehrenden Strafen Manneszucht nennt. (5) Sieben Monate sind seit Neros Ende vergangen, und schon hat Icelus mehr an sich gerafft, als ein Polyclitus, Vatinius und Aegialus[87] verschwendet haben. Mit weniger Habgier und Zügellosigkeit hätte Titus Vinius gewirtschaftet, wenn er selbst zur Herrschaft gelangt wäre: nun aber hat er uns wie Untertanen behandelt, als wären wir sein Besitz, zugleich wie billiges Gesindel, als wären wir fremder Besitz. Das eine Haus dort oben reicht aus als Geldgeschenk, das euch niemals gegeben und täglich vorgeworfen wird.

**38** (1) Und damit man auch keine Hoffnung wenigstens auf den Nachfolger Galbas setzen könne, hat er aus der Verbannung den Mann herbeigeholt, den er wegen seines finsteren Wesens und seiner Habgier für ganz seinesgleichen erachtete. Ihr habt erlebt, Kameraden, wie durch ein auffallendes Unwetter sogar die Götter die Adoption als unheilbringend ablehnten. Ebenso ist der Senat, ebenso das römische Volk gesinnt: von euch erwartet man eine heldenhafte Tat, bei euch liegt alle Kraft für ehrenhafte Pläne, ohne euch bleiben auch die hervorragendsten wirkungslos. (2) Nicht zu Krieg und Gefahr rufe ich euch auf: die Waffen aller Soldaten sind mit uns; und auch diese eine Kohorte ›im Friedensgewande‹[88] schützt jetzt Galba nicht, sondern hält ihn zurück. Wenn sie euch erblickt, wenn sie meine Parole vernimmt, wird es nur darin zum Wetteifer kommen, wer bei mir am meisten auf die Rechnung setzen kann. Kein Zögern ist jetzt am Platz bei einem Plan, der erst gelobt werden kann, wenn in die Tat umgesetzt.« (3) Dann ließ er das Zeughaus öffnen; sofort rissen alle die Waffen an sich,

ordine militiae, ut praetorianus aut legionarius insignibus suis distingueretur: miscentur auxiliaribus galeis scutisque, nullo tribunorum centurionumve adhortante, sibi quisque dux et instigator; et praecipuum pessimorum incitamentum quod boni maerebant.

39 (1) Iam exterritus Piso fremitu crebrescentis seditionis et vocibus in urbem usque resonantibus, egressum interim Galbam et foro adpropinquantem adsecutus erat; iam Marius Celsus haud laeta rettulerat, cum alii in Palatium redire, alii Capitolium petere, plerique rostra occupanda censerent, plures tantum sententiis aliorum contra dicerent, utque evenit in consiliis infelicibus, optima viderentur quorum tempus effugerat. (2) agitasse Laco ignaro Galba de occidendo Tito Vinio dicitur, sive ut poena eius animos militum mulceret, seu conscium Othonis credebat, ad postremum vel odio. haesitationem attulit tempus ac locus, quia initio caedis orto difficilis modus; et turbavere consilium trepidi nuntii ac proximorum diffugia, languentibus omnium studiis, qui primo alacres fidem atque animum ostentaverant.

40 (1) Agebatur huc illuc Galba vario turbae fluctuantis impulsu, completis undique basilicis ac templis, lugubri prospectu. neque populi aut plebis ulla vox, sed attoniti vultus et conversae ad omnia aures; non tumultus, non quies, quale magni metus et magnae irae silentium est.

ohne militärische Zucht und Ordnung, so daß sich ein Prätorianer oder ein Legionär durch seine Abzeichen unterschieden hätte. Im Durcheinander bewaffneten sie sich mit Helmen und Schilden der Hilfstruppen,[89] ohne daß ein Tribun oder Zenturio zur Ordnung rief: jeder seinem eigenen Befehl, seinem Trieb folgend. Und Hauptansporn für diese üble Bande war es, daß die Gutgesinnten Trauer empfanden.

39 (1) Schon hatte Piso, aufgeschreckt durch das Getöse des wachsenden Aufruhrs und das bis zur Stadt hallende Geschrei, Galba erreicht; der hatte den Palatin verlassen und kam gerade zum Forum. Soeben hatte Marius Celsus unerfreuliche Nachrichten gebracht; da rieten die einen, zum Palatin zurückzukehren; andere, zum Kapitol zu eilen; sehr viele auch, man solle die Rednertribüne besetzen; die meisten widersprachen nur den Meinungen der anderen – und, wie es bei unheilvollen Überlegungen geschieht, als das Beste erschien, wofür der rechte Zeitpunkt schon vorbei war. (2) Laco hat, so berichtet man, ohne Galbas Wissen darauf gedrängt, den Titus Vinius umzubringen, vielleicht um durch seine Bestrafung die Soldaten zu besänftigen, oder weil er ihn für einen Mitwisser Othos hielt, oder letztlich jedoch aus Haß. Zögern ließen ihn Zeit und Ort; denn hat das Morden einmal begonnen, ist ihm nur schwer ein Ende zu setzen. Den Plan verhinderten schließlich Schreckensnachrichten und das Auseinanderstieben seiner Umgebung: es erschlaffte der Kampfesmut aller, die in der ersten Begeisterung Treue und Mut zur Schau gestellt hatten.

40 (1) Hin und her gezerrt wurde Galba im Gewoge der planlos drängenden Menge, voll von Menschen überall Kaufhallen und Tempel – ein trauriges Schauspiel! Von Bürgern und Pöbel kein Laut, nur verstörte Mienen und zugewandt allem und jedem die Ohren. Kein Aufruhr, keine Stille, sondern Schweigen, wie es bei großer Furcht oder großer Erbitterung herrscht. Doch erhielt Otho

Othoni tamen armari plebem nuntiabatur; ire praecipites et occupare pericula iubet. (2) igitur milites Romani, quasi Vologaesum aut Pacorum avito Arsacidarum solio depulsuri ac non imperatorem suum inermem et senem trucidare pergerent, disiecta plebe, proculcato senatu, truces armis, rapidi equis forum inrumpunt. nec illos Capitolii aspectus et imminentium templorum religio et priores et futuri principes terruere, quo minus facerent scelus, cuius ultor est quisquis successit.

**41** (1) Viso comminus armatorum agmine vexillarius comitatae Galbam cohortis (Atilium Vergilionem fuisse tradunt) dereptam Galbae imaginem solo adflixit: eo signo manifesta in Othonem omnium militum studia, desertum fuga populi forum, destricta adversus dubitantes tela. (2) iuxta Curtii lacum trepidatione ferentium Galba proiectus e sella ac provolutus est. extremam eius vocem, ut cuique odium aut admiratio fuit, varie prodidere. alii suppliciter interrogasse quid mali meruisset, paucos dies exolvendo donativo deprecatum: plures obtulisse ultro percussoribus iugulum: agerent ac ferirent, si ita *e* re publica videretur. non interfuit occidentium quid diceret. (3) de percussore non satis constat: quidam Terentium evocatum, alii Laecanium; crebrior

laufend Nachrichten, der Pöbel werde bewaffnet; da befahl er, Hals über Kopf aufzubrechen und den drohenden Gefahren zuvorzukommen. (2) Nun geschah es also: römische Soldaten – als gälte es, den Vologaesus oder Pacorus[90] vom ererbten Thron der Arsakiden zu stürzen, aber nicht loszustürmen, um den eigenen waffenlosen, greisen Herrscher niederzumetzeln – der Pöbel verjagt, der Senat zu Boden getreten! – römische Soldaten, drohend in ihren Waffen, dahinjagend auf ihren Pferden, brachen über das Forum herein. Weder der Anblick des Kapitols noch die heilige Würde der auf sie herabblickenden Tempel noch der Gedanke an frühere und kommende Herrscher schreckten sie ab, dieses Verbrechen zu begehen, dessen Rächer jeder Nachfolger sein mußte, wer auch immer.

41 (1) Schon sah man ganz aus der Nähe den Zug der Bewaffneten: da riß der Fahnenträger der Leibkohorte Galbas – es soll ein Atilius Vergilio gewesen sein – das Bild Galbas vom Schaft und warf es zu Boden. Das war das Signal: ganz offen nun für Otho die Begeisterung aller Soldaten, verlassen nach der Flucht des Volkes das Forum, gezückt gegen die Zaudernden die Schwerter! (2) In der Nähe des »Lacus Curtius«[91] wurde Galba infolge der blinden Hast der Träger aus der Sänfte geschleudert und rollte auf den Boden hin. Sein letztes Wort ist verschieden überliefert, je nachdem bei jemandem Haß oder Bewunderung vorherrschte: die einen sagen, er habe flehentlich gefragt, was er denn Böses getan habe, und um wenige Tage für die Auszahlung des Geldgeschenkes gebeten; die Mehrzahl behauptet, er habe von sich aus den Mördern seine Kehle hingehalten: sie sollten das Ihre tun und zustoßen, wenn es so im Interesse des Gemeinwesens läge. Seinen Mördern war es gleichgültig, was er sagte. (3) Über den Täter herrscht Unklarheit. Einige geben den Offiziersanwärter[92] Terentius an, andere den Laecanius; häufiger aber nennt das Gerücht

fama tradidit Camurium quintae decimae legionis militem impresso gladio iugulum eius hausisse. ceteri crura brachiaque (nam pectus tegebatur) foede laniavere; pleraque vulnera feritate et saevitia trunco iam corpori adiecta.

**42** (1) Titum inde Vinium invasere, de quo et ipso ambigitur, consumpseritne vocem eius instans metus, an proclamaverit non esse ab Othone mandatum ut occideretur. quod seu finxit formidine seu conscientiam coniurationis confessus est, huc potius eius vita famaque inclinat, ut conscius sceleris fuerit, cuius causa erat. ante aedem divi Iulii iacuit primo ictu in poplitem, mox ab Iulio Caro legionario milite in utrumque latus transverberatus.

**43** (1) Insignem illa die virum Sempronium Densum aetas nostra vidit. centurio is praetoriae cohortis, a Galba custodiae Pisonis additus, stricto pugione occurrens armatis et scelus exprobrans ac modo manu modo voce vertendo in se percussores quamquam vulnerato Pisoni effugium dedit. (2) Piso in aedem Vestae pervasit, exceptusque misericordia publici servi et contubernio eius abditus non religione nec caerimoniis sed latebra inminens exitium differebat, cum advenere missu Othonis nominatim in caedem eius ardentis Sulpicius Florus e Britannicis cohortibus, nuper a Galba civitate donatus, et Statius Murcus speculator, a quibus protractus Piso in foribus templi trucidatur.

den Camurius, Soldat der 15. Legion: er habe mit einem Schwertstoß ihm die Kehle durchbohrt. Die anderen zerfetzten in abstoßender Wut ihm Arme und Beine – die Brust war ja vom Panzer geschützt; die meisten Wunden wurden in tierischem Blutrausch dem schon verstümmelten Leichnam zugefügt.

**42** (1) Dann stürzten sie sich auf Titus Vinius; auch bei ihm ist nicht eindeutig überliefert, ob die Furcht des Augenblicks ihm die Stimme geraubt oder ob er ausgerufen habe, es sei nicht Othos Befehl, ihn umzubringen. Mag er das in seiner Todesangst erfunden oder sein Wissen um die Verschwörung einbekannt haben – eher sprechen sein Leben und sein Ruf dafür, daß er um das Verbrechen gewußt hat, wozu er ja den Anstoß gegeben hatte.[93] Vor dem Tempel des Divus Iulius[94] lag er, vom ersten Hieb in die Kniekehlen getroffen, gleich darauf vom Legionär Iulius Carus beidseits durchbohrt.

**43** (1) Einen hervorragenden Mann sah an jenem Tag unser Zeitalter in Sempronius Densus. Als Zenturio einer Prätorianerkohorte von Galba mit dem Schutz Pisos betraut, trat er mit gezücktem Schwert den Bewaffneten entgegen und warf ihnen ihr Verbrechen vor; indem er bald durch Fausthiebe, bald durch Rufe die Mörder auf sich zog, gab er dem Piso trotz dessen Verwundung Gelegenheit zu fliehen. (2) Piso rettete sich in den Tempel der Vesta; aufgenommen von einem mitleidigen Staatssklaven[95] und in dessen Behausung verborgen, suchte er nicht durch die Heiligkeit und Weihe des Ortes, sondern durch sein Versteck den drohenden Untergang aufzuschieben; da erschienen im Auftrag Othos, der aus persönlicher Rache nach seinem Blut lechzte, Sulpicius Florus von den britannischen Kohorten[96] – er hatte vor kurzem von Galba das Bürgerrecht erhalten – und der Leibgardist Statius Murcus; von ihnen wurde Piso hervorgezerrt und im Tempelinneren erschlagen.

**44** (1) Nullam caedem Otho maiore laetitia excepisse, nullum caput tam insatiabilibus oculis perlustrasse dicitur, seu tum primum levata omni sollicitudine mens vacare gaudio coeperat, seu recordatio maiestatis in Galba, amicitiae in Tito Vinio quamvis immitem animum imagine tristi confuderat, Pisonis ut inimici et aemuli caede laetari ius fasque credebat. (2) praefixa contis capita gestabantur inter signa cohortium iuxta aquilam legionis, certatim ostentantibus cruentas manus qui occiderant, qui interfuerant, qui vere qui falso ut pulchrum et memorabile facinus iactabant. plures quam centum viginti libellos praemium exposcentium ob aliquam notabilem illa die operam Vitellius postea invenit, omnesque conquiri et interfici iussit, non honori Galbae, sed tradito principibus more munimentum ad praesens, in posterum ultionem.

**45** (1) Alium crederes senatum, alium populum: ruere cuncti in castra, anteire proximos, certare cum praecurrentibus, increpare Galbam, laudare militum iudicium, exosculari Othonis manum; quantoque magis falsa erant quae fiebant, tanto plura facere. nec aspernabatur singulos Otho, avidum et minacem militum animum voce vultuque temperans. (2) Marium Celsum, consulem designatum et Galbae usque in extremas res amicum fidumque, ad supplicium expostulabant, industriae eius innocentiaeque quasi malis artibus infensi. caedis et prae-

**44** (1) Keinen Mord soll Otho mit größerer Freude vernommen, kein Haupt mit so unersättlichen Blicken gemustert haben: vielleicht hatte er damals erst, befreit von jeder Sorge, begonnen, sich der Freude hinzugeben, vielleicht hatte die Erinnerung an die kaiserliche Würde bei Galba, an die Freundschaft bei Titus Vinius ihn trotz seiner Hartherzigkeit durch düstere Vorstellungen erschüttert; doch über Pisos, seines Feindes und Nebenbuhlers Tod zu frohlocken hielt er für Recht vor Menschen und Göttern. (2) Auf Stangen gespießt, wurden die Köpfe umhergetragen zwischen den Standarten der Kohorten neben dem Legionsadler, wobei um die Wette ihre blutigen Hände alle vorstreckten, die gemordet hatten, die dabeigestanden waren, die sich wahrheitsgemäß oder fälschlich (des Mordes) als einer schönen und denkwürdigen Tat rühmten. Mehr als hundertzwanzig Bittschriften von Leuten, die eine Belohnung forderten für eine an jenem Tag geleistete Heldentat, fand Vitellius später vor; er ließ alle diese Leute verhaften und töten, nicht zu Ehren Galbas, sondern nach der bei Herrschern althergebrachten Sitte: als Sicherung für die Gegenwart, für die Zukunft als Rachedrohung.[97]

**45** (1) Für verwandelt hätte man den Senat halten können, für verwandelt das Volk: alle stürmten zum Lager, überholten die Nebenleute, lieferten einen Wettlauf mit den Vorauseilenden, beschimpften Galba, lobten die Entscheidung der Soldaten, küßten Otho die Hand; je unaufrichtiger das war, was geschah, um so häufiger taten sie es. Und Otho wies die einzelnen nicht ab, bemüht, die Beutegier und drohende Haltung der Soldaten mit Wort und Blick zu beschwichtigen. (2) Für Marius Celsus, den designierten Konsul und Galba bis zur letzten Stunde treu ergeben, forderten sie die Todesstrafe: voll Erbitterung über seine Tatkraft und Unbescholtenheit, als wären das schlechte Eigenschaften. Daß

darum initium et optimo cuique perniciem quaeri apparebat, sed Othoni nondum auctoritas inerat ad prohibendum scelus: iubere iam poterat. ita simulatione irae vinciri iussum et maiores poenas daturum adfirmans praesenti exitio subtraxit.

**46** (1) Omnia deinde arbitrio militum acta: praetorii praefectos sibi ipsi legere, Plotium Firmum e manipularibus quondam, tum vigilibus praepositum et incolumi adhuc Galba partes Othonis secutum; adiungitur Licinius Proculus, intima familiaritate Othonis suspectus consilia eius fovisse. urbi Flavium Sabinum praefecere, iudicium Neronis secuti, sub quo eandem curam obtinuerat, plerisque Vespasianum fratrem in eo respicientibus. (2) flagitatum, ut vacationes praestari centurionibus solitae remitterentur; namque gregarius miles ut tributum annuum pendebat. quarta pars manipuli sparsa per commeatus aut in ipsis castris vaga, dum mercedem centurioni exolveret, neque modum oneris quisquam neque genus quaestus pensi habebat: per latrocinia et raptus aut servilibus ministeriis militare otium redimebant. (3) tum locupletissimus quisque miles labore ac saevitia fatigari, donec vacationem emeret. ubi sumptibus exhaustus socordia insuper elanguerat, inops pro locuplete et iners pro strenuo in manipulum redibat, ac rursus alius atque alius, eadem egestate ac licentia corrupti, ad

man es auf den Beginn des Mordens und Plünderns und aufs Verderben für die Besten abgesehen habe, war klar; doch hatte Otho noch nicht Ansehen genug, ein Verbrechen zu verhindern; befehlen konnte er es schon. Mit gespieltem Zorn befahl er, ihn zu fesseln, versicherte, er werde ihn noch härter bestrafen, und entzog ihn so dem unmittelbaren Verderben.

**46** (1) Von da ab geschah alles nach Willkür der Soldaten: Die Prätorianerpräfekten wählten sie sich selbst: nämlich den Plotius Firmus, einst den gemeinen Soldaten zugehörig, dann Kommandant der Stadtwache[98] und schon zu Lebzeiten Galbas Anhänger von Othos Partei; ihm zur Seite stellte man Licinius Proculus, der wegen seiner engen Freundschaft mit Otho im Verdacht stand, dessen Pläne gefördert zu haben. Zum Stadtpräfekten[99] machten sie Flavius Sabinus[100]; sie folgten damit dem Urteil Neros, unter dem er dasselbe Amt bekleidet hatte; viele aber nahmen in seiner Person Rücksicht auf seinen Bruder Vespasianus. (2) Man forderte auch, die Zahlungen für Urlaub, die man gewöhnlich an die Zenturionen entrichtete, zu erlassen; denn der gemeine Soldat zahlte diese Gelder wie eine jährliche Abgabe. Ein Viertel jedes Manipels hatte sich auf Urlaub irgendwohin verstreut oder trieb sich im Lager umher, wenn sie nur den Zenturio bezahlt hatten; und niemand kümmerte sich um das Ausmaß der Belastung oder die Art, sich das Geld dafür zu beschaffen. Mit Plünderungen und Überfällen oder durch Sklavendienste erkauften sie sich Befreiung vom Militärdienst. (3) Dann wurden vor allem die wohlhabenden Soldaten durch harten Dienst und grausame Strenge so lange zermürbt, bis sie sich den Urlaub erkauften. War dann ein Soldat infolge des Aufwands finanziell erschöpft und durch das Nichtstun schlaff geworden, so kehrte er mittellos statt wohlhabend und unbrauchbar statt einsatzbereit zu seinem Manipel zurück. So ließ sich einer nach dem anderen, ebenso durch Armut wie durch Zügellosigkeit verkommen, zu

seditiones et discordias et ad extremum bella civilia ruebant. (4) sed Otho ne vulgi largitione centurionum animos averteret, fiscum suum vacationes annuas exoluturum promisit, rem haud dubie utilem et a bonis postea principibus perpetuitate disciplinae firmatam. (5) Laco praefectus, tamquam in insulam seponeretur, ab evocato, quem ad caedem eius Otho praemiserat, confossus; in Marcianum Icelum ut in libertum palam animadversum.

**47** (1) Exacto per scelera die novissimum malorum fuit laetitia. vocat senatum praetor urbanus, certant adulationibus ceteri magistratus, adcurrunt patres: decernitur Othoni tribunicia potestas et nomen Augusti et omnes principum honores, adnitentibus cunctis abolere convicia ac probra, quae promisce iacta haesisse animo eius nemo sensit; omisisset offensas an distulisset brevitate imperii in incerto fuit. (2) Otho cruento adhuc foro per stragem iacentium in Capitolium atque inde in Palatium vectus concedi corpora sepulturae cremarique permisit. Pisonem Verania uxor ac frater Scribonianus, Titum Vinium Crispina filia composuere, quaesitis redemptisque capitibus, quae venalia interfectores servaverant.

**48** (1) Piso unum et tricensimum aetatis annum explebat, fama meliore quam fortuna. fratres eius Magnum Clau-

Aufruhr, Zwietracht und schließlich zu Bürgerkrieg hinreißen. (4) Aber um nicht durch reichliche Spenden an die Gemeinden die Herzen der Zenturionen zu verlieren, versprach Otho, daß der Fiskus[101] die jährlichen Urlaubszahlungen bestreiten werde, eine zweifellos nützliche Maßnahme, die von tüchtigen Herrschern künftig durch dauernde Übernahme im Militärbereich bestätigt wurde. (5) Der Präfekt Laco wurde zum Schein auf eine Insel verbannt; dort wurde er von einem Offiziersanwärter[102], den Otho zu dessen Ermordung vorausgeschickt hatte, niedergemacht. An Marcianus Icelus als einem Freigelassenen vollzog man in aller Öffentlichkeit die Hinrichtung.

**47** (1) Zu Ende gegangen war der Tag unter Verbrechen – und das Unerhörte an den Übeltaten war die Freude darüber. Es beruft den Senat der Stadtprätor,[103] es wetteifern in Schmeicheleien die übrigen Magistrate, herbeigeeilt kommen die Senatoren; zuerkannt werden Otho die tribunizische Gewalt, der Name »Augustus« und alle anderen kaiserlichen Ehrenämter;[104] dabei bemühten sich alle, die Schimpfworte und Schmähungen vergessen zu machen, die aber, wahllos ausgestreut, fest in seinem Herzen hafteten, ohne daß es jemand merkte. Ob er auf die Rache für Kränkungen verzichtet oder sie nur aufgeschoben habe, blieb bei der Kürze seiner Herrschaft unentschieden. (2) Otho fuhr über das noch bluttriefende Forum, vorbei an den Leichenhaufen, auf das Kapitol und von dort auf den Palatin; dann gestattete er, die Leichen für Beisetzung und Verbrennung freizugeben. Piso bestatteten seine Gattin Verania und sein Bruder Scribonianus, den Titus Vinius seine Tochter Crispina: ausfindig machen und auslösen mußten sie erst deren Köpfe, die der Mörder für den Verkauf aufbewahrt hatten.

**48** (1) Piso stand im einunddreißigsten Lebensjahr, sein Ruf war besser als sein Glück. Von seinen Brüdern hatte

dius, Crassum Nero interfecerant: ipse diu exul, quadriduo Caesar, properata adoptione ad hoc tantum maiori fratri praelatus est, ut prior occideretur. (2) Titus Vinius quinquaginta septem annos variis moribus egit. pater illi praetoria familia, maternus avus e proscriptis. prima militia infamis: legatum Calvisium Sabinum habuerat, cuius uxor mala cupidine visendi situm castrorum, per noctem militari habitu ingressa, cum vigilias et cetera militiae munia eadem lascivia temptasset, in ipsis principiis stuprum ausa, et criminis huius reus Titus Vinius arguebatur. (3) igitur iussu G. Caesaris oneratus catenis, mox mutatione temporum dimissus, cursu honorum inoffenso legioni post praeturam praepositus probatusque servili deinceps probro respersus est tamquam scyphum aureum in convivio Claudii furatus, et Claudius postera die soli omnium Vinio fictilibus ministrari iussit. (4) sed Vinius proconsulatu Galliam Narbonensem severe integreque rexit; mox Galbae amicitia in abruptum tractus, audax, callidus, promptus et, prout animum intendisset, pravus aut industrius, eadem vi. testamentum Titi Vinii magnitudine opum inritum, Pisonis supremam voluntatem paupertas firmavit.

**49** (1) Galbae corpus diu neglectum et licentia tenebrarum plurimis ludibriis vexatum dispensator Argius e

Claudius den Magnus, Nero den Crassus töten lassen. Er selbst, lange verbannt, vier Tage Caesar, hatte durch die übereilte Adoption nur so viel seinem älteren Bruder voraus, daß er früher umgebracht wurde.[105] (2) Titus Vinius lebte siebenundfünfzig Jahre mit wechselndem Lebenswandel; sein Vater stammte aus prätorischer Familie, sein Onkel mütterlicherseits war unter den Geächteten. Schon sein erster Kriegsdienst trug ihm üblen Ruf ein: als Legaten hatte er den Calvisius Sabinus gehabt; dessen Frau war in sträflichem Verlangen, die Anlage des Lagers zu besichtigen, während der Nacht in Soldatenkleidung hineingegangen, und nachdem sie sich in Nachtwachen und anderen militärischen Diensten mit derselben Frechheit versucht hatte, wagte sie es, mitten im Hauptquartier Hurerei zu treiben; und als schuldig für dieses Verbrechen wurde Titus Vinius belangt. (3) Daher wurde er auf Befehl des Gaius Caesar in Ketten gelegt, bald aber, dank der veränderten Zeitumstände,[106] wieder freigelassen. In ungestörter Ämterlaufbahn erhielt er nach der Prätur das Kommando über eine Legion und fand Anerkennung; dann traf ihn der Vorwurf eines schändlichen Sklavenstreiches: es hieß, er habe einen goldenen Becher bei einem Gastmahl des Claudius gestohlen; und tatsächlich ließ Claudius am folgenden Tag dem Vinius allein von allen Gästen aus irdenem Geschirr auftragen. (4) Aber in seinem Prokonsulat verwaltete Vinius die Gallia Narbonensis streng und unbestechlich. Durch die Freundschaft mit Galba dann auf Abwege gebracht, war er verwegen, schlau, entschlossen und, je nach seinen Plänen, lasterhaft oder tatkräftig – mit gleicher Energie.[107] Das Testament des Titus Vinius wurde wegen des gewaltigen Vermögens nicht anerkannt, Pisos letzten Willen sicherte seine Armut.

**49** (1) Galbas Leichnam – lange unbestattet und im Schutz der Finsternis hemmungslos und unter vielfachem Hohn und Spott geschändet – bestattete der Rechnungs-

primoribus servis humili sepultura in privatis eius hortis contexit. caput per lixas calonesque suffixum laceratumque ante Patrobii tumulum (libertus is Neronis punitus a Galba fuerat) postera demum die repertum et cremato iam corpori admixtum est. (2) hunc exitum habuit Servius Galba, tribus et septuaginta annis quinque principes prospera fortuna emensus et alieno imperio felicior quam suo. vetus in familia nobilitas, magnae opes: ipsi medium ingenium, magis extra vitia quam cum virtutibus. (3) famae nec incuriosus nec venditator; pecuniae alienae non adpetens, suae parcus, publicae avarus; amicorum libertorumque, ubi in bonos incidisset, sine reprehensione patiens, si mali forent, usque ad culpam ignarus. sed claritas natalium et metus temporum obtentui, ut, quod segnitia erat, sapientia vocaretur. (4) dum vigebat aetas, militari laude apud Germanias floruit. pro consule Africam moderate, iam senior citeriorem Hispaniam pari iustitia continuit, maior privato visus dum privatus fuit, et omnium consensu capax imperii nisi imperasset.

50 (1) Trepidam urbem ac simul atrocitatem recentis sceleris, simul veteres Othonis mores paventem novus insuper de Vitellio nuntius exterruit, ante caedem Galbae suppressus, ut tantum superioris Germaniae exercitum descivisse crederetur. tum duos omnium mortalium

führer[108] Argius, einer von den angesehenen Sklaven, in einem bescheidenen Begräbnis in dessen Privatgärten. Sein Haupt, von Marketendern und Roßknechten aufgespießt und übel zugerichtet, wurde vor dem Grab des Patrobius – dieser Freigelassene Neros war unter Galba hingerichtet worden – erst am folgenden Tag aufgefunden und dem bereits verbrannten Leichnam beigegeben. (2) Ein solches Ende nahm Servius Galba. In den dreiundsiebzig Jahren hatte er fünf Kaiser dank eines gnädigen Schicksals überlebt und war unter der Herrschaft anderer glücklicher als unter seiner eigenen. Alt war in seiner Familie der Adel, groß der Reichtum. Sein Charakter hielt die Mitte: mehr fern den Lastern als geprägt durch persönliche Leistungen. (3) Dem Ruhm gegenüber war er weder gleichgültig, noch machte er davon viel Aufhebens. Nach fremdem Geld verlangte er nicht, mit seinem war er sparsam, mit öffentlichem geizig. Gegenüber Freunden und Freigelassenen, sooft er an tüchtige geriet, war er, ohne Tadel zu erregen, nachsichtig, waren sie charakterlos, bis zur Schuldhaftigkeit blind. Aber der Glanz seiner Ahnen und die Schreckenszeiten dienten nur als Deckmantel, so daß man, was Trägheit war, als Klugheit bezeichnete. (4) Solange er in rüstigem Alter stand, genoß er militärischen Ruhm in Germanien;[109] als Prokonsul verwaltete er Africa maßvoll, schon als älterer Mann das diesseitige Spanien mit gleicher Gerechtigkeit; bedeutender als ein Privatmann erschien er, solange er Privatmann war, nach allgemeinem Urteil fähig der Herrschaft, wenn er nicht Herrscher geworden wäre.

50 (1) Die aufgeregte Stadt, wegen der Gräßlichkeit des jüngsten Verbrechens ebenso wie vor dem altbekannten Charakter Othos in zitternder Angst, erschreckte überdies eine neue Nachricht über Vitellius; sie war vor der Ermordung Galbas unterdrückt worden, damit man glaube, nur das Heer Obergermaniens sei abgefallen.[110] Daß nun diese zwei Männer, unter allen Menschen

impudicitia ignavia luxuria deterrimos velut ad perdendum imperium fataliter electos non senatus modo et eques, quis aliqua pars et cura rei publicae, sed vulgus quoque palam maerere. (2) nec iam recentia saevae pacis exempla sed repetita bellorum civilium memoria captam totiens suis exercitibus urbem, vastitatem Italiae, direptiones provinciarum, Pharsaliam Philippos et Perusiam ac Mutinam, nota publicarum cladium nomina, loquebantur. (3) prope eversum orbem etiam cum de principatu inter bonos certaretur, sed mansisse G. Iulio, mansisse Caesare Augusto victore imperium; mansuram fuisse sub Pompeio Brutoque rem publicam: nunc pro Othone an pro Vitellio in templa ituros? utrasque impias preces, utraque detestanda vota inter duos, quorum bello solum id scires, deteriorem fore qui vicisset. (4) erant qui Vespasianum et arma Orientis augurarentur, et ut potior utroque Vespasianus, ita bellum aliud atque alias clades horrebant. et ambigua de Vespasiano fama, solusque omnium ante se principum in melius mutatus est.

**51** (1) Nunc initia causasque motus Vitelliani expediam. caeso cum omnibus copiis Iulio Vindice ferox praeda

wegen ihrer Schamlosigkeit, Trägheit und Genußsucht die Übelsten, gleichsam zur Vernichtung des Reiches vom Schicksal auserkoren seien, darüber trauerten offen nicht nur Senat und Ritter, die doch noch einigermaßen Sorge um den Staat empfanden, sondern auch die Masse des Volkes. (2) Und nicht mehr von den jüngsten Ereignissen eines blutigen Friedens, sondern auf die Geschichte der Bürgerkriege zurückgreifend, von der so oft durch die eigenen Armeen eroberten Stadt, von der Verwüstung Italiens, den Plünderungen der Provinzen, von Pharsalus und Philippi, Perusia und Mutina – Namen, die durch das Unglück des Staates bekannt waren –,[111] davon sprachen alle. (3) Beinahe aus den Fugen geraten sei die Welt auch damals, als um die Herrschaft tüchtige Männer kämpften, doch habe fortbestanden nach dem Sieg des Gaius Iulius, fortbestanden nach dem Sieg des Caesar Augustus das Reich; fortbestanden hätte auch unter Pompeius und Brutus die Republik: sollten sie jetzt für Otho oder für Vitellius in die Tempel gehen? In beiden Fällen seien die Gebete gottlos, in beiden Fällen die Gelübde verwerflich bei diesen zwei Männern, durch deren Krieg man nur das eine erfahren könne: der Schlechtere werde der Sieger sein. (4) Einige ahnten auch etwas von Vespasianus und der Waffenmacht des Orients; zwar mußte man Vespasianus den beiden anderen vorziehen, doch schreckte sie der Gedanke an einen neuen Krieg und neue Katastrophen. In der Tat, zweideutig war der Ruf Vespasians; und er als einziger nach allen Herrschern vor ihm wandelte sich dann zum Besseren.

## *Aufstand des Vitellius* [51–70

**51** (1) Jetzt will ich Anfänge und Gründe des Vitellius-Aufstandes darstellen. Geschlagen war mit all seinen Truppen Iulius Vindex; das Heer, aufgeputscht durch

gloriaque exercitus, ut cui sine labore ac periculo ditissimi belli victoria evenisset, expeditionem et aciem, praemia quam stipendia malebat. (2) diu infructuosam et asperam militiam toleraverant ingenio loci caelique et severitate disciplinae, quam in pace inexorabilem discordiae civium resolvunt, paratis utrimque corruptoribus et perfidia impunita. viri, arma, equi ad usum et ad decus supererant. (3) sed ante bellum centurias tantum suas turmasque noverant; exercitus finibus provinciarum discernebantur: tum adversus Vindicem contractae legiones, seque et Gallias expertae, quaerere rursus arma novasque discordias; nec socios, ut olim, sed hostes et victos vocabant. nec deerat pars Galliarum, quae Rhenum accolit, easdem partes secuta ac tum acerrima instigatrix adversum Galbianos; hoc enim nomen fastidito Vindice indiderant. (4) igitur Sequanis Aeduisque ac deinde, prout opulentia civitatibus erat, infensi expugnationes urbium, populationes agrorum, raptus penatium hauserunt animo, super avaritiam et adrogantiam, praecipua validiorum vitia, contumacia Gallorum inritati, qui remissam sibi a Galba quartam tributorum partem et publice donatos in ignominiam exercitus iactabant. (5) accessit callide vulgatum, temere creditum, decimari legiones et promptissimum quemque centurionum dimitti. undique

Beute und Ruhm, da ihm ja ohne Mühe und Gefahr der Sieg in einem gewinnreichen Krieg zugefallen war, trachtete nach Feldzug und Schlacht, verlangte eher Kriegslohn als Soldempfang. (2) Lange hatten sie wenig einträglichen und harten Dienst leisten müssen infolge der Art von Gegend und Klima und infolge der strengen Zucht: diese, im Frieden unerschütterlich, löst aber rasch der Bürgerzwist auf, da auf beiden Seiten Verführer bereitstehen und Treulosigkeit unbestraft bleibt. Männer, Waffen, Pferde waren zum Gebrauch und zur Schaustellung reichlich vorhanden. (3) Aber vor dem Krieg kannten sie nur ihre eigenen Zenturien und Schwadronen; die Heere waren durch die Provinzgrenzen voneinander getrennt. Damals aber waren die Legionen gegen Vindex zusammengezogen worden, hatten einander und die gallischen Provinzen kennengelernt und verlangten nun wieder nach Kriegstaten und neuer Zwietracht; nicht mehr von Bundesgenossen, wie früher, sondern von Feinden und Besiegten sprachen sie. Auch der an den Rhein grenzende Teil Galliens stand da nicht zurück: er hatte sich derselben Seite angeschlossen und hetzte damals am schärfsten gegen die »Galbianer«; diesen Namen hatten sie ihnen gegeben, seit man von Vindex nichts mehr hören wollte.[112] (4) Gegen Sequaner und Häduer, überhaupt gegen alle wohlhabenden Stämme also feindlich gesinnt, berauschten sie sich in Gedanken an Eroberung von Städten, Verwüstung von Feldern, Plünderung von Haus und Hof; abgesehen von Habgier und Anmaßung, den Hauptlastern der Mächtigen, waren sie durch den trotzigen Hochmut der Gallier gereizt, die zur Verhöhnung des Heeres sich damit rühmten, Galba habe ihnen ein Viertel der Abgaben erlassen, und durch Staatsvertrag hätten sie Geschenke erhalten.[113] (5) Dazu kam das arglistig verbreitete und blindlings geglaubte Gerücht, die Legionen würden dezimiert und die tüchtigsten Zenturionen entlassen: von allen Seiten drohende

atroces nuntii, sinistra ex urbe fama; infensa Lugdunensis colonia et pertinaci pro Nerone fide fecunda rumoribus; sed plurima ad fingendum credendumque materies in ipsis castris, odio metu et, ubi vires suas respexerant, securitate.

**52** (1) Sub ipsas superioris anni kalendas Decembres Aulus Vitellius inferiorem Germaniam ingressus hiberna legionum cum cura adierat: redditi plerisque ordines, remissa ignominia, adlevatae notae; plura ambitione, quaedam iudicio, in quibus sordes et avaritiam Fontei Capitonis adimendis adsignandisve militiae ordinibus integre mutaverat. (2) nec consularis legati mensura sed in maius omnia accipiebantur. et *ut* Vitellius apud severos humilis, ita comitatem bonitatemque faventes vocabant, quod sine modo, sine iudicio donaret sua, largiretur aliena; simul [aviditate imperitandi] ipsa vitia pro virtutibus interpretabantur. (3) multi in utroque exercitu sicut modesti quietique ita mali et strenui. sed profusa cupidine et insigni temeritate legati legionum Alienus Caecina et Fabius Valens; e quibus Valens infensus Galbae, tamquam detectam a se Verginii cunctationem, oppressa Capitonis consilia ingrate tulisset, instigare Vitellium, ardorem militum ostentans: ipsum celebri ubique fama, nullam in Flacco Hordeonio moram; adfore Britanniam, secutura Germanorum auxilia: male fidas

Nachrichten, üble Kunde aus der Hauptstadt; feindlich gesinnt die Koloniestadt Lugdunum und unerschüttert in ihrer Treue zu Nero – ein von Gerüchten trächtiger Ort; aber überreich für Erfindung und Leichtgläubigkeit der Nährboden im Lager selbst: (denn dort herrschten) Haß, Furcht und, blickte man auf die eigene Macht, das Gefühl der Sicherheit.

**52** (1) Eben um den 1. Dezember des vergangenen Jahres war Aulus Vitellius nach Untergermanien gekommen und hatte die Winterlager der Legionen eingehend besichtigt: sehr viele Soldaten erhielten ihren Dienstgrad zurück, erlassen wurden Ehrenstrafen, erleichtert Disziplinarstrafen;[114] zum Großteil geschah dies aus Popularitätshascherei, manchmal nach vernünftigem Urteil, wobei er die schmutzige Habgier des Fonteius Capito bei Entzug und Verleihung von militärischen Dienstgraden durch Unbestechlichkeit ersetzte. (2) Auch legte man bei ihm nicht das Maß eines Konsularlegaten an, sondern sah in allem eine höhere Bedeutung. So galt zwar Vitellius bei strengen Beurteilern als Kriechernatur, von Freundlichkeit und Gutmütigkeit aber sprachen seine Anhänger, weil er anscheinend ohne Maß und Urteil sein eigenes Vermögen verschenkte und fremdes freigebig verteilte. Überhaupt legten sie seine Fehler als Vorzüge aus. (3) In beiden Armeen gab es viele disziplinierte und ruhige Leute, aber auch viele üble und tatendurstige. Jedoch voll hemmungsloser Gier und hervorstechender Verwegenheit waren die Legionslegaten Alienus Caecina[115] und Fabius Valens[116]. Von diesen war Valens erbittert über Galba, weil der ihm die Enthüllung der zögernden Haltung des Verginius und die Unterdrükkung der Pläne Capitos mit Undank gelohnt habe. So hetzte er den Vitellius auf, indem er auf die Begeisterung der Soldaten hinwies: sein Name sei überall gefeiert, von Flaccus Hordeonius drohe kein Hindernis, beitreten werde Britannien, anschließen würden sich die germani-

provincias, precarium seni imperium et brevi transiturum: panderet modo sinum et venienti Fortunae occurreret. (4) merito dubitasse Verginium equestri familia, ignoto patre, imparem si recepisset imperium, tutum si recusasset: Vitellio tres patris consulatus, censuram, collegium Caesaris et imponere iam pridem imperatoris dignationem et auferre privati securitatem. quatiebatur his segne ingenium, ut concupisceret magis quam ut speraret.

**53** (1) At in superiore Germania Caecina, decorus iuventa, corpore ingens, animi immodicus, scito sermone, erecto incessu, studia militum inlexerat. hunc iuvenem Galba, quaestorem in Baetica impigre in partes suas transgressum, legioni praeposuit: mox compertum publicam pecuniam avertisse ut peculatorem flagitari iussit. (2) Caecina aegre passus miscere cuncta et privata vulnera rei publicae malis operire statuit. nec deerant in exercitu semina discordiae, quod et bello adversus Vindicem universus adfuerat, nec nisi occiso Nerone translatus in Galbam atque in eo ipso sacramento vexillis inferioris Germaniae praeventus erat. (3) et Treviri ac Lingones, quasque alias civitates atrocibus edictis aut damno finium Galba perculerat, hibernis legionum propius miscentur:

schen Hilfstruppen: schlecht stehe es um die Treue der Provinzen, nur auf Widerruf übe der »Alte« die Herrschaft aus, und bald werde sie auf einen anderen übergehen; er solle nur die Arme öffnen und der nahenden Fortuna entgegeneilen. (4) Mit Recht habe Verginius gezögert, der Sproß einer Ritterfamilie, der Sohn eines unbekannten Vaters: nicht gewachsen der Herrschaft, hätte er sie übernommen – in Sicherheit, hätte er sie abgelehnt. Dem Vitellius aber verliehen die drei Konsulate des Vaters, dessen Zensur, die Amtsgemeinschaft mit einem Kaiser[117] schon längst die Würde eines Herrschers und entzögen ihm das sorglose Leben eines Privatmannes. Das rüttelte dessen trägen Sinn auf (aber nur soweit), daß er sich eher Wünschen als Hoffnungen hingab.

**53** (1) Aber in Obergermanien (stand) Caecina: stattlich in seiner Jugendkraft, groß an Wuchs, unbändig in seinen Leidenschaften, gewandt im Ausdruck, aufrechten Ganges – so hatte er dort die Herzen der Soldaten für sich gewonnen. Als jungen Mann, der als Quästor in Baetica unverzüglich auf seine Seite gewechselt war, betraute ihn Galba mit einem Legionskommando. Als dann bekannt wurde, er habe öffentliche Gelder auf die Seite geschafft, ließ ihn Galba wegen Unterschlagung vor Gericht stellen. (2) Darüber empört, beschloß Caecina, alles in Aufruhr zu versetzen und seine eigenen Wunden mit dem Unglück des Staates zu bedecken.[118] Und es fehlte im Heer nicht der Samen des Aufruhrs, weil man am Krieg gegen Vindex geschlossen teilgenommen hatte, erst nach dem Tod Neros zu Galba übergetreten war – und eben bei dieser Vereidigung waren ihnen die Heeresabteilungen Untergermaniens zuvorgekommen. (3) Die Treverer und Lingonen und alle anderen Stämme, die Galba durch grausame Verordnungen oder durch Gebietsabtretungen hart getroffen hatte, kamen mit den Winterlagern der Legionen in engere Berührung. Die

unde seditiosa colloquia et inter paganos corruptior miles; et in Verginium favor cuicumque alii profuturus.

**54** (1) Miserat civitas Lingonum vetere instituto dona legionibus dextras, hospitii insigne. legati eorum in squalorem maestitiamque compositi per principia per contubernia modo suas iniurias, modo vicinarum civitatium praemia, et ubi pronis militum auribus accipiebantur, ipsius exercitus pericula et contumelias conquerentes accendebant animos. (2) nec procul seditione aberant, cum Hordeonius Flaccus abire legatos, utque occultior digressus esset, nocte castris excedere iubet. inde atrox rumor, adfirmantibus plerisque interfectos, ac ni sibi ipsi consulerent, fore ut acerrimi militum et praesentia conquesti per tenebras et inscitiam ceterorum occiderentur. (3) obstringuntur inter se tacito foedere legiones, adsciscitur auxiliorum miles, primo suspectus tamquam circumdatis cohortibus alisque impetus in legiones pararetur, mox eadem acrius volvens, faciliore inter malos consensu ad bellum quam in pace ad concordiam.

**55** (1) Inferioris tamen Germaniae legiones sollemni kalendarum Ianuariarum sacramento pro Galba adactae, multa cunctatione et raris primorum ordinum vocibus,

Folge: aufrührerische Reden und im Umgang mit der Zivilbevölkerung noch üblere Entartung der Soldaten; dazu noch das Ansehen des Verginius, das jedem beliebigen andern zugute kommen mußte.

**54** (1) Der Stamm der Lingonen hatte nach altem Brauch den Legionen als Geschenk »Hände« geschickt,[119] das Zeichen der Gastfreundschaft. Mit wohlberechneter Trauerkleidung und Trauermiene klagten ihre Gesandten auf dem Lagerplatz und in den Baracken bald über das ihnen zugefügte Unrecht, bald über die Belohnungen der Nachbarstämme und, sobald sie bei den Soldaten geneigtes Gehör fanden, auch über die Gefahren und die schimpfliche Behandlung des Heeres: so versuchten sie, den Aufruhr zu schüren. (2) Tatsächlich stand man unmittelbar vor Ausbruch der Meuterei; da befahl Hordeonius Flaccus den Gesandten, sich zu entfernen und, damit ihre Abreise weniger auffalle, bei Nacht das Lager zu verlassen. Daraus entstand das blutrünstige Gerücht – und viele bestätigten es noch –, sie seien getötet worden, und wenn man sich nicht vorsehe, würden die tatkräftigsten Soldaten, eben die, welche sich über die gegenwärtige Lage beschwert hätten, im Schutz der Finsternis ohne Wissen der anderen umgebracht werden. (3) Da verpflichteten sich die Legionen gegenseitig in einem Geheimabkommen; beigezogen wurden auch die Soldaten der Hilfstruppen. Anfangs hatte man ihnen mißtraut, als planten sie mit ihren im Umkreis lagernden Kohorten und Schwadronen einen Angriff auf die Legionen,[120] dann aber schmiedeten sie, nur noch entschlossener, die gleichen Pläne – wie sich ja üble Elemente leichter zu einem Krieg zusammenfinden als im Frieden zur Eintracht.

**55** (1) Dennoch ließen sich die Legionen Untergermaniens zu dem am 1. Januar üblichen Eid auf Galba verpflichten – freilich nach langem Zögern und unter spärlichem Zulauf aus den ersten Reihen, die übrigen warteten

ceteri silentio proximi cuiusque audaciam expectantes, insita mortalibus natura, propere sequi quae piget inchoare. (2) sed ipsis legionibus inerat diversitas animorum: primani quintanique turbidi adeo, ut quidam saxa in Galbae imagines iecerint: quinta decima ac sexta decima legiones nihil ultra fremitum et minas ausae initium erumpendi circumspectabant. (3) at in superiore exercitu quarta ac duetvicensima legiones, isdem hibernis tendentes, ipso kalendarum Ianuariarum die dirumpunt imagines Galbae, quarta legio promptius, duetvicensima cunctanter, mox consensu. (4) ac ne reverentiam imperii exuere viderentur, senatus populique Romani oblitterata iam nomina sacramento advocabant, nullo legatorum tribunorumve pro Galba nitente, quibusdam, ut in tumultu, notabilius turbantibus. non tamen quisquam in modum contionis aut suggestu locutus; neque enim erat adhuc cui imputaretur.

**56** (1) Spectator flagitii Hordeonius Flaccus consularis legatus aderat, non compescere ruentes, non retinere dubios, non cohortari bonos ausus, sed segnis pavidus et socordia innocens. quattuor centuriones duetvicensimae legionis, Nonius Receptus, Donatius Valens, Romilius Marcellus, Calpurnius Repentinus, cum protegerent Galbae imagines, impetu militum abrepti vinctique. nec cuiquam ultra fides aut memoria prioris sacramenti, sed quod in seditionibus accidit, unde plures erant omnes fuere.

(2) Nocte quae kalendas Ianuarias secuta est in coloniam Agrippinensem aquilifer quartae legionis epulanti Vitel-

schweigend auf einen kühnen Entschluß ihrer Nebenleute: es ist ja den Menschen die Eigenschaft angeboren, eilends nachzufolgen, wo man sich scheut, anzufangen. (2) Bei den einzelnen Legionen herrschte verschiedene Stimmung: die Soldaten der 1. und 5. Legion waren so erregt, daß einige auf die Statuen Galbas Steine warfen; die 15. und 16. Legion wagten nichts weiter als drohendes Murren und warteten auf das Zeichen zum Losschlagen. (3) Im obergermanischen Heer zerschlugen die 4. und 22. Legion, die im selben Winterquartier lagen, gerade am 1. Januar die Statuen Galbas, die 4. Legion entschlossener, die 22. zögernd, bald aber in voller Eintracht.[121] (4) Damit es aber nicht so aussehe, als verleugneten sie die Ehrfurcht vor dem Reich, riefen sie bei ihrem Eid die längst vergessenen Namen »Senat und Volk von Rom«[122]; kein einziger der Legaten und Tribunen setzte sich für Galba ein, vielmehr schürten einige, wie bei einem Tumult üblich, besonders auffallend den Aufruhr, und niemand sprach wie vor einer Heeresversammlung oder vom Tribunal[123] aus; es gab ja noch niemanden, den man sich dadurch zu Dank verpflichten konnte.

**56** (1) Als Zuschauer bei diesem Skandal stand der Konsularlegat Hordeonius Flaccus da: nicht wagte er, die Rasenden zu bändigen, nicht, die Schwankenden zurückzuhalten, nicht, die Gutgesinnten zu ermutigen – untätig, zaghaft und schuldlos nur aus Stumpfheit. Als vier Zenturionen der 22. Legion – Nonius Receptus, Donatius Valens, Romilius Marcellus und Calpurnius Repentinus – die Statuen Galbas schützen wollten, wurden sie von den Soldaten ungestüm weggerissen und gefesselt. Und niemand mehr wahrte Treue oder Erinnerung an den früheren Eid, und wie es bei Meutereien geschieht: dort, wo die Mehrheit war, standen alle.

(2) In der Nacht, die auf den 1. Januar folgte, überbrachte in die Colonia Agrippinensis[124] der Adlerträger

lio nuntiat quartam et duetvicensimam legiones proiectis Galbae imaginibus in senatus ac populi Romani verba iurasse. id sacramentum inane visum: occupari nutantem fortunam et offerri principem placuit. (3) missi a Vitellio ad legiones legatosque, qui descivisse a Galba superiorem exercitum nuntiarent: proinde aut bellandum adversus desciscentes aut, si concordia et pax placeat, faciendum imperatorem: et minore discrimine sumi principem quam quaeri.

57 (1) Proxima legionis primae hiberna erant et promptissimus e legatis Fabius Valens. is die postero coloniam Agrippinensem cum equitibus legionis auxiliariorumque ingressus imperatorem Vitellium consalutavit. secutae ingenti certamine eiusdem provinciae legiones; et superior exercitus, speciosis senatus populique Romani nominibus relictis, tertium nonas Ianuarias Vitellio accessit: scires illum priore biduo non penes rem publicam fuisse. (2) ardorem exercituum Agrippinenses, Treviri, Lingones aequabant, auxilia equos, arma pecuniam offerentes, ut quisque corpore opibus ingenio validus. nec principes modo coloniarum aut castrorum, quibus praesentia ex affluenti et parta victoria magnae spes, sed manipuli quoque et gregarius miles viatica sua et balteos phaleras-

der 4. Legion dem Vitellius, der gerade beim Mahl saß, die Nachricht, die 4. und 22. Legion hätten die Statuen Galbas zu Boden geworfen und auf Senat und Volk von Rom den Schwur geleistet. Dieser Eid schien bedeutungslos zu sein: man beschloß, sich des noch schwankenden Glücks zu versichern und (dem Heer) einen Prinzeps anzubieten. (3) Von Vitellius gingen Boten zu den Legionen und Legaten ab, mit der Meldung, das Heer Obergermaniens sei von Galba abgefallen: daher müsse man entweder Krieg führen gegen die Abtrünnigen oder, wenn man Eintracht und Frieden wünsche, einen Imperator aufstellen – dabei sei es eine geringere Gefahr, einen Herrscher anzunehmen als ihn erst zu suchen.

**57** (1) Am nächsten lag das Winterquartier der 1. Legion, der entschlossenste unter den Legaten war Fabius Valens. Dieser rückte am folgenden Tag mit den Reitern der Legion und der Hilfstruppen in der Colonia Agrippinensis ein und begrüßte Vitellius als Imperator. Es folgten in gewaltigem Wetteifer die Legionen derselben Provinz; und das obergermanische Heer, ohne länger an den schönklingenden Namen »Senat und Volk von Rom« festzuhalten, schloß sich am 3. Januar dem Vitellius an: man mußte nun erkennen, daß es auch die vergangenen zwei Tage nicht für ein freies Gemeinwesen eingetreten war. (2) Der Begeisterung der Heere taten es die Agrippinenser, Treverer und Lingonen gleich: sie boten Hilfstruppen und Pferde, Waffen und Geld an, je nach Leistungsfähigkeit des einzelnen an Körperkraft, Vermögen und Verstand. Und nicht nur die führenden Männer aus Koloniestädten oder Legionslagern, die alle schon in der gegenwärtigen Lage in Überfluß lebten und nach errungenem Sieg sich große Hoffnungen machen konnten, sondern auch die Manipel, also der gemeine Soldat, übergaben ihre Ersparnisse sowie ihre Wehrgehänge und Auszeichnungen, den Silberschmuck ihrer

que, insignia armorum argento decora, loco pecuniae tradebant, instinctu et impetu et avaritia.

**58** (1) Igitur laudata militum alacritate Vitellius ministeria principatus per libertos agi solita in equites Romanos disponit, vacationes centurionibus ex fisco numerat, saevitiam militum plerosque ad poenam exposcentium saepius adprobat, raro simulatione vinculorum frustratur. Pompeius Propinquus procurator Belgicae statim interfectus; Iulium Burdonem Germanicae classis praefectum astu subtraxit. (2) exarserat in eum iracundia exercitus, tamquam crimen ac mox insidias Fonteio Capitoni struxisset. grata erat memoria Capitonis, et apud saevientes occidere palam, ignoscere non nisi fallendo licebat: ita in custodia habitus et post victoriam demum, stratis iam militum odiis, dimissus est. interim ut piaculum obicitur centurio Crispinus. sanguine Capitonis *se* cruentaverat eoque et postulantibus manifestior et punienti vilior fuit.

**59** (1) Iulius deinde Civilis periculo exemptus, praepotens inter Batavos, ne supplicio eius ferox gens alienaretur. et erant in civitate Lingonum octo Batavorum cohortes, quartae decimae legionis auxilia, tum discordia temporum a legione digressae, prout inclinassent, grande momentum sociae aut adversae. Nonium, Donatium, Romilium, Calpurnium centuriones, de quibus supra rettulimus, occidi iussit, damnatos fidei crimine, gravis-

Rüstungen, an Geldes Statt:[125] aus Begeisterung, innerem Antrieb – und Habgier.

**58** (1) Vitellius lobte also den Eifer der Soldaten, verteilte die gewöhnlich von Freigelassenen bekleideten Hofämter unter römische Ritter,[126] ließ die Urlaubsgelder den Zenturionen aus dem Fiskus bezahlen;[127] der Blutgier der Soldaten, die für eine große Zahl die Todesstrafe forderten, gab er öfter nach, selten täuschte er sie durch Scheinverhaftungen. Pompeius Propinquus, der Prokurator Belgiens, wurde sogleich getötet:[128] Iulius Burdo, den Präfekten der germanischen Flotte, entzog er ihnen durch eine List. (2) Gegen jenen war der Zorn der Heere entbrannt, weil er angeblich die Beschuldigungen und dann den Mordanschlag gegen Fonteius Capito inszeniert habe. Capito stand nämlich in gutem Andenken; und bei der allgemeinen Mordgier konnte man jemanden in aller Öffentlichkeit hinrichten, ihn schonen nur durch ein Täuschungsmanöver. So wurde er in Haft gehalten und erst nach dem Sieg, als sich die Haßausbrüche der Soldaten bereits gelegt hatten, entlassen. Inzwischen wurde wie ein Sühneopfer der Zenturio Crispinus preisgegeben. Er hatte sich mit dem Blut Capitos befleckt und war daher ein klarerer Fall für die Leute, die seinen Tod forderten, und für den, der die Strafe vollzog, von geringerem Wert.[129]

**59** (1) Dann wurde Iulius Civilis[130], ein bei den Batavern äußerst mächtiger Mann, der Gefahr entzogen, damit nicht durch seine Hinrichtung dieses kriegerische Volk abtrünnig werde,[131] standen doch im Gebiet der Lingonen acht Bataverkohorten, Hilfstruppen der 14. Legion[132]; sie hatten sich bei der damals herrschenden Zwietracht von der Legion getrennt: je nachdem, welcher Seite sie sich anschließen würden, ein gewichtiger Ausschlag – ob als Verbündete oder als Gegner. Vitellius ließ die Zenturionen Nonius, Donatius, Romilius und Calpurnius, über die wir berichtet haben, töten – schul-

simo inter desciscentes. (2) accessere partibus Valerius Asiaticus, Belgicae provinciae legatus, quem mox Vitellius generum adscivit, et Iunius Blaesus, Lugdunensis Galliae rector, cum Italica legione et ala Tauriana Lugduni tendentibus. nec in Raeticis copiis mora, quo minus statim adiungerentur: ne in Britannia quidem dubitatum.

**60** (1) Praeerat Trebellius Maximus, per avaritiam ac sordes contemptus exercitui invisusque. accendebat odium eius Roscius Coelius legatus vicensimae legionis, olim discors, sed occasione civilium armorum atrocius proruperant. Trebellius seditionem et confusum ordinem disciplinae Coelio, spoliatas et inopes legiones Coelius Trebellio obiectabat, cum interim foedis legatorum certaminibus modestia exercitus corrupta eoque discordiae ventum, ut auxiliarium quoque militum conviciis proturbatus et adgregantibus se Coelio cohortibus alisque desertus Trebellius ad Vitellium perfugerit. quies provinciae quamquam remoto consulari mansit: rexere legati legionum, pares iure, Coelius audendo potentior.

**61** (1) Adiuncto Britannico exercitu ingens viribus opibusque Vitellius duos duces, duo itinera bello destinavit: Fabius Valens adlicere vel, si abnuerent, vastare Gallias et Cottianis Alpibus Italiam inrumpere, Caecina propiore

dig befunden des Verbrechens der Treue, des schwersten unter Meuterern. (2) Zur Partei des Vitellius traten über Valerius Asiaticus, der Statthalter[133] der Provinz Belgica, den Vitellius bald danach zum Schwiegersohn nahm, und Iunius Blaesus, der Statthalter der Gallia Lugdunensis, zusammen mit der Legion »Italica« und der Reiterschwadron »Tauriana«[134], die beide in Lugdunum lagen. Auch die in Rätien stehenden Truppen zögerten nicht mit ihrem sofortigen Anschluß, nicht einmal in Britannien schwankte man.

**60** (1) Den Befehl führte dort Trebellius Maximus[135], wegen seiner schmutzigen Habgier beim Heer verachtet und verhaßt. Den Haß gegen ihn schürte der Legat der 20. Legion, Roscius Coelius: er war schon lange mit ihm zerstritten, aber da ihnen der Bürgerkrieg die Möglichkeit bot, gingen sie noch erbitterter gegeneinander los. Trebellius warf dem Coelius Meuterei und Auflösung der Disziplin vor, Coelius dem Trebellius Ausplünderung und ärmliche Lage der Legionen. Unterdessen löste sich wegen der abstoßenden Streitereien der beiden Legaten jegliche Ordnung im Heer auf, und die Zwietracht erreichte ein solches Ausmaß, daß Trebellius, sogar von den Hilfstruppen mit Schmährufen verjagt und, da sich die Kohorten und Schwadronen dem Coelius anschlossen, völlig verlassen, bei Vitellius Zuflucht suchte. Die Ruhe der Provinz blieb trotz der Abwesenheit des Konsulars erhalten: es kommandierten die Legionslegaten, alle gleich an Recht, nur Coelius war dank seines draufgängerischen Wesens mächtiger.

**61** (1) Durch den Anschluß des britannischen Heeres mit starken Streitkräften und Machtmitteln versehen, bestimmte Vitellius für den Krieg zwei Führer und zwei Marschrichtungen: Fabius Valens hatte Befehl, die gallischen Provinzen zu gewinnen oder, sollten sie sich weigern, zu verwüsten und über die Cottischen Alpen in Italien einzufallen; Caecina sollte auf dem näheren Paß-

transitu Poeninis iugis degredi iussus. (2) Valenti inferioris exercitus electi cum aquila quintae legionis et cohortibus alisque, ad quadraginta milia armatorum data; triginta milia Caecina e superiore Germania ducebat, quorum robur legio unaetvicensima fuit. addita utrique Germanorum auxilia, e quibus Vitellius suas quoque copias supplevit, tota mole belli secuturus.

**62** (1) Mira inter exercitum imperatoremque diversitas: instare miles, arma poscere, dum Galliae trepident, dum Hispaniae cunctentur: non obstare hiemem neque ignavae pacis moras: invadendam Italiam, occupandam urbem; nihil in discordiis civilibus festinatione tutius, ubi facto magis quam consulto opus esset. (2) torpebat Vitellius et fortunam principatus inerti luxu ac prodigis epulis praesumebat, medio diei temulentus et sagina gravis, cum tamen ardor et vis militum ultro ducis munia implebat, ut si adesset imperator et strenuis vel ignavis spem metumve adderet. instructi intentique signum profectionis exposcunt. nomen Germanici Vitellio statim additum: Caesarem se appellari etiam victor prohibuit. (3) laetum augurium Fabio Valenti exercituique, quem in bellum agebat, ipso profectionis die aquila leni meatu, prout agmen incederet, velut dux viae praevolavit, longumque per spatium is gaudentium militum clamor, ea

weg über die Pöninischen Berge hinunterziehen[136]. (2) An Valens wurden Abteilungen des untergermanischen Heeres mit dem Adler der 5. Legion und mit Kohorten und Schwadronen der Hilfstruppen abkommandiert, insgesamt rund 40 000 Bewaffnete; 30 000 Mann führte Caecina aus Obergermanien herbei, den Kern dieser Truppe bildete die 21. Legion. Beigeordnet wurden jedem germanische Hilfstruppen, aus denen Vitellius auch seine eigenen Verbände ergänzte, um mit geballter Kriegsmacht zu folgen.

**62** (1) Erstaunlich war zwischen Heer und Imperator der Gegensatz: »Vorwärts!« fordert die Mannschaft, den Kampf verlangt sie, solange noch die gallischen Provinzen unentschlossen seien, solange noch die spanischen zögerten; nicht hindere der Winter, nicht das Zaudern feiger Friedensliebe: man müsse in Italien einfallen, die Hauptstadt besetzen; nichts sei sicherer als Schnelligkeit in Bürgerkriegen, wo es mehr aufs Handeln als aufs Beraten ankomme. (2) In Trägheit verharrte Vitellius und genoß im voraus die hohe Stellung eines Herrschers in tatenloser Schwelgerei und verschwenderischen Tafelfreuden, schon um die Mittagszeit betrunken und wie mit Mastfutter vollgestopft;[137] dagegen erfüllten die Soldaten mit Begeisterung und Energie von sich aus die Aufgaben des Führers, als ob der Imperator anwesend wäre und den Eifrigen oder den Trägen Hoffnung oder Furcht einflößte. Zum Marsch gerüstet und in gespannter Erwartung verlangten sie das Zeichen zum Aufbruch: dem Vitellius gaben sie sogleich den Beinamen »Germanicus«; »Caesar« genannt zu werden, lehnte er auch als Sieger ab. (3) Glückverheißend war das Vorzeichen für Fabius Valens und das Heer, das er in den Krieg führte: eben am Tag des Aufbruches flog ein Adler in ruhigem Gleiten der Marschrichtung folgend wie ein Wegweiser voran, und über eine weite Strecke war das Freudengeschrei der Soldaten so laut, die Ruhe des Vogels so

quies interritae alitis fuit, ut haud dubium magnae et prosperae rei omen acciperetur.

**63** (1) Et Treviros quidem ut socios securi adiere: Divoduri (Mediomatricorum id oppidum est) quamquam omni comitate exceptos subitus pavor terruit, raptis repente armis ad caedem innoxiae civitatis, non ob praedam aut spoliandi cupidine, sed furore et rabie et causis incertis eoque difficilioribus remediis, donec precibus ducis mitigati ab excidio civitatis temperavere; caesa tamen ad quattuor milia hominum. (2) isque terror Gallias invasit, ut venienti mox agmini universae civitates cum magistratibus et precibus occurrerent, stratis per vias feminis puerisque: quaeque alia placamenta hostilis irae, non quidem in bello sed pro pace tendebantur.

**64** (1) Nuntium de caede Galbae et imperio Othonis Fabius Valens in civitate Leucorum accepit. nec militum animus in gaudium aut formidine permotus: bellum volvebat. Gallis cunctatio exempta est: in Othonem ac Vitellium odium par, ex Vitellio et metus. (2) proxima Lingonum civitas erat, fida partibus. benigne excepti modestia certavere, sed brevis laetitia fuit cohortium intemperie, quas a legione quarta decima, ut supra memoravimus, digressas exercitui suo Fabius Valens

unerschütterlich, daß man es als ein unbezweifelbares Vorzeichen für ein großes und erfolgreiches Unternehmen betrachtete.

**63** (1) In das Gebiet der Treverer als ihrer Bundesgenossen jedenfalls marschierten sie ohne Besorgnis ein. Obwohl sie in Divodurum, einer Stadt der Mediomatriker, mit aller Freundlichkeit aufgenommen wurden, befiel sie plötzlich panischer Schrecken: sie griffen blitzschnell zu den Waffen, um die unschuldige Bevölkerung niederzumetzeln – nicht der Beute wegen oder aus Lust am Plündern, sondern in wilder Raserei und ohne ersichtlichen Grund, weshalb auch die Gegenmaßnahmen um so schwieriger waren. Endlich ließen sie sich durch die Bitten ihres Führers besänftigen und machten dem Blutbad unter der Bevölkerung ein Ende. Dennoch wurden an die 4000 Menschen getötet. (2) Darüber befiel ganz Gallien ein solcher Schrecken, daß nun dem anrükkenden Heer ganze Gemeinden mit ihren Oberhäuptern flehend entgegenzogen; Frauen und Kinder warfen sich entlang des Weges zu Boden – und welche Mittel man sonst noch anwendete, um den Zorn von Feinden zu besänftigen: das alles aber nicht im Krieg, sondern um des Friedens willen.

**64** (1) Die Nachricht von der Ermordung Galbas und der Übernahme der Macht durch Otho erhielt Fabius Valens beim Stamm der Leuker. Aber die Soldaten ließen sich davon nicht umstimmen, weder zur Freude noch aus Schrecken – an Krieg nur dachten sie. Die Gallier wurden ihrer Unschlüssigkeit enthoben: gegen Otho und Vitellius war der Haß gleich groß, vor Vitellius hatten sie auch Angst. (2) Der nächste Stamm waren die Lingonen, der Partei (des Vitellius) treu ergeben. Freundlich aufgenommen, wetteiferte das Heer in Disziplin, aber die Freude währte nur kurz wegen der Unbeherrschtheit der Kohorten, die Fabius Valens nach ihrer oben erwähnten Trennung von der 14. Legion seinem Heer eingegliedert

adiunxerat. iurgia primum, mox rixa inter Batavos et legionarios, dum his aut illis studia militum adgregantur, prope in proelium exarsere, ni Valens animadversione paucorum oblitos iam Batavos imperii admonuisset. (3) frustra adversus Aeduos quaesita belli causa: iussi pecuniam atque arma deferre gratuitos insuper commeatus praebuere. quod Aedui formidine, Lugdunenses gaudio fecere. sed legio Italica et ala Tauriana abductae: cohortem duodevicensimam Lugduni, solitis sibi hibernis, relinqui placuit. (4) Manlius Valens legatus Italicae legionis, quamquam bene de partibus meritus, nullo apud Vitellium honore fuit: secretis eum criminationibus infamaverat Fabius ignarum et, quo incautior deciperetur, palam laudatum.

**65** (1) Veterem inter Lugdunenses et Viennenses discordiam proximum bellum accenderat. multae in vicem clades, crebrius infestiusque, quam ut tantum propter Neronem Galbamque pugnaretur. et Galba reditus Lugdunensium occasione irae in fiscum verterat; multus contra in Viennenses honor: unde aemulatio et invidia et uno amne discretis conexum odium. (2) igitur Lugdunenses extimulare singulos militum et in eversionem Viennensium impellere, obsessam ab illis coloniam suam, adiutos Vindicis conatus, conscriptas nuper legiones in praesidium Galbae referendo. et ubi causas odiorum

hatte.[138] Der anfängliche Wortwechsel, die folgenden Schlägereien zwischen Batavern und Legionssoldaten wären beinahe, da sich die Soldaten in ihrer Parteinahme der einen oder anderen Seite anschlossen, zu einem richtigen Kampf entbrannt, wenn nicht Valens durch Hinrichtung einiger Leute die Bataver an seine ihnen schon ungewohnte Befehlsgewalt erinnert hätte. (3) Vergeblich suchte man gegen die Häduer nach einem Kriegsgrund. Auf den Befehl, Geld und Waffen zu stellen, lieferten sie ihnen noch obendrein kostenlos Lebensmittel. Was die Häduer mit Furcht, das taten die Lugdunenser mit Freude. Aber die Legion »Italica« und die Reiterschwadron »Tauriana« wurden abgezogen, die 18. Kohorte[139] beschloß man in Lugdunum, ihrem gewohnten Winterquartier, zu belassen. (4) Manlius Valens, der Legat der Legion »Italica«, genoß trotz seiner Verdienste um die Partei bei Vitellius überhaupt kein Ansehen: durch heimliche Beschuldigungen hatte ihn Fabius in üblen Ruf gebracht – jener merkte davon nichts, er war ja auch, um sich desto argloser täuschen zu lassen, öffentlich gelobt worden.

**65** (1) Den alten Streit zwischen Lugdunum und Vienna hatte der letzte Krieg wieder entfacht.[140] Vielfachen Schaden hatten sie sich gegenseitig zugefügt, häufiger und verbissener, als daß der Kampf nur Nero oder Galba gegolten hätte. Galba hatte die Einkünfte von Lugdunum, als er seinem Zorn nachgeben konnte, dem Fiskus zugeschlagen, die Viennenser dagegen erfuhren in Fülle ehrende Auszeichnungen: daraus entstanden Eifersucht und Neid, und die nur durch einen Fluß Getrennten verband der Haß. (2) Daher hetzten die Lugdunenser einen Soldaten nach dem andern auf und trieben sie an zur Vernichtung der Viennenser: belagert worden sei von jenen ihre Stadt, unterstützt das Unternehmen des Vindex, ausgehoben erst jüngst Legionen zum Schutz Galbas – so berichteten sie. Und wie sie nun die angebli-

praetenderant, magnitudinem praedae ostendebant, nec iam secreta exhortatio, sed publicae preces: irent ultores, excinderent sedem Gallici belli: cuncta illic externa et hostilia: se, coloniam Romanam et partem exercitus et prosperarum adversarumque rerum socios, si fortuna contra daret, iratis ne relinquerent.

**66** (1) His et pluribus in eundem modum perpulerant, ut ne legati quidem ac duces partium restingui posse iracundiam exercitus arbitrarentur, cum haud ignari discriminis sui Viennenses, velamenta et infulas praeferentes, ubi agmen incesserat, arma genua vestigia prensando flexere militum animos; addidit Valens trecenos singulis militibus sestertios. tum vetustas dignitasque coloniae valuit et verba Fabi salutem incolumitatemque Viennensium commendantis aequis auribus accepta; publice tamen armis multati, privatis et promiscis copiis iuvere militem. (2) sed fama constans fuit ipsum Valentem magna pecunia emptum. is diu sordidus, repente dives mutationem fortunae male tegebat, accensis egestate longa cupidinibus immoderatus et inopi iuventa senex prodigus. (3) lento deinde agmine per fines Allobrogum ac Vocontiorum ductus exercitus, ipsa itinerum spatia et stativorum mutationes venditante duce, foedis pactionibus adversus possessores agrorum et magistratus civitatum, adeo

chen Gründe für ihren Haß vorgezeigt hatten, so wiesen sie dann nachdrücklich auf reiche Beuteaussichten hin: nicht mehr blieb es bei geheimen Aufforderungen, ganz öffentlich sprachen sie ihre Bitten aus: ausziehen sollten sie als ihre Rächer, vernichten den Herd des gallischen Krieges; alles sei dort unrömisch und feindlich; sie selbst, als römische Kolonie und als Teil des römischen Heeres, in Glück und Unglück Bundesgenossen:[141] wenn das Schicksal gegen sie entscheide, möge man sie nicht dem Zorn (der Sieger) ausliefern.

**66** (1) Durch solche und ähnliche Reden mehr hatten sie es so weit gebracht, daß nicht einmal die Legaten und Parteihäupter es für möglich hielten, die wütende Erregung des Heeres zu beruhigen. Doch die Viennenser wußten sehr wohl um die ihnen drohende Gefahr: sie trugen mit Tüchern umwundene Ölzweige und Wollbinden vor sich her:[142] sowie sich der Heereszug näherte, umklammerten sie Waffen, Kniee und Füße der Soldaten und konnten sie dadurch milde stimmen; außerdem gab Valens jedem Soldaten noch 300 Sesterzen.[143] Jetzt erst taten Alter und Würde der Kolonie ihre Wirkung, und die Worte des Fabius, mit denen er Wohl und Unverletzlichkeit der Viennenser empfahl, fanden geneigte Ohren; dennoch mußte ihre Stadt strafweise Waffen abliefern, aus Privatbesitz aber unterstützten sie das Heer mit allen möglichen Dingen. (2) Doch hielt sich hartnäckig das Gerücht, Valens habe sich mit einer großen Summe kaufen lassen. Lange in ärmlichen Verhältnissen lebend und plötzlich reich geworden, wußte er den Wandel des Glückes nur schwer zu verbergen: in seinen Begierden, die eine lange Armut entflammt hatte, ausschweifend – nach dürftiger Jugend im Alter verschwenderisch. (3) In langsamem Marsch zog dann das Heer durch die Gebiete der Allobroger und Vokontier: sogar aus der Länge der Tagesmärsche und der Verlegung der Standlager schlug der Feldherr Geld – unter abstoßendem Feilschen mit den Grundbesitzern und

minaciter, ut Luco (municipium id Vocontiorum est) faces admoverit, donec pecunia mitigaretur. quotiens pecuniae materia deesset, stupris et adulteriis exorabatur. sic ad Alpes perventum.

**67** (1) Plus praedae ac sanguinis Caecina hausit. inritaverant turbidum ingenium Helvetii, Gallica gens olim armis virisque, mox memoria nominis clara, de caede Galbae ignari et Vitellii imperium abnuentes. initium bello fuit avaritia ac festinatio unaetvicensimae legionis; rapuerant pecuniam missam in stipendium castelli, quod olim Helvetii suis militibus ac stipendiis tuebantur. (2) aegre id passi Helvetii, interceptis epistulis, quae nomine Germanici exercitus ad Pannonicas legiones ferebantur, centurionem et quosdam militum in custodia retinebant. Caecina belli avidus proximam quamque culpam, antequam paeniteret, ultum ibat: mota propere castra, vastati agri, direptus longa pace in modum municipii extructus locus, amoeno salubrium aquarum usu frequens; missi ad Raetica auxilia nuntii, ut versos in legionem Helvetios a tergo adgrederentur.

**68** (1) Illi ante discrimen feroces, in periculo pavidi, quamquam primo tumultu Claudium Severum ducem legerant, non arma noscere, non ordines sequi, non in unum consulere. exitiosum adversus veteranos proelium, intuta obsidio dilapsis vetustate moenibus; hinc Caecina

den Oberhäuptern der Städte; dabei trat er so gewalttätig auf, daß er etwa Lucus, eine Siedlung der Vokontier, zu brandschatzen begann, bis er durch Geld milde gestimmt wurde. Wo kein Geld vorhanden war, ließ er sich durch Entehrung von Mädchen und Frauen erweichen. So gelangte man an die Alpen.

**67** (1) Mehr an Beute und Blut verschlang Caecinas Marsch. Gereizt hatten diesen Hitzkopf die Helvetier, ein gallischer Stamm, einst durch Waffen und Männer, jetzt durch die Erinnerung an seinen Namen berühmt: vom Mord an Galba wußten sie noch nichts, die Herrschaft des Vitellius lehnten sie ab. Anlaß für den Krieg waren Habgier und Ungeduld der 21. Legion: sie hatte Geld geraubt, bestimmt als Soldzahlung für ein Kastell, das seit langem die Helvetier mit eigenen Mannschaften und auf eigene Soldzahlung belegten. (2) Die Helvetier, darüber aufgebracht, fingen Briefe ab, die im Namen des germanischen Heeres an die pannonischen Legionen gerichtet waren; den Zenturio und einige Soldaten hielten sie in Gewahrsam. Caecina wollte den Krieg, daher ging er daran, die erstbeste Verfehlung zu rächen, noch ehe man bereuen konnte. Eilig rückte das Heer vor, verwüstet wurden die Äcker, geplündert eine Ortschaft, die sich in der langen Friedenszeit zu einer richtigen Landstadt entwickelt hatte und wegen der lieblichen Lage ihrer Heilquellen vielbesucht war.[144] Boten gingen ab zu den rätischen Hilfstruppen, um die Helvetier, falls sie sich gegen die Legion wendeten, im Rücken anzugreifen.

**68** (1) Diese waren vor der Entscheidung kampfesmutig, in der Gefahr verzagt; obwohl sie beim ersten Kriegslärm Claudius Severus[145] zum Führer gewählt hatten, machten sie sich nicht mit ihren Waffen vertraut, hielten nicht Reih und Glied und folgten nicht einer einheitlichen Führung. Ins Verderben mußte ein Kampf mit altgedienten Soldaten führen, keinen Schutz bei einer Belagerung boten die alten verfallenen Mauern: hier Caecina mit

cum valido exercitu, inde Raeticae alae cohortesque et ipsorum Raetorum iuventus, sueta armis et more militiae exercita. undique populatio et caedes: ipsi medio vagi, abiectis armis, magna pars saucii aut palantes, in montem Vocetium perfugere. (2) ac statim immissa cohorte Thraecum depulsi et consectantibus Germanis Raetisque per silvas atque in ipsis latebris trucidati. multa hominum milia caesa, multa sub corona venundata. cumque dirutis omnibus Aventicum gentis caput infesto agmine peteretur, missi qui dederent civitatem, et deditio accepta. in Iulium Alpinum e principibus ut concitorem belli Caecina animadvertit: ceteros veniae vel saevitiae Vitellii reliquit.

**69** (1) Haud facile dictu est, legati Helvetiorum minus placabilem imperatorem an militem invenerint. civitatis excidium poscunt, tela ac manus in ora legatorum intentant. ne Vitellius quidem verbis et minis temperabat, cum Claudius Cossus, unus ex legatis, notae facundiae sed dicendi artem apta trepidatione occultans atque eo validior, militis animum mitigavit. ut est mos, vulgus mutabile subitis et tam pronum in misericordiam quam immodicum saevitia fuerat: effusis lacrimis et meliora constantius postulando impunitatem salutemque civitati impetravere.

**70** (1) Caecina paucos in Helvetiis moratus dies dum

einem starken Heer – dort die rätischen Schwadronen und Kohorten und die Miliz der Räter selbst,[146] waffenerprobt und militärisch geschult. Von allen Seiten drohte Verwüstung und Tod; sie selbst, dazwischen ratlos umherirrend, warfen die Waffen weg und flohen, ein Großteil verwundet oder versprengt, auf den Berg Vocetius. (2) Von der sogleich abkommandierten Thrakerkohorte wurden sie herabgetrieben und von den nachfolgenden Germanen und Rätern ringsum in den Wäldern und sogar in ihren Verstecken niedergemetzelt. Viele tausend Menschen fanden den Tod, viele tausend wurden in die Sklaverei verkauft. Als man nun, da alles zerstört war, Aventicum, die Hauptstadt des Stammes, mit geballter Heeresmacht angriff, erschienen die Unterhändler, um die Unterwerfung der Stadt anzubieten, und die Unterwerfung wurde angenommen. Iulius Alpinus, einen der führenden Männer, ließ Caecina als Kriegshetzer hinrichten, die anderen überließ er der Gnade oder der Grausamkeit des Vitellius.

**69** (1) Es ist schwer zu sagen, ob die Gesandten der Helvetier den Imperator oder die Soldaten unversöhnlicher vorgefunden haben. Diese forderten die Vernichtung der Stadt, schüttelten wild Waffen und Fäuste vor den Gesichtern der Abordnung. Nicht einmal Vitellius enthielt sich drohender Worte, bis schließlich Claudius Cossus, einer der Gesandten – ein bekannter Redner, der aber jetzt klug seine Redekunst hinter Unsicherheit verbarg und dadurch noch eindrucksvoller wirkte –, die Wut der Soldaten besänftigte. Wie üblich, war die Masse leicht umzustimmen durch unerwartete Ereignisse und erwies sich als ebenso geneigt zu Mitleid, wie sie vorher maßlos in ihrer Grausamkeit gewesen war: unter Tränenströmen und mit ihrem immer drängenderen Verlangen nach einer günstigeren Entscheidung erreichten sie Straflosigkeit und Rettung für die Stadt.

**70** (1) Während sich Caecina wenige Tage im Gebiet der

sententiae Vitellii certior fieret, simul transitum Alpium parans, laetum ex Italia nuntium accipit alam Silianam circa Padum agentem sacramento Vitellii accessisse. pro consule Vitellium Siliani in Africa habuerant; mox a Nerone, ut in Aegyptum praemitterentur, exciti et ob bellum Vindicis revocati ac tum in Italia manentes, instinctu decurionum, qui Othonis ignari, Vitellio obstricti robur adventantium legionum et famam Germanici exercitus attollebant, transiere in partes et ut donum aliquod novo principi firmissima transpadanae regionis municipia, Mediolanum ac Novariam et Eporediam et Vercellas, adiunxere. (2) id Caecinae per ipsos compertum. et quia praesidio alae unius latissima Italiae pars defendi nequibat, praemissis Gallorum Lusitanorumque et Britannorum cohortibus et Germanorum vexillis cum ala Petriana, ipse paulum cunctatus est, num Raeticis iugis in Noricum flecteret adversus Petronium Urbicum procuratorem, qui concitis auxiliis et interruptis fluminum pontibus fidus Othoni putabatur. (3) sed metu ne amitteret praemissas iam cohortes alasque, simul reputans plus gloriae retenta Italia et, ubicumque certatum foret, Noricos in cetera victoriae praemia cessuros, Poenino itinere subsignanum militem et grave legionum agmen hibernis adhuc Alpibus transduxit.

Helvetier aufhielt, bis er von der Entscheidung des Vitellius verständigt werde, und zugleich den Alpenübergang vorbereitete, erhielt er aus Italien die erfreuliche Nachricht, die am Po stehende Reiterschwadron »Siliana«[147] habe sich zum Eid auf Vitellius bekannt. Die »Silianer« hatten Vitellius in Africa als Prokonsul gehabt. Danach wurden sie von Nero als Vorkommando für Ägypten aufgeboten, aber wegen des Krieges gegen Vindex wieder zurückgerufen;[148] damals standen sie in Italien; auf Betreiben der Dekurionen[149], die Otho nicht kannten, dem Vitellius verpflichtet waren und die Stärke der heranrückenden Legionen und den Ruhm des germanischen Heeres hervorhoben, traten sie zur Partei (des Vitellius) über; gleichsam als Geschenk für den neuen Herrscher brachten sie die stärksten Städte der transpadanischen Region – Mediolanum, Novaria, Eporedia und Vercellae – zum Anschluß.[150] (2) Das erfuhr Caecina von ihnen selbst. Weil aber durch eine einzige Schwadron als Besatzung dieser ausgedehnte Landstrich Italiens nicht verteidigt werden konnte, schickte er die Kohorten der Gallier, Lusitanier und Britannen voraus und Abteilungen der Germanen samt der Schwadron »Petriana«.[151] Er selbst zögerte noch eine Zeitlang, ob er über die rätischen Höhen nach Noricum abschwenken solle gegen den Prokurator Petronius Urbicus, den man als treuen Anhänger Othos betrachtete;[152] er hatte nämlich seine Hilfstruppen aufgeboten und alle Flußbrücken abbrechen lassen. (3) Aber Caecina befürchtete, die bereits vorausgeschickten Kohorten und Schwadronen zu verlieren; zugleich überlegte er, daß mehr Ruhm zu holen sei mit der Behauptung Italiens und daß Noricum, wo immer es zur Entscheidungsschlacht käme, zu den sicheren Siegespreisen gehören werde: daher führte er auf der pöninischen Straße[153] die regulären Truppen, den schweren Troß der Legionen, über die noch winterlichen Alpen hinweg.

**71** (1) Otho interim contra spem omnium non deliciis neque desidia torpescere: dilatae voluptates, dissimulata luxuria et cuncta ad decorem imperii composita, eoque plus formidinis adferebant falsae virtutes et vitia reditura. Marium Celsum consulem designatum, per speciem vinculorum saevitiae militum subtractum, acciri in Capitolium iubet; clementiae titulus e viro claro et partibus inviso petebatur. (2) Celsus constanter servatae erga Galbam fidei crimen confessus, exemplum ultro imputavit. nec Otho quasi ignosceret sed deos testes mutuae reconciliationis adhibens, statim inter intimos amicos habuit et mox bello inter duces delegit, mansitque Celso velut fataliter etiam pro Othone fides integra et infelix. laeta primoribus civitatis, celebrata in vulgus Celsi salus ne militibus quidem ingrata fuit, eandem virtutem admirantibus, cui irascebantur.

**72** (1) Par inde exultatio disparibus causis consecuta impetrato Tigellini exitio. Ofonius Tigellinus obscuris parentibus, foeda pueritia, impudica senecta, praefecturam vigilum et praetorii et alia praemia virtutum, quia velocius erat, vitiis adeptus, crudelitatem mox, deinde avaritiam, virilia scelera, exercuit, corrupto ad omne

### *Ereignisse in Rom und den Provinzen – Auszug Othos* [71–90

**71** (1) Otho versank inzwischen wider aller Erwarten nicht in ausschweifendem Genuß und trägem Nichtstun: aufgeschoben waren die Vergnügungen, verheimlicht der Hang zu üppiger Verschwendung, und alles war auf Würde der Herrschaft ausgerichtet: um so mehr Furcht erregten das Lügengebilde der Tugenden und die vorauszusehende Wiederkehr der Laster. Marius Celsus, den designierten Konsul, den er durch eine Scheinhaft der Wut der Soldaten entzogen hatte,[154] ließ er auf das Kapitol rufen: eine Szene des Großmuts sollte mit dem bekannten und der Partei (Othos) verhaßten Mann aufgeführt werden. (2) Celsus bekannte sich zu dem »Verbrechen« der standhaft dem Galba gewahrten Treue, ja er rechnete sich das als beispielhafte Tat an. Und Otho tat nicht so, als ob er etwas verzeihen müßte, sondern indem er die Götter als Zeugen für die beiderseitige Versöhnung anrief, nahm er ihn sogleich in seinen engsten Freundeskreis auf und bestimmte ihn bald darauf für den Krieg zu einem der Heerführer. Celsus aber wahrte, als sei es schicksalsbestimmt, auch dem Otho unwandelbare – und glücklose – Treue. Freudig aufgenommen bei den führenden Männern des Staates, gefeiert vom Volk, war die Rettung des Celsus auch den Soldaten nicht unangenehm, die nun dieselbe mannhafte Haltung bewunderten, über die sie vorher aufgebracht waren.

**72** (1) Gleicher Jubel folgte dann aus ungleichen Gründen, als man den Sturz des Tigellinus durchgesetzt hatte. Ofonius Tigellinus,[155] von niederer Herkunft, schandbefleckt in seiner Jugend, schamlos im Alter, hatte das Kommando über die Feuerwehr und die Leibgarde und andere Auszeichnungen für Verdienste – weil es so schneller ging – durch Verbrechen erlangt; sofort verübte er Taten der Grausamkeit, dann der Habgier – Verbre-

facinus Nerone, quaedam ignaro ausus, ac postremo eiusdem desertor ac proditor: unde non alium pertinacius ad poenam flagitaverunt, diverso adfectu, quibus odium Neronis inerat et quibus desiderium. (2) apud Galbam Titi Vinii potentia defensus, praetexentis servatam ab eo filiam. haud dubie servaverat, non clementia, quippe tot interfectis, sed effugium in futurum, quia pessimus quisque diffidentia praesentium mutationem pavens adversus publicum odium privatam gratiam praeparat: unde nulla innocentiae cura, sed vices impunitatis. (3) eo infensior populus, addita ad vetus Tigellini odium recenti Titi Vinii invidia, concurrere ex tota urbe in Palatium ac fora et, ubi plurima vulgi licentia, in circum ac theatra effusi seditiosis vocibus strepere, donec Tigellinus accepto apud Sinuessanas aquas supremae necessitatis nuntio inter stupra concubinarum et oscula et deformes moras sectis novacula faucibus infamem vitam foedavit etiam exitu sero et inhonesto.

**73** (1) Per idem tempus expostulata ad supplicium Calvia Crispinilla variis frustrationibus et adversa dissimulantis principis fama periculo exempta est. magistra libidinum

chen einer männlichen Entschlossenheit; Nero hatte er zu jeglicher Schandtat verführt, manches wagte er auch ohne dessen Wissen –, und schließlich verließ und verriet er ihn. Daher forderte man bei keinem andern hartnäckiger die Bestrafung, aber aus verschiedenen Beweggründen: die einen, weil sie Nero haßten, die anderen, weil sie ihn zurücksehnten. (2) Bei Galba hatte ihn der einflußreiche Titus Vinius geschützt, der angab, von Tigellinus sei seine Tochter gerettet worden.[156] Zweifellos hatte er sie gerettet, aber nicht aus Menschlichkeit – er, der so viele getötet hatte –, sondern als Mittel zur Rettung für die Zukunft; denn immer suchen gerade die übelsten Menschen – aus Mißtrauen gegenüber der Gegenwart und aus Angst vor einem Wechsel – sich gegen den Haß der Öffentlichkeit im voraus der Gunst von Privatpersonen zu versichern: daher sorgt man sich nicht um ein schuldloses Leben, sondern um gegenseitige Absicherung vor Strafe. (3) Um so aufgebrachter war das Volk, da zum alten Haß auf Tigellinus noch die frische Erbitterung gegen Titus Vinius hinzukam: alles eilte aus der ganzen Stadt zum Palatin und zu den Marktplätzen, und dort, wo sich die Masse am zügellosesten gebärdet – im Zirkus und in den Theatern –, strömten sie zusammen und lärmten mit aufrührerischem Geschrei: schließlich erhielt Tigellinus in den Bädern von Sinuessa die Nachricht, daß er sich den Tod geben müsse. Unter unzüchtigem Treiben mit seinen Konkubinen und während ihrer Küsse – einer widerlichen Form des Hinauszögerns – schnitt er sich mit einem Rasiermesser die Kehle durch: sein schändliches Leben befleckte er so auch noch durch einen späten, unrühmlichen Tod.

**73** (1) Zur selben Zeit forderte man auch die Hinrichtung der Calvia Crispinilla, doch wurde sie durch verschiedene Täuschungsmanöver und zum Schaden für den Ruf des Prinzeps, der sich unwissend stellte, der Gefahr entrissen. Sie, die Lehrmeisterin für Neros Lusttreiben,

Neronis, transgressa in Africam ad instigandum in arma Clodium Macrum, famem populo Romano haud obscure molita, totius postea civitatis gratiam obtinuit, consulari matrimonio subnixa et apud Galbam Othonem Vitellium inlaesa, mox potens pecunia et orbitate, quae bonis malisque temporibus iuxta valent.

**74** (1) Crebrae interim et muliebribus blandimentis infectae ab Othone ad Vitellium epistulae offerebant pecuniam et gratiam et quemcumque *e* quietis locis prodigae vitae legisset. paria Vitellius ostentabat, primo mollius, stulta utrimque et indecora simulatione, mox quasi rixantes stupra ac flagitia in vicem obiectavere, neuter falso. (2) Otho, revocatis quos Galba miserat legatis, rursus ad utrumque Germanicum exercitum et ad legionem Italicam easque quae Lugduni agebant copias specie senatus misit. legati apud Vitellium remansere, promptius quam ut retenti viderentur; praetoriani, quos per simulationem officii legatis Otho adiunxerat, remissi antequam legionibus miscerentur. (3) addidit epistulas Fabius Valens nomine Germanici exercitus ad praetorias et urbanas cohortes de viribus partium magnificas et concordiam offerentes; increpabat ultro, quod tanto ante traditum Vitellio imperium ad Othonem vertissent.

**75** (1) Ita promissis simul ac minis temptabantur, ut

hatte sich nach Africa begeben, um Clodius Macer zum Krieg aufzureizen, und hatte ganz offen auf eine Hungersnot des römischen Volkes hingearbeitet; und doch konnte sie sich nachher des Ansehens in der ganzen Bürgerschaft erfreuen – gestützt auf die Ehe mit einem Konsular, und blieb auch bei Galba, Otho und Vitellius unangefochten. Ihr späterer Einfluß beruhte auf ihrem Vermögen und ihrer Kinderlosigkeit, Dingen, die in guten wie in schlechten Zeiten gleich viel wert sind.

**74** (1) Inzwischen gingen zahlreiche, von weibischen Lockmitteln erfüllte Briefe von Otho an Vitellius und boten ihm Geld und Gunst und jeden beliebigen Ruheplatz, den er sich nur für seinen verschwenderischen Lebensstil aussuchen wolle. Gleiche Angebote machte Vitellius. Dabei verkehrten sie anfänglich noch in höflicherem Ton – von beiden Seiten eine dumme und würdelose Verstellung; bald aber warfen sie sich wie in einem Wortgefecht gegenseitig Hurerei und andere Schandtaten vor – und keiner zu Unrecht. (2) Otho rief die von Galba entbotenen Gesandten zurück[157] und schickte seinerseits andere zu beiden germanischen Heeren, zur italischen Legion und den in Lugdunum lagernden Truppen[158] – scheinbar im Namen des Senates. Die Gesandten blieben bei Vitellius zurück, zu bereitwillig, als daß sie für zurückgehalten gelten konnten. Die Prätorianer, die Otho unter dem Vorwand einer Ehrenwache den Gesandten beigegeben hatte, wurden zurückgeschickt, bevor sie sich unter die Legionen mischen konnten. (3) Fabius Valens gab ihnen im Namen des germanischen Heeres an die Prätorianer und Stadtkohorten[159] Briefe mit, die großsprecherisch die Stärke der Partei rühmten und einmütiges Zusammenarbeiten anboten. Außerdem machte er ihnen heftige Vorwürfe, daß sie die so lange vorher an Vitellius übertragene Herrschaft dem Otho zugeschoben hätten.[160]

**75** (1) So wurden sie zugleich durch Versprechungen

bello impares, in pace nihil amissuri; neque ideo praetorianorum fides mutata. sed insidiatores ab Othone in Germaniam, a Vitellio in urbem missi. utrisque frustra fuit, Vitellianis inpune, per tantam hominum multitudinem mutua ignorantia fallentibus: Othoniani novitate vultus, omnibus in vicem gnaris, prodebantur. (2) Vitellius litteras ad Titianum fratrem Othonis composuit, exitium ipsi filioque eius minitans, ni incolumes sibi mater ac liberi servarentur. et stetit domus utraque, sub Othone incertum an metu: Vitellius victor clementiae gloriam tulit.

**76** (1) Primus Othoni fiduciam addidit ex Illyrico nuntius iurasse in eum Dalmatiae ac Pannoniae et Moesiae legiones. idem ex Hispania adlatum laudatusque per edictum Cluvius Rufus: set statim cognitum est conversam ad Vitellium Hispaniam. ne Aquitania quidem, quamquam ab Iulio Cordo in verba Othonis obstricta, diu mansit. nusquam fides aut amor: metu ac necessitate huc illuc mutabantur. eadem formido provinciam Narbonensem ad Vitellium vertit, facili transitu ad proximos et validiores. (2) longinquae provinciae et quidquid armorum mari dirimitur penes Othonem manebat, non partium studio, sed erat grande momentum in nomine urbis ac praetexto senatus, et occupaverat animos prior auditus. Iudaicum exercitum Vespasianus, Syriae legio-

und Drohungen auf die Probe gestellt: einem Krieg seien sie nicht gewachsen, im Frieden würden sie nichts verlieren; doch dadurch konnte man die Treue der Prätorianer nicht erschüttern. Jetzt wurden Meuchelmörder von Otho nach Germanien, von Vitellius nach Rom geschickt. Für beide Seiten war das ein Mißerfolg: die Vitellianer blieben ungestraft, da sie in der gewaltigen Menschenmenge, in der keiner den anderen kannte, untertauchten; die Othonianer verrieten sich durch ihre auffallenden Gesichter, da dort alle untereinander bekannt waren. (2) Vitellius verfaßte ein Schreiben an Othos Bruder Titianus[161], in dem er ihm selbst und seinem Sohn den Tod androhte, wenn man ihm nicht Mutter und Kind unversehrt lasse. Es blieben auch beide Häuser bestehen: ob unter Otho aus Furcht, ist ungewiß; Vitellius, der Sieger, gewann den Ruhm der Milde.

76 (1) Die erste Nachricht, die Othos Selbstvertrauen erhöhte, kam aus Illyricum: den Treueid auf ihn hätten die Legionen Dalmatiens, Pannoniens und Mösiens geleistet. Dieselbe Kunde erreichte ihn aus Spanien – und belobigt wurde durch kaiserlichen Erlaß Cluvius Rufus[162]: sogleich aber erfuhr man, daß Spanien sich dem Vitellius angeschlossen habe. Nicht einmal Aquitanien, obwohl es von Iulius Cordus auf Otho vereidigt worden war, blieb lange treu. Nirgends Treue oder Zuneigung: aus Furcht oder Zwang wechselte man bald auf diese, bald auf jene Seite. Dieselbe Angst trieb die Provinz Narbonensis dem Vitellius in die Arme: leicht fällt ja der Übertritt zum mächtigeren Nachbarn. (2) Die weiter entfernten Provinzen und was an Kriegsmacht durch das Meer getrennt war, blieben bei Otho – nicht aus Begeisterung für seine Sache, vielmehr gaben einen gewichtigen Ausschlag der Name der Stadt und der hoheitsvolle Nimbus des Senates; auch konnte Otho ihre Zuneigung gewinnen, da man früher von ihm gehört

nes Mucianus sacramento Othonis adegere; simul Aegyptus omnesque versae in Orientem provinciae nomine eius tenebantur. (3) idem Africae obsequium, initio Carthagine orto neque expectata Vipstani Aproniani proconsulis auctoritate: Crescens Neronis libertus (nam et hi malis temporibus partem se rei publicae faciunt) epulum plebi ob laetitiam recentis imperii obtulerat, et populus pleraque sine modo festinavit. Carthaginem ceterae civitates secutae.

77 (1) Sic distractis exercitibus ac provinciis Vitellio quidem ad capessendam principatus fortunam bello opus erat, Otho ut in multa pace munia imperii obibat, quaedam ex dignitate rei publicae, pleraque contra decus ex praesenti usu properando. (2) consul cum Titiano fratre in kalendas Martias ipse; proximos menses Verginio destinat ut aliquod exercitui Germanico delenimentum; iungitur Verginio Pompeius Vopiscus praetexto veteris amicitiae; plerique Viennensium honori datum interpretabantur. ceteri consulatus ex destinatione Neronis aut Galbae mansere, Caelio ac Flavio Sabinis in Iulias, Arrio Antonino et Mario Celso in Septembres, quorum honoribus ne Vitellius quidem victor intercessit. (3) sed Otho pontificatus auguratusque honoratis iam senibus cumulum dignitatis addidit, aut recens ab exilio reversos nobiles adulescentulos avitis ac paternis sacerdotiis in

hatte. Das Heer von Judäa ließ Vespasianus, die syrischen Legionen Mucianus den Fahneneid auf Otho schwören. Zugleich wurden Ägypten und alle übrigen Ostprovinzen in seinem Namen beherrscht. (3) Den gleichen Gehorsam leistete Africa: den Anfang machte Karthago, ohne die Ermächtigung durch den Prokonsul Vipstanus Apronianus abzuwarten. Crescens, ein Freigelassener Neros – denn auch solche Leute maßen sich in schlechten Zeiten eine bedeutende Rolle im Staat an –, hatte dem Pöbel aus Freude über die neue Herrschaft ein Festmahl geboten, und das Volk betrieb das meiste ohne Maß und Ziel in eiliger Hast. Die übrigen Städte folgten dem Beispiel Karthagos.

77 (1) Da also Heere und Provinzen in zwei Lager gespalten waren, mußte Vitellius, um den Siegespreis der Herrscherwürde zu gewinnen, Krieg führen. Otho aber erledigte wie im tiefsten Frieden die Regierungsgeschäfte, zum Teil entsprechend der Hoheit des Staates, meistens aber in würdeloser Hast nach den Forderungen des Augenblicks. (2) Konsul mit seinem Bruder Titianus war er selbst bis zum 1. März,[163] die nächsten Monate bestimmte er für Verginius – gleichsam als Beruhigungsmittel für das germanische Heer; dem Verginius wurde Pompeius Vopiscus[164] beigegeben – unter dem Vorwand ihrer alten Freundschaft; die meisten erklärten es aber als Beweis der Ehrerbietung für die Viennenser. Die übrigen Konsulate blieben so, wie sie Nero und Galba festgesetzt hatten: dem Caelius Sabinus und Flavius Sabinus bis 1. Juli, dem Arrius Antoninus und Marius Celsus bis 1. September, gegen deren Amtsführung nicht einmal Vitellius nach seinem Sieg Einspruch erhob. (3) Otho verlieh aber zusätzlich Pontifikate und Augurate an einige ältere Männer, die schon Ehrenstellen bekleidet hatten, als Krönung ihrer Würde, oder ehrte erst vor kurzem aus der Verbannung heimgekehrte junge Adelige zum Trost wieder mit den Priesterämtern ihrer Groß-

solacium recoluit. redditus Cadio Rufo, Pedio Blaeso, Scaevino Paquio senatorius locus. repetundarum criminibus sub Claudio ac Nerone ceciderant: placuit ignoscentibus verso nomine, quod avaritia fuerat, videri maiestatem, cuius tum odio etiam bonae leges peribant.

78 (1) Eadem largitione civitatum quoque ac provinciarum animos adgressus Hispalensibus et Emeritensibus familiarum adiectiones, Lingonibus universis civitatem Romanam, provinciae Baeticae Maurorum civitates dono dedit; nova iura Cappadociae, nova Africae, ostentata magis quam mansura. (2) inter quae necessitate praesentium rerum et instantibus curis excusata ne tum quidem immemor amorum statuas Poppaeae per senatus consultum reposuit; creditus est etiam de celebranda Neronis memoria agitavisse spe vulgum adliciendi. et fuere, qui imagines Neronis proponerent: atque etiam Othoni quibusdam diebus populus et miles, tamquam nobilitatem ac decus adstruerent, Neroni Othoni adclamavit. ipse in suspenso tenuit, vetandi metu vel agnoscendi pudore.

79 (1) Conversis ad civile bellum animis externa sine cura habebantur. eo audentius Rhoxolani, Sarmatica gens, priore hieme caesis duabus cohortibus, magna spe Moesiam inruperant, ad novem milia equitum, ex ferocia

väter und Väter. Dem Cadius Rufus, Pedius Blaesus, Scaevinus Paquius wurde ihr Senatorenrang zurückgegeben. Sie waren in Erpressungsprozessen unter Claudius und Nero verurteilt worden: denjenigen (Senatoren), die die Begnadigung aussprachen, beliebte es, mit geändertem Namen das, was Habgier gewesen war, als Majestätsverbrechen anzusehen. Infolge der damals herrschenden Erbitterung gegen derartige Prozesse verloren auch gute Gesetze ihre Gültigkeit.[165]

**78** (1) Mit gleicher Freigebigkeit trachtete er Städte und Provinzen für sich zu gewinnen: den Hispalensern und Emeritensern[166] teilte er neue Familien zu, den Lingonen als Gesamtheit schenkte er das Bürgerrecht und der Provinz Baetica maurische Stadtgemeinden. Neue Rechtsordnungen gab es für Kappadokien, neue für Africa – mehr als Verheißung denn als bleibenden Besitz. (2) Während dieser Maßnahmen, die man mit dem Zwang der augenblicklichen Lage und den drängenden Sorgen entschuldigen kann, vergaß er auch dann nicht auf seine Liebschaften: die Statue der Poppaea ließ er durch Senatsbeschluß wieder aufstellen.[167] Man glaubte, er habe auch daran gedacht, Neros Andenken zu feiern – in der Hoffnung, die Masse des Volkes zu gewinnen. Und wirklich fanden sich Leute, die Standbilder Neros öffentlich aufstellten; und sogar dem Otho riefen an einigen Tagen Volk und Soldaten, als wollten sie ihm höheren Adel und Ruhm verleihen, »Nero Otho« zu. Er selbst ließ die Sache in der Schwebe – aus Furcht, dagegen einzuschreiten, oder aus Scham, zuzustimmen.

**79** (1) Da alles Sinnen und Trachten auf den Bürgerkrieg ausgerichtet war, kümmerte man sich nicht um die auswärtigen Vorgänge. Um so größer war die Verwegenheit der Rhoxolanen, eines Sarmatenstammes; im vergangenen Winter hatten sie zwei Kohorten niedergemacht, jetzt waren sie mit großen Erwartungen in Mösien eingefallen, an die neuntausend Reiter – in ihrer durch den Erfolg

et successu praedae magis quam pugnae intenta. igitur vagos et incuriosos tertia legio adiunctis auxiliis repente invasit. (2) apud Romanos omnia proelio apta: Sarmatae dispersi cupidine praedae aut graves onere sarcinarum et lubrico itinerum adempta equorum pernicitate velut vincti caedebantur. namque mirum dictu ut sit omnis Sarmatarum virtus velut extra ipsos. nihil ad pedestrem pugnam tam ignavum: ubi per turmas advenere, vix ulla acies obstiterit. (3) sed tum umido die et soluto gelu neque conti neque gladii, quos praelongos utraque manu regunt, usui, lapsantibus equis et catafractarum pondere. id principibus et nobilissimo cuique tegimen, ferreis lamminis aut praeduro corio consertum, ut adversus ictus impenetrabile ita impetu hostium provolutis inhabile ad resurgendum; simul altitudine et mollitia nivis hauriebantur. (4) Romanus miles facilis lorica et missili pilo aut lanceis adsultans, ubi res posceret, levi gladio inermem Sarmatam (neque enim scuto defendi mos est) comminus fodiebat, donec pauci, qui proelio superfuerant, paludibus abderentur. ibi saevitia hiemis aut vulnerum absumpti. (5) postquam id Romae compertum, M. Aponius Moesiam obtinens triumphali statua, Fulvus Aurelius et Iulianus Tettius ac Numisius Lupus, legati

gesteigerten Wildheit mehr auf Beute als auf Kampf versessen. Als sie nun sorglos umherstreiften, konnte die 3. Legion, verstärkt durch Hilfstruppen, sie überraschend angreifen. (2) Bei den Römern war alles für den Kampf gerüstet; die Sarmaten hatten sich in ihrer Beutegier verstreut oder waren mit Raubgut schwer beladen, auch konnten sie auf den schlüpfrigen Wegen die Behendigkeit ihrer Pferde nicht ausnützen: so wurden sie wie Gefesselte niedergemacht; denn es ist bemerkenswert, wie die ganze Tapferkeit der Sarmaten gleichsam außerhalb ihres Wesens liegt. Nichts gibt es, das für den Kampf zu Fuß so feige ist: sobald sie aber in Reiterscharen heranrücken, dürfte ihnen kaum irgendeine Schlachtreihe standhalten. (3) Damals aber, an einem Regentag, bei Tauwetter, konnten sie ihre Lanzen und überlangen Schwerter, die sie mit beiden Händen führen, nicht einsetzen, da die Pferde ausglitten und sie selbst durch die schweren Schuppenpanzer behindert waren. Das ist die bei ihren Fürsten und Vornehmen gebräuchliche Rüstung: sie ist aus Eisenblechen und besonders harten Lederstreifen zusammengefügt, gegen Hiebe undurchdringlich, aber wenn man durch Ansturm der Feinde zu Boden geworfen ist, hinderlich beim Aufstehen – außerdem versanken sie im tiefen, wäßrigen Schnee. (4) Der römische Soldat, leicht beweglich in seinem Brustpanzer und fähig, mit Wurfspieß und Lanzen (den Gegner) anzuspringen, durchbohrte, wenn erforderlich, im Kampf Mann gegen Mann mit seinem leichten Schwert den wehrlosen Sarmaten – denn mit einem Schild sich zu schützen war bei ihnen nicht üblich; schließlich versteckten sich die wenigen, die den Kampf überlebt hatten, in den Sümpfen. Dort erlagen sie der grimmigen Kälte oder ihren schweren Wunden. (5) Als man davon in Rom erfahren hatte, erhielten Marcus Aponius, der Statthalter Mösiens, die Triumphalstatue,[168] Fulvus Aurelius, Iulianus Tettius und Numisius Lupus, die Legionslegaten, die

legionum, consularibus ornamentis donantur, laeto Othone et gloriam in se trahente, tamquam et ipse felix bello et suis ducibus suisque exercitibus rem publicam auxisset.

**80** (1) Parvo interim initio, unde nihil timebatur, orta seditio prope urbi excidio fuit. septimam decimam cohortem e colonia Ostiensi in urbem acciri Otho iusserat; armandae eius cura Vario Crispino tribuno e praetorianis data. is quo magis vacuus quietis castris iussa exequeretur, vehicula cohortis incipiente nocte onerari aperto armamentario iubet. tempus in suspicionem, causa in crimen, adfectatio quietis in tumultum evaluit, et visa inter temulentos arma cupidinem sui movere. (2) fremit miles et tribunos centurionesque proditionis arguit, tamquam familiae senatorum ad perniciem Othonis armarentur, pars ignari et vino graves, pessimus quisque in occasionem praedarum, vulgus, ut mos est, cuiuscumque motus novi cupidum; et obsequia meliorum nox abstulerat. resistentem seditioni tribunum et severissimos centurionum obtruncant; rapta arma, nudati gladii; insidentes equis urbem ac Palatium petunt.

**81** (1) Erat Othoni celebre convivium primoribus feminis virisque; qui trepidi, fortuitusne militum furor an dolus imperatoris, manere ac deprehendi an fugere et dispergi periculosius foret, modo constantiam simulare,

konsularischen Ehrenzeichen.[169] Otho aber jubelte und nahm allen Ruhm für sich in Anspruch, als ob es sein Kriegsglück gewesen wäre und als ob er mit seinen Feldherrn und seinen Heeren den Staat gemehrt hätte.

**80** (1) Inzwischen brach aus geringfügigem Anlaß von einer Seite, von der man nichts befürchtete, eine Meuterei aus, die der Stadt beinahe den Untergang gebracht hätte. Die 17. Kohorte,[170] so hatte Otho befohlen, sollte aus der Koloniestadt Ostia in die Hauptstadt verlegt werden; den Auftrag, sie mit Waffen auszurüsten, erhielt der Prätorianertribun Varius Crispinus. Um ungestörter während der Lagerruhe den Befehl auszuführen, ließ er bei Einbruch der Nacht das Zeughaus öffnen und die Wagen der Kohorte beladen.[171] Der Zeitpunkt gab verstärkten Anlaß zu Verdacht, die ganze Sache zu Beschuldigungen, die bewußte Wahl der Nachtruhe zu Aufruhr – und der Anblick von Waffen erregt unter Betrunkenen das Verlangen, sie auch zu gebrauchen. (2) Die Soldaten schrien durcheinander und beschuldigten die Tribunen und Zenturionen des Verrates – als würden die Sklavenscharen der Senatoren zum Sturz Othos bewaffnet: ein Teil wußte von nichts und war auch schon betrunken, die üblen Elemente lauerten auf eine Gelegenheit zum Plündern, die Masse, wie üblich, war gierig versessen auf jede Art von Umsturz – und der Gehorsam der Bessergesinnten war in der Nacht geschwunden. Den Tribun, der sich den Meuterern entgegenstellte, und die strengsten Zenturionen machten sie nieder: die Waffen wurden ergriffen, die Schwerter entblößt – sie schwangen sich auf die Pferde und stürmten in die Stadt, zum Palatin.

**81** (1) Otho gab gerade ein Festbankett für eine große Gesellschaft vornehmer Frauen und Männer; diese waren in ängstlicher Ungewißheit, ob es sich um einen zufälligen Wutausbruch der Soldaten handle oder um Tücke des Imperators, ob es gefährlicher sei, zu bleiben und sich verhaften zu lassen oder zu fliehen und das Weite zu

modo formidine detegi, simul Othonis vultum intueri; utque evenit inclinatis ad suspicionem mentibus, cum timeret Otho, timebatur. (2) sed haud secus discrimine senatus quam suo territus et praefectos praetorii ad mitigandas militum iras statim miserat et abire propere omnes e convivio iussit. tum vero passim magistratus proiectis insignibus, vitata comitum et servorum frequentia, senes feminaeque per tenebras diversa urbis itinera, rari domos, plurimi amicorum tecta et ut cuique humillimus cliens, incertas latebras petivere.

**82** (1) Militum impetus ne foribus quidem Palatii coercitus, quo minus convivium inrumperent, ostendi sibi Othonem expostulantes, vulnerato Iulio Martiale tribuno et Vitellio Saturnino praefecto legionis, dum ruentibus obsistunt. undique arma et minae, modo in centuriones tribunosque, modo in senatum universum, lymphatis caeco pavore animis, et quia neminem unum destinare irae poterant, licentiam in omnes poscentibus, donec Otho contra decus imperii toro insistens precibus et lacrimis aegre cohibuit, redieruntque in castra inviti neque innocentes. (2) postera die velut capta urbe clausae domus, rarus per vias populus, maesta plebs; deiecti in terram militum vultus ac plus tristitiae quam paenitentiae. manipulatim adlocuti sunt Licinius Proculus et

suchen: bald täuschten sie Entschlossenheit vor, bald verrieten sie sich durch ihre Furcht, zugleich beobachteten sie Othos Mienenspiel; und wie es geschieht, wenn man einmal dem Argwohn zuneigt: weil Otho sich fürchtete, fürchtete man sich vor ihm. (2) Aber ebenso über die Gefährdung des Senates wie über seine eigene erschreckt, hatte er sogleich die Prätorianerpräfekten entsandt, den Zorn der Soldaten zu besänftigen, und forderte alle Gäste auf, schleunigst die Gesellschaft zu verlassen. Da also zerstreuten sie sich in alle Richtungen: Magistrate, die ihre Amtsinsignien wegwarfen, das Gefolge ihrer Begleiter und Sklaven mieden, Greise und Frauen – in der Dunkelheit, auf entlegenen Straßen der Stadt eilten nur wenige nach Hause, die meisten in Häuser von Freunden und zum ärmlichsten Klienten, den jeder hatte, in versteckte Schlupfwinkel.

**82** (1) Die anstürmenden Soldaten ließen sich nicht einmal durch die Tore des Palatiums davon abhalten, in den Bankettsaal einzudringen: daß man ihnen Otho zeige, verlangten sie. Verletzt wurden der Tribun Iulius Martialis und der Legionspräfekt[172] Vitellius Saturninus, weil sie sich den Eindringenden entgegenstellten. Von allen Seiten Waffen und Drohungen, bald gegen die Zenturionen und Tribunen, bald gegen den Senat als Gesamtheit: Besessen waren sie in ihrem blinden Schrecken, und weil sie auf keine bestimmte Einzelperson ihren Zorn richten konnten, forderten sie uneingeschränkte Handlungsfreiheit gegenüber allen, bis schließlich Otho gegen alle Würde der Reichsgewalt sich auf das Speisesofa stellte und sie durch Bitten und Tränen mühsam besänftigte; sie kehrten also ins Lager zurück, widerwillig und nicht ohne Schaden anzurichten. (2) Am folgenden Tag waren wie in einer eroberten Stadt die Häuser verschlossen: nur vereinzelt Bürger auf den Straßen, verstört das gemeine Volk, zu Boden gesenkt die Augen der Soldaten – mehr aus Verbitterung als aus Reue: in den einzelnen Manipeln

Plotius Firmus praefecti, ex suo quisque ingenio mitius aut horridius. (3) finis sermonis in eo, ut quina milia nummum singulis militibus numerarentur: tum Otho ingredi castra ausus. atque illum tribuni centurionesque circumsistunt, abiectis militiae insignibus otium et salutem flagitantes. sensit invidiam miles et compositus in obsequium auctores seditionis ad supplicium ultro postulabat.

**83** (1) Otho, quamquam turbidis rebus et diversis militum animis, cum optimus quisque remedium praesentis licentiae posceret, vulgus et plures seditionibus et ambitioso imperio laeti per turbas et raptus facilius ad civile bellum impellerentur, simul reputans non posse principatum scelere quaesitum subita modestia et prisca gravitate retineri, sed discrimine urbis et periculo senatus anxius, postremo ita disseruit: (2) 'neque ut adfectus vestros in amorem mei accenderem, commilitones, neque ut animum ad virtutem cohortarer (utraque enim egregie supersunt), sed veni postulaturus a vobis temperamentum vestrae fortitudinis et erga me modum caritatis. tumultus proximi initium non cupiditate vel odio, quae multos exercitus in discordiam egere, ac ne detrectatione quidem aut formidine periculorum: nimia pietas vestra acrius quam considerate excitavit; nam saepe honestas rerum causas, ni iudicium adhibeas, perniciosi exitus

sprachen zu ihnen die Präfekten Licinius Proculus und Plotius Firmus, jeder seinem Charakter entsprechend, der eine milder, der andere barscher. (3) Die Rede endete damit, daß 5000 Sesterzen jedem Soldaten ausbezahlt werden sollten: erst dann wagte Otho das Lager zu betreten. Dort umringten ihn Tribunen und Zenturionen; sie warfen ihre Rangabzeichen zu Boden und forderten ihren Abschied und ein sicheres Leben. Die Soldaten fühlten den kränkenden Vorwurf, bequemten sich zu Gehorsam und forderten sogar die Hinrichtung der Rädelsführer ihrer Meuterei.

**83** (1) Noch herrschte zwar Verwirrung, widersprüchlich war die Stimmung unter den Soldaten: die Gutgesinnten verlangten Maßnahmen gegen die herrschende Zügellosigkeit, die breite Masse, also die Mehrheit, glücklich über die Unruhen und das um Gunst bemühte Regiment, ließ sich durch Tumulte und Plünderungen um so leichter zum Bürgerkrieg verleiten; da Otho gleichzeitig überlegte, daß man eine durch Verbrechen errungene Herrschaft nicht durch plötzlichen Wechsel zu Disziplin und zu Würde der Altvorderen behaupten könne, da er andererseits ängstlich besorgt war über die bedrohliche Lage der Stadt und die Gefahr für den Senat, hielt er schließlich folgende Rede: (2) »Nicht um eure Herzen in Liebe zu mir zu entflammen, Kameraden, noch um euch zur Tapferkeit zu ermuntern – beides besitzt ihr ja in hervorragendem Maße – nein, gekommen bin ich, um von euch zu verlangen Zügelung eurer Tapferkeit und mir gegenüber Maßhalten in eurer Zuneigung. Der letzte Aufruhr entstand nicht aus Habgier oder Haß, die schon oft Heere in Zwietracht getrieben haben, auch nicht aus Dienstverweigerung oder Furcht vor den Gefahren – nein, eure übergroße Pflichttreue hat ihn mehr mit Leidenschaft als Überlegung erregt. Denn oft führen ehrenhafte Beweggründe, wenn man nicht Vernunft walten läßt, zu verhängnisvollem Ende. (3) Wir

consequuntur. (3) imus ad bellum. num omnes nuntios palam audiri, omnia consilia cunctis praesentibus tractari ratio rerum aut occasionum velocitas patitur? tam nescire quaedam milites quam scire oportet: ita se ducum auctoritas, sic rigor disciplinae habet, ut multa etiam centuriones tribunosque tantum iuberi expediat. si cur iubeantur quaerere singulis liceat, pereunte obsequio etiam imperium intercidit. (4) an et illic nocte intempesta rapientur arma? unus alterve perditus ac temulentus (neque enim plures consternatione proxima insanisse crediderim) centurionis ac tribuni sanguine manus imbuet, imperatoris sui tentorium inrumpet?

**84** (1) Vos quidem istud pro me: sed in discursu ac tenebris et rerum omnium confusione patefieri occasio etiam adversus me potest. si Vitellio et satellitibus eius eligendi facultas detur, quem nobis animum, quas mentes imprecentur, quid aliud quam seditionem et discordiam optabunt? ne miles centurioni, ne centurio tribuno obsequatur, ut confusi pedites equitesque in exitium ruamus. (2) parendo potius, commilitones, quam imperia ducum sciscitando res militares continentur, et fortissimus in ipso discrimine exercitus est, qui ante discrimen quietissimus. vobis arma et animus sit: mihi consilium et virtutis vestrae regimen relinquite. paucorum culpa fuit,

ziehen in den Krieg. Sämtliche Nachrichten öffentlich anzuhören, sämtliche Beratungen in Anwesenheit aller durchzuführen – erlaubt so etwas das rationale Erfassen der jeweiligen Situation oder das rasche Zupacken bei günstigen Gelegenheiten? Daß die Soldaten ebenso manches nicht wissen, wie sie manches wissen sollen, das muß so sein. So verlangt es die Autorität der Führer, so die Strenge der Disziplin, daß es in vielen Fällen vorteilhaft ist, wenn auch Zenturionen und Tribunen bloß Befehle erhalten. Wenn es jedem einzelnen freistünde, nach dem Warum des Befehls zu fragen, dann bricht mit dem Zerfall des Gehorsams auch jede Befehlsgewalt zusammen.[173] (4) Wird man etwa auch dort draußen in tiefer Nacht einfach die Waffen an sich reißen? Wird der eine oder andere Taugenichts und Trunkenbold – daß nämlich bei dem letzten Wirbel mehr Leute in sinnlose Wut geraten sind, möchte ich nicht annehmen – mit dem Blut eines Zenturio oder Tribunen seine Hände beflekken, in das Zelt seines Feldherrn einbrechen?

84 (1) Ihr habt das freilich für mich getan; aber bei dem Hin und Her in der Finsternis und im allgemeinen Durcheinander kann sich auch eine günstige Gelegenheit gegen mich ergeben. Wenn dem Vitellius und seinen Spießgesellen die Möglichkeit freistünde, zu wählen, welche Gesinnung, welchen Geist sie uns wünschen sollen, worauf sonst werden sie hoffen als auf Meuterei und Zwietracht? Daß der Soldat nicht dem Zenturio, der Zenturio nicht dem Tribunen gehorche, daß wir in wildem Durcheinander von Fußvolk und Reiterei ins Verderben rennen. (2) Auf Gehorsam, Kameraden, mehr als auf neugierigen Fragen nach den Befehlen der Führer beruht alles Kriegswesen; und am tapfersten im Augenblick der Entscheidung ist das Heer, das vor der Entscheidung am ruhigsten ist. Euer Teil sei Schwert und Mut, mir überlaßt Plan und eures Mannesmutes Lenkung. Weniger Leute Vergehen ist es gewesen, zwei wird

duorum poena erit: ceteri abolete memoriam foedissimae noctis. (3) nec illas adversus senatum voces ullus usquam exercitus audiat. caput imperii et decora omnium provinciarum ad poenam vocare non hercule illi, quos cum maxime Vitellius in nos ciet, Germani audeant. ulline Italiae alumni et Romana vere iuventus ad sanguinem et caedem depoposcerit ordinem, cuius splendore et gloria sordes et obscuritatem Vitellianarum partium praestringimus? nationes aliquas occupavit Vitellius, imaginem quandam exercitus habet, senatus nobiscum est: sic fit, ut hinc res publica, inde hostes rei publicae constiterint. (4) quid? vos pulcherrimam hanc urbem domibus et tectis et congestu lapidum stare creditis? muta ista et inanima intercidere ac reparari promisca sunt: aeternitas rerum et pax gentium et mea cum vestra salus incolumitate senatus firmatur. hunc auspicato a parente et conditore urbis nostrae institutum et a regibus usque ad principes continuum et immortalem, sicut a maioribus accepimus, sic posteris tradamus; nam ut ex vobis senatores, ita ex senatoribus principes nascuntur.'

**85** (1) Et oratio ad perstringendos mulcendosque militum animos et severitatis modus (neque enim in plures quam in duos animadverti iusserat) grate accepta compositique ad praesens, qui coerceri non poterant. non tamen quies urbi redierat: strepitus telorum et facies belli, [et] militibus ut nihil in commune turbantibus, ita sparsis per

die Strafe treffen: ihr anderen tilgt die Erinnerung an jene abscheuliche Nacht. (3) Und jene Drohungen gegen den Senat sollen nirgends einem Heer zu Ohren kommen. Das Haupt des Reiches, die erlauchten Vertreter aller Provinzen, zur Bestrafung zu fordern, das sollen, beim Herkules, nicht einmal jene wagen, die gerade jetzt Vitellius gegen uns aufbietet – die Germanen! Sollen je Italiens Söhne, die wahre römische Jugend, Mord und Blutvergießen an jenem Stand fordern, durch dessen Glanz und Ruhm wir die Niedrigkeit und das Dunkel der Vitellianer-Partei überstrahlen? Einiger Volksstämme hat sich Vitellius bemächtigt, das Schattenbild eines Heeres besitzt er – der Senat ist auf unserer Seite: so kommt es, daß hier der Staat, dort die Feinde des Staates stehen. (4) Ja – ihr glaubt, daß diese herrliche Stadt nur aus Palästen, Häusern und einer Anhäufung von Steinen besteht? Das alles ist stumm und seelenlos, kann ohne Unterschied zugrunde gehen und wieder aufgebaut werden: die ewige Dauer des Reiches, der Friede unter den Völkern, mein und euer Wohlergehen sind begründet in der unverletzlichen Würde des Senates. Ihn, der unter gültigen Vorzeichen vom Vater und Begründer unserer Stadt eingesetzt worden ist, der von den Königen bis zu den Prinzipes in geschlossener und unvergänglicher Dauer bestanden hat, wollen wir so, wie von den Vorfahren übernommen, den Nachkommen übergeben; denn wie aus eurer Mitte Senatoren, so gehen aus der Senatoren Mitte Prinzipes hervor.«

**85** (1) Die Rede, die darauf angelegt war, die Soldaten zu erschüttern und zu besänftigen, aber auch seine Mäßigung in der Strenge – er hatte ja befohlen, nicht mehr als zwei zu bestrafen – wurden günstig aufgenommen, und für den Augenblick wenigstens beruhigten sich die Leute, die eigentlich nicht zu bändigen waren. Und doch war Ruhe nicht in die Stadt zurückgekehrt: Waffengeklirr und ein Bild des Krieges – die Soldaten rotteten sich

domos occulto habitu, et maligna cura in omnes, quos nobilitas aut opes aut aliqua insignis claritudo rumoribus obiecerat: (2) Vitellianos quoque milites venisse in urbem ad studia partium noscenda plerique credebant: unde plena omnia suspicionum et vix secreta domuum sine formidine. sed plurimum trepidationis in publico, ut quemque nuntium fama attulisset, animum vultumque conversis, ne diffidere dubiis ac parum gaudere prosperis viderentur. (3) coacto vero in curiam senatu arduus rerum omnium modus, ne contumax silentium, ne suspecta libertas; et privato Othoni nuper atque eadem dicenti nota adulatio. igitur versare sententias et huc atque illuc torquere, hostem et parricidam Vitellium vocantes, providentissimus quisque vulgaribus conviciis, quidam vera probra iacere, in clamore tamen et ubi plurimae voces, aut tumultu verborum sibi ipsi obstrepentes.

**86** (1) Prodigia insuper terrebant diversis auctoribus vulgata: in vestibulo Capitolii omissas habenas bigae, cui Victoria institerat, erupisse cella Iunonis maiorem humana speciem, statuam divi Iulii in insula Tiberini amnis sereno et immoto die ab occidente in orientem conversam, prolocutum in Etruria bovem, insolitos ani-

zwar nicht zu gemeinsamem Aufruhr zusammen, doch drangen sie in Gruppen und verkleidet in die Häuser ein und zeigten überhaupt bösartiges Interesse für alle, die Adel, Reichtum oder sonstige bedeutende Stellung dem Gerede ausgesetzt hatte. (2) Daß auch Soldaten des Vitellius in die Hauptstadt gekommen seien, um die Stimmung der verschiedenen Gruppen auszukundschaften, glaubten sehr viele. Daher war alles voll Argwohn, und kaum im Innersten des Hauses lebte man ohne Furcht. Doch die größte Aufregung herrschte draußen in der Öffentlichkeit: je nach der Kunde, die ein Gerücht verbreitete, wechselte man Stimmung und Miene, um nicht mißtrauisch gegenüber zweifelhaften Meldungen und zu wenig glücklich über erfreuliche zu erscheinen. (3) Als dann aber der Senat in die Kurie einberufen wurde, war es schwierig, in allem das rechte Maß zu finden: nur kein hartnäckiges Schweigen, keine verdächtige Freimütigkeit! Und dem Otho, der kürzlich noch Privatmann war und sich der gleichen Sprache bedient hatte, war ja Schmeichelei bekannt. Daher wandelten sie ihre Reden vielfältig ab, gaben ihnen bald diese, bald jene Wendung: Staatsfeind und Hochverräter nannten sie den Vitellius; die Vorsichtigsten ergingen sich in allgemeinen Schmähungen, einige brachten Vorwürfe über wahre Schandtaten vor – aber nur im allgemeinen Lärmen, im Gewirr vieler Stimmen, oder wenn sie durch dröhnenden Wortschwall sich selbst überschrien.

**86** (1) Außerdem sorgten Vorzeichen, die von verschiedenen Gewährsleuten verbreitet wurden, für Schrecken: in der Vorhalle des Kapitols seien die Zügel des Zweigespanns herabgefallen, auf dem Victoria steht; hervorgestürzt sei aus der Cella Iunos eine überlebensgroße Erscheinung;[174] die Statue des Divus Iulius auf der Tiberinsel habe sich an einem heiteren und ruhigen Tag nach Osten gedreht; gesprochen habe in Etrurien ein Stier; bei Tieren sei es zu ungewöhnlichen Geburten

malium partus, et plura alia rudibus saeculis etiam in pace observata, quae nunc tantum in metu audiuntur. (2) sed praecipuus et cum praesenti exitio etiam futuri pavor subita inundatione Tiberis, qui immenso auctu proruto ponte sublicio ac strage obstantes moles refusus, non modo iacentia et plana urbis loca, sed secura eius modi casuum implevit: rapti e publico plerique, plures in tabernis et cubilibus intercepti. fames in vulgus inopia quaestus et penuria alimentorum. corrupta stagnantibus aquis insularum fundamenta, dein remeante flumine dilapsa. (3) utque primum vacuus a periculo animus fuit, id ipsum quod paranti expeditionem Othoni campus Martius et via Flaminia iter belli esset obstructum, a fortuitis vel naturalibus causis in prodigium et omen imminentium cladium vertebatur.

**87** (1) Otho lustrata urbe et expensis bello consiliis, quando Poeninae Cottiaeque Alpes et ceteri Galliarum aditus Vitellianis exercitibus claudebantur, Narbonensem Galliam adgredi statuit classe valida et partibus fida, quod reliquos caesorum ad pontem Mulvium et saevitia Galbae in custodia habitos in numeros legionis composuerat, facta et ceteris spe honoratae in posterum militiae. addidit classi urbanas cohortes et plerosque e praetoria-

gekommen – und noch anderes mehr, was man in Zeiten der Unbildung sogar im Frieden beobachtet hat, dem man aber jetzt nur noch in bedrohlicher Lage Gehör schenkt. (2) Aber gewaltiger Schrecken – über das gegenwärtige Verderben ebenso wie über die Zukunft – verbreitete sich bei einer plötzlichen Überschwemmung des Tibers, der, gewaltig angeschwollen, durch die eingestürzte Pfahlbrücke[175] und die sperrigen Trümmer der Uferbauten aufgestaut wurde und so nicht nur die tiefer liegenden und ebenen Teile der Stadt, sondern auch die vor solchen Katastrophen sonst sicheren Bezirke überflutete. Fortgerissen auf den Straßen wurden viele, noch mehr in ihren Läden und Schlafräumen überrascht. Hungersnot herrschte daher beim Volk infolge der Erwerbslosigkeit und des Nahrungsmangels. Schaden litten durch das stehende Wasser die Grundmauern der Mietshäuser;[176] dann, mit dem Rückgang der Flut, stürzten sie ein. (3) Und sowie man sich von der Gefahr erlöst fühlte, wurde gerade der Umstand, daß dem Otho bei seinen Vorbereitungen zum Feldzug Marsfeld und Via Flaminia, die Straße zum Kriegsschauplatz, versperrt waren, aus zufälligen oder natürlichen Ursachen zu Vorzeichen und zur Ankündigung drohenden Unheils umgedeutet.

87 (1) Otho entsühnte die Stadt, dann wog er die Kriegspläne gegeneinander ab: da ja die Pöninischen und Cottischen Alpen und die übrigen Übergänge nach Gallien von den vitellianischen Heeren gesperrt waren, beschloß er, die Gallia Narbonensis mit der starken und seiner Partei treuen Flotte anzugreifen; denn die Überlebenden aus dem Gemetzel an der Mulvischen Brücke,[177] die Galba in seiner Grausamkeit in Haft gehalten hatte, hatte er zu Legionsabteilungen zusammengeschlossen und machte auch den übrigen Hoffnung auf einen in Zukunft ehrenhafteren Kriegsdienst. Die Flotte verstärkte er durch Stadtkohorten und einen Großteil der Prätorianer –

nis, vires et robur exercitus atque ipsis ducibus consilium et custodes. (2) summa expeditionis Antonio Novello, Suedio Clementi primipilaribus, Aemilio Pacensi, cui ademptum a Galba tribunatum reddiderat, permissa. curam navium Moschus libertus retinebat ad observandam honestiorum fidem immutatus. peditum equitumque copiis Suetonius Paulinus, Marius Celsus, Annius Gallus rectores destinati, sed plurima fides Licinio Proculo praetorii praefecto. is urbanae militiae impiger, bellorum insolens, auctoritatem Paulini, vigorem Celsi, maturitatem Galli, ut cuique erat, criminando, quod facillimum factu est, pravus et callidus bonos et modestos anteibat.

**88** (1) Sepositus per eos dies Cornelius Dolabella in coloniam Aquinatem, neque arta custodia neque obscura, nullum ob crimen, sed vetusto nomine et propinquitate Galbae monstratus. multos e magistratibus, magnam consularium partem Otho non participes aut ministros bello, sed comitum specie secum expedire iubet, in quis et Lucium Vitellium, eodem quo ceteros cultu, nec ut imperatoris fratrem nec ut hostis. (2) igitur motae urbis curae; nullus ordo metu aut periculo vacuus. primores senatus aetate invalidi et longa pace desides, segnis et oblita bellorum nobilitas, ignarus militiae eques,

Hauptmacht und Kern des Heeres und für die Führer selbst Beirat und Kontrolle. (2) Die Befehlsgewalt über dieses Unternehmen erhielten die Primipilaren Antonius Novellus und Suedius Clemens sowie Aemilius Pacensis, dem er den von Galba entzogenen Tribunenrang wieder verliehen hatte. Die Flottenverwaltung behielt weiterhin der Freigelassene Moschus, nur mit dem neuen Auftrag, die Zuverlässigkeit von Leuten höheren Ranges zu überwachen. Für Fußvolk und Reiterei wurden Suetonius Paulinus,[178] Marius Celsus und Annius Gallus als Befehlshaber bestimmt, das meiste Vertrauen aber genoß der Prätorianerpräfekt Licinius Proculus[179]. Im städtischen Garnisonsdienst war er rastlos tätig, für Kriege unbrauchbar; dadurch, daß er das Ansehen des Paulinus, die Tatkraft des Celsus, das reife Urteil des Gallus, was eben jeden auszeichnete, durch Verdächtigungen untergrub – und für ihn war das keine Schwierigkeit –, konnte er, der üble und durchtriebene Mensch, den tüchtigen und bescheidenen Männern den Rang ablaufen.

**88** (1) Abgeschoben wurde in diesen Tagen Cornelius Dolabella[180] in die Koloniestadt Aquinum; seine Haft war weder streng noch erniedrigend, erfolgte auch nicht wegen irgendeiner Beschuldigung – er war nur wegen seines alten Namens und seiner Verwandtschaft mit Galba allgemein bekannt. Vielen von den Magistraten und einem Großteil der Konsularen befahl Otho, nicht als Kriegsteilnehmer oder zu sonstigem Dienst Verpflichtete, sondern gleichsam als seine Begleiter mit auszurücken; unter ihnen war auch Lucius Vitellius, der ebenso ehrenvoll wie die übrigen behandelt wurde – und nicht wie der Bruder des Imperators und des Feindes. (2) Daher erregten Sorgen die Stadt: kein Stand war frei von Furcht oder Gefahr. Die Häupter des Senates, altersschwach und in der langen Friedenszeit erschlafft, der träge Adel, der vom Krieg nichts mehr wußte, der Ritterstand, der vom Militärwesen nichts mehr verstand – je

quanto magis occultare et abdere pavorem nitebantur, manifestius pavidi. (3) nec deerant e contrario, qui ambitione stolida conspicua arma, insignes equos, quidam luxuriosos apparatus conviviorum et inritamenta libidinum ut instrumentum belli mercarentur. sapientibus quietis et rei publicae cura; levissimus quisque et futuri improvidus spe vana tumens; multi adflicta fide in pace anxii, turbatis rebus alacres et per incerta tutissimi.

**89** (1) Sed vulgus et magnitudine nimia communium curarum expers populus sentire paulatim belli mala, conversa in militum usum omni pecunia, intentis alimentorum pretiis, quae motu Vindicis haud perinde plebem attriverant, secura tum urbe et provinciali bello, quod inter legiones Galliasque velut externum fuit. (2) nam ex quo divus Augustus res Caesarum composuit, procul et in unius sollicitudinem aut decus populus Romanus bellaverat; sub Tiberio et Gaio tantum pacis adversa *ad* rem publicam pertinuere; Scriboniani contra Claudium incepta simul audita et coercita; Nero nuntiis magis et rumoribus quam armis depulsus: tum legiones classesque et, quod raro alias, praetorianus urbanusque miles in aciem deducti, Oriens Occidensque et quicquid utrimque virium est, a tergo, si ducibus aliis bellatum foret,

mehr sich all diese bemühten, ihre Angst zu verheimlichen und zu verbergen, um so deutlicher zeigten sie ihre Angst. (3) Es fehlte andererseits nicht an Leuten, die in törichtem Streben nach Beachtung auffallende Waffen, prächtige Pferde, einige auch aufwendiges Tafelgeschirr und andere Reizmittel ihrer Sinnenlust als eine Art Kriegsausrüstung kauften. Die Verständigen empfanden Sorge um Frieden und Staat: die Leichtsinnigen, unbekümmert um ihre Zukunft, waren von eitler Hoffnung aufgebläht; viele waren wegen ihres zerrütteten Vermögens im Frieden ängstlich, in wirren Zeiten freudig gestimmt und in der Ungewißheit wohlgeborgen.

**89** (1) Aber der Pöbel und die infolge der übergroßen Zahl der staatlichen Aufgaben daran nicht mehr beteiligte Bürgerschaft fühlten allmählich die üblen Folgen des Krieges: das ganze Geld wurde für die Soldaten aufgewendet, die Lebensmittelpreise stiegen. Das alles hatte während des Vindex-Aufstandes[181] das Volk nicht in gleicher Weise zermürbt, da die Stadt damals aller Sorgen ledig war und der Krieg auf eine Provinz beschränkt blieb – zwischen Legionen und Gallien wurde er gleichsam im Ausland geführt. (2) Denn seit der Divus Augustus die Macht der Caesaren geordnet hatte, war das römische Volk nur in fernen Ländern zum Unglück oder zum Ruhm eines einzelnen in Kriege verwickelt. Unter Tiberius und Gaius berührten nur Mißstände, die für Friedenszeiten bezeichnend sind, das Staatswesen. Das Unternehmen des Scribonianus[182] gegen Claudius war, kaum daß man davon vernahm, auch schon unterdrückt. Nero wurde mehr durch Botschaften und Gerüchte als mit Waffengewalt gestürzt. Jetzt aber wurden Legionen und Flottenverbände und, was sonst selten vorkam, die Prätorianer und Stadtkohorten in die Schlacht geführt: Osten und Westen und auf beiden Seiten die gesamte Streitmacht standen im Hintergrund – ein Machtpotential für einen langen Krieg, hätte man unter anderen

longo bello materia. (3) fuere, qui proficiscenti Othoni moras religionemque nondum conditorum ancilium adferrent: aspernatus est omnem cunctationem ut Neroni quoque exitiosam; et Caecina iam Alpes transgressus extimulabat.

90 (1) Pridie idus Martias commendata patribus re publica reliquias Neronianarum sectionum nondum in fiscum conversas revocatis ab exilio concessit, iustissimum donum et in speciem magnificum, sed festinata iam pridem exactione usu sterile. (2) mox vocata contione maiestatem urbis et consensum populi ac senatus pro se attollens, adversum Vitellianas partes modeste disseruit, inscitiam potius legionum quam audaciam increpans, nulla Vitellii mentione, sive ipsius ea moderatio, seu scriptor orationis sibi metuens contumeliis in Vitellium abstinuit, quando, ut in consiliis militiae Suetonio Paulino et Mario Celso, ita in rebus urbanis Galeri Trachali ingenio Othonem uti credebatur; et erant qui genus ipsum orandi noscerent, crebro fori usu celebre et ad implendas populi aures latum et sonans. (3) clamor vocesque vulgi ex more adulandi nimiae et falsae: quasi dictatorem Caesarem aut imperatorem Augustum prosequerentur, ita studiis votisque certabant, nec metu aut

Führern gekämpft. (3) Einige versuchten Otho vom Aufbruch abzuhalten, indem sie religiöse Bedenken wegen der noch nicht wieder verwahrten Marsschilde[183] vorbrachten. Er aber lehnte jedes Zögern ab, weil das schon dem Nero Unglück gebracht habe; auch daß Caecina schon die Alpen überschritten habe, trieb ihn zum Handeln.

90 (1) Am 14. März übertrug er die Sorge um den Staat den Senatoren; alles, was aus den neronischen Versteigerungen übrig geblieben und noch nicht dem Fiskus zugeschlagen war, überließ er den aus der Verbannung Zurückgerufenen – ein äußerst gerechtes und dem Schein nach großzügiges Geschenk, aber, da die Versteigerung schon längst eilig betrieben worden war, im Ertrag dürftig. (2) Dann berief er eine Volksversammlung ein, vor der er die erhabene Würde der Stadt sowie die einmütige Zuneigung von Volk und Senat zu seiner Person rühmend hervorhob; gegen die Vitellius-Partei sprach er maßvoll, wobei er mehr den Unverstand der Legionen als ihr dreistes Losschlagen rügte. Den Vitellius erwähnte er nicht – vielleicht war der Grund seine eigene Mäßigung, vielleicht enthielt sich der Verfasser der Rede aus persönlicher Furcht aller Schmähungen gegen Vitellius; denn man glaubte, Otho verlasse sich, wie in den Kriegsberatungen auf Suetonius Paulinus und Marius Celsus, so in den inneren Angelegenheiten auf das Talent des Galerius Trachalus[184]; und einige wollten auch den typischen Stil seiner Reden erkannt haben, die wegen seines häufigen Auftretens auf dem Forum bekannt waren und, um in den Ohren des Volkes nachzuklingen, mächtig und volltönend dahinströmten. (3) Geschrei und Zurufe des Volkes klangen, wie bei dieser Art von Schmeichelei, übertrieben laut und unaufrichtig. Als ob sie den Diktator Caesar oder den Imperator Augustus hinausgeleiteten, so wetteiferten sie in Äußerungen der Begeisterung oder ihrer guten Wünsche – aber nicht aus Furcht oder

amore, sed ex libidine servitii, ut in familiis, privata cuique stimulatio, et vile iam decus publicum. profectus Otho quietem urbis curasque imperii Salvio Titiano fratri permisit.

Zuneigung, sondern in hemmungsloser Sklavengesinnung leitete, wie beim Hausgesinde, jeden sein persönliches Interesse, und für nichts geachtet war ja schon die Ehre des Staates. Bei seinem Aufbruch vertraute Otho die Ruhe der Stadt und die Sorge um das Reich seinem Bruder Salvius Titianus an.

*Abb. 1. Kaiser Galba. Sesterz aus dem Jahr 69*

*Abb. 2. Kaiser Otho. Aureus aus dem Jahr 69*

# Liber II

1 (1) Struebat iam fortuna in diversa parte terrarum initia causasque imperio, quod varia sorte laetum rei publicae aut atrox, ipsis principibus prosperum vel exitio fuit. Titus Vespasianus, e Iudaea incolumi adhuc Galba missus a patre, causam profectionis officium erga principem et maturam petendis honoribus iuventam ferebat, sed vulgus fingendi avidum disperserat accitum in adoptionem. materia sermonibus senium et orbitas principis et intemperantia civitatis, donec unus eligatur, multos destinandi. (2) augebat famam ipsius Titi ingenium quantaecumque fortunae capax, decor oris cum quadam maiestate, prosperae Vespasiani res, praesaga responsa, et inclinatis ad credendum animis loco ominum etiam fortuita. (3) ubi Corinthi, Achaiae urbe, certos nuntios accepit de interitu Galbae et aderant, qui arma Vitellii bellumque adfirmarent, anxius animo paucis amicorum adhibitis cuncta utrimque perlustrat: si pergeret in urbem, nullam officii gratiam in alterius honorem suscepti, ac se Vitellio sive Othoni obsidem fore: sin rediret, offensam haud dubiam victoris, set incerta adhuc victoria

# Buch II

## *Ereignisse im Orient* [1–9

1 (1) Schon legte das Schicksal in einem entlegenen Teil der Erde die ersten Grundsteine für eine Herrschaft, die in wechselndem Los dem Staat Segen oder Schrecken, den Herrschern Glück oder Verderben brachte.[1] Titus Vespasianus[2] war aus Judäa noch zu Lebzeiten Galbas von seinem Vater abgesandt worden:[3] als Grund für die Reise gab er die Huldigung vor dem Prinzeps und sein der Ämterbewerbung entsprechendes Alter an; aber die breite Masse, gierig versessen auf Lügengebilde, hatte ausgestreut, er sei wegen der Adoption herbeigerufen worden. Stoff für dieses Gerede boten Alter und Kinderlosigkeit des Prinzeps und die hemmungslose Ungeduld der Bürgerschaft, bis zur Wahl des einen Nachfolgers viele für die Herrschaft vorzuschlagen. (2) Das Gerede verstärkte noch des Titus persönlicher Charakter, der ihn für jede noch so hohe Stellung befähigte, sein edles, durch eine gewisse Hoheit ausgezeichnetes Antlitz, die Erfolge Vespasians,[4] zukunftsdeutende Sprüche und, da die Gemüter zur Leichtgläubigkeit neigen, anstelle von Vorzeichen auch bloße Zufälligkeiten. (3) Als er in Korinth, der bekannten Stadt in Achaia, sichere Kunde vom Ende Galbas erhielt und auch Leute dort waren, welche die bewaffnete Erhebung des Vitellius und den Krieg bestätigten, überdachte er beunruhigt zusammen mit wenigen seiner Freunde die Lage nach beiden Seiten: wenn er die Reise nach Rom fortsetze, werde er keinen Dank für die einem anderen als Ehre zugedachte Huldigung ernten, und er werde nur dem Vitellius oder dem Otho als Geisel dienen; wenn er aber umkehre, werde das zweifellos eine Kränkung für den Sieger sein; aber da der Sieg noch unentschieden sei und der Vater zur (siegreichen) Partei übertreten könne, werde der Sohn ent-

et concedente in partes patre filium excusatum. sin Vespasianus rem publicam susciperet, obliviscendum offensarum de bello agitantibus.

**2** (1) His ac talibus inter spem metumque iactatum spes vicit. fuerunt qui accensum desiderio Berenices reginae vertisse iter crederent; neque abhorrebat a Berenice iuvenilis animus, sed gerendis rebus nullum ex eo impedimentum. laetam voluptatibus adulescentiam egit, suo quam patris imperio moderatior. (2) igitur oram Achaiae et Asiae ac laeva maris praevectus, Rhodum et Cyprum insulas, inde Syriam audentioribus spatiis petebat. atque illum cupido incessit adeundi visendique templum Paphiae Veneris, inclitum per indigenas advenasque. haud fuerit longum initia religionis, templi ritum, formam deae (neque enim alibi sic habetur) paucis disserere.

**3** (1) Conditorem templi regem Aeriam vetus memoria, quidam ipsius deae nomen id perhibent. fama recentior tradit a Cinyra sacratum templum deamque ipsam conceptam mari huc adpulsam; sed scientiam artemque haruspicum accitam et Cilicem Tamiram intulisse, atque ita pactum, ut familiae utriusque posteri caerimoniis praesiderent. mox, ne honore nullo regium genus peregrinam stirpem antecelleret, ipsa quam intulerant scientia hospites cessere: tantum Cinyrades sacerdos consulitur. (2) hostiae, ut quisque vovit, sed mares deliguntur: certis-

schuldigt sein. Wenn aber Vespasianus die Macht im Staat übernähme, müßten alle, die dann zum Krieg rüsteten, die Kränkungen vergessen.

**2** (1) Als er bei solchen und ähnlichen Überlegungen zwischen Hoffnung und Furcht hin- und hergerissen wurde, siegte bei ihm die Hoffnung. Manche glaubten, er sei aus Sehnsucht nach Königin Berenike[5] umgekehrt. Und wirklich, in jugendlicher Schwärmerei war er Berenike gegenüber nicht unempfindlich, aber für tatkräftiges Handeln war das kein Hindernis. In üppigem Sinnengenuß durchlebte er seine Jugend, während seiner eigenen Herrschaft maßvoller als in der seines Vaters. (2) So fuhr er die Küsten Achaias, Asias und die zur Linken sich erstreckenden Meeresgestade entlang; zu den Inseln Rhodos und Zypern und von dort nach Syrien nahm er dann in gewagterer Fahrt Kurs. Da überkam ihn das Verlangen, aufzusuchen und zu besichtigen den Tempel der Venus von Paphos[6], hochberühmt bei Einheimischen und Fremden. Es dürfte wohl kaum zu weitschweifig sein, die Anfänge des Kultes, den Tempelritus und die Gestalt der Göttin – denn nirgendwo anders findet man sie so – in kurzen Worten zu beschreiben.

**3** (1) Als Gründer des Tempels nennt eine alte Überlieferung den König Aërias, einige behaupten, dies sei der Name der Göttin selbst. Eine jüngere Sage berichtet, von Kinyras sei der Tempel geweiht worden und die Göttin selbst, die Meergeborene, sei hier an Land gestiegen. Aber die systematische Lehre der Opferbeschauer sei von außen geholt worden, und zwar habe sie der Kiliker Tamiras gebracht; man habe sich darauf geeinigt, daß die Nachkommen beider Familien dem Kult vorstehen sollten. Damit aber in jeder Hinsicht an Ehren das Königsgeschlecht die fremdländische Sippe übertreffe, traten später die Fremdlinge ebendiese Lehre, die sie gebracht hatten, ab: nur noch ein Priester der Kinyraden wird um Rat gefragt. (2) Opfertiere werden je nach Gelübde

sima fides haedorum fibris. sanguinem arae obfundere vetitum: precibus et igne puro altaria adolentur, nec ullis imbribus quamquam in aperto madescunt. simulacrum deae non effigie humana, continuus orbis latiore initio tenuem in ambitum metae modo exurgens, set ratio in obscuro.

**4** (1) Titus spectata opulentia donisque regum quaeque alia laetum antiquitatibus Graecorum genus incertae vetustati adfingit, de navigatione primum consuluit. postquam pandi viam et mare prosperum accepit, de se per ambages interrogat caesis compluribus hostiis. (2) Sostratus (sacerdotis id nomen erat) ubi laeta et congruentia exta magnisque consultis adnuere deam videt, pauca in praesens et solita respondens, petito secreto futura aperit. Titus aucto animo ad patrem pervectus suspensis provinciarum et exercituum mentibus ingens rerum fiducia accessit.

(3) Profligaverat bellum Iudaicum Vespasianus, obpugnatione Hierosolymorum reliqua, duro magis et arduo opere ob ingenium montis et pervicaciam superstitionis, quam quo satis virium obsessis ad tolerandas necessitates superesset. (4) tres, ut supra memoravimus, ipsi Vespasiano legiones erant, exercitae bello: quattuor Mucianus obtinebat in pace, sed aemulatio et proximi exercitus

gewählt, aber nur männliche Tiere: sicherstes Vertrauen setzt man in die Leber der Böcke. Blut über den Altar zu gießen ist verboten: unter Gebeten und in reinem Feuer lodern die Altäre, und obwohl im Freien, werden sie nie von Regen benetzt. Das Kultbild der Göttin zeigt keine menschliche Gestalt; es ist ein geschlossener Rundkörper, der sich aus breiterer Grundfläche zu schmalem Umfang nach Art einer Spitzsäule erhebt; seine Bedeutung aber liegt im dunkeln.

4 (1) Titus betrachtete zunächst die Tempelschätze, die Geschenke der Könige und was sonst noch das Griechenvolk in seiner Begeisterung für Altertümer der ungewissen Vorzeit zuschreibt; dann erkundigte er sich zunächst über seine Seefahrt. Als er vernommen hatte, daß der Weg offenstehe und das Meer günstig sei, schlachtete er mehrere Opfertiere und stellte in verhüllten Worten Fragen über seine Person. (2) Als Sostratus – das war der Name des Priesters – sah, daß die Eingeweide glückverheißend und untereinander übereinstimmend waren und somit die Göttin großen Plänen zustimmte, antwortete er fürs erste mit wenigen und den üblichen Worten, ersuchte dann aber um eine geheime Unterredung und eröffnete ihm die Zukunft. Titus fuhr also mit gestärktem Selbstvertrauen zum Vater weiter: für die in gespannter Erwartung harrenden Provinzen und Heere kam er als wertvolle Bürgschaft künftiger Erfolge.

(3) Den jüdischen Krieg hatte Vespasianus (fast) schon beendet, nur mehr die Belagerung von Hierosolyma war übrig, eine Aufgabe, hart und schwierig mehr wegen der Beschaffenheit des Berges und der Verbissenheit des Fanatismus, als weil die Belagerten noch genug Kräfte hatten, den Drangsalen standzuhalten. (4) Wie oben berichtet,[6a] verfügte Vespasianus selbst über drei Legionen, kriegserfahrene Truppen; vier befehligte Mucianus unter Friedensbedingungen; aber der Wetteifer und der

gloria depulerat segnitiam, quantumque illis roboris discrimina et labor, tantum his vigoris addiderat integra quies et inexperti belli ardor. auxilia utrique cohortium alarumque et classes regesque ac nomen dispari fama celebre.

**5** (1) Vespasianus acer militiae anteire agmen, locum castris capere, noctu diuque consilio ac, si res posceret, manu hostibus obniti, cibo fortuito, veste habituque vix a gregario milite discrepans; prorsus, si avaritia abesset, antiquis ducibus par. Mucianum e contrario magnificentia et opes et cuncta privatum modum supergressa extollebant; aptior sermone, dispositu provisuque civilium rerum peritus: egregium principatus temperamentum, si demptis utriusque vitiis solae virtutes miscerentur. (2) ceterum hic Syriae, ille Iudaeae praepositus, vicinis provinciarum administrationibus invidia discordes, exitu demum Neronis positis odiis in medium consuluere, primum per amicos, dein praecipua concordiae fides Titus prava certamina communi utilitate aboleverat, natura atque arte compositus adliciendis etiam Muciani moribus. tribuni centurionesque et vulgus militum industria licentia, per virtutes per voluptates, ut cuique ingenium, adsciscebantur.

Ruhm des Nachbarheeres hatten keine Trägheit aufkommen lassen, und was an Kraft jenen die Gefahren und Mühen, so viel an frischer Energie hatten ihnen die ungestörte Ruhe und die Begeisterung für einen Krieg, den sie noch nicht kannten, verschafft. Beide hatten an Hilfstruppen Kohorten und Schwadronen, sie verfügten über Flotten und (verbündete) Könige[7] und über einen trotz verschiedenen Rufes berühmten Namen.

**5** (1) Vespasianus, ein verwegener Kriegsmann, marschierte immer an der Spitze des Heeres, wählte selbst den Lagerplatz, Tag und Nacht trat er mit kluger Planung und, wenn es die Lage erforderte, mit dem Schwert in der Hand dem Feind entgegen; zum Essen genügte ihm, was sich gerade bot, in Kleidung und Auftreten unterschied er sich kaum vom gemeinen Soldaten – mit einem Wort: wäre die Habsucht nicht gewesen, den Führern der Vorzeit gleich. Den Mucianus dagegen hoben seine Prunkliebe, sein Reichtum und seine ganze, das Maß eines Privatmannes übersteigende Lebensführung besonders heraus; gewandter war er im gesprochenen Wort, in Durchführung und Planung von Verwaltungsaufgaben erfahren – eine vortreffliche Mischung für die Herrschaft, wenn man die Fehler beider getilgt und nur die Vorzüge vereinigt hätte. (2) Im übrigen lebten beide, dieser Statthalter von Syrien, jener von Judäa, da sie benachbarte Provinzen verwalteten, in Rivalität und Zwietracht; erst nach Neros Tod legten sie ihre Haßgefühle ab und verständigten sich, zunächst durch Vermittlung von Freunden, dann aber hatte als Hauptbürge für die Eintracht Titus die sinnlosen Streitigkeiten um des gemeinsamen Vorteils willen beendet, nach seiner Art und Bildung dazu geschaffen, auch einen Charakter wie Mucianus anzuziehen. Die Tribunen, Zenturionen und die Masse der Mannschaften versuchte man durch Appell an ihren Tatendrang oder freies Gewährenlassen, mit Hinweisen auf ihre Fähigkeiten oder auf lockende Ver-

**6** (1) Antequam Titus adventaret, sacramentum Othonis acceperat uterque exercitus, pernicibus, ut adsolet, nuntiis et tarda mole civilis belli, quod longa concordia quietus Oriens tunc primum parabat. namque olim validissima inter se civium arma in Italia Galliave viribus Occidentis coepta; et Pompeio, Cassio, Bruto, Antonio, quos omnes trans mare secutum est civile bellum, haud prosperi exitus fuerant; auditique saepius in Syria Iudaeaque Caesares quam inspecti. nulla seditio legionum, tantum adversus Parthos minae, vario eventu; et proximo civili bello turbatis aliis inconcussa ibi pax, dein fides erga Galbam. (2) mox, ut Othonem ac Vitellium scelestis armis res Romanas raptum ire vulgatum est, ne penes ceteros imperii praemia, penes ipsos tantum servitii necessitas esset, fremere miles et vires suas circumspicere. septem legiones statim et cum ingentibus auxiliis Syria Iudaeaque; inde continua Aegyptus duaeque legiones, hinc Cappadocia Pontusque et quicquid castrorum Armeniis praetenditur. Asia et ceterae provinciae nec virorum inopes et pecunia opulentae. quantum insularum mari cingitur, et parando interim bello secundum tutumque ipsum mare.

**7** (1) Non fallebat duces impetus militum, sed bellantibus aliis placuit expectari. bello civili victores victosque

gnügungen – worauf jedermanns Sinn eben stand – zu gewinnen.

6 (1) Noch ehe Titus ankam, hatten beide Heere den Eid auf Otho geleistet, da, wie üblich, sehr rasch die Nachrichten eintrafen, aber nur schwerfällig die gewaltige Masse eines Bürgerkrieges in Bewegung kommt, zu dem der (bisher) in langer Friedenszeit ruhige Orient jetzt zum ersten Male rüstete. Denn die schwersten Waffengänge unter Bürgern hatten einst in Italien oder Gallien mit den Streitkräften des Westens begonnen; und Pompeius, Cassius, Brutus und Antonius, denen allen der Bürgerkrieg über das Meer gefolgt war, hatten jeweils ein unglückliches Ende gefunden. Gehört hatte man in Syrien und Judäa öfter von Caesaren, als sie gesehen. Es hatte keinen Aufruhr unter den Legionen gegeben, nur Drohexpeditionen gegen die Parther – mit wechselndem Erfolg; und während im letzten Bürgerkrieg in den anderen Reichsteilen Aufruhr herrschte, war dort der Friede ungestört; dann hielt man treu zu Galba. (2) Als sich hierauf die Kunde verbreitete, Otho und Vitellius gingen daran, mit ruchlosen Waffen den römischen Staat an sich zu reißen, da murrten die Soldaten, es dürften nicht den anderen die Vorteile der Herrschaft, ihnen selbst der Zwang der Knechtschaft bleiben, und berechneten ihre eigenen Kräfte. Sieben Legionen standen sofort bereit und mit gewaltigen Hilfstruppen Syrien und Judäa; daran schloß unmittelbar Ägypten mit zwei Legionen, hier Kappadokien und Pontus und alle Garnisonen, die an Armeniens Grenzen entlang errichtet waren. Asia und die übrigen Provinzen waren nicht arm an Mannschaften und reich an Geldmitteln; die ganze Inselwelt, die vom Meer umschlossen ist, war günstig für die vorläufigen Kriegsvorbereitungen, das Meer selbst war sicher.

7 (1) Nicht verborgen blieb den Führern der Tatendrang der Soldaten; aber solange die anderen Krieg führten, beschloß man zuzuwarten. In einem Bürgerkrieg würden

numquam solida fide coalescere, nec referre Vitellium an Othonem superstitem fortuna faceret. rebus secundis etiam egregios duces insolescere: discordia militis ignavia luxurie et suismet vitiis alterum bello, alterum victoria periturum. (2) igitur arma in occasionem distulere, Vespasianus Mucianusque nuper, ceteri olim mixtis consiliis; optimus quisque amore rei publicae, multos dulcedo praedarum stimulabat, alios ambiguae domi res: ita boni malique causis diversis, studio pari, bellum omnes cupiebant.

8 (1) Sub idem tempus Achaia atque Asia falso exterritae velut Nero adventaret, vario super exitu eius rumore eoque pluribus vivere eum fingentibus credentibusque. ceterorum casus conatusque in contextu operis dicemus: tunc servus e Ponto sive, ut alii tradidere, libertinus ex Italia, citharae et cantus peritus, unde illi super similitudinem oris propior ad fallendum fides, adiunctis desertoribus, quos inopia vagos ingentibus promissis corruperat, mare ingreditur; ac vi tempestatum Cythnum insulam detrusus et militum quosdam ex Oriente commeantium adscivit vel abnuentes interfici iussit, et spoliatis negotiatoribus mancipiorum valentissimum quemque armavit. (2) centurionemque Sisennam dextras, concordiae insignia, Syriaci exercitus nomine

Sieger und Besiegte nie in beständiger Treue zusammenfinden, und es komme nicht darauf an, ob das Schicksal den Vitellius oder den Otho überleben lasse. Im Glück würden auch hervorragende Führer das Maß verlieren; durch die Zwietracht unter den Soldaten und durch Trägheit und Genußleben, also ihre eigenen Fehler, würde der eine im Krieg, der andere nach dem Sieg umkommen. (2) Daher verschoben sie den Waffengang auf eine günstigere Gelegenheit, wobei Vespasianus und Mucianus erst vor kurzem, die anderen schon längst gemeinsame Pläne gefaßt hatten, die Gutgesinnten aus Liebe zum Staat, viele aber trieb die verlockende Hoffnung auf Beute, andere ihre verworrenen Besitzverhältnisse an. Gute und Schlechte also, aus verschiedenen Gründen, aber mit gleicher Begeisterung – alle wünschten den Krieg.

8 (1) Um dieselbe Zeit wurden Achaia und Asia durch eine Falschmeldung aufgeschreckt: es hieß, Neros Ankunft stehe bevor. Über sein Ende gab es nämlich widersprüchliche Gerüchte, und daher behaupteten nur um so mehr Leute, er lebe noch, und noch mehr glaubten es. Schicksale und Versuche der übrigen werde ich im Zusammenhang meines Werkes berichten.[8] Damals war es ein Sklave aus Pontus oder, wie andere berichteten, ein Freigelassener aus Italien, des Lyraspiels und des Gesanges kundig, wodurch er neben der Ähnlichkeit der Gesichtszüge noch mehr Glaubwürdigkeit bei seinem Betrug gewann; er hatte Deserteure an sich gezogen, die sich mittellos umhertrieben und die er mit gewaltigen Versprechungen bestochen hatte; dann begab er sich aufs Meer. Durch starke Stürme auf die Insel Kythnos verschlagen, gewann er einige Soldaten, die aus dem Orient kamen, für sich oder ließ sie bei Weigerung töten; auch plünderte er Kaufleute aus und bewaffnete deren kräftigste Sklaven. (2) Auch den Zenturionen Sisenna, der »Hände«[9] als Zeichen der Eintracht im Namen des syri-

ad praetorianos ferentem variis artibus adgressus est, donec Sisenna clam relicta insula trepidus et vim metuens aufugeret. inde late terror: multi ad celebritatem nominis erecti rerum novarum cupidine et odio praesentium. gliscentem in dies famam fors discussit.

9 (1) Galatiam ac Pamphyliam provincias Calpurnio Asprenati regendas Galba permiserat. datae e classe Misenensi duae triremes ad prosequendum, cum quibus Cythnum insulam tenuit: nec defuere qui trierarchos nomine Neronis accirent. (2) is in maestitiam compositus et fidem suorum quondam militum invocans, ut eum in Syria aut Aegypto sisterent orabat. trierarchi, nutantes seu dolo, adloquendos sibi milites et paratis omnium animis reversuros firmaverunt. sed Asprenati cuncta ex fide nuntiata, cuius cohortatione expugnata navis et interfectus quisquis ille erat. corpus, insigne oculis comaque et torvitate vultus, in Asiam atque inde Romam pervectum est.

10 (1) In civitate discordi et ob crebras principum mutationes inter libertatem ac licentiam incerta parvae quoque res magnis motibus agebantur. Vibius Crispus, pecunia potentia ingenio inter claros magis quam inter bonos,

schen Heeres an die Prätorianer überbringen sollte, bearbeitete er mit allen möglichen Mitteln, bis dieser heimlich die Insel verließ und sich in angstvoller Hast und Furcht vor Gewalttat davonmachte. Hierauf verbreitete sich weithin Schrecken: viele hängten ihre Hoffnungen an den berühmten Namen – in ihrem Verlangen nach einem Umsturz oder aus Erbitterung über ihre augenblickliche Lage. Das von Tag zu Tag anwachsende Gerücht zerschlug ein Zufall.

**9** (1) Die Provinzen Galatia und Pamphylia hatte Galba dem Calpurnius Asprenas zur Verwaltung übertragen. Von der misenischen Flotte[10] waren ihm zwei Triremen[11] als Geleitschutz beigegeben worden, mit denen er die Insel Kythnos anlief. Sogleich waren Leute zur Stelle, die die Trierarchen im Namen »Neros« anwerben sollten. (2) Der rief mit gespielter Trauermiene die Treue »seiner einstigen Soldaten« an: daß sie ihn in Syrien oder Ägypten an Land setzten, darum bat er sie. Die Trierarchen erklärten, weil sie unentschlossen waren, oder in listiger Absicht, erst mit den Soldaten sprechen zu müssen: wenn alle dazu bereit seien, würden sie wiederkommen. Aber dem Asprenas wurde alles wahrheitsgetreu berichtet; auf dessen Anordnung wurde das Schiff geentert und jener Mensch, wer immer es auch war, getötet. Sein Haupt, auffallend durch Augen, Haar und finsteren Blick, wurde nach Asien und von dort nach Rom gebracht.

### *Unruhe in Rom – Streit im Senat* [10

**10** (1) In einer zerrissenen und wegen des häufigen Herrscherwechsels zwischen Freiheit und Zügellosigkeit schwankenden Bürgerschaft riefen auch unbedeutende Ereignisse große Bewegung hervor. Vibius Crispus, der durch Geld, Macht und Talent mehr zu den bekannten als zu den gutgesinnten Männern zählte, zog den Annius

Annium Faustum equestris ordinis, qui temporibus Neronis delationes factitaverat, ad cognitionem senatus vocabat; nam recens Galbae principatu censuerant patres, ut accusatorum causae noscerentur. id senatus consultum varie iactatum et, prout potens vel inops reus inciderat, infirmum aut validum, retinebat adhuc *aliquid* terroris. (2) et propria vi Crispus incubuerat delatorem fratris sui pervertere, traxeratque magnam senatus partem, ut indefensum et inauditum dedi ad exitium postularent. contra apud alios nihil aeque reo proderat quam nimia potentia accusatoris: dari tempus, edi crimina, quamvis invisum ac nocentem more tamen audiendum censebant. (3) et valuere primo dilataque in paucos dies cognitio: mox damnatus est Faustus, nequaquam eo adsensu civitatis quem pessimis moribus meruerat: quippe ipsum Crispum easdem accusationes cum praemio exercuisse meminerant, nec poena criminis sed ultor displicebat.

**11** (1) Laeta interim Othoni principia belli, motis ad imperium eius e Dalmatia Pannoniaque exercitibus. fuere quattuor legiones, e quibus bina milia praemissa; ipsae

Faustus, einen Angehörigen des Ritterstandes, der zu Neros Zeiten das Geschäft eines Denunzianten betrieben hatte, vor ein Untersuchungsverfahren des Senates; denn gleich zu Beginn von Galbas Herrschaft hatten die Senatoren beschlossen, alle Fälle berufsmäßiger Ankläger überprüfen zu lassen. Dieser Senatsbeschluß wurde verschieden ausgelegt und, je nachdem ein einflußreicher oder ein unbedeutender Angeklagter an der Reihe war, außer Kraft gesetzt oder mit aller Strenge angewendet: so behielt er noch immer etwas von seinem Schrecken. (2) Mit dem Gewicht seiner ganzen Persönlichkeit hatte sich Crispus darauf verlegt, den Denunzianten seines Bruders zu Fall zu bringen, und er hatte einen Großteil des Senates dazu gebracht, für ihn, ohne daß er verteidigt oder angehört werde, die Todesstrafe zu fordern. Dagegen nützte bei anderen dem Angeklagten nichts so sehr wie der übermächtige Einfluß des Anklägers. Sie stimmten dafür, ihm einen Verhandlungstermin bekanntzugeben, die Klagepunkte offen vorzubringen, ihn, mochte er auch noch so verhaßt und schuldig sein, nach herkömmlicher Art anzuhören. (3) Sie setzten sich auch anfangs durch: aufgeschoben wurde um wenige Tage die Untersuchung. Dann aber wurde Faustus verurteilt, keinesfalls aber mit solcher Zustimmung der Bürgerschaft, wie er sie für sein schändliches Betragen verdient hätte: denn man erinnerte sich, daß auch Crispus in gleicher Weise Anklagen um Geldeslohn erhoben hatte; und so war es nicht die Strafe für ein Verbrechen, sondern der Rächer, der Mißfallen erregte.

## *Bürgerkrieg Otho/Vitellius* [11–51

**11** (1) Erfreulich verlief inzwischen der Kriegsbeginn für Otho, da sich auf seinen Befehl hin aus Pannonien und Dalmatien die Heere in Bewegung setzten. Es waren vier Legionen, aus deren Gesamtstand je 2000 Mann voraus-

modicis intervallis sequebantur, septima a Galba conscripta, veteranae undecima ac tertia decima et praecipui fama quartadecumani, rebellione Britanniae compressa. addiderat gloriam Nero eligendo ut potissimos, unde longa illis erga Neronem fides et erecta in Othonem studia. sed quo plus virium ac roboris e fiducia tarditas inerat. (2) agmen legionum alae cohortesque praeveniebant; et ex ipsa urbe haud spernenda manus, quinque praetoriae cohortes et equitum vexilla cum legione prima, ac deforme insuper auxilium, duo milia gladiatorum, sed per civilia arma etiam severis ducibus usurpatum. his copiis rector additus Annius Gallus, cum Vestricio Spurinna ad occupandas Padi ripas praemissus, quoniam prima consiliorum frustra ceciderant, transgresso iam Alpes Caecina, quem sisti intra Gallias posse speraverat. (3) ipsum Othonem comitabantur speculatorum lecta corpora cum ceteris praetoriis cohortibus, veterani e praetorio, classicorum ingens numerus. nec illi segne aut corruptum luxu iter, sed lorica ferrea usus est et ante signa pedes ire, horridus, incomptus famaeque dissimilis.

**12** (1) Blandiebatur coeptis fortuna, possessa per mare et naves maiore Italiae parte penitus usque ad initium maritimarum Alpium, quibus temptandis adgrediendaeque provinciae Narbonensi Suedium Clementem, Antonium

zogen; sie selbst folgten in mäßigen Abständen: die 7., von Galba ausgehoben, und die altgedienten Legionen: die 11. und die 13. sowie die »Vierzehner«, die einen außerordentlichen Ruf durch die Unterwerfung Britanniens errungen hatten.[12] Nero hatte ihren Ruhm noch erhöht, indem er sie als die Fähigsten (für Sonderaufgaben) auswählte: daher ihre langwährende Treue zu Nero und ihre lebhafte Sympathie für Otho. Aber je größer ihre Stärke und Leistungskraft war – gerade ihr Selbstvertrauen war der Grund ihres gemächlichen Anmarsches. (2) Dem Gros der Legionen zogen Schwadronen und Kohorten voraus. Aber auch aus der Hauptstadt selbst kam eine nicht zu verachtende Heeresmacht, fünf Kohorten und Reiterabteilungen der Prätorianer gemeinsam mit der 1. Legion, dazu noch eine entehrende Hilfstruppe: 2000 Gladiatoren – wie sie aber auch sonst in Bürgerkriegen von strengen Führern eingesetzt worden waren.[13] Für diese Truppenverbände wurde Annius Gallus als Führer bestellt und mit Vestricius Spurinna zur Sicherung der Po-Ufer vorausgeschickt, weil ja die ursprünglichen Pläne Othos fehlgeschlagen waren: denn schon hatte Caecina die Alpen überschritten – man hatte aber gehofft, ihn noch in Gallien halten zu können. (3) Otho selbst begleiteten auserwählte Leibgardisten mit den übrigen Prätorianerkohorten, Veteranen des Prätorianerkorps und eine gewaltige Zahl von Marinesoldaten. Aber sein Vormarsch war weder träge noch durch Ausschweifungen gezeichnet, sondern Otho trug einen Eisenpanzer, marschierte wie ein Fußsoldat vor den Feldzeichen, struppig, ungepflegt – und seinem Ruf ganz unähnlich.

**12** (1) Es lächelte das Glück dem Beginn seines Unternehmens: fest in seiner Hand war durch Meer und Flotte der größere Teil Italiens ganz bis an den Fuß der Seealpen; sich dieser zu bemächtigen und die Gallia Narbonensis anzugreifen, mit dieser Aufgabe hatte er Suedius

Novellum, Aemilium Pacensem duces dederat. sed Pacensis per licentiam militum vinctus, Antonio Novello nulla auctoritas: Suedius Clemens ambitioso imperio regebat, ut adversus modestiam disciplinae corruptus, ita proeliorum avidus. (2) non Italia adiri nec loca sedesque patriae videbantur: tamquam externa litora et urbes hostium urere, vastare, rapere eo atrocius, quod nihil usquam provisum adversum metus. pleni agri, apertae domus; occursantes domini iuxta coniuges et liberos securitate pacis et belli malo circumveniebantur. (3) maritimas tum Alpes tenebat procurator Marius Maturus. is concita gente (nec deest iuventus) arcere provinciae finibus Othonianos intendit: sed primo impetu caesi disiectique montani, ut quibus temere collectis, non castra, non ducem noscitantibus, neque in victoria decus esset neque in fuga flagitium.

**13** (1) Inritatus eo proelio Othonis miles vertit iras in municipium Albintimilium. quippe in acie nihil praedae, inopes agrestes et vilia arma; nec capi poterant, pernix genus et gnari locorum: sed calamitatibus insontium expleta avaritia. (2) auxit invidiam praeclaro exemplo femina Ligus, quae filio abdito, cum simul pecuniam occultari milites credidissent eoque per cruciatus interro-

Clemens, Antonius Novellus und Aemilius Pacensis als Führer betraut. Allein Pacensis war von seiner zügellosen Soldateska in Ketten gelegt worden, Antonius Novellus genoß kein Ansehen. Suedius Clemens war in seiner Befehlsführung um Gunst bemüht, einerseits zu schwach, um Zucht und Ordnung durchzusetzen, aber doch gierig, Schlachten zu liefern. (2) Man hatte nicht den Eindruck, als ob sie sich Italien näherten oder Gegenden und Wohnplätzen der Heimat. Als wären es fremde Gestade und Städte von Feinden, brandschatzten, verwüsteten und plünderten sie – und die Folgen waren um so gräßlicher, als man nirgends gegen solche Schrecknisse Vorkehrungen getroffen hatte. Voll von Menschen waren die Äcker, offen die Häuser: entgegen strömten ihnen Gutsbesitzer mit Frauen und Kindern; in der Sorglosigkeit des Friedens sahen sie sich vom Unheil des Krieges bedrängt. (3) Die Seealpen verwaltete damals der Prokurator Marius Maturus[14]. Er bot den Landsturm auf – es fehlte nicht an junger Mannschaft – und ging daran, die Othonianer von den Grenzen der Provinz fernzuhalten. Aber schon beim ersten Angriff wurden die Bergbewohner niedergemacht und zersprengt, da sie, überhastet aufgestellt, von Lagerdienst und Führung keine Ahnung hatten und im Sieg keine Ehre, in der Flucht keine Schande sahen.

**13** (1) Gereizt durch dieses Gefecht richteten Othos Soldaten ihre Wut gegen die Landstadt Albintimilium; denn auf dem Schlachtfeld hatte es keine Beute gegeben: arm waren die Bauern, wertlos die Waffen; auch konnte man die Leute nicht einfangen – es war ein flinker Menschenschlag, der sich in der Gegend dort auskannte. Aber am Leid Unschuldiger sättigten sie ihre Habgier.[15] (2) Die Erbitterung wurde noch gesteigert durch die beispielhafte Tat einer Ligurerin: sie hatte ihren Sohn versteckt; da die Soldaten glaubten, sie habe zugleich auch Geld verborgen, und sie unter Foltern fragten, wo

garent, ubi filium occuleret, uterum ostendens latere respondit, nec ullis deinde terroribus aut morte constantiam vocis egregiae mutavit.

**14** (1) Imminere provinciae Narbonensi, in verba Vitellii adactae, classem Othonis trepidi nuntii Fabio Valenti attulere; aderant legati coloniarum auxilium orantes. duas Tungrorum cohortes, quattuor equitum turmas, universam Trevirorum alam cum Iulio Classico praefecto misit, e quibus pars in colonia Foroiuliensi retenta, ne omnibus copiis in terrestre iter versis vacuo mari classis adceleraret. duodecim equitum turmae et lecti e cohortibus adversus hostem iere, quibus adiuncta Ligurum cohors, vetus loci auxilium, et quingenti Pannonii, nondum sub signis. (2) nec mora proelio: sed acies ita instructa, ut pars classicorum mixtis paganis in colles mari propinquos exurgeret, quantum inter colles ac litus aequi loci praetorianus miles expleret, in ipso mari, ut adnexa classis et pugnae parata conversa et minaci fronte praetenderetur: Vitelliani, quibus minor peditum vis, in equite robur, Alpinos proximis iugis, cohortes densis ordinibus post equitem locant. (3) Trevirorum turmae obtulere se hosti incaute, cum exciperet contra veteranus miles, simul a latere saxis urgeret apta ad iaciendum etiam

sie den Sohn verberge, antwortete sie, auf ihren Leib weisend: hier sei sein Versteck. Und danach ließ sie sich nicht durch Drohungen, nicht durch den Tod von der standhaften Haltung dieses Ausspruches abbringen.

**14** (1) Bedroht sei die eben erst auf Vitellius vereidigte narbonensische Provinz durch die Flotte Othos, das kündeten beunruhigende Nachrichten dem Fabius Valens; es erschienen auch Abgesandte der Koloniestädte mit der Bitte um Hilfe. Er schickte zwei Kohorten Tungrer, vier Schwadronen Reiter und das gesamte Reiterkorps der Treverer unter dem Präfekten Iulius Classicus.[16] Ein Teil davon wurde in der Koloniestadt Forum Iulium zurückbehalten, damit nicht die Flotte, wenn alle Truppen den Landweg eingeschlagen hätten, über das ungeschützte Meer rasch heransegle. Zwölf Reiterschwadronen und ausgewählte Verbände aus den Kohorten marschierten gegen den Feind; ihnen beigegeben waren eine Kohorte Ligurer als ortskundige Truppenabteilung und 500 Pannonier, die noch nicht an der Front gedient hatten. (2) Unverzüglich rüstete man zum Gefecht: die Truppen (der Othonianer) waren so aufgestellt: ein Teil der Flottenmannschaften, mit Landbewohnern vermischt, stand die dem Meer zugewandten Hügelkämme hinauf, die ganze Ebene zwischen den Hügeln und der Küste hielten die Prätorianer besetzt, auf dem Meer selbst, gleichsam in enger Fühlung, war die Flotte vor der Küste aufgefahren – kampfbereit in umgekehrter, drohender Frontlinie.[17] Die Vitellianer, bei denen das Fußvolk schwächer war, die Hauptmacht aber die Reiterei bildete, stellten die Alpenbewohner auf den nächstgelegenen Höhen auf, die Kohorten in enggeschlossenen Reihen aber hinter der Reiterei. (3) Die Schwadronen der Treverer warfen sich dem Feind blindlings entgegen, doch die altgedienten Soldaten fingen ihren Stoß auf, gleichzeitig drängte von den Flanken mit Steinwürfen die im Schleudern geübte Schar der Landbewohner heran;

paganorum manus, qui sparsi inter milites, strenui ignavique, in victoria idem audebant. additus perculsis terror invecta in terga pugnantium classe: ita undique clausi, deletaeque omnes copiae forent, ni victorem exercitum attinuisset obscurum noctis, obtentui fugientibus.

**15** (1) Nec Vitelliani quamquam victi quievere: accitis auxiliis securum hostem ac successu rerum socordius agentem invadunt. caesi vigiles, perrupta castra, trepidatum apud naves, donec sidente paulatim metu, occupato iuxta colle defensi, mox inrupere. (2) atrox ibi caedes, et Tungrarum cohortium praefecti sustentata diu acie telis obruuntur. ne Othonianis quidem incruenta victoria fuit, quorum improvide secutos conversi equites circumvenerunt. ac velut pactis indutiis, ne hinc classis inde eques subitam formidinem inferrent, Vitelliani retro Antipolim Narbonensis Galliae municipium, Othoniani Albingaunum interioris Liguriae revertere.

**16** (1) Corsicam ac Sardiniam ceterasque proximi maris insulas fama victricis classis in partibus Othonis tenuit. sed Corsicam prope adflixit Decumi Pacarii procuratoris temeritas, tanta mole belli nihil in summam profutura, ipsi exitiosa. namque Othonis odio iuvare Vitellium Cor-

diese waren unter die Soldaten verteilt und zeigten, Tapfere ebenso wie Feige, im Sieg den gleichen Wagemut. Den Schrecken der Geschlagenen verstärkte noch die im Rücken der Kämpfenden aufgefahrene Flotte. So wären sie von allen Seiten eingeschlossen und ihre sämtlichen Truppen vernichtet worden, wenn nicht das Dunkel der Nacht das siegreiche Heer behindert hätte – den Fliehenden zur Rettung.

**15** (1) Aber die Vitellianer blieben trotz ihrer Niederlage nicht untätig: sie holten Unterstützung heran und überfielen den sorglosen Gegner, der angesichts des Erfolges sich allzu lässig gehen ließ. Niedergemacht wurden die Wachen, durchbrochen die Lagerbefestigungen, Verwirrung herrschte bei den Schiffen; dann aber legte sich allmählich die Angst – die Othonianer besetzten einen nahegelegenen Hügel zu ihrer Verteidigung und stürmten sofort (gegen die Feinde) los. (2) Da gab es nun ein gräßliches Gemetzel: die Präfekten der Tungrerkohorten hielten zwar lange dem Angriff stand, wurden aber dann unter einem Geschoßhagel begraben. Doch auch die Othonianer errangen keinen unblutigen Sieg: wenn einige bei der Verfolgung unvorsichtig vorsprengten, machten die Reiter kehrt und umzingelten sie. Und so, als hätte man einen Waffenstillstand geschlossen, zogen sich, damit nicht auf der einen Seite die Flotte, auf der anderen die Reiterei plötzlichen Schrecken verbreite, die Vitellianer nach Antipolis, einer Landstadt in der narbonensischen Provinz, die Othonianer nach Albingaunum in Innerligurien zurück.

**16** (1) Korsika, Sardinien und die übrigen Inseln des angrenzenden Meeres hielt die Kunde vom Flottensieg an der Seite Othos. Aber Korsika hätte beinahe des Prokurators Decumus Pacarius Unbesonnenheit ins Verderben gestürzt, die bei einem Krieg von solchen Ausmaßen insgesamt bedeutungslos, für ihn aber verhängnisvoll sein mußte. Denn aus Haß gegen Otho beschloß er,

sorum viribus statuit, inani auxilio, etiam si provenisset. (2) vocatis principibus insulae consilium aperit, et contra dicere ausos, Claudium Pyrrichum trierarchum Liburnicarum ibi navium, Quintium Certum equitem Romanum, interfici iubet: quorum morte exterriti qui aderant, simul ignara et alieni metus socia imperitorum turba in verba Vitellii iuravere. sed ubi dilectum agere Pacarius et inconditos homines fatigare militiae muneribus occepit, laborem insolitum perosi infirmitatem suam reputabant. insulam esse quam incolerent, et longe Germaniam viresque legionum; direptos vastatosque classe etiam, quos cohortes alaeque protegerent. (3) et aversi repente animi, nec tamen aperta vi: aptum tempus insidiis legere. digressis qui Pacarium frequentabant, nudus et auxilii inops balineis interficitur; trucidati et comites. capita ut hostium ipsi interfectores ad Othonem tulere; neque eos aut Otho praemio adfecit aut puniit Vitellius, in multa conluvie rerum maioribus flagitiis permixtos.

17 (1) Aperuerat iam Italiam bellumque transmiserat, ut supra memoravimus, ala Siliana, nullo apud quemquam Othonis favore, nec quia Vitellium mallent, sed longa pax ad omne servitium fregerat faciles occupantibus et

Vitellius mit den Streitkräften der Korsen zu unterstützen, eine sinnlose Hilfe, selbst wenn sie erfolgreich gewesen wäre. (2) Er rief die führenden Männer der Insel zusammen und eröffnete ihnen seinen Plan. Weil sie Widerspruch wagten, ließ er Claudius Pyrrichus, den Trierarchen[18] der dortigen Liburnerschiffe[19], und den römischen Ritter Quintius Certus hinrichten. Durch deren Ermordung erschreckt, leisteten die Anwesenden ebenso wie der ahnungslose, von der Furcht der anderen angesteckte Haufen der Unerfahrenen den Eid auf Vitellius. Aber als Pacarius daranging, eine Aushebung durchzuführen und die ungeschulten Leute mit militärischen Übungen zu plagen, da machten sie sich in ihrem blanken Unwillen gegen diese ungewohnte Mühe Gedanken über ihre eigene Schwäche: eine Insel sei es, die sie bewohnten, weit entfernt seien Germanien und die Streitmacht der Legionen; geplündert und verwüstet worden seien durch die Flotte auch Gegenden, deren Bewohner unter dem Schutz von Kohorten und Schwadronen stünden. (3) So schlug denn die Stimmung plötzlich um, zu offener Gewalt aber kam es nicht: man wählte einen geeigneten Zeitpunkt für einen Überfall. Als sich das zahlreiche Gefolge des Pacarius entfernt hatte, wurde er nackt und hilflos im Bad ermordet, niedergemetzelt wurden auch seine Freunde. Ihre Häupter – als wären es die von Feinden – trugen die Mörder selbst vor Otho; aber weder belohnte sie Otho noch bestrafte sie Vitellius: in der Flut von Ereignissen verloren sie sich unter größeren Schandtaten.

17 (1) Den Zugang nach Italien geöffnet und den Krieg hinübergetragen hatte bereits, wie oben erwähnt,[20] die Reiterschwadron »Siliana«; Otho jedoch genoß dort bei niemandem Ansehen, ebensowenig aber hatte man Grund, den Vitellius vorzuziehen; die lange Friedenszeit hatte die Leute gebrochen: bereit zu jedem Sklavendienst, eine leichte Beute für jeden, der als erster zugreift,

melioribus incuriosos. florentissimum Italiae latus, quantum inter Padum Alpesque camporum et urbium, armis Vitellii (namque et praemissae a Caecina cohortes advenerant) tenebatur. (2) capta Pannoniorum cohors apud Cremonam; intercepti centum equites ac mille classici inter Placentiam Ticinumque. quo successu Vitellianus miles non iam flumine aut ripis arcebatur; inritabat quin etiam Batavos transhrenanosque Padus ipse, quem repente contra Placentiam transgressi raptis quibusdam exploratoribus ita ceteros terruere, ut adesse omnem Caecinae exercitum trepidi ac falsi nuntiarent.

**18** (1) Certum erat Spurinnae (is enim Placentiam optinebat) necdum venisse Caecinam et, si propinquaret, coercere intra munimenta militem nec tris praetorias cohortes et mille vexillarios cum paucis equitibus veterano exercitui obicere: (2) sed indomitus miles et belli ignarus correptis signis vexillisque ruere et retinenti duci tela intentare, spretis centurionibus tribunisque: quin prodi Othonem et accitum Caecinam clamitabant. fit temeritatis alienae comes Spurinna, primo coactus, mox velle simulans, quo plus auctoritatis inesset consiliis, si seditio mitesceret.

**19** (1) Postquam in conspectu Padus et nox adpetebat vallari castra placuit. is labor urbano militi insolitus

und ohne Gedanken daran, ob es Bessere gebe. Der blühendste Landstrich Italiens, alle Fluren und Städte zwischen Po und Alpen, wurde von den Streitkräften des Vitellius gehalten; denn auch die von Caecina vorausgeschickten Kohorten waren bereits eingetroffen. (2) Gefangengenommen wurde eine Pannonierkohorte bei Cremona, aufgegriffen 100 Reiter und 1000 Flottensoldaten zwischen Placentia und Ticinum. Nach diesem Erfolg ließen sich die Vitellianer nicht mehr vom Fluß und seinen Ufern zurückhalten; ja, gerade auf die Bataver und die Leute von jenseits des Rheins übte eben der Po einen besonderen Reiz aus; sie überschritten ihn plötzlich gegenüber von Placentia, fingen einige Kundschafter ab und versetzten dadurch die anderen in solchen Schrecken, daß sie in ihrer Aufregung fälschlich meldeten, das ganze Heer Caecinas stehe vor den Toren.

**18** (1) Fest stand für Spurinna – er führte nämlich das Kommando in Placentia –, daß Caecina noch nicht gekommen sei, und falls er heranrücke, daß er selbst seine Truppen hinter den Festungswerken halten müsse und nicht drei Prätorianerkohorten und 1000 Vexillarier[21] mit wenigen Reitern einem kampferprobten Heer entgegenstellen könne. (2) Aber die ungebärdigen und im Krieg unerfahrenen Soldaten ergriffen Feldzeichen und Fahnen, stürmten los und bedrohten ihren Führer, der sie zurückhalten wollte, mit Waffen, ohne auf ihre Zenturionen und Tribunen zu hören; ja, verraten werde Otho, herbeigerufen habe man Caecina, so schrien sie durcheinander. Dem unbesonnenen Vorgehen der anderen schloß sich Spurinna an, zunächst gezwungen, dann zum Schein freiwillig, um seinen Ratschlägen mehr Nachdruck zu verleihen, wenn sich der Aufruhr lege.

**19** (1) Als der Po in Sicht kam und die Nacht hereinbrach, beschloß man, ein verschanztes Lager anzulegen. Diese für eine Stadtgarnison ungewohnte Arbeit brach

contundit animos. tum vetustissimus quisque castigare credulitatem suam, metum ac discrimen ostendere, si cum exercitu Caecina patentibus campis tam paucas cohortes circumfudisset. iamque totis castris modesti sermones, et inserentibus se centurionibus tribunisque laudari providentia ducis, quod coloniam virium et opum validam robur ac sedem bello legisset. (2) ipse postremo Spurinna, non tam culpam exprobrans quam rationem ostendens, relictis exploratoribus ceteros Placentiam reduxit minus turbidos et imperia accipientes. solidati muri, propugnacula addita, auctae turres, provisa parataque non arma modo sed obsequium et parendi amor, quod solum illis partibus defuit, cum virtutis haud paeniteret.

20 (1) At Caecina, velut relicta post Alpes saevitia ac licentia, modesto agmine per Italiam incessit. ornatum ipsius municipia et coloniae in superbiam trahebant, quod versicolori sagulo, bracas, barbarum tegumen, indutus togatos adloqueretur. uxorem quoque eius Saloninam, quamquam in nullius iniuriam insignis equo ostroque veheretur, tamquam laesi gravabantur, insita mortalibus natura recentem aliorum felicitatem acribus oculis introspicere modumque fortunae a nullis magis exigere quam quos in aequo viderunt. (2) Caecina Padum transgressus, temptata Othonianorum fide per conlo-

ihren ungestümen Trotz. Jetzt machten sich die Erfahrensten wegen ihrer eigenen Leichtgläubigkeit Vorwürfe, wiesen auf die drohende Gefahr hin, wenn Caecina mit seinem Heer in offenem Gelände so wenige Kohorten einschließe. Schon vernahm man im ganzen Lager bescheidenere Töne; von den Zenturionen und Tribunen, die sich unter die Leute mischten, wurde die kluge Vorsicht des Führers gelobt, weil er eine an Streitkräften und Geldmitteln mächtige Stadt als feste Basis für den Krieg gewählt habe. (2) Spurinna selbst tadelte schließlich weniger ihr Vergehen, wies vielmehr auf die Richtigkeit seiner Strategie hin; er ließ Spähtrupps zurück und führte die übrigen nach Placentia zurück, die sich nun viel weniger aufsässig gebärdeten und auf die Befehle hörten. Verstärkt wurden die Mauern, Brustwehren dazugebaut, erhöht die Türme, beschafft und bereitgestellt wurden nicht nur Waffen, es herrschte auch Unterordnung und Wille zu Gehorsam – das allein fehlte jener Partei, während man an Mannesmut nichts auszusetzen hatte.

20 (1) Aber Caecina zog, als wären Grausamkeit und Zügellosigkeit hinter den Alpen zurückgeblieben, in geordnetem Marsch nach Italien. Seinen persönlichen Aufzug legten Land- und Koloniestädte als Hochmut aus – er pflegte nämlich in seinem bunten Kriegsmantel, mit Hosen, diesem barbarischen Gewand, bekleidet, Bürger in der Toga anzureden. Auch an seiner Gattin Salonina, die, ohne indes damit jemandem zu schaden, auf edlem, purpurgeschmücktem Roß einherritt, nahmen sie, gleichsam persönlich beleidigt, Anstoß. Angeboren ist den Menschen ja die Eigenschaft, den glückhaften Aufstieg anderer mit scharfen Augen zu betrachten und Mäßigung in hoher Stellung von niemandem mehr zu verlangen als von Menschen, die man als seinesgleichen betrachtet hat. (2) Caecina überschritt den Po, dann trachtete er, die Treue der Othonianer durch Unter-

quium et promissa, isdem petitus, postquam pax et concordia speciosis et inritis nominibus iactata sunt, consilia curasque in obpugnationem Placentiae magno terrore vertit, gnarus, ut initia belli provenissent famam in cetera fore.

**21** (1) Sed primus dies impetu magis quam veterani exercitus artibus transactus: aperti incautique muros subiere, cibo vinoque praegraves. in eo certamine pulcherrimum amphitheatri opus, situm extra muros, conflagravit, sive ab obpugnatoribus incensum, dum faces et glandes et missilem ignem in obsessos iaculantur, sive ab obsessis, dum regerunt. (2) municipale vulgus, pronum ad suspiciones, fraude inlata ignis alimenta credidit a quibusdam ex vicinis coloniis invidia et aemulatione, quod nulla in Italia moles tam capax foret. quocumque casu accidit, dum atrociora metuebantur, in levi habitum, reddita securitate, tamquam nihil gravius pati potuissent, maerebant. (3) ceterum multo suorum cruore pulsus Caecina, et nox parandis operibus absumpta. Vitelliani pluteos cratesque et vineas subfodiendis muris protegendisque obpugnatoribus, Othoniani sudes et immensas lapidum ac plumbi aerisque moles perfringendis obruendisque hostibus expediunt. (4) utrimque

redung und Versprechungen zu erschüttern, und dasselbe versuchte man bei ihm. Nachdem man Frieden und Eintracht in schönklingenden, aber sinnlosen Worten hin und her beredet hatte, richtete er alles Trachten und Sorgen auf die Erstürmung Placentias – zu allgemeinem großen Schrecken. Denn er wußte genau: wie die ersten Entscheidungen im Krieg ausfielen, danach würde sich der Ruf für alles weitere richten.

**21** (1) Aber der erste Tag brachte mehr stürmische Angriffe als planmäßigen Einsatz eines kampferprobten Heeres: ohne Deckung und unvorsichtig rückten sie an die Mauern heran – mit Speisen und Wein übersättigt. Bei diesem Kampf brannte der Prachtbau des Amphitheaters nieder,[22] das außerhalb der Mauern lag, sei es, daß es von den Angreifern angezündet worden war, als sie Fackeln, Glühkugeln und Brandpfeile gegen die Belagerten schleuderten, sei es von den Belagerten selbst, als sie die Beschießung erwiderten. (2) Das Stadtvolk, geneigt zum Argwohn, glaubte, es sei tückischerweise brennbares Material von einigen Bewohnern der Nachbarkolonien herbeigeschafft worden, aus Neid und Eifersucht, weil nämlich kein Bauwerk in ganz Italien so geräumig war. Wie immer es geschehen sein mag, solange Schrecklicheres zu befürchten war, nahm man die Sache nicht so schwer; als aber das Gefühl der Sicherheit zurückkehrte, waren sie betrübt, als ob ihnen nichts Ärgeres hätte zustoßen können. (3) Im übrigen wurde Caecina unter schweren, blutigen Verlusten seiner Truppen zurückgeschlagen, die Nacht wurde für die Bereitstellung von Belagerungsgerät verwendet. Die Vitellianer stellten Schirmdächer, Faschinen und Laufgänge[23] bereit, um die Mauern zu unterminieren und die Sturmtruppen zu decken, die Othonianer Pfähle und gewaltige Massen von Steinen, Blei und Erz, um die Reihen der Feinde zu sprengen und mit Geschossen zu überschütten. (4) Auf beiden Seiten Ehrgefühl, auf bei-

pudor, utrimque gloria et diversae exhortationes hinc legionum et Germanici exercitus robur, inde urbanae militiae et praetoriarum cohortium decus attollentium; illi ut segnem et desidem et circo ac theatris corruptum militem, hi peregrinum et externum increpabant. simul Othonem ac Vitellium celebrantes culpantesve uberioribus inter se probris quam laudibus stimulabantur.

**22** (1) Vixdum orto di plena propugnatoribus moenia, fulgentes armis virisque campi: densum legionum agmen, sparsa auxiliorum manus altiora murorum sagittis aut saxis incessere, neglecta aut aevo fluxa comminus adgredi. ingerunt desuper Othoniani pila librato magis et certo ictu adversus temere subeuntes cohortes Germanorum, cantu truci et more patrio nudis corporibus super umeros scuta quatientium. (2) legionarius pluteis et cratibus tectus subruit muros, instruit aggerem, molitur portas: contra praetoriani dispositos ad id ipsum molares ingenti pondere ac fragore provolvunt. pars subeuntium obruti, pars confixi et exangues aut laceri: cum augeret stragem trepidatio eoque acrius e moenibus vulnerarentur, rediere infracta partium fama. (3) et Caecina pudore coeptae temere obpugnationis, ne inrisus ac vanus isdem castris adsideret, traiecto rursus Pado Cre-

den Seiten Ruhmbegierde und aufmunternde Zurufe verschiedener Art, da man hier die Kraft der Legionen und des germanischen Heeres, dort die Ehre der Stadtgarnison und der Prätorianerkohorten hervorhob; jene beschimpften (ihre Gegner) als schlaffe, faule, in Zirkus und Theater verkommene Soldateska, diese (sie) als Fremdlinge und Ausländer. Zugleich rühmten oder beschuldigten sie Otho und Vitellius, doch reizten sie einander reichlicher durch gegenseitige Schmähreden als durch Lobsprüche.

**22** (1) Kaum hatte der Tag begonnen, waren die Mauern mit Verteidigern gefüllt, blitzten von Waffen und Männern die Felder: der dichtgeschlossene Angriffskeil der Legionen, die lockere Formation der Hilfstruppen beschossen die Mauerkronen mit Pfeilen und Steinen, die vernachlässigten oder durch die Zeit baufällig gewordenen Teile bestürmten sie im Nahkampf. Von oben schleuderten die Othonianer Wurfspieße mit größerem und zielsicherem Schwung gegen die blind anstürmenden Kohorten der Germanen, die unter wildem Gesang und nach heimischem Brauch mit nacktem Oberkörper ihre Schilde über den Schultern schwangen. (2) Die Legionssoldaten, durch Schirmdächer und Faschinen geschützt, erschütterten von unten her die Mauern, errichteten eine Rampe, versuchten, die Tore zu sprengen. Dagegen wälzten die Prätorianer die zu diesem Zweck an verschiedenen Stellen aufgestapelten Mühlsteine von gewaltigem Gewicht unter Getöse hinab. Ein Teil der Heranrückenden wurde darunter begraben, ein Teil zu Boden geworfen und verblutete oder blieb verstümmelt liegen. Da die Panik das Gemetzel noch verstärkte und sie von den Mauern aus immer ärger verwundet wurden, zogen sie sich zurück – was dem Ruf ihrer Partei einen schweren Schlag versetzte. (3) Caecina schämte sich der unüberlegt begonnenen Belagerung, und um nicht, als eitler Prahler verlacht, in ein und demselben Lager festzusitzen, über-

monam petere intendit. tradidere sese abeunti Turullius Cerialis cum compluribus classicis et Iulius Briganticus cum paucis equitum, hic praefectus alae in Batavis genitus, ille primipilaris et Caecinae haud alienus, quod ordines in Germania duxerat.

**23** (1) Spurinna comperto itinere hostium defensam Placentiam, quaeque acta et quid Caecina pararet, Annium Gallum per litteras docet. Gallus legionem primam in auxilium Placentiae ducebat, diffisus paucitati cohortium, ne longius obsidium et vim Germanici exercitus parum tolerarent. (2) ubi pulsum Caecinam pergere Cremonam accepit, aegre coercitam legionem et pugnandi ardore usque ad seditionem progressam Bedriaci sistit. inter Veronam Cremonamque situs est vicus, duabus iam Romanis cladibus notus infaustusque.

(3) Isdem diebus a Martio Macro haud procul Cremona prospere pugnatum; namque promptus animi Martius transvectos navibus gladiatores in adversam Padi ripam repente effudit. turbata ibi Vitellianorum auxilia, et ceteris Cremonam fugientibus caesi qui restiterant: sed repressus vincentium impetus, ne novis subsidiis firmati hostes fortunam proelii mutarent. (4) suspectum id Othonianis fuit, omnia ducum facta prave aestimantibus. certatim, ut quisque animo ignavus, procax ore, Annium Gallum et Suetonium Paulinum et Marium Celsum –

querte er wieder den Po, entschlossen, sich gegen Cremona zu wenden. Auf dem Abmarsch ergaben sich ihm Turullius Cerealis mit einigen Flottensoldaten und Iulius Briganticus[24] mit wenigen Reitern, dieser, ein geborener Bataver, Präfekt einer Reiterschwadron, jener ein Primipilar[25], dem Caecina gut bekannt, weil er in Germanien als Zenturio gedient hatte.

**23** (1) Als Spurinna die Marschrichtung der Feinde erfuhr, berichtete er von der Verteidigung Placentias, allen Ereignissen und den Plänen Caecinas dem Annius Gallus in einem Schreiben. Gallus war mit der 1. Legion auf dem Anmarsch zur Unterstützung Placentias, wegen der geringen Zahl der dortigen Kohorten besorgt, sie könnten einer längeren Belagerung und dem Ansturm des germanischen Heeres nicht recht standhalten. (2) Als er erfuhr, Caecina sei geschlagen und marschiere gegen Cremona, ließ er seine Legion, die sich kaum noch zügeln ließ und im brennenden Verlangen nach Kampf an den Rand der Rebellion geraten war, bei Bedriacum haltmachen. Zwischen Verona und Cremona liegt dieses Dorf, das nunmehr durch zwei römische Niederlagen traurigen Ruf erlangt hat.[26]

(3) Zur gleichen Zeit lieferte Martius Macer[27] nicht weit von Cremona ein erfolgreiches Gefecht; denn entschlußfreudig wie er war, ließ Martius die Gladiatoren auf Schiffen ans andere Po-Ufer übersetzen und sogleich ausschwärmen. Große Verwirrung entstand dort unter den Vitellianern; wer Widerstand leistete, wurde niedergemacht, während die übrigen nach Cremona flüchteten. Doch wurde dem Vorstürmen der Sieger Einhalt geboten, damit nicht die Feinde, durch neue Truppen verstärkt, dem Kampfesglück eine andere Wendung geben könnten. (4) Das erschien den Othonianern verdächtig, da sie alles, was ihre Führer taten, ungünstig auslegten. Alle, die im Herzen feig, aber frech mit dem Munde waren, fielen nun um die Wette über Annius Gallus, Sue-

nam eos quoque Otho praefecerat – variis criminibus incessebant. (5) acerrima seditionum ac discordiae incitamenta, interfectores Galbae scelere et metu vaecordes miscere cuncta, modo palam turbidis vocibus, modo occultis ad Othonem litteris; qui humillimo cuique credulus, bonos metuens trepidabat, rebus prosperis incertus et inter adversa melior. igitur Titianum fratrem accitum bello praeposuit.

**24** (1) Interea Paulini et Celsi ductu res egregie gestae. angebant Caecinam nequiquam omnia coepta et senescens exercitus sui fama. pulsus Placentia, caesis nuper auxiliis, etiam per concursum exploratorum, crebra magis quam digna memoratu proelia, inferior, propinquante Fabio Valente, ne omne belli decus illuc concederet, reciperare gloriam avidius quam consultius properabat. (2) ad duodecimum a Cremona (locus Castorum vocatur) ferocissimos auxiliarium imminentibus viae lucis occultos componit: equites procedere longius iussi et inritato proelio sponte refugi festinationem sequentium elicere, donec insidiae coorerentur. (3) proditum id Othonianis ducibus, et curam peditum Paulinus, equitum Celsus sumpsere. tertiae decimae legionis vexillum, quattuor auxiliorum cohortes et quingenti equites in sinistro locantur; aggerem viae tres praetoriae cohortes altis ordinibus obtinuere; dextra fronte prima legio inces-

tonius Paulinus und Marius Celsus – denn auch die letzten zwei hatte Otho mit dem Kommando betraut[28] – mit allen möglichen Vorwürfen her. (5) Die schärfsten Aufwiegler zu Meuterei und Streit, die Mörder Galbas, aus Furcht über ihr Verbrechen ganz von Sinnen, brachten alles durcheinander, bald offen in aufrührerischen Reden, bald in geheimen Schreiben an Otho; gegenüber den minderwertigen Elementen leichtgläubig, vor den Gutgesinnten in Furcht, war dieser in angstvoller Unruhe: bei günstiger Lage unentschlossen, bewies er im Unglück bessere Haltung. Daher berief er seinen Bruder Titianus und übertrug ihm den Oberbefehl im Krieg.

**24** (1) Inzwischen verliefen unter der Führung des Paulinus und des Celsus die Kampfhandlungen erfolgreich. Es bedrückte Caecina, daß alle seine Unternehmungen mißlungen waren und der Ruf seines Heeres dahinschwand. Zurückgeschlagen war er von Placentia, vernichtet erst neulich seine Hilfstruppen, auch beim Zusammenstoß der Spähtrupps – eher häufigen als erwähnenswerten Gefechten – unterlegen, und Fabius Valens rückte heran: um nicht jenem allen Kriegsruhm abtreten zu müssen, beeilte er sich mehr in Hast als nach Plan, seinen Ruhm zurückzugewinnen. (2) Beim 12. Meilenstein nach Cremona – der Ort heißt Castores[29] – stellte er die verwegensten Leute seiner Hilfstruppen in den an die Straße stoßenden Hainen versteckt auf. Die Reiter hatten Befehl, weiter vorzurücken, den Gegner zum Kampf zu reizen und ihn durch freiwillige Flucht in überstürzte Verfolgung zu hetzen, bis die im Hinterhalt Lauernden hervorbrächen. (3) Das wurde den Feldherren Othos verraten: nun übernahm Paulinus die Führung der Fußtruppen, Celsus die der Reiterei. Eine Abteilung der 13. Legion, vier Kohorten Hilfstruppen und 500 Reiter wurden zur Linken aufgestellt; den Straßendamm hielten drei Prätorianerkohorten in tiefer Staffelung; an der rechten Flanke marschierte die 1. Legion mit zwei Ko-

sit cum duabus auxiliaribus cohortibus et quingentis equitibus: super hos ex praetorio auxiliisque mille equites, cumulus prosperis aut subsidium laborantibus, ducebantur.

**25** (1) Antequam miscerentur acies, terga vertentibus Vitellianis, Celsus doli prudens repressit suos: Vitelliani temere exurgentes cedente sensim Celso longius secuti ultro in insidias praecipitantur; nam a lateribus cohortes, legionum adversa frons, et subito discursu terga cinxerant equites. (2) signum pugnae non statim a Suetonio Paulino pediti datum: cunctator natura et cui cauta potius consilia cum ratione quam prospera ex casu placerent, compleri fossas, aperiri campum, pandi aciem iubebat, satis cito incipi victoriam ratus, ubi provisum foret, ne vincerentur. ea cunctatione spatium Vitellianis datum in vineas nexu traducum impeditas refugiendi; et modica silva adhaerebat, unde rursus ausi promptissimos praetorianorum equitum interfecere. vulneratur rex Epiphanes, impigre pro Othone pugnam ciens.

**26** (1) Tum Othonianus pedes erupit; protrita hostium acie versi in fugam etiam qui subveniebant; nam Caecina non simul cohortes sed singulas acciverat, quae res in proelio trepidationem auxit, cum dispersos nec usquam

horten Hilfstruppen und 500 Reitern. Außerdem waren von den Prätorianern und Hilfstruppen noch 1000 Reiter im Anmarsch – als Krönung für einen Erfolg oder als Rückhalt in der Bedrängnis.

**25** (1) Noch ehe die beiden Treffen aneinandergerieten, wandten sich die Vitellianer zur Flucht, Celsus aber hielt, da er um die List wußte, die Seinen zurück: die Vitellianer brachen nun blindlings hervor, da aber Celsus allmählich zurückwich, folgten sie ihm zu weit und stürzten sich nun selbst in einen Hinterhalt; denn an den Flanken standen die Kohorten, die Front der Legionen ihnen gegenüber, und durch plötzliches Ausschwärmen hatten die Reiter[30] sie umzingelt. (2) Das Zeichen zum Kampf wurde von Suetonius Paulinus den Fußtruppen nicht sogleich gegeben: ein Zauderer von Natur, dem eher vorsichtige, auf kluge Berechnung gestützte Pläne gefielen als durch Zufall erfolgreiche, befahl er, die Gräben[31] aufzufüllen, das Gelände von Hindernissen zu säubern, die Schlachtreihe zu entfalten; denn schnell genug beginne der Sieg, dachte er, wenn dafür gesorgt sei, nicht besiegt zu werden. Dieses Zögern gab den Vitellianern Zeit, sich in die durch Rankengeflecht schwer zugänglichen Weinpflanzungen zu flüchten; daran grenzte ein mäßig großer Wald, aus dem sie sich wieder hervorwagten und die verwegensten Reiter der Prätorianer töteten. Verwundet wurde der Prinz Epiphanes[32], als er unverdrossen zum Kampf für Otho anfeuerte.

**26** (1) Jetzt brach das Fußvolk der Othonianer hervor; niedergeworfen wurde die feindliche Front, in die Flucht geschlagen auch die Verbände, die zu Hilfe heraneilten. Caecina hatte nämlich seine Kohorten nicht geschlossen, sondern einzeln herangeführt, ein Umstand, der während des Gefechtes die Verwirrung noch steigerte, da die Panik der Fliehenden die verstreut heranrückenden Leute, die nirgends dem Druck gewachsen waren, mit

validos pavor fugientium abriperet. orta et in castris seditio, quod non universi ducerentur: vinctus praefectus castrorum Iulius Gratus, tamquam fratri apud Othonem militanti proditionem ageret, cum fratrem eius, Iulium Frontonem tribunum, Othoniani sub eodem crimine vinxissent. (2) ceterum ea ubique formido fuit apud fugientes occursantes, in acie pro vallo, ut deleri cum universo exercitu Caecinam potuisse, ni Suetonius Paulinus receptui cecinisset, utrisque in partibus percrebruerit. timuisse se Paulinus ferebat tantum insuper laboris atque itineris, ne Vitellianus miles recens e castris fessos adgrederetur et perculsis nullum retro subsidium foret. apud paucos ea ducis ratio probata, in vulgus adverso rumore fuit.

**27** (1) Haud proinde id damnum Vitellianos in metum compulit quam ad modestiam composuit: nec solum apud Caecinam, qui culpam in militem conferebat seditioni magis quam proelio paratum: Fabii quoque Valentis copiae (iam enim Ticinum venerat) posito hostium contemptu et reciperandi decoris cupidine reverentius et aequalius duci parebant. (2) gravis alioquin seditio exarserat, quam altiore initio (neque enim rerum a Caecina gestarum ordinem interrumpi oportuerat) repetam. cohortes Batavorum, quas bello Neronis a quarta decima legione digressas, cum Britanniam peterent, audito Vitellii motu in civitate Lingonum Fabio Valenti adiunctas

sich fortriß. Es kam auch im Lager zu einer Meuterei, weil nicht alle geschlossen in den Kampf geführt würden. In Fesseln gelegt wurde der Lagerpräfekt[33] Iulius Gratus unter der Beschuldigung, er betreibe für seinen unter Otho dienenden Bruder Verrat; diesen Bruder, den Tribunen Iulius Fronto, hatten die Othonianer unter der gleichen Beschuldigung bereits gefangen gesetzt. (2) Übrigens herrschte überall solcher Schrecken unter den Fliehenden, Heraneilenden, im Kampf, vor dem Wall, daß auf beiden Seiten die Meinung sich verbreitete, Caecina hätte mit seinem ganzen Heer vernichtet werden können, wenn nicht Suetonius Paulinus zum Rückzug hätte blasen lassen. Paulinus erklärte, er habe ein weiteres Übermaß an Anstrengung und Marschleistung gescheut, aus Sorge, die vitellianischen Soldaten könnten mit frischen Kräften aus ihrem Lager heraus seine erschöpften Truppen angreifen, und im Falle einer Niederlage hätten diese dann keine Rückendeckung. Nur bei wenigen fand diese Begründung ihres Feldherrn Beifall, bei der Masse rief sie abfälliges Gerede hervor.

**27** (1) Dieser Schlag versetzte die Vitellianer weniger in Furcht, als er sie vielmehr zu disziplinierter Haltung veranlaßte: nicht nur im Heer Caecinas, der alle Schuld den Soldaten zuschob, die mehr für eine Meuterei als zum Kampf gerüstet seien; auch die Truppen des Fabius Valens – schon war dieser ja bis Ticinum vorgerückt[34] – hörten auf, den Feind zu verachten, und in ihrem Verlangen, ihre alte Ehre wiederherzustellen, gehorchten sie ehrerbietiger und ohne Unterschied ihrem Führer.

(2) Übrigens war eine schwere Meuterei aufgeflammt, die ich von ihrem früheren Beginn an nachtragen will – denn die Reihenfolge von Caecinas Taten sollte nicht unterbrochen werden.[35] Die Bataverkohorten, die sich, wie berichtet,[36] im Krieg Neros von der 14. Legion getrennt und sich bei ihrem Rückmarsch nach Britannien auf die Kunde vom Aufstand des Vitellius im Stammesgebiet der

rettulimus, superbe agebant, ut cuiusque legionis tentoria accessissent, coercitos a se quartadecimanos, ablatam Neroni Italiam atque omnem belli fortunam in ipsorum manu sitam iactantes. contumeliosum id militibus, acerbum duci; corrupta iurgiis aut rixis disciplina; ad postremum Valens e petulantia etiam perfidiam suspectabat.

**28** (1) Igitur nuntio adlato pulsam Trevirorum alam Tungrosque a classe Othonis et Narbonensem Galliam circumiri, simul cura socios tuendi et militari astu cohortes turbidas ac, si una forent, praevalidas dispergendi, partem Batavorum ire in subsidium iubet. quod ubi auditum vulgatumque, maerere socii, fremere legiones. (2) orbari se fortissimorum virorum auxilio; veteres illos et tot bellorum victores, postquam in conspectu sit hostis, velut ex acie abduci. si provincia urbe et salute imperii potior sit, omnes illuc sequerentur; sin victoriae sanitas sustentaculum columen in Italia verteretur, non abrumpendos ut corpori validissimos artus.

**29** (1) Haec ferociter iactando, postquam immissis lictoribus Valens coercere seditionem coeptabat, ipsum invadunt, saxa iaciunt, fugientem sequuntur. spolia Galliarum et Viennensium aurum, pretia laborum suorum, occultare clamitantes, direptis sarcinis tabernacula ducis

Lingonen dem Fabius Valens angeschlossen hatten, gebärdeten sich übermütig; sooft sie an die Lagerplätze der einzelnen Legionen kamen, prahlten sie: gebändigt seien durch sie die »Vierzehner«, entrissen sei dem Nero Italien, und überhaupt liege das ganze Kriegsglück in ihrer Hand. Schimpflich war das für die Soldaten, bitter für die Führer. Untergraben wurde durch Streit und Zank die Disziplin. Zuletzt schloß Valens argwöhnisch aus der frechen Überheblichkeit auf Verrat.

**28** (1) Als nun die Meldung eintraf, die Schwadronen der Treverer und die Tungrer seien von der Flotte Othos geschlagen und die Gallia Narbonensis werde eingekreist, gab er Befehl – zugleich in der Absicht, die Bundesgenossen zu schützen, aber auch mit dem listigen Hintergedanken eines Kriegsmannes, die aufsässigen und, vereint, übermächtigen Kohorten zu trennen –, daß ein Teil der Bataver zum Entsatz abmarschiere. Sobald man davon hörte und sich die Kunde davon verbreitete, waren die Bundesgenossen betrübt, murrten die Legionen: (2) beraubt würden sie des Beistandes der tapfersten Männer; jene altgedienten, in so vielen Kriegen siegreichen Soldaten würden jetzt, da der Feind in Sichtweite sei, gleichsam aus der Schlachtlinie abgezogen. Wenn eine Provinz wichtiger sei als die Hauptstadt und die Rettung des Reiches, dann sollten alle Soldaten dorthin marschieren; wenn aber die Entscheidung über den Sieg in Italien falle, dann dürfe man dem Heer ebensowenig wie einem Körper die stärksten Glieder abtrennen.

**29** (1) Solch trotzige Reden führten sie im Munde; als nun Valens Liktoren gegen sie losschickte und daranging, die Meuterei zu unterdrücken, drangen sie auf ihn selbst ein, schleuderten Steine und verfolgten den Fliehenden. Die Beute Galliens, der Viennenser Gold – den Lohn ihrer Mühen – halte er versteckt, so schrien sie; sein Gepäck rissen sie auseinander, das Zelt des Feldherrn, ja selbst den Erdboden durchwühlten sie mit

ipsamque humum pilis et lanceis rimabantur; nam Valens servili veste apud decurionem equitum tegebatur. (2) tum Alfenus Varus praefectus castrorum, deflagrante paulatim seditione, addit consilium, vetitis obire vigilias centurionibus, omisso tubae sono, quo miles ad belli munia cietur. igitur torpere cuncti, circumspectare inter se attoniti et id ipsum, quod nemo regeret, paventes; silentio, patientia, postremo precibus ac lacrimis veniam quaerebant. (3) ut vero deformis et flens et praeter spem incolumis Valens processit, gaudium miseratio favor: versi in laetitiam, ut est vulgus utroque immodicum, laudantes gratantesque circumdatum aquilis signisque in tribunal ferunt. ille utili moderatione non supplicium cuiusquam poposcit, ac ne dissimulans suspectior foret, paucos incusavit, gnarus civilibus bellis plus militibus quam ducibus licere.

**30** (1) Munientibus castra apud Ticinum de adversa Caecinae pugna adlatum, et prope renovata seditio tamquam fraude et cunctationibus Valentis proelio defuissent: nolle requiem, non expectare ducem, anteire signa, urgere signiferos; rapido agmine Caecinae iunguntur. (2) improspera Valentis fama apud exercitum Caecinae erat: expositos se tanto pauciores integris hostium viribus querebantur, simul in suam excusationem et adventan-

Speeren und Lanzen. Valens aber suchte in Sklavenkleidung bei einem Reiterdekurio Zuflucht. (2) Der Lagerpräfekt Alfenus Varus gab dann, als der Aufruhr allmählich abflaute, mit einer klugen Maßnahme den Ausschlag: er verbot den Zenturionen, die Runde bei den Wachposten zu machen, ließ das Trompetensignal einstellen, mit dem der Soldat zu den militärischen Diensten gerufen wird. Nun standen alle erstarrt da, blickten entsetzt von einem zum andern, und gerade darüber, daß niemand befehle, in Angst, suchten sie durch Stillschweigen und Geduld, schließlich durch Bitten und Tränen Verzeihung zu erlangen. (3) Als dann aber, entstellt und weinend, jedoch wider Erwarten unversehrt, Valens hervortrat, herrschten Freude, Mitleid, Jubel. Umgestimmt zu Fröhlichkeit – wie ja die Masse im einen wie im andern maßlos ist – geleiteten sie ihn unter Lobessprüchen und Glückwünschen, umgeben von Adlern und Feldzeichen, zum Tribunal. Jener verlangte in vernünftiger Mäßigung niemandes Hinrichtung, aber um nicht durch scheinbare Arglosigkeit in größeren Verdacht zu geraten, beschuldigte er einige wenige, wohl wissend, daß in Bürgerkriegen Soldaten sich mehr erlauben dürfen als Feldherren.

30 (1) Während sie bei Ticinum ein festes Lager anlegten, erreichte sie die Nachricht von der unglücklichen Schlacht Caecinas; und beinahe wäre aufs neue eine Meuterei ausgebrochen; als ob böse Absicht und zögernde Haltung des Valens sie vom Kampf ferngehalten hätte: nicht verlangten sie nach Rast, nicht warteten sie auf ihren Führer, voraus eilten sie den Feldzeichen, zur Eile drängten sie die Fahnenträger; nach einem Sturmmarsch vereinigten sie sich mit Caecina. (2) Nicht sehr gut war der Ruf des Valens im Heer Caecinas: ausgesetzt seien sie bei so deutlicher zahlenmäßiger Unterlegenheit den ungeschwächten Streitkräften der Gegner, so klagten sie: einerseits zur eigenen Entschuldi-

tium robur per adulationem attollentes, ne ut victi et ignavi despectarentur. et quamquam plus virium, prope duplicatus legionum auxiliorumque numerus erat Valenti, studia tamen militum in Caecinam inclinabant, super benignitatem animi, qua promptior habebatur, etiam vigore aetatis, proceritate corporis et quodam inani favore. (3) hinc aemulatio ducibus: Caecina ut foedum ac maculosum, ille ut tumidum ac vanum inridebant. sed condito odio eandem utilitatem fovere, crebris epistulis sine respectu veniae probra Othoni obiectantes, cum duces partium Othonis quamvis uberrima conviciorum in Vitellium materia abstinerent.

**31** (1) Sane ante utriusque exitum, quo egregiam Otho famam, Vitellius flagitiosissimam meruere, minus Vitellii ignavae voluptates quam Othonis flagrantissimae libidines timebantur: addiderat huic terrorem atque odium caedes Galbae, contra illi initium belli nemo imputabat. Vitellius ventre et gula sibi inhonestus, Otho luxu saevitia audacia rei publicae exitiosior ducebatur.

(2) Coniunctis Caecinae ac Valentis copiis nulla ultra penes Vitellianos mora, quin totis viribus certarent: Otho consultavit trahi bellum an fortunam experiri placeret.

**32** (1) Tunc Suetonius Paulinus dignum fama sua ratus,

gung, gleichzeitig rühmten sie damit aber schmeichlerisch die Kampfkraft der Ankommenden, um nicht als Besiegte und Feiglinge verachtet zu werden. Und obwohl Valens über mehr Streitkräfte, eine beinahe doppelte Anzahl an Legionen und Hilfstruppen, verfügte, neigte sich doch die Stimmung unter den Soldaten dem Caecina zu – abgesehen von seinem freundlichen Wesen, das ihn umgänglicher erscheinen ließ, vor allem wegen seiner jugendlichen Spannkraft, seines hohen Körperwuchses und überhaupt aus einer nicht näher faßbaren Zuneigung. (3) Daraus kam es zu Eifersucht unter den Heerführern: Caecina verspottete den andern als ekelerregenden Schandfleck, dieser ihn als aufgeblasenes Nichts. Doch unterdrückten sie ihren Haß und betrieben eifrig ihre gemeinsamen Interessen; in zahlreichen Briefen warfen sie ohne Rücksicht auf (künftig notwendige) Verzeihung Otho seine Schandtaten vor, während die Führer der Otho-Partei den doch überreichen Stoff an Vorwürfen gegen Vitellius unberührt ließen.

**31** (1) Allerdings vor dem Ende beider Männer, durch das Otho hervorragenden, Vitellius äußerst schändlichen Ruf erwarb, hatte man weniger Angst vor dem trägen Genußleben des Vitellius als vor der brennenden Leidenschaft Othos: diesen hatte die Ermordung Galbas zum Ziel des Schreckens und des Hasses gemacht, dagegen rechnete jenem den Kriegsbeginn niemand zur Schuld an. Vitellius, so meinte man, entehre sich durch Fraß und Völlerei selbst, Otho aber sei durch seine Verschwendungssucht, Grausamkeit und Verwegenheit eine drohendere Gefahr für den Staat.

(2) Da sich nun die Truppen des Caecina und des Valens vereinigt hatten, gab es bei den Vitellianern kein Zögern mehr, mit gesamter Macht den Entscheidungskampf zu beginnen. Otho beratschlagte noch, ob es besser sei, den Krieg hinauszuziehen oder das Glück zu versuchen.[37]

**32** (1) Jetzt glaubte Suetonius Paulinus, es sei seinem

qua nemo illa tempestate militaris rei callidior habebatur, de toto genere belli censere, festinationem hostibus, moram ipsis utilem disseruit: exercitum Vitellii universum advenisse, nec multum virium a tergo, quoniam Galliae tumeant et deserere Rheni ripam inrupturis tam infestis nationibus non conducat; Britannicum militem hoste et mari distineri: Hispanias armis non ita redundare; provinciam Narbonensem incursu classis et adverso proelio contremuisse; clausam Alpibus et nullo maris subsidio transpadanam Italiam atque ipso transitu exercitus vastam; non frumentum usquam exercitui, nec exercitum sine copiis retineri posse: iam Germanos, quod genus militum apud hostes atrocissimum sit, tracto in aestatem bello, fluxis corporibus, mutationem soli caelique haud toleraturos. multa bella impetu valida per taedia et moras evanuisse. (2) contra ipsis omnia opulenta et fida, Pannoniam Moesiam Dalmatiam Orientem cum integris exercitibus, Italiam et caput rerum urbem senatumque et populum, numquam obscura nomina, etiam si aliquando obumbrentur; publicas privatasque opes et immensam pecuniam, inter civiles discordias ferro validiorem; corpora militum aut Italiae sueta aut aestibus; obiacere flumen Padum, tutas viris murisque urbes, e quibus nullam hosti cessuram Placentiae defensione

Ruhm angemessen, demzufolge er als kriegserfahrenster Mann seiner Zeit galt,[38] über die gesamte Kriegslage seine Meinung zu äußern: Eile, so legte er dar, sei für die Feinde, Zögern für sie selbst von Nutzen. Das Heer des Vitellius sei bereits zur Gänze eingetroffen, viel an Streitkräften habe er nicht im Rücken, da es ja in Gallien gäre und es nicht zweckmäßig sei, das Rheinufer zu entblößen angesichts des drohenden Einfalls so gefährlicher Stämme.[39] Das britannische Heer werde durch Feind und Meer ferngehalten; Spanien habe an Waffenmacht nicht eben Überfluß; die narbonensische Provinz sei durch den Flottenangriff und das unglückliche Gefecht in Schrecken versetzt; abgeschlossen durch die Alpen sei die Transpadana, ohne Möglichkeit des Nachschubs vom Meer her und infolge des bloßen Durchmarsches der Armee verwüstet; nirgends gebe es Getreide für das Heer, und keine Armee könne ohne Vorräte beisammengehalten werden. Bald würden die Germanen – die verwegenste Kämpfertruppe bei den Feinden –, wenn sich der Krieg in den Sommer hinziehe, wegen ihrer schwachen körperlichen Widerstandskraft die Veränderung des Bodens und des Klimas nicht aushalten. Viele mit kraftvollem Schwung begonnene Kriege seien aus Verdruß über den mühsamen Verlauf kläglich gescheitert. (2) Dagegen hätten sie selbst überall reichliche und zuverlässige Hilfsquellen: Pannonien, Mösien, Dalmatien, den Orient mit ungeschwächter Heeresmacht, Italien und Rom, die Hauptstadt der Welt, Senat und Volk – nie im Dunkel versunkene Namen, auch wenn manchmal Schatten sie umhülle; dazu noch staatliche und private Hilfsmittel und gewaltige Geldsummen, die im Bürgerkrieg stärker seien als das Schwert; Soldaten, deren Körper an Italien gewöhnt seien und an die Hitze; als Schutz fließe vor ihnen der Po, die Städte habe man durch Besatzungen und Mauern gesichert: von ihnen werde keine dem Feind zufallen, das habe man bei der

exploratum: proinde duceret bellum. paucis diebus quartam decimam legionem, magna ipsam fama, cum Moesicis copiis adfore: tum rursus deliberaturum et, si proelium placuisset, auctis viribus certaturos.

**33** (1) Accedebat sententiae Paulini Marius Celsus; idem placere Annio Gallo, paucos ante dies lapsu equi adflicto, missi, qui consilium eius sciscitarentur, rettulerant. Otho pronus ad decertandum; frater eius Titianus et praefectus praetorii Proculus, imperitia properantes, fortunam et deos et numen Othonis adesse consiliis, adfore conatibus testabantur, neu quis obviam ire sententiae auderet, in adulationem concesserant. (2) postquam pugnari placitum, interesse pugnae imperatorem an seponi melius foret dubitavere. Paulino et Celso iam non adversantibus, ne principem obiectare periculis viderentur, idem illi deterioris consilii auctores perpulere, ut Brixellum concederet ac dubiis proeliorum exemptus summae rerum et imperii se ipsum reservaret. (3) is primus dies Othonianas partes adflixit; namque et cum ipso praetoriarum cohortium et speculatorum equitumque valida manus discessit, et remanentium fractus animus, quando suspecti duces et Otho, cui uni apud militem fides, dum et ipse non nisi militibus credit, imperia ducum in incerto reliquerat.

Verteidigung Placentias erkannt. Daher solle (Otho) den Krieg hinhaltend führen; in wenigen Tagen werde die 14. Legion, für sich allein schon mit Kriegsruhm bedeckt, samt den Truppenverbänden aus Mösien zur Stelle sein. Dann könne er aufs neue überlegen, und, sollte er sich zum Kampf entscheiden, würden sie mit vermehrten Kräften die Entscheidungsschlacht schlagen.

**33** (1) Der Meinung des Paulinus trat Marius Celsus bei; Annius Gallus, der sich wenige Tage vorher bei einem Sturz vom Pferd verletzt hatte, sei derselben Ansicht, so berichteten es die Boten, die seinen Rat einholen sollten. Otho war schon geneigt, die Entscheidungsschlacht zu liefern. Sein Bruder Titianus und der Prätorianerpräfekt Proculus, beide aus Unerfahrenheit übereilig, versicherten, das Glück, die Götter, Othos Genius begünstigten seine Pläne und würden auch künftig seine Unternehmungen begünstigen. Und damit niemand wage, ihrer Meinung entgegenzutreten, hatten sie sich auf Schmeichelei verlegt. (2) Nachdem man sich zum Kampf entschlossen hatte, schwankten sie, ob es besser sei, wenn der Imperator am Kampf teilnehme oder davon ferngehalten werde. Da Paulinus und Celsus keinen Einwand mehr erhoben, um den Anschein zu vermeiden, sie wollten den Prinzeps Gefahren aussetzen, bestimmten ebenjene Erfinder des verhängnisvollen Planes, er solle sich nach Brixellum[40] begeben und, der Unsicherheit des Schlachtverlaufes entrückt, seine Person für den Oberbefehl und die Führung des Reiches bewahren. (3) Das war der erste Tag, der die Partei Othos ins Unglück trieb; denn mit Otho zog eine starke Abteilung aus Prätorianerkohorten, Leibgardisten und Reitern ab, und das brach den Mut der Zurückbleibenden, da ihnen die Heerführer verdächtig waren und Otho, zu dem allein die Soldaten Vertrauen hatten, während er selbst sich auch nur auf die Soldaten verließ, die Befehlsverteilung unter den Führern unentschieden gelassen hatte.

**34** (1) Nihil eorum Vitellianos fallebat, crebris, ut in civili bello, transfugiis; et exploratores cura diversa sciscitandi sua non occultabant. quieti intentique Caecina ac Valens, quando hostis imprudentia rueret, quod loco sapientiae est, alienam stultitiam opperiebantur, inchoato ponte transitum Padi simulantes adversus obpositam gladiatorum manum, ac ne ipsorum miles segne otium tereret. (2) naves pari inter se spatio, validis utrimque trabibus conexae, adversum in flumen dirigebantur, iactis super ancoris, quae firmitatem pontis continerent, sed ancorarum funes non extenti fluitabant, ut augescente flumine inoffensus ordo navium attolleretur. claudebat pontem imposita turris et in extremam navem educta, unde tormentis ac machinis hostes propulsarentur. Othoniani in ripa turrim struxerant saxaque et faces iaculabantur.

**35** (1) Et erat insula amne medio, in quam gladiatores navibus molientes, Germani nando praelabebantur. ac forte plures transgressos completis Liburnicis per promptissimos gladiatorum Macer adgreditur: sed neque ea constantia gladiatoribus ad proelia quae militibus, nec proinde nutantes e navibus quam stabili gradu e ripa vulnera derigebant. (2) et cum variis trepidantium inclinationibus mixti remiges propugnatoresque turbarentur,

**34** (1) Nichts von alledem entging den Vitellianern, da es, wie in einem Bürgerkrieg üblich, viele Überläufer gab; und die Kundschafter, in ihrem Bemühen, die Verhältnisse auf der Gegenseite auszuforschen, verheimlichten die eigenen nicht. Ruhig und gespannt, wann der Feind in seinem Unverstand losbrechen würde, warteten Caecina und Valens, was ja so viel wie eigene Weisheit ist, die Torheit der anderen ab. Sie begannen also den Bau einer Brücke und taten so, als ob sie gegen die jenseits stehende Gladiatorenschar den Po überqueren wollten, zugleich auch, damit die eigenen Soldaten nicht in trägem Müßiggang die Zeit vergeudeten. (2) Schiffe in gleichem Abstand voneinander, durch starke Balken beidseits verbunden, wurden gegen die Strömung gerichtet, wobei man vom Bug aus Anker warf,[41] die die Festigkeit der Brücke sichern sollten. Die Ankertaue aber waren nicht starr gespannt, sondern schwangen hin und her, so daß bei Steigen des Flusses sich die Reihe der Schiffe ungehindert heben konnte. Die Brücke sperrte ein auf ihr errichteter und auf das letzte Schiff vorgezogener Turm, damit man von dort mit Katapultgeschützen und Maschinen die Feinde zurückschlage. Die Othonianer hatten am Ufer einen Turm errichtet und schleuderten Steine und Brandfackeln.

**35** (1) Nun lag in der Mitte des Flusses eine Insel, an die sich die Gladiatoren immer wieder in Schiffen mühsam heranarbeiteten, während die Germanen schwimmend vor ihnen hinüberglitten. Als gerade einmal eine größere Zahl drüben war, ließ Macer Liburnerschiffe bemannen und griff sie mit den entschlossensten Gladiatoren an. Aber Gladiatoren zeigen im Kampf nicht die gleiche Standhaftigkeit wie Soldaten, auch konnten sie, hin und her schwankend, von den Schiffen aus nicht ebenso wie bei festem Stand vom Ufer her ihre Hiebe austeilen. (2) Und als nun dadurch, daß sie sich in der Aufregung hierhin und dorthin stemmten, Ruderer und Schiffssol-

desilire in vada ultro Germani, retentare puppes, scandere foros aut comminus mergere: quae cuncta in oculis utriusque exercitus quanto laetiora Vitellianis, tanto acrius Othoniani causam auctoremque cladis detestabantur.

**36** (1) Et proelium quidem, abruptis quae supererant navibus, fuga diremptum: Macer ad exitium poscebatur, iamque vulneratum eminus lancea strictis gladiis invaserant, cum intercursu tribunorum centurionumque protegitur. (2) nec multo post Vestricius Spurinna iussu Othonis, relicto Placentiae modico praesidio, cum cohortibus subvenit. dein Flavium Sabinum consulem designatum Otho rectorem copiis misit, quibus Macer praefuerat, laeto milite ad mutationem ducum et ducibus ob crebras seditiones tam infestam militiam aspernantibus.

**37** (1) Invenio apud quosdam auctores pavore belli seu fastidio utriusque principis, quorum flagitia ac dedecus apertiore in dies fama noscebantur, dubitasse exercitus, num posito certamine vel ipsi in medium consultarent, vel senatui permitterent legere imperatorem, atque eo duces Othonianos spatium ac moras suasisse, praecipua spe Paulini, quod vetustissimus consularium et militia clarus gloriam nomenque Britannicis expeditionibus meruisset. (2) ego ut concesserim apud paucos tacito voto quietem pro discordia, bonum et innocentem prin-

daten in wirres Durcheinander gerieten, sprangen auch noch die Germanen in das seichte Wasser, hielten die Schiffe am Heck fest, kletterten an Deck oder brachten sie mit ihren Händen zum Kentern. Das alles geschah vor den Augen beider Heere – je erfreulicher es für die Vitellianer war, um so erbitterter verwünschten die Othonianer Grund und Urheber der Niederlage.

**36** (1) Jedenfalls konnte man die übrigen Schiffe den Feinden entreißen, dann wurde das Gefecht durch Flucht abgebrochen. Man verlangte Macers Hinrichtung, und schon waren sie auf den durch einen Lanzenwurf Verwundeten mit gezückten Schwertern losgegangen, da wurde er durch das Dazwischentreten von Tribunen und Zenturionen gerettet. (2) Nicht viel später kam Vestricius Spurinna auf Befehl Othos – in Placentia war nur eine kleine Besatzung verblieben – mit den Kohorten zu Hilfe. Außerdem schickte Otho den designierten Konsul Flavius Sabinus als Befehlshaber zu den Truppen, die bisher Macer geführt hatte: die Soldaten frohlockten über den Wechsel bei ihren Führern, die Führer waren wegen der häufigen Meutereien eines so gefährlichen Kriegsdienstes überdrüssig.

**37** (1) Ich finde in einigen Quellen, aus Furcht vor dem Krieg oder aus Abscheu vor beiden Herrschern, deren Schandtaten und Ehrlosigkeit von Tag zu Tag in offeneren Worten verbreitet wurden, hätten die Heere überlegt, ob sie nicht nach Beilegung des Streites gemeinsam beraten oder es dem Senat freistellen sollten, einen Herrscher zu erwählen; und deshalb hätten die Heerführer Othos zu abwartendem Zögern geraten; darauf habe vor allem Paulinus seine Hoffnung gesetzt, hatte er, der älteste unter den Konsularen und bekannt durch seine Kriegstaten, sich doch einen ruhmvollen Namen in den britannischen Kriegszügen gemacht.[42] (2) Ich will zugeben, daß wenige in geheimen Wünschen Ruhe statt Zwietracht, einen untadeligen Herrscher statt der beiden

cipem pro pessimis ac flagitiosissimis expetitum, ita neque Paulinum, qua prudentia fuit, sperasse corruptissimo saeculo tantam vulgi moderationem reor ut, qui pacem belli amore turbaverant, bellum pacis caritate deponerent, neque aut exercitus linguis moribusque dissonos in hunc consensum potuisse coalescere, aut legatos ac duces magna ex parte luxus egestatis scelerum sibi conscios nisi pollutum obstrictumque meritis suis principem passuros.

**38** (1) Vetus ac iam pridem insita mortalibus potentiae cupido cum imperii magnitudine adolevit erupitque; nam rebus modicis aequalitas facile habebatur. sed ubi subacto orbe et aemulis urbibus regibusve excisis securas opes concupiscere vacuum fuit, prima inter patres plebemque certamina exarsere. modo turbulenti tribuni, modo consules praevalidi, et in urbe ac foro temptamenta civilium bellorum; mox e plebe infima C. Marius et nobilium saevissimus L. Sulla victam armis libertatem in dominationem verterunt. post quos Cn. Pompeius occultior non melior, et numquam postea nisi de principatu quaesitum. (2) non discessere ab armis in Pharsalia ac Philippis civium legiones, nedum Othonis ac Vitellii exercitus sponte posituri bellum fuerint: eadem illos deum ira, eadem hominum rabies, eaedem scelerum causae in discordiam egere. quod singulis velut ictibus trans-

üblen und schandbedeckten ersehnt haben, glaube aber nicht, Paulinus habe bei seiner Klugheit in einer durch und durch entarteten Zeit ein solches Maß an Selbstbeschränkung bei der breiten Masse erwartet, daß Leute, die den Frieden aus Lust am Krieg gestört hatten, den Krieg aus Liebe zum Frieden beilegen würden, noch glaube ich auch, daß in Sprache und Art so verschiedene Heere zu einer solchen Einmütigkeit hätten zusammenwachsen können oder daß Legaten und Heerführer, die zum Großteil um ihre Verschwendung, Armut und ihre Verbrechen wußten, einen anderen als einen schuldbefleckten und ihren Verdiensten verpflichteten Herrscher anerkannt hätten.

**38** (1) Das alte, seit jeher den Menschen angeborene Verlangen nach Macht wuchs gleichzeitig mit der Größe des Reiches und kam (dabei) zum Durchbruch; denn nur in bescheidenen Verhältnissen konnte man an der Gleichheit leicht festhalten. Sobald man aber nach Unterwerfung des Erdkreises und Vernichtung konkurrierender Städte und Könige freie Hand hatte, nach gesicherter Macht zu streben, da entbrannten die ersten Kämpfe zwischen Senatoren und Plebs.[43] Bald erlebte man aufrührerische Tribunen, übermächtige Konsuln[44] und in Rom und auf dem Forum das Vorspiel zu den Bürgerkriegen. Dann verwandelten der aus dem niedrigsten Volk stammende Gaius Marius und der Grausamste unter den Adeligen, Lucius Sulla, die mit Waffen besiegte Freiheit in Tyrannis. Nach ihnen Gnaeus Pompeius: versteckter, nicht besser; und nie galt danach der Kampf einem anderen Ziel als der Macht im Staat. (2) Nicht ließen von ihren Waffen bei Pharsalus und Philippi die Legionen der Bürger, noch viel weniger hätten die Heere des Otho und Vitellius freiwillig den Krieg beigelegt. Derselbe Zorn der Götter, dieselbe Raserei der Menschen, dieselben Gründe für Verbrechen trieben sie in die Entzweiung hinein. Daß jedesmal gleichsam mit

acta sunt bella, ignavia principum factum est. sed me veterum novorumque morum reputatio longius tulit: nunc ad rerum ordinem venio.

**39** (1) Profecto Brixellum Othone honor imperii penes Titianum fratrem, vis ac potestas penes Proculum praefectum; Celsus et Paulinus, cum prudentia eorum nemo uteretur, inani nomine ducum alienae culpae praetendebantur; tribuni centurionesque ambigui, quod spretis melioribus deterrimi valebant; miles alacer, qui tamen iussa ducum interpretari quam exequi mallet. (2) promoveri ad quartum a Bedriaco castra placuit, adeo imperite, ut quamquam verno tempore anni et tot circum amnibus penuria aquae fatigarentur. ibi de proelio dubitatum, Othone per litteras flagitante ut maturarent, militibus ut imperator pugnae adesset poscentibus: plerique copias trans Padum agentes acciri postulabant. nec proinde diiudicari potest, quid optimum factu fuerit, quam pessimum fuisse, quod factum est.

**40** (1) Non ut ad pugnam sed ad bellandum profecti confluentis Padi et Ardae fluminum, sedecim inde milium spatio distantis, petebant. Celso et Paulino abnuentibus militem itinere fessum, sarcinis gravem obicere hosti, non omissuro, quo minus expeditus et vix quattuor milia passuum progressus aut incompositos in agmine aut

einem Schlag die Kriege zu Ende waren, lag (mehr) an der mangelnden Tatkraft der Führer. Aber die Betrachtung der alten und neuen Verhaltensweisen hat mich zu weit abschweifen lassen: nun kehre ich zum Gang der Ereignisse zurück.

39 (1) Als Otho nach Brixellum abgegangen war, lag die Ehre des Oberbefehls bei seinem Bruder Titianus, die wirkliche Macht und Befehlsgewalt beim Präfekten Proculus. Celsus und Paulinus dienten, da man ihre Umsicht nicht in Anspruch nahm, unter der nichtssagenden Bezeichnung »Heerführer« nur als Schutzschild für das Versagen anderer. Die Tribunen und Zenturionen waren in ihrer Haltung schwankend, da man die Besseren unter ihnen zurücksetzte und nur die Übelsten den Ton angaben. Die Soldaten waren zwar voll Kampfesmut, wollten aber lieber die Befehle ihrer Führer ausdeuten als ausführen. (2) Man beschloß, zum vierten Meilenstein vor Bedriacum vorzurücken; dabei zeigten sie ein solches Maß an Unerfahrenheit, daß sie trotz der Frühlingszeit und inmitten so vieler Flüsse schwer unter Wassermangel litten. Dort war man noch immer unentschlossen wegen des Kampfes: Otho drängte in einem Schreiben auf beschleunigtes Handeln, die Soldaten verlangten die Teilnahme des Imperators an der Schlacht; die meisten forderten, die jenseits des Po lagernden Truppen heranzuholen. Es kann aber nicht so leicht beurteilt werden, was zu tun besser gewesen wäre, wie, daß am schlechtesten das war, was getan wurde.

40 (1) Als ob sie nicht in die Schlacht, sondern zu einem Kriegszug aufbrechen wollten, marschierten sie zum Zusammenfluß von Po und Adua, eine Strecke von 16 Meilen. Celsus und Paulinus rieten ab, die vom Marsch erschöpften, mit Gepäck beladenen Soldaten dem Feind entgegenzuwerfen, der nicht zögern werde, zum Kampf gerüstet und nach einem Vormarsch von nur vier Meilen sie anzugreifen, wenn sie, ungeordnet, noch auf dem

dispersos et vallum molientes adgrederetur, Titianus et Proculus, ubi consiliis vincerentur, ad ius imperii transibant. aderat sane citus equo Numida cum atrocibus mandatis, quibus Otho increpita ducum segnitia rem in discrimen mitti iubebat, aeger mora et spei impatiens.

**41** (1) Eodem die ad Caecinam operi pontis intentum duo praetoriarum cohortium tribuni, conloquium eius postulantes, venerunt: audire condiciones ac reddere parabat, cum praecipites exploratores adesse hostem nuntiavere. interruptus tribunorum sermo, eoque incertum fuit insidias an proditionem vel aliquod honestum consilium coeptaverint. (2) Caecina dimissis tribunis revectus in castra datum iussu Fabii Valentis pugnae signum et militem in armis invenit. dum legiones de ordine agminis sortiuntur, equites prorupere; et mirum dictu, a paucioribus Othonianis, quo minus in vallum inpingerentur, Italicae legionis virtute deterriti sunt: ea strictis mucronibus redire pulsos et pugnam resumere coegit. disposita Vitellianarum legionum acies sine trepidatione: etenim quamquam vicino hoste aspectus armorum densis arbustis prohibebatur. (3) apud Othonianos pavidi duces, miles ducibus infensus, mixta vehicula et lixae, et praeruptis utrimque fossis via quieto

Marsch seien oder schon verstreut sich mit Schanzarbeiten abmühten. Titianus und Proculus beriefen sich wie immer, wenn sie durch klugen Rat besiegt wurden, auf das Recht des Oberbefehls. Allerdings war auch ein numidischer Eilbote zu Pferd eingetroffen mit barschen Aufträgen, in denen Otho die Saumseligkeit der Feldherrn hart tadelte und eine Entscheidung herbeizuführen befahl: verärgert über den Verzug und der Ungewißheit überdrüssig.

**41** (1) Am selben Tag kamen zu Caecina, der mit dem Brückenbau beschäftigt war, zwei Tribunen der Prätorianerkohorten und verlangten eine Unterredung mit ihm. Er war gerade dabei, ihre Vorschläge anzuhören und darauf zu erwidern, da meldeten in kopfloser Hast heransprengende Kundschafter, der Feind sei da. Abgebrochen wurde das Gespräch mit den Tribunen, und daher blieb es ungeklärt, ob sie einen Mordanschlag oder Verrat oder vielleicht eine redliche Verhandlung geplant hatten. (2) Caecina entließ die Tribunen, ritt ins Lager zurück und fand dort das Zeichen zum Kampf auf Befehl des Fabius Valens gegeben und die Soldaten unter Waffen. Während die Legionen noch um die Reihenfolge beim Aufmarsch losten, brachen die Reiter vor; und – unglaublich, es zu berichten –, daß sie von den zahlenmäßig unterlegenen Othonianern gegen den Lagerwall zurückgeworfen wurden, davor bewahrte sie nur die Tapferkeit der Legion »Italica«[45]: mit gezückten Schwertern zwang sie die geschlagenen Reiter, zu wenden und den Kampf wiederaufzunehmen. Die Aufstellung der vitellianischen Legionen zur Schlacht geschah nun in aller Ruhe: denn trotz der Nähe des Feindes verhinderte dichtes Gebüsch, daß man die Waffen (der Feinde) sah. (3) Bei den Othonianern: angsterfüllt die Führer, die Mannschaft gegen die Führer aufgebracht, mitten im Heereszug Wagen und Marketender – und die Straße durch tiefe Gräben auf beiden Seiten selbst für eine

quoque agmini angusta. circumsistere alii signa sua, quaerere alii; incertus undique clamor adcurrentium, vocantium: ut cuique audacia vel formido, in primam postremamve aciem prorumpebant aut relabebantur.

**42** (1) Attonitas subito terrore mentes falsum gaudium in languorem vertit, repertis qui descivisse a Vitellio exercitum ementirentur. is rumor ab exploratoribus Vitellii dispersus, an in ipsa Othonis parte seu dolo seu forte surrexerit, parum compertum. omisso pugnae ardore Othoniani ultro salutavere; et hostili murmure excepti, plerisque suorum ignaris quae causa salutandi, metum proditionis fecere. (2) tum incubuit hostium acies, integris ordinibus, robore et numero praestantior: Othoniani, quamquam dispersi, pauciores, fessi, proelium tamen acriter sumpsere. et per locos arboribus ac vineis impeditos non una pugnae facies: comminus eminus, catervis et cuneis concurrebant. in aggere viae conlato gradu corporibus et umbonibus niti, omisso pilorum iactu gladiis et securibus galeas loricasque perrumpere: noscentes inter se, ceteris conspicui, in eventum totius belli certabant.

**43** (1) Forte inter Padum viamque patenti campo duae legiones congressae sunt, pro Vitellio unaetvicensima, cui cognomen Rapaci, vetere gloria insignis, e parte

ungestörte Marschkolonne zu eng. Die einen scharten sich um ihre Feldzeichen, andere suchten nach ihnen; von allen Seiten wirres Geschrei der Herbeieilenden, Zurufenden: je nachdem Kühnheit oder Furcht jeden beherrschte, war es die erste oder die letzte Schlachtreihe, wohin sie vorstürmten oder zurückschlichen.

**42** (1) Die von plötzlichem Schrecken Gelähmten versetzte eine unbegründete Freude in schlaffe Trägheit: es fanden sich Leute, die die Lüge verbreiteten, das Heer sei von Vitellius abgefallen. Ob dieses Gerücht Kundschafter des Vitellius ausgestreut hatten oder ob es in der Otho-Partei aus böser Absicht oder zufällig aufgekommen war, ließ sich nicht feststellen. Die Othonianer vergaßen ihre Kampfeswut, riefen sogar (den Feinden) freundlich zu; aber sie wurden mit feindseligem Gemurre begrüßt, und da die Mehrzahl der eigenen Leute den Grund der Begrüßung nicht kannte, flößten sie ihnen Furcht vor Verrat ein. (2) Nun ging das feindliche Heer zum Angriff vor, mit ungeschwächten Abteilungen, an Kampfkraft und Zahl überlegen. Die Othonianer, obwohl zersplittert, geringer an Zahl und erschöpft, nahmen dennoch verbissen den Kampf auf. In einem durch Bäume und Weinpflanzungen schwer begehbaren Gelände bot die Schlacht kein einheitliches Bild: im Nah- und Fernkampf, in lockeren Scharen und festgefügten Kampfkeilen stießen sie zusammen. Auf dem Straßendamm stemmten sie sich im Kampf Mann gegen Mann mit Leibern und Schilden gegeneinander, kein Raum war für Speersalven, mit Schwertern und Beilen durchschlugen sie Helme und Brustpanzer; Aug in Auge, für die anderen deutlich sichtbar[46], rangen sie um die Entscheidung des ganzen Krieges.

**43** (1) Zufällig stießen zwischen Po und Straße in offenem Gelände zwei Legionen aufeinander: für Vitellius die 21., die den Beinamen »Rapax« führte, durch alten Ruhm ausgezeichnet, von seiten Othos die 1. »Adiu-

Othonis prima Adiutrix, non ante in aciem deducta, sed ferox et novi decoris avida. primani stratis unaetvicensimanorum principiis aquilam abstulere; quo dolore accensa legio et impulit rursus primanos, interfecto Orfidio Benigno legato, et plurima signa vexillaque ex hostibus rapuit. (2) a parte alia propulsa quintanorum impetu tertia decima legio, circumventi plurium adcursu quartadecimani. et ducibus Othonis iam pridem profugis Caecina ac Valens subsidiis suos firmabant. accessit recens auxilium, Varus Alfenus cum Batavis, fusa gladiatorum manu, quam navibus transvectam obpositae cohortes in ipso flumine trucidaverant: ita victores latus hostium invecti.

**44** (1) Et media acie perrupta fugere passim Othoniani, Bedriacum petentes. immensum id spatium, obstructae strage corporum viae, quo plus caedis fuit; neque enim civilibus bellis capti in praedam vertuntur. Suetonius Paulinus et Licinius Proculus diversis itineribus castra vitavere. Vedium Aquilam tertiae decimae legionis legatum irae militum inconsultus pavor obtulit. multo adhuc die vallum ingressus clamore seditiosorum et fugacium circumstrepitur: non probris, non manibus abstinent; desertorem proditoremque increpant, nullo proprio crimine eius sed more vulgi suum quisque flagitium aliis obiectantes. (2) Titianum et Celsum nox iuvit, dispositis

trix«, vorher noch nie für eine Schlacht aufgeboten, aber kampfesmutig und gierig nach erstem Ruhmesglanz. Die »Einser« warfen das Vordertreffen der »Einundzwanziger« und erbeuteten deren Legionsadler. Darüber voll Zorn und Schmerz, trieb die Legion ihrerseits die »Einser« zurück, wobei der Legat Orfidius Benignus fiel, und entriß den Feinden viele Feldzeichen und Standarten. (2) Auf der anderen Seite wurde durch den Angriff der »Fünfer« die 13. Legion zurückgeschlagen, umzingelt durch den Vorstoß einer feindlichen Übermacht die »Vierzehner«. Während aber die Feldherrn Othos schon längst auf der Flucht waren, führten Caecina und Valens ihren Truppen immer noch neue Verstärkungen zu. Dazu stießen frische Kräfte: Varus Alfenus mit seinen Batavern, die eben den Haufen der Gladiatoren geschlagen hatten: als diese auf Schiffen übersetzten, hatten die ihnen entgegengeworfenen Kohorten sie noch im Fluß niedergemacht: nach diesem Sieg fielen sie den Feinden in die Flanke.

**44** (1) Als auch ihr Mitteltreffen durchbrochen war, wandten sich die Othonianer überall zur Flucht gegen Bedriacum. Das war eine weite Strecke[47]: Leichenhaufen verlegten die Wege, um so größer war das Gemetzel; denn in Bürgerkriegen werden die Gefangenen nicht zur Beute geschlagen. Suetonius Paulinus und Licinius Proculus ritten auf entlegenen Wegen am Lager vorbei. Den Legaten der 13. Legion Vedius Aquila führte seine kopflose Flucht mitten unter die zornentbrannten Soldaten: als er noch am hellen Tag den Lagerwall betrat, umtoste ihn das Geschrei der Meuterer und Flüchtlinge; nicht der Schmähworte, nicht der Tätlichkeiten enthielten sie sich, als Fahnenflüchtigen, als Verräter beschimpften sie ihn; es traf ihn zwar keine persönliche Schuld, aber nach Art der breiten Masse warf jeder sein eigenes schändliches Versagen anderen vor. (2) Dem Titianus und dem Celsus kam die Nacht zustatten: schon waren Nachtwachen

iam excubiis conpressisque militibus, quos Annius Gallus consilio precibus auctoritate flexerat, ne super cladem adversae pugnae suismet ipsi caedibus saevirent: sive finis bello venisset seu resumere arma mallent, unicum victis in consensu levamentum. (3) ceteris fractus animus: praetorianus miles non virtute se sed proditione victum fremebat: ne Vitellianis quidem incruentam fuisse victoriam, pulso equite, rapta legionis aquila; superesse cum ipso Othone militum quod trans Padum fuerit, venire Moesicas legiones, magnam exercitus partem Bedriaci remansisse: hos certe nondum victos et, si ita ferret, honestius in acie perituros. his cogitationibus truces aut pavidi extrema desperatione ad iram saepius quam in formidinem stimulabantur.

**45** (1) At Vitellianus exercitus ad quintum a Bedriaco lapidem consedit, non ausis ducibus eadem die obpugnationem castrorum; simul voluntaria deditio sperabatur: sed expeditis et tantum ad proelium egressis munimentum fuere arma et victoria. (2) postera die haud ambigua Othoniani exercitus voluntate et qui ferociores fuerant ad paenitentiam inclinantibus missa legatio; nec apud duces Vitellianos dubitatum, quo minus pacem concederent. legati paulisper retenti: ea res haesitationem attulit ignaris, adhuc an impetrassent. mox remissa legatione patuit

aufgestellt, die Soldaten zur Ordnung gebracht – sie hatte Annius Gallus durch Zureden, Bitten und dank seines Ansehens dazu gebracht, nicht über die Katastrophe in der Unglücksschlacht hinaus auch noch mit Blutvergießen in den eigenen Reihen zu wüten: ob nun das Ende des Krieges gekommen sei oder ob sie den Kampf wiederaufnehmen wollten, einzige Rettung für die Besiegten liege in der Einigkeit. (3) Der Mut der übrigen war gebrochen, die Prätorianer aber murrten erbittert, nicht durch Tapferkeit, sondern durch Verrat seien sie besiegt worden: auch für die Vitellianer sei der Sieg nicht unblutig gewesen – ihre Reiterei sei geschlagen, ihr Legionsadler erbeutet worden;[48] zum Einsatz bereit stünden mit Otho selbst die Truppenverbände jenseits des Po, im Anmarsch seien die Legionen aus Mösien, ein Großteil des Heeres sei in Bedriacum zurückgeblieben: diese seien gewiß noch nicht besiegt, und wenn es dazu kommen sollte, würden sie einen ehrenvolleren Tod in der Schlacht sterben. Bei solchen Überlegungen zwischen Trotz und Angst schwankend, steigerten sie sich in ihrer äußersten Verzweiflung öfter in zornige Erregung als in zaghafte Furcht.

**45** (1) Aber das vitellianische Heer machte am 5. Meilenstein vor Bedriacum halt, da die Führer nicht am selben Tag die Erstürmung des Lagers[49] wagten; zugleich hoffte man auf eine freiwillige Übergabe. Aber da sie in Kampfrüstung bloß zur Schlacht ausgerückt waren, dienten ihnen ihre Waffen nur zu Verteidigung und Sieg.[50] (2) Da am folgenden Tag das othonianische Heer in seiner Entscheidung nicht mehr schwankte und auch diejenigen, die sich trotziger gegeben hatten, zur Reue neigten, schickte man eine Gesandtschaft. Bei den vitellianischen Führern bestanden keine Bedenken, den Frieden zu gewähren. Man hielt die Gesandten kurze Zeit zurück: das versetzte diese in Unruhe, da sie noch nicht wußten, ob sie etwas erreicht hätten. Als sie dann aber entlassen

vallum. (3) tum victi victoresque in lacrimas effusi, sortem civilium armorum misera laetitia detestantes; isdem tentoriis alii fratrum, alii propinquorum vulnera fovebant: spes et praemia in ambiguo, certa funera et luctus, nec quisquam adeo mali expers, ut non aliquam mortem maereret. requisitum Orfidii legati corpus honore solito crematur; paucos necessarii ipsorum sepelivere, ceterum vulgus super humum relictum.

**46** (1) Opperiebatur Otho nuntium pugnae nequaquam trepidus et consilii certus. maesta primum fama, dein profugi e proelio perditas res patefaciunt. non expectavit militum ardor vocem imperatoris; bonum haberet animum iubebant: superesse adhuc novas vires, et ipsos extrema passuros ausurosque. neque erat adulatio: ire in aciem, excitare partium fortunam furore quodam et instinctu flagrabant. (2) qui procul adstiterant, tendere manus, et proximi prensare genua, promptissimo Plotio Firmo. is praetorii praefectus identidem orabat, ne fidissimum exercitum, ne optime meritos milites desereret: maiore animo tolerari adversa quam relinqui; fortes et strenuos etiam contra fortunam insistere spei, timidos et ignavos ad desperationem formidine properare. (3) quas inter voces ut flexerat vultum aut induraverat Otho,

wurden, standen die Lagertore offen. (3) Da brachen Sieger und Besiegte in Tränen aus, das Los des Bürgerkrieges verwünschten sie zugleich unter Klagen und Freudenäußerungen. In denselben Zelten pflegten sie gegenseitig ihre Wunden, die von Brüdern und Verwandten. Hoffnungen und Belohnungen waren ungewiß, sicher nur Leichen und Trauer, und keiner war so unberührt von Leid, daß er nicht den Tod irgendeines Menschen betrauert hätte. Gesucht wurde der Leichnam des Legaten Orfidius und dann mit den üblichen Ehren verbrannt. Nur wenige erhielten durch ihre Anverwandten ein Begräbnis, die Masse der übrigen blieb auf dem Erdboden liegen.

**46** (1) Otho wartete auf eine Nachricht von der Schlacht, keineswegs ängstlich, sondern fest in seinem Entschluß. Zuerst verbreitete sich unheilvolles Gerücht, dann machten der Schlacht entronnene Flüchtlinge klar, daß alles verloren sei. Nicht warteten die Soldaten in ihrer Erregung auf ein Wort des Imperators; er solle nur guten Mutes sein, hießen sie ihn. Noch stünden zum Einsatz bereit unverbrauchte Kräfte, sie selbst würden das Äußerste ertragen und wagen. Und das war nicht bloße Schmeichelei: in die Schlacht zu ziehen, das Glück der Partei neu aufzurichten, danach brannten sie, von wilder Begeisterung getrieben. (2) Wer weiter entfernt stand, streckte die Hände ihm entgegen, die Nächsten umfaßten seine Knie, allen voran Plotius Firmus[51]. Er als Prätorianerpräfekt bat ihn immer wieder, nicht das treueste Heer, nicht die Soldaten, die sich um ihn bestens verdient gemacht hätten, im Stich zu lassen: es gehöre größerer Mut dazu, ein widriges Geschick zu ertragen als vor ihm zu weichen; tapfere, starke Männer würden auch wider das Schicksal an der Hoffnung festhalten, furchtsame, feige eilig voll Angst in Hoffnungslosigkeit flüchten. (3) Je nachdem bei diesen Worten Otho in seiner Miene Nachgiebigkeit oder Härte zeigte, erhob sich

clamor et gemitus. nec praetoriani tantum, proprius Othonis miles, sed praemissi e Moesia eandem obstinationem adventantis exercitus, legiones Aquileiam ingressas nuntiabant, ut nemo dubitet potuisse renovari bellum atrox, lugubre, incertum victis et victoribus.

47 (1) Ipse aversus a consiliis belli 'hunc' inquit 'animum, hanc virtutem vestram ultra periculis obicere nimis grande vitae meae pretium puto. quanto plus spei ostenditis, si vivere placeret, tanto pulchrior mors erit. experti in vicem sumus ego ac fortuna. nec tempus conputaveritis: difficilius est temperare felicitati, qua te non putes diu usurum. (2) civile bellum a Vitellio coepit, et ut de principatu certaremus armis, initium illic fuit: ne plus quam semel certemus, penes me exemplum erit; hinc Othonem posteritas aestimet. fruetur Vitellius fratre, coniuge, liberis: mihi non ultione neque solaciis opus est. alii diutius imperium tenuerint, nemo tam fortiter reliquerit. (3) an ego tantum Romanae pubis, tot egregios exercitus sterni rursus et rei publicae eripi patiar? eat hic mecum animus, tamquam perituri pro me fueritis, set este superstites. nec diu moremur, ego incolumitatem vestram, vos constantiam meam. plura de extremis loqui pars ignaviae est. praecipuum destinationis meae docu-

Freudengeschrei oder Klagen. Und so gestimmt waren nicht nur die Prätorianer, Othos persönliche Mannschaft – nein, auch die aus Mösien vorausgeschickten Boten berichteten von der gleichen Entschlossenheit des heranrückenden Heeres, vom Einmarsch der Legionen in Aquileia. Es konnte also niemand zweifeln, daß man den blutigen, tränenreichen Krieg hätte wiederaufnehmen können – mit ungewissem Ausgang für Besiegte und Sieger.

47 (1) Er selbst, allen weiteren Kriegsplänen abgeneigt, sprach: »Diesen euren Mut, diese Tapferkeit noch länger den Gefahren auszusetzen, halte ich für einen allzu hohen Preis meines Lebens. Je mehr Hoffnung ihr zeigt, wenn weiterzuleben ich entschlossen wäre, um so schöner wird der Tod sein. Wir haben uns gegenseitig aneinander erprobt, ich und das Schicksal. Und rechnet nicht die Zeit zusammen: schwieriger ist es, sich zu mäßigen in einem Glück, das man nicht lange zu genießen glaubt. (2) Der Bürgerkrieg begann von seiten des Vitellius, und daß wir um die Herrschaft mit Waffengewalt stritten, der Anfang dazu lag auch bei ihm; daß wir aber nicht mehr als einmal streiten, dafür werde ich das Beispiel geben. Danach soll die Nachwelt Otho beurteilen! Erfreuen wird sich Vitellius des Bruders, der Gattin, der Kinder. Ich brauche die Rache nicht und nicht den Trost. Andere mögen die Herrschaft länger besessen haben, niemand wird sie so tapfer aufgegeben haben. (3) Oder soll ich zulassen, daß ein so großer Teil der römischen Jugend, so viele vortreffliche Heere wiederum hingeopfert und dem Staat entrissen werden? Begleiten möge mich dieser Gedanke, daß ihr bereit gewesen wäret, für mich zu sterben, aber ihr sollt am Leben bleiben. So wollen wir einander nicht lange behindern, ich euch bei der Rettung eures Lebens, ihr mich in meinem festen Entschluß. Mehr noch über das Ende zu sprechen, zeugt von Feigheit. Als vorzüglichen Beweis meiner Entschlossenheit

mentum habete, quod de nemine queror; nam incusare deos vel homines eius est, qui vivere velit.'

**48** (1) Talia locutus, ut cuique aetas aut dignitas, comiter appellatos, irent propere neu remanendo iram victoris asperarent, iuvenes auctoritate, senes precibus movebat, placidus ore, intrepidus verbis, intempestivas suorum lacrimas coercens. dari naves ac vehicula abeuntibus iubet; libellos epistulasque studio erga se aut in Vitellium contumeliis insignes abolet; pecunias distribuit parce nec ut periturus. (2) mox Salvium Cocceianum, fratris filium, prima iuventa, trepidum et maerentem ultro solatus est, laudando pietatem eius, castigando formidinem: an Vitellium tam inmitis animi fore, ut pro incolumi tota domo ne hanc quidem sibi gratiam redderet? mereri se festinato exitu clementiam victoris; non enim ultima desperatione sed poscente proelium exercitu remisisse rei publicae novissimum casum. satis sibi nominis, satis posteris suis nobilitatis quaesitum. post Iulios Claudios Servios se primum in familiam novam imperium intulisse: proinde erecto animo capesseret vitam, neu patruum sibi Othonem fuisse aut oblivisceretur umquam aut nimium meminisset.

**49** (1) Post quae dimotis omnibus paulum requievit. atque illum supremas iam curas animo volutantem repens tumultus avertit, nuntiata consternatione ac licentia mili-

betrachtet, daß ich mich über niemanden beschwere; denn Götter und Menschen anzuklagen, das entspricht einem Menschen, der leben will.«

**48** (1) Nach dieser Ansprache redete er sie einzeln, je nach Alter und Würde, an. Sie sollten sich eilig auf den Weg machen und nicht durch ihr Bleiben den Zorn des Siegers reizen; dazu versuchte er die jungen Leute durch sein Ansehen, die alten durch Bitten zu bewegen; gelöst im Gesichtsausdruck, unerschüttert in seinen Worten, hemmte er die unangebrachten Tränen der Seinen. Er befahl, den Abziehenden Schiffe und Wagen zu geben. Bittschriften und Briefe, die besonders deutliche Ergebenheitsbeweise für ihn und Schmähungen gegen Vitellius enthielten, vernichtete er. Geld verteilte er sparsam und nicht wie einer, der zum Sterben bereit ist. (2) Den Salvius Cocceianus, seines Bruders Sohn, einen Jüngling in den ersten Mannesjahren, der in Trauer und Angst aufgelöst war, tröstete er dann auch noch, indem er seine Treue lobte, seine Furcht tadelte: werde denn Vitellius so unerbittlich sein, daß er für die Errettung seines ganzen Hauses ihm nicht einmal diesen einen Dank erweisen sollte? Er selbst habe durch einen beschleunigten Tod Anspruch auf die Milde des Siegers; denn nicht in äußerster Verzweiflung, sondern trotz der Forderung des Heeres nach einer Schlacht habe er dem Staat diese letzte Katastrophe erspart. Groß genug sei der Name, den er sich, groß genug der Adel, den er seinen Nachkommen geschaffen habe. Nach Iuliern, Claudiern und Serviern sei er der erste, der einem noch unbekannten Haus die Herrscherwürde verliehen habe – daher solle er aufrechten Mutes sich an das Leben wagen, und daß Otho sein Onkel gewesen, solle er nie vergessen, noch auch allzu viel daran denken.[52]

**49** (1) Danach entließ er alle und ruhte ein wenig; und als er schon alle seine Gedanken auf den Tod gerichtet hatte, lenkte ihn ein plötzlicher Lärm ab: man berichtete von

tum; namque abeuntibus exitium minitabantur, atrocissima in Verginium vi, quem clausa domo obsidebant. increpitis seditionis auctoribus regressus vacavit abeuntium adloquiis, donec omnes inviolati digrederentur. (2) vesperascente die sitim haustu gelidae aquae sedavit. tum adlatis pugionibus duobus, cum utrumque pertemptasset, alterum capiti subdidit. et explorato iam profectos amicos, noctem quietam, utque adfirmatur, non insomnem egit: luce prima in ferrum pectore incubuit. (3) ad gemitum morientis ingressi liberti servique et Plotius Firmus praetorii praefectus unum vulnus invenere. funus maturatum; ambitiosis id precibus petierat, ne amputaretur caput ludibrio futurum. tulere corpus praetoriae cohortes cum laudibus et lacrimis, vulnus manusque eius exosculantes. (4) quidam militum iuxta rogum interfecere se, non noxa neque ob metum, sed aemulatione decoris et caritate principis. ac postea promisce Bedriaci, Placentiae aliisque in castris celebratum id genus mortis. Othoni sepulchrum extructum est modicum et mansurum. hunc vitae finem habuit septimo et tricensimo aetatis anno.

**50** (1) Origo illi e municipio Ferentio, pater consularis, avus praetorius; maternum genus impar nec tamen indecorum. pueritia ac iuventa, qualem monstravimus. duobus facinoribus, altero flagitiosissimo, altero egregio,

Aufruhr und Zügellosigkeit der Soldaten; denn sie bedrohten die Abziehenden mit dem Tod, wobei sie am gewalttätigsten gegen Verginius[53] vorgingen, den sie im Haus einschlossen und belagerten. Otho machte den Rädelsführern der Meuterei heftige Vorwürfe, dann kehrte er um, nahm sich aber Zeit, mit den Abziehenden noch einige Worte zu wechseln, bis sich alle unbehelligt entfernt hätten. (2) Gegen Abend löschte er seinen Durst mit einem Schluck kalten Wassers. Dann ließ er sich zwei Dolche bringen, prüfte beide und legte einen unter sein Kopfpolster. Als er gewiß war, daß schon alle Freunde aufgebrochen seien, verbrachte er eine ruhige und, wie man behauptete, nicht schlaflose Nacht – beim ersten Tageslicht stürzte er sich mit der Brust in die Klinge. (3) Auf das Stöhnen des Sterbenden kamen Freigelassene und Sklaven herein, ebenso der Prätorianerpräfekt Plotius Firmus, und fanden (an ihm) nur eine einzige Wunde. Das Leichenbegängnis fand in aller Eile statt; darum hatte er mit drängenden Bitten ersucht, damit ihm nicht das Haupt abgeschlagen würde, um damit Spott zu treiben. Seinen Leichnam trugen die Prätorianerkohorten – unter Lobsprüchen und Tränen, wobei sie seine Wunde und seine Hände küßten. (4) Einige Soldaten töteten sich neben dem Scheiterhaufen, nicht aus Schuldgefühl oder aus Furcht, sondern aus Wetteifer um Ruhm und aus Liebe zum Prinzeps. Und später war in Bedriacum, Placentia und den anderen Lagern diese Todesart allgemein verbreitet. Man errichtete Otho ein schlichtes, aber zur Dauer bestimmtes Grab. Ein solches Ende fand Otho im siebenundreißigsten Lebensjahr.

50 (1) Er stammte aus der Landstadt Ferentium[54], sein Vater war Konsul, sein Großvater Prätor gewesen; mütterlicherseits war die Abstammung nicht ebenbürtig, aber doch nicht unansehnlich. Seine Kindheit und Jugend verliefen so, wie wir berichtet.[55] Durch zwei Taten, eine äußerst schändliche und eine vortreffliche, ver-

tantundem apud posteros meruit bonae famae quantum malae. (2) ut conquirere fabulosa et fictis oblectare legentium animos procul gravitate coepti operis crediderim, ita vulgatis traditisque demere fidem non ausim. die, quo Bedriaci certabatur, avem invisitata specie apud Regium Lepidum celebri luco consedisse incolae memorant, nec deinde coetu hominum aut circumvolitantium alitum territam pulsamve, donec Otho se ipse interficeret; tum ablatam ex oculis: et tempora reputantibus initium finemque miraculi cum Othonis exitu competisse.

**51** (1) In funere eius novata luctu ac dolore militum seditio, nec erat qui coerceret. ad Verginium versi, modo ut reciperet imperium, nunc ut legatione apud Caecinam ac Valentem fungeretur, minitantes orabant: Verginius per aversam domus partem furtim digressus inrumpentes frustratus est. earum quae Brixelli egerant cohortium preces Rubrius Gallus tulit, et venia statim impetrata, concedentibus ad victorem per Flavium Sabinum iis copiis quibus praefuerat.

**52** (1) Posito ubique bello magna pars senatus extremum discrimen adiit, profecta cum Othone ab urbe, dein Mutinae relicta. illuc adverso de proelio adlatum: sed

schaffte er sich bei der Nachwelt ebenso viel guten wie schlechten Ruf[56]. (2) Wundergeschichten zu sammeln und mit Märchen die Leser zu unterhalten widerspricht zwar, so möchte ich glauben, dem Ernst des begonnenen Werkes, aber ich würde es doch nicht wagen, dem, was allgemein verbreitet und überliefert ist, den Glauben zu versagen. Am Tag, an dem bei Bedriacum gekämpft wurde, habe sich ein Vogel von noch nie gesehener Gestalt bei Regium Lepidum in einem belebten Hain niedergelassen, so berichten die Ortsbewohner; von da an habe er sich weder durch die Ansammlung von Menschen noch durch die Schar der um ihn herumflatternden Vögel erschrecken oder vertreiben lassen, bis Otho sich selbst tötete; dann erst sei er den Blicken entschwunden; und wenn man die Zeit zusammenrechnete, so sei Anfang und Ende der Wundererscheinung mit dem Tod Othos zusammengefallen.

**51** (1) Bei seinem Leichenbegängnis kam es neuerlich infolge der Trauer und des Schmerzes zu einem Aufruhr unter den Soldaten; und niemand war da, der ihn hätte hemmen können. An Verginius gewandt, baten sie unter Drohungen einmal, daß er die Herrschaft übernehme, dann wieder, er solle eine Gesandtschaft zu Caecina und Valens führen. Verginius entwich heimlich durch das Hinterhaus und täuschte so die Eindringenden. Die Bitten der Kohorten, welche bei Brixellum gestanden waren, überbrachte Rubrius Gallus – und er erhielt auch sogleich Verzeihung; gleichzeitig traten zum Sieger über unter Führung des Flavius Sabinus alle Truppen, die er bisher kommandiert hatte.

### *Ereignisse in Mutina, Bononia, Rom* [52–55

**52** (1) Als der Krieg bereits überall beigelegt war, geriet ein großer Teil des Senates in äußerste Gefahr: er war mit Otho von Rom aufgebrochen, dann in Mutina zurückge-

milites ut falsum rumorem aspernantes, quod infensum Othoni senatum arbitrabantur, custodire sermones, vultum habitumque trahere in deterius; conviciis postremo ac probris causam et initium caedis quaerebant, cum alius insuper metus senatoribus instaret, ne praevalidis iam Vitellii partibus cunctanter excepisse victoriam crederentur. (2) ita trepidi et utrimque anxii coeunt, nemo privatim expedito consilio, inter multos societate culpae tutior. onerabat paventium curas ordo Mutinensis arma et pecuniam offerendo, appellabatque patres conscriptos intempestivo honore.

**53** (1) Notabile iurgium fuit, quo Licinius Caecina Marcellum Eprium ut ambigua disserentem invasit. nec ceteri sententias aperiebant: sed invisum memoria delationum expositumque ad invidiam Marcelli nomen inritaverat Caecinam, ut novus adhuc et in senatum nuper adscitus magnis inimicitiis claresceret. (2) moderatione meliorum dirempti. et rediere omnes Bononiam, rursus consiliaturi; simul medio temporis plures nuntii sperabantur. Bononiae, divisis per itinera qui recentissimum quemque percontarentur, interrogatus Othonis libertus causam digressus habere se suprema eius mandata respondit;

blieben. Dorthin kam die Nachricht von der Unglücksschlacht. Aber die Soldaten verweigerten dem angeblich falschen Gerücht den Glauben, und weil sie meinten, der Senat sei Otho feindlich gesinnt, überwachten sie die Gespräche; Mienenspiel und Gehaben deuteten sie zum Schlimmeren; durch Schimpfworte und Schmähungen suchten sie zuletzt einen Anlaß, mit dem Morden zu beginnen, während eine andere Furcht noch die Senatoren bedrängte, man könnte glauben, sie hätten trotz der Überlegenheit der Vitellius-Partei nur zögernd deren Sieg anerkannt. (2) Verstört und in Angst vor beiden Seiten traten sie zusammen, niemand wagte sich persönlich mit einem Vorschlag heraus, jeder fühlte sich in der Menge wegen der gemeinsamen Schuld sicherer. Die Sorgenlast der Verängstigten erhöhte noch der Gemeinderat von Mutina, indem er Waffen und Geld anbot; und er nannte sie »Versammelte Väter« – eine zur Zeit ungelegene Ehrenbezeigung.[57]

**53** (1) Bemerkenswert war ein Wortwechsel, in dem Licinius Caecina[58] auf Marcellus Eprius[59] losging mit dem Vorwurf, seine Worte seien doppeldeutig: es sagten zwar auch die übrigen nicht offen ihre Meinung; aber verhaßt durch die Erinnerung an die Denunziationen und dadurch der Mißgunst preisgegeben, hatte der Name »Marcellus« den Caecina dazu gereizt, da er in seiner Laufbahn noch am Anfang stand und erst neulich in den Senat aufgenommen worden war, sich durch Feindschaft mit einem bedeutenden Mann bekannt zu machen. (2) Durch den mäßigenden Zuspruch der Vernünftigeren wurden sie getrennt. Alle kehrten nach Bononia zurück, um sich neuerlich zu beraten; zugleich hoffte man in der Zwischenzeit auf weitere Nachrichten. In Bononia stellten sie auf allen Straßen Leute auf, die sich bei jedem Neuankömmling erkundigen sollten; dabei wurde auch ein Freigelassener Othos nach dem Grund seiner Abreise gefragt; er sagte, er habe die letzten Aufträge Othos bei

ipsum viventem quidem relictum, sed sola posteritatis cura et abruptis vitae blandimentis. hinc admiratio et plura interrogandi pudor, atque omnium animi in Vitellium inclinavere.

**54** (1) Intererat consiliis frater eius L. Vitellius seque iam adulantibus offerebat, cum repente Coenus libertus Neronis atroci mendacio universos perculit, adfirmans superventu quartae decimae legionis, iunctis a Brixello viribus, caesos victores; versam partium fortunam. causa fingendi fuit, ut diplomata Othonis, quae neglegebantur, laetiore nuntio revalescerent. (2) et Coenus quidem raptim in urbem vectus paucos post dies iussu Vitellii poenas luit: senatorum periculum auctum credentibus Othonianis militibus vera esse quae adferebantur. intendebat formidinem, quod publici consilii facie discessum Mutina desertaeque partes forent. nec ultra in commune congressi sibi quisque consuluere, donec missae a Fabio Valente epistulae demerent metum. et mors Othonis quo laudabilior, eo velocius audita.

**55** (1) At Romae nihil trepidationis; Ceriales ludi ex more spectabantur. ut cessisse Othonem et a Flavio Sabino praefecto urbis quod erat in urbe militum sacramento Vitellii adactum certi auctores in theatrum attulerunt, Vitellio plausere; populus cum lauru ac floribus

sich; dieser sei noch am Leben gewesen, als er ihn verlassen habe, aber nur noch mit Gedanken an die Nachwelt, losgelöst von allen Lockungen des Lebens. Darüber war man verwundert, aber man schämte sich, noch weiteres zu fragen – und alle neigten nun dem Vitellius zu.

**54** (1) An den Beratungen nahm auch dessen Bruder Lucius Vitellius[60] teil und neigte sich gnädig den Schmeichlern zu; da erschütterte plötzlich Coenus, ein Freigelassener Neros, alle mit einer erlogenen Schrekkensnachricht: er behauptete, dank des Erscheinens der 14. Legion und ihrer Vereinigung mit den Streitkräften von Brixellum seien die Sieger geschlagen worden: das Kriegsglück habe sich gewendet. Der Zweck dieser Lüge war, den Geleitbriefen[61] Othos, die nicht mehr anerkannt wurden, mit der freudigen Kunde wieder Geltung zu verschaffen. (2) So konnte Coenus zwar in rasender Eile nach Rom reisen, erhielt aber dort nach wenigen Tagen auf Befehl des Vitellius seine Strafe; die Gefahr für die Senatoren erhöhte sich, da die othonianischen Soldaten glaubten, die Nachricht sei wahr. Die Furcht (der Senatoren) steigerte noch der Gedanke, daß sie den Anschein erweckten, nach offiziellem Beschluß aus Mutina weggegangen und von der Otho-Partei abgefallen zu sein. Künftig kamen sie nicht mehr zu gemeinsamer Beratung zusammen, jeder sorgte nur für sich, bis ein Brief von Fabius Valens ihnen die Furcht nahm – und je rühmenswerter Othos Tod war, um so schneller hörte man von ihm.

**55** (1) Aber in Rom gab es kein Zeichen von Aufregung – die Ceres-Spiele[62] wurden wie üblich besucht. Als verläßliche Leute ins Theater die Nachricht brachten, Otho sei gestorben und vom Stadtpräfekten Flavius Sabinus sei alles in der Stadt liegende Militär auf Vitellius vereidigt worden, brachen sie in Beifall für Vitellius aus. Das Volk trug die mit Lorbeer und Blumen geschmück-

Galbae imagines circum templa tulit, congestis in modum tumuli coronis iuxta lacum Curtii, quem locum Galba moriens sanguine infecerat. (2) in senatu cuncta longis aliorum principatibus composita statim decernuntur; additae erga Germanicum exercitum laudes gratesque et missa legatio, quae gaudio fungeretur. recitatae Fabii Valentis epistulae ad consules scriptae haud immoderate: gratior Caecinae modestia fuit, quod non scripsisset.

**56** (1) Ceterum Italia gravius atque atrocius quam bello adflictabatur. dispersi per municipia et colonias Vitelliani spoliare, rapere, vi et stupris polluere: in omne fas nefasque avidi aut venales non sacro, non profano abstinebant. et fuere qui inimicos suos specie militum interficerent. ipsique milites regionum gnari refertos agros, dites dominos in praedam aut, si repugnatum foret, ad exitium destinabant, obnoxiis ducibus et prohibere non ausis. (2) minus avaritiae in Caecina, plus ambitionis: Valens ob lucra et quaestus infamis eoque alienae etiam culpae dissimulator. iam pridem attritis Italiae rebus tantum peditum equitumque, vis damnaque et iniuriae aegre tolerabantur.

ten Bilder Galbas vor den Tempeln vorbei, aufgeschichtet nach Art eines Grabhügels wurden Kränze beim »Lacus Curtius«[63] an der Stelle, die Galba sterbend mit seinem Blut getränkt hatte. (2) Im Senat wurden alle Ehrungen, die im Laufe langer Regierungsjahre anderen Herrschern zuerkannt worden waren, auf einmal beschlossen[64]; man fügte noch Lobes- und Dankesworte an das germanische Heer hinzu und schickte eine Gesandtschaft, die der Freude Ausdruck geben sollte. Verlesen wurde ein Brief des Fabius Valens an die Konsuln, der in durchaus maßvollem Ton geschrieben war; angenehmer noch war die Zurückhaltung Caecinas, weil er überhaupt nicht geschrieben habe.[65]

### *Marsch des Vitellius nach Rom* [56–73

**56** (1) Übrigens wurde Italien schwerer und schrecklicher heimgesucht als im Krieg. Ringsum über Land- und Koloniestädte verstreut, plünderten die Vitellianer, raubten, Gewalt und Schändungen waren ihr schmutziges Werk.[66] Alles, Erlaubtes und Unerlaubtes, rissen sie gierig an sich oder ließen sich dazu dingen, weder Götter- noch Menschenbesitz schonten sie. Einige brachten ihre persönlichen Feinde um – und schoben die Schuld den Soldaten zu. Die Soldaten selbst, ortskundig wie sie waren, bestimmten fruchtbare Ländereien und reiche Grundherren zur Beute oder, im Falle des Widerstandes, zur Vernichtung; die Führer waren ihnen ausgeliefert und wagten nicht, Einhalt zu gebieten. (2) Weniger ausgeprägt war bei Caecina die Habgier, stärker sein Streben nach Popularität; Valens stand wegen seiner Gewinn- und Raffsucht in üblem Ruf – und deshalb übersah er auch die Vergehen anderer. Da schon längst der Wohlstand Italiens erschöpft war, konnte man eine solche Masse an Fußvolk und Reiterei und die daraus erfolgenden Schäden und Übergriffe kaum ertragen.

**57** (1) Interim Vitellius victoriae suae nescius ut ad integrum bellum reliquas Germanici exercitus vires trahebat. pauci veterum militum in hibernis relicti, festinatis per Gallias dilectibus, ut remanentium legionum nomina supplerentur. cura ripae Hordeonio Flacco permissa; ipse e Britannico *exercitu* delecta octo milia sibi adiunxit. (2) et paucorum dierum iter progressus prosperas apud Bedriacum res ac morte Othonis concidisse bellum accepit: vocata contione virtutem militum laudibus cumulat. postulante exercitu, ut libertum suum Asiaticum equestri dignitate donaret, inhonestam adulationem conpescit; dein mobilitate ingenii, quod palam abnuerat, inter secreta convivii largitur, honoravitque Asiaticum anulis, foedum mancipium et malis artibus ambitiosum.

**58** (1) Isdem diebus accessisse partibus utramque Mauretaniam, interfecto procuratore Albino, nuntii venere. Lucceius Albinus a Nerone Mauretaniae Caesariensi praepositus, addita per Galbam Tingitanae provinciae administratione, haud spernendis viribus agebat. decem novem cohortes, quinque alae, ingens Maurorum numerus aderat, per latrocinia et raptus apta bello manus. caeso Galba in Othonem pronus nec Africa contentus Hispaniae angusto freto diremptae imminebat. (2) inde Cluvio Rufo metus, et decimam legionem propinquare

**57** (1) Inzwischen zog Vitellius, der von seinem Sieg noch nichts wußte, wie für einen noch unentschiedenen Krieg die übrigen Streitkräfte des germanischen Heeres an sich. Nur wenige der altgedienten Soldaten verblieben in den Winterlagern, in aller Eile wurden ringsum in ganz Gallien große Aushebungen vorgenommen, um die zurückbleibenden Legionen auf den Sollstand aufzufüllen; das Kommando über das Rhein-Ufer erhielt Hordeonius Flaccus; er selbst zog aus dem britannischen Heer 8000 Mann ausgewählter Truppen an sich. (2) Nach wenigen Tagen Marsch erhielt er die Nachricht von dem Erfolg bei Bedriacum und daß durch Othos Tod der Krieg abgebrochen sei. In der dann einberufenen Heeresversammlung überhäufte er die Soldaten für ihre Tapferkeit mit Lobesworten. Als das Heer forderte, er möge seinem Freigelassenen Asiaticus die Ritterwürde verleihen, unterdrückte er diese würdelose Schmeichelei. In seiner wankelmütigen Sinnesart schenkte er ihm, was er öffentlich verweigert hatte, im vertrauten Kreis des Zechgelages und zeichnete Asiaticus mit dem Ritterring aus[67] – einen schmutzigen Sklaven, der sich mit üblen Mitteln um seine Gunst bemühte.

**58** (1) In denselben Tagen kamen Nachrichten, beide Mauretanien[68] hätten sich nach Ermordung des Prokurators Albinus der Partei (des Vitellius) angeschlossen. Lucceius Albinus – er hatte von Nero das Kommando über Mauretania Caesariensis erhalten, Galba übergab ihm dazu noch die Verwaltung der Provinz Tingitana – verfügte über beachtliche Streitkräfte. Neunzehn Kohorten, fünf Reiterschwadronen, eine gewaltige Zahl von Mauren standen bereit – eine durch Raubzüge und Plünderungen für den Krieg geübte Truppe. Nach der Ermordung Galbas entschied er sich für Otho, und mit Afrika nicht mehr zufrieden, bedrohte er das nur durch eine enge Meeresstraße getrennte Spanien. (2) Das machte dem Cluvius Rufus Sorge, und daher ließ er die

litori ut transmissurus iussit; praemissi centuriones, qui Maurorum animos Vitellio conciliarent. neque arduum fuit, magna per provincias Germanici exercitus fama; spargebatur insuper spreto procuratoris vocabulo Albinum insigne regis et Iubae nomen usurpare.

**59** (1) Ita mutatis animis Asinius Pollio alae praefectus, e fidissimis Albino, et Festus ac Scipio cohortium praefecti opprimuntur: ipse Albinus, dum e Tingitana provincia Caesariensem Mauretaniam petit, adpulsu litoris trucidatus; uxor eius cum se percussoribus obtulisset, simul interfecta est, nihil eorum quae fierent Vitellio anquirente: brevi auditu quamvis magna transibat, impar curis gravioribus.

(2) Exercitum itinere terrestri pergere iubet: ipse Arare flumine devehitur, nullo principali paratu, sed vetere egestate conspicuus, donec Iunius Blaesus Lugudunensis Galliae rector, genere inlustri, largus animo et par opibus, circumdaret principi ministeria, comitaretur liberaliter, eo ipso ingratus, quamvis odium Vitellius vernilibus blanditiis velaret. (3) praesto fuere Luguduni victricium victarumque partium duces. Valentem et Caecinam pro contione laudatos curuli suae circumposuit. mox universum exercitum occurrere infanti filio iubet, perlatumque et paludamento opertum sinu retinens Germani-

10. Legion an die Küste heranrücken, als wolle er übersetzen; vorausgeschickt wurden Zenturien, die die Mauren für Vitellius gewinnen sollten; und das war nicht schwierig, da der Ruf des germanischen Heeres in den Provinzen ausgezeichnet war. Außerdem streute man das Gerücht aus, Albinus verachte den Titel »Prokurator« und maße sich die Königsinsignien und den Namen »Juba« an.[69]

**59** (1) Da also die Stimmung umgeschlagen war, wurden der Schwadronspräfekt Asinius Pollio, einer der Getreuesten des Albinus, und die Kohortenpräfekten Festus und Scipio beseitigt. Albinus selbst wurde, als er von der Provinz Tingitana nach Mauretania Caesariensis fuhr, bei der Landung niedergemacht: als seine Frau den Mördern entgegentrat, wurde sie zugleich mit ihm getötet; aber nach all dem, was sich ereignete, erkundigte sich Vitellius nicht: mit flüchtigem Hinhören ging er über noch so wichtige Dinge hinweg – unfähig für ernstere Aufgaben.

(2) Das Heer ließ er auf dem Landweg weitermarschieren: er selbst fuhr den Arar hinunter – ohne Gepränge eines Herrschers, sondern durch seine von früher gewohnte Ärmlichkeit auffallend,[70] bis Iunius Blaesus, Statthalter der Gallia Lugdunensis – ein Mann aus vornehmem Geschlecht, großzügig aus Überzeugung, dazu auch dank seines Reichtums imstande –, den Prinzeps mit Dienerschaft ausstattete und ihn mit freigebigem Aufwand geleitete; gerade dadurch fiel er in Ungnade, obgleich Vitellius seinen Haß hinter sklavenartigen Schmeicheleien verbarg. (3) In Lugdunum erschienen vor ihm die Führer der siegreichen und der besiegten Partei: Valens und Caecina lobte er vor der Heeresversammlung und wies ihnen Plätze neben seiner »sella curulis«[71] an. Dann befahl er, das gesamte Heer solle seinem Sohn, einem Kind noch, entgegenziehen. Er nahm ihn in Empfang, bedeckte ihn mit seinem Feldherrnmantel und hielt

cum appellavit cinxitque cunctis fortunae principalis insignibus. nimius honos inter secunda rebus adversis in solacium cessit.

**60** (1) Tum interfecti centuriones promptissimi Othonianorum, unde praecipua in Vitellium alienatio per Illyricos exercitus; simul ceterae legiones contactu et adversus Germanicos milites invidia bellum meditabantur. Suetonium Paulinum ac Licinium Proculum tristi mora squalidos tenuit, donec auditi necessariis magis defensionibus quam honestis uterentur. proditionem ultro imputabant, spatium longi ante proelium itineris, fatigationem Othonianorum, permixtum vehiculis agmen ac pleraque fortuita fraudi suae adsignantes. et Vitellius credidit de perfidia et fidem absolvit. (2) Salvius Titianus Othonis frater nullum discrimen adiit, pietate et ignavia excusatus. Mario Celso consulatus servatur: sed creditum fama obiectumque mox in senatu Caecilio Simplici, quod eum honorem pecunia mercari, nec sine exitio Celsi, voluisset: restitit Vitellius deditque postea consulatum Simplici innoxium et inemptum. Trachalum adversus criminantes Galeria uxor Vitellii protexit.

**61** (1) Inter magnorum virorum discrimina, pudendum dictu, Mariccus quidam, e plebe Boiorum, inserere sese fortunae et provocare arma Romana simulatione numinum ausus est. iamque adsertor Galliarum et deus

ihn an seine Brust; er gab ihm den Namen Germanicus und stattete ihn mit allen Insignien der Herrscherwürde aus. Diese übergroße Ehre im Glück bedeutete im Unglück dann Trost.[72]

**60** (1) Dann wurden die tatkräftigsten Zenturionen der Othonianer umgebracht: Grund für eine besonders starke Abneigung gegenüber Vitellius bei den illyrischen Heeren. Zugleich sannen die übrigen Legionen, von ihnen angestiftet und voll Neid gegen die germanischen Soldaten, auf Krieg. Suetonius Paulinus und Licinius Proculus hielt Vitellius qualvoll lange in entehrendem Anklagezustand, bis sie schließlich beim Verhör in ihrer Verteidigung mehr der Not als ihrer Ehre gehorchten. Sogar Verrat rechneten sie sich als Verdienst an: die lange Anmarschstrecke vor der Schlacht, die Erschöpfung der Othonianer, ihren durch die Wagen in Unordnung geratenen Anmarsch[73] und noch viele andere Zufälligkeiten schrieben sie ihren verräterischen Absichten zu: und Vitellius glaubte an ihre Treulosigkeit und sprach sie von dem Verdacht der (früheren) Treue frei. (2) Salvius Titianus, Othos Bruder, geriet nicht in Gefahr – durch Bruderliebe und Feigheit war er entschuldigt. Dem Marius Celsus blieb das Konsulat: aber man glaubte, weil davon geredet wurde, und erhob dann auch im Senat gegen Caecilius Simplex den Vorwurf, er habe dieses Ehrenamt um Geld erkaufen wollen – sogar mit dem Gedanken, Celsus ins Verderben zu stürzen. Vitellius glaubte nicht daran und verlieh ihm später das Konsulat, das nicht durch Schuld und Bestechung befleckt war. Den Trachalus schützte gegen seine Ankläger Galeria, die Gattin des Vitellius[74].

**61** (1) Während hochgestellte Männer in Gefahr schwebten, wagte es – man schämt sich, davon zu berichten – ein gewisser Mariccus, ein Boier niedriger Herkunft, sich in eine hohe Stellung zu drängen und die römischen Waffen herauszufordern – vorgeblich auf göttliches Geheiß. Und

(nam id sibi indiderat) concitis octo milibus hominum proximos Aeduorum pagos trahebat, cum gravissima civitas electa iuventute, adiectis a Vitellio cohortibus, fanaticam multitudinem disiecit. captus in eo proelio Mariccus; ac mox feris obiectus, quia non laniabatur, stolidum vulgus inviolabilem credebat, donec spectante Vitellio interfectus est.

**62** (1) Nec ultra in defectores aut bona cuiusquam saevitum: rata fuere eorum, qui acie Othoniana ceciderant, testamenta aut lex intestatis: prorsus, si luxuriae temperaret, avaritiam non timeres. epularum foeda et inexplebilis libido: ex urbe atque Italia inritamenta gulae gestabantur, strepentibus ab utroque mari itineribus; exhausti conviviorum apparatibus principes civitatum; vastabantur ipsae civitates; degenerabat a labore ac virtute miles adsuetudine voluptatum et contemptu ducis. (2) praemisit in urbem edictum, quo vocabulum Augusti differret, Caesaris non reciperet, cum de potestate nihil detraheret. pulsi Italia mathematici; cautum severe, ne equites Romani ludo et harena polluerentur. priores id principes pecunia et saepius vi perpulerant, ac pleraque municipia

schon hatte er als »Befreier Galliens« und »Gott« – diese Namen hatte er sich zugelegt – 8000 Mann zusammengezogen und war eben dabei, die nächstgelegenen Gaue der Häduer zu verwüsten, als die Bevölkerung des bedeutenden Hauptortes mit auserlesener Mannschaft, zu der noch von Vitellius Kohorten stießen, den fanatischen Haufen auseinanderjagte. Gefangen wurde in diesem Gefecht Mariccus und kurz darauf den wilden Tieren vorgeworfen; weil er aber nicht zerfleischt wurde, hielt ihn der einfältige Pöbel für unverletzlich, bis er vor den Augen des Vitellius getötet wurde.

**62** (1) Nicht weiter wurde gewütet gegen Abtrünnige oder gegen das Vermögen irgendeines Menschen. Gültig waren die Testamente derer, die in den Reihen der Othonianer gefallen waren; fehlten Testamente, trat das Gesetz in Kraft:[75] kurzum, hätte er sich in seinem üppigen Schlemmerleben gemäßigt – vor seiner Habgier brauchte man sich nicht zu fürchten. Aber nach Speisen beherrschte ihn eine häßliche und unersättliche Gier: aus Rom und Italien wurden Leckerbissen herangeschafft, und von beiden Meeren her waren die Straßen von Wagengerassel erfüllt. Ausgesogen wurden durch die Zurichtung von Gastmählern die Vornehmen der Gemeinden, geplündert die Gemeinden selbst. In seiner Verkommenheit verlor das Heer an Ausdauer und Mannhaftigkeit: es gewöhnte sich an das üppige Leben – und verachtete seinen Führer. (2) Er schickte nach Rom einen Erlaß voraus, in dem er die Annahme des Titels »Augustus« aufschob, die des Titels »Caesar« ablehnte, während er aber von seinen Machtbefugnissen nichts abgab. Ausgewiesen wurden aus Italien die Astrologen;[76] streng wurde darauf geachtet, daß römische Ritter sich nicht selbst durch Gladiatorenschulen und Auftreten in der Arena herabwürdigen. Frühere Herrscher hatten sie dazu durch Geld und öfter mit Gewalt gezwungen, und sehr viele Land- und Koloniestädte wetteiferten

et coloniae aemulabantur corruptissimum quemque adulescentium pretio inlicere.

**63** (1) Sed Vitellius adventu fratris et inrepentibus dominationis magistris superbior et atrocior occidi Dolabellam iussit, quem in coloniam Aquinatem sepositum ab Othone rettulimus. Dolabella audita morte Othonis urbem introierat: id ei Plancius Varus praetura functus, ex intimis Dolabellae amicis, apud Flavium Sabinum praefectum urbis obiecit, tamquam rupta custodia ducem se victis partibus ostentasset; addidit temptatam cohortem, quae Ostiae ageret; nec ullis tantorum criminum probationibus in paenitentiam versus seram veniam post scelus quaerebat. (2) cunctantem super tanta re Flavium Sabinum Triaria L. Vitellii uxor, ultra feminam ferox, terruit, ne periculo principis famam clementiae adfectaret. Sabinus suopte ingenio mitis, ubi formido incessisset, facilis mutatu et in alieno discrimine sibi pavens, ne adlevasse videretur, impulit ruentem.

**64** (1) Igitur Vitellius metu et odio, quod Petroniam uxorem eius mox Dolabella in matrimonium accepisset, vocatum per epistulas vitata Flaminiae viae celebritate devertere Interamnium atque ibi interfici iussit. longum interfectori visum: in itinere ac taberna proiectum humi iugulavit, magna cum invidia novi principatus, cuius hoc

miteinander, die verkommensten jungen Leute dazu mit Geld anzulocken.

**63** (1) Aber Vitellius, der durch die Ankunft des Bruders und durch Lehrmeister der Tyrannis, die sich an ihn heranmachten, noch hochmütiger und grausamer wurde, befahl, den Dolabella zu töten; ihn hatte, wie berichtet, Otho in die Koloniestadt Aquinum abgeschoben.[77] Dolabella war, als er von Othos Tod hörte, nach Rom zurückgekehrt. Der gewesene Prätor Plancius Varus, einer der engsten Freunde Dolabellas, machte ihm das beim Stadtpräfekten Flavius Sabinus zum Vorwurf, als ob Dolabella aus der Haft ausgebrochen sei und sich als Führer der besiegten Partei angeboten habe; er fügte noch hinzu, jener habe die bei Ostia stehende Kohorte zum Abfall bewegen wollen. Da für so schwere Beschuldigungen die Beweise fehlten, erfaßte ihn Reue: zu spät bat er nach seiner verbrecherischen Tat um Gnade (für Dolabella). (2) Den Flavius Sabinus, der bei einer so schwierigen Sache sich nicht entscheiden konnte, schreckte Triaria, die Gattin des L. Vitellius, ganz unweiblich in ihrem wilden Ungestüm, davon ab, unter Gefährdung des Prinzeps für sich den Ruf der Milde anzustreben. Sabinus, von Natur gutmütig, doch wenn Furcht ihn überkam, leicht umzustimmen und bei Gefahr für einen anderen in Angst um sein eigenes Leben, versetzte dem Stürzenden den letzten Stoß, um den Verdacht zu meiden, ihn gestürzt zu haben.

**64** (1) Daher berief ihn Vitellius aus Furcht und Haß – Dolabella hatte nämlich seine frühere Gattin Petronia nach kurzer Zeit geheiratet – durch ein Schreiben zu sich, befahl aber, die belebte Via Flaminia zu meiden, nach Interamnium abzubiegen und ihn dort zu ermorden. Zu umständlich schien das dem Mörder: in einer am Weg liegenden Schenke warf er ihn zu Boden und erwürgte ihn. Das erregte große Empörung gegen die neue Herrschaft, deren erstes Probestück man darin erkennen

primum specimen noscebatur. (2) et Triariae licentiam modestum e proximo exemplum onerabat, Galeria imperatoris uxor non immixta tristibus; et pari probitate mater Vitelliorum Sextilia, antiqui moris: dixisse quin etiam ad primas filii sui epistulas ferebatur, non Germanicum a se sed Vitellium genitum. nec ullis postea fortunae inlecebris aut ambitu civitatis in gaudium evicta domus suae tantum adversa sensit.

**65** (1) Digressum a Luguduno Vitellium Cluvius Rufus adsequitur omissa Hispania, laetitiam et gratulationem vultu ferens, animo anxius et petitum se criminationibus gnarus. Hilarus Caesaris libertus detulerat tamquam audito Vitellii et Othonis principatu propriam ipse potentiam et possessionem Hispaniarum temptasset, eoque diplomatibus nullum principem praescripsisset; *et* interpretabatur quaedam ex orationibus eius contumeliosa in Vitellium et pro se ipso popularia. (2) auctoritas Cluvii praevaluit, ut puniri ultro libertum suum Vitellius iuberet. Cluvius comitatui principis adiectus, non adempta Hispania, quam rexit absens exemplo L. *Arrunti. sed* Arruntium Tiberius Caesar ob metum, Vitellius Cluvium nulla formidine retinebat. non idem Trebellio Maximo honos: profugerat Britannia ob iracundiam militum; missus est in locum eius Vettius Bolanus e praesentibus.

wollte. (2) Ein Muster an Bescheidenheit in ihrer nächsten Nähe ließ Triarias Zügellosigkeit als besonderes Ärgernis erscheinen: Galeria, die Gattin des Imperators, die sich nicht in die üblen Vorgänge einmischte; die gleiche anständige Haltung zeigte Sextilia, die Mutter der Vitellier, eine Frau von alter Charakterhaltung: sie habe sogar, so erzählte man, beim ersten Brief ihres Sohnes gesagt, nicht einen Germanicus[78], sondern einen Vitellius habe sie geboren. Auch später ließ sie sich durch keine Lockungen des Glücks und keine Huldigungen des Volkes zu freudiger Stimmung hinreißen, nur die Schläge gegen ihr Haus mußte sie erfahren.

**65** (1) Vitellius war schon von Lugdunum abgereist, da traf mit ihm Cluvius Rufus zusammen, der Spanien verlassen hatte: er kam, Freude und Beifall in seiner Miene, im Herzen ängstlich und sich bewußt, daß man gegen ihn Anschuldigungen vorgebracht habe. Der kaiserliche Freigelassene Hilarus hatte ihn verklagt, er habe auf die Kunde von des Vitellius und Othos Prinzipat nun selbst die Macht und den Besitz Spaniens angestrebt und deshalb an den Beginn der Geleitbriefe[79] nicht den Namen eines Prinzeps geschrieben; auch deutete er einige Stellen in seinen Reden als Schmähungen gegen Vitellius und als persönliches Streben nach Beliebtheit. (2) Aber das Ansehen des Cluvius hatte stärkeres Gewicht, so daß Vitellius überdies seinen Freigelassenen bestrafen ließ. Cluvius wurde in das Gefolge des Prinzeps aufgenommen, er behielt auch Spanien, das er in Abwesenheit verwaltete nach dem Beispiel des Arruntius.[80] Aber den Arruntius hielt (seinerzeit) Tiberius Caesar aus Furcht zurück, Vitellius den Cluvius ohne jede Angst. Nicht die gleiche Ehre widerfuhr dem Trebellius Maximus; er war aus Britannien wegen der Erbitterung der Soldaten geflohen;[81] für ihn wurde Vettius Bolanus entsandt, ein Mann aus seiner engsten Umgebung.

**66** (1) Angebat Vitellium victarum legionum haudquaquam fractus animus. sparsae per Italiam et victoribus permixtae hostilia loquebantur, praecipua quartadecimanorum ferocia, qui se victos abnuebant: quippe Bedriacensi acie vexillariis tantum pulsis vires legionis non adfuisse. remitti eos in Britanniam, unde a Nerone exciti erant, placuit atque interim Batavorum cohortes una tendere ob veterem adversus quartadecimanos discordiam. (2) nec diu in tantis armatorum odiis quies fuit: Augustae Taurinorum, dum opificem quendam Batavus ut fraudatorem insectatur, legionarius ut hospitem tuetur, sui cuique commilitones adgregati a conviciis ad caedem transiere. et proelium atrox arsisset, ni duae praetoriae cohortes causam quartadecimanorum secutae his fiduciam et metum Batavis fecissent: (3) quos Vitellius agmini suo iungi ut fidos, legionem Grais Alpibus traductam eo flexu itineris ire iubet, quo Viennam vitarent; namque et Viennenses timebantur. nocte, qua proficiscebatur legio, relictis passim ignibus pars Taurinae coloniae ambusta, quod damnum, ut pleraque belli mala, maioribus aliarum urbium cladibus oblitteratum. quartadecimani postquam Alpibus degressi sunt, seditiosissimus quisque signa Viennam ferebant: consensu meliorum conpressi et legio in Britanniam transvecta.

**66** (1) Es ängstigte Vitellius der völlig ungebrochene Mut der besiegten Legionen. Über Italien verstreut und mit den Siegern vermengt, führten sie feindselige Reden; besonders trotzig gebärdeten sich die »Vierzehner«, die behaupteten, nicht besiegt worden zu sein: denn in der Schlacht bei Bedriacum seien nur die Vexillarier[82] geschlagen worden, die Hauptmacht der Legion sei gar nicht dagewesen. Man beschloß, sie nach Britannien zurückzuschicken, von wo sie Nero herbeigeholt hatte, und vorläufig sollten die Bataverkohorten bei ihnen lagern – wegen ihrer alten Streitigkeiten mit den »Vierzehnern«.[83] (2) Und nicht lange dauerte bei solcher Erbitterung unter Bewaffneten die Ruhe; es geschah in Augusta Taurinorum: während ein Bataver einen Handwerker als vermeintlichen Betrüger verfolgte, ein Legionssoldat ihn als seinen Quartiergeber beschützte, scharten sich um jeden seine Kameraden, und nach Schimpfworten kam es unter ihnen zu Mord und Totschlag. Da wäre ein blutiger Kampf entbrannt, wenn nicht zwei Prätorianerkohorten durch ihr Eintreten für die »Vierzehner« diesen Selbstvertrauen und den Batavern Furcht eingeflößt hätten. (3) Diesen befahl Vitellius, sich seinem Heereszug anzuschließen, denn er hielt sie für zuverlässig; die Legion aber sollte nach dem Übergang über die Graischen Alpen[84] auf einem Umweg Vienna vermeiden; denn auch vor den Viennensern hatte man Furcht.[85] In der Nacht, da die Legion zum Aufbruch rüstete, blieben überall die Lagerfeuer brennen – und so brannte ein Teil von Augusta Taurinorum ab, ein Verlust, der wie vieles andere Kriegsleid über größerem Unheil anderer Städte vergessen wurde. Als die »Vierzehner« von den Alpen herabkamen, wollten die aufrührerischen Elemente gegen Vienna marschieren: durch die einmütige Haltung der Vernünftigeren wurden sie in Schranken gewiesen, und die Legion setzte nach Britannien über.

**67** (1) Proximus Vitellio e praetoriis cohortibus metus erat. separati primum, deinde addito honestae missionis lenimento, arma ad tribunos suos deferebant, donec motum a Vespasiano bellum crebresceret: tum resumpta militia robur Flavianarum partium fuere. (2) prima classicorum legio in Hispaniam missa, ut pace et otio mitesceret, undecima ac septima suis hibernis redditae, tertiadecimani struere amphitheatra iussi; nam Caecina Cremonae, Valens Bononiae spectaculum gladiatorum edere parabant, numquam ita ad curas intento Vitellio, ut voluptatum oblivisceretur.

**68** (1) Et *victas* quidem partes modeste distraxerat: apud victores orta seditio, ludicro initio ni numerus caesorum invidiam Vitellio auxisset. discubuerat Vitellius Ticini adhibito ad epulas Verginio. legati tribunique ex moribus imperatorum severitatem aemulantur vel tempestivis conviviis gaudent; proinde miles intentus aut licenter agit. apud Vitellium omnia indisposita, temulenta, pervigiliis ac bacchanalibus quam disciplinae et castris propiora. (2) igitur duobus militibus, altero legionis quintae, altero e Gallis auxiliaribus, per lasciviam ad certamen luctandi accensis, postquam legionarius prociderat, insultante Gallo et iis qui ad spectandum convenerant in studia diductis, erupere legionarii in perniciem auxiliorum ac duae cohortes interfectae. (3) remedium tumultus fuit alius tumultus. pulvis procul et arma aspicieban-

**67** (1) Nächsten Anlaß zu Besorgnis gaben dem Vitellius die Prätorianerkohorten. Zunächst getrennt, dann durch ehrenvolle Entlassung besänftigt, lieferten sie die Waffen bei ihren Tribunen ab, bis sich die Kunde verbreitete, Vespasianus habe den Krieg begonnen: da nahmen sie den Kriegsdienst wieder auf und bildeten die Kerntruppe der flavianischen Partei. (2) Die 1. Legion der Flottensoldaten wurde nach Spanien verlegt, damit sie in Frieden und Waffenruhe ihr wildes Wesen ablege. Die 11. und 7. Legion kehrten in ihre Winterlager zurück, die »Dreizehner«[86] erhielten den Befehl, Amphitheater zu erbauen; denn Caecina in Cremona und Valens in Bononia trafen Vorbereitungen für Gladiatorenspiele: nie war Vitellius so in seine Aufgaben verstrickt, daß er darüber die Vergnügungen vergessen hätte.

**68** (1) So hatte er die besiegte Partei zwar behutsam getrennt; aber bei den Siegern brach ein Aufruhr los: ein Spiel war der Anlaß, jedoch die Zahl der Getöteten verstärkte die Erbitterung gegen Vitellius. Vitellius hatte sich in Ticinum zu Tisch gelegt, zum Mahl hatte er Verginius geladen. Legaten und Tribunen eifern je nach Lebensart der Imperatoren deren Härte nach, oder sie erfreuen sich schon am hellen Tag an üppigen Gelagen; ebenso verhält sich der Soldat – pflichtbewußt oder zügellos. Bei Vitellius herrschten allgemeine Unordnung, Trunkenheit, und alles glich eher Nachtfeiern und Bacchanalien[87] als militärischer Zucht. (2) So ließen sich zwei Soldaten, der eine von der 5. Legion, der andere von den gallischen Hilfstruppen, aus Mutwillen zu einem Ringkampf aufhetzen; als der Legionssoldat stürzte, verhöhnte ihn der Gallier, die Leute aber, die zu diesem Schauspiel zusammengekommen waren, ergriffen für und wider Partei; da stürmten die Legionssoldaten los zu Tod und Verderben der Hilfstruppen – und zwei Kohorten wurden niedergemacht. (3) Zur Beruhigung des Aufruhrs diente ein anderer Aufruhr: in der Ferne erblickte

tur: conclamatum repente quartam decimam legionem verso itinere ad proelium venire; sed erant agminis coactores: agniti dempsere sollicitudinem. (4) interim Verginii servus forte obvius ut percussor Vitellii insimulatur: et ruebat ad convivium miles, mortem Verginii exposcens. ne Vitellius quidem, quamquam ad omnes suspiciones pavidus, de innocentia eius dubitavit: aegre tamen cohibiti, qui exitium consularis et quondam ducis sui flagitabant. nec quemquam saepius quam Verginium omnis seditio infestavit: manebat admiratio viri et fama, sed oderant ut fastiditi.

**69** (1) Postero die Vitellius senatus legatione, quam ibi opperiri iusserat, audita transgressus in castra ultro pietatem militum conlaudavit, frementibus auxiliis tantum impunitatis atque adrogantiae legionariis accessisse. Batavorum cohortes, ne quid truculentius auderent, in Germaniam remissae, principium interno simul externoque bello parantibus fatis. reddita civitatibus Gallorum auxilia, ingens numerus et prima statim defectione inter inania belli adsumptus. (2) ceterum ut largitionibus adfectae iam imperii opes sufficerent, amputari legionum auxiliorumque numeros iubet vetitis supplementis; et promiscae missiones offerebantur. exitiabile id rei publicae, ingratum militi, cui eadem munia inter paucos peri-

man eine Staubwolke; sofort erhob sich Geschrei, die 14. Legion habe kehrtgemacht und rücke zum Kampf heran; aber es war nur die (eigene) Nachhut; als man sie erkannte, legte sich die Aufregung. (4) Inzwischen wurde ein Sklave des Verginius, der zufällig des Weges kam, beschuldigt, er wolle Vitellius ermorden; und schon stürmten die Soldaten zum Gastmahl und forderten den Tod des Verginius. Nicht einmal Vitellius, der doch bei jedem Verdacht in Angst geriet, zweifelte an dessen Unschuld. Trotzdem konnte man kaum die Leute bändigen, die den Tod des Konsulars, ihres früheren Feldherrn, verlangten. Überhaupt gab es niemanden außer Verginius, den jegliche Meuterei häufiger gefährdete. Bestehen blieb die Bewunderung für diesen Mann und sein guter Ruf – aber sie haßten ihn, weil sie sich von ihm verachtet fühlten.[88]

**69** (1) Am folgenden Tag hörte Vitellius eine Gesandtschaft des Senats an, die er dort hatte warten lassen; dann begab er sich ins Lager hinüber und lobte sogar die Pflichttreue der Soldaten, während die Hilfstruppen laut murrten, daß Straflosigkeit und Anmaßung der Legionssoldaten jedes Maß überschritten. Damit sich die Batavekohorten nicht zu ärgeren Untaten hinreißen ließen, wurden sie nach Germanien zurückgeschickt: den Grund zugleich für inneren wie äußeren Krieg legte hier das Schicksal.[89] Den gallischen Gemeinwesen wurden die Hilfsverbände zurückgegeben, eine gewaltige Zahl, die gleich zu Beginn des Abfalls als nutzloser Kriegstroß verpflichtet worden war. (2) Damit übrigens für weitere Schenkungen die bereits erschöpften Reichsfinanzen ausreichten, befahl er, die zahlenmäßige Stärke der Legionen und Hilfstruppen zu verringern, und verbot Ergänzungen; auch bot man uneingeschränkt Entlassungen an. Das war verhängnisvoll für den Staat, unangenehm für den einzelnen Soldaten, dem bei geringerer Mannschaftszahl dieselben Pflichten, aber Gefahren und Mühsal

culaque ac labor crebrius redibant: et vires luxu corrumpebantur, contra veterem disciplinam et instituta maiorum, apud quos virtute quam pecunia res Romana melius stetit.

70 (1) Inde Vitellius Cremonam flexit et spectato munere Caecinae insistere Bedriacensibus campis ac vestigia recentis victoriae lustrare oculis concupivit, foedum atque atrox spectaculum: intra quadragensimum pugnae diem lacera corpora, trunci artus, putres virorum equorumque formae, infecta tabo humus, protritis arboribus ac frugibus dira vastitas. (2) nec minus inhumana pars viae, quam Cremonenses lauru rosaque constraverant, extructis altaribus caesisque victimis regium in morem; quae laeta in praesens mox perniciem ipsis fecere. (3) aderant Valens et Caecina, monstrabantque pugnae locos: hinc inrupisse legionum agmen, hinc equites coortos, inde circumfusas auxiliorum manus: iam tribuni praefectique, sua quisque facta extollentes, falsa vera aut maiora vero miscebant. vulgus quoque militum clamore et gaudio deflectere via, spatia certaminum recognoscere, aggerem armorum, strues corporum intueri mirari; et erant quos varia sors rerum lacrimaeque et misericordia subiret. (4) at non Vitellius flexit oculos nec tot milia

immer häufiger zufielen: und ihre Kräfte erschlafften im Wohlleben – im Gegensatz zur alten Zucht und Haltung der Vorfahren, bei denen eher auf Mannesmut denn auf Geld – und daher besser – die römische Sache beruhte.[90]

70 (1) Von dort[91] bog Vitellius nach Cremona ab; nachdem er das Gladiatorenspiel Caecinas angeschaut hatte, wünschte er, die Gefilde von Bedriacum zu betreten und die Spuren des jüngst errungenen Sieges mit eigenen Augen zu betrachten; ein abstoßendes und gräßliches Bild: 40 Tage nach der Schlacht – zerfetzte Leichen, verstümmelte Glieder, verwesende Kadaver von Männern und Pferden, getränkt von Blut und Moder die Erde, niedergetrampelte Bäume und Saaten: ein Bild grausiger Verwüstung. (2) Nicht weniger jedem menschlichen Gefühl widersprechend der Straßenabschnitt, den die Cremonenser mit Lorbeer und Rosen bestreut, wo sie Altäre errichtet und Opfertiere geschlachtet hatten – wie es unter Despoten üblich ist. Das wurde zwar für den Augenblick mit Wohlgefallen aufgenommen, brachte aber bald Verderben über sie[92]. (3) Valens und Caecina waren anwesend und zeigten die Schauplätze des Kampfes: hier sei die Kolonne der Legionen vorgestoßen, hier die Reiterei zum Angriff vorgestürmt, hier hätten die Scharen der Hilfstruppen den Gegner im Rücken gefaßt. Da strichen die Tribunen und Präfekten ihre eigenen Taten heraus – in einem Gemisch von Falschem, Wahrem und Übertriebenem. Auch die Masse der gemeinen Soldaten bog unter Freudengeschrei vom Weg ab, rief sich die Ausdehnung des Kampfverlaufes in Erinnerung, betrachtete staunend die Waffenberge, Leichenhaufen, und manche gab es, die vom Gedanken an das wechselvolle Los, von Tränen und Mitleid übermannt wurden. (4) Aber Vitellius wandte die Augen nicht ab, und es schauderte ihn nicht bei so vielen tausend unbestatteten Bürgern, im Gegenteil: fröhlich und von seinem

insepultorum civium exhorruit: laetus ultro et tam propinquae sortis ignarus instaurabat sacrum dis loci.

**71** (1) Exim Bononiae a Fabio Valente gladiatorum spectaculum editur, advecto ex urbe cultu. quantoque magis propinquabat, tanto corruptius iter immixtis histrionibus et spadonum gregibus et cetero Neronianae aulae ingenio; namque et Neronem ipsum Vitellius admiratione celebrabat, sectari cantantem solitus, non necessitate, qua honestissimus quisque, sed luxu et saginae mancipatus emptusque. (2) ut Valenti et Caecinae vacuos honoris menses aperiret, coartati aliorum consulatus, dissimulatus Marti Macri tamquam Othonianarum partium ducis; et Valerium Marinum destinatum a Galba consulem distulit, nulla offensa, sed mitem et iniuriam segniter laturum. Pedanius Costa omittitur, ingratus principi ut adversus Neronem ausus et Verginii extimulator, sed alias protulit causas; actaeque insuper Vitellio gratiae consuetudine servitii.

**72** (1) Non ultra paucos dies quamquam acribus initiis coeptum mendacium valuit. extiterat quidam Scribonianum se Camerinum ferens, Neronianorum temporum metu in Histria occultatum, quod illic clientelae et agri veterum Crassorum ac nominis favor manebat. (2) igitur deterrimo quoque in argumentum fabulae adsumpto vulgus credulum et quidam militum, errore veri seu tur-

so nahen Schicksal nichts ahnend, ließ er den Gottheiten der Gegend ein Opfer darbringen.

**71** (1) Hierauf wurde in Bononia von Fabius Valens ein Gladiatorenspiel veranstaltet – der nötige Aufwand war aus der Hauptstadt herangeführt worden. Je mehr sich Vitellius (Rom) näherte, desto zuchtloser ging es auf dem Marsch zu: dazugesellt hatten sich Schauspieler, Scharen von Verschnittenen und was sonst noch dem Hof Neros sein Gepräge gegeben hatte; gerade den Nero nämlich verehrte Vitellius in Bewunderung: er hatte ihn gewöhnlich, wenn er sang, begleitet, nicht aus Zwang, wie viele der ehrenwertesten Männer, sondern dem Wohlleben und der Völlerei hingegeben und verfallen. (2) Um dem Valens und dem Caecina noch unbesetzte Amtsmonate freizumachen, verkürzte er die Konsulate der anderen;[93] übergangen wurde das des Martius Macer als eines Heerführers der Otho-Partei; den Valerius Marinus, den Galba zum Konsul bestimmt hatte, vertröstete er – nicht als Folge einer Beleidigung, sondern weil dieser, sanftmütig wie er war, das Unrecht gelassen hinnehmen werde; Pedanius Costa wurde beiseite geschoben, er stand beim Prinzeps in Ungnade, da er gewagt hatte, gegen Nero aufzutreten, und Verginius aufgehetzt hatte; aber Vitellius gab andere Gründe an. Überdies dankte man noch Vitellius – nach Gewohnheit von Sklavenseelen.

**72** (1) Nur wenige Tage hielt sich ein Schwindel, obwohl er einen bedrohlichen Beginn genommen hatte. Es war ein Mann aufgetreten, der sich als Scribonianus Camerinus[94] ausgab; in der neronischen Schreckenszeit habe er sich in Istrien versteckt; denn Klientel und Grundbesitz der alten Familie der Crassi und der gute Klang ihres Namens bestanden dort noch weiter. (2) Als er daher, um die Komödie in Szene zu setzen, das übelste Gesindel anwarb, scharten sich auch das leichtgläubige Volk und einige Soldaten – in Unkenntnis der Wahrheit oder aus

barum studio, certatim adgregabantur, cum pertractus ad Vitellium interrogatusque quisnam mortalium esset. postquam nulla dictis fides et a domino noscebatur condicione fugitivus, nomine Geta, sumptum de eo supplicium in servilem modum.

**73** (1) Vix credibile memoratu est, quantum superbiae socordiaeque Vitellio adoleverit, postquam speculatores e Syria Iudaeaque adactum in verba eius Orientem nuntiavere. nam etsi vagis adhuc et incertis auctoribus, erat tamen in ore famaque Vespasianus ac plerumque ad nomen eius Vitellius excitabatur: tum ipse exercitusque, ut nullo aemulo, saevitia libidine raptu in externos mores proruperant.

**74** (1) At Vespasianus bellum armaque et procul vel iuxta sitas vires circumspectabat. miles ipsi adeo paratus, ut praeeuntem sacramentum et fausta Vitellio omnia precantem per silentium audierint; Muciani animus nec Vespasiano alienus et in Titum pronior; praefectus Aegypti *Ti.* Alexander consilia sociaverat; tertiam legionem, quod e Syria in Moesiam transisset, suam numerabat; ceterae Illyrici legiones secuturae sperabantur; namque omnis exercitus flammaverat adrogantia venientium a Vitellio militum, quod truces corpore, horridi sermone ceteros ut impares inridebant. (2) sed in tanta mole belli plerumque cunctatio; et Vespasianus modo in

Neigung zu Unruhen – im Wetteifer um ihn. Da wurde er vor Vitellius geschleppt und befragt, wer er denn überhaupt sei. Als man seinen Worten keinen Glauben schenkte und er auch von seinem Herrn als entsprungener Sklave namens Geta erkannt worden war, wurde er nach Sklavenart hingerichtet.

**73** (1) Es ist kaum glaublich, wie sehr bei Vitellius Hochmut und Sorglosigkeit wuchsen, als Kuriere[95] aus Syrien und Judäa meldeten, der Orient habe auf ihn den Eid geleistet. Denn wenn auch Nachrichten über ihn wenig greifbar und ungewiß klangen, war doch Vespasianus Gegenstand von Gerede und Gerücht – und immer wieder schreckte Vitellius bei seinem Namen auf. Jetzt aber ließen sie sich, er selbst und sein Heer, als gäbe es keinen Rivalen, in Grausamkeit, Wollust und Raubgier zu Barbarensitten hinreißen.

## *Erhebung der Flavier* [74–86

**74** (1) Aber Vespasianus erwog umsichtig Krieg, Waffen, die weiter entfernt oder nahe liegenden Streitkräfte. Die Soldaten waren ihm so ergeben, daß sie ihm, als er den Eid vorsprach und Heil und Segen für Vitellius erflehte, schweigend zuhörten. Mucianus war dem Vespasianus nicht abgeneigt und dem Titus noch mehr zugetan; der Präfekt von Ägypten, Tiberius Alexander,[96] hatte mit ihm gemeinsame Sache gemacht; die 3. Legion rechnete er sich zu, da sie aus Syrien nach Mösien verlegt worden war;[97] die übrigen Legionen Illyriens, so hoffte man, würden sich anschließen; denn die gesamte Heeresmacht war empört über die von Vitellius kommenden Soldaten, weil diese, drohend in ihrem Auftreten und grob in ihrer Sprache, die anderen als minderwertig verhöhnten. (2) Aber bei einem Krieg so gewaltigen Ausmaßes gibt es sehr oft Grund zu zauderndem Bedenken; so war auch Vespasianus einmal in hoffnungsvoller

spem erectus, aliquando adversa reputabat: quis ille dies foret, quo sexaginta aetatis annos et duos filios iuvenes bello permitteret? esse privatis cogitationibus progressum et, prout velint, plus minusve sumi ex fortuna: imperium cupientibus nihil medium inter summa aut praecipitia.

**75** (1) Versabatur ante oculos Germanici exercitus robur, notum viro militari: suas legiones civili bello inexpertas, Vitellii victrices, et apud victos plus querimoniarum quam virium. fluxam per discordias militum fidem et periculum ex singulis: quid enim profuturas cohortes alasque, si unus alterve praesenti facinore paratum ex diverso praemium petat? sic Scribonianum sub Claudio interfectum, sic percussorem eius Volaginium e gregario ad summa militiae provectum: facilius universos impelli quam singulos vitari.

**76** (1) His pavoribus nutantem et alii legati amicique firmabant et Mucianus, post multos secretosque sermones iam et coram ita locutus: 'omnes, qui magnarum rerum consilia suscipiunt, aestimare debent an quod inchoatur rei publicae utile, ipsis gloriosum, an promptum effectu aut certe non arduum sit; simul ipse qui suadet considerandus est, adiciatne consilio periculum suum, et, si fortuna coeptis adfuerit, cui summum decus adquiratur. (2) ego te, Vespasiane, ad imperium voco,

Hochstimmung, dann wieder bedachte er alles, was dagegen sprechen konnte: was werde das für ein Tag sein, an dem er seine sechzig Jahre und seine zwei jugendlichen Söhne dem Krieg aussetze? Bei privaten Unternehmungen könne man langsam voranschreiten und je nach Belieben mehr oder weniger aus der Hand des Glückes nehmen; wer aber nach der Herrschaft trachte, für den gebe es keinen Mittelweg zwischen Gipfel und Abgrund.

**75** (1) Vor Augen stand ihm die Stärke des germanischen Heeres – ihm als Kriegsmann wohlbekannt; seine eigenen Legionen seien im Bürgerkrieg noch unerfahren, die des Vitellius siegreich, und bei den Besiegten gebe es mehr Klagen als Kraft; schwankend sei in Zeiten der Zwietracht die Treue der Soldaten, und Gefahr drohe von jedem einzelnen. Was würden denn die Kohorten und Reiterschwadronen nützen, wenn der eine oder andere durch eine augenblickliche Untat die von der Gegenseite gebotene Belohnung erlangen wolle? So sei Scribonianus[98] unter Claudius ums Leben gekommen, so sei sein Mörder Volaginius vom gemeinen Soldaten zu höchstem militärischem Rang aufgestiegen; leichter sei es, alle zusammen niederzuwerfen als jedem von ihnen auszuweichen.

**76** (1) Da er bei solchen Befürchtungen unentschlossen war, suchten ihm zum Teil Legaten und Freunde, aber auch Mucianus Mut zu machen; dieser sprach nach vielen geheimen Unterredungen auch in Anwesenheit vieler folgendermaßen: »Alle, die Pläne für große Unternehmungen fassen, müssen bedenken, ob ihr Beginnen für den Staat nützlich, für sie selbst ruhmvoll, ob leicht durchführbar oder doch nicht allzu schwierig sei. Zugleich gilt es, den Ratgeber zu prüfen, ob er bei dem Unternehmen auch seinen Teil der Gefahr tragen werde, und, sollte das Glück dem Beginnen hold sein, wem die höchste Ehre zufallen solle. (2) Ich rufe dich, Vespasia-

quam salutare rei publicae, quam tibi magnificum, iuxta deos in tua manu positum est. nec speciem adulantis expaveris: a contumelia quam a laude propius fuerit post Vitellium eligi. non adversus divi Augusti acerrimam mentem nec adversus cautissimam Tiberii senectutem, ne contra Gai quidem aut Claudii vel Neronis fundatam longo imperio domum exurgimus; cessisti etiam Galbae imaginibus: torpere ultra et polluendam perdendamque rem publicam relinquere sopor et ignavia videretur, etiam si tibi quam inhonesta, tam tuta servitus esset. (3) abiit iam et transvectum est tempus, quo posses videri concupisse: confugiendum est ad imperium. an excidit trucidatus Corbulo? splendidior origine quam nos sumus, fateor, sed et Nero nobilitate natalium Vitellium anteibat. satis clarus est apud timentem quisquis timetur. (4) et posse ab exercitu principem fieri sibi ipse Vitellius documento, nullis stipendiis, nulla militari fama, Galbae odio provectus. ne Othonem quidem ducis arte aut exercitus vi, sed praepropera ipsius desperatione victum, iam desiderabilem et magnum principem fecit, cum interim spargit legiones, exarmat cohortes, nova cotidie bello semina ministrat. (5) si quid ardoris ac ferociae miles habuit, popinis et comissationibus et principis imitatione deteritur: tibi e Iudaea et Syria et Aegypto novem legio-

nus, zur Herrschaft auf – wie segensreich für den Staat, wie ruhmreich für dich, das liegt nach den Göttern in deiner Hand. Fürchte auch bei mir nicht den Anschein des Schmeichlers: eher Schmach als Ehre dürfte es bedeuten, nach einem Vitellius berufen zu werden. Nicht gegen des Divus Augustus scharfen Verstand noch gegen das so mißtrauische Alter des Tiberius, nicht einmal gegen das auf lange Herrschaft begründete Haus des Gaius, Claudius oder Nero erheben wir uns; du bist auch vor den Ahnenbildern Galbas zurückgetreten: weiterhin in träger Ruhe zu verharren und den Staat der Schändung und Vernichtung preiszugeben würde als Stumpfsinn und Trägheit erscheinen, auch wenn dir die Knechtschaft zwar Schande, aber ebenso viel Sicherheit einbringen sollte. (3) Vergangen und für immer vorbei ist die Zeit, da man von dir glauben konnte, es sei nur dein Wunschziel gewesen – dein Fluchtziel muß die Herrschaft sein! Oder ist dir die Ermordung Corbulos entfallen?[99] Er war edlerer Abstammung als wir, das gebe ich zu, aber auch Nero übertraf an Adel der Geburt Vitellius. Berühmt genug ist in den Augen des Fürchtenden der Gefürchtete, wer immer es sei. (4) Und daß es möglich sei, vom Heer zum Prinzeps gemacht zu werden, dafür ist Vitellius sich selbst Beweis genug: ohne Kriegsdienst, ohne militärischen Ruhm, nur im allgemeinen Haß auf Galba emporgehoben. Selbst Otho ist nicht durch Feldherrnkunst oder Heeresmacht, sondern durch seine eigene voreilige Verzweiflung besiegt worden: und schon hat Vitellius ihn zu einem zurückgesehnten, großen Herrscher gemacht, während er inzwischen die Legionen zersplittert, die Kohorten entwaffnet, täglich neue Samen für einen Krieg aussät. (5) Wenn die Soldaten noch einen Rest von Feuer und Kampfeslust besessen haben, so wird er in den Kneipen, bei Trinkgelagen, überhaupt durch die Nachahmung des Prinzeps getilgt. Dir stehen aus Judäa, Syrien und Ägypten neun Legionen bereit – unver-

nes integrae, nulla acie exhaustae, non discordia corruptae, sed firmatus usu miles et belli domitor externi: classium alarum cohortium robora et fidissimi reges et tua ante omnes experientia.

77 (1) Nobis nihil ultra adrogabo quam ne post Valentem et Caecinam numeremur: ne tamen Mucianum socium spreveris, quia aemulum non experiris. me Vitellio antepono, te mihi. tuae domui triumphale nomen, duo iuvenes, capax iam imperii alter et primis militiae annis apud Germanicos quoque exercitus clarus. absurdum fuerit non cedere imperio ei cuius filium adoptaturus essem, si ipse imperarem. (2) ceterum inter nos non idem prosperarum adversarumque rerum ordo erit: nam si vincimus, honorem quem dederis habebo: discrimen ac pericula ex aequo patiemur. immo, ut melius est, tu tuos exercitus rege, mihi bellum et proeliorum incerta trade. (3) acriore hodie disciplina victi quam victores agunt. hos ira, odium, ultionis cupiditas ad virtutem accendit: illi per fastidium et contumacia hebescunt. aperiet et recludet contecta et tumescentia victricium partium vulnera bellum ipsum; nec mihi maior in tua vigilantia parsimonia sapientia fiducia est quam in Vitellii torpore inscitia saevitia. sed meliorem in bello causam quam in pace habemus; nam qui deliberant, desciverunt.

78 (1) Post Muciani orationem ceteri audentius circumsistere, hortari, responsa vatum et siderum motus referre.

brauchte, durch keine Schlacht gelichtete, durch keine Zwietracht verdorbene: ein im Dienst abgehärtetes Heer, Sieger in einem auswärtigen Kriege, dazu die Streitmacht an Flotten, Schwadronen, Kohorten, auch treuergebene Könige und deine unvergleichliche Erfahrung.

**77** (1) Für mich beanspruche ich nichts weiter, als daß ich nicht hinter Valens und Caecina gereiht werde. Doch verschmähe deshalb Mucianus nicht als Verbündeten, weil du in ihm keinen Rivalen findest. Mich stelle ich über Vitellius, dich über mich. Dieses Haus hat einen durch Triumph-Insignien[100] geschmückten Namen, es hat zwei junge Männer, von denen der eine schon zur Herrschaft fähig und durch die ersten Kriegsdienstjahre auch bei den germanischen Heeren zu Ruhm gekommen ist.[101] Unsinnig wäre es, die Herrschaft nicht dem zu überlassen, dessen Sohn ich adoptieren würde, wenn ich selbst Herrscher wäre. (2) Im übrigen werden bei uns günstige und widrige Entwicklungen nicht den gleichen Rang haben: denn wenn wir siegen, werde ich die Ehrenstellung einnehmen, die du mir zuweist; Bedrängnis und Gefahren werden wir zu gleichen Teilen ertragen. Oder vielmehr, wie es noch besser ist, du behalte das Kommando über deine Heere, mir überlaß den Krieg und den ungewissen Ausgang der Schlachten. (3) Strengere Zucht bewahren heute die Besiegten, nicht die Sieger; jene feuern Zorn, Haß, Rachgier zu mannhafter Haltung an, diese erschlaffen in Hochmut und Widersetzlichkeit. Bloßlegen und enthüllen wird die verdeckten, schwärenden Wunden der siegreichen Partei der Krieg selbst; und mein Vertrauen setze ich ebenso in deine Wachsamkeit, Sparsamkeit und Besonnenheit wie in des Vitellius Trägheit, Unwissenheit und Grausamkeit. Aber um unsere Sache steht es im Krieg besser als im Frieden; denn wer überlegt, gehört schon zu den Abtrünnigen.«

**78** (1) Nach der Rede des Mucianus drängten sich die anderen mit mehr Entschlossenheit (um Vespasianus),

nec erat intactus tali superstitione, ut qui mox rerum dominus Seleucum quendam mathematicum rectorem et praescium palam habuerit. (2) recursabant animo vetera omina: cupressus arbor in agris eius conspicua altitudine repente prociderat ac postera die eodem vestigio resurgens procera et latior virebat. grande id prosperumque consensu haruspicum et summa claritudo iuveni admodum Vespasiano promissa, sed primo triumphalia et consulatus et Iudaicae victoriae decus implesse fidem ominis videbatur: ut haec adeptus est, portendi sibi imperium credebat. (3) est Iudaeam inter Syriamque Carmelus: ita vocant montem deumque. nec simulacrum deo aut templum – sic tradidere maiores –: ara tantum et reverentia. illic sacrificanti Vespasiano, cum spes occultas versaret animo, Basilides sacerdos inspectis identidem extis ‘quicquid est’ inquit, ‘Vespasiane, quod paras, seu domum extruere seu prolatare agros sive ampliare servitia, datur tibi magna sedes, ingentes termini, multum hominum.’ (4) has ambages et statim exceperat fama et tunc aperiebat; nec quicquam magis in ore vulgi. crebriores apud ipsum sermones, quanto sperantibus plura dicuntur. haud dubia destinatione discessere Mucianus

sprachen ihm Mut zu und führten Sprüche der Seher an und Bewegungen der Gestirne. Und er selbst war nicht unberührt von solchem Aberglauben – hatte er doch, bald darauf Herrscher der Welt, einen Astrologen, einen gewissen Selenus, ganz offiziell als Ratgeber und Künder der Zukunft an seiner Seite. (2) Immer wieder kamen ihm alte Vorzeichen in den Sinn:[102] eine Zypresse von auffallender Größe war auf seinen Ländereien umgestürzt, und am folgenden Tag wuchs sie an derselben Stelle empor und stand hochaufragend und kräftiger in frischem Grün da. Als bedeutsames und glückbringendes Zeichen galt dies nach allgemeinem Urteil der Opferbeschauer, und höchster Ruhmesglanz wurde dem noch jugendlichen Vespasianus verheißen; aber zunächst schienen Triumph-Ehrenzeichen, Konsulat und sein Ansehen durch den Sieg über Judäa die Wahrheit des Vorzeichens bestätigt zu haben; sowie er das alles aber erreicht hatte, glaubte er, die Herrschaft werde ihm verheißen. (3) Zwischen Judäa und Syrien liegt der Karmel – so nennt man Berg und Gott.[103] Weder gibt es dort ein Bild für den Gott noch einen Tempel – so ist es von den Vorfahren überliefert –, nur einen Altar und fromme Verehrung. Als Vespasianus dort opferte und heimliche Hoffnungen im Herzen bewegte, sagte zu ihm der Priester Basilides, nachdem er wiederholt die Eingeweide (des Opfertieres) geprüft hatte: »Was auch immer du planst, Vespasianus, ob du ein Haus bauen, ob du deine Ländereien erweitern, ob du deine Sklavenscharen vermehren willst – gegeben wird dir ein großer Wohnsitz, unermeßliches Gebiet, eine große Zahl von Menschen.« (4) Diese Andeutungen hatte das Gerücht sogleich aufgegriffen und fand dazu jetzt die Erklärung – und nichts wurde häufiger von den Leuten beredet! Noch häufiger kam es zu solchen Gesprächen in seiner Gegenwart, da man ja vor hoffnungsfrohen Menschen freier redet. In fester Entschlossenheit trennten sie sich: Mucianus ging nach

Antiochiam, Vespasianus Caesaream: illa Syriae, hoc Iudaeae caput est.

79 (1) Initium ferendi ad Vespasianum imperii Alexandriae coeptum, festinante Tiberio Alexandro, qui kalendis Iuliis sacramento eius legiones adegit. isque primus principatus dies in posterum celebratus, quamvis Iudaicus exercitus quinto nonas Iulias apud ipsum iurasset, eo ardore, ut ne Titus quidem filius expectaretur, Syria remeans et consiliorum inter Mucianum ac patrem nuntius. cuncta impetu militum acta non parata contione, non coniunctis legionibus.

80 (1) Dum quaeritur tempus locus quodque in re tali difficillimum est, prima vox, dum animo spes timor, ratio casus obversantur, egressum cubiculo Vespasianum pauci milites, solito adsistentes ordine ut legatum salutaturi, imperatorem salutavere: tum ceteri adcurrere, Caesarem et Augustum et omnia principatus vocabula cumulare. mens a metu ad fortunam transierat: in ipso nihil tumidum, adrogans aut in rebus novis novum fuit. (2) ut primum tantae altitudinis obfusam oculis caliginem disiecit, militariter locutus laeta omnia et affluentia excepit; namque id ipsum opperiens Mucianus alacrem militem in verba Vespasiani adegit. tum Antiochensium theatrum ingressus, ubi illis consultare mos est, concurrentes

Antiochia, Vespasianus nach Caesarea: das eine ist die Hauptstadt von Syrien, das andere von Judäa.

79 (1) Der erste Schritt, dem Vespasianus die Herrschaft zu übertragen, wurde in Alexandria gemacht dank der schnellen Tat des Tiberius Alexander,[104] der am 1. Juli die Legionen auf ihn vereidigte. Dieser Tag wurde auch in Zukunft als sein Regierungsantritt gefeiert, obgleich das judäische Heer erst am 3. Juli auf ihn geschworen hatte, aber mit solcher Begeisterung, daß man nicht einmal auf seinen Sohn Titus wartete, der sich noch auf der Rückreise von Syrien befand und Vermittler bei den Planungen des Mucianus und seines Vaters war. Alles lief ab unter stürmischer Begeisterung der Soldaten – keine Heeresversammlung wurde einberufen, die Legionen nicht zusammengezogen.

80 (1) Während man noch auf der Suche war nach Zeit, Ort und, was in einer solchen Lage am schwierigsten ist, nach dem ersten Wort, während ihre Gedanken auf Hoffnung, Furcht, planmäßiges Vorgehen und Spiel des Zufalls gerichtet waren, trat Vespasianus aus seinem Schlafgemach heraus; da begrüßten ihn einige Soldaten, die in gewohnter Ordnung zur Begrüßung des Legaten angetreten waren, als Imperator; daraufhin liefen die anderen herbei und überhäuften ihn mit den Zurufen »Caesar« und »Augustus« und allen einem Prinzeps zustehenden Titeln. Seine Stimmung schlug von Besorgnis in Zuversicht auf einen glücklichen Ausgang um: er selbst zeigte keine Spur von Aufgeblasenheit, Anmaßung oder Veränderung in veränderter Lage. (2) Als er den ob solcher Erhöhung vor seinen Augen lagernden Dunst zerstreut hatte, hielt er eine militärisch knappe Ansprache und konnte alle Glück- und Segenswünsche, wie sie ihm zuströmten, entgegennehmen. Eben darauf hatte ja Mucianus gewartet und konnte nun die freudig erregte Truppe auf Vespasianus vereidigen. Dann betrat er das Theater von Antiochia, wo sich die Bewohner zu beraten

et in adulationem effusos adloquitur, satis decorus etiam Graeca facundia, omniumque quae diceret atque ageret arte quadam ostentator. (3) nihil aeque provinciam exercitumque accendit quam quod adseverabat Mucianus statuisse Vitellium, ut Germanicas legiones in Syriam ad militiam opulentam quietamque transferret, contra Syriacis legionibus Germanica hiberna caelo ac laboribus dura mutarentur; quippe et provinciales sueto militum contubernio gaudebant, plerique necessitudinibus et propinquitatibus mixti; et militibus vetustate stipendiorum nota et familiaria castra in modum penatium diligebantur.

**81** (1) Ante idus Iulias Syria omnis in eodem sacramento fuit. accessere cum regno Sohaemus haud spernendis viribus, Antiochus vetustis opibus ingens et inservientium regum ditissimus. mox per occultos suorum nuntios excitus ab urbe Agrippa, ignaro adhuc Vitellio, celeri navigatione properaverat. (2) nec minore animo regina Berenice partes iuvabat, florens aetate formaque et seni quoque Vespasiano magnificentia munerum grata. quidquid provinciarum adluitur mari Asia atque Achaia tenus, quantumque introrsus in Pontum et Armenios patescit, iuravere; sed inermes legati regebant, nondum additis Cappadociae legionibus. (3) consilium de summa rerum Beryti habitum. illuc Mucianus cum legatis tribunisque et splendidissimo quoque centurionum ac militum

pflegen, und hielt eine Ansprache an die herbeiströmende, sich hemmungslos in Schmeicheleien ergehende Menge: er war ziemlich gewandt auch in griechischer Beredsamkeit und konnte alles, was er sagte und tat, mit einer gewissen künstlerischen Vollendung vorbringen. (3) Nichts empörte so sehr die Provinz und die Armee wie die Behauptung des Mucianus, Vitellius habe beschlossen, die germanischen Legionen nach Syrien zu einträglichem und ruhigem Kriegsdienst zu verlegen, dagegen sollten den syrischen Legionen die durch Klima und Strapazen widrigen germanischen Winterlager zufallen; denn auch die Provinzbewohner hatten ihre Freude an dem schon gewohnten Zusammenleben mit den Soldaten; sehr viele waren ihnen durch Freundschaft oder Verwandtschaft verbunden, und die Soldaten liebten die in langer Dienstzeit bekannten und vertrauten Lager wie ihr Daheim.

**81** (1) Noch vor dem 15. Juli hatte ganz Syrien denselben Eid geleistet. Es schlossen sich an Sohaemus[105] mit seinem Königreich und beachtlichen Streitkräften, Antiochus[106], mächtig durch seine von alters her ererbten Schätze, unter den Vasallenkönigen der reichste. Bald kam auch Agrippa[107], durch Geheimboten der Seinen aus der Hauptstadt abberufen, ohne Wissen des Vitellius in schneller Seefahrt herbeigeeilt. (2) Mit nicht geringerer Begeisterung unterstützte Königin Berenike die Partei; eine in Jugend und Schönheit blühende Frau, die auch dem alten Vespasianus wegen ihrer prächtigen Geschenke lieb und wert war. Alle Provinzen an der Meeresküste bis Asia und Achaia und alles, was sich bis Pontus und Armenien erstreckte, leisteten den Eid. Aber diese Legaten führten die Verwaltung ohne Streitmacht, da Kappadokien noch keine Legionen erhalten hatte.[108] (3) Eine Beratung über die Gesamtlage wurde in Berytus abgehalten. Dorthin kam Mucianus mit seinen Legaten und Tribunen und den angesehensten Zenturionen und

venit, et e Iudaico exercitu lecta decora: tantum simul peditum equitumque et aemulantium inter se regum paratus speciem fortunae principalis effecerant.

**82** (1) Prima belli cura agere dilectus, revocare veteranos; destinantur validae civitates exercendis armorum officinis; apud Antiochenses aurum argentumque signatur, eaque cuncta per idoneos ministros suis quaeque locis festinabantur. ipse Vespasianus adire, hortari, bonos laude, segnes exemplo incitare saepius quam coercere, vitia magis amicorum quam virtutes dissimulans. (2) multos praefecturis et procurationibus, plerosque senatorii ordinis honore percoluit, egregios viros et mox summa adeptos; quibusdam fortuna pro virtutibus fuit. donativum militi neque Mucianus prima contione nisi modice ostenderat, ne Vespasianus quidem plus civili bello obtulit quam alii in pace, egregie firmus adversus militarem largitionem eoque exercitu meliore. (3) missi ad Parthum Armeniumque legati, provisumque, ne versis ad civile bellum legionibus terga nudarentur. Titum instare Iudaeae, Vespasianum obtinere claustra Aegypti placuit: sufficere videbantur adversus Vitellium pars copiarum et dux Mucianus et Vespasiani nomen ac nihil arduum fatis. ad omnes exercitus legatosque scriptae epistulae praeceptumque, ut praetorianos Vitellio infensos reciperandae militiae praemio invitarent.

Soldaten, außerdem Eliteeinheiten aus dem judäischen Heer. Eine solche Menge an Fußsoldaten und Reiterei, der Prunk der miteinander wetteifernden Könige – das alles bot ein Bild herrscherlicher Würde.

**82** (1) Die erste Aufgabe für den Krieg war es, Aushebungen durchzuführen, die Veteranen wieder einzuberufen. Leistungsfähige Städte wurden dazu angehalten, Waffenwerkstätten zu errichten; in Antiochia wurde Gold und Silber geprägt – und das alles wurde durch geeignete Gehilfen, jedes an seinem Ort, rasch durchgeführt. Vespasianus selbst trat an die Leute heran, spornte sie an, die Tüchtigen ermunterte er durch Lob, die Trägen öfter durch sein Beispiel, als daß er sie bestrafte, die Fehler seiner Freunde übersah er dabei eher als ihre Vorzüge. (2) Viele ehrte er durch Verleihung von Präfekturen und Prokuraturen, die meisten mit der Erhebung in den Senatorenstand – alles hervorragende Männer, die bald zu den höchsten Ämtern gelangten; bei einigen mußte das Glück an die Stelle der Fähigkeit treten. Auf ein Geldgeschenk hatte dem Heer Mucianus in der ersten Heeresversammlung nur mäßige Hoffnung gemacht, und auch Vespasianus gab im Bürgerkrieg nicht mehr als andere im Frieden, außerordentlich standhaft gegenüber Geldspenden an Soldaten, daher auch im Besitz eines besseren Heeres. (3) An Parther und Armenier wurden Gesandte abgeschickt und Vorsorge getroffen, daß nicht das Land, wenn die Legionen sich dem Bürgerkrieg zuwendeten, im Rücken ungedeckt sei. Man beschloß, Titus solle Judäa niederhalten, Vespasianus die Eingangspforte Ägyptens besetzen. Ausreichend erschienen gegen Vitellius ein Teil der Truppen, als Feldherr Mucianus, der Name Vespasianus und der Glaube, daß für das Schicksal nichts unüberwindlich sei. An alle Heere und deren Legaten ergingen Briefe mit dem Auftrag, die gegen Vitellius aufgebrachten Prätorianer durch Belohnungen zur Wiederaufnahme des Kriegsdienstes einzuladen.

**83** (1) Mucianus cum expedita manu, socium magis imperii quam ministrum agens, non lento itinere, ne cunctari videretur, neque tamen properans, gliscere famam ipso spatio sinebat, gnarus modicas vires sibi et maiora credi de absentibus; sed legio sexta et tredecim vexillariorum milia ingenti agmine sequebantur. (2) classem e Ponto Byzantium adigi iusserat, ambiguus consilii, num omissa Moesia Dyrrachium pedite atque equite, simul longis navibus versum in Italiam mare clauderet, tuta pone tergum Achaia Asiaque, quas inermes exponi Vitellio, ni praesidiis firmarentur; atque ipsum Vitellium in incerto fore, quam partem Italiae protegeret, si sibi Brundisium Tarentumque et Calabriae Lucaniaeque litora infestis classibus peterentur.

**84** (1) Igitur navium militum armorum paratu strepere provinciae, sed nihil aeque fatigabat quam pecuniarum conquisitio: eos esse belli civilis nervos dictitans Mucianus non ius aut verum in cognitionibus, sed solam magnitudinem opum spectabat. passim delationes, et locupletissimus quisque in praedam correpti. (2) quae gravia atque intoleranda, sed necessitate armorum excusata etiam in pace mansere, ipso Vespasiano inter initia imperii ad obtinendas iniquitates haud perinde obstinante, donec indulgentia fortunae et pravis magistris

**83** (1) Mucianus an der Spitze seiner leichtbewaffneten Truppen, eher als Mitregent denn als Gehilfe auftretend, rückte nicht eben langsam vor, um nicht den Anschein des Zögerns zu erwecken, aber auch nicht überhastet, und ließ den eigenen Ruhm gerade durch den räumlichen Abstand wachsen, wußte er doch, daß er nur über eine bescheidene Streitmacht verfügte und man sich über weiter Entferntes größere Vorstellungen macht. Aber ihm folgte die 6. Legion und 13 000 Vexillarier in gewaltigem Heereszug. (2) Die Flotte hatte er von Pontus nach Byzanz führen lassen,[109] noch unentschlossen, ob er nicht, ohne Mösien zu berühren, mit Fußvolk und Reiterei Dyrrhachium besetzen und mit Kriegsschiffen das Italien zugewandte Meer sperren sollte: dadurch hätte er Achaia und Asia im Rücken abgesichert, die sonst schutzlos dem Vitellius preisgegeben würden, wenn man sie nicht durch Truppen abschirmte. Und Vitellius selbst würde so im Ungewissen sein, welchen Teil Italiens er schützen solle, wenn ihm Brundisium, Tarent und die Küsten von Kalabrien und Lukanien von feindlichen Flotten bedroht würden.[110]

**84** (1) Daher hallten die Provinzen wider von den Zurüstungen an Schiffen, Mannschaften und Waffen, aber nichts brachte so viel Unruhe wie die Beschaffung des Geldes: das sei der Nerv eines Bürgerkrieges, pflegte Mucianus zu sagen; und so schaute er weder auf Recht und Wahrheit bei den Gerichtsverhandlungen, sondern bloß auf die Größe des Vermögens. Überall kam es zu Denunziationen, und gerade die Reichsten wurden um der Beute willen angeklagt. (2) Diese drückenden und unerträglichen, aber durch den Kriegszwang entschuldigten Zustände dauerten aber auch im Frieden fort: Vespasianus selbst bestand am Anfang seiner Regierung nicht sonderlich darauf, ungerechte Forderungen durchzusetzen, bis er dank der Gunst des Schicksals und von schlechten Lehrmeistern lernte und es ohne Scheu

didicit ausus que est. propriis quoque opibus Mucianus bellum iuvit, largus privatim, quod avidius de re publica sumeret. ceteri conferendarum pecuniarum exemplum secuti, rarissimus quisque eandem in reciperando licentiam habuerunt.

**85** (1) Adcelerata interim Vespasiani coepta Illyrici exercitus studio transgressi in partes: tertia legio exemplum ceteris Moesiae legionibus praebuit; octava erat ac septima Claudiana, imbutae favore Othonis, quamvis proelio non interfuissent. Aquileiam progressae, proturbatis qui de Othone nuntiabant laceratisque vexillis nomen Vitellii praeferentibus, rapta postremo pecunia et inter se divisa, hostiliter egerant. unde metus et ex metu consilium, posse imputari Vespasiano, quae apud Vitellium excusanda erant. ita tres Moesicae legiones per epistulas adliciebant Pannonicum exercitum aut abnuenti vim parabant. (2) in eo motu Aponius Saturninus Moesiae rector pessimum facinus audet, misso centurione ad interficiendum Tettium Iulianum septimae legionis legatum ob simultates, quibus causam partium praetendebat. Iulianus comperto discrimine et gnaris locorum adscitis per avia Moesiae ultra montem Haemum profugit; nec deinde civili bello interfuit, per varias moras susceptum ad Vespasianum iter trahens et ex nuntiis cunctabundus aut properans.

**86** (1) At in Pannonia tertia decima legio ac septima

betrieb. Auch aus eigenen Mitteln steuerte Mucianus zum Krieg bei, verschwenderisch mit seinem Privatvermögen, um es sich dann um so gieriger auf Staatskosten zu nehmen. Die übrigen folgten mit ihren Geldbeiträgen seinem Beispiel, nur selten aber hatte einer dieselbe ungehemmte Freiheit, es sich wieder zu holen.

**85** (1) Beschleunigt wurde inzwischen Vespasians Unternehmen durch den freudigen Beitritt des illyrischen Heeres zu seiner Partei: die 3. Legion[111] gab den übrigen Legionen Mösiens das Beispiel. Es waren dies die 8. und die 7. »Claudiana«, beide ganz besonders für Otho eingenommen, obwohl sie an der Schlacht nicht teilgenommen hatten. Sie waren bis Aquileia vormarschiert: sie verjagten die Boten, die über Otho berichteten, zerrissen die Fahnen, die den Namen des Vitellius trugen, plünderten schließlich die Kriegskasse und verteilten das Geld untereinander – wie Feinde hatten sie sich aufgeführt. Daraus erwuchs Furcht und aus der Furcht die Überlegung, man könne sich vor Vespasianus als Verdienst anrechnen, wofür man sich bei Vitellius entschuldigen müßte. So wollten die drei mösischen Legionen das pannonische Heer durch Briefe zum Anschluß bewegen oder, sollte es sich weigern, Gewalt anwenden. (2) In dieser bewegten Zeit wagte Aponius Saturninus, der Statthalter von Mösien, ein abscheuliches Verbrechen: er schickte einen Zenturio aus zur Ermordung des Tettius Iulianus,[112] des Legaten der 7. Legion, wegen persönlicher Streitigkeiten, die er aber mit den Interessen der Partei zu bemänteln suchte. Iulianus erfuhr von dieser Gefahr, nahm ortskundige Führer und floh durch unwegsame Gegenden Mösiens über das Hämusgebirge hinüber. Am Bürgerkrieg nahm er dann nicht teil; mit verschiedenen Aufenthalten zog er die Reise zu Vespasianus in die Länge, wobei er je nach den Nachrichten zögerte oder sich beeilte.

**86** (1) Aber in Pannonien schlossen sich die 13. Legion

Galbiana, dolorem iramque Bedriacensis pugnae retinentes, haud cunctanter Vespasiano accessere, vi praecipua Primi Antonii. is legibus nocens et tempore Neronis falsi damnatus inter alia belli mala senatorium ordinem reciperaverat. (2) praepositus a Galba septimae legioni scriptitasse Othoni credebatur, ducem se partibus offerens; a quo neglectus in nullo Othoniani belli usu fuit. labantibus Vitellii rebus Vespasianum secutus grande momentum addidit, strenuus manu, sermone promptus, serendae in alios invidiae artifex, discordiis et seditionibus potens, raptor, largitor, pace pessimus, bello non spernendus. (3) iuncti inde Moesici ac Pannonici exercitus Dalmaticum militem traxere, quamquam consularibus legatis nihil turbantibus. Tampius Flavianus Pannoniam, Pompeius Silvanus Dalmatiam tenebant, divites senes; sed procurator aderat Cornelius Fuscus, vigens aetate, claris natalibus. prima iuventa quietis cupidine senatorium ordinem exuerat; idem pro Galba dux coloniae suae, eaque opera procurationem adeptus, susceptis Vespasiani partibus acerrimam bello facem praetulit: non tam praemiis periculorum quam ipsis periculis laetus pro certis et olim partis nova ambigua ancipitia malebat. (4) igitur movere et quatere, quidquid usquam aegrum foret, adgrediuntur. scriptae in Britanniam ad quartadecima-

und die 7. »Galbiana«,[113] noch erfüllt von Schmerz und Zorn über die Schlacht bei Bedriacum, ohne Zögern Vespasianus an, vor allem auf Drängen des Primus Antonius[114]. Obwohl vor dem Gesetz schuldig und zur Zeit Neros wegen Fälschung verurteilt, hatte er – auch einer der vielen Mißstände des Krieges – seinen Senatorenrang wiedererhalten. (2) Von Galba mit dem Kommando über die 7. Legion betraut, sollte er, so glaubte man, wiederholt an Otho geschrieben und sich als Heerführer der Partei angeboten haben; er wurde von ihm aber übergangen und fand im othonianischen Krieg keine Verwendung. Als die Sache des Vitellius zu wanken begann, schloß er sich Vespasianus an und gab damit einen beachtlichen Ausschlag zum Erfolg: ein wackerer Draufgänger, schlagfertiger Redner, in der Kunst, gegen andere Mißgunst zu säen, ein Meister, in Zwietracht und Meuterei mächtig, räuberisch, verschwenderisch, im Frieden von Übel, im Krieg nicht zu verachten. (3) Die vereinigten Heere von Mösien und Pannonien zogen dann auch die dalmatinischen Truppen auf ihre Seite, obwohl die Konsularlegaten überhaupt nicht an Aufruhr dachten. Tampius Flavianus verwaltete Pannonien, Pompeius Silvanus Dalmatien: reiche, alte Männer; aber als Prokurator stand ihnen zur Seite Cornelius Fuscus,[115] in kräftigem Mannesalter, von vornehmer Herkunft. In früher Jugend hatte er aus Verlangen nach Ruhe die Senatorenwürde abgelegt; er hatte aber dann seine Koloniestadt Galba zugeführt[116] und erhielt für diesen Dienst die Prokuratorenstelle; als er der Partei Vespasians beigetreten war, trug er am entschiedensten die Fackel des Krieges voran: nicht so sehr den Lohn der Gefahren wie die Gefahren selbst genoß er, statt nach sicherem, längst erworbenem Besitz verlangte er mehr nach Neuem, Ungewissem und Unsicherem. (4) So gingen sie daran, an allem, was irgendwo faul war, zu rütteln und zu schütteln. Briefe schickten sie ab nach Britannien zu den

nos, in Hispaniam ad primanos epistulae, quod utraque legio pro Othone, adversa Vitellio fuerat; sparguntur per Gallias litterae; momentoque temporis flagrabat ingens bellum, Illyricis exercitibus palam desciscentibus, ceteris fortunam secuturis.

**87** (1) Dum haec per provincias a Vespasiano ducibusque partium geruntur, Vitellius contemptior in dies segniorque, ad omnes municipiorum villarumque amoenitates resistens, gravi urbem agmine petebat. sexaginta milia armatorum sequebantur, licentia corrupta; calonum numerus amplior, procacissimis etiam inter servos lixarum ingeniis; tot legatorum amicorumque comitatus inhabilis ad parendum, etiam si summa modestia regeretur. (2) onerabant multitudinem obvii ex urbe senatores equitesque, quidam metu, multi per adulationem, ceteri ac paulatim omnes, ne aliis proficiscentibus ipsi remanerent. adgregabantur e plebe flagitiosa per obsequia Vitellio cogniti, scurrae, histriones, aurigae, quibus ille amicitiarum dehonestamentis mire gaudebat. nec coloniae modo aut municipia congestu copiarum, sed ipsi cultores arvaque maturis iam frugibus ut hostile solum vastabantur.

**88** (1) Multae et atroces inter se militum caedes, post seditionem Ticini coeptam manente legionum auxilio-

»Vierzehnern«, nach Spanien zu den »Einsern«, weil beide Legionen für Otho, gegen Vitellius gewesen waren; man verbreitete Sendschreiben in Gallien; in einem kurzen Augenblick loderte ein gewaltiger Krieg auf: die illyrischen Heere fielen offen ab, die übrigen würden sich auf die Seite des Glückes schlagen.

## *Vitellius als Imperator, Beginn des Krieges gegen Vespasianus* [87–101

**87** (1) Während das alles in den Provinzen von Vespasianus und den Heerführern seiner Partei geregelt wurde, rückte Vitellius, von Tag zu Tag verächtlicher und schlaffer, bei allen reizvollen Landstädten und Villen verweilend, mit dem schweren Heerestroß gegen die Hauptstadt. 60 000 Bewaffnete folgten ihm – in Zügellosigkeit verkommen. Die Zahl der Troßknechte war noch größer, an Frechheit übertrafen aber die Marketender noch die Sklaven. Seine Begleiterschar, so viele Legaten und Freunde, war unfähig zu gehorchen, selbst wenn man sie mit strengster Disziplin gelenkt hätte. (2) Zu einer noch größeren Belästigung machten diesen Haufen die Senatoren und Ritter, die aus der Stadt entgegenkamen; einige aus Furcht, viele aus Schmeichelei, die übrigen und allmählich alle, um nicht beim allgemeinen Aufbruch der anderen allein zurückzubleiben. Dazu gesellten sich die Leute aus dem niederen Volk, durch schändliche Willfährigkeit dem Vitellius bekannt, Possenreißer, Schauspieler, Wagenlenker, über deren entehrende Freundschaft er merkwürdige Freude zeigte. Und nicht nur Kolonie- und Landstädte wurden durch das Eintreiben von Lebensmitteln, sondern auch Landleute und Fluren, auf denen das Getreide schon reif war, wie Feindesland heimgesucht.

**88** (1) Zu vielen grausamen Bluttaten kam es unter den Soldaten, da seit dem Tumult von Ticinum unter Legio-

rumque discordia; ubi adversus paganos certandum foret, consensu. sed plurima strages ad septimum ab urbe lapidem. singulis ibi militibus Vitellius paratos cibos ut gladiatoriam saginam dividebat; et effusa plebes totis se castris miscuerat. (2) incuriosos milites – vernacula utebantur urbanitate – quidam spoliavere, abscisis furtim balteis an accincti forent rogitantes. non tulit ludibrium insolens contumeliarum animus: inermem populum gladiis invasere. caesus inter alios pater militis, cum filium comitaretur; deinde agnitus et vulgata caede temperatum ab innoxiis. (3) in urbe tamen trepidatum praecurrentibus passim militibus; forum maxime petebant, cupidine visendi locum, in quo Galba iacuisset. nec minus saevum spectaculum erant ipsi, tergis ferarum et ingentibus telis horrentes, cum turbam populi per inscitiam parum vitarent, aut ubi lubrico viae vel occursu alicuius procidissent, ad iurgium, mox ad manus et ferrum transirent. quin et tribuni praefectique cum terrore et armatorum catervis volitabant.

**89** (1) Ipse Vitellius a ponte Mulvio insigni equo, paludatus accinctusque, senatum et populum ante se agens, quo minus ut captam urbem ingrederetur, amicorum consilio deterritus, sumpta praetexta et composito

nen und Hilfstruppen die Zwietracht fortdauerte; nur wenn es galt, gegen die Landbevölkerung zu kämpfen, herrschte Einigkeit. Das größte Gemetzel gab es beim 7. Meilenstein vor der Stadt. Dort ließ Vitellius an die Soldaten Mann für Mann vorbereitete Speisen wie Gladiatoren-Mastfutter[117] austeilen; und die herbeigeströmte Volksmenge hatte sich im ganzen Lager verstreut. (2) Einige Leute – sie wollten nach Städterart ihren Witz zeigen – nahmen den arglosen Soldaten die Waffen ab: nachdem sie das Wehrgehenk durchschnitten hatten, fragten sie, ob sie das Schwert umgegürtet hätten. Die Soldaten, an solche Verhöhnung nicht gewöhnt, ließen sich den Spott nicht gefallen; auf das waffenlose Volk drangen sie mit Schwertern ein. Erschlagen wurde neben anderen der Vater eines Soldaten, als er seinen Sohn begleitete; erst später erkannte man ihn, und als sich die Bluttat herumgesprochen hatte, schonte man die Unschuldigen. (3) In der Stadt aber herrschte Aufregung, zumal scharenweise Soldaten vorauseilten; vor allem stürmten sie auf das Forum – in gierigem Verlangen, die Stelle zu sehen, wo Galba gelegen habe. Und ein nicht weniger schauriges Schauspiel boten sie selbst, da sie, schreckenerregend in ihren Tierfellen und mit ihren riesigen Lanzen, dem Volksgedränge aus Ungeschicklichkeit nicht recht auswichen oder, wenn sie auf dem glatten Straßenpflaster oder bei einem Zusammenstoß mit irgend jemandem ausgeglitten waren, sich zu Wortwechsel, dann zu Handgreiflichkeiten und Waffengebrauch hinreißen ließen. Ja auch Tribunen und Präfekten trieben sich zum allgemeinen Schrecken mit Haufen von Bewaffneten umher.

**89** (1) Vitellius selbst kam über die Mulvische Brücke heran, hoch zu Roß, im Feldherrnmantel, das Schwert umgegürtet, Senat und Volk vor sich hertreibend; wie in eine eroberte Stadt einzuziehen, davon ließ er sich durch den Rat von Freunden abschrecken: er legte die Prae-

agmine incessit. quattuor legionum aquilae per frontem totidemque circa e legionibus aliis vexilla, mox duodecim alarum signa et post peditum ordines eques; dein quattuor et triginta cohortes, ut nomina gentium aut species armorum forent, discretae. (2) ante aquilas praefecti castrorum tribunique et primi centurionum candida veste, ceteri iuxta suam quisque centuriam, armis donisque fulgentes; et militum phalerae torquesque splendebant: decora facies et non Vitellio principe dignus exercitus. sic Capitolium ingressus atque ibi matrem complexus Augustae nomine honoravit.

**90** (1) Postera die tamquam apud alterius civitatis senatum populumque magnificam orationem de semet ipso prompsit, industriam temperantiamque suam laudibus attollens, consciis flagitiorum ipsis qui aderant omnique Italia, per quam somno et luxu pudendus incesserat. (2) vulgus tamen vacuum curis et sine falsi verique discrimine solitas adulationes edoctum clamore et vocibus adstrepebat; abnuentique nomen Augusti expressere, ut adsumeret, tam frustra quam recusaverat.

**91** (1) Apud civitatem cuncta interpretantem funesti ominis loco acceptum est, quod maximum pontificatum adeptus Vitellius de caerimoniis publicis xv kalendas Augustas edixisset, antiquitus infausto die Cremerensi Alliensique cladibus: adeo omnis humani divinique iuris expers, pari libertorum amicorum socordia, velut inter

texta[118] an und rückte in geordnetem Zug ein: vier Legionsadler[119] an der Spitze, an den Flanken ebenso viele Fahnen anderer Legionen, dann die Feldzeichen der zwölf Schwadronen und hinter den Reihen des Fußvolkes die Reiterei: als Abschluß vierunddreißig Kohorten, geschieden nach Völkernamen oder Waffengattung. (2) Vor den Legionsadlern die Lagerpräfekten, Tribunen und die ranghöchsten Zenturionen in weißem Gewand, von den übrigen jeder bei seiner Zenturie, im Glanz seiner Waffen und Ehrenzeichen; ebenso funkelten Brustschmuck und Halsketten[120] der Soldaten: ein prächtiger Anblick und ein Heer, das einen anderen Prinzeps als Vitellius verdient hätte. So zog er aufs Kapitol, umarmte dort seine Mutter und ehrte sie mit dem Titel »Augusta«.

**90** (1) Am folgenden Tag erging er sich, als stünde er vor Senat und Volk einer anderen Stadt, in einer Prunkrede über seine eigene Person, in der er seine Tatkraft und Mäßigung lobend hervorkehrte, während doch um seine Schandtaten alle Anwesenden wußten und auch ganz Italien, das er in Trägheit und Schwelgerei als Bild der Schande durchzogen hatte. (2) Die Masse aber, verantwortungslos (um den Staat) und ohne Fähigkeit, Wahres und Falsches zu unterscheiden, auch vertraut mit den üblichen Schmeicheleien, lärmte unter Geschrei und Zurufen Beifall. Als er den Titel »Augustus« ablehnte, nötigten sie ihn dazu, ihn anzunehmen, was ebenso bedeutungslos war wie seine frühere Weigerung.

**91** (1) Bei der Bürgerschaft, die in allem eine tiefe Bedeutung sah, wurde es als unheilvolles Vorzeichen betrachtet, daß Vitellius, nachdem er Pontifex maximus geworden war, das Edikt über den Staatskult am 18. Juli erlassen habe, der seit alters als Unglückstag galt wegen der Niederlagen an der Cremera und Allia.[121] So wenig vertraut mit göttlichem und menschlichem Recht – auch seine Freigelassenen und Freunde zeigten die gleiche

temulentos agebat. (2) sed comitia consulum cum candidatis civiliter celebrans omnem infimae plebis rumorem in theatro ut spectator, in circo ut fautor adfectavit: quae grata sane et popularia, si a virtutibus proficiscerentur, memoria vitae prioris indecora et vilia accipiebantur. ventitabat in senatum, etiam cum parvis de rebus patres consulerentur. (3) ac forte Priscus Helvidius praetor designatus contra studium eius censuerat. commotus primo Vitellius, non tamen ultra quam tribunos plebis in auxilium spretae potestatis advocavit; mox mitigantibus amicis, qui altiorem iracundiam eius verebantur, nihil novi accidisse respondit, quod duo senatores in re publica dissentirent; solitum se etiam Thraseae contra dicere. inrisere plerique impudentiam aemulationis; aliis id ipsum placebat, quod neminem ex praepotentibus, sed Thraseam ad exemplar verae gloriae legisset.

**92** (1) Praeposuerat praetorianis Publilium Sabinum a praefectura cohortis, Iulium Priscum tum centurionem: Priscus Valentis, Sabinus Caecinae gratia pollebant; inter discordes Vitellio nihil auctoritatis. munia imperii Caecina ac Valens obibant, olim anxii odiis, quae bello et castris male dissimulata pravitas amicorum et fecunda

Stumpfheit – lebte er wie unter Betrunkenen dahin. (2) Aber bei den Konsulwahlen trat er mit seinen Kandidaten wie ein einfacher Bürger auf: Um jegliches Beifallsgeschrei des niedrigen Pöbels bemühte er sich, im Theater als Zuschauer, im Zirkus als Anhänger einer Mannschaft.[122] Das alles wäre sicher angenehm und volkstümlich gewesen, wenn es von einer anständigen Grundhaltung ausgegangen wäre; in Erinnerung an sein früheres Leben wurde es als unpassend und gemein empfunden. Häufig kam er in den Senat, auch wenn die Senatoren über unbedeutende Dinge befragt wurden. (3) Zufällig hatte einmal der designierte Prätor Priscus Helvidius[123] im Gegensatz zu des Vitellius erklärter Absicht gestimmt. Zunächst war Vitellius erregt, jedoch ging er nur so weit, daß er die Volkstribunen zur Unterstützung seiner mißachteten Amtsgewalt anrief. Als dann seine Freunde, die einen tiefer reichenden Groll befürchteten, ihn beschwichtigten, antwortete er ihnen, es sei nichts Ungewöhnliches, daß zwei Senatoren über Staatsangelegenheiten verschiedene Meinung hätten; er selbst habe ja auch gewöhnlich dem Thrasea widersprochen. Sehr viele spotteten über die Unverschämtheit, sich einem anderen gleichzustellen; anderen gefiel gerade der Umstand, daß er niemanden von den Übermächtigen, sondern Thrasea als Vorbild seines Ruhmes gewählt habe.

**92** (1) Das Kommando über die Prätorianer hatte er dem Publilius Sabinus unmittelbar nach dessen Kohortenpräfektur und dem Iulius Priscus, damals Zenturio, übertragen: Priscus genoß Ansehen dank des Valens, Sabinus dank des Caecina Gunst: beide waren miteinander verfeindet – und Vitellius hatte über sie nicht die geringste Macht. Die Regierungsgeschäfte besorgten Caecina und Valens, seit langem voller Haßgefühle einander belauernd, die zwar in Krieg und Lager nur mühsam verborgen waren, die aber der üble Einfluß der Freunde und der für das Entstehen von Feindschaften günstige Nährbo-

gignendis inimicitiis civitas auxerat, dum ambitu comitatu et immensis salutantium agminibus contendunt comparanturque, variis in hunc aut illum Vitellii inclinationibus; nec umquam satis fida potentia, ubi nimia est: (2) simul ipsum Vitellium, subitis offensis aut intempestivis blanditiis mutabilem, contemnebant metuebantque. nec eo segnius invaserant domos hortos opesque imperii, cum flebilis et egens nobilium turba, quos ipsos liberosque patriae Galba reddiderat, nulla principis misericordia iuvarentur. (3) gratum primoribus civitatis etiam plebs adprobavit, quod reversis ab exilio iura libertorum concessisset, quamquam id omni modo servilia ingenia corrumpebant, abditis pecuniis per occultos aut ambitiosos sinus, et quidam in domum Caesaris transgressi atque ipsis dominis potentiores.

**93** (1) Sed miles, plenis castris et redundante multitudine, in porticibus aut delubris et urbe tota vagus, non principia noscere, non servare vigilias neque labore firmari: per inlecebras urbis et inhonesta dictu corpus otio, animum libidinibus imminuebant. postremo ne salutis quidem cura infamibus Vaticani locis magna pars teten-

den der Stadtbevölkerung noch mehr gesteigert hatten; im Streben nach Beliebtheit, in ihrem Gefolge, in den gewaltigen Scharen der zur Begrüßung[124] Erscheinenden maßen sie nun einander und wurden auch verglichen, wobei sich Vitellius bald diesem, bald jenem zuneigte: aber niemals bietet Macht genügend Sicherheit, sobald sie das Maß überschritten hat. (2) Gegenüber Vitellius selbst, der zwischen plötzlichen Anfällen von Gekränktheit und unpassender Anbiederung schwankte, empfanden sie Verachtung und Furcht zugleich. Doch waren sie deshalb nicht säumiger gewesen, über Häuser, Gärten, Staatsvermögen herzufallen, während die beklagenswerte, mittellose Schar der Adeligen, die Galba samt ihren Kindern in die Heimat zurückgeführt hatte, durch keine einzige mildtätige Spende des Prinzeps unterstützt wurde. (3) Eine Maßnahme, die den Vornehmen des Staates angenehm war, fand auch beim Volk Zustimmung: er hatte nämlich allen aus der Verbannung Heimgekehrten den Rechtsanspruch auf ihre Freigelassenen zuerkannt, obgleich die Sklavenseelen das auf jede Weise wirkungslos machen wollten: sie versteckten ihr Geld gleichsam »im Togabausch«[125] des kleinen Mannes oder des Emporkömmlings, einige traten auch in das Haus des Caesars über und wurden mächtiger als ihre eigenen Herren.

**93** (1) Da das Lager voll war und die Menge nicht fassen konnte, trieben sich die Soldaten in den Säulenhallen, Tempeln, überhaupt in der ganzen Stadt umher; weder kannten sie die Appellplätze, noch hielten sie die Wachdienste ein oder stärkten ihre Kräfte durch körperliche Anstrengung. Den Lockungen der Stadt und unbeschreiblichen Schändlichkeiten hingegeben, schwächten sie den Körper durch Nichtstun, den Geist durch Ausschweifungen. Schließlich lagerte ein Großteil ohne Sorge um die Gesundheit in der verrufenen Gegend des Vatikans[126]; daher kam es unter den Mannschaften zu

dit, unde crebrae in vulgus mortes; et adiacente Tiberi Germanorum Gallorumque obnoxia morbis corpora fluminis aviditas et aestus impatientia labefecit. (2) insuper confusus pravitate vel ambitu ordo militiae: sedecim praetoriae, quattuor urbanae cohortes scribebantur, quis singula milia inessent. plus in eo dilectu Valens audebat, tamquam ipsum Caecinam periculo exemisset. sane adventu eius partes convaluerant, et sinistrum lenti itineris rumorem prospero proelio verterat. omnisque inferioris Germaniae miles Valentem adsectabatur, unde primum creditur Caecinae fides fluitasse.

**94** (1) Ceterum non ita ducibus indulsit Vitellius, ut non plus militi liceret. sibi quisque militiam sumpsere: quamvis indignus, si ita maluerat, urbanae militiae adscribebatur; rursus bonis remanere inter legionarios aut alares volentibus permissum. nec deerant qui vellent, fessi morbis et intemperiem caeli incusantes; robora tamen legionibus alisque subtracta, convulsum castrorum decus, viginti milibus e toto exercitu permixtis magis quam electis.

(2) Contionante Vitellio postulantur ad supplicium Asiaticus et Flavus et Rufinus duces Galliarum, quod pro Vindice bellassent. nec coercebat eius modi voces Vitel-

einem Massensterben; und bei der Nähe des Tibers schwächten das gierige Verlangen nach dem Fluß und ihre Unfähigkeit, Hitze zu ertragen, die ohnehin für Krankheiten anfälligen Germanen und Gallier.[127] (2) Dazu war infolge verkehrter Maßnahmen oder bevorzugter Behandlung die militärische Ordnung durcheinandergeraten. Sechzehn Prätorianer-[128] und vier Stadtkohorten wurden ausgehoben, jede sollte 1000 Mann umfassen. Bei dieser Musterung ging Valens eigenmächtiger vor: er tat so, als habe er sogar Caecina aus der Gefahr befreit; tatsächlich hatte durch seine Ankunft die Partei an Stärke gewonnen, und das abfällige Gerede über seinen langsamen Vormarsch hatte er durch die glückliche Schlacht ins Gegenteil gekehrt; auch leistete das gesamte Heer von Untergermanien dem Valens Gefolgschaft, und von da an, so glaubte man, sei Caecinas Treue ins Wanken gekommen.

**94** (1) Im übrigen war Vitellius schon gegenüber den Führern nachsichtig, ließ aber dem gemeinen Soldaten noch mehr durchgehen. Jeder konnte sich selbst seine Truppengattung wählen: war er auch noch so unwürdig, wenn er es eben so wollte, wurde er der Stadtgarnison zugeteilt; hingegen blieb es tüchtigen Leuten freigestellt, wenn sie wollten, in der Legion oder bei den Reiterabteilungen zu verbleiben. Und es gab nicht wenige, die sich dafür entschieden, da sie von Krankheiten mitgenommen waren und die Schuld daran dem unerträglichen Klima zuschoben. Die Kerntruppen wurden aber doch den Legionen und Schwadronen entzogen, zu Boden getreten war die Ehre des Prätorianerdienstes, da man 20000 Mann aus dem ganzen Heer eher unterschiedslos daruntermengte, als sie hiefür auswählte.

(2) Als Vitellius eine Heeresversammlung abhielt, forderte man zur Hinrichtung Asiaticus, Flavus und Rufinus, die Heerführer der gallischen Provinzen, weil sie für Vindex Krieg geführt hätten. Und Vitellius unterdrückte

lius: super insitam [mortem] animo ignaviam conscius sibi instare donativum et deesse pecuniam omnia alia militi largiebatur. (3) liberti principum conferre pro numero mancipiorum ut tributum iussi: ipse sola perdendi cura stabula aurigis extruere, circum gladiatorum ferarumque spectaculis opplere, tamquam in summa abundantia pecuniae inludere.

**95** (1) Quin et natalem Vitellii diem Caecina ac Valens editis tota urbe vicatim gladiatoribus celebravere, ingenti paratu et ante illum diem insolito. laetum foedissimo cuique apud bonos invidiae fuit, quod extructis in campo Martio aris inferias Neroni fecisset. caesae publice victimae cremataeque; facem Augustales subdidere, quod sacerdotium, ut Romulus Tatio regi, ita Caesar Tiberius Iuliae genti sacravit. (2) nondum quartus a victoria mensis, et libertus Vitellii Asiaticus Polyclitos Patrobios et vetera odiorum nomina aequabat. nemo in illa aula probitate aut industria certavit: unum ad potentiam iter, prodigis epulis et sumptu ganeaque satiare inexplebilis Vitellii libidines. (3) ipse abunde ratus, si praesentibus frueretur, nec in longius consultans, noviens miliens sestertium paucissimis mensibus intervertisse creditur. magna et misera civitas, eodem anno Othonem Vitellium

solche Äußerungen nicht. Abgesehen von der ihm angeborenen Trägheit, war er sich bewußt, daß die Zahlung des Geldgeschenkes bevorstehe, ihm aber das Geld fehle: daher gab er in allem anderen den Soldaten nach. (3) Den kaiserlichen Freigelassenen wurde befohlen, entsprechend der Zahl ihrer Sklaven nach Art eines Tributes Geld beizusteuern. Er selbst, nur vom Gedanken an Verschwendung beherrscht, errichtete Stallungen für Wagenlenker, füllte den Zirkus mit Veranstaltungen von Gladiatorenspielen und Tierhetzen, kurz: wie in höchstem Überfluß verschleuderte er das Geld.

**95** (1) Ja auch den Geburtstag des Vitellius feierten Caecina und Valens durch Gladiatorenspiele, die sie in allen Stadtvierteln veranstalteten, mit gewaltigem, bis zu diesem Tag ungewohntem Aufwand. Jubel herrschte bei den übelsten Elementen, mit Verbitterung wurde es von den anständigen Leuten aufgenommen, daß er auf dem Marsfeld Altäre errichten und für Nero eine Totenfeier halten ließ. In einem Staatsakt wurden Opfertiere geschlachtet und verbrannt: die Brandfackel legten die Augustalen an, eine Priesterschaft, die, ebenso wie Romulus eine ähnliche für König Tatius, Tiberius für Augustus gestiftet hatte[129]. (2) Es waren noch nicht vier Monate seit seinem Sieg vergangen, und schon suchte Asiaticus, der Freigelassene des Vitellius, es Leuten wie Polyclitus, Patrobius und anderen verhaßten Personen der Vergangenheit gleichzutun.[130] Niemand wetteiferte an diesem Hof in rechtschaffenem Wesen und tatkräftigem Handeln; nur ein Weg führte zur Macht: durch verschwenderische Gastmähler und aufwendige Gaumengenüsse die unersättliche Gier des Vitellius zu befriedigen. (3) Er selbst glaubte, mehr als genug geleistet zu haben, wenn er die Gegenwart genieße; für die fernere Zukunft faßte er keine Pläne. 900 Millionen Sesterzen soll er, so glaubt man, in wenigen Monaten durchgebracht haben. Die große, beklagenswerte Bürgerschaft,

passa, inter Vinios Fabios Icelos Asiaticos varia et pudenda sorte agebat, donec successere Mucianus et Marcellus et magis alii homines quam alii mores.

**96** (1) Prima Vitellio tertiae legionis defectio nuntiatur, missis ab Aponio Saturnino epistulis, antequam is quoque Vespasiani partibus adgregaretur; sed neque Aponius cuncta, ut trepidans re subita, perscripserat, et amici adulantes mollius interpretabantur: unius legionis eam seditionem, ceteris exercitibus constare fidem. (2) in hunc modum etiam Vitellius apud milites disseruit, praetorianos nuper exauctoratos insectatus, a quibus falsos rumores dispergi, nec ullum civilis belli metum adseverabat, suppresso Vespasiani nomine et vagis per urbem militibus, qui sermones populi coercerent. id praecipuum alimentum famae erat.

**97** (1) Auxilia tamen e Germania Britanniaque et Hispaniis excivit, segniter et necessitatem dissimulans. perinde legati provinciaeque cunctabantur, Hordeonius Flaccus suspectis iam Batavis anxius proprio bello, Vettius Bolanus numquam satis quieta Britannia, et uterque ambigui. neque ex Hispaniis properabatur, nullo tum ibi consulari: trium legionum legati, pares iure et prosperis Vitellii rebus certaturi ad obsequium, adversam eius fortunam ex aequo detrectabant. (2) in Africa legio cohortesque delec-

die im selben Jahr Otho und Vitellius ertragen mußte, schleppte sich dahin unter dem Regiment eines Vinius, Fabius, Icelus, Asiaticus: ein wechselvolles, beschämendes Los, bis Mucianus und Marcellus an ihre Stelle traten – eher andere Menschen als andere Charaktere.[131]

**96** (1) Zuerst wurde dem Vitellius der Abfall der 3. Legion gemeldet durch einen Brief, der von Aponius Saturninus[132] eintraf, bevor sich auch er der Partei Vespasians anschloß. Aber einerseits hatte Aponius in seiner Aufregung über das plötzliche Ereignis nicht allzu genau geschrieben, andererseits fanden die Freunde in ihrer Schmeichelei eine angenehme Erklärung: das sei nur die Meuterei einer einzigen Legion, die übrigen Heere stünden fest zu ihrem Treueid. (2) In diesem Sinn sprach Vitellius auch vor den Soldaten; dabei erging er sich in Scheltworten gegen die jüngst entlassenen Prätorianer, von denen falsche Gerüchte ausgestreut würden, und versicherte, es bestehe nicht die geringste Gefahr eines Bürgerkrieges. Den Namen Vespasianus verschwieg er und ließ Soldaten durch die Stadt streifen, die das Gerede im Volk unterdrücken sollten. Das schuf erst recht den besten Nährboden für Gerüchte.

**97** (1) Hilfstruppen rief er trotzdem aus Germanien, Britannien und Spanien herbei, aber saumselig und ohne seine bedrängte Lage aufzudecken. Ebenso zögerten Statthalter und Provinzen: Hordeonius Flaccus, da er wegen der bereits verdächtigen Haltung der Bataver über einen Krieg in der eigenen Provinz besorgt war; Vettius Bolanus, da in Britannien eigentlich niemals Ruhe herrschte – beide in ihrer Haltung schwankend.[133] Auch aus Spanien wurden keine raschen Maßnahmen gemeldet, denn zur Zeit war dort kein Konsularlegat,[134] und die Legaten der drei Legionen, die, untereinander gleichberechtigt, bei günstiger Entwicklung für Vitellius um die Wette Gehorsam bewiesen hätten, wollten, einer wie der andere, mit seinem Unglück nichts zu tun haben. (2)

tae a Clodio Macro, mox a Galba dimissae, rursus iussu Vitellii militiam cepere; simul cetera iuventus dabat impigre nomina. quippe integrum illic ac favorabilem proconsulatum Vitellius, famosum invisumque Vespasianus egerat: proinde socii de imperio utriusque coniectabant, sed experimentum contra fuit.

**98** (1) Ac primo Valerius Festus legatus studia provincialium cum fide iuvit; mox nutabat, palam epistulis edictisque Vitellium, occultis nuntiis Vespasianum fovens et haec illave defensurus, prout invaluissent. deprehensi cum litteris edictisque Vespasiani per Raetiam et Gallias militum et centurionum quidam ad Vitellium missi necantur: plures fefellere, fide amicorum aut suomet astu occultati. (2) ita Vitellii paratus noscebantur, Vespasiani consiliorum pleraque ignota, primum socordia Vitellii, dein Pannonicae Alpes praesidiis insessae nuntios retinebant. mare quoque etesiarum flatu in Orientem navigantibus secundum, inde adversum erat.

**99** (1) Tandem inruptione hostium atrocibus undique nuntiis exterritus Caecinam ac Valentem expedire ad bellum iubet. praemissus Caecina, Valentem e gravi corporis morbo tum primum adsurgentem infirmitas tardabat. longe alia proficiscentis ex urbe Germanici exerci-

In Africa nahmen die Legionen und die Kohorten, die Clodius Macer ausgehoben und Galba dann entlassen hatte, wiederum auf Befehl des Vitellius den Kriegsdienst auf; zugleich meldeten sich voll Eifer alle übrigen jungen Männer; denn untadelig und anerkennenswert hatte dort sein Prokonsulat Vitellius geführt, übel beredet und verhaßt Vespasianus[135]. Daraus zogen die Bundesgenossen über die Regierung beider Männer ihre Schlüsse, aber die Erfahrung lehrte das Gegenteil.

**98** (1) Anfangs förderte der Legat Valerius Festus[136] redlich den Eifer der Provinzbewohner; bald aber begann er in seiner Treue zu schwanken: öffentlich in Briefen und Erlassen trat er für Vitellius ein, in Geheimschreiben für Vespasianus, entschlossen, die eine oder die andere Sache zu vertreten, je nachdem eine die Oberhand gewonnen habe. Ergriffen wurden mit Briefen und Erlassen Vespasians im rätischen und gallischen Gebiet einige Soldaten und Zenturionen: sie wurden zu Vitellius gebracht und hingerichtet; die größere Zahl aber blieb unentdeckt, da sie sich dank der Treue von Freunden oder dank ihrer eigenen Schlauheit im verborgenen halten konnten. (2) So wurden die Maßnahmen des Vitellius bekannt, von Vespasians Plänen blieb der Großteil unbekannt, einmal wegen der Sorglosigkeit des Vitellius, zum anderen hielten die Posten, die auf den Pannonischen Alpen lagen, die Boten zurück. Auch war das Meer durch das Wehen der Etesien[137] für Reisende in den Orient günstig, von dort in der Gegenrichtung aber ungünstig.

**99** (1) Endlich, durch den Einfall der Feinde und die daraufhin von überallher einlaufenden Unglücksnachrichten aufgeschreckt, befahl er Caecina und Valens, sich für den Krieg bereit zu machen. Vorausgeschickt wurde Caecina; den Valens, der sich damals gerade von einer schweren Krankheit erholte, behinderte sein geschwächter Zustand. Völlig verändert nun beim Aufbruch aus der

tus species: non vigor corporibus, non ardor animis; lentum et rarum agmen, fluxa arma, segnes equi; impatiens solis pulveris tempestatum, quantumque hebes ad sustinendum laborem miles, tanto ad discordias promptior. (2) accedebat huc Caecinae ambitio vetus, torpor recens, nimia fortunae indulgentia soluti in luxum, seu perfidiam meditanti infringere exercitus virtutem inter artes erat. credidere plerique Flavii Sabini consiliis concussam Caecinae mentem, ministro sermonum Rubrio Gallo: rata apud Vespasianum fore pacta transitionis. simul odiorum invidiaeque erga Fabium Valentem admonebatur, ut impar apud Vitellium gratiam viresque apud novum principem pararet.

100 (1) Caecina e complexu Vitellii multo cum honore digressus partem equitum ad occupandam Cremonam praemisit. mox vexilla primae, quartae, quintaedecimae, sextaedecimae legionum, dein quinta et duoetvicensima secutae; postremo agmine unaetvicensima Rapax et prima Italica incessere cum vexillariis trium Britannicarum legionum et electis auxiliis. (2) profecto Caecina scripsit Fabius Valens exercitui, quem ipse ductaverat, ut in itinere opperiretur: sic sibi cum Caecina convenisse. qui praesens eoque validior mutatum id consilium finxit, ut ingruenti bello tota mole occurreretur. (3) ita adcelerare legiones, Cremonam, pars Hostiliam petere iussae: ipse Ravennam devertit praetexto classem adloquendi;

Stadt der Anblick des germanischen Heeres: keine Kraft in den Körpern, kein Schwung in den Herzen; träge und voller Lücken der Heereszug, herabbaumelnd die Waffen, matt die Pferde; unfähig, Sonne, Staub und Wetter zu ertragen, die Truppe: zwar zu schlaff, um körperliche Anstrengung auszuhalten, aber um so entschlossener zu jeder Art von Streit. (2) Dazu kamen noch Caecinas alter Ehrgeiz, seine jetzige Schlaffheit: hatte er sich doch im Übermaß des Glücks völlig dem Wohlleben hingegeben – oder er dachte schon an Treubruch, und die Tatkraft des Heeres zu schwächen war Teil seines durchtriebenen Spiels. Sehr viele glaubten, durch die Ratschläge des Flavius Sabinus[138] sei die Gesinnung Caecinas erschüttert worden; Mittelsmann bei den Gesprächen war Rubrius Gallus[139]: anerkennen werde Vespasianus die Bedingungen des Übertritts. Zugleich erinnerte man ihn an seine Haßgefühle und seine Eifersucht gegenüber Valens: Nicht geachtet bei Vitellius, solle er sich Gunst und Macht beim neuen Prinzeps verschaffen.

**100** (1) Caecina, von Vitellius umarmt, zog unter vielen Ehrenbezeigungen ab; einen Teil der Reiterei schickte er zur Besetzung Cremonas voraus. Dann folgten die Abteilungen der 1., 4., 15. und 16. Legion, hierauf die 5. und 22.; in der Nachhut marschierten die 21. »Rapax« und die 1. »Italica« mit den Vexillariern der drei britannischen Legionen und auserlesenen Hilfstruppen. (2) Nach Caecinas Aufbruch schrieb Fabius Valens an das Heer, das er selbst kommandiert hatte, es solle unterwegs auf ihn warten: so sei es mit Caecina abgesprochen. Dieser, persönlich anwesend und daher von größerem Einfluß, gab vor, der Plan sei geändert worden, damit man dem hereinbrechenden Krieg mit ganzer Heeresmacht entgegentrete. (3) So erhielten die Legionen Befehl, sich zu beeilen; ein Teil sollte gegen Cremona, ein Teil gegen Hostilia vorrücken. Er selbst bog nach Ravenna ab, unter dem Vorwand, an die Flotte eine Ansprache zu

mox patuit secretum componendae proditionis quaesitum. namque Lucilius Bassus post praefecturam alae Ravennati simul ac Misenensi classibus a Vitellio praepositus, quod non statim praefecturam praetorii adeptus foret, iniquam iracundiam flagitiosa perfidia ulciscebatur. nec sciri potest traxeritne Caecinam, an, quod evenit inter malos ut et similes sint, eadem illos pravitas impulerit.

**101** (1) Scriptores temporum, qui potiente rerum Flavia domo monimenta belli huiusce composuerunt, curam pacis et amorem rei publicae, corruptas in adulationem causas, tradidere: nobis super insitam levitatem et prodito Galba vilem mox fidem aemulatione etiam invidiaque, ne ab aliis apud Vitellium anteirentur, pervertisse ipsum Vitellium videntur. (2) Caecina legiones adsecutus centurionum militumque animos obstinatos pro Vitellio variis artibus subruebat: Basso eadem molienti minor difficultas erat, lubrica ad mutandam fidem classe ob memoriam recentis pro Othone militiae.

halten. Bald war es klar, daß man eine Geheimabsprache plante, um den Ablauf des Verrates festzulegen. Denn Lucilius Bassus war nach dem Kommando über eine Reiterschwadron von Vitellius zwar mit dem gemeinsamen Befehl über die Flotten von Ravenna[140] und Misenum betraut worden; da er aber nicht sofort das Kommando über die Prätorianer erhalten hatte, suchte er seinem unberechtigten Groll durch schändlichen Verrat Genugtuung zu verschaffen. Man kann nicht genau feststellen, ob er Caecina auf seine Seite gezogen hat oder – wie es ja vorkommt, daß schlechte Menschen einander gleichen –, ob beide dieselbe üble Absicht geleitet hat.

**101** (1) Die Schriftsteller der Zeit, die dann, als das flavische Haus im Besitz der Macht war, den Verlauf dieses Krieges beschrieben haben, überlieferten Sorge um den Frieden und Liebe zum Gemeinwesen – Gründe, die durch Schmeichelei verfälscht waren. Mir scheint, (Caecina und Bassus) haben, abgesehen von ihrer angeborenen Charakterlosigkeit und der Tatsache, daß nach dem Verrat an Galba ihr Treuwort bald nichts mehr galt, aus Eifersucht und Neid, um nicht von anderen bei Vitellius ausgestochen zu werden, den Sturz des Vitellius betrieben. (2) Als Caecina wieder zu den Legionen gestoßen war, versuchte er, die Zenturionen und Soldaten, die hartnäckig für Vitellius eintraten, durch vielerlei Verführungskünste in ihrer Treue zu erschüttern. Bassus hatte bei dem gleichen Vorhaben weniger Schwierigkeiten: rasch entschlossen, die Seiten zu wechseln, war die Flotte wegen der Erinnerung an den noch vor kurzem für Otho geleisteten Kriegsdienst.

*Abb. 3. Kaiser Vitellius. Bardo-Museum, Tunis*

*Abb. 4. Kaiser Vespasian.*
*Museo Nazionale di Villa Giulia, Rom*

# Liber III

**1** (1) Meliore fato fideque partium Flavianarum duces consilia belli tractabant. Poetovionem in hiberna tertiae decimae legionis convenerant. illic agitavere placeretne obstrui Pannoniae Alpes, donec a tergo vires universae consurgerent, an ire comminus et certare pro Italia constantius foret. (2) quibus opperiri auxilia et trahere bellum videbatur, Germanicarum legionum vim famamque extollebant, et advenisse mox cum Vitellio Britannici exercitus robora: ipsis nec numerum parem pulsarum nuper legionum, et quamquam atrociter loquerentur, minorem esse apud victos animum. sed insessis interim Alpibus venturum cum copiis Orientis Mucianum; superesse Vespasiano mare, classes, studia provinciarum, per quas velut alterius belli molem cieret. ita salubri mora novas vires adfore, ex praesentibus nihil periturum.

**2** (1) Ad ea Antonius Primus (is acerrimus belli concitator) festinationem ipsis utilem, Vitellio exitiosam disseruit. plus socordiae quam fiduciae accessisse victoribus; neque enim in procinctu et castris habitos: per omnia Italiae municipia desides, tantum hospitibus metuendos,

# Buch III

## *Offensive der Flavianer – Zerstörung von Cremona* [1–35

1 (1) Unter besserer Schicksalsfügung und mit größerem gegenseitigen Vertrauen begannen die Führer der flavianischen Partei ihre Kriegsberatungen. Sie waren in Poetovio, dem Winterlager der 13. Legion, zusammengekommen. Dort überlegten sie, ob man die Pannonischen Alpen sperren solle, bis im Rücken die gesamten Streitkräfte sich zum Angriff gesammelt hätten, oder ob es größere Entschlossenheit beweise, an den Feind heranzurücken und um Italien als Siegespreis zu kämpfen. (2) Soweit sie es für richtig hielten, die Hilfstruppen abzuwarten und den Krieg in die Länge zu ziehen, priesen sie die Kampfkraft und den Ruhm der germanischen Legionen – auch seien nun eben mit Vitellius die Eliteverbände des britannischen Heeres eingetroffen: sie selbst verfügten nur über eine geringere Zahl an Legionen – und die seien vor kurzem geschlagen worden, und wenn sie auch trotzige Reden hielten, sei doch bei den Besiegten der Mut geringer. Doch wenn man vorläufig die Alpen besetzt halte, werde Mucianus mit den Truppen des Ostens eintreffen; es verfüge ja Vespasianus noch über das Meer, die Flotten, die Zuneigung der Provinzen, mit deren Hilfe er gleichsam den Sturm eines zweiten Krieges entfachen könne. So würden bei diesem heilsamen Abwarten neue Streitkräfte eintreffen, von den bereits vorhandenen nichts verlorengehen.

2 (1) Dagegen legte Antonius Primus[1] – der schärfste Kriegshetzer – dar, Eile sei für sie selbst nützlich, für Vitellius verderbenbringend. Mehr sei die Sorglosigkeit als das Selbstvertrauen bei den Siegern gewachsen; denn man habe sie nicht zu Kampfbereitschaft und Lagerdisziplin angehalten: in allen Städten Italiens herumlungernd,

quanto ferocius ante se egerint, tanto cupidius insolitas voluptates hausisse. (2) circo quoque ac theatris et amoenitate urbis emollitos aut valetudinibus fessos: sed addito spatio rediturum et his robur meditatione belli; nec procul Germaniam, unde vires; Britanniam freto dirimi, iuxta Gallias Hispaniasque, utrimque viros equos tributa, ipsamque Italiam et opes urbis; ac si inferre arma ultro velint, duas classes vacuumque Illyricum mare. quid tum claustra montium profutura? quid tractum in aestatem aliam bellum? unde interim pecuniam et commeatus? (3) quin potius eo ipso uterentur, quod Pannonicae legiones deceptae magis quam victae resurgere in ultionem properent, Moesici exercitus integras vires attulerint. si numerus militum potius quam legionum putetur, plus hinc roboris, nihil libidinum; et profuisse disciplinae ipsum pudorem: equites vero ne tum quidem victos, sed quamquam rebus adversis disiectam Vitellii aciem. (4) 'duae tunc Pannonicae ac Moesicae alae perrupere hostem: nunc sedecim alarum coniuncta signa pulsu sonituque et nube ipsa operient ac superfundent oblitos proeliorum equites equosque. nisi quis retinet, idem suasor auctorque consilii ero. vos, quibus fortuna in integro est, legiones continete: mihi expeditae cohortes

nur für ihre Quartiergeber ein Schrecken, hätten sie, je drohender sie sich vorher gebärdeten, nun um so gieriger alle ungewohnten Lockungen ausgekostet. (2) Auch durch Zirkus und Theater sowie das angenehme Leben in der Hauptstadt seien sie verweichlicht oder durch Krankheiten geschwächt; lasse man ihnen jedoch Zeit, so werde bei ihnen die alte Kampfkraft wiederkehren beim Gedanken an den Krieg; nicht weit entfernt liege Germanien, ihr Nachschubgebiet; Britannien sei nur durch eine Meerenge getrennt, ganz nahe Gallien und Spanien – und in beiden Ländern Mannschaften, Pferde, Tribute; dazu noch Italien selbst und die reichen Mittel der Hauptstadt. Wenn sie aber von sich aus zum Angriff antreten wollten, so hätten sie zwei Flotten und das ungedeckte Illyrische Meer. Was würde ihnen dann die Sperre der Bergpässe nützen? Was der in den nächsten Sommer verschleppte Krieg! Woher inzwischen Geld und Nachschub? (3) Viel eher sollten sie sich den Umstand zunutze machen, daß die pannonischen Legionen, eher getäuscht als besiegt,[2] sich nun ohne Zögern zum Rachezug erhoben, die mösischen Heere unverbrauchte Kräfte herangeführt hätten. Wenn man die Zahl der Soldaten eher in Rechnung stelle als die der Legionen, so gebe es auf ihrer Seite mehr Kampfkraft, aber keine Spur von Ausschweifungen; und zur Hebung der Manneszucht habe gerade diese Schande beigetragen; die Reiterei sei ja auch damals nicht unterlegen, sondern trotz widriger Umstände sei die Schlachtreihe des Vitellius gesprengt worden. (4) »Zwei pannonische und mösische Schwadronen sind damals durch den Feind durchgestoßen:[3] jetzt werden sechzehn Schwadronen unter vereinten Fahnen mit Hufgedonner, Getöse und schon durch die Staubwolke selbst zudecken und überschütten die an Kampfgetümmel nicht mehr gewöhnten Reiter und Pferde. Wenn niemand hindert, werde ich Ratstifter und Vollstrecker des Planes sein. Ihr, deren Lage gesichert ist, haltet die Legionen

sufficient. iam reseratam Italiam, impulsas Vitellii res audietis. iuvabit sequi et vestigiis vincentis insistere.'

3 (1) Haec ac talia flagrans oculis, truci voce, quo latius audiretur (etenim se centuriones et quidam militum consilio miscuerant), ita effudit, ut cautos quoque ac providos permoveret, vulgus et ceteri unum virum ducemque, spreta aliorum segnitia, laudibus ferrent. hanc sui famam ea statim contione commoverat, qua recitatis Vespasiani epistulis non ut plerique incerta disseruit, huc illuc tracturus interpretatione, prout conduxisset: aperte descendisse in causam videbatur, eoque gravior militibus erat culpae vel gloriae socius.

4 (1) Proxima Cornelii Fusci procuratoris auctoritas. is quoque inclementer in Vitellium invehi solitus nihil spei sibi inter adversa reliquerat. Tampius Flavianus, natura ac senecta cunctator, suspiciones militum inritabat, tamquam adfinitatis cum Vitellio meminisset; idemque, quod coeptante legionum motu profugus, dein sponte remeaverat, perfidiae locum quaesisse credebatur. (2) nam Flavianum, omissa Pannonia ingressum Italiam et discrimini exemptum, rerum novarum cupido legati nomen resumere et misceri civilibus armis impulerat, suadente Cornelio Fusco, non quia industria Flaviani

zusammen; mir werden die leichtbewaffneten Kohorten genügen – und bald werdet ihr hören, daß der Weg nach Italien offensteht, die Sache des Vitellius den Todesstoß erhalten hat. Eine Lust wird es sein, zu folgen und in die Spuren des Siegers zu treten.«

3 (1) Dies und Ähnliches stieß er hervor, mit flackerndem Blick und dröhnender Stimme, um weiter gehört zu werden – es hatten sich nämlich Zenturionen und einige Soldaten in die Beratung gedrängt –, so überzeugend, daß er auch die Bedächtigen und Vorsichtigen beeindruckte, die Masse der übrigen aber ihn als einzigen Mann und Führer – voll Verachtung über die Trägheit der anderen – laut pries. Eine solche Meinung über seine Person hatte er gleich in der Versammlung geweckt, in welcher er nach Verlesung eines Briefes Vespasians sich nicht wie die meisten unklar aussprach, um später dann seine Worte so oder anders ausdeuten zu können, wie es dann vorteilhaft sein möge: ganz offen schien er Partei ergriffen zu haben: und deshalb hatte er mehr Gewicht bei den Soldaten – bei Schuld oder Ruhm ihr Gefährte.

4 (1) Zunächst im Ansehen stand ihm der Prokurator Cornelius Fuscus.[4] Auch er pflegte hemmungslos gegen Vitellius loszuziehen – und hatte so sich selbst keine Spur von Hoffnung im Falle eines unglücklichen Ausganges gelassen. Tampius Flavianus, von Natur und seines Alters wegen ein Zauderer, erregte immer wieder den Verdacht der Soldaten, so als denke er an seine Verwandtschaft mit Vitellius; weil er außerdem zu Beginn des Aufstandes der Legionen geflohen, dann aber freiwillig zurückgekehrt war, glaubte man, er habe nur Gelegenheit zu Verrat gesucht. (2) Denn Flavianus hatte Pannonien verlassen und war nach Italien gereist; als er dann der Gefahr entronnen war, hatte ihn die Lust an politischen Umwälzungen dazu getrieben, den Titel »Legat« wieder anzunehmen und sich in den Bürgerkrieg einzumischen; dazu hatte auch Cornelius Fuscus geraten,

egebat, sed ut consulare nomen surgentibus cum maxime partibus honesta specie praetenderetur.

**5** (1) Ceterum ut transmittere in Italiam impune et usui foret, scriptum Aponio Saturnino, cum exercitu Moesico celeraret. ac ne inermes provinciae barbaris nationibus exponerentur, principes Sarmatarum Iazugum, penes quos civitatis regimen, in commilitium adsciti. plebem quoque et vim equitum, qua sola valent, offerebant: remissum id munus, ne inter discordias externa molirentur aut maiore ex diverso mercede ius fasque exuerent. trahuntur in partes Sido atque Italicus reges Sueborum, quis vetus obsequium erga Romanos et gens fidei quam iussorum patientior. (2) posita in latus auxilia, infesta Raetia, cui Porcius Septiminus procurator erat, incorruptae erga Vitellium fidei. igitur Sextilius Felix cum ala Auriana et octo cohortibus ac Noricorum iuventute ad occupandam ripam Aeni fluminis, quod Raetos Noricosque interfluit, missus. nec his aut illis proelium temptantibus, fortuna partium alibi transacta.

**6** (1) Antonio vexillarios e cohortibus et partem equitum ad invadendam Italiam rapienti comes fuit Arrius Varus, strenuus bello, quam gloriam et dux Corbulo et prosperae in Armenia res addiderant. idem secretis apud Nero-

nicht weil er der »Tatkraft« des Flavianus bedurft hätte, sondern damit der Name eines Konsulars der eben jetzt mächtig aufstrebenden Partei ein ehrenvolles Ansehen verleihe.

**5** (1) Um übrigens ohne Gefahr, aber mit Erfolg in Italien einzurücken, schrieb man an Aponius Saturninus[5], er solle sich mit dem mösischen Heer beeilen. Und damit nicht die von Truppen entblößten Provinzen den barbarischen Stämmen preisgegeben würden, nahm man die Häuptlinge der sarmatischen Jazygen, in deren Händen die Führung des Stammes lag, als Waffenbrüder auf. Auch Kriegsvolk, und zwar die Streitmacht ihrer Reiter, auf der allein ihre Stärke beruht, trugen sie an: dieses Angebot wurde abgelehnt, damit sie nicht in einer Zeit der Parteikämpfe feindliche Pläne verfolgten oder für größeres Gewinnversprechen von seiten der Gegenpartei menschliches und göttliches Recht verleugneten. Zum Beitritt zur Partei gebracht wurden die Könige der Sueben Sido und Italicus, die von alters her den Römern Gefolgschaft leisteten – und dieser Stamm war geneigter, Treue zu halten als Befehle zu erfüllen. (2) An der Flanke wurden Hilfstruppen aufgestellt wegen der feindseligen Haltung Rätiens: dort war Porcius Septiminus Prokurator – unerschütterlich in seiner Treue zu Vitellius. Daher wurde Sextilius Felix[6] mit der Reiterschwadron »Auriana«[7] und acht Kohorten, dazu noch mit der norischen Provinzmiliz zur Besetzung des rechten Innufers, des Grenzflusses zwischen Rätien und Noricum, entsandt. Da weder sie noch die anderen sich auf ein Gefecht einließen, entschied sich das Geschick der Parteien anderswo.

**6** (1) Den Antonius, welcher Vexillarier[8] der Kohorten und einen Teil der Reiter zum Angriff auf Italien heranführte, begleitete Arrius Varus, ein tüchtiger Kriegsmann: diesen Ruhm hatten ihm der Heerführer Corbulo und Erfolge in Armenien verschafft. Er habe aber auch,

nem sermonibus ferebatur Corbulonis virtutes criminatus; unde infami gratia primum pilum adepto laeta ad praesens male parta mox in perniciem vertere. (2) sed Primus ac Varus occupata Aquileia *per* proxima quaeque et Opitergii et Altini laetis animis accipiuntur. relictum Altini praesidium adversus classis Ravennatis *conatus*, nondum defectione eius audita. inde Patavium et Ateste partibus adiunxere. illic cognitum tres Vitellianas cohortes et alam, cui Sebosianae nomen, ad Forum Alieni ponte iuncto consedisse. (3) placuit occasio invadendi incuriosos; nam id quoque nuntiabatur. luce prima inermos plerosque oppressere. praedictum, ut paucis interfectis ceteros pavore ad mutandam fidem cogerent. et fuere qui se statim dederent: plures abrupto ponte instanti hosti viam abstulerunt.

7 (1) Vulgata victoria post principia belli secundum Flavianos data legiones septima Galbiana, tertia decima Gemina cum Vedio Aquila legato Patavium alacres veniunt. ibi pauci dies ad requiem sumpti, et Minicius Iustus praefectus castrorum legionis septimae, quia adductius quam civili bello imperitabat, subtractus militum irae ad Vespasianum missus est. (2) desiderata diu res interpretatione gloriaque in maius accipitur, postquam Galbae imagines discordia temporum subversas in omnibus municipiis recoli iussit Antonius, decorum pro

sagte man, in geheimen Gesprächen bei Nero die Vorzüge Corbulos herabgesetzt; so kam er durch schändlichen Gunstbeweis zu einem Primipilat, aber dieser glänzende Anfangserfolg, auf üble Art erworben, schlug ihm bald zum Verderben aus.[9] (2) Damals aber wurden Primus und Varus, nachdem sie Aquileia besetzt hatten, überall in der Umgebung, ebenso in Opitergium und Altinum mit Freuden aufgenommen. In Altinum verblieb eine Besatzung gegen mögliche Vorstöße der ravennatischen Flotte, von deren Abfall man noch nicht gehört hatte. Dann schlossen sie Patavium und Ateste der Partei an. Dort erfuhr man, daß drei vitellianische Kohorten und eine Reiterschwadron, die den Beinamen »Sebosiana« trug, bei Forum Alieni eine Brücke geschlagen und sich dort gelagert hätten. (3) Willkommen war die Gelegenheit, sie anzugreifen, sorglos wie sie waren – denn auch das wurde gemeldet. Bei Tagesanbruch überfielen sie daher die zumeist noch unbewaffneten Gegner. Der Befehl hatte gelautet: wenige töten, die übrigen durch Drohung zum Frontwechsel zwingen. Und einige ergaben sich auch sofort, das Gros aber brach die Brücke ab und sperrte so dem nachdrängenden Feind den Weg.

7 (1) Als sich die Siegesnachricht verbreitete und der Kriegsbeginn für die Flavianer günstig verlief, kamen die 7. Legion »Galbiana« und die 13. »Gemina« mit dem Legaten Vedius Aquila in Hochstimmung nach Patavium. Dort gönnte man sich einige Rasttage. Minicius Iustus, der Lagerpräfekt der 7. Legion, wurde dem Zorn der Soldaten entzogen – er führte nämlich für Bürgerkriegszeiten ein zu straffes Regiment – und zu Vespasianus geschickt. (2) Eine schon lange erwünschte Maßnahme erhielt durch ruhmredige Deutung noch mehr Gewicht: Antonius hatte nämlich befohlen, die in den Zeiten der Zwietracht umgestürzten Statuen Galbas in allen Städten wieder aufzustellen, in der Meinung, es sei

causa ratus, si placere Galbae principatus et partes revirescere crederentur.

**8** (1) Quaesitum inde quae sedes bello legeretur. Verona potior visa, patentibus circum campis ad pugnam equestrem, qua praevalebant: simul coloniam copiis validam auferre Vitellio in rem famamque videbatur. possessa ipso transitu Vicetia; quod per se parvum (etenim modicae municipio vires) magni momenti locum obtinuit reputantibus illic Caecinam genitum et patriam hostium duci ereptam. in Veronensibus pretium fuit: exemplo opibusque partes iuvere; et interiectus exercitus Raetiam Iuliasque Alpes, [ac] ne pervium illa Germanicis exercitibus foret, obsaepserat. (2) quae ignara Vespasiano aut vetita: quippe Aquileiae sisti bellum expectarique Mucianum iubebat, adiciebatque imperio consilium, quando Aegyptus, claustra annonae, vectigalia opulentissimarum provinciarum obtinerentur, posse Vitellii exercitum egestate stipendii frumentique ad deditionem subigi. (3) eadem Mucianus crebris epistulis monebat, incruentam et sine luctu victoriam et alia huiusce modi praetexendo, sed gloriae avidus atque omne belli decus sibi retinens. ceterum ex distantibus terrarum spatiis consilia post res adferebantur.

**9** (1) Igitur repentino incursu Antonius stationes hostium inrupit; temptatisque levi proelio animis ex aequo

für ihre eigene Sache eine treffliche Werbung, wenn man glaube, der Prinzipat Galbas finde Beifall und dessen Partei lebe wieder auf.

**8** (1) Dann beriet man, was man als Operationsbasis für den Krieg wählen solle. Verona schien eher geeignet zu sein, da sich ringsum offenes Gelände erstreckt für eine Reiterschlacht – und darin lag ihre Stärke; eine so reiche, mächtige Koloniestadt[10] dem Vitellius wegzunehmen schien zugleich ihrem Zweck und Ruf zu dienen. Besetzt wurde nur im Vorbeimarsch Vicetia; dieses an sich geringfügige Ereignis – denn nur über bescheidene Machtmittel verfügte die Landstadt – erhielt aber große Bedeutung, wenn man bedachte, daß Caecina dort geboren und so die Heimatstadt dem Führer entrissen worden sei. An den Veronensern hatte man wirklich einen Gewinn: durch ihr Beispiel und ihre Hilfsquellen unterstützten sie die Partei; und das hierher vorgeschobene Heer hatte Rätien und die Julischen Alpen abgeriegelt, damit die germanischen Heere dort keine Durchmarschmöglichkeit vorfänden. (2) Davon wußte Vespasianus nichts – oder er hatte es überhaupt untersagt. Denn in Aquileia die Kriegshandlungen zu unterbrechen und auf Mucianus zu warten, so lautete sein Auftrag; und er schloß an den Befehl die Überlegung: da man ja über Ägypten, den Schlüssel für die Getreideversorgung, und die Steuereinkünfte der reichsten Provinzen verfüge, könne das Heer des Vitellius durch Mangel an Sold und Getreide zur Unterwerfung gezwungen werden. (3) Dieselben Ratschläge gab Mucianus in zahlreichen Briefen – wobei er die Möglichkeit eines unblutigen Sieges ohne Leid und noch ähnliches mehr als Vorwand benützte: in Wahrheit strebte er nur nach Ruhm und beanspruchte alle Kriegsehre für sich. Im übrigen trafen wegen der großen Entfernung der Länder die Ratschläge erst nach den Ereignissen ein.

**9** (1) So brach in einem plötzlichen Vorstoß Antonius in die feindlichen Vorposten ein: man prüfte in einem leich-

discessum. mox Caecina inter Hostiliam, vicum Veronensium, et paludes Tartari fluminis castra permuniit, tutus loco, cum terga flumine, latera obiectu paludis tegerentur. (2) quod si adfuisset fides, aut opprimi universis Vitellianorum viribus duae legiones, nondum coniuncto Moesico exercitu, potuere, aut retro actae deserta Italia turpem fugam conscivissent. sed Caecina per varias moras prima hostibus prodidit tempora belli, dum quos armis pellere promptum erat, epistulis increpat, donec per nuntios pacta perfidiae firmaret. (3) interim Aponius Saturninus cum legione septima Claudiana advenit. legioni tribunus Vipstanus Messala praeerat, claris maioribus, egregius ipse et qui solus ad id bellum artes bonas attulisset. (4) has ad copias nequaquam Vitellianis paris (quippe tres adhuc legiones erant) misit epistulas Caecina, temeritatem victa arma tractantium incusans. simul virtus Germanici exercitus laudibus attollebatur, Vitellii modica et vulgari mentione, nulla in Vespasianum contumelia: nihil prorsus, quod aut corrumperet hostem aut terreret. (5) Flavianarum partium duces omissa prioris fortunae defensione pro Vespasiano magnifice, pro causa fidenter, de exercitu securi, in Vitel-

ten Gefecht den eigenen Mut und trennte sich ohne Entscheidung. Dann legte Caecina zwischen Hostilia, einem zu Verona gehörigen Dorf, und den Sümpfen des Tartarus-Flusses ein festes Lager an: gesichert war er durch das Gelände, da der Rücken durch den Fluß, die Flanken durch die sich längs hinziehenden Sümpfe gedeckt wurden. (2) Wenn also Redlichkeit geherrscht hätte, so hätten durch die gesamte Streitmacht der Vitellianer die zwei Legionen[11] – das mösische Heer hatte sich mit ihnen noch nicht vereinigt – aufgerieben werden können, oder sie hätten, zurückgetrieben, Italien verlassen und eine schimpfliche Flucht ergreifen müssen. Aber Caecina gab unter verschiedenen Verzögerungen den Feinden die günstigen Anfangsmomente des Krieges preis, indem er die Gegner, die mit Waffen leicht zu vertreiben gewesen wären, so lange in Briefen beschimpfte, bis er durch Unterhändler die Bedingungen des Verrates festlegen konnte. (3) Inzwischen traf Aponius Saturninus mit der 7. Legion »Claudiana« ein. Das Kommando über die Legion hatte der Tribun Vipstanus Messala, von berühmten Vorfahren abstammend und selbst ein hervorragender Mann, der einzige, der in diesen Krieg mit redlichen Absichten eingetreten war.[12] (4) An diese, den Vitellianern keineswegs gewachsenen Truppen – es waren ja erst drei Legionen – schickte Caecina ein Schreiben, in dem er ihre Unbesonnenheit tadelte, eine verlorene Sache weiter zu verfolgen. Zugleich wurde die Tapferkeit des germanischen Heeres lobend hervorgehoben, während Vitellius nur beiläufig und ganz allgemein Erwähnung fand, gegen Vespasianus kein schmähendes Wort fiel: durchaus nichts, was den Feind zum Übertritt hätte verleiten oder erschrecken können. (5) Die Führer der flavianischen Partei verzichteten darauf, ihr früheres Mißgeschick zu rechtfertigen, sie legten sich vorweg darauf fest, für Vespasianus mit hochgemutem Stolz, für ihre Sache mit Selbstvertrauen, über ihr Heer mit Zuversicht, gegen Vitel-

lium ut inimici praesumpsere, facta tribunis centurionibusque retinendi quae Vitellius indulsisset spe; atque ipsum Caecinam non obscure ad transitionem hortabantur. recitatae pro contione epistulae addidere fiduciam, quod submisse Caecina, velut offendere Vespasianum timens, ipsorum duces contemptim tamquam insultantes Vitellio scripsissent.

10 (1) Adventu deinde duarum legionum, e quibus tertiam Dillius Aponianus, octavam Numisius Lupus ducebant, ostentare vires et militari vallo Veronam circumdare placuit. forte Galbianae legioni in adversa fronte valli opus cesserat, et visi procul sociorum equites vanam formidinem ut hostes fecere. (2) rapiuntur arma metu proditionis. ira militum in Tampium Flavianum incubuit, nullo criminis argumento, sed iam pridem invisus turbine quodam ad exitium poscebatur: propinquum Vitellii, proditorem Othonis, interceptorem donativi clamitabant. nec defensioni locus, quamquam supplices manus tenderet, humi plerumque stratus, lacera veste, pectus atque ora singultu quatiens. id ipsum apud infensos incitamentum erat, tamquam nimius pavor conscientiam argueret. (3) obturbabatur militum vocibus Aponius, cum loqui coeptaret; fremitu et clamore ceteros aspernantur. uni Antonio apertae militum aures; namque et facundia aderat mulcendique vulgum artes et auctoritas. ubi crudescere seditio et a conviciis ac probris ad tela et manus transibant, inici catenas Flaviano iubet. sensit

lius wie Feinde zu reden; dabei machten sie den Tribunen und Zenturionen Hoffnung, sie könnten alles, was Vitellius ihnen gewährt habe, behalten; und den Caecina forderten sie ganz offen zum Übertritt auf. Die Verlesung der Briefe vor der Heeresversammlung stärkte noch ihr Selbstvertrauen, da Caecina unterwürfig, als fürchte er Vespasianus zu beleidigen, ihre eigenen Führer aber verächtlich, wie zur Verhöhnung des Vitellius, geschrieben hätten.

10 (1) Nach dem Eintreffen zweier weiterer Legionen, von denen die »Dritte« Dillius Aponianus, die »Achte« Numisius Lupus führte, beschloß man, die eigene Kraft zu zeigen und Verona mit einem feldmäßigen Wall zu umschließen. Zufällig war der Legion »Galbiana« die Schanzarbeit an der dem Feind zugewandten Seite zugefallen; Reiter der Bundesgenossen, die man in der Ferne erblickte, jagten ihnen, als wären es Feinde, blinden Schrecken ein. (2) Man riß die Waffen an sich – aus Furcht vor Verrat. Der Zorn der Soldaten entlud sich auf Tampius Flavianus; ohne Beweis seiner Schuld, aber schon längst verhaßt, wurde er wie in wildem Taumel zur Hinrichtung gefordert: »Verwandter des Vitellius«, »Verräter Othos«, »Dieb des Gnadengeschenkes« – so schrien sie ihm entgegen. Er hatte keine Möglichkeit, sich zu verteidigen, obwohl er flehend die Hände ausstreckte; immer wieder warf er sich zu Boden, zerriß sein Gewand, Brust und Gesicht schlug er unter Schluchzen. Gerade das reizte die Erbitterten, so, als ob die übergroße Angst Schuldgefühle anzeige. (3) Überschrien wurde durch die Stimmen der Soldaten Aponius, als er zu sprechen begann; mit Gelärm und Gebrüll wandten sie sich auch von den anderen ab. Allein dem Antonius schenkten die Soldaten Gehör; denn er verfügte über Beredsamkeit, Fähigkeit, die Menge zu besänftigen, und Ansehen. Als der Aufruhr immer wilder wurde und sie von Schimpf- und Schmähreden zu Waffengebrauch und Handgreiflichkeiten übergingen, befahl er, den Flavianus

ludibrium miles, disiectisque qui tribunal tuebantur extrema vis parabatur. (4) opposuit sinum Antonius stricto ferro, aut militum se manibus aut suis moriturum obtestans, ut quemque notum et aliquo militari decore insignem aspexerat, ad ferendam opem nomine ciens. mox conversus ad signa et bellorum deos, hostium potius exercitibus illum furorem, illam discordiam inicerent orabat, donec fatisceret seditio et extremo iam die sua quisque in tentoria dilaberentur. profectus eadem nocte Flavianus obviis Vespasiani litteris discrimini exemptus est.

**11** (1) Legiones velut tabe infectae Aponium Saturninum Moesici exercitus legatum eo atrocius adgrediuntur, quod non, ut prius, labore et opere fessae, sed medio diei exarserant, vulgatis epistulis, quas Saturninus ad Vitellium scripsisse credebatur. (2) ut olim virtutis modestiaeque, tunc procacitatis et petulantiae certamen erat, ne minus violenter Aponium quam Flavianum ad supplicium deposcerent. quippe Moesicae legiones adiutam a se Pannonicorum ultionem referentes, et Pannonici, velut absolverentur aliorum seditione, iterare culpam gaudebant. (3) in hortos, in quibus devertebatur Saturninus, pergunt. nec tam Primus et Aponianus et Messala, quamquam omni modo nisi, eripuere Saturninum quam obscuritas latebrarum, quibus occulebatur, vacantium forte

in Ketten zu legen. Die Soldaten erkannten das als Scheinmanöver, verjagten die Wachmannschaft des Tribunals, gingen daran, äußerste Gewalt anzuwenden. (4) Da warf sich ihnen Antonius mit gezücktem Schwert entgegen und schwor, er werde entweder von den Händen der Soldaten oder von seinen eigenen sterben; sooft er jemanden erblickte, den er kannte oder der eine militärische Auszeichnung trug, rief er ihn beim Namen um Hilfe an. Dann, zu den Feldzeichen und den Kriegsgöttern gewandt,[13] betete er, diese möchten eher den feindlichen Heeren dieses Rasen, diese Zwietracht einflößen, bis schließlich der Aufruhr allmählich abflaute und sich jeder – es war schon spät am Tag – in sein Zelt verkroch. In der gleichen Nacht noch reiste Flavianus ab – durch ein unterwegs eintreffendes Schreiben Vespasians wurde er aus seiner gefährlichen Lage befreit.

11 (1) Die Legionen stürzten sich nun, wie von einer Seuche ergriffen, auf Aponius Saturninus, den Legaten des mösischen Heeres – und zwar um so wilder, weil sie nicht wie vorher durch Schanzarbeit erschöpft waren, sondern bereits mitten am Tag in Wut geraten waren; es wurde nämlich ein Schreiben bekannt, das Saturninus angeblich an Vitellius gerichtet hatte. (2) Wie einst in Tapferkeit und Manneszucht, so wetteiferte man jetzt in Frechheit und Zügellosigkeit, um nicht weniger gewaltsam den Aponius als früher den Flavianus zur Hinrichtung zu fordern. Denn die mösischen Legionen, die erklärten, die Rachetat der Pannonier unterstützt zu haben, und die Pannonier, überzeugt, durch die Meuterei der anderen gleichsam von Schuld freigesprochen zu sein – alle freuten sich, ihre schuldhafte Tat zu wiederholen. (3) Zum Park, in dem Saturninus sein Quartier hatte, zogen sie los. Weder Primus noch Aponianus oder Messala konnten ihn retten, obwohl sie sich alle erdenkliche Mühe gaben, sondern nur ein verborgener Schlupfwinkel, in dem er sich versteckt hielt: verkrochen in den

balnearum fornacibus abditus. mox omissis lictoribus Patavium concessit. (4) digressu consularium uni Antonio vis ac potestas in utrumque exercitum fuit, cedentibus collegis et obversis militum studiis. nec deerant qui crederent utramque seditionem fraude Antonii coeptam, ut solus bello frueretur.

**12** (1) Ne in Vitellii quidem partibus quietae mentes: exitiosiore discordia non suspicionibus vulgi, sed perfidia ducum turbabantur. Lucilius Bassus classis Ravennatis praefectus ambiguos militum animos, quod magna pars Dalmatae Pannoniique erant, quae provinciae Vespasiano tenebantur, partibus eius adgregaverat. nox proditioni electa, ut ceteris ignaris soli in principia defectores coirent. (2) Bassus pudore seu metu, quisnam exitus foret, intra domum opperiebatur. trierarchi magno tumultu Vitellii imagines invadunt; et paucis resistentium obtruncatis ceterum vulgus rerum novarum studio in Vespasianum inclinabat. tum progressus Lucilius auctorem se palam praebet. (3) classis Cornelium Fuscum praefectum sibi destinat, qui propere adcucurrit. Bassus honorata custodia Liburnicis navibus Atriam pervectus a praefecto alae Vibennio Rufino, praesidium illic agitante, vincitur, sed exoluta statim vincula interventu Hormi Caesaris liberti: is quoque inter duces habebatur.

Ofen des zufällig unbenützten Bades. Später begab er sich unter Verzicht auf seine Liktoren nach Patavium. (4) Nach dem Abgang der Konsulare[14] lag einzig bei Antonius Macht und Amtsgewalt über beide Heere: seine Kollegen ließen ihm den Vortritt, und die Stimmung der Soldaten war ihm zugewandt. Und es fehlte nicht an Leuten, die glaubten, beide Meutereien habe Antonius mit Arglist angezettelt, um allein die Früchte des Krieges zu genießen.

**12** (1) Auch bei der Partei des Vitellius war die Stimmung nicht friedlich: in noch verhängnisvollere Zwietracht wurden sie hineingerissen – nicht durch den Argwohn der Mannschaften, sondern durch die Treulosigkeit der Führer. Lucilius Bassus, Präfekt der Flotte von Ravenna, hatte die bereits schwankenden Soldaten – ein Großteil von ihnen stammte aus Dalmatien und Pannonien, aus Provinzen, die in der Hand Vespasians waren – zum Anschluß an dessen Partei gebracht. Eine Nacht wurde für den Verrat gewählt, damit ohne Wissen der übrigen sich die Abtrünnigen am Hauptquartier versammeln könnten. (2) Bassus aber wartete, aus Scham oder Furcht, in seinem Hause ab, wie die Sache ausgehen werde. Die Trierarchen fielen unter großem Getöse über die Statuen des Vitellius her; einige wenige, die Widerstand leisteten, wurden niedergemacht, die übrige Menge, begeistert von jedem Umsturz, neigte dem Vespasianus zu. Jetzt trat Lucilius hervor und bot sich offen als Rädelsführer an. (3) Die Flotte aber bestimmte zu ihrem Präfekten Cornelius Fuscus, der rasch herbeigeeilt kam. Bassus wurde in ehrenvoller Haft auf Liburnerschiffen nach Atria gebracht[15] und vom Schwadronspräfekten Vibennius Rufinus, dem dortigen Ortskommandanten, in Fesseln gelegt. Doch wurden die Fesseln sofort wieder abgenommen durch das Dazwischentreten des Hormus, eines kaiserlichen Freigelassenen – auch er zählte zu den Heerführern.

**13** (1) At Caecina, defectione classis vulgata, primores centurionum et paucos militum, ceteris per militiae munera dispersis, secretum castrorum adfectans in principia vocat. ibi Vespasiani virtutem viresque partium extollit: transfugisse classem, in arto commeatum, adversas Gallias Hispaniasque, nihil in urbe fidum; atque omnia de Vitellio in deterius. mox incipientibus qui conscii aderant, ceteros re nova attonitos in verba Vespasiani adigit; simul Vitellii imagines dereptae et missi qui Antonio nuntiarent. (2) sed ubi totis castris in fama proditio, recurrens in principia miles praescriptum Vespasiani nomen, proiectas Vitellii effigies aspexit, vastum primo silentium, mox cuncta simul erumpunt. huc cecidisse Germanici exercitus gloriam, ut sine proelio, sine vulnere vinctas manus et capta traderent arma? quas enim ex diverso legiones? nempe victas; et abesse unicum Othoniani exercitus robur, primanos quartadecimanosque, quos tamen isdem illis campis fuderint straverintque. (3) ut tot armatorum milia, velut grex venalium, exuli Antonio donum darentur? octo nimirum legiones unius classis accessionem fore. id Basso, id Caecinae visum, postquam domos hortos opes principi abstulerint, etiam militem auferre. integros incruentosque, Flavianis

**13** (1) Aber Caecina berief auf die Kunde vom Abfall der Flotte die Zenturionen der ersten Rangklasse und wenige Soldaten ins Hauptquartier, die übrigen hatten sich zu ihren militärischen Diensten hierhin und dorthin verstreut, und er selbst wünschte ja nichts so sehr wie ungestörte Ruhe im Lager. Dort rühmte er die Tüchtigkeit Vespasians und die Kräfte der Partei: übergetreten sei die Flotte, beschränkt ihr eigener Nachschub, feindlich gesinnt Gallien und Spanien, auf nichts in der Hauptstadt sei Verlaß; und alles, was Vitellius betraf, setzte er herab. Zunächst machten seine Mitwisser, soweit sie anwesend waren, den Anfang, dann vereidigte er auch die übrigen, die über die unerwartete Entwicklung verblüfft waren, auf Vespasianus. Zugleich riß man die Bildnisse des Vitellius herab und entsandte Boten mit einem Bericht an Antonius. (2) Aber als der Verrat sich im ganzen Lager herumgesprochen hatte und zum Hauptquartier hineilende Soldaten überall den Namenszug »Vespasianus« und die umgestürzten Statuen des Vitellius sahen, herrschte anfangs fassungsloses Schweigen, dann brach alles zugleich hervor: so tief gesunken sei der Ruhm des germanischen Heeres, daß sie ohne Kampf, ohne Wunde ihre Hände den Fesseln, ihre Waffen als Beute auslieferten? Was für Legionen stünden denn auf der Gegenseite? Doch wohl besiegte! Und weit weg sei die einzige Kerntruppe des othonianischen Heeres, die »Einser« und die »Vierzehner«,[16] die sie aber doch eben auf jenen Gefilden geschlagen und niedergestreckt hätten. (3) Sollten so viele tausend Bewaffnete wie eine Herde zum Verkauf geführter Sklaven dem landesverwiesenen Antonius[17] übergeben werden? Natürlich, acht Legionen[18] sollten Anhängsel einer einzigen Flotte werden! Das habe dem Bassus, das dem Caecina gefallen, nachdem sie Paläste, Gärten, Vermögen dem Prinzeps weggenommen, ihm nun auch die Soldaten wegzunehmen. Unversehrt und ohne Blutzoll entrichtet zu haben,

quoque partibus viles, quid dicturos reposcentibus aut prospera aut adversa?

**14** (1) Haec singuli, haec universi, ut quemque dolor impulerat, vociferantes, initio a quinta legione orto, repositis Vitellii imaginibus vincla Caecinae iniciunt; Fabium Fabullum quintae legionis legatum et Cassium Longum praefectum castrorum duces deligunt; forte oblatos trium Liburnicarum milites, ignaros et insontes, trucidant; relictis castris, abrupto ponte Hostiliam rursus, inde Cremonam pergunt, ut legionibus primae Italicae et unietvicensimae Rapaci iungerentur, quas Caecina ad obtinendam Cremonam cum parte equitum praemiserat.

**15** (1) Ubi haec comperta Antonio, discordes animis, discretos viribus hostium exercitus adgredi statuit, antequam ducibus auctoritas, militi obsequium et iunctis legionibus fiducia rediret. namque Fabium Valentem profectum ab urbe adceleraturumque cognita Caecinae proditione coniectabat; et fidus Vitellio Fabius nec militiae ignarus. simul ingens Germanorum vis per Raetiam timebatur. et Britannia Galliaque et Hispania auxilia Vitellius acciverat, immensam belli luem, ni Antonius id ipsum metuens festinato proelio victoriam praecepisset. (2) universo cum exercitu secundis a Verona castris Bedriacum venit. postero die legionibus ad muniendum retentis, auxiliares cohortes in Cremonensem agrum mis-

selbst der flavianischen Partei verächtlich, was sollten sie denen sagen, die von ihnen Rechenschaft über Erfolge und Rückschläge forderten?

**14** (1) So schrien sie einzeln oder alle zusammen, wie jeden gerade der Grimm antrieb; dann stellten sie, die 5. Legion zuerst, die Statuen des Vitellius wieder auf und legten Caecina in Fesseln. Fabius Fabullus, den Legaten der 5. Legion, und Cassius Longus, den Lagerpräfekten, wählten sie zu ihren Führern. Die Soldaten dreier Liburnerschiffe, die ihnen zufällig entgegenkamen, von nichts wußten und völlig unschuldig waren, metzelten sie nieder. Dann verließen sie das Lager, brachen die Brücke ab und zogen wieder nach Hostilia, von dort nach Cremona, um sich mit der 1. Legion »Italica« und der 21. »Rapax« zu vereinigen, die Caecina zur Behauptung Cremonas mit einem Teil der Reiterei vorausgeschickt hatte.

**15** (1) Als Antonius das erfuhr, beschloß er, die in sich zerstrittenen, in einzelne Verbände zersplitterten Heere der Feinde anzugreifen, ehe die Führer wieder Ansehen, die Soldaten Gehorsam und die vereinigten Legionen Selbstvertrauen gewonnen hätten. Denn er vermutete, daß Fabius Valens von der Hauptstadt aufgebrochen sei und auf die Kunde von Caecinas Verrat den Anmarsch beschleunigen werde; und Fabius war dem Vitellius treu ergeben und erfahren im Kriegswesen. Zugleich fürchtete man die von Rätien her drohende gewaltige Streitmacht der Germanen. Auch hatte Vitellius von Britannien, Gallien und Spanien Hilfstruppen angefordert – unermeßliche Kriegsnot, wenn nicht Antonius aus Furcht gerade davor den Waffengang beschleunigt und so den Sieg vorweggenommen hätte. (2) Mit seinem ganzen Heer kam er in zwei Tagesmärschen von Verona nach Bedriacum. Am nächsten Tag hielt er die Legionen für Schanzarbeiten zurück, die Kohorten der Hilfstruppen wurden ins Landgebiet von Cremona entsandt, damit

sae, ut specie parandarum copiarum civili praeda miles imbueretur: ipse cum quattuor milibus equitum ad octavum a Bedriaco progressus, quo licentius popularentur. exploratores, ut mos est, longius cursabant.

**16** (1) Quinta ferme hora diei erat, cum citus eques adventare hostes, praegredi paucos, motum fremitumque late audiri nuntiavit. dum Antonius quidnam agendum consultat, aviditate navandae operae Arrius Varus cum promptissimis equitum prorupit impulitque Vitellianos modica caede; nam plurium adcursu versa fortuna, et acerrimus quisque sequentium fugae ultimus erat. (2) nec sponte Antonii properatum, et fore quae acciderant rebatur. hortatus suos, ut magno animo capesserent pugnam, diductis in latera turmis vacuum medio relinquit iter, quo Varum equitesque eius reciperet; iussae armari legiones: datum per agros signum, ut, qua cuique proximum, omissa praeda proelio occurreret. pavidus interim Varus turbae suorum miscetur intulitque formidinem. pulsi cum sauciis integri suomet ipsi metu et angustiis viarum conflictabantur.

**17** (1) Nullum in illa trepidatione Antonius constantis ducis aut fortis militis officium omisit. occursare paventibus, retinere cedentes, ubi plurimus labor, unde aliqua spes, consilio manu voce insignis hosti, conspicuus suis.

unter dem Vorwand der Vorratsbeschaffung die Soldaten an Plünderungen von Bürgern Geschmack fänden. Er selbst rückte mit 4000 Reitern zum 8. Meilenstein vor Bedriacum heran, damit sie noch ungehinderter plündern könnten. Die Kundschafter schwärmten, wie es so ihre Art ist, noch weiter aus.

**16** (1) Es war etwa die fünfte Tagesstunde, da sprengte ein Reiter mit der Meldung herbei, im Anmarsch sei der Feind, die Vorhut nur schwach, das Getöse des Anmarsches höre man weithin. Während Antonius noch überlegte, was zu tun sei, stürmte in blindem Tatendrang Arrius Varus mit den entschlossensten Reitern vor und warf die Vitellianer zurück, aber ohne ihnen schwere Verluste beizubringen; denn als Verstärkung herbeieilte, wandte sich das Kriegsglück – und die hitzigsten Verfolger waren jetzt bei der Flucht die letzten. (2) Denn nicht nach dem Willen des Antonius war diese Übereile, und was eingetreten war, ahnte er schon im voraus. Er ermahnte die Seinen, mit festem Mut den Kampf aufzunehmen, zog die Schwadronen an die Flanken und ließ so in der Mitte freie Bahn, um dort Varus und seine Reiter aufzufangen; die Legionen erhielten Befehl, sich zu bewaffnen; über die Felder hin wurde ein Signal gegeben: jeder sollte seine Beute lassen und auf dem kürzesten Weg zum Kampf eilen. Von Panik erfaßt, drängte sich inzwischen Varus in den Haufen der Seinen und versetzte sie dadurch in Angst und Schrecken. Bei der Flucht kamen Verwundete ebenso wie Unverletzte durch ihre eigene Furcht und die Enge der Wege in eine üble Lage.

**17** (1) In diesem Wirrwarr versäumte Antonius keine einzige Aufgabe eines besonnenen Feldherrn und tapferen Soldaten. Er warf sich den Verängstigten entgegen, hielt die Weichenden zurück. Wo die Not am größten, wo irgendein Hoffnungsschimmer, dort war er durch Rat, Tat, Zuruf dem Feind deutlich erkennbar, den

eo postremo ardoris provectus est, ut vexillarium fugientem hasta transverberaret; mox raptum vexillum in hostem vertit. quo pudore haud plures quam centum equites restitere: iuvit locus, artiore illic via et fracto interfluentis rivi ponte, qui incerto alveo et praecipitibus ripis fugam impediebat. (2) ea necessitas seu fortuna lapsas iam partes restituit. firmati inter se densis ordinibus excipiunt Vitellianos temere effusos, atque illi consternantur. Antonius instare perculsis, sternere obvios, simul ceteri, ut cuique ingenium, spoliare, capere, arma equosque abripere. et exciti prospero clamore, qui modo per agros fuga palabantur, victoriae se miscebant.

**18** (1) Ad quartum a Cremona lapidem fulsere legionum signa Rapacis atque Italicae, laeto inter initia equitum suorum proelio illuc usque provecta. sed ubi fortuna contra fuit, non laxare ordines, non recipere turbatos, non obviam ire ultroque adgredi hostem tantum per spatium cursu et pugnando fessum. †forte victi† haud perinde rebus prosperis ducem desideraverant atque in adversis deesse intellegebant. (2) nutantem aciem victor equitatus incursat; et Vipstanus Messala tribunus cum Moesicis auxiliaribus adsequitur, quos multi e legionariis

Seinen ein sichtbares Vorbild. Schließlich ging er in seiner Kampfeswut so weit, daß er einen fliehenden Fahnenträger mit der Lanze durchbohrte; dann riß er die Fahne an sich und wandte sie gegen den Feind. Dadurch in ihrem Ehrgefühl getroffen, leisteten die Reiter, aber nicht mehr als hundert, aufs neue Widerstand; zustatten kam das Gelände: der Weg verengte sich dort, und die Brücke über den ihn schneidenden Bach war abgebrochen worden; dieser Bach mit seinem unsicheren Bett und den steil abfallenden Uferböschungen war ein Hindernis für die Flucht. (2) Diese Notlage oder auch das Glück richtete die schon schwankende Partei wieder auf. Sie machten sich gegenseitig Mut und empfingen mit dichtgeschlossenen Reihen die blindlings heranstürmenden Vitellianer; nun waren es jene, die in Verwirrung gerieten. Antonius drang auf die demoralisierten Gegner ein, streckte nieder, was ihm entgegentrat, während die übrigen, jeder nach seiner Sinnesart, plünderten, Gefangene machten, Waffen und Pferde wegschleppten; und herbeigelockt durch das glückverheißende Geschrei, drängte sich, wer eben noch auf der Flucht über die Felder geirrt war, in die Reihen der Sieger.

**18** (1) Beim 4. Meilenstein vor Cremona blitzten die Feldzeichen der Legionen »Rapax« und »Italica«, die wegen des anfangs günstigen Gefechtes ihrer Reiter bis hierher vorgerückt waren. Aber sobald sich das Kriegsglück gegen sie kehrte, lockerten sie nicht ihre Reihen, nahmen nicht die verschreckten Reiter auf, rückten nicht vor, um von sich aus den Feind anzugreifen, der doch vom Lauf über eine so weite Strecke und vom Kampf erschöpft war. Zufällig besiegt[19], hatten sie nicht so sehr im Glück einen Führer vermißt, wie sie jetzt im Unglück sein Fehlen merkten. (2) Auf die wankende Schlachtreihe sprengte die siegreiche Reiterei los; auch der Tribun Vipstanus Messala traf mit den mösischen Hilfstruppen ein, mit denen, obgleich sie im Laufschritt herangeführt

quamquam raptim ductos aequabant: ita mixtus pedes equesque rupere legionum agmen. et propinqua Cremonensium moenia quanto plus spei ad effugium minorem ad resistendum animum dabant. nec Antonius ultra institit, memor laboris ac vulnerum, quibus tam anceps proelii fortuna, quamvis prospero fine, equites equosque adflictaverat.

**19** (1) Inumbrante vespera universum Flaviani exercitus robur advenit. utque cumulos super et recentia caede vestigia incessere, quasi debellatum foret, pergere Cremonam et victos in deditionem accipere aut expugnare deposcunt. haec in medio, pulchra dictu: illa sibi quisque, posse coloniam plano sitam impetu capi. (2) idem audaciae per tenebras inrumpentibus et maiorem rapiendi licentiam. quod si lucem opperiantur, iam pacem, iam preces, et pro labore ac vulneribus clementiam et gloriam, inania, laturos, sed opes Cremonensium in sinu praefectorum legatorumque fore. expugnatae urbis praedam ad militem, deditae ad duces pertinere. spernuntur centuriones tribunique, ac ne vox cuiusquam audiatur, quatiunt arma, rupturi imperium, ni ducantur.

**20** (1) Tum Antonius inserens se manipulis, ubi aspectu et auctoritate silentium fecerat, non se decus neque pre-

wurden, viele Legionssoldaten gleichen Schritt hielten. So durchstießen, ineinander vermengt, Fußvolk und Reiterei die Kolonne der Legionen; und die Nähe der Mauern von Cremona erhöhte in gleichem Maße die Hoffnung auf ein Entrinnen, wie sie die Entschlossenheit zum Widerstand herabsetzte. Auch Antonius drängte nicht weiter nach, dachte er doch an die Anstrengungen und Wunden, mit denen das so schwankende Schlachtenglück trotz erfolgreichen Ausgangs Reitern und Pferden zugesetzt hatte.

**19** (1) Bei Einbruch der Abenddämmerung traf die gesamte Streitmacht des flavianischen Heeres ein. Als sie über die Leichenhaufen und die noch frischen Spuren des Gemetzels zogen, forderten sie, als ob der Krieg schon zu Ende wäre, nach Cremona weiterzuziehen, die Unterwerfung der Besiegten anzunehmen oder zum Sturmangriff anzusetzen. Das sagten sie offen heraus – schöne Worte –, das andere jeder zu sich selbst: man könne die im freien Gelände gelegene Koloniestadt im ersten Anlauf erobern. (2) Dasselbe Maß an Kühnheit sei nötig, wenn man in der Dunkelheit eindringe, doch habe man größere Freiheit beim Plündern. Wenn sie aber den Tagesanbruch abwarteten, dann komme es zu Friedensschluß, dann zu Bitten, und für ihre Anstrengung und ihre Wunden würden sie den Ruf der Milde und Ruhm, leere Worte, davontragen, die Schätze der Cremonenser aber würden »im Togabausch«[20] der Präfekten und Legaten verschwinden. Nach der Eroberung einer Stadt gehöre die Beute den Soldaten, nach einer Übergabe den Heerführern. Man achtete nicht auf Zenturionen und Tribunen, und damit man niemandes Stimme höre, schlugen sie die Waffen aneinander, entschlossen, den Gehorsam zu brechen, wenn sie nicht in den Kampf geführt würden.

**20** (1) Da trat Antonius zu den Manipeln; als er durch seine Erscheinung und sein Ansehen Ruhe geschaffen

tium eripere tam bene meritis adfirmabat, sed divisa inter exercitum ducesque munia: militibus cupidinem pugnandi convenire, duces providendo, consultando, cunctatione saepius quam temeritate prodesse. (2) ut pro virili portione armis ac manu victoriam iuverit, ratione et consilio, propriis ducis artibus, profuturum; neque enim ambigua esse quae occurrant, noctem et ignotae situm urbis, intus hostis et cuncta insidiis opportuna. non si pateant portae, nisi explorato, nisi die intrandum. an obpugnationem inchoaturos adempto omni prospectu, quis aequus locus, quanta altitudo moenium, tormentisne et telis an operibus et vineis adgredienda urbs foret? (3) mox conversus ad singulos, num secures dolabrasque et cetera expugnandis urbibus secum attulissent, rogitabat. et cum abnuerent, 'gladiisne' inquit 'et pilis perfringere ac subruere muros ullae manus possunt? si aggerem struere, si pluteis cratibusve protegi necesse fuerit, ut vulgus improvidum inriti stabimus, altitudinem turrium et aliena munimenta mirantes? quin potius mora noctis unius, advectis tormentis machinisque, vim victoriamque nobiscum ferimus?' simul lixas calonesque cum recentissimis equitum Bedriacum mittit, copias ceteraque usui adlaturos.

hatte, versicherte er, er entreiße nicht Ehre und Lohn so hochverdienten Männern, aber aufgeteilt zwischen Heer und Führern seien die Aufgaben: den Soldaten stehe das Verlangen nach Kampf an, die Führer sollten durch Voraussicht, Planung, durch Zögern öfter als durch Draufgängertum von Nutzen sein. (2) Wie er nach den Kräften eines Mannes mit den Waffen in der Hand zum Siege beigetragen habe, so werde er jetzt durch Vernunft und Planung, die eigentlichen Fähigkeiten eines Führers, ihnen nützen; nicht zweifelhaft sei es, was auf sie warte: die Nacht, die Lage einer unbekannten Stadt, drinnen der Feind, und alles für Anschläge aus dem Hinterhalt wie geschaffen; nicht einmal wenn die Tore offen stünden, dürfe man, außer nach genauer Erkundung, außer am Tage, einrücken. Würden sie etwa zum Sturmangriff antreten, wenn sie keine Möglichkeit hätten abzuschätzen, welche Stelle günstig, wie hoch die Stadtmauer sei, ob man mit Katapultgeschützen und Wurfgeschossen oder mit Hilfe von Schanzwerken und Schirmdächern die Stadt angreifen solle? (3) Dann wandte er sich an einzelne: ob sie Beile, Äxte und das übrige für eine Stadteroberung nötige Gerät mitgebracht hätten, fragte er sie; und als sie verneinten, rief er: »Mit Schwertern und Lanzen Mauern zu durchbrechen und zu untergraben – können das überhaupt Menschenhände? Sollte es notwendig sein, einen Damm zu errichten, uns durch Pultdächer und Faschinen[21] zu decken, werden wir dann wie der dumme Pöbel, ohne etwas auszurichten, dastehen, voll Staunen über die Höhe der Türme und die Befestigungswerke der anderen? Warum warten wir nicht lieber eine einzige Nacht, bis Katapultgeschütze und Maschinen herangeschafft sind, und tragen dann Macht und Sieg mit uns davon?« Zugleich schickte er Marketender und Troßknechte mit den Reitern, die noch am ehesten bei Kräften waren, nach Bedriacum, damit sie Lebensmittel und was man sonst noch brauchte heranschafften.

**21** (1) Id vero aegre tolerante milite prope seditionem ventum, cum progressi equites sub ipsa moenia vagos e Cremonensibus corripiunt, quorum indicio noscitur sex Vitellianas legiones omnemque exercitum, qui Hostiliae egerat, eo ipso die triginta milia passuum emensum, comperta suorum clade in proelium accingi ac iam adfore. is terror obstructas mentes consiliis ducis aperuit. (2) sistere tertiam decimam legionem in ipso viae Postumiae aggere iubet, cui iuncta a laevo septima Galbiana patenti campo stetit, dein septima Claudiana, agresti fossa (ita locus erat) praemunita; dextro octava per apertum limitem, mox tertia densis arbustis intersaepta. hic aquilarum signorumque ordo: milites mixti per tenebras, ut fors tulerat; praetorianum vexillum proximum tertianis, cohortes auxiliorum in cornibus, latera ac terga equite circumdata; Sido atque Italicus Suebi cum delectis popularium primori in acie versabantur.

**22** (1) At Vitellianus exercitus, cui adquiescere Cremonae et reciperatis cibo somnoque viribus confectum algore atque inedia hostem postera die profligare ac proruere ratio fuit, indigus rectoris, inops consilii, tertia ferme noctis hora paratis iam dispositisque Flavianis impingitur. (2) ordinem agminis disiecti per iram ac tenebras adseverare non ausim, quamquam alii tradide-

**21** (1) Das aber nahmen die Soldaten nun vollends übel, und beinahe wäre es zu einer Meuterei gekommen, als Reiter, die bis unmittelbar an die Stadtmauern herangesprengt waren, einige dort sich herumtreibende Cremonenser gefangennahmen; aus deren Angaben erfuhr man, daß sechs vitellianische Legionen und das ganze Heer, das bei Hostilia gestanden hatte, eben an diesem Tag dreißig Meilen zurückgelegt hätten und sich auf die Kunde von der Niederlage der Ihrigen zum Kampf bereitmachten und in Kürze zur Stelle sein würden. Diese Schreckensnachricht öffnete ihre verstockten Herzen den Vorstellungen ihres Führers. (2) Der 13. Legion befahl er, unmittelbar auf dem Wall der Via Postumia[22] Stellung zu beziehen; unmittelbar anschließend an ihrer linken Flanke stand die 7. »Galbiana« auf freiem Gelände, dann folgte die 7. »Claudiana«, durch einen Feldgraben – so war das Gelände dort – nach vorne gedeckt. Rechts stand die 8. entlang eines offenen Feldweges, danach die 3., hineingestellt in dichtes Buschwerk. Das war die Aufstellung der Adler und Feldzeichen: die Soldaten aber gerieten in der Dunkelheit durcheinander, wie es der Zufall eben gefügt hatte. Die Prätorianerabteilung[23] stand zunächst der 3. Legion, die Kohorten an den Flügeln, Flanken und Rücken waren von Reiterei gedeckt. Die Sueben Sido und Italicus standen mit auserwählter Mannschaft ihrer Landsleute im Vordertreffen.

**22** (1) Aber das vitellianische Heer, für das es am vernünftigsten gewesen wäre, in Cremona auszuruhen, neue Kräfte durch Essen und Schlafen zu gewinnen und hierauf den durch Kälte und Hunger erschöpften Feind am folgenden Tag zu schlagen und zu verjagen, prallte führerlos, planlos ungefähr um die dritte Nachtwache auf die schon kampfbereiten und in Schlachtordnung aufgerückten Flavianer. (2) Die Aufstellung des infolge leidenschaftlicher Erregung und Dunkelheit zersplitterten

rint quartam Macedonicam dextrum suorum cornu, quintam et quintam decimam cum vexillis nonae secundaeque et vicensimae Britannicarum legionum mediam aciem, sextadecimanos duoetvicensimanosque et primanos laevum cornu complesse. Rapaces atque Italici omnibus se manipulis miscuerant; eques auxiliaque sibi ipsi locum legere. (3) proelium tota nocte varium, anceps, atrox, his, rursus illis exitiabile. nihil animus aut manus, ne oculi quidem provisu iuvabant. eadem utraque acie arma, crebris interrogationibus notum pugnae signum, permixta vexilla, ut quisque globus capta ex hostibus huc vel illuc raptabat. (4) urgebatur maxime septima legio, nuper a Galba conscripta. occisi sex primorum ordinum centuriones, abrepta quaedam signa: ipsam aquilam Atilius Verus primi pili centurio multa cum hostium strage et ad extremum moriens servaverat.

**23** (1) Sustinuit labentem aciem Antonius accitis praetorianis. qui ubi excepere pugnam, pellunt hostem, dein pelluntur. namque Vitelliani tormenta in aggerem viae contulerant, ut tela vacuo atque aperto excuterentur, dispersa primo et arbustis sine hostium noxa inlisa. (2) magnitudine eximia quintae decimae legionis ballista ingentibus saxis hostilem aciem proruebat. lateque cladem intulisset, ni duo milites praeclarum facinus ausi,

Heereszuges genau anzugeben, möchte ich nicht wagen; obwohl andere überliefert haben, die 4. »Macedonica« habe den rechten Flügel ihres Heeres eingenommen, die 5. und 15. mit Abteilungen der britannischen Legionen 9, 2 und 20 das Mitteltreffen, die »Sechzehner«, »Zweiundzwanziger« und »Einser« den linken Flügel. Die Soldaten der »Rapax« und der »Italica« hatten sich auf alle Manipel verteilt[24]; Reiterei und Hilfstruppen suchten sich selbst ihren Standort. (3) Der Kampf war die ganze Nacht wechselvoll, unentschieden, blutig, bald für die eine Seite, bald für die andere verderbenbringend. Nichts nützten Mut und Kraft, nicht einmal ihre Augen, wenn sie Ausschau hielten. Beide Heere führten die gleichen Waffen, infolge häufiger Zurufe wurde die Parole bekannt, durcheinander gerieten die Feldzeichen, je nachdem sie ein Trupp den Feinden entrissen hatte und hierhin und dorthin schleppte. (4) Am meisten in Bedrängnis geriet die erst neulich von Galba ausgehobene 7. Legion. Sechs Zenturionen der ersten Rangklasse fielen, einige Feldzeichen gingen verloren. Den Legionsadler selbst hatte der Primipilus[25] Atilius Verus in einem gewaltigen Blutbad unter den Feinden und um den Preis seines eigenen Lebens gerettet.

**23** (1) Zum Stehen brachte die wankende Schlachtreihe Antonius dadurch, daß er die Prätorianer herbeiholte. Sobald diese den Kampf aufgenommen hatten, schlugen sie den Feind zurück, wurden dann selbst zurückgeschlagen. Denn die Vitellianer hatten Katapultgeschütze auf dem Damm aufgefahren, um die Geschosse von freiem und offenem Gelände abzuschleudern: diese hatten nämlich anfangs weit gestreut und ohne Schaden für die Feinde im Buschwerk eingeschlagen. (2) Eine Schleudermaschine der 15. Legion von außerordentlicher Größe streckte mit gewaltigen Felsblöcken die feindlichen Reihen nieder; und sie hätte weiterhin Verderben verbreitet, wenn nicht zwei Soldaten eine vortreffliche Tat gewagt

arreptis e strage scutis ignorati, vincla ac libramenta tormentorum abscidissent. statim confossi sunt eoque intercidere nomina: de facto haud ambigitur. (3) neutro inclinaverat fortuna, donec adulta nocte luna surgens ostenderet acies falleretque. sed Flavianis aequior a tergo; hinc maiores equorum virorumque umbrae, et falso, ut in corpora, ictu tela hostium citra cadebant: Vitelliani adverso lumine conlucentes velut ex occulto iaculantibus incauti offerebantur.

**24** (1) Igitur Antonius, ubi noscere suos noscique poterat, alios pudore et probris, multos laude et hortatu, omnes spe promissisque accendens, cur resumpsissent arma, Pannonicas legiones interrogabat: illos esse campos, in quibus abolere labem prioris ignominiae, ubi reciperare gloriam possent. (2) tum ad Moesicos conversus principes auctoresque belli ciebat: frustra minis et verbis provocatos Vitellianos, si manus eorum oculosque non tolerent. haec, ut quosque accesserat; plura ad tertianos, veterum recentiumque admonens, ut sub M. Antonio Parthos, sub Corbulone Armenios, nuper Sarmatas pepulissent. (3) mox infensus praetorianis 'vos' inquit, 'nisi vincitis, pagani, quis alius imperator, quae castra alia excipient? illic signa armaque vestra sunt, et mors

hätten: sie rafften Schilde von Gefallenen an sich, blieben unerkannt und hieben die Stränge und Schwungriemen für die Geschosse durch. Sie wurden auf der Stelle erschlagen, und daher gingen ihre Namen verloren; über die Tat gibt es keinen Zweifel. (3) Auf keine der beiden Seiten hatte sich das Glück geneigt, bis schon tief in der Nacht der aufgehende Mond die Schlachtreihen sichtbar machte, aber auch beirrte. Doch für die Flavianer stand der Mond günstiger: in ihrem Rücken; daher warfen Pferde und Menschen längere Schatten, und im Fehlwurf, als seien wirkliche Körper das Ziel, fielen die Geschosse der Feinde schon vorher zu Boden. Die Vitellianer traf das Mondlicht von vorne: daher standen sie den Feinden, die wie aus einem Versteck heraus schossen, ungeschützt gegenüber.

**24** (1) Als daher Antonius die Seinen erkennen und selbst erkannt werden konnte, feuerte er die einen durch Schimpf und Schande, viele durch Lob und Zuspruch, alle durch Hoffnung und Verheißungen an: warum sie denn die Waffen wieder aufgenommen hätten, fragte er die pannonischen Legionen: hier sei das Kampffeld, wo sie den früheren Schandfleck[26] tilgen, wo sie die Ehre wiederherstellen könnten. (2) Dann, an die mösischen Legionen gewandt, feuerte er sie als Anstifter und Urheber des Krieges an:[27] sinnlos hätten sie mit bloßen Drohungen und Worten die Vitellianer herausgefordert, wenn sie jetzt deren Arm und Blick nicht ertragen könnten. So redete er sie an, wie er an den einen oder anderen herangetreten war; mit mehr Worten wandte er sich an die »Dreier«, die er an alte und neue Taten erinnerte, wie sie unter M. Antonius die Parther, unter Corbulo die Armenier, erst jüngst die Sarmaten geschlagen hätten.[28] (3) Dann rief er wutentbrannt den Prätorianern zu: »Und ihr, wenn ihr nicht siegt, Bauerntölpel, welcher andere Imperator, welches andere Lager wird euch aufnehmen? Dort drüben sind eure Feldzeichen und Waffen – und der

victis; nam ignominiam consumpsistis.' undique clamor, et orientem solem (ita in Syria mos est) tertiani salutavere.

**25** (1) Vagus inde an consilio ducis subditus rumor, advenisse Mucianum, exercitus in vicem salutasse. gradum inferunt quasi recentibus auxiliis aucti, rariore iam Vitellianorum acie, ut quos nullo rectore suus quemque impetus vel pavor contraheret diduceretve. postquam impulsos sensit Antonius, denso agmine obturbabat. laxati ordines abrumpuntur, nec restitui quivere impedientibus vehiculis tormentisque. per limitem viae sparguntur festinatione consectandi victores. (2) eo notabilior caedes fuit, quia filius patrem interfecit. rem nominaque auctore Vipstano Messala tradam. Iulius Mansuetus ex Hispania, Rapaci legioni additus, impubem filium domi liquerat. is mox adultus, inter septimanos a Galba conscriptus, oblatum forte patrem et vulnere stratum dum semianimem scrutatur, agnitus agnoscensque et exanguem amplexus, voce flebili precabatur placatos patris manes, neve se ut parricidam aversarentur: publicum id facinus; et unum militem quotam civilium armorum partem? (3) simul attollere corpus, aperire humum, supremo erga parentem officio fungi. advertere proximi, deinde plures: hinc per omnem aciem miraculum et

Tod, wenn ihr euch besiegen laßt; denn das Maß der Schande habt ihr erfüllt.«[29] Von überallher erscholl da der Kampfruf, und die »Dreier« – so ist es Brauch in Syrien – begrüßten die aufgehende Sonne.[30]

**25** (1) Daraus entstand ein unbestimmtes oder mit Absicht des Führers verbreitetes Gerücht: eingetroffen sei Mucianus, die Heere hätten einander begrüßt. Nun rückten sie vor, als ob sie durch frische Truppen verstärkt wären; dagegen lichtete sich schon die Front der Vitellianer, wie eben bei Fehlen jeglicher Führung die einzelnen Mut oder Angst zusammenscharte oder voneinander trennte. Als Antonius ihre Reihen wanken sah, wollte er sie endgültig mit geballtem Angriffskeil in die Flucht jagen. Die bereits gelockerten Reihen wurden durchbrochen und konnten sich nicht mehr sammeln, da Wagen und Wurfmaschinen sie behinderten. Entlang des von der Straße abzweigenden Feldweges schwärmten im Eifer der Verfolgung die Sieger aus. (2) Um so denkwürdiger war das Blutbad, weil ein Sohn seinen Vater tötete. Vorfall und Namen werde ich nach meiner Quelle, Vipstanus Messala[31], berichten. Iulius Mansuetus aus Spanien, eingezogen zur Legion »Rapax«, hatte daheim einen unmündigen Sohn zurückgelassen. Als dieser dann herangewachsen war, wurde er von Galba zu den »Siebenern« ausgehoben; zufällig traf er dort auf seinen Vater und streckte ihn mit einem Hieb nieder; während er den Halbtoten durchsuchte, erkannten sie einander; da umarmte er den Verblutenden und flehte mit klagender Stimme zu den Manen[31a] des Vaters um Vergebung, sie möchten sich von ihm nicht wie von einem Vatermörder abwenden: der Allgemeinheit falle diese Tat zu; und ein einzelner Soldat – welch geringfügiges Glied sei der in einem Bürgerkrieg? (3) Zugleich nahm er den Leichnam auf, hob ein Grab aus und erfüllte die letzten Pflichten gegenüber dem Vater. Das bemerkten die Zunächststehenden, dann eine größere Zahl: darauf verbreitete sich

questus et saevissimi belli execratio. nec eo segnius propinquos adfines fratres trucidant spoliant factum esse scelus loquuntur faciuntque.

**26** (1) Ut Cremonam venere, novum immensumque opus occurrit. Othoniano bello Germanicus miles moenibus Cremonensium castra sua, castris vallum circumiecerat eaque munimenta rursus auxerat. quorum aspectu haesere victores, incertis ducibus, quid iuberent. (2) incipere obpugnationem fesso per diem noctemque exercitu arduum et nullo iuxta subsidio anceps: sin Bedriacum redirent, intolerandus tam longi itineris labor, et victoria ad inritum revolvebatur: munire castra, id quoque propinquis hostibus formidolosum, ne dispersos et opus molientes subita eruptione turbarent. (3) quae super cuncta terrebat ipsorum miles periculi quam morae patientior: quippe ingrata quae tuta, ex temeritate spes; omnesque caedes et vulnera et sanguis aviditate praedae pensabantur.

**27** (1) Huc inclinavit Antonius cingique vallum corona iussit. primo sagittis saxisque eminus certabant, maiore Flavianorum pernicie, in quos tela desuper librabantur; mox vallum portasque legionibus attribuit, ut discretus labor fortes ignavosque distingueret atque ipsa contentione decoris accenderentur. (2) proxima Bedriacensi viae

im ganzen Heer betroffenes Staunen, Klagen, Verfluchung des so grausamen Krieges. Aber mit nicht geringerem Eifer morden und berauben sie Verwandte, Verschwägerte, Brüder. Begangen worden sei ein Frevel, so sprechen sie – und begehen ihn.

**26** (1) Sowie sie nach Cremona kamen, harrte ihrer eine neue, ungeheure Arbeit. Im Krieg gegen Otho hatte das germanische Heer vor den Mauern Cremonas sein Lager errichtet, um das Lager einen Wall gezogen und diese Befestigungsanlagen später noch verstärkt. Bei ihrem Anblick zögerten die Sieger, zumal ihre Führer nicht wußten, was sie befehlen sollten. (2) Den Sturmangriff zu beginnen mit einer Truppe, die einen Tag und eine Nacht hart beansprucht worden war, erschien schwierig und, da keine Reserven zur Hand waren, bedenklich. Kehrte man aber nach Bedriacum zurück, so wäre die Anstrengung eines so langen Marsches unzumutbar, und der Sieg würde in nichts zerrinnen; ein Lager zu schlagen – auch davor hatten sie bei der Nähe der Feinde Angst: diese könnten die verstreuten und mit Schanzarbeit beschäftigten Leute durch einen plötzlichen Ausfall in die Flucht jagen. (3) Mehr als das alles schreckte sie das eigene Kriegsvolk, das Gefahren lieber ertrug als Verzögerung: denn zuwider war alles, was Sicherheit bot, in blinder Verwegenheit lag Hoffnung; alle Verluste, Wunden, Blutvergießen wurden aufgewogen durch die Gier nach Beute.

**27** (1) Dazu neigte auch Antonius, und so befahl er, den Wall ringsum einzuschließen. Anfangs bekämpfte man sich aus der Ferne mit Pfeil- und Steinsalven – unter größeren Verlusten für die Flavianer, da auf sie die Geschosse von oben herabgeschleudert wurden; hierauf wies er Wall und Tore den einzelnen Legionen zu, damit die Teilung der Kampfeslast Tapfere und Feige unterscheide und der Wettkampf um Ehre sie anfeuere. (2) Den Abschnitt zunächst der Straße nach Bedriacum

tertiani septimanique sumpsere, dexteriora valli octava ac septima Claudiana; tertiadecimanos ad Brixianam portam impetus tulit. paulum inde morae, dum ex proximis agris ligones dolabras et alii falces scalasque convectant: tum elatis super capita scutis densa testudine succedunt. (3) Romanae utrimque artes: pondera saxorum Vitelliani provolvunt, disiectam fluitantemque testudinem lanceis contisque scrutantur, donec soluta compage scutorum exangues aut laceros prosternerent multa cum strage. incesserat cunctatio, ni duces fesso militi et velut inritas exhortationes abnuenti Cremonam monstrassent.
**28** (1) Hormine id ingenium, ut Messala tradit, an potior auctor sit C. Plinius, qui Antonium incusat, haud facile discreverim, nisi quod neque Antonius neque Hormus a fama vitaque sua quamvis pessimo flagitio degeneravere. non iam sanguis neque vulnera morabantur, quin subruerent vallum quaterentque portas, innixi umeris et super iteratam testudinem scandentes prensarent hostium tela brachiaque. integri cum sauciis, semineces cum expirantibus volvuntur, varia pereuntium forma et omni imagine mortium.
**29** (1) Acerrimum tertiae septimaeque legionum certamen; et dux Antonius cum delectis auxiliaribus eodem incubuerat. obstinatos inter se cum sustinere Vitelliani nequirent et superiacta tela testudine laberentur, ipsam postremo ballistam in subeuntes propulere, quae ut ad

wählten die »Dreier« und »Siebener«, den mehr nach rechts liegenden Teil die 8. Legion und die 7. »Claudiana«, die »Dreizehner« trieb ihr Kampfgeist an das Brixia-Tor. Dann gab es noch eine kleine Verzögerung, da inzwischen aus der nächsten Umgebung die Troßknechte teils Äxte, teils Mauerhaken und Leitern herbeischafften. Dann rückten sie, die Schilde über die Köpfe emporgehoben, unter dichtem Schutzdach heran. (3) Römische Kriegskunst auf beiden Seiten: Steinlasten rollten die Vitellianer herab, in das gesprengte, wankende Schilddach stießen sie mit Spießen und Stangen nach, bis sich das Gefüge der Schilde löste und sie die verblutenden und verstümmelten Gegner in einem gewaltigen Gemetzel zu Boden streckten. Der Angriff wäre ins Stocken geraten, wenn nicht die Führer jedem Soldaten, der, erschöpft, jedes Wort der Ermunterung als sinnlos von sich wies, Cremona (als Siegespreis) verheißen hätten.

**28** (1) Ob das ein Einfall des Hormus gewesen ist, wie Messala berichtet, oder ob C. Plinius[32] die glaubwürdigere Quelle ist, der Antonius beschuldigt, kann ich nur schwer entscheiden, außer daß weder Antonius noch Hormus von ihrem Ruf und Vorleben durch eine noch so abscheuliche Tat abwichen. Nunmehr hielten nicht Blut und nicht Wunden sie davon ab, den Wall zu untergraben, die Tore zu sprengen und – gestützt auf die Schultern anderer und über das erneuerte Schilddach hinaufkletternd – Waffen und Arme der Feinde zu packen. Unverletzte mit Verwundeten, Halbtote mit Sterbenden wälzten sich hinab: mannigfach die Art des Unterganges und alles ein Bild des Todes.

**29** (1) Am erbittertsten maßen einander im Kampf die 3. und die 7. Legion; auch der Heerführer Antonius hatte sich mit auserlesenen Hilfstruppen dorthin geworfen. Als die Vitellianer dem verbissenen Wetteifer der Gegner nicht mehr standhalten konnten und die von oben herab-

praesens disiecit obruitque quos inciderat, ita pinnas ac summa valli ruina sua traxit; simul iuncta turris ictibus saxorum cessit, qua septimani dum nituntur cuneis, tertianus securibus gladiisque portam perfregit. (2) primum inrupisse C. Volusium tertiae legionis militem inter omnes auctores constat. is in vallum egressus, deturbatis qui restiterant, conspicuus manu ac voce capta castra conclamavit; ceteri trepidis iam Vitellianis seque e vallo praecipitantibus perrupere. completur caede quantum inter castra murosque vacui fuit.

**30** (1) Ac rursus nova laborum facies: ardua urbis moenia, saxeae turres, ferrati portarum obices, vibrans tela miles, frequens obstrictusque Vitellianis partibus Cremonensis populus, magna pars Italiae stato in eosdem dies mercatu congregata, quod defensoribus auxilium ob multitudinem, obpugnantibus incitamentum ob praedam erat. (2) rapi ignes Antonius inferrique amoenissimis extra urbem aedificiis iubet, si damno rerum suarum Cremonenses ad mutandam fidem traherentur. propinqua muris tecta et altitudinem moenium egressa fortissimo quoque militum complet; illi trabibus tegulisque et facibus propugnatores deturbant.

**31** (1) Iam legiones in testudinem glomerabantur, et alii

geschleuderten Geschosse vom Schilddach abglitten, warfen sie zuletzt sogar die Wurfmaschine auf die herandringenden Feinde hinab; sie sprengte zwar fürs erste alle auseinander und begrub unter sich, auf die sie herabgestürzt war, aber sie riß auch die Zinnen und die Mauerkrone in ihrem Sturz mit sich; zugleich gab der angebaute Turm dem Steinbeschuß nach, und während dort die »Siebener« in Keilformation herandrängten, durchbrachen die »Dreier« mit Beilen und Schwertern das Tor. (2) Als erster sei Gaius Volusius, Soldat der 3. Legion, eingedrungen, das ist einhellige Meinung aller Autoren. Er kletterte auf den Wall, schleuderte alle hinab, die noch Widerstand leisteten, und durch Gesten und Rufe die Augen aller auf sich lenkend, schrie er: »Das Lager ist genommen!« Nun stießen die übrigen durch, während die Vitellianer in hastiger Flucht sich vom Wall hinabstürzten. Mit Leichen füllte sich der ganze freie Raum zwischen Lager und Stadtmauern.

**30** (1) Und wiederum zeigte sich eine neue Art von Mühen: die steilaufragenden Mauern der Stadt, Steintürme, eiserne Torriegel, Geschosse schleudernde Soldaten, das zahlreiche, der Vitellius-Partei ergebene Volk Cremonas, ein Großteil Italiens, zusammengeströmt zu dem eben an diesen Tagen üblichen Jahrmarkt: das bedeutete für die Verteidiger Hilfe wegen der großen Menschenmenge, für die Stürmenden Ansporn wegen der Beute. (2) Feuerbrände eilig herbeizuschaffen und in die anmutigsten Gebäude vor den Stadtmauern zu schleudern befahl Antonius, damit so vielleicht durch den Verlust ihres Besitzes die Cremonenser zu einem Frontwechsel bewogen werden könnten. Die Gebäude nahe der Stadtmauer, die an Höhe über sie hinausragten, besetzte er mit den tapfersten Soldaten; diese jagten mit Balken, Ziegeln und Feuerbränden die Verteidiger hinunter.

**31** (1) Schon ballten sich die Legionen zu einem Schild-

tela saxaque incutiebant, cum languescere paulatim Vitellianorum animi. ut quis ordine anteibat, cedere fortunae, ne Cremona quoque excisa nulla ultra venia omnisque ira victoris non in vulgus inops, sed in tribunos centurionesque, ubi pretium caedis erat, reverteretur. (2) gregarius miles futuri socors et ignobilitate tutior perstabat: vagi per vias, in domibus abditi pacem ne tum quidem orabant, cum bellum posuissent. primores castrorum nomen atque imagines Vitellii amoliuntur; catenas Caecinae (nam etiam tunc vinctus erat) exsolvunt orantque, ut causae suae deprecator adsistat. aspernantem tumentemque lacrimis fatigant, extremum malorum, tot fortissimi viri proditoris opem invocantes; mox velamenta et infulas pro muris ostentant. (3) cum Antonius inhiberi tela iussisset, signa aquilasque extulere; maestum inermium agmen deiectis in terram oculis sequebatur. circumstiterant victores et primo ingerebant probra, intentabant ictus: mox, ut praeberi ora contumeliis et posita omni ferocia cuncta victi patiebantur, subit recordatio illos esse, qui nuper Bedriaci victoriae temperassent. (4) sed ubi Caecina praetexta lictoribusque insignis, dimota turba, consul incessit, exarsere victores: superbiam saevitiamque (adeo invisa scelera sunt), etiam perfidiam obiec-

dach zusammen, und andere schleuderten Geschosse und Steine, da erlahmte allmählich der Mut der Vitellianer. Je höher einer im Rang gestiegen war, um so rascher fügte er sich dem Schicksal, aus Furcht, es könnte, wenn auch Cremona gefallen sei, nirgendwo Gnade zu finden sein und aller Zorn des Siegers sich nicht gegen die mittellose Menge, sondern gegen Tribunen und Zenturionen wenden, bei denen das Morden Gewinn versprach. (2) Der gemeine Soldat, unbekümmert um die Zukunft und dank seiner Namenlosigkeit sicherer, verharrte im Widerstand: umherirrend in den Straßen, in die Häuser verkrochen, baten sie nicht einmal dann um Frieden, als sie den Krieg schon aufgegeben hatten. Die Offiziere entfernten Namen und Bilder des Vitellius. Dem Caecina – er war noch immer gefesselt – nahmen sie die Ketten ab und baten ihn, als Fürsprecher ihrer Sache ihnen beizustehen. Da er es ablehnte und sich hochfahrend gebärdete, bestürmten sie ihn unter Tränen – die übelste Form der Erniedrigung: so viele tapfere Männer riefen die Hilfe eines Verräters an. Kurz darauf hißten sie oben auf der Mauer mit Tüchern umwundene Zweige und Wollbinden[33]. (3) Als Antonius befahl, den Beschuß einzustellen, trugen sie die Feldzeichen und Adler heraus. Ein trauriger Zug von Waffenlosen folgte, die Augen zu Boden gesenkt. Um sie herum standen die Sieger: zuerst riefen sie ihnen Schimpfworte zu, drohten ihnen Schläge an; dann, als sie ihre Gesichter den Schmähungen darboten und ohne trotziges Aufbegehren alles wie Besiegte ertrugen, da stieg in ihnen die Erinnerung auf, daß es ja jene Männer seien, die neulich bei Bedriacum im Sieg sich so maßvoll gezeigt hätten.[34] (4) Aber als Caecina, in der Praetexta und mit seinen Liktoren allen sichtbar, die Menge auseinandertreiben ließ und als Konsul einherschritt, da flammte der Zorn der Sieger auf: Hochmut, Grausamkeit – so verhaßt sind Freveltaten –, auch seinen Verrat warfen sie ihm vor. Antonius trat ihnen entgegen

tabant. obstitit Antonius datisque defensoribus ad Vespasianum dimisit.

**32** (1) Plebs interim Cremonensium inter armatos conflictabatur; nec procul caede aberant, cum precibus ducum mitigatus est miles. et vocatos ad contionem Antonius adloquitur, magnifice victores, victos clementer, de Cremona in neutrum. exercitus praeter insitam praedandi cupidinem vetere odio ad excidium Cremonensium incubuit. (2) iuvisse partes Vitellianas Othonis quoque bello credebantur; mox tertiadecimanos ad extruendum amphitheatrum relictos, ut sunt procacia urbanae plebis ingenia, petulantibus iurgiis inluserant. auxit invidiam editum illic a Caecina gladiatorum spectaculum eademque rursus belli sedes et praebiti in acie Vitellianis cibi, caesae quaedam feminae studio partium ad proelium progressae; tempus quoque mercatus ditem alioqui coloniam maiore opum specie complebat. (3) ceteri duces in obscuro: Antonium fortuna famaque omnium oculis exposuerat. is balineas abluendo cruori propere petit. excepta vox est, cum teporem incusaret, statim futurum ut incalescerent: vernile dictum omnem invidiam in eum vertit, tamquam signum incendendae Cremonae dedisset, quae iam flagrabat.

**33** (1) Quadraginta armatorum milia inrupere, calonum lixarumque amplior numerus et in libidinem ac saevitiam

und schickte ihn unter sicherem Geleit zu Vespasianus.

**32** (1) Inzwischen hatte die Bevölkerung inmitten der Bewaffneten viel zu leiden; und beinahe wäre es zu einem Blutbad gekommen, da wurden aber durch die Bitten der Führer die Soldaten milde gestimmt. Antonius berief auch alle zu einer Heeresversammlung und hielt eine Ansprache – in hochtrabenden Worten an die Sieger, an die Besiegten mit Zurückhaltung, über Cremona ohne klare Stellungnahme. Das Heer bestand, abgesehen von der angeborenen Beutegier, aus altem Haß auf der Vernichtung Cremonas. (2) Man glaubte, seine Bewohner hätten die Partei des Vitellius im othonianischen Krieg unterstützt. Dann hatten sie auch die »Dreizehner«, die zum Bau des Amphitheaters zurückgeblieben waren, in der frechen Art des Stadtpöbels mit herausfordernden Sticheleien verspottet. Die Erbitterung verstärkte noch das dort von Caecina veranstaltete Gladiatorenschauspiel, ferner der Gedanke, daß hier zum zweiten Mal der Kriegsschauplatz sei, daß man auf dem Schlachtfeld die Vitellianer mit Verpflegung versorgt habe, daß einige Frauen getötet worden seien, die in ihrem Eifer für die Partei sich auf das Schlachtfeld vorgewagt hätten. Zudem umgab die Zeit des Jahrmarktes die an sich schon wohlhabende Koloniestadt mit dem Glanz vermehrten Reichtums. (3) Die übrigen Heerführer blieben im Hintergrund; den Antonius hatten Glück und Ruf den Blicken aller ausgesetzt. Er eilte in ein Bad, um sich das Blut abzuwaschen. Vernommen wurde da ein Wort, als er sich über die lauwarme Temperatur beschwerte: »Sogleich wird es heiß werden.« Dieser Ausspruch eines Hausskiaven lenkte die ganze Erbitterung auf Antonius, als ob er damit das Zeichen gegeben hätte, Cremona niederzubrennen – das aber schon in Flammen stand.

**33** (1) 40 000 Bewaffnete brachen in die Stadt ein, an Troßknechten und Marketendern eine noch größere

corruptior. non dignitas, non aetas protegebat, quo minus stupra caedibus, caedes stupris miscerentur. grandaevos senes, exacta aetate feminas, viles ad praedam, in ludibrium trahebant: ubi adulta virgo aut quis forma conspicuus incidisset, vi manibusque rapientium divulsus ipsos postremo direptores in mutuam perniciem agebat. dum pecuniam vel gravia auro templorum dona sibi quisque trahunt, maiore aliorum vi truncabantur. (2) quidam obvia aspernati verberibus tormentisque dominorum abdita scrutari, defossa eruere: faces in manibus, quas, ubi praedam egesserant, in vacuas domos et inania templa per lasciviam iaculabantur; utque exercitu vario linguis moribus, cui cives socii externi interessent, diversae cupidines et aliud cuique fas nec quicquam inlicitum. per quadriduum Cremona suffecit. cum omnia sacra profanaque in igne considerent, solum Mefitis templum stetit ante moenia, loco seu numine defensum.

**34** (1) Hic exitus Cremonae anno ducentesimo octogesimo sexto a primordio sui. condita erat Ti. Sempronio P. Cornelio consulibus, ingruente in Italiam Annibale, propugnaculum adversus Gallos trans Padum agentes et si qua alia vis per Alpes rueret. igitur numero colonorum, opportunitate fluminum, ubere agri, adnexu conubiisque gentium adolevit floruitque, bellis externis

Zahl, noch verkommener in ihrer Gier nach Ausschweifung und Grausamkeit. Nicht Rang, nicht Alter schützte davor, daß Vergewaltigung auf Mord, Mord auf Vergewaltigung folgte. Hochbetagte Greise, Frauen an ihrem Lebensabend, wertlos als Beute, schleppten sie zum Spott mit sich fort. Sobald ein erwachsenes Mädchen oder sonst jemand von ansehnlicher Gestalt ihnen in den Weg lief, wurden diese von den gewalttätigen Händen der Räuber hin- und hergerissen, bis sie schließlich die Plünderer selbst zu gegenseitigem Totschlag trieben. Während die einen, jeder für sich, Tempelgeschenke aus schwerem Gold fortschleppten, wurden sie von anderen überwältigt und niedergehauen. (2) Manche verschmähten, was am Wege lag, suchten unter Mißhandlung und Folterung der Besitzer, was versteckt, wühlten hervor, was vergraben war; in Händen hielten sie Fackeln, die sie dann, wenn sie die Beute herausgeschafft hatten, aus Mutwillen in die leeren Häuser und entweihten Tempel schleuderten; und wie es natürlich ist bei einem nach Sprachen und Sitten buntgemischten Heer, in dem Bürger, Bundesgenossen und Ausländer dienten: verschieden waren die Begierden, für jeden galt anderes Recht – und nichts als unerlaubt. Vier Tage lang bot Cremona den Plünderern Beute. Als aller Götter- und Menschenbesitz in Asche gesunken war, stand allein der Tempel der Mefitis[35] vor den Mauern aufrecht – sei es durch seine Lage oder durch göttliches Walten geschützt.

**34** (1) Das war Cremonas Ende im 286. Jahr seit seinem Entstehen. Es war gegründet worden im Konsulat des Tiberius Sempronius und Publius Cornelius[36], als Hannibal in Italien einfiel, als Bollwerk gegen die jenseits des Po siedelnden Gallier und für den Fall, daß irgendeine andere Streitmacht über die Alpen eindringe. Dank der Zahl an Siedlern, der günstigen Flußlage, des fruchtbaren Ackerlandes, der Beziehungen und Ehegemeinschaft mit den Nachbarstämmen wuchs es heran und blühte, von

intacta, civilibus infelix. (2) Antonius pudore flagitii, crebrescente invidia, edixit, ne quis Cremonensem captivum detineret. inritamque praedam militibus effecerat consensus Italiae, emptionem talium mancipiorum aspernantis: occidi coepere; quod ubi enotuit, a propinquis adfinibusque occulte redemptabantur. mox rediit Cremonam reliquus populus: reposita fora templaque magnificentia municipum; et Vespasianus hortabatur.

**35** (1) Ceterum adsidere sepultae urbis ruinis noxia tabo humus haud diu permisit. ad tertium lapidem progressi vagos paventesque Vitellianos, sua quemque apud signa, componunt; et victae legiones, ne manente adhuc civili bello ambigue agerent, per Illyricum dispersae. (2) in Britanniam inde et Hispanias nuntios famamque, in Galliam Iulium Calenum tribunum, in Germaniam Alpinium Montanum praefectum cohortis, quod hic Trevir, Calenus Aeduus, uterque Vitelliani fuerant, ostentui misere. simul transitus Alpium praesidiis occupati, suspecta Germania, tamquam in auxilium Vitellii accingeretur.

**36** (1) At Vitellius profecto Caecina, cum Fabium Valentem paucis post diebus ad bellum impulisset, curis luxum

auswärtigen Kriegen unberührt, in Bürgerkriegen von Unglück getroffen[37]. (2) Antonius schämte sich der schändlichen Vorfälle, und da die allgemeine Erbitterung wuchs, erließ er den Befehl, niemand solle einen Cremonenser als Kriegsgefangenen zurückhalten. Wertlos auch hatte die Beute für die Soldaten die einmütige Haltung Italiens gemacht, das den Kauf solcher Sklaven ablehnte. Da begann man, sie umzubringen; als das bekannt wurde, wurden sie von Angehörigen und Verwandten heimlich zurückgekauft. Bald kehrten die Reste der Bevölkerung nach Cremona zurück: wiederhergestellt wurden Plätze und Tempel dank der Freigebigkeit der Bürger; und auch Vespasianus rief dazu auf.

**35** (1) Länger allerdings vor den Trümmern der eingeäscherten Stadt zu lagern erlaubte der von Verwesungsgeruch verpestete Boden nicht. Daher rückten sie bis zum 3. Meilenstein vor; dort sammelten sie die in Angst und Schrecken umherirrenden Vitellianer, jeden unter seinem Feldzeichen; die besiegten Legionen wurden, damit sie in dem noch andauernden Bürgerkrieg kein Doppelspiel trieben, über Illyrien verteilt. (2) Danach schickten sie nach Britannien und Spanien Boten mit der Kunde von den Ereignissen, nach Gallien den Tribunen Iulius Calenus, nach Germanien den Kohortenpräfekten Alpinius Montanus, weil dieser ein Treverer, Calenus ein Häduer, beide aber Vitellianer gewesen waren – dies taten sie, um Eindruck zu machen. Zugleich wurden die Alpenübergänge mit Posten besetzt, da man gegen Germanien den Verdacht hegte, es könnte sich zur Unterstützung des Vitellius rüsten.

*Reaktion des Vitellius, auswärtige Ereignisse* [36–48

**36** (1) Als Vitellius nach Caecinas Abmarsch Fabius Valens wenige Tage später zum Aufbruch in den Krieg getrieben hatte, gab er sich anstelle seiner Aufgaben immer mehr

obtendebat: non parare arma, non adloquio exercitioque militem firmare, non in ore vulgi agere, sed umbraculis hortorum abditus, ut ignava animalia, quibus si cibum suggeras, iacent torpentque, praeterita instantia futura pari oblivione dimiserat. (2) atque illum in nemore Aricino desidem et marcentem proditio Lucilii Bassi ac defectio classis Ravennatis perculit; nec multo post de Caecina adfertur mixtus gaudio dolor et descivisse et ab exercitu vinctum. plus apud socordem animum laetitia quam cura valuit. multa cum exultatione in urbem revectus frequenti contione pietatem militum laudibus cumulat; Publilium Sabinum praetorii praefectum ob amicitiam Caecinae vinciri iubet, substituto in locum eius Alfeno Varo.

**37** (1) Mox senatum composita in magnificentiam oratione adlocutus, exquisitis patrum adulationibus attollitur. initium atrocis in Caecinam sententiae a L. Vitellio factum; dein ceteri composita indignatione, quod consul rem publicam, dux imperatorem, tantis opibus tot honoribus cumulatus amicum prodidisset, velut pro Vitellio conquerentes, suum dolorem proferebant. (2) nulla in oratione cuiusquam erga Flavianos duces obtrectatio: errorem imprudentiamque exercituum culpantes, Vespasiani nomen suspensi et vitabundi circumibant, nec defuit, qui unum consulatus diem (is enim in locum Caecinae

einem ausschweifenden Lebenswandel hin: nicht kümmerte er sich um Waffen, nicht stärkte er durch Ansprache und Exerzierdienst die Mannschaften, nicht zeigte er Tatkraft vor den Augen der Menge, sondern verborgen in den schattigen Lauben seiner Parks hatte er wie das träge Vieh, das stumpf daliegt, wenn man ihm Futter vorgeworfen hat, Vergangenes, Bevorstehendes und Künftiges mit gleichem Vergessen abgetan. (2) Da erschütterte ihn, als er im Hain von Aricia tatenlos dahindämmerte, der Verrat des Lucilius Bassus und der Abfall der ravennatischen Flotte; nicht viel später traf über Caecina die teils mit Freude, teils mit Schmerz aufgenommene Kunde ein, er sei abgefallen, aber sogleich vom Heer in Fesseln gelegt worden. In seinem stumpfen Gemüt herrschte darüber mehr Freude als Sorge. Unter vielen Freudenbezeigungen kehrte er in die Stadt zurück; in einer stark besuchten Versammlung überhäufte er den Pflichteifer der Soldaten mit Lobesworten; den Prätorianerpräfekten Publilius Sabinus ließ er wegen seiner Freundschaft mit Caecina gefangennehmen und setzte an seine Stelle Alfenus Varus.

37 (1) Dann wandte er sich in einer hochtrabenden Rede an den Senat, ihm selbst wurde von den Senatoren mit ausgesuchten Schmeicheleien gehuldigt. Als erster gab L. Vitellius eine scharfe Erklärung gegen Caecina ab; dann ergingen sich die übrigen in erkünstelter Empörung, daß er als Konsul den Staat und als Heerführer den Imperator, obwohl mit so viel Reichtum und Ehren überhäuft, den Freund verraten habe: zum Schein beklagten sie sich, als ob es ihnen um Vitellius ginge, gaben aber nur ihren eigenen Unwillen kund. (2) In keiner einzigen Rede der geringste Vorwurf gegen die flavianischen Führer: der Verwirrung und Unüberlegtheit der Heere schoben sie die Schuld zu, ängstlich ausweichend umgingen sie den Namen Vespasianus; es fehlte auch nicht der Mann, der einen einzigen Konsulatstag – denn nur einer war für

supererat) magno cum inrisu tribuentis accipientisque eblandiretur. pridie kalendas Novembres Rosius Regulus iniit eiuravitque. adnotabant periti numquam antea non abrogato magistratu neque lege lata alium suffectum; nam consul uno die et ante fuerat Caninius Rebilus C. Caesare dictatore, cum belli civilis praemia festinarentur.

**38** (1) Nota per eos dies Iunii Blaesi mors et famosa fuit, de qua sic accepimus. gravi corporis morbo aeger Vitellius Servilianis hortis turrim vicino sitam conlucere per noctem crebris luminibus animadvertit. sciscitanti causam apud Caecinam Tuscum epulari multos, praecipuum honore Iunium Blaesum nuntiatur; cetera in maius, de apparatu et solutis in lasciviam animis. nec defuere, qui ipsum Tuscum et alios, sed criminosius Blaesum incusarent, quod aegro principe laetos dies ageret. (2) ubi asperatum Vitellium et posse Blaesum perverti satis patuit iis, qui principum offensas acriter speculantur, datae L. Vitellio delationis partes. ille infensus Blaeso aemulatione prava, quod eum omni dedecore maculosum egregia fama anteibat, cubiculum imperatoris reserat, filium eius sinu complexus et genibus accidens. (3) causam confusionis quaerenti, non se proprio metu nec sui anxium, sed pro fratre, pro liberis fratris preces lacrimas-

Caecinas Nachfolger übrig – sich erschmeichelte, wobei Spender und Empfänger lauten Spott ernteten. Am 31. Oktober trat Rosius Regulus sein Amt an – und leistete den Abgangseid[38]. Dazu bemerkten Sachkundige, noch niemals vorher sei ohne Amtsenthebung[39] und ohne Gesetzesantrag ein anderer nachgewählt worden. Konsul nämlich für einen Tag war vorher schon Caninius Rebilus[40] gewesen unter der Diktatur C. Caesars, als man die Belohnungen für den Bürgerkrieg eilig vergeben hatte.

**38** (1) Bekannt wurde in diesen Tagen der Tod des Iunius Blaesus[41] – und viel beredet. Darüber habe ich folgendes erfahren. Schwer erkrankt lag Vitellius im Servilianischen Park[42]; von dort bemerkte er, daß ein nahegelegener Palast die ganze Nacht hindurch von zahlreichen Lichtern hell erleuchtet war. Als er nach dem Grund fragte, wurde ihm mitgeteilt, bei Caecina Tuscus seien viele zur Tafel geladen, besonderer Ehrengast sei Iunius Blaesus. Alle weiteren Berichte waren übertrieben, etwa über den Tafelluxus und die ausgelassene Stimmung. Es fehlte auch nicht an Leuten, die Tuscus selbst und andere, besonders verleumderisch aber Blaesus beschuldigten, er verbringe während der Krankheit des Prinzeps fröhliche Tage. (2) Als nun die Leute, die ein scharfes Auge für Mißstimmungen der Herrscher haben, deutlich erkannten, daß Vitellius erbost war und man Blaesus vernichten könne, wurde dem L. Vitellius[42a] die Rolle des Denunzianten übertragen. Er war mit Blaesus aus übler Eifersucht verfeindet, weil dieser ihn, der sich mit allen möglichen Schandtaten befleckt hatte, durch seinen ausgezeichneten Ruf in den Schatten stellte; er ließ sich das Schlafgemach des Imperators aufsperren, schloß dessen Sohn in seine Arme und warf sich vor ihm auf die Knie. (3) Auf die Frage nach dem Grund seiner Aufregung erklärte er, nicht aus persönlicher Angst oder Furcht um seine Person, sondern für den Bruder, für die

que attulisse. frustra Vespasianum timeri, quem tot Germanicae legiones, tot provinciae virtute ac fide, tantum denique terrarum ac maris immensis spatiis arceat: in urbe ac sinu cavendum hostem, Iunios Antoniosque avos iactantem, qui se stirpe imperatoria comem ac magnificum militibus ostentet. (4) versas illuc omnium mentes, dum Vitellius amicorum inimicorumque neglegens fovet aemulum principis labores e convivio prospectantem. reddendam pro intempestiva laetitia maestam et funebrem noctem, qua sciat et sentiat vivere Vitellium et imperare et, si quid fato accidat, filium habere.

**39** (1) Trepidanti inter scelus metumque, ne dilata Blaesi mors maturam perniciem, palam iussa atrocem invidiam ferret, placuit veneno grassari; addidit facinori fidem notabili gaudio, Blaesum visendo. quin et audita est saevissima Vitellii vox, qua se (ipsa enim verba referam) pavisse oculos spectata inimici morte iactavit. (2) Blaeso super claritatem natalium et elegantiam morum fidei obstinatio fuit. integris quoque rebus a Caecina et primoribus partium iam Vitellium aspernantibus ambitus abnuere perseveravit. sanctus, inturbidus, nullius repen-

Kinder des Bruders, sei er mit Bitten und Tränen gekommen. Sinnlos sei es, vor Vespasianus Angst zu haben, den so viele germanische Legionen, so viele Provinzen durch ihre Tapferkeit und Treue, eine solche Menge an Ländern und Meeren mit ihrer gewaltigen Ausdehnung fernhielten; nein, im Schoß der Hauptstadt müsse man sich vor dem Feind hüten, der mit Iuniern und Antoniern als seinen Ahnen prahle, der sich als Sproß eines Imperatorengeschlechtes[43] den Soldaten gegenüber freundlich und großzügig zeige. (4) Auf ihn seien die Augen aller gerichtet, während Vitellius, unbekümmert um Freund und Feind, den Rivalen noch umhege, der die Leiden des Prinzeps von einem Festbankett aus beobachte. Belohnen müsse man ihn für seine unzeitgemäße Festesfreude mit einer Nacht der Trauer und des Todes, in der er wissen und fühlen könne, daß Vitellius lebe und herrsche und, sollte ihn ein Schicksalsschlag treffen, auch einen Sohn habe.

**39** (1) Noch schwankte Vitellius ängstlich zwischen dem Verbrechen und der Angst, ein Hinauszögern des Todes von Blaesus könnte ihm raschen Untergang, ein offener Befehl dazu erbitterten Haß einbringen; doch dann entschloß er sich, mit Gift ans Werk zu gehen: er machte diese Schandtat noch glaubhafter durch seine während eines Besuches bei Blaesus deutlich merkbare Freude. Ja, man hörte auch von einem abstoßenden Ausspruch des Vitellius, in dem er sich rühmte – ich will nämlich seine eigenen Worte anführen: gesättigt habe er seine Augen, da er dem Sterben seines Feindes zugesehen. (2) Blaesus war, abgesehen vom Adel seiner Herkunft und der Eleganz seines Lebensstils, ein Mann unwandelbarer Treue. Auch als die Stellung des Vitellius noch unangetastet war und er von Caecina und den Parteihäuptern, die sich schon von Vitellius abwandten, umworben wurde, lehnte er solche Versuche beharrlich ab. Untadelig, allem Aufruhr abhold, ohne jedes Verlangen nach überra-

tini honoris, adeo non principatus adpetens, parum effugerat, ne dignus crederetur.

40 (1) Fabius interim Valens multo ac molli concubinarum spadonumque agmine segnius quam ad bellum incedens, proditam a Lucilio Basso Ravennatem classem pernicibus nuntiis accepit. et si coeptum iter properasset, nutantem Caecinam praevenire aut ante discrimen pugnae adsequi legiones potuisset; nec deerant qui monerent, ut cum fidissimis per occultos tramites vitata Ravenna Hostiliam Cremonamve pergeret. (2) aliis placebat accitis ex urbe praetoriis cohortibus valida manu perrumpere: ipse inutili cunctatione agendi tempora consultando consumpsit; mox utrumque consilium aspernatus, quod inter ancipitia deterrimum est, dum media sequitur, nec ausus est satis nec providit.

41 (1) Missis ad Vitellium litteris auxilium postulat. venere tres cohortes cum ala Britannica, neque ad fallendum aptus numerus neque ad penetrandum. sed Valens ne in tanto quidem discrimine infamia caruit, quo minus rapere inlicitas voluptates adulteriisque ac stupris polluere hospitum domus crederetur: aderant vis et pecunia et ruentis fortunae novissima libido. (2) adventu demum peditum equitumque pravitas consilii patuit, quia nec vadere per hostes tam parva manu poterat, etiam

schender Ehrung, geschweige denn nach dem Prinzipat, hatte er nur nicht ganz vermeiden können, daß man ihn dessen für würdig hielt.

40 (1) Fabius Valens, der mit seinem großen und weibischen Schwarm von Konkubinen und Eunuchen langsamer, als für einen Kriegszug passend, unterwegs war, erhielt inzwischen durch Eilboten die Nachricht, die ravennatische Flotte sei von Lucilius Bassus (den Feinden) ausgeliefert worden. Hätte er den bereits begonnenen Marsch beschleunigt, so hätte er dem noch schwankenden Caecina zuvorkommen oder noch vor der Entscheidungsschlacht die Legionen erreichen können. Manche rieten auch, er solle mit den zuverlässigsten Leuten auf Geheimpfaden, ohne Ravenna zu berühren, nach Hostilia oder Cremona eilen. (2) Anderen wieder schien es ratsam, aus der Hauptstadt die Prätorianerkohorten anzufordern und mit starkem Truppenverband durchzubrechen. Er selbst vergeudete in nutzlosem Zögern die Zeit des Handelns mit Beratungen. Dann lehnte er beide Vorschläge ab, und – das verkehrteste in kritischer Lage – indem er den Mittelweg einschlug, ließ er es ebenso an Kühnheit fehlen wie an Vorsicht.

41 (1) In einem Brief an Vitellius forderte er Verstärkung an. Es kamen auch drei Kohorten mit einer britannischen Reiterschwadron – ein Aufgebot, weder geeignet, sich durchzuschleichen, noch sich durchzuschlagen. Aber nicht einmal in so gefahrvoller Lage hielt sich Valens frei von Schande: ja man konnte glauben, er stürze sich geradezu in verbotene Ausschweifungen und beflecke mit Ehebruch und Unzucht die Häuser seiner Quartiergeber. Es fehlte ihm nicht an Gewalt und Geld und, da sein Glück zusammenstürzte, an Verlangen nach äußerstem Sinnengenuß. (2) Erst beim Eintreffen der Fußtruppen und der Reiterei zeigte sich, wie verkehrt sein Plan war: denn durch Feindesland konnte er mit einer so kleinen Schar nicht durchmarschieren, selbst wenn sie uner-

si fidissima foret, nec integram fidem attulerant; pudor tamen et praesentis ducis reverentia morabatur, haud diuturna vincla apud pavidos periculorum et dedecoris securos. (3) eo metu cohortes Ariminum praemittit, alam tueri terga iubet: ipse paucis, quos adversa non mutaverant, comitantibus flexit in Umbriam atque inde Etruriam, ubi cognito pugnae Cremonensis eventu non ignavum et, si provenisset, atrox consilium iniit, ut arreptis navibus in quamcumque partem Narbonensis provinciae egressus Gallias et exercitus et Germaniae gentes novumque bellum cieret.

**42** (1) Digresso Valente trepidos, qui Ariminum tenebant, Cornelius Fuscus, admoto exercitu et missis per proxima litorum Liburnicis, terra marique circumvenit: occupantur plana Umbriae et qua Picenus ager Hadria adluitur, omnisque Italia inter Vespasianum ac Vitellium Appennini iugis dividebatur. (2) Fabius Valens e sinu Pisano segnitia maris aut adversante vento portum Herculis Monoeci depellitur. haud procul inde agebat Marius Maturus Alpium maritimarum procurator, fidus Vitellio, cuius sacramentum cunctis circa hostilibus nondum exuerat. is Valentem comiter exceptum, ne Galliam Narbonensem temere ingrederetur, monendo terruit; simul ceterorum fides metu infracta.

schütterlich gewesen wäre – aber unwandelbare Treue war nicht Sache der Ankömmlinge. Jedoch hielten Ehrgefühl und Scheu vor dem anwesenden Führer sie noch zurück – keine dauerhaften Bande bei Leuten, die vor Gefahren Angst und gegenüber Schande Gleichgültigkeit zeigten. (3) Aus Sorge darüber schickte er die Kohorten nach Ariminum voraus, der Reiterschwadron befahl er, den Rücken zu decken; er selbst bog mit wenigen Begleitern, welche die mißliche Lage nicht verwandelt hatte, nach Umbrien ab und von dort nach Etrurien. Dort faßte er auf die Nachricht vom Ausgang der Schlacht bei Cremona einen verwegenen und, wäre er geglückt, schrecklichen Plan: eilig Schiffe aufzubringen, in irgendeinem Teil der Provinz Narbonensis zu landen, Gallien, die Heere und die Völker Germaniens zu einem neuen Krieg aufzubringen.

**42** (1) Der Abzug des Valens versetzte die Besatzung von Ariminum in Angst und Schrecken; nun ließ Cornelius Fuscus das Heer vorrücken, schickte entlang der nächstgelegenen Küstenstädte Liburnerschiffe und schloß die Stadt von der Land- und Seeseite her ein. Besetzt wurde das Flachland Umbriens und das Gebiet von Picenum, soweit es am Adriatischen Meer liegt, und ganz Italien war nun zwischen Vespasianus und Vitellius durch die Berghöhen des Apennin aufgeteilt. (2) Fabius Valens wurde auf der Fahrt aus dem Golf von Pisa infolge einer Meeresstille oder widriger Winde in den Hafen des Hercules Monoecus abgetrieben. Nicht weit davon stand Marius Maturus, Prokurator der Seealpen[44] und dem Vitellius treu ergeben, dem er, obwohl rings von Feindesland umgeben, den Eid noch nicht gebrochen hatte. Er nahm Valens freundlich auf und hielt ihn durch seine Warnung davon ab, aufs Geratewohl in der Gallia Narbonensis an Land zu gehen. Zugleich war die Treue der übrigen aus Furcht ins Wanken geraten.

**43** (1) Namque circumiectas civitates procurator Valerius Paulinus, strenuus militiae et Vespasiano ante fortunam amicus, in verba eius adegerat; concitisque omnibus, qui exauctorati a Vitellio bellum sponte sumebant, Foroiuliensem coloniam, claustra maris, praesidio tuebatur, eo gravior auctor, quod Paulino patria Forum Iulii et honos apud praetorianos, quorum quondam tribunus fuerat, ipsique pagani favore municipali et futurae potentiae spe iuvare partes adnitebantur. (2) quae ut paratu firma et aucta rumore apud varios Vitellianorum animos increbruere, Fabius Valens cum quattuor speculatoribus et tribus amicis, totidem centurionibus, ad naves regreditur; Maturo ceterisque remanere et in verba Vespasiani adigi volentibus fuit. ceterum ut mare tutius Valenti quam litora aut urbes, ita futuri ambiguus et magis quid vitaret quam cui fideret certus, adversa tempestate Stoechadas Massiliensium insulas adfertur. ibi eum missae a Paulino Liburnicae oppressere.

**44** (1) Capto Valente cuncta ad victoris opes conversa, initio per Hispaniam a prima Adiutrice legione orto, quae memoria Othonis infensa Vitellio decimam quoque ac sextam traxit. nec Galliae cunctabantur. et Britanniam insitus erga Vespasianum favor, quod illic secundae legioni a Claudio praepositus et bello clarus egerat, non sine motu adiunxit ceterarum, in quibus plerique centu-

43 (1) Denn die umliegenden Siedlungen hatte der Prokurator Valerius Paulinus[45], ein wackerer Kriegsmann und mit Vespasianus schon vor seiner Erhebung befreundet, auf diesen vereidigt. Alle, die nach der Entlassung durch Vitellius freiwillig den Dienst wieder aufnahmen, hatte er aufgeboten; außerdem legte er in die Koloniestadt Forum Iulii[46], den Schlüssel zum Meer, eine starke Besatzung als Schutz. Er verfügte dabei über um so größeres Gewicht, da Forum Iulii seine Heimatstadt war und er unter den Prätorianern als deren früherer Tribun Ansehen genoß. Auch die Landbevölkerung bemühte sich, aus Zuneigung zu ihrem Landsmann und in der Hoffnung auf dessen künftige Machtstellung, die Sache der Partei zu unterstützen. (2) Als diese Maßnahmen, der Zurüstung nach stark genug, aber durch Gerüchte noch gesteigert, den schon schwankenden Vitellianern zu Ohren kamen, kehrte Valens mit vier Leibwächtern, drei Freunden und ebenso vielen Zenturionen zu den Schiffen zurück. Maturus und die übrigen blieben freiwillig zurück und leisteten den Eid auf Vespasianus. Für Valens bot zwar das Meer größere Sicherheit als die Küsten und Städte, aber er war unentschlossen, was nun geschehen solle, und wußte eher, was zu meiden, als wem zu trauen sei; durch ein Unwetter wurde er an die zu Massilia gehörenden Stoechaden verschlagen. Dort überwältigten ihn von Paulinus entsandte Liburnerschiffe.

44 (1) Nach der Gefangennahme des Valens wandte sich alles der Macht des Siegers zu; den Anfang machte in Spanien die 1. Legion »Adiutrix«, die, im Gedenken an Otho dem Vitellius feindlich gesinnt, auch die 10. und die 6. Legion mitzog. Auch Gallien zögerte nicht; Britannien bewog zum Anschluß die seit früher bewahrte Zuneigung zu Vespasianus – er war dort von Claudius mit dem Kommando über die 2. Legion betraut worden[47] und hatte sich im Krieg hervorragend geschlagen: das geschah nicht ohne Aufregung bei den übrigen

riones ac milites a Vitellio provecti expertum iam principem anxii mutabant.

**45** (1) Ea discordia et crebris belli civilis rumoribus Britanni sustulere animos auctore Venutio, qui super insitam ferociam et Romani nominis odium propriis in Cartimanduam reginam stimulis accendebatur. Cartimandua Brigantibus imperitabat, pollens nobilitate; et auxerat potentiam, postquam capto per dolum rege Carataco instruxisse triumphum Claudii Caesaris videbatur. inde opes et rerum secundarum luxus: spreto Venutio (is fuit maritus) armigerum eius Vellocatum in matrimonium regnumque accepit. (2) concussa statim flagitio domus: pro marito studia civitatis, pro adultero libido reginae et saevitia. igitur Venutius accitis auxiliis, simul ipsorum Brigantum defectione in extremum discrimen Cartimanduam adduxit. tum petita a Romanis praesidia. et cohortes alaeque nostrae variis proeliis exemere tamen periculo reginam; regnum Venutio, bellum nobis relictum.

**46** (1) Turbata per eosdem dies Germania, et socordia ducum, seditione legionum, externa vi, perfidia sociali prope adflicta Romana res. id bellum cum causis et eventibus (etenim longius provectum est) mox memora-

Legionen, wo sehr viele von Vitellius beförderte Zenturionen und Gemeine nur mit Besorgnis von einem Prinzeps ließen, mit dem sie gute Erfahrungen gemacht hatten.

**45** (1) Angesichts dieser Uneinigkeit und der häufigen Gerüchte über einen Bürgerkrieg erhoben die Britannen ihr Haupt – Rädelsführer war Venutius[48], der, abgesehen von seiner angeborenen Wildheit und dem Haß gegen alles Römische, von persönlichen Rachegefühlen gegen die Königin Cartimandua getrieben war. Cartimandua herrschte über die Briganten mit großer Machtfülle dank ihrer vornehmen Herkunft; sie hatte ihre Macht noch vermehrt, da sie durch die hinterlistige Gefangennahme des Caratacus sich den Anschein gab, den Triumph des Claudius Caesar besonders ausgezeichnet zu haben;[49] daher ihr Reichtum und üppiger Genuß des Glücks. Nun verstieß sie Venutius – das war ihr Gemahl – und nahm dessen Schildknappen Vellocatus in Ehe- und Throngemeinschaft auf. (2) Erschüttert wurde sogleich durch diesen Skandal ihr Haus: für den Gatten die Stimmung in der Bevölkerung, für den Ehebrecher die Sinnenlust der Königin – und ihre Grausamkeit. So konnte Venutius dadurch, daß er Truppen an sich zog, und durch den gleichzeitigen Abfall auch der Briganten Cartimandua in äußerste Gefahr bringen. Da bat sie die Römer um Schutz, und unsere Kohorten und Schwadronen entrissen trotz wechselnden Schlachtenglücks die Königin der Gefahr; die Herrschaft blieb dem Venutius – uns der Krieg.

**46** (1) Zu schweren Unruhen kam es zur selben Zeit in Germanien; durch die Fahrlässigkeit der Heerführer, den Aufruhr der Legionen, durch Gewalt von außen und Treulosigkeit der Bundesgenossen hätte die römische Macht beinahe einen vernichtenden Schlag erlitten. Diesen Krieg samt Gründen und Verlauf – er zog sich nämlich über längere Zeit hin – werde ich später behan-

bimus. (2) mota et Dacorum gens numquam fida, tunc sine metu, abducto e Moesia exercitu. sed prima rerum quieti speculabantur: ubi flagrare Italiam bello, cuncta in vicem hostilia accepere, expugnatis cohortium alarumque hibernis utraque Danuvii ripa potiebantur. iamque castra legionum excindere parabant, ni Mucianus sextam legionem opposuisset, Cremonensis victoriae gnarus, ac ne externa moles utrimque ingrueret, si Dacus Germanusque diversi inrupissent. (3) adfuit, ut saepe alias, fortuna populi Romani, quae Mucianum viresque Orientis illuc tulit, et quod Cremonae interim transegimus. Fonteius Agrippa ex Asia (pro consule eam provinciam annuo imperio tenuerat) Moesiae praepositus est, additis copiis e Vitelliano exercitu, quem spargi per provincias et externo bello inligari pars consilii pacisque erat.

47 (1) Nec ceterae nationes silebant. subita per Pontum arma barbarum mancipium, regiae quondam classis praefectus, moverat. is fuit Anicetus Polemonis libertus, praepotens olim, et postquam regnum in formam provinciae verterat, mutationis impatiens. (2) igitur Vitellii nomine adscitis gentibus, quae Pontum accolunt, corrupto in spem rapinarum egentissimo quoque, haud temnendae manus ductor, Trapezuntem vetusta fama civita-

deln.[50] (2) In Bewegung geriet auch das Volk der Daker – niemals war es zuverlässig, damals auch ohne Furcht, weil das Heer aus Mösien abgezogen war. Den Beginn der Ereignisse allerdings beobachteten sie ruhig: als sie aber erfuhren, daß in Italien die Kriegsfackel lodere, alles gegeneinander in Waffen stehe, da erstürmten sie die Winterlager der Kohorten und Reiterschwadronen und bemächtigten sich beider Donauufer. Und schon schickten sie sich an, die Legionslager zu zerstören, wenn ihnen Mucianus nicht die 6. Legion entgegengestellt hätte; er wußte bereits vom Sieg bei Cremona und wollte verhüten, daß von außen an zwei Stellen die Kriegsflut hereinbreche, falls Daker und Germanen von verschiedenen Seiten einfielen. (3) Hilfreich zur Seite stand, wie schon oft, das Glück des römischen Volkes: es führte Mucianus und die Streitkräfte des Orients dorthin, und außerdem hatten wir bei Cremona die Entscheidung herbeigeführt. Fonteius Agrippa wurde aus Asia – er hatte mit prokonsularischem Imperium ein Jahr lang diese Provinz verwaltet[51] – hierher versetzt und mit dem Kommando über Mösien betraut, wobei er zusätzlich Truppen aus der Vitellius-Armee erhielt; diese auf die Provinzen zu verteilen und in einen auswärtigen Krieg zu verwickeln lag im Interesse einer planenden Friedenspolitik.

47 (1) Auch die übrigen Völker blieben nicht ruhig. Plötzlich hatte in Pontus ein Barbarensklave, früher Präfekt der königlichen Flotte, die Waffen erhoben. Es war Anicetus, Freigelassener des Polemon[52], einst ein überaus mächtiger Mann, und jetzt, da das Königreich in eine Provinz umgewandelt war, nicht willens, die Veränderung hinzunehmen. (2) Daher zog er im Namen des Vitellius die am Pontus siedelnden Stämme an sich, verlockte zur Hoffnung auf Plünderung gerade die ärmsten Schichten, und als Führer einer nicht zu verachtenden Heeresschar überfiel er plötzlich Trapezunt, eine seit

tem, a Graecis in extremo Ponticae orae conditam, subitus inrupit. caesa ibi cohors, regium auxilium olim; mox donati civitate Romana signa armaque in nostrum modum, desidiam licentiamque Graecorum retinebant. (3) classi quoque faces intulit, vacuo mari eludens, quia lectissimas Liburnicarum omnemque militem Mucianus Byzantium adegerat: quin et barbari contemptim vagabantur, fabricatis repente navibus. camaras vocant, artis lateribus latam alvum sine vinculo aeris aut ferri conexam; et tumido mari, prout fluctus attollitur, summa navium tabulis augent, donec in modum tecti claudantur. sic inter undas volvuntur, pari utrimque prora et mutabili remigio, quando hinc vel illinc adpellere indiscretum et innoxium est.

**48** (1) Advertit ea res Vespasiani animum, ut vexillarios e legionibus ducemque Virdium Geminum spectatae militiae deligeret. ille incompositum et praedae cupidine vagum hostem adortus coegit in naves; effectisque raptim Liburnicis adsequitur Anicetum in ostio fluminis Chobi, tutum sub Sedochezorum regis auxilio, quem pecunia donisque ad societatem perpulerat. (2) ac primo rex minis armisque supplicem tueri: postquam merces proditionis aut bellum ostendebatur, fluxa, ut est barbaris, fide

alters berühmte, von den Griechen am äußersten Rand der pontischen Küste gegründete Stadt. Niedergemacht wurde dort die Kohorte, einst ein königlicher Truppenverband. Danach mit dem römischen Bürgerrecht ausgezeichnet, hatten sie Feldzeichen und Waffen nach unserer Art übernommen, aber Faulheit und Zügellosigkeit der Griechen beibehalten.[53] (3) Sogar die Flotte steckte er in Brand, da er auf dem ungeschützten Meer sein Spiel treiben konnte; denn die seetüchtigsten Liburnerschiffe und die gesamte Besatzung hatte Mucianus nach Byzanz geführt.[54] Ja sogar die Barbaren fuhren frech in rasch gezimmerten Schiffen umher. Man nennt sie Kamaren: bei nach oben sich verengenden Seitenwänden haben sie einen weiten Schiffsbauch, der ohne Erz- und Eisenklammern zusammengefügt ist; bei stürmischer See, je nach Stärke des Wellenganges, erhöhen sie die Schiffsborde durch Bretter, bis sie sich nach Art eines Daches zusammenschließen. So treiben sie in den Wellen dahin, jedes Schiff mit gleichem Bug an beiden Seiten und austauschbarem Ruderwerk, weil mit dem einen oder anderen Ende zu landen für sie keinen Unterschied und keine Gefahr bringt.

**48** (1) Dieser Vorfall erregte die Aufmerksamkeit Vespasians, so daß er Vexillarier aus den Legionen und als Führer Virdius Geminus, einen bewährten Kriegsmann, auswählte. Dieser griff den ungeordneten und voll Beutegier umherstreifenden Feind an und trieb ihn auf die Schiffe zurück. In Eile ließ er Liburnerschiffe bauen und stellte Anicetus an der Mündung des Flusses Chobus, wo sich dieser sicher fühlte unter dem Schutz des Sedochezenkönigs, den er durch Geld zu einem Bündnis gedrängt hatte. (2) Und zunächst schützte ihn auf seine flehentlichen Bitten der König durch Androhung von Waffengewalt. Als ihm Belohnung für den Verrat oder aber Krieg in Aussicht gestellt wurde, begann seine Treue, wie bei Barbaren üblich, zu wanken, und er

pactus Aniceti exitium perfugas tradidit, belloque servili finis impositus.
(3) Laetum ea victoria Vespasianum, cunctis super vota fluentibus, Cremonensis proelii nuntius in Aegypto adsequitur. eo properantius Alexandriam pergit, ut fractos Vitellii exercitus urbemque externae opis indigam fame urgeret. namque et Africam, eodem latere sitam, terra marique invadere parabat, clausis annonae subsidiis inopiam ac discordiam hosti facturus.

**49** (1) Dum hac totius orbis nutatione fortuna imperii transit, Primus Antonius nequaquam pari innocentia post Cremonam agebat, satis factum bello ratus et cetera ex facili, seu felicitas in tali ingenio avaritiam superbiam ceteraque occulta mala patefecit. ut captam Italiam persultare, ut suas legiones colere; omnibus dictis factisque viam sibi ad potentiam struere. (2) utque licentia militem imbueret interfectorum centurionum ordines legionibus offerebat. eo suffragio turbidissimus quisque delecti; nec miles in arbitrio ducum, sed duces militari violentia trahebantur. quae seditiosa et corrumpendae disciplinae mox in praedam vertebat, nihil adventantem Mucianum

verpflichtete sich, den Anicetus zu vernichten, lieferte die Flüchtlinge aus – und so fand der Sklavenkrieg ein Ende.
(3) Vespasianus, freudig gestimmt über diesen Sieg, da sich ja alles mehr als wunschgemäß entwickelte, erhielt die Nachricht von der Schlacht bei Cremona in Ägypten. Um so eiliger setzte er seinen Marsch auf Alexandria fort, um die geschlagene Vitellius-Armee und die von auswärtiger Hilfe abhängige Hauptstadt durch Hunger unter Druck zu setzen. Denn er traf auch Vorbereitungen, das an derselben Küste liegende Africa von der Land- und Seeseite her anzugreifen, um durch die Sperre der Getreidezufuhr beim Feind Mangel und Zwietracht zu schaffen.

## *Vormarsch der Flavianer auf Rom* [49–63

**49** (1) Während in solcher Erschütterung des ganzen Erdkreises sich der Machtwechsel im Reich vollzog, zeigte Primus Antonius nach Cremona keineswegs mehr die gleiche untadelige Haltung: er glaubte, es sei genug getan für den Krieg, und alles Weitere werde sich leicht ergeben; vielleicht hat auch das Glück in einem solchen Charakter Habgier, Hochmut und andere bisher verborgene Eigenschaften freigelegt. Er durchstreifte Italien, als wäre es von ihm erobert, er umwarb die Legionen, als wären sie sein Eigentum; mit all seinen Worten und Taten suchte er sich einen Weg zur Macht zu bahnen. (2) Um die Soldaten auf den Geschmack der Zügellosigkeit zu bringen, bot er die Stellen der gefallenen Zenturionen den Legionen selbst zur Besetzung an. Bei der folgenden Abstimmung wurden die ärgsten Unruhestifter gewählt: nicht mehr standen die Mannschaften unter dem Befehl der Führer, sondern diese im Schlepptau der gewalttätigen Soldateska. Dieses aufrührerische, auf Untergrabung der Disziplin gerichtete Treiben nützte er dazu, Beute zu

veritus, quod exitiosius erat quam Vespasianum sprevisse.

50 (1) Ceterum propinqua hieme et umentibus Pado campis expeditum agmen incedere. signa aquilaeque victricium legionum, milites vulneribus aut aetate graves, plerique etiam integri Veronae relicti: sufficere cohortes alaeque et e legionibus lecti profligato iam bello videbantur. (2) undecima legio sese adiunxerat, initio cunctata, sed prosperis rebus anxia quod defuisset; sex milia Dalmatarum, recens dilectus, comitabantur; ducebat Pompeius Silvanus consularis; vis consiliorum penes Annium Bassum legionis legatum. is Silvanum socordem bello et dies rerum verbis terentem specie obsequii regebat ad omniaque quae agenda forent quieta cum industria aderat. (3) ad has copias e classicis Ravennatibus, legionariam militiam poscentibus, optimus quisque adsciti: classem Dalmatae supplevere. exercitus ducesque ad Fanum Fortunae iter sistunt, de summa rerum cunctantes, quod motas ex urbe praetorias cohortes audierant et teneri praesidiis Appenninum rebantur; et ipsos in regione bello attrita inopia et seditiosae militum voces terrebant, clavarium (donativi nomen est) flagitantium. nec pecuniam aut frumentum providerant, et festinatio atque aviditas praepediebant, dum quae accipi poterant rapiuntur.

machen -- ohne Furcht vor dem heranrückenden Mucianus: und das war für ihn verhängnisvoller, als Vespasianus nicht geachtet zu haben.

50 (1) Da indessen der Winter nahte und die Felder durch den Po überschwemmt waren, rückte der Heereszug ohne Troß vor. Die Feldzeichen und Adler der siegreichen Legionen, die verwundeten oder altersschwachen Soldaten, aber auch viele einsatzfähige, blieben in Verona zurück; die Kohorten und Schwadronen und von den Legionen abgezweigte Truppen schienen für den fast schon beendeten Krieg zu genügen. (2) Die 11. Legion[55] hatte sich angeschlossen, anfangs zögernd, aber nun bei günstiger Entwicklung in Sorge, weil sie zuerst abseits gestanden hatte; 6000 Dalmater, eben erst ausgehoben, folgten ihr; das Kommando hatte der Konsular Pompeius Silvanus, die eigentliche Entscheidungsgewalt lag aber beim Legionslegaten Annius Bassus. Dieser lenkte den im Krieg tatenlosen und die Zeit des Handelns mit Geschwätz vertrödelnden Silvanus unter dem Schein der Unterordnung und war bei allem, was zu tun war, mit besonnener Tatkraft zur Stelle. (3) Diesen Truppen wurden aus den Flottenmannschaften zu Ravenna, die für sich den Dienst in der Legion verlangten, die besten Mannschaften eingegliedert; die Flotte füllten Dalmater auf. Heer und Führer machten bei Fanum Fortunae halt, im unklaren über die Gesamtlage, weil sie vom Abmarsch der Prätorianerkohorten aus der Hauptstadt gehört hatten und glaubten, daß der Apennin von Posten besetzt gehalten werde. Die Führer selbst schreckte in dem vom Krieg schwer mitgenommenen Landstrich der Mangel an allem und die meuterischen Reden der Soldaten, die ein »Nagelgeld«[56] – so die Bezeichnung für ein Geldgeschenk – verlangten; auch hatten sie für Geld und Getreide nicht vorgesorgt – und Hast und Beutegier (der Soldaten) war ein Hemmnis, da man, was man nur in Empfang zu nehmen brauchte, gewaltsam an sich riß.

**51** (1) Celeberrimos auctores habeo tantam victoribus adversus fas nefasque inreverentiam fuisse, ut gregarius eques occisum a se proxima acie fratrem professus praemium a ducibus petierit. nec illis aut honorare eam caedem ius hominum aut ulcisci ratio belli permittebat. distulerant tamquam maiora meritum quam quae statim exolverentur; nec quidquam ultra traditur. (2) ceterum et prioribus civium bellis par scelus inciderat. nam proelio, quo apud Ianiculum adversus Cinnam pugnatum est, Pompeianus miles fratrem suum, dein cognito facinore se ipsum interfecit, ut Sisenna memorat: tanto acrior apud maiores, sicut virtutibus gloria, ita flagitiis paenitentia fuit. sed haec aliaque ex vetere memoria petita, quotiens res locusque exempla recti aut solacia mali poscet, haud absurde memorabimus.

**52** (1) Antonio ducibusque partium praemitti equites omnemque Umbriam explorari placuit, si qua Appennini iuga clementius adirentur: acciri aquilas signaque et quidquid Veronae militum foret, Padumque et mare commeatibus compleri. erant inter duces, qui necterent moras: quippe nimius iam Antonius, et certiora ex Muciano sperabantur. (2) namque Mucianus tam celeri victoria anxius et, ni praesens urbe potiretur, expertem se belli gloriaeque ratus, ad Primum et Varum media scripti-

**51** (1) Ich habe die namhaftesten Gewährsmänner dafür, daß bei den Siegern eine derartige Gleichgültigkeit gegenüber Recht und Unrecht geherrscht habe, daß ein gemeiner Reiter offen erklärte, in der letzten Schlacht habe er seinen Bruder erschlagen, und dafür sogar eine Belohnung von den Führern verlangte. Ihn für diesen Mord auszuzeichnen, verbot ihnen das Menschenrecht, ihn zu bestrafen die Rücksicht auf den Kriegszustand. Sie hielten ihn hin, als habe er mehr verdient, als daß es ihm gleich vergolten werden könnte; weitere Nachrichten darüber fehlen. (2) Übrigens war es auch in den früheren Bürgerkriegen zu einer gleichen Freveltat gekommen; denn in der Schlacht, die am Ianiculus geschlagen wurde,[57] tötete ein Soldat des Pompeius seinen eigenen Bruder und dann, als er seine Untat erkannte, sich selbst, wie Sisenna berichtet.[58] So viel lebendiger war bei unseren Vorfahren einerseits die rühmende Wertung von Mannhaftigkeit, andererseits die Reue für Schandtaten. Solche und andere der alten Geschichte entnommene Beispiele anzuführen, sooft Tatsachen und Zusammenhang Beispiele für das Gute und Trost für das Böse erfordern, halte ich für notwendig.

**52** (1) Antonius und die Heerführer der Partei beschlossen, Reiter vorauszuschicken und in ganz Umbrien auszuforschen, ob irgendwelche Apenninenpässe leichter zugänglich seien,[59] außerdem Legionsadler, Feldzeichen und alle in Verona lagernden Truppen heranzuholen, Po und Meer für starke Nachschubtransporte zu nützen. Einige unter den Führern schufen immer neue Verzögerungen: denn Antonius war ihnen bereits zu mächtig geworden, und sicherere Belohnung erhofften sie von Mucianus. (2) Mucianus war nämlich besorgt über den rasch errungenen Sieg und glaubte, wenn er sich nicht persönlich der Hauptstadt bemächtige, werde er von Krieg und Ruhm ausgeschlossen bleiben; daher schrieb er wiederholt in zweideutigen Ausdrücken an Primus

tabat, instandum coeptis aut rursus cunctandi utilitates disserens atque ita compositus, ut ex eventu rerum adversa abnueret vel prospera agnosceret. (3) Plotium Grypum, nuper a Vespasiano in senatorium ordinem adscitum ac legioni praepositum, ceterosque sibi fidos apertius monuit, hique omnes de festinatione Primi ac Vari sinistre et Muciano volentia rescripsere. quibus epistulis Vespasiano missis effecerat, ut non pro spe Antonii consilia factaque eius aestimarentur.

**53** (1) Aegre id pati Antonius et culpam in Mucianum conferre, cuius criminationibus eviluissent pericula sua; nec sermonibus temperabat, immodicus lingua et obsequii insolens. litteras ad Vespasianum composuit iactantius quam ad principem, nec sine occulta in Mucianum insectatione: se Pannonicas legiones in arma egisse; suis stimulis excitos Moesiae duces, sua constantia perruptas Alpes, occupatam Italiam, intersaepta Germanorum Raetorumque auxilia. (2) quod discordes dispersasque Vitellii legiones equestri procella, mox peditum vi per diem noctemque fudisset, id pulcherrimum et sui operis. casum Cremonae bello imputandum: maiore damno, plurium urbium excidiis veteres civium discordias rei

und Varus, wobei er die Notwendigkeit energischen Vorgehens, dann wieder die Vorteile hinhaltender Taktik darlegte, aber alles so abgefaßt, daß er je nach Ausgang Mitschuld an einem Mißlingen von sich weisen und Verdienst an einem Erfolg sich zuschreiben konnte. (3) An Plotius Grypus – er war erst kürzlich von Vespasianus in den Senatorenstand aufgenommen und mit einem Legionskommando betraut worden – und an seine anderen Getreuen richtete er deutlichere Mahnungen; diese alle schrieben in ihren Antworten ablehnend über das hastige Vorgehen des Primus und des Varus – und überhaupt ganz im Sinne des Mucianus. Da er diese Briefe an Vespasianus schickte, erreichte er, daß des Antonius Pläne und Taten nicht so, wie dieser gehofft hatte, gewürdigt wurden.

**53** (1) Darüber war Antonius ergrimmt und schob die Schuld auf Mucianus, weil durch dessen Anschuldigungen seine waghalsigen Unternehmungen herabgesetzt worden seien; und nicht mäßigte er sich bei seinen Reden – unbeherrscht in seinen Ausdrücken und zu gehorchen nicht gewohnt. Er verfaßte ein Schreiben an Vespasianus, ruhmrediger, als es sich gegenüber dem Prinzeps gebührt hätte, und nicht ohne versteckte Angriffe auf Mucianus: er selbst habe die pannonischen Legionen dazu gebracht, die Waffen zu ergreifen, durch seine anfeuernden Worte seien die Führer Mösiens aus dem Schlaf gescheucht worden, dank seiner Beharrlichkeit seien die Alpen durchbrochen, Italien besetzt und die Hilfstruppen der Germanen und Räter abgeschnitten worden. (2) Daß er die zerstrittenen Legionen des Vitellius durch das stürmische Vorsprengen der Reiter, dann durch den machtvollen Angriff des Fußvolkes einen Tag und eine Nacht lang gejagt habe, das sei eine herrliche Tat und sein Werk. Der Fall Cremonas sei dem Krieg zuzurechnen; noch größere Verluste, die Zerstörung von noch mehr Städten hätten die früheren Bürgerkriege den

publicae stetisse. (3) non se nuntiis neque epistulis, sed manu et armis imperatori suo militare; neque officere gloriae eorum, qui Daciam interim composuerint: illis Moesiae pacem, sibi salutem securitatemque Italiae cordi fuisse; suis exhortationibus Gallias Hispaniasque, validissimam terrarum partem, ad Vespasianum conversas. sed cecidisse in inritum labores, si praemia periculorum soli adsequantur, qui periculis non adfuerint. nec fefellere ea Mucianum; inde graves simultates, quas Antonius simplicius, Mucianus callide eoque implacabilius nutriebat.

**54** (1) At Vitellius fractis apud Cremonam rebus nuntios cladis occultans stulta dissimulatione remedia potius malorum quam mala differebat. quippe confitenti consultantique supererant spes viresque: cum e contrario laeta omnia fingeret, falsis ingravescebat. mirum apud ipsum de bello silentium; prohibiti per civitatem sermones, eoque plures ac, si liceret, vere narraturi, quia vetabantur, atrociora vulgaverant. (2) nec duces hostium augendae famae deerant, captos Vitellii exploratores circumductosque, ut robora victoris exercitus noscerent, remittendo; quos omnes Vitellius secreto percontatus interfici iussit. notabili constantia centurio Iulius Agre-

Staat gekostet. (3) Nicht mit Botschaften und Briefen, sondern mit Hand und Waffen leiste er seinem Imperator Kriegsdienst; doch mindere er damit nicht den Ruhm derer, die inzwischen in Dakien[60] Ordnung geschaffen hätten: ihnen sei der Friede in Mösien, ihm Rettung und Sicherheit Italiens am Herzen gelegen. Auf seine ermunternden Worte hin hätten sich Gallien und Spanien, die mächtigsten unter den Ländern, dem Vespasianus zugewandt. Aber vergeblich wären alle diese Mühen gewesen, wenn Belohnungen für die Gefahren allein diejenigen erhalten sollten, die bei den Gefahren nicht dabeigewesen seien. Das alles blieb dem Mucianus nicht verborgen; daraus entstand bitterer Groll, den Antonius offener, Mucianus schlau und daher noch unversöhnlicher nährte.

54 (1) Aber Vitellius verheimlichte, nachdem seine Macht bei Cremona zusammengebrochen war, die Nachrichten von der Niederlage und schob so in törichter Selbsttäuschung eher die Vorkehrungen gegen die Katastrophe als die Katastrophe selbst auf. Hätte er sie eingestanden und sich beraten – an Hoffnung und Streitkräften hätte es nicht gemangelt: während er sich im Gegenteil ein falsches Bild allgemeinen Erfolges vorgaukelte, stand es infolge dieser Lügengebilde um ihn immer schlechter. Seltsames Schweigen herrschte in seiner Gegenwart über den Krieg; untersagt waren in der ganzen Stadt Gespräche darüber; um so mehr Menschen, die bei Erlaubnis die Wahrheit berichtet hätten, verbreiteten nun dank des Verbotes noch ärgere Greuelmeldungen. (2) Auch die Heerführer der Feinde taten das Ihre, um die Gerüchte anzuheizen: etwa dadurch, daß sie die Kundschafter des Vitellius gefangennahmen und herumführten, damit sie die Kampfkraft des siegreichen Heeres kennenlernten – und dann wieder zurückschickten. Diese alle verhörte Vitellius insgeheim und ließ sie dann töten. Beachtenswerte Standhaftigkeit bewies der Zen-

stis post multos sermones, quibus Vitellium ad virtutem frustra accendebat, perpulit, ut ad vires hostium spectandas quaeque apud Cremonam acta forent ipse mitteretur. nec exploratione occulta fallere Antonium temptavit, sed mandata imperatoris suumque animum professus, ut cuncta viseret postulat. missi qui locum proelii, Cremonae vestigia, captas legiones ostenderent. (3) Agrestis ad Vitellium remeavit abnuentique vera esse quae adferret, atque ultro corruptum arguenti ‘quando quidem’ inquit ‘magno documento opus est, nec alius iam tibi aut vitae aut mortis meae usus, dabo cui credas.’ atque ita digressus voluntaria morte dicta firmavit. quidam iussu Vitellii interfectum, de fide constantiaque eadem tradidere.

**55** (1) Vitellius ut e somno excitus Iulium Priscum et Alfenum Varum cum quattuordecim praetoriis cohortibus et omnibus equitum alis obsidere Appenninum iubet; secuta e classicis legio. tot milia armatorum, lecta equis virisque, si dux alius foret, inferendo quoque bello satis pollebant. (2) ceterae cohortes ad tuendam urbem L. Vitellio fratri datae: ipse nihil e solito luxu remittens et diffidentia properus festinare comitia, quibus consules in multos annos destinabat; foedera sociis, Latium externis dilargiri; his tributa dimittere, alios immunitatibus

turio Iulius Agrestis: nach vielen Gesprächen, in denen er Vitellius vergeblich zu mannhafter Haltung anzufeuern suchte, setzte er es durch, selbst entsandt zu werden, um sich von den feindlichen Streitkräften und den Ereignissen von Cremona ein Bild zu machen. Auch versuchte er gar nicht, durch einen heimlichen Erkundungsgang Antonius zu täuschen, sondern er bekannte sich zu den Aufträgen des Imperators und zu seiner persönlichen Absicht und verlangte, alles besichtigen zu dürfen. Leute wurden ihm mitgegeben, die ihm den Kampfschauplatz, die Ruinen Cremonas, die gefangenen Legionen zeigen sollten. (3) Agrestis kehrte zu Vitellius zurück, und als dieser die Wahrheit des Berichtes bestritt und ihn überdies beschuldigte, bestochen zu sein, sagte er: »Da also ein deutlicher Beweis nötig ist und dir weder mein Leben noch mein Tod weiterhin nützen, werde ich dir einen solchen liefern, dem du glauben sollst.« Damit ging er weg und bestätigte durch den Freitod seine Worte. Einige überliefern, er sei auf Befehl des Vitellius getötet worden; was seine Treue und Charakterstärke betrifft, herrscht einmütiges Urteil.

**55** (1) Wie vom Schlaf aufgescheucht, befahl nun Vitellius dem Iulius Priscus und Alfenus Varus,[61] mit vierzehn Prätorianerkohorten und allen Reiterschwadronen den Apennin zu besetzen. Eine aus Flottensoldaten gebildete Legion folgte. So viele tausend Bewaffnete, eine Elitetruppe an Mann und Roß, wären unter einem anderen Führer auch für einen Angriffskrieg stark genug gewesen. (2) Die übrigen Kohorten wurden zum Schutz der Hauptstadt seinem Bruder L. Vitellius übergeben. Er selbst, durch nichts von seinem gewohnten Luxusleben abzubringen, aber infolge seiner Verzagtheit übereilig, hielt in aller Hast Wahlversammlungen ab, in denen er die Konsuln für viele Jahre vorausbestimmte; freigebig vergab er Verträge an Bundesgenossen und das latinische Bürgerrecht[62] an Ausländer; den einen erließ er Tribut-

iuvare; denique nulla in posterum cura lacerare imperium. sed vulgus ad magnitudinem beneficiorum hiabat, stultissimus quisque pecuniis mercabatur, apud sapientes cassa habebantur, quae neque dari neque accipi salva re publica poterant. (3) tandem flagitante exercitu, qui Mevaniam insederat, magno senatorum agmine, quorum multos ambitione, plures formidine trahebat, in castra venit, incertus animi et infidis consiliis obnoxius.

**56** (1) Contionanti – prodigiosum dictu – tantum foedarum volucrum supervolitavit, ut nube atra diem obtenderent. accessit dirum omen, profugus altaribus taurus disiecto sacrificii apparatu, longe, nec ut feriri hostias mos est, confossus. (2) sed praecipuum ipse Vitellius ostentum erat, ignarus militiae, improvidus consilii, quis ordo agminis, quae cura explorandi, quantus urgendo trahendove bello modus, alios rogitans et ad omnes nuntios vultu quoque et incessu trepidus, dein temulentus. postremo taedio castrorum et audita defectione Misenensis classis Romam revertit, recentissimum quodque vulnus pavens, summi discriminis incuriosus. (3) nam cum transgredi Appenninum integro exercitus sui robore et fessos hieme atque inopia hostes adgredi in

zahlungen, andere unterstützte er durch Steuerprivilegien: kurz, ohne sich um die Zukunft zu sorgen, zertrümmerte er die Reichshoheit. Aber die Menge gierte bei der Größe der Wohltaten nach mehr, die ärgsten Toren kauften diese sogar um Geld, bei den Einsichtigen galt als wertlos, was weder gegeben noch genommen werden konnte, ohne den Staat zu gefährden. (3) Auf Verlangen des Heeres, das Mevania besetzt hatte, kam Vitellius schließlich ins Lager mit einer großen Schar von Senatoren, von denen er viele, weil sie um seine Gunst buhlten, noch mehr, weil sie ihn fürchteten, mit sich fortschleppte – seiner selbst unsicher und treulosen Ratgebern ausgeliefert.

**56** (1) Während seiner Rede an das Heer – davon zu sprechen ist schon von übler Vorbedeutung – flogen Unglücksvögel in solcher Menge über ihm hin und her, daß sie wie eine schwarze Wolke das Sonnenlicht verdunkelten. Dazu kam noch ein anderes gräßliches Vorzeichen: ein Stier riß sich vom Altar los, warf die Opfergeräte um und wurde erst in weiter Entfernung, ganz im Gegensatz zu der üblichen Opferschlachtung,[63] niedergestochen. (2) Aber das ärgste Unglückszeichen war Vitellius selbst: ahnungslos im Kriegswesen, unfähig, Entschlüsse zu fassen – wie der Heereszug zu ordnen, wie der Späherdienst zu besorgen, welche Grenzen energischer, welche hinhaltender Kriegführung gesetzt seien: alles mußte er immer wieder andere fragen, auf jede Meldung in Blick und Gang ängstlich reagierend – und dann im Rausch versunken. Zuletzt des Lagerlebens überdrüssig, kehrte er schließlich auf die Nachricht vom Abfall der Flotte von Misenum nach Rom zurück – immer nur über den jüngst erlittenen Schlag verstört und um die letzte Entscheidung unbekümmert. (3) Denn obwohl er freie Hand gehabt hätte, mit seiner unverbrauchten Heeresmacht den Apennin zu überschreiten und die durch Winter und Entbehrung erschöpften

aperto foret, dum dispergit vires, acerrimum militem et usque in extrema obstinatum trucidandum capiendumque tradidit, peritissimis centurionum dissentientibus et, si consulerentur, vera dicturis. arcuere eos intimi amicorum Vitellii, ita formatis principis auribus, ut aspere quae utilia, nec quidquam nisi iucundum et laesurum acciperet.

**57** (1) Sed classem Misenensem (tantum civilibus discordiis etiam singulorum audacia valet) Claudius Faventinus centurio per ignominiam a Galba dimissus ad defectionem traxit, fictis Vespasiani epistulis pretium proditionis ostentans. praeerat classi Claudius Apollinaris, neque fidei constans neque strenuus in perfidia; et Apinius Tiro praetura functus ac tum forte Minturnis agens ducem se defectoribus obtulit. a quibus municipia coloniaeque impulsae, praecipuo Puteolanorum in Vespasianum studio, contra Capua Vitellio fida, municipalem aemulationem bellis civilibus miscebant. (2) Vitellius Claudium Iulianum (is nuper classem Misenensem molli imperio rexerat) permulcendis militum animis delegit; data in auxilium urbana cohors et gladiatores, quibus Iulianus praeerat. ut conlata utrimque castra, haud magna cunctatione Iuliano in partes Vespasiani transgresso, Tarracinam occupavere, moenibus situque magis quam ipsorum ingenio tutam.

**58** (1) Quae ubi Vitellio cognita, parte copiarum Narniae cum praefectis praetorii relicta L. Vitellium fratrem cum

Feinde anzugreifen, lieferte er, da er seine Streitkräfte zersplitterte, die tapfersten und in ihrer Verbissenheit zum äußersten entschlossenen Soldaten der Niedermetzelung und Gefangennahme aus; die erfahrensten Zenturionen waren daher mit seinem Vorgehen nicht einverstanden und hätten auch, wären sie gefragt worden, ihre wahre Meinung gesagt. Den Zutritt verwehrten ihnen aber die engsten Freunde des Prinzeps – zumal das Ohr des Prinzeps so beschaffen war, daß es ungnädig aufnahm, was nützlich war, also nur angenehme Nachrichten hören wollte – die ihm schaden mußten.

**57** (1) Die Flotte von Misenum – solche Wirkung hat in Bürgerkriegen die kühne Tat einzelner – brachte der von Galba in Schanden entlassene Zenturio Claudius Faventius zum Abfall, indem er durch einen gefälschten Brief Vespasians Belohnung für den Verrat verhieß. Kommandant der Flotte war Claudius Apollinaris,[64] weder standhaft in der Treue noch tatkräftig in der Treulosigkeit; so bot sich Apinius Tiro, ein ehemaliger Prätor, der sich damals zufällig in Minturnae aufhielt, den Abtrünnigen als Führer an. Von diesen Männern beeinflußt, trugen die Munizipien und Koloniestädte – Puteoli zeigte deutliche Sympathie für Vespasianus, Capua dagegen blieb dem Vitellius treu – ihre kleinstädtischen Eifersüchteleien in den Bürgerkrieg hinein. (2) Vitellius bestimmte Claudius Iulianus – er hatte vor kurzem die Flotte von Misenum mit Milde kommandiert –, die Soldaten zu besänftigen. Zur Unterstützung erhielt er eine Stadtkohorte und Gladiatoren, die Iulianus selbst befehligte. Als beide Lager vereinigt waren, trat Iulianus ohne langes Zögern zur Partei Vespasians über; dann besetzten sie Tarracina, das durch seine Mauern und seine Lage besser gesichert war als durch den Geist der Besetzer selbst.

**58** (1) Als Vitellius das erfuhr, ließ er einen Teil der Truppen mit den Prätorianerpräfekten in Narnia zurück, seinen Bruder L. Vitellius stellte er mit sechs Kohorten

sex cohortibus et quingentis equitibus ingruenti per Campaniam bello opposuit. ipse aeger animi studiis militum et clamoribus populi arma poscentis refovebatur, dum vulgus ignavum et nihil ultra verba ausurum falsa specie exercitum et legiones appellat. (2) hortantibus libertis (nam amicorum eius quanto quis clarior, minus fidus) vocari tribus iubet, dantes nomina sacramento adigit. superfluente multitudine curam dilectus in consules partitur; servorum numerum et pondus argenti senatoribus indicit. equites Romani obtulere operam pecuniasque, etiam libertinis idem munus ultro flagitantibus. ea simulatio officii a metu profecta verterat in favorem; ac plerique haud proinde Vitellium quam casum locumque principatus miserabantur. (3) nec deerat ipse vultu voce lacrimis misericordiam elicere, largus promissis, et quae natura trepidantium est, immodicus. quin et Caesarem se dici voluit, aspernatus antea, sed tunc superstitione nominis, et quia in metu consilia prudentium et vulgi rumor iuxta audiuntur. (4) ceterum ut omnia inconsulti impetus coepta initiis valida spatio languescunt, dilabi paulatim senatores equitesque, primo cunctanter et ubi ipse non aderat, mox contemptim et sine discrimine, donec Vitellius pudore inriti conatus quae non dabantur remisit.

und fünfhundert Reitern der durch Kampanien herandrängenden Kriegsgefahr entgegen. Er selbst fand in seiner tiefen Niedergeschlagenheit Trost bei Sympathiekundgebungen der Soldaten und dem Geschrei des Volkes, das Waffen forderte, wobei er den feigen Pöbel, dessen Wagemut nur aus Worten bestehen würde, dem trügerischen Schein zuliebe »Heer« und »Legionen« nannte. (2) Auf den Rat seiner Freigelassenen – denn die angesehensten seiner Freunde waren am wenigsten zuverlässig – ließ er die Tribus[65] zusammenrufen; alle, die sich namentlich meldeten, vereidigte er. Da aber die herbeiströmende Menge alles Maß überstieg, übertrug er die Sorge um die Aushebung den Konsuln. Eine bestimmte Zahl von Sklaven (zu stellen) und ein bestimmtes Gewicht an Silber (abzuliefern) trug er den Senatoren auf. Die römischen Ritter boten Mithilfe und Geld an, auch die Freigelassenen forderten von sich aus die gleiche Leistung. So hatte sich dieser vorgetäuschte Eifer, der aus Furcht erwachsen war, in Anteilnahme gewandelt; und sehr viele beklagten nicht so sehr Vitellius wie die unglückliche Lage des Prinzipates. (3) Er selbst tat alles, um durch Miene, Sprache und Tränen Mitleid zu erwekken, verschwenderisch in seinen Versprechungen und – wie es Art angsterregter Menschen ist – darin maßlos. Ja, er wollte sogar Caesar genannt werden, was er früher abgelehnt hatte[66] – aber jetzt vertraute er auf die magische Wirkung des Namens, weil ja in der Angst Ratschläge vernünftiger Leute und das Gerede der Menge gleichermaßen Gehör finden. (4) Wie übrigens alles, was mit unbedachtem Ungestüm begonnen wird, nach kraftvollem Beginn mit der Zeit erschlafft, so verliefen sich allmählich Senatoren und Ritter, zuerst zögernd und nur, wenn er selbst nicht zugegen war, bald ohne Scheu und Rücksicht, bis schließlich Vitellius aus Scham über sein verfehltes Beginnen auf das, was ihm doch nicht gegeben würde, verzichtete.

**59** (1) Ut terrorem Italiae possessa Mevania ac velut renatum ex integro bellum intulerat, ita haud dubium erga Flavianas partes studium tam pavidus Vitellii discessus addidit. erectus Samnis Paelignusque et Marsi aemulatione, quod Campania praevenisset, ut in novo obsequio, ad cuncta belli munia acres erant. (2) sed foeda hieme per transitum Appennini conflictatus exercitus, et vix quieto agmine nives eluctantibus patuit, quantum discriminis adeundum foret, ni Vitellium retro fortuna vertisset, quae Flavianis ducibus non minus saepe quam ratio adfuit. obvium illic Petilium Cerialem habuere, agresti cultu et notitia locorum custodias Vitellii elapsum. propinqua adfinitas Ceriali cum Vespasiano, nec ipse inglorius militiae, eoque inter duces adsumptus est. (3) Flavio quoque Sabino ac Domitiano patuisse effugium multi tradidere; et missi ab Antonio nuntii per varias fallendi artes penetrabant, locum ac praesidium monstrantes. Sabinus inhabilem labori et audaciae valetudinem causabatur: Domitiano aderat animus, sed custodes a Vitellio additi, quamquam se socios fugae promitterent, tamquam insidiantes timebantur. atque ipse Vitellius respectu suarum necessitudinum nihil in Domitianum atrox parabat.

**60** (1) Duces partium ut Carsulas venere, paucos ad requiem dies sumunt, donec aquilae signaque legionum

**59** (1) Wie die Besetzung von Mevania und der somit gleichsam von neuem ausgebrochene Krieg Italien in Schrecken versetzt hatte, so verstärkte das ängstliche Entweichen des Vitellius ohne Zweifel die Zuneigung für die flavianische Partei. Erregt waren Samniten, Paeligner und Marser vor Eifersucht, weil ihnen Kampanien zuvorgekommen sei, und wie bei einem neuen Gehorsamsverhältnis üblich, zeigten sie für alle Aufgaben des Krieges entschlossenen Eifer. (2) Aber durch das üble Winterwetter wurde das Heer beim Übergang über den Apennin hart mitgenommen; als sie sich dann, obwohl auf dem Marsch von Feinden nicht gestört, nur mühsam durch die Schneemassen durchkämpften, da wurde ihnen klar, welche Gefahr man hätte bestehen müssen, wenn nicht das Glück den Vitellius zur Umkehr bestimmt hätte – und das Glück stand den flavianischen Führern nicht weniger oft zur Seite als vernünftige Planung. Unterwegs trafen sie dort auf Petilius Cerialis[67], der in Bauernkleidern dank seiner Ortskenntnis den Posten des Vitellius entkommen war. Cerialis war mit Vespasianus nahe verwandt, verfügte selbst über beachtlichen Kriegsruhm und wurde daher in die Zahl der Führer aufgenommen. (3) Daß auch für Flavius Sabinus und Domitianus die Flucht offengestanden hätte, haben viele berichtet; es drangen auch die von Antonius entsandten Boten dank verschiedener Täuschungsmanöver bis zu ihnen vor und wiesen auf Fluchtweg und Geleitschutz hin. Sabinus schützte seinen für solche Mühen und Wagnisse untauglichen Gesundheitszustand vor; Domitianus hatte den nötigen Mut, aber obwohl die von Vitellius beigegebenen Wachen sich als Fluchtgefährten anboten, fürchtete er doch, sie könnten ihm eine Falle stellen. Und Vitellius selbst hatte aus Rücksicht auf seine eigenen Verwandten gegen Domitianus nichts Böses im Sinn.

**60** (1) Als die Führer der Partei nach Carsulae kamen, gönnten sie sich einige Tage der Ruhe, bis die Adler und

adsequerentur. et locus ipse castrorum placebat, late prospectans, tuto copiarum adgestu, florentissimis pone tergum municipiis; simul conloquia cum Vitellianis decem milium spatio distantibus et proditio sperabatur. aegre id pati miles et victoriam malle quam pacem; ne suas quidem legiones opperiebantur, ut praedae quam periculorum socias. (2) vocatos ad contionem Antonius docuit esse adhuc Vitellio vires, ambiguas, si deliberarent, acres, si desperassent. initia bellorum civilium fortunae permittenda: victoriam consiliis et ratione perfici. iam Misenensem classem et pulcherrimam Campaniae oram descivisse, nec plus e toto terrarum orbe reliquum Vitellio quam quod inter Tarracinam Narniamque iaceat. (3) satis gloriae proelio Cremonensi partum et exitio Cremonae nimium invidiae: ne concupiscerent Romam capere potius quam servare. maiora illis praemia et multo maximum decus, si incolumitatem senatui populoque Romano sine sanguine quaesissent. his ac talibus mitigati animi.

**61** (1) Nec multo post legiones venere. et terrore famaque aucti exercitus Vitellianae cohortes nutabant, nullo in bellum adhortante, multis ad transitionem, qui suas centurias turmasque tradere, donum victori et sibi in posterum gratiam, certabant. per eos cognitum est Interamnam proximis campis praesidio quadringentorum

Feldzeichen der Legionen nachkämen. Auch sagte ihnen der Lagerplatz selbst zu: er bot einen weiten Ausblick, unbehindert war der Vorratsnachschub, die blühendsten Landstädte lagen in ihrem Rücken; zugleich hoffte man auf Gespräche mit den nur zehn Meilen entfernten Vitellianern und auf Verrat. Damit waren die Soldaten unzufrieden: sie wünschten lieber Sieg als Frieden: nicht einmal auf die eigenen Legionen wollten sie warten, da diese ja nur die Beute, nicht die Gefahren teilen würden. (2) Antonius berief sie zu einer Heeresversammlung und legte dar, daß Vitellius noch über Streitkräfte verfüge – schwankend, wenn sie noch überlegen könnten, zum äußersten gereizt, wenn sie verzweifeln müßten. Den Beginn von Bürgerkriegen müsse man dem Schicksal überlassen, der Sieg werde durch Planung und Vernunft gesichert. Schon sei die Flotte von Misenum und das prachtvolle Küstengebiet Kampaniens abgefallen und vom ganzen Erdkreis sei dem Vitellius nicht mehr verblieben als das Land zwischen Tarracina und Narnia. (3) Genug Ruhm habe man mit der Schlacht bei Cremona gewonnen und mit dem Untergang Cremonas allzu viel Anfeindung. Sie sollten nicht danach verlangen, Rom zu erobern, eher, es zu retten. Größere Belohnung und weitaus die höchste Ehre könnten sie erringen, wenn sie ungestörte Sicherheit dem Senat und Volk von Rom ohne Blutvergießen gewähren könnten. Durch solche und ähnliche Worte ließen sich die Gemüter beruhigen.

**61** (1) Nicht viel später kamen die Legionen: da begannen beim schreckenerregenden Gerücht von der Verstärkung des Heeres die vitellianischen Kohorten zu wanken; denn niemand ermunterte sie zum Krieg, viele zum Überlaufen, und diese wetteiferten darin, ihre Zenturien und Schwadronen auszuliefern – als Geschenk für den Sieger und für sich als Quelle künftiger Gunstbeweise. Durch sie erfuhr man, daß Interamna in der nahegelegenen Ebene durch eine Besatzung von 400 Reitern gehal-

equitum teneri. (2) missus extemplo Varus cum expedita manu paucos repugnantium interfecit; plures abiectis armis veniam petivere. quidam in castra refugi cuncta formidine implebant, augendo rumoribus virtutem copiasque hostium, quo amissi praesidii dedecus lenirent. (3) nec ulla apud Vitellianos flagitii poena, et praemiis defectorum versa fides ac reliquum perfidiae certamen. crebra transfugia tribunorum centurionumque; nam gregarius miles induruerat pro Vitellio, donec Priscus et Alfenus desertis castris ad Vitellium regressi pudore proditionis cunctos exsolverent.

**62** (1) Isdem diebus Fabius Valens Urbini in custodia interficitur. caput eius Vitellianis cohortibus ostentatum, ne quam ultra spem foverent; nam pervasisse in Germanias Valentem et veteres illic novosque exercitus ciere credebant: visa caede in desperationem versi. et Flavianus exercitus immane quantum *aucto* animo exitium Valentis ut finem belli accepit. (2) natus erat Valens Anagniae equestri familia. procax moribus neque absurdus ingenio famam urbanitatis per lasciviam petere. ludicro Iuvenalium sub Nerone velut ex necessitate, mox sponte mimos actitavit, scite magis quam probe. legatus legionis et fovit Verginium et infamavit; Fonteium Capitonem corruptum, seu quia corrumpere nequiverat, interfecit:

ten werde. (2) Hingeschickt wurde sofort Varus mit leichter Truppe; einige wenige, die Widerstand leisteten, tötete er, die Mehrzahl aber warf die Waffen weg und bat um Gnade. Einige, die in das Lager[68] zurückflohen, erfüllten alles mit Furcht, da sie in ihren Reden Tapferkeit und Zahl der Feinde übertrieben, um so die Schande, daß sie ihren Posten aufgegeben hatten, zu mildern. (3) Aber es gab bei den Vitellianern keine Strafe für schandbares Verhalten; und die Belohnungen für die Abtrünnigen hatten die Treue untergraben – es blieb nur noch Wetteifer in der Treulosigkeit. In großer Zahl liefen Tribunen und Zenturionen über, der gemeine Soldat nämlich hielt weiter unerschütterlich an Vitellius fest, bis Priscus und Alfenus das Lager verließen, zu Vitellius zurückkehrten und so alle der Schande des Verrates enthoben.

**62** (1) In denselben Tagen wurde Fabius Valens in Urbinum während der Haft getötet. Sein Haupt wurde den vitellianischen Kohorten gezeigt, damit sie künftighin keine Hoffnung mehr hegten; denn sie glaubten, Valens habe sich nach Germanien durchgeschlagen und setze dort alte und neue Heere in Marsch. Als sie nun die Mordtat sichtbar vor Augen hatten, verfielen sie in Verzweiflung. Das flavianische Heer vernahm in gewaltig gesteigerter Stimmung das Ende des Valens als Zeichen des Kriegsendes. (2) Geboren war Valens in Anagnia, er entstammte einem Rittergeschlecht. Frech in seinem Betragen, aber ein kluger Kopf, suchte er den Ruf eines weltgewandten Mannes durch Extravaganz zu erreichen. An den Iuvenalien[69] unter Nero trat er zunächst scheinbar gezwungen, dann freiwillig als Mimusdarsteller auf – und zwar mit mehr Geschick als Anstand. Als Legionslegat unterstützte er Verginius, machte ihn aber dann durch üble Nachrede verdächtig[70]. Den Fonteius Capito tötete er, nachdem er ihn zum Abfall verführt oder weil er ihn dazu nicht hatte verführen können. Galba verriet er, dem

Galbae proditor, Vitellio fidus et aliorum perfidia inlustratus.

**63** (1) Abrupta undique spe Vitellianus miles transiturus in partes, id quoque non sine decore, sed sub signis vexillisque in subiectos Narniae campos descendere. Flavianus exercitus, ut ad proelium intentus armatusque, densis circa viam ordinibus adstiterat. accepti in medium Vitelliani, et circumdatos Primus Antonius clementer adloquitur: pars Narniae, pars Interamnae subsistere iussi. relictae simul e victricibus legiones, neque quiescentibus graves et adversus contumaciam validae. (2) non omisere per eos dies Primus ac Varus crebris nuntiis salutem et pecuniam et secreta Campaniae offerre Vitellio, si positis armis seque ac liberos suos Vespasiano permisisset. in eundem modum et Mucianus composuit epistulas; quibus plerumque fidere Vitellius ac de numero servorum, electione litorum loqui. tanta torpedo invaserat animum, ut, si principem eum fuisse ceteri non meminissent, ipse oblivisceretur.

**64** (1) At primores civitatis Flavium Sabinum praefectum urbis secretis sermonibus incitabant, victoriae famaeque partem capesseret: esse illi proprium militem cohortium urbanarum, nec defuturas vigilum cohortes, servitia

Vitellius war er treu – durch die Treulosigkeit der anderen in günstiges Licht gerückt.

**63** (1) Da ihnen ringsum die Hoffnung abgeschnitten war, hatten sich die vitellianischen Soldaten entschlossen, zur Gegenseite überzugehen; auch das geschah nicht ohne Würde, sondern unter ihren Feldzeichen und Fahnen stiegen sie zu der unterhalb Narnia liegenden Ebene hinab. Das flavianische Heer, wie zum Kampf entschlossen und gerüstet, hatte sich in dichten Reihen zu beiden Seiten der Straße aufgestellt. Man nahm die Vitellianer in die Mitte; Primus Antonius trat unter sie und redete sie freundlich an. Ein Teil erhielt Befehl, in Narnia, ein anderer, in Interamna zu bleiben. Zugleich ließ man einige der siegreichen Legionen zurück – nicht bedrohlich für die Vitellianer, falls sie sich richtig verhielten, aber gegen Widersetzlichkeiten stark genug. (2) In diesen Tagen versäumten es Primus und Varus nicht, durch häufige Botschaften dem Vitellius Sicherheit, Geld und einen abgeschiedenen Ruhesitz in Kampanien anzubieten, wenn er die Waffen niederlege und sich samt seinen Kindern dem Vespasianus ergebe. Im gleichen Sinne schrieb auch Mucianus Briefe. Ihnen schenkte Vitellius am meisten Glauben und sprach schon über die Zahl der Sklaven und über die Auswahl der Küstengegend. Solch träger Stumpfsinn hatte ihn erfaßt, daß er selbst vergessen hätte, Prinzeps gewesen zu sein, hätten ihn nicht die anderen daran erinnert.

## *Die Lage in Rom* [64–75

**64** (1) Auf der Gegenseite versuchten die führenden Männer der Bürgerschaft den Stadtpräfekten Flavius Sabinus in Geheimabsprachen zu ermuntern, er solle sich an Sieg und Ruhm seinen Teil sichern: ihm persönlich unterstellt seien die Soldaten der städtischen Kohorten, nicht abseits stehen würden die Kohorten der Stadt-

ipsorum, fortunam partium, et omnia prona victoribus: ne Antonio Varoque de gloria concederet. (2) paucas Vitellio cohortes et maestis undique nuntiis trepidas; populi mobilem animum et, si ducem se praebuisset, easdem illas adulationes pro Vespasiano fore; ipsum Vitellium ne prosperis quidem parem, adeo ruentibus debilitatum. gratiam patrati belli penes eum qui urbem occupasset: id Sabino convenire, ut imperium fratri reservaret, id Vespasiano, ut ceteri post Sabinum haberentur.

**65** (1) Haudquaquam erecto animo eas voces accipiebat, invalidus senecta; sed erant qui occultis suspicionibus incesserent, tamquam invidia et aemulatione fortunam fratris moraretur. namque Flavius Sabinus aetate prior privatis utriusque rebus auctoritate pecuniaque Vespasianum anteibat, et credebatur adfectam eius fidem parce iuvisse domo agrisque pignori acceptis; unde, quamquam manente in speciem concordia, offensarum operta metuebantur. (2) melior interpretatio, mitem virum abhorrere a sanguine et caedibus, eoque crebris cum Vitellio sermonibus de pace ponendisque per condicionem armis agitare. saepe domi congressi, postremo in aede Apollinis, ut fama fuit, pepigere. verba vocesque duos testes habebant, Cluvium Rufum et Silium Italicum: vul-

wache; ihre eigenen Sklaven, das Glück der Partei – überhaupt alles stehe günstig für den Sieger: er solle doch nicht hinter Antonius und Varus an Ruhm zurückstehen. (2) Nur über wenige Kohorten verfüge Vitellius – und die seien infolge der von überallher eintreffenden Unglücksnachrichten in angstvoller Aufregung; die Stimmung des Volkes sei wandelbar, und habe er sich nur einmal als Führer angeboten, so würden die gleichen Schmeicheleien dem Vespasianus gelten; Vitellius habe sich nicht einmal seinem Glück gewachsen gezeigt, im allgemeinen Zusammenbruch sei er wie gelähmt. Das Verdienst, den Krieg beendet zu haben, gehöre dem, der sich der Hauptstadt bemächtigt habe: es stehe dem Sabinus zu, die Hauptstadt dem Bruder zu bewahren, dem Vespasianus aber, allen übrigen den Rang hinter Sabinus zuzuweisen.

**65** (1) Keineswegs in gehobener Stimmung vernahm er diese Reden, krank und alt, wie er war. Einige aber lenkten insgeheim den Verdacht auf ihn, er wolle aus Neid oder Eifersucht den glückhaften Aufstieg seines Bruders verzögern. Denn Flavius Sabinus als der Ältere überragte, solange beide noch gewöhnliche Bürger waren, Vespasianus an Ansehen und Vermögen; man glaubte auch, er habe ihn in bedrängter Vermögenslage nur kärglich unterstützt, und erst dann, als er Haus und Grundbesitz als Pfand erhalten hatte. Obwohl unter ihnen nach außen die Eintracht gewahrt blieb, befürchtete man doch davon herrührenden verdeckten Groll. (2) Besser war die folgende Erklärung: der sanftmütige Mann habe Abscheu vor Blut und Mord und verhandle deshalb in zahlreichen Gesprächen mit Vitellius über Frieden und vertragliche Niederlegung der Waffen. Oft trafen sie einander in ihren Häusern, schließlich schlossen sie, so das Gerücht, im Tempel des Apollo[71] ein Abkommen. Für den Wortlaut und die Einzelheiten hatten sie nur zwei Zeugen, den Cluvius Rufus[72] und den

tus procul visentibus notabantur, Vitellii proiectus et degener, Sabinus non insultans et miseranti propior.

**66** (1) Quod si tam facile suorum mentes flexisset Vitellius, quam ipse cesserat, incruentam urbem Vespasiani exercitus intrasset. ceterum ut quisque Vitellio fidus, ita pacem et condiciones abnuebant, discrimen ac dedecus ostentantes et fidem in libidine victoris. (2) nec tantam Vespasiano superbiam, ut privatum Vitellium pateretur, ne victos quidem laturos: ita periculum ex misericordia. ipsum sane senem et prosperis adversisque satiatum, sed quod nomen, quem statum filio eius Germanico fore? nunc pecuniam et familiam et beatos Campaniae sinus promitti: sed ubi imperium Vespasianus invaserit, non ipsi, non amicis eius, non denique exercitibus securitatem nisi extincto aemulo rediturам. (3) Fabium illis Valentem, captivum et casibus dubiis reservatum, praegravem fuisse, nedum Primus ac Fuscus et specimen partium Mucianus ullam in Vitellium nisi occidendi licentiam habeant. non a Caesare Pompeium, non ab Augusto Antonium incolumes relictos, nisi forte Vespasianus altiores spiritus gerat, Vitellii cliens, cum Vitellius collega Claudio foret. (4) quin, ut censuram patris, ut tres consulatus, ut tot egregiae domus honores deceret,

Silius Italicus[73]. Ihre Mienen wurden von Zuschauern aus der Ferne beobachtet: Vitellius machte einen niedergeschlagenen und erbärmlichen Eindruck, Sabinus zeigte sich nicht triumphierend, eher schien er Mitleid zu haben.

**66** (1) Hätte Vitellius ebenso leicht die Seinen umstimmen können, wie er selbst nachgegeben hatte, so wäre ohne Blutvergießen das Heer des Vespasianus in die Hauptstadt eingerückt. Aber gerade die treuesten Anhänger des Vitellius lehnten Frieden und Bedingungen ab: auf Gefahr und Schande wiesen sie hin – und: Wort zu halten liege im Belieben des Siegers. (2) Vespasianus zeige auch nicht eine solche Überlegenheit, daß er Vitellius als Privatmann neben sich dulden könne, nicht einmal die Besiegten würden es hinnehmen: so bedeute für ihn das Mitleid nur Gefahr. Er selbst sei freilich schon alt und habe Glück und Unglück im Übermaß erfahren, aber welcher Name, welche Stellung werde seinem Sohn Germanicus verbleiben? Jetzt verspreche man Geld, Dienerschaft und die gesegneten Buchten Kampaniens: aber sobald Vespasianus die Herrschaft an sich gerissen habe, werde für diesen selbst, für seine Freunde, schließlich auch für die Heere das Gefühl der Sicherheit erst nach der Vernichtung des Nebenbuhlers wiederkehren. (3) Fabius Valens, der Kriegsgefangene, den man für Notlagen am Leben gelassen habe,[74] sei für sie eine unerträgliche Last gewesen: und wie sollten dann Primus und Fuscus und das Musterstück der Partei, Mucianus, irgendeine andere Handlungsvollmacht gegenüber Vitellius erhalten, als ihn umzubringen? Caesar habe Pompeius nicht am Leben gelassen, Augustus nicht den Antonius, es sei denn, Vespasianus habe eine hochherzigere Gesinnung, er, der Klient eines Vitellius, als Vitellius Amtskollege des Claudius war.[75] (4) Vielmehr sollte er, wie es der Zensur des Vaters, den drei Konsulaten, so vielen Ehrenämtern des erhabenen Hauses entspreche,

desperatione saltem in audaciam accingeretur. perstare militem, superesse studia populi; denique nihil atrocius eventurum quam in quod sponte ruant. moriendum victis, moriendum deditis: id solum referre, novissimum spiritum per ludibrium et contumelias effundant an per virtutem.

**67** (1) Surdae ad fortia consilia Vitellio aures: obruebatur animus miseratione curaque, ne pertinacibus armis minus placabilem victorem relinqueret coniugi ac liberis. erat illi et fessa aetate parens; quae tamen paucis ante diebus opportuna morte excidium domus praevenit, nihil principatu filii adsecuta nisi luctum et bonam famam. (2) XV kalendas Ianuarias audita defectione legionis cohortiumque, quae se Narniae dediderant, pullo amictu Palatio degreditur, maesta circum familia; ferebatur lecticula parvulus filius velut in funebrem pompam: voces populi blandae et intempestivae, miles minaci silentio.

**68** (1) Nec quisquam adeo rerum humanarum immemor, quem non commoveret illa facies, Romanum principem et generis humani paulo ante dominum relicta fortunae suae sede per populum, per urbem exire de imperio. nihil tale viderant, nihil audierant. repentina vis dictatorem Caesarem oppresserat, occultae Gaium insidiae, nox et ignotum rus fugam Neronis absconderant, Piso et Galba tamquam in acie cecidere: (2) in sua contione Vitellius,

aus verzweifelter Lage sich zu einer kühnen Tat aufraffen. Noch stehe das Heer treu zu ihm, neige sich die Gunst des Volkes ihm zu; schließlich könne ihnen nichts Schrecklicheres widerfahren als das Geschick, in das sie sich jetzt freiwillig stürzen wollten. Sterben müßten sie, wenn besiegt, sterben, wenn unterworfen: nur darauf komme es an, den letzten Atemzug in Schimpf und Schande oder in männlicher Haltung auszuhauchen.

**67** (1) Taub waren die Ohren des Vitellius gegenüber jedem mutigen Ratschlag, versunken sein Herz in Jammer und Sorgen, er würde, wenn er hartnäckig den Kampf fortsetze, einen weniger versöhnlichen Gegner seiner Frau und seinen Kindern hinterlassen. Er hatte auch noch eine altersschwache Mutter; sie kam freilich wenige Tage vorher durch einen rechtzeitigen Tod dem Sturz ihres Hauses zuvor, sie, die durch die Herrschaft ihres Sohnes nichts erlangt hatte außer Trauer – und einen guten Ruf. (2) Als er am 18. Dezember vom Abfall der Legionen und Kohorten hörte, die sich in Narnia ergeben hatten, stieg er im Trauergewand vom Palatin herab, umgeben von der betrübten Dienerschar. Auf einem Tragbett[76] wurde sein kleiner Sohn getragen – wie bei einem Leichenzug. Die Zurufe des Volkes waren schmeichlerisch – und fehl an der Zeit, die Soldaten verharrten in drohendem Schweigen.

**68** (1) Und niemand war so gleichgültig gegen menschliches Geschick, daß ihn nicht dieses Bild bewegt hätte: der römische Prinzeps, kurz vorher noch der Herr des Menschengeschlechtes, verläßt den Sitz seines hohen Amtes, auf dem Weg durch Volk und Stadt tritt er von der Herrschaft zurück. Nichts Derartiges hatte man bisher gesehen, gehört. Plötzliche Gewalttat hatte den Diktator Caesar gefällt, ein geheimes Komplott den Gaius,[77] Nacht und Abgeschiedenheit eines Landgutes hatten Neros Flucht verhüllt,[78] Piso und Galba fielen wie in einer Schlacht: (2) Vitellius dagegen: in der von ihm

inter suos milites, prospectantibus etiam feminis, pauca et praesenti maestitiae congruentia locutus – cedere se pacis et rei publicae causa, retinerent tantum memoriam sui fratremque et coniugem et innoxiam liberorum aetatem miserarentur –, simul filium protendens, modo singulis modo universis commendans, postremo fletu praepediente adsistenti consuli (Caecilius Simplex erat) exsolutum a latere pugionem, velut ius necis vitaeque civium, reddebat. (3) aspernante consule, reclamantibus qui in contione adstiterant, ut in aede Concordiae positurus insignia imperii domumque fratris petiturus discessit. maior hic clamor obsistentium penatibus privatis, in Palatium vocantium. interclusum aliud iter, idque solum, quo in sacram viam pergeret, patebat: tum consilii inops in Palatium redit.

**69** (1) Praevenerat rumor eiurari ab eo imperium, scripseratque Flavius Sabinus cohortium tribunis, ut militem cohiberent. igitur tamquam omnis res publica in Vespasiani sinum cecidisset, primores senatus et plerique equestris ordinis omnisque miles urbanus et vigiles domum Flavii Sabini complevere. illuc de studiis vulgi et minis Germanicarum cohortium adfertur. (2) longius iam progressus erat, quam ut regredi posset; et suo quisque metu, ne disiectos eoque minus validos Vitelliani consec-

selbst einberufenen Volksversammlung, mitten unter seinen Soldaten, sogar vor den Augen der Frauen, sprach er wenige, der traurigen Gegenwart entsprechende Worte – er trete ab um des Friedens und des Staates willen, bewahren sollten sie nur die Erinnerung an ihn, mit seinem Bruder, seiner Frau und dem unschuldigen Alter seiner Kinder sollten sie Mitleid haben – dabei hielt er ihnen seinen Sohn entgegen, um ihn bald einzelnen, bald allen zusammen anzuvertrauen; schließlich, als Tränen seine Stimme erstickten, wollte er den vom Gürtel gelösten Dolch dem danebenstehenden Konsul – es war Caecilius Simplex – gleichsam als Symbol des Rechtes über Leben und Tod der Bürger übergeben. (3) Als der Konsul das ablehnte und alle Versammlungsteilnehmer laut Einspruch erhoben, ging er weg, als wollte er im Tempel der Concordia[79] die Zeichen der Herrschaft ablegen und das Haus seines Bruders aufsuchen. Da schwoll das Geschrei der Leute an, die ihn am Betreten eines Privathauses hinderten und ihm zuriefen: »Zurück in den Palast!« Versperrt war ein anderer Weg, nur der eine, auf dem er zur Heiligen Straße gelangen konnte, stand offen; da kehrte er ratlos, wie er war, in den Palast zurück.

**69** (1) Vorausgeeilt war das Gerücht, er lege die Herrschaft nieder, und Flavius Sabinus hatte den Tribunen der Kohorten geschrieben, sie sollten ihre Soldaten in Schach halten. Wie wenn also das gesamte Gemeinwesen schon dem Vespasianus in den Schoß gefallen wäre, füllten die Häupter des Senates und sehr viele Angehörige des Ritterstandes, die gesamte Stadtmiliz und die Stadtwache das Haus des Flavius Sabinus. Dorthin kam die Nachricht von den Sympathieäußerungen des Volkes und der drohenden Haltung der germanischen Kohorten.[80] (2) Sabinus war schon zu weit gegangen, als daß er sich noch hätte zurückziehen können; weil jeder für seine Person Angst hatte, es könnten die Vitellianer über

tarentur, cunctantem in arma impellebant: sed quod in eius modi rebus accidit, consilium ab omnibus datum est, periculum pauci sumpsere. circa lacum Fundani descendentibus, qui Sabinum comitabantur, armatis occurrunt promptissimi Vitellianorum. modicum ibi proelium improviso tumultu, sed prosperum Vitellianis fuit. (3) Sabinus re trepida, quod tutissimum e praesentibus, arcem Capitolii insedit mixto milite et quibusdam senatorum equitumque, quorum nomina tradere haud promptum est, quoniam victore Vespasiano multi id meritum erga partes simulavere. subierunt obsidium etiam feminae, inter quas maxime insignis Verulana Gratilla, neque liberos neque propinquos sed bellum secuta. (4) Vitellianus miles socordi custodia clausos circumdedit; eoque concubia nocte suos liberos Sabinus et Domitianum fratris filium in Capitolium accivit, misso per neglecta ad Flavianos duces nuntio, qui circumsideri ipsos et, ni subveniretur, artas res nuntiaret. noctem adeo quietam egit, ut digredi sine noxa potuerit: quippe miles Vitellii adversus pericula ferox, laboribus et vigiliis parum intentus erat, et hibernus imber repente fusus oculos auresque impediebat.

70 (1) Luce prima Sabinus, antequam in vicem hostilia coeptarent, Cornelium Martialem e primipilaribus ad Vitellium misit cum mandatis et questu, quod pacta tur-

sie herfallen, wenn sie weit verstreut und daher weniger stark wären, versuchten sie, den noch unentschlossenen Sabinus zum Waffengang aufzuhetzen. Aber wie es in solcher Lage geschieht: Rat wurde von allen gegeben, Gefahr nahmen nur wenige auf sich. Als die Begleiter des Sabinus beim Fundanus-Bassin[81] bewaffnet hinabzogen, stießen die kampfentschlossensten Vitellianer auf sie. Dort kam es bei dem unvorhergesehenen Zusammenstoß zu einem unbedeutenden, aber für die Vitellianer günstigen Gefecht. (3) Im Zuge dieses Getümmels besetzte Sabinus, was für den Augenblick das sicherste war, die Burg des Kapitols mit seinen Soldaten, denen sich einige Senatoren und Ritter anschlossen; deren Namen anzugeben, ist nicht leicht, da ja nach dem Sieg Vespasians viele sich dieses Verdienst um die Partei anmaßten. Die Belagerung nahmen auch Frauen auf sich, unter denen sich besonders Verulana Gratilla auszeichnete: sie war weder Kindern noch Verwandten gefolgt, sondern dem Waffenlärm. (4) Die vitellianischen Soldaten umstellten die Eingeschlossenen, die Wache aber war nachlässig; daher konnte Sabinus in tiefer Nacht seine Kinder und Domitianus, den Sohn seines Bruders, aufs Kapitol kommen lassen, auch hatte er an sorglos bewachter Stelle einen Boten zu den flavianischen Führern entsandt mit der Nachricht, sie selbst würden belagert, und, käme kein Entsatz, würden sie in Bedrängnis geraten. Die Nacht verbrachte er so ungestört, daß er ohne Gefährdung hätte abziehen können; denn die Soldaten des Vitellius zeigten zwar angesichts von Gefahren wilde Kampflust, waren aber bei körperlichen Anstrengungen und Nachtwachen nicht sehr ausdauernd, und ein plötzlich niederprasselnder Winterregen behinderte Sehen und Hören.

70 (1) Bei Tagesanbruch, ehe noch die gegenseitigen Feindseligkeiten wieder ausbrachen, schickte Sabinus den Cornelius Martialis, einen von den Primipilaren, zu Vitellius mit Aufträgen und der Beschwerde, daß die

barentur: simulationem prorsus et imaginem deponendi imperii fuisse ad decipiendos tot inlustres viros. cur enim e rostris fratris domum, imminentem foro et inritandis hominum oculis, quam Aventinum et penates uxoris petisset? ita privato et omnem principatus speciem vitanti convenisse. (2) contra Vitellium in Palatium, in ipsam imperii arcem regressum; inde armatum agmen emissum, stratam innocentium caedibus celeberrimam urbis partem, ne Capitolio quidem abstineri. togatum nempe se et unum e senatoribus: dum inter Vespasianum ac Vitellium proeliis legionum, captivitatibus urbium, deditionibus cohortium iudicatur, iam Hispaniis Germaniisque et Britannia desciscentibus, fratrem Vespasiani mansisse in fide, donec ultro ad condiciones vocaretur. (3) pacem et concordiam victis utilia, victoribus tantum pulchra esse. si conventionis paeniteat, non se, quem perfidia deceperit, ferro peteret, non filium Vespasiani vix puberem – quantum occisis uno sene et uno iuvene profici? –: iret obviam legionibus et de summa rerum illic certaret: cetera secundum eventum proelii cessura. (4) trepidus ad haec Vitellius pauca purgandi sui causa respondit, culpam in militem conferens, cuius nimio ardori imparem esse modestiam suam; et monuit Martialem, ut per secretam aedium partem occulte abiret, ne a militibus inter-

Verträge gebrochen würden. Alles sei nur Verstellung gewesen und die Abdankung eine Spiegelfechterei, in der Absicht, so viele bedeutende Männer zu täuschen. Warum denn sei er von der Rednertribüne zum Haus des Bruders gegangen, das unmittelbar am Forum liege und so allen Menschen in die Augen steche, und nicht auf den Aventin, in das Haus seiner Frau? So hätte es sich für einen Privatmann, der jeden Anschein der Herrschaft meiden wolle, gehört. (2) Dagegen sei Vitellius auf den Palatin, die wahre Hochburg des Reiches, zurückgekehrt; von dort habe man eine bewaffnete Schar ausgesandt, bedeckt mit den Leichen unschuldiger Menschen sei der belebteste Teil der Stadt, nicht einmal vom Kapitol lasse man die Hände. Er sei doch nur ein friedlicher Bürger, einer von den Senatoren: während zwischen Vespasianus und Vitellius in Schlachten der Legionen, Eroberungen von Städten, Kapitulationen von Kohorten entschieden werde, zu einer Zeit, da schon Spanien, Germanien und Britannien abfielen, sei er, der Bruder des Vespasianus, ihm treu geblieben, bis er ohne sein Zutun zu den Verhandlungen beigezogen wurde. (3) Friede und Eintracht seien für die Besiegten nützliche Dinge, für die Sieger lediglich schöne Worte. Wenn Vitellius das Abkommen reue, dann solle er nicht über ihn, den er hinterhältig getäuscht habe, mit dem Schwert herfallen, nicht über den kaum erwachsenen Sohn Vespasians – was sei ihm mit der Ermordung des einen alten Mannes und des einen Jünglings genützt! Entgegenziehen solle er den Legionen und dort um die Entscheidung kämpfen: alles andere werde sich nach dem Ausgang der Schlacht richten. (4) Darüber betroffen antwortete Vitellius nur wenig zu seiner Rechtfertigung, wobei er die Schuld auf die Soldaten schob, deren übermäßigem Kampfeseifer er in seiner maßvollen Art nicht gewachsen sei. Auch riet er dem Martialis, sich über einen abseits gelegenen Palastflügel heimlich davonzuschleichen, damit er

nuntius invisae pacis interficeretur: ipse neque iubendi neque vetandi potens non iam imperator, sed tantum belli causa erat.

**71** (1) Vixdum regresso in Capitolium Martiale furens miles aderat, nullo duce, sibi quisque auctor. cito agmine forum et imminentia foro templa praetervecti erigunt aciem per adversum collem usque ad primas Capitolinae arcis fores. erant antiquitus porticus in latere clivi dextrae subeuntibus, in quarum tectum egressi saxis tegulisque Vitellianos obruebant. (2) neque illis manus nisi gladiis armatae, et arcessere tormenta aut missilia tela longum videbatur: faces in prominentem porticum iecere et sequebantur ignem ambustasque Capitolii fores penetrassent, ni Sabinus revulsas undique statuas, decora maiorum, in ipso aditu vice muri obiecisset. (3) tum diversos Capitolii aditus invadunt iuxta lucum asyli et qua Tarpeia rupes centum gradibus aditur. improvisa utraque vis; propior atque acrior per asylum ingruebat. nec sisti poterant scandentes per coniuncta aedificia, quae ut in multa pace in altum edita solum Capitolii aequabant. (4) hic ambigitur, ignem tectis obpugnatores iniecerint, an obsessi, quae crebrior fama, dum nitentes ac

nicht als Vermittler eines verhaßten Friedens von den Soldaten getötet werde: er selbst, weder zu befehlen noch zu verbieten fähig, war nicht mehr Imperator, sondern nur mehr Anlaß des Krieges.

71 (1) Kaum war Martialis auf das Kapitol zurückgekehrt, da war auch schon die wutschnaubende Soldateska da, ohne Führer, jeder sein eigener Herr. Im Laufschritt stürmten sie am Forum und den am Forum liegenden Tempeln vorbei und rückten in Kampfstellung den Hügel vor ihnen hinauf bis zu den äußersten Toren der kapitolinischen Burg.[82] Seit alters her lagen Säulenhallen an der Hügelflanke, zur Rechten, wenn man hinaufsteigt; auf deren Dach traten sie hinaus und überschütteten die Vitellianer mit Steinen und Ziegeln. (2) Diese hatten keine anderen Waffen als ihre Schwerter, und Wurfmaschinen herbeizuholen oder Schleudergeschosse schien ihnen zu langwierig: Fackeln warfen sie in eine vorragende Säulenhalle und wollten den Flammen folgen, und sie wären durch das angesengte Tor des Kapitols eingedrungen, wenn nicht Sabinus ringsum von den Postamenten gerissene Statuen, Ehrenmale der Vorfahren, eben am Eingang dort anstelle einer Mauer entgegengetürmt hätte. (3) Dann setzten die Vitellianer zum Angriff an, nahe dem Hain des Asyls und dort, wo man über die Hundert Stufen zum Tarpeischen Felsen hinaufsteigt.[83] Unerwartet erfolgte an beiden Stellen der Ansturm: aus größerer Nähe und mit stärkerer Wucht brach er von der Seite des Asyls los; nicht aufzuhalten waren die Angreifer, wie sie über die aneinanderstoßenden Gebäude heraufgeklettert kamen; diese waren im Vertrauen auf den tiefen Frieden hoch aufgeführt und erreichten gleiche Höhe wie die Bodenfläche des Kapitols. (4) Hier ist nun die Streitfrage, ob die Angreifer Feuer auf die Dächer geworfen haben oder ob die Belagerten, wie es häufiger überliefert ist, dadurch die heraufkletternden und schon weit vorgestoßenen Gegner

progressos depulerint. inde lapsus ignis in porticus adpositas aedibus; mox sustinentes fastigium aquilae vetere ligno traxerunt flammam alueruntque. sic Capitolium clausis foribus indefensum et indireptum conflagravit.

**72** (1) Id facinus post conditam urbem luctuosissimum foedissimumque rei publicae populi Romani accidit, nullo externo hoste, propitiis, si per mores nostros liceret, deis, sedem Iovis Optimi Maximi auspicato a maioribus pignus imperii conditam, quam non Porsenna dedita urbe neque Galli capta temerare potuissent, furore principum excindi. arserat et ante Capitolium civili bello, sed fraude privata: nunc palam obsessum, palam incensum, quibus armorum causis? quo tantae cladis pretio? stetit, ⟨dum⟩ pro patria bellavimus. (2) voverat Tarquinius Priscus rex bello Sabino, ieceratque fundamenta spe magis futurae magnitudinis, quam quo modicae adhuc populi Romani res sufficerent. mox Servius Tullius sociorum studio, dein Tarquinius Superbus capta Suessa Pometia hostium spoliis extruxere. sed gloria operis libertati reservata: pulsis regibus Horatius Pulvillus iterum consul dedicavit ea magnificentia, quam immensae postea populi Romani opes ornarent potius quam augerent. (3) isdem

hinabwarfen. Von dort griff das Feuer auf die an den Tempel angrenzende Säulenhalle über; dann fingen die Dachträger, die »Adler«[84], mit ihrem alten Holz Feuer und gaben ihm Nahrung. So brannte bei verschlossenen Türen, unverteidigt und ungeplündert, das Kapitolium nieder.

72 (1) Diese Freveltat war seit Gründung der Stadt das Trauervollste und Schändlichste, das dem Gemeinwesen des römischen Volkes widerfahren ist: zu einer Zeit, da kein auswärtiger Feind drohte, da die Götter, soweit unser sittliches Verhalten es zuließ, uns gewogen waren, wurde der Sitz des Iuppiter Optimus Maximus, unter heiligen Weihen von unseren Ahnen als Unterpfand der Herrschaft begründet, den nicht Porsenna nach der Übergabe der Stadt[85] noch die Gallier nach deren Eroberung[86] hatten entweihen können, dieser Tempel wurde durch den Wahnwitz der Herrscher vernichtet. Gebrannt hatte auch vorher das Kapitol im Bürgerkrieg – aber durch heimtückischen Anschlag von Privatpersonen:[87] nun aber wurde es ganz offen belagert, ganz offen in Brand gesteckt – doch welchen Kriegsgrund gab es? Wie hoch war der Preis für so ein Unglück? Es stand doch, solange wir für das Vaterland kämpften! (2) Gelobt hatte den Tempel König Tarquinius Priscus im Sabinerkrieg und die Fundamente gelegt, mehr in der Hoffnung künftiger Größe, als daß die damals noch bescheidenen Mittel des römischen Volkes hierfür ausgereicht hätten. Aufgeführt haben den Bau dann Servius Tullius unter eifriger Mitarbeit der Bundesgenossen und hierauf Tarquinius Superbus nach der Eroberung von Suessa Pometia aus der Feindesbeute. Aber der Ruhm der Vollendung blieb dem freien Staat vorbehalten: nach der Vertreibung der Könige weihte ihn Horatius Pulvillus in seinem zweiten Konsulat[88] mit solchem Prunk, daß ihn die später unermeßlichen Schätze des römischen Volkes nur ausschmücken, nicht erhöhen konnten. (3) Der Tempel

rursus vestigiis situm est, postquam interiecto quadringentorum quindecim annorum spatio L. Scipione C. Norbano consulibus flagraverat. curam victor Sulla suscepit, neque tamen dedicavit: hoc solum felicitati eius negatum. Lutatii Catuli nomen inter tanta Caesarum opera usque ad Vitellium mansit. ea tunc aedes cremabatur.

**73** (1) Sed plus pavoris obsessis quam obsessoribus intulit. quippe Vitellianus miles neque astu neque constantia inter dubia indigebat: ex diverso trepidi milites, dux segnis et velut captus animi non lingua, non auribus competere, neque alienis consiliis regi neque sua expedire, huc illuc clamoribus hostium circumagi, quae iusserat vetare, quae vetuerat iubere: mox, quod in perditis rebus accidit, omnes praecipere, nemo exequi; postremo abiectis armis fugam et fallendi artes circumspectabant. (2) inrumpunt Vitelliani et cuncta sanguine ferro flammisque miscent. pauci militarium virorum, inter quos maxime insignes Cornelius Martialis, Aemilius Pacensis, Casperius Niger, Didius Scaeva, pugnam ausi obtruncantur. Flavium Sabinum inermem neque fugam coeptantem circumsistunt, et Quintium Atticum consulem, umbra honoris et suamet vanitate monstratum, quod edicta in populum pro Vespasiano magnifica, probrosa adversus Vitellium iecerat. (3) ceteri per varios casus elapsi, quidam servili habitu, alii fide clientium contecti

wurde an derselben Stelle wiederaufgerichtet, als er nach einem Zeitraum von 415 Jahren[89] im Konsulat des L. Scipio und C. Norbanus abgebrannt war. Die Bauaufsicht übernahm der Sieger Sulla, aber er konnte den Tempel nicht einweihen: das war das einzige, was seinem Glück versagt blieb.[90] Der Name des Lutatius Catulus[91] hielt sich unter so großen Bauten der Caesaren bis zur Zeit des Vitellius. Dieser Tempel ging nun in Flammen auf.

**73** (1) Aber größeren Schrecken jagte das den Belagerten als den Belagerern ein; denn den vitellianischen Soldaten fehlte es in bedenklicher Lage weder an Schlauheit noch an Ausdauer. Auf der Gegenseite waren die Soldaten verängstigt; der Führer, unentschlossen und wie gelähmt, war nicht fähig zu sprechen, nicht, zu hören, ließ sich weder durch fremden Rat lenken, noch konnte er selbst Rat schaffen, wurde vom Geschrei der Feinde bald hierhin, bald dorthin getrieben; was er befohlen hatte, verbot er, was er verboten hatte, befahl er: und wie es in hoffnungsloser Lage zu geschehen pflegt, bald gaben alle Befehle, niemand führte sie aus; zuletzt warfen sie die Waffen weg: Flucht und Wege, unbemerkt davonzukommen, danach schauten sie sich um. (2) Nun drangen die Vitellianer ein und stürzten alles in ein Chaos von Blut, Feuer und Schwert. Nur wenige erfahrene Kriegsleute, unter denen sich vor allem Cornelius Martialis, Aemilius Pacensis, Casperinus Niger und Didius Scaeva auszeichneten, wagten den Kampf und wurden niedergemacht. Den Flavius Sabinus, der, waffenlos, gar nicht an einen Fluchtversuch dachte, umringten die Vitellianer, ebenso den Konsul Quintius Atticus,[92] der durch den Schatten einstiger Würde und seine Eitelkeit die Aufmerksamkeit auf sich zog – hatte er doch Edikte unter dem Volk ausstreuen lassen, mit Lobsprüchen für Vespasianus und Schmähungen gegen Vitellius. (3) Die anderen entflohen auf alle möglichen Arten: einige in Sklavenklei-

et inter sarcinas abditi. fuere qui excepto Vitellianorum signo, quo inter se noscebantur, ultro rogitantes respondentesve audaciam pro latebra haberent.

74 (1) Domitianus prima inruptione apud aedituum occultatus, sollertia liberti lineo amictu turbae sacricolarum immixtus ignoratusque, apud Cornelium Primum paternum clientem iuxta Velabrum delituit. ac potiente rerum patre, disiecto aeditui contubernio, modicum sacellum Iovi Conservatori aramque posuit casus suos in marmore expressam; mox imperium adeptus Iovi Custodi templum ingens seque in sinu dei sacravit. (2) Sabinus et Atticus onerati catenis et ad Vitellium ducti nequaquam infesto sermone vultuque excipiuntur, frementibus, qui ius caedis et praemia navatae operae petebant. clamore a proximis orto sordida pars plebis supplicium Sabini exposcit, minas adulationesque miscet. stantem pro gradibus Palatii Vitellium et preces parantem pervicere, ut absisteret: tum confossum laceratumque et absciso capite truncum corpus Sabini in Gemonias trahunt.

75 (1) Hic exitus viri haud sane spernendi. quinque et triginta stipendia in re publica fecerat, domi militiaeque

dung, andere von treuen Klienten beschützt und unter Gepäckstücken versteckt. Manche hatten das Losungswort der Vitellianer, an dem diese sich gegenseitig erkannten, aufgefangen: sie selbst fragten danach und gaben Antwort – so nützten sie ihre Kühnheit zu heimlichem Entkommen.

**74** (1) Domitianus hatte sich sogleich beim Eindringen der Feinde bei einem Tempelsklaven verborgen; dank der Findigkeit eines Freigelassenen in einen Leinenumhang gehüllt, in die Schar von Opferdienern hineingeschoben und daher unerkannt, konnte er bei Cornelius Primus, einem Klienten seines Vaters, in der Nähe des Velabrum Unterschlupf finden.[93] Als sein Vater im Besitz der Macht war, ließ er die Behausung des Tempeldieners abreißen und errichtete dort für Iuppiter, den Erretter, ein bescheidenes Heiligtum und einen Altar, auf dem seine Erlebnisse in Marmor dargestellt waren; als er dann zur Herrschaft gelangt war, weihte er Iuppiter, dem Schützer, einen gewaltigen Tempel und sein eigenes Bild auf dem Schoß des Gottes. (2) Sabinus und Atticus wurden in Ketten gelegt und zu Vitellius geführt, von ihm aber durchaus nicht mit feindseligen Worten und Blicken empfangen, freilich unter lautem Murren derer, die das Recht, sie umzubringen, und Belohnung für ihre Dienstleistung verlangten. Als sich dann in seiner nächsten Umgebung Geschrei erhob, forderte das Volk, billiges Lumpenpack, die Hinrichtung des Sabinus, stieß im Durcheinander Droh- und Schmeichelworte aus. Vitellius, der auf der Treppe des Palastes stand und Bitten an sie richten wollte, zwangen sie, davon abzusehen: dann stießen sie Sabinus nieder, zerfleischten ihn, hieben ihm den Kopf ab und schleppten den verstümmelten Leichnam zur Gemonischen Treppe[94].

**75** (1) Das war das Ende eines durchaus nicht verächtlichen Mannes. Fünfunddreißig Jahre hatte er im Dienste des Staates gestanden, in Frieden und Krieg ruhm-

clarus. innocentiam iustitiamque eius non argueres; sermonis nimius erat: id unum septem annis, quibus Moesiam, duodecim, quibus praefecturam urbis obtinuit, calumniatus est rumor. in fine vitae alii segnem, multi moderatum et civium sanguinis parcum credidere. quod inter omnes constiterit, ante principatum Vespasiani decus domus penes Sabinum erat. (2) caedem eius laetam fuisse Muciano accepimus. ferebant plerique etiam paci consultum dirempta aemulatione inter duos, quorum alter se fratrem imperatoris, alter consortem imperii cogitaret. (3) sed Vitellius consulis supplicium poscenti populo restitit, placatus ac velut vicem reddens, quod interrogantibus, quis Capitolium incendisset, se reum Atticus obtulerat eaque confessione, sive aptum tempori mendacium fuit, invidiam crimenque agnovisse et a partibus Vitellii amolitus videbatur.

**76** (1) Isdem diebus L. Vitellius positis apud Feroniam castris excidio Tarracinae imminebat, clausis illic gladiatoribus remigibusque, qui non egredi moenia neque periculum in aperto audebant. praeerat, ut supra memoravimus, Iulianus gladiatoribus, Apollinaris remigibus, lasci-

bedeckt. Seine Uneigennützigkeit und Gerechtigkeit konnte man nicht bestreiten; nur im Reden kannte er kein Maß: das war auch das Einzige, was ihm in den sieben Jahren, in denen er Mösien, und in den zwölf Jahren, in denen er die Stadtpräfektur[95] verwaltete, üble Nachrede einbrachte. Am Ende seines Lebens hielten ihn die einen für entschlußschwach, viele für einen maßvollen Mann, der Bürgerblut schonen wollte. Das dürfte bei allen feststehen: vor dem Prinzipat Vespasians war Sabinus der würdigste Vertreter des Hauses. (2) Sein Tod soll, wie wir erfahren haben, dem Mucianus willkommen gewesen sein. Sehr viele äußerten die Meinung, es sei damit auch dem Frieden gedient, da die Eifersucht zwischen den zwei Männern weggefallen sei, von denen sich der eine als Bruder des Imperators, der andere als Mitregenten betrachtete. (3) Aber dem Volk, das die Hinrichtung des Konsuls forderte, widersetzte sich Vitellius: er war versöhnlich gestimmt und gleichsam zu einem Gegendienst bereit, weil auf die Frage, wer das Kapitol in Brand gesteckt habe, Atticus sich als Schuldiger ausgegeben hatte und durch dieses Geständnis – oder mag es auch eine den Umständen angepaßte Notlüge gewesen sein – die Erbitterung über das Verbrechen auf sich gezogen und von der Partei des Vitellius abgewälzt zu haben schien.

### *L. Vitellius in Kampanien* [76–77

**76** (1) Zur selben Zeit[96] bedrohte L. Vitellius, der beim Feronia-Heiligtum[97] Lager aufgeschlagen hatte, Tarracina mit Vernichtung. Die Gladiatoren und Rudersklaven, die dort eingeschlossen waren, hatten nicht den Mut, vor die Stadtmauern zu kommen und der Gefahr in offenem Feld entgegenzutreten. Den Befehl über die Gladiatoren führte, wie oben berichtet, Iulianus, über die Rudersklaven Apollinaris, beide in Zügellosigkeit

via socordiaque gladiatorum magis quam ducum similes. (2) non vigilias agere, non intuta moenium firmare: noctu dieque fluxi et amoena litorum personantes, in ministerium luxus dispersis militibus, de bello tantum inter convivia loquebantur. paucos ante dies discesserat Apinius Tiro donisque ac pecuniis acerbe per municipia conquirendis plus invidiae quam virium partibus addebat.

77 (1) Interim ad L. Vitellium servus Vergilii Capitonis perfugit pollicitusque, si praesidium acciperet, vacuam arcem traditurum, multa nocte cohortes expeditas summis montium iugis super caput hostium sistit: inde miles ad caedem magis quam ad pugnam decurrit. sternunt inermos aut arma capientes et quosdam somno excitos, cum tenebris, pavore, sonitu tubarum, clamore hostili turbarentur. (2) pauci gladiatorum resistentes neque inulti cecidere: ceteri ad naves ruebant, ubi cuncta pari formidine implicabantur, permixtis paganis, quos nullo discrimine Vitelliani trucidabant. sex Liburnicae inter primum tumultum evasere, in quis praefectus classis Apollinaris; reliquae in litore captae, aut nimio ruentium onere pressas mare hausit. (3) Iulianus ad L. Vitellium perductus et verberibus foedatus in ore eius iugulatur. fuere qui uxorem L. Vitellii Triariam incesserent, tamquam gladio militari cincta inter luctum cladesque expu-

und Fahrlässigkeit eher Gladiatoren als Heerführern gleichend. (2) Sie ließen keine Nachtwachen aufziehen, sicherten nicht die schwachen Stellen der Stadtmauer: Tag und Nacht im Festestaumel und die liebliche Küstengegend mit Geschrei erfüllend – indes hatten sich »im Dienste« des Lotterlebens ihre Soldaten ringsum verstreut – sprachen sie vom Krieg nur mehr während der Gelage. Wenige Tage vorher war Apinius Tiro abgereist, und durch das rücksichtslose Eintreiben von Geschenken und Geld in den Landstädten ringsum verschaffte er der Partei mehr Haß als Machtzuwachs.

77 (1) Inzwischen lief zu L. Vitellius ein Sklave des Vergilius Capito über und versprach, wenn er eine Mannschaft erhalte, die unbesetzte Stadtburg zu übergeben: tief in der Nacht besetzte er mit kampfbereiten Kohorten die Berghöhen zu Häupten der Feinde: von dort stürmten die Soldaten mehr zum Morden als zum Kämpfen hinab. Sie machten die Gegner nieder, die teils waffenlos waren, teils erst zu den Waffen griffen, einige auch, die eben aus dem Schlaf geweckt wurden, wobei alle in der Finsternis, in ihrer Angst, beim Klang der Trompeten, dem Geschrei der Feinde blindlings durcheinanderliefen. (2) Wenige der Gladiatoren leisteten Widerstand und fielen nicht ohne Rache am Feind; die übrigen stürzten zu den Schiffen, wo alles in gleiche Panik verwickelt wurde, zumal sich auch Einheimische eingedrängt hatten, die von den Vitellianern ohne Unterschied niedergemetzelt wurden. Sechs Liburnerschiffe entkamen bei Beginn des Tumultes – und auf ihnen der Flottenpräfekt Apollinaris; die übrigen wurden an der Küste aufgebracht und gingen infolge Überlastung, da zu viele hineindrängten, im Meer unter. (3) Iulianus wurde dem L. Vitellius vorgeführt, durch Schläge übel zugerichtet und vor dessen Augen umgebracht. Einige beschuldigten auch Triaria, die Gattin des L. Vitellius, sie habe sich, mit einem Kriegsschwert gegürtet, während

gnatae Tarracinae superbe saeveque egisset. ipse lauream gestae prospere rei ad fratrem misit, percontatus statim regredi se an perdomandae Campaniae insistere iuberet. (4) quod salutare non modo partibus Vespasiani, sed rei publicae fuit. nam si recens victoria miles et super insitam pervicaciam secundis ferox Romam contendisset, haud parva mole certatum nec sine exitio urbis foret. quippe L. Vitellio quamvis infami inerat industria, nec virtutibus, ut boni, sed quo modo pessimus quisque, vitiis valebat.

**78** (1) Dum haec in partibus Vitellii geruntur, digressus Narnia Vespasiani exercitus festos Saturni dies Ocriculi per otium agitabat. causa tam pravae morae, ut Mucianum opperirentur. nec defuere qui Antonium suspicionibus arguerent tamquam dolo cunctantem post secretas Vitellii epistulas, quibus consulatum et nubilem filiam et dotales opes pretium proditionis offerebat. (2) alii ficta haec et in gratiam Muciani composita; quidam omnium id ducum consilium fuisse, ostentare potius urbi bellum quam inferre, quando validissimae cohortes a Vitellio descivissent, et abscisis omnibus praesidiis cessurus im-

der jammervollen und blutigen Vorfälle bei der Eroberung von Tarracina hochfahrend und grausam gebärdet. Er selbst schickte die Siegesbotschaft seines Erfolges an den Bruder und fragte darin, ob dieser ihm befehle, sogleich zurückzukehren oder die Unterwerfung Kampaniens weiter zu betreiben.

(4) Das war nicht nur für die Partei Vespasians, sondern für den Staat ein Glücksfall; wäre nämlich die Truppe unmittelbar nach ihrem Sieg und, abgesehen von ihrem angeborenen Starrsinn, durch ihre Erfolge aufgeputscht, gegen Rom marschiert, so hätte der Kampf ein hartes Stück Arbeit bedeutet – und Verderben für die Stadt. Denn Vitellius besaß, so schlecht auch sein Ruf war, Tatkraft – aber nicht in vorbildlichen Taten, wie bei edlen Menschen, sondern in Lastern, wie immer bei üblen Charakteren, lag seine Stärke.

### *Einnahme Roms durch die Flavianer, Tod des Vitellius* [78–86

**78** (1) Während dieser Vorgänge in der Partei des Vitellius marschierte das Heer Vespasians von Narnia ab und verbrachte die Tage des Saturnalienfestes[98] bei Ocriculum in aller Ruhe. Der Grund für diesen unangebrachten Aufenthalt lag darin, daß man auf Mucianus warten wollte. Es fanden sich auch Leute, die Antonius mit Verdächtigungen beschuldigten, er zögere in heimtückischer Absicht, nachdem er ein Geheimschreiben des Vitellius erhalten habe, in dem dieser ihm das Konsulat, seine heiratsfähige Tochter und eine Mitgift als Preis für den Verrat anbot. (2) Andere meinten, das sei erfunden und zugunsten des Mucianus ersonnen, einige, es sei gemeinsamer Plan aller Heerführer gewesen, der Hauptstadt den Krieg mehr zu zeigen, als ihn tatsächlich mitten in sie hineinzutragen, weil ja die kampfstärksten Kohorten von Vitellius abgefallen seien; und man hatte auch

perio videbatur: sed cuncta festinatione, deinde ignavia Sabini corrupta, qui sumptis temere armis munitissimam Capitolii arcem et ne magnis quidem exercitibus expugnabilem adversus tres cohortes tueri nequivisset. (3) haud facile quis uni adsignaverit culpam, quae omnium fuit. nam et Mucianus ambiguis epistulis victores morabatur, et Antonius praepostero obsequio, vel dum regerit invidiam, crimen meruit; ceterique duces dum peractum bellum putant, finem eius insignivere. ne Petilius quidem Cerialis, cum mille equitibus praemissus, ut transversis itineribus per agrum Sabinum Salaria via urbem introiret, satis maturaverat, donec obsessi Capitolii fama cunctos simul exciret.

**79** (1) Antonius per Flaminiam ad Saxa rubra multo iam noctis serum auxilium venit. illic interfectum Sabinum, conflagrasse Capitolium, tremere urbem, maesta omnia accepit; plebem quoque et servitia pro Vitellio armari nuntiabatur. et Petilio Ceriali equestre proelium adversum fuerat; namque incautum et tamquam ad victos ruentem Vitelliani, interiectus equiti pedes, excepere. (2) pugnatum haud procul urbe inter aedificia hortosque et anfractus viarum, quae gnara Vitellianis, incomperta hostibus metum fecerant. neque omnis eques concors,

den Eindruck, er werde, da er von allen Truppenverbänden abgeschnitten sei, der Herrschaft entsagen; aber alles sei an der Hast des Sabinus, dann an seiner Feigheit gescheitert, da er unüberlegt zu den Waffen gegriffen habe, aber die ausgezeichnet befestigte Burg des Kapitols, die nicht einmal für große Heere bezwingbar war, gegen bloß drei Kohorten nicht hatte halten können. (3) Aber man dürfte wohl kaum einer einzigen Person die Schuld zuteilen, an der alle teilhatten. Denn teils versuchte Mucianus, durch zweideutige Briefe die Sieger hinzuhalten, teils verdiente Antonius Vorwürfe wegen seiner unangebrachten Willfährigkeit oder wegen seiner Absicht, die Schuld von sich abzuwälzen; und weil die übrigen Führer den Krieg für abgeschlossen hielten, verschafften sie seinem Ende traurigen Ruhm. Nicht einmal Petilius Cerialis, der mit 1000 Reitern vorausgeschickt worden war, um auf Querwegen durch das Sabinerland auf der Via Salaria in die Hauptstadt einzurücken, hatte sich besonders beeilt; erst die Kunde von der Belagerung des Kapitols sollte alle zusammen zur Eile antreiben.

**79** (1) Antonius kam auf der Via Flaminia erst tief in der Nacht nach Saxa Rubra[99] – zu spät, um noch zu helfen. Dort erfuhr er, Sabinus sei getötet, das Kapitol in Asche gesunken, die Stadt zittere, allseits herrsche Niedergeschlagenheit. Es kamen Meldungen, sogar der Pöbel und die Sklaven würden zum Kampf für Vitellius bewaffnet. Auch hatte Petilius Cerialis in einem Reitergefecht Unglück gehabt; denn als er unvorsichtig und so, als handle es sich um schon Besiegte, losstürmte, fingen ihn die Vitellianer mit einer aus Reitern und Fußsoldaten gebildeten Truppe ab. (2) Gekämpft wurde nicht weit entfernt von der Stadt zwischen Gehöften, Gärten und winkeligen Gassen – in einem Gelände, das zwar die Vitellianer kannten, das ihren Gegnern aber nicht vertraut war und ihnen daher Angst einflößte. Auch fehlte der Reitertruppe Einmütigkeit, da einige in ihren Reihen

adiunctis quibusdam, qui nuper apud Narniam dediti fortunam partium speculabantur. capitur praefectus alae Iulius Flavianus; ceteri foeda fuga consternantur, non ultra Fidenas secutis victoribus.

**80** (1) Eo successu studia populi aucta; vulgus urbanum arma cepit. paucis scuta militaria, plures raptis quod cuique obvium telis signum pugnae exposcunt. agit grates Vitellius et ad tuendam urbem prorumpere iubet. mox vocato senatu deliguntur legati ad exercitus, ut praetexto rei publicae concordiam pacemque suaderent. varia legatorum sors fuit. (2) qui Petilio Ceriali occurrerant extremum discrimen adiere, aspernante milite condiciones pacis. vulneratur praetor Arulenus Rusticus: auxit invidiam super violatum legati praetorisque nomen propria dignatio viri. pulsantur comites, occiditur proximus lictor, dimovere turbam ausus: et ni dato a duce praesidio defensi forent, sacrum etiam inter exteras gentes legatorum ius ante ipsa patriae moenia civilis rabies usque in exitium temerasset. aequioribus animis accepti sunt qui ad Antonium venerant, non quia modestior miles, sed duci plus auctoritatis.

**81** (1) Miscuerat se legatis Musonius Rufus equestris

standen, die sich erst vor kurzem bei Narnia ergeben hatten und noch den endgültigen Erfolg einer Partei abwarten wollten. Der Reiterpräfekt Iulius Flavianus wurde gefangen; die übrigen sprengten, von Schrecken gepackt, in schmählicher Flucht davon, wobei ihnen die Sieger nicht über Fidenae hinaus folgten.

**80** (1) Dieser Erfolg steigerte die Sympathiekundgebungen des Volkes: der Stadtpöbel griff zu den Waffen. Nur wenige hatten feldmäßige Schilde, die Mehrzahl riß an sich, was jedem an Waffengerät in die Hände kam, und verlangte das Zeichen zum Kampf. Vitellius sprach feierliche Dankesworte[100] und befahl ihnen, zum Schutz der Stadt hinauszustürmen. Dann berief er den Senat ein: gewählt wurde eine Gesandtschaft zu den Heeren, um unter dem Vorwand der Sorge um das Gemeinwesen zu Eintracht und Frieden zu raten. Unterschiedlich war das Los der Gesandten. (2) Diejenigen, die auf Petilius Cerialis gestoßen waren, gerieten in höchste Lebensgefahr, da seine Truppe von Friedensvorschlägen nichts wissen wollte: verwundet wurde der Prätor Arulenus Rusticus[101]. Den Abscheu vor dieser Tat steigerte noch, abgesehen von der Verletzung der Person eines Gesandten und Prätors, die persönliche Wertschätzung, die der Mann genoß. Verprügelt wurden seine Begleiter, der ihm zunächst stehende Liktor wurde getötet, als er versuchte, die Menge beiseite zu drängen. Und wenn sie nicht durch eine vom Heerführer beigegebene Mannschaft geschützt worden wären, so hätte blinde Parteiwut das selbst unter fremden Völkern heilige Gesandtenrecht vor den Mauern der eigenen Vaterstadt sogar mit einer Mordtat besudelt. Ruhigere Aufnahme fanden diejenigen, die zu Antonius gekommen waren, nicht weil die Mannschaft disziplinierter war, sondern weil der Heerführer mehr Autorität besaß.

**81** (1) Den Gesandten angeschlossen hatte sich Musonius Rufus, ein Mann aus dem Ritterstand, der sein

ordinis, studium philosophiae et placita Stoicorum aemulatus; coeptabatque permixtus manipulis, bona pacis ac belli discrimina disserens, armatos monere. id plerisque ludibrio, pluribus taedio: nec deerant qui propellerent proculcarentque, ni admonitu modestissimi cuiusque et aliis minitantibus omisisset intempestivam sapientiam. (2) obviae fuere et virgines Vestales cum epistulis Vitellii ad Antonium scriptis: eximi supremo certamini unum diem postulabat: si moram interiecissent, facilius omnia conventura. virgines cum honore dimissae; Vitellio rescriptum Sabini caede et incendio Capitolii dirempta belli commercia.

**82** (1) Temptavit tamen Antonius vocatas ad contionem legiones mitigare, ut castris iuxta pontem Mulvium positis postera die urbem ingrederentur. ratio cunctandi, ne asperatus proelio miles non populo, non senatui, ne templis quidem ac delubris deorum consuleret. sed omnem prolationem ut inimicam victoriae suspectabant; simul fulgentia per colles vexilla, quamquam imbellis populus sequeretur, speciem hostilis exercitus fecerant. (2) tripertito agmine pars, ut adstiterat, Flaminia via, pars iuxta ripam Tiberis incessit; tertium agmen per Salariam Collinae portae propinquabat. plebs invectis equitibus fusa; miles Vitellianus trinis et ipse praesidiis occurrit. proelia ante urbem multa et varia, sed Flavianis consilio

Leben dem Studium der Philosophie und den Lehrsätzen der Stoiker geweiht hatte.[102] Der drängte sich unter die Manipel und begann, den bewaffneten Männern gute Lehren zu erteilen, indem er die Vorteile des Friedens und die Gefahren des Krieges darlegte. Darüber spotteten viele, die Mehrzahl aber empfand es als lästig; es gab sogar einige, die ihn wegstießen und mit Füßen traten; doch auf den Rat der Besonnenen und nach Drohworten anderer ließ er von seiner unpassenden Weisheitslehre ab. (2) Entgegen kamen ihnen auch die Vestalinnen[103] mit einem Brief des Vitellius an Antonius: er verlangte darin, den letzten Entscheidungskampf um einen Tag zu verschieben: würde man eine Pause einlegen, könnte man leichter zu einer umfassenden Einigung kommen. Die Jungfrauen wurden in Ehren entlassen; Vitellius erhielt den schriftlichen Bescheid, durch den Mord an Sabinus und den Brand des Kapitols seien alle Verhandlungen über den Krieg hinfällig.

**82** (1) Dennoch versuchte Antonius, die zu einer Versammlung berufenen Legionen soweit zu beruhigen, daß sie bei der Mulvischen Brücke Lager beziehen und erst am folgenden Tag in die Stadt einrücken sollten. Grund des Zögerns war seine Sorge, die infolge des Gefechtes erbitterten Soldaten würden weder Volk noch Senat, nicht einmal Tempel und Heiligtümer der Götter schonen. Aber sie waren argwöhnisch über jede Verzögerung, als sei sie ihrem Sieg abträglich; außerdem hatten die rings auf den Hügeln blitzenden Feldzeichen, obwohl nur eine unkriegerische Menge ihnen folgte, den Eindruck eines feindlichen Heeres erweckt. (2) In drei Stoßkeilen rückten sie vor: eine Abteilung von ihrem Standort aus auf der Via Flaminia, eine entlang des Tiberufers; der dritte Keil näherte sich über die Via Salaria der Porta Collina. Der Pöbel wurde durch einen Reiterangriff verjagt. Das vitellianische Kriegsvolk rückte ebenfalls in drei Heeresgruppen entgegen. Vor der Stadt kam es zu vielen wech-

ducum praestantibus saepius prospera. (3) ii tantum conflictati sunt, qui in partem sinistram urbis ad Sallustianos hortos per angusta et lubrica viarum flexerant. superstantes maceriis hortorum Vitelliani ad serum usque diem saxis pilisque subeuntes arcebant, donec ab equitibus, qui porta Collina inruperant, circumvenirentur. concurrere et in campo Martio infestae acies. pro Flavianis fortuna et parta totiens victoria: Vitelliani desperatione sola ruebant, et quamquam pulsi, rursus in urbe congregabantur.

**83** (1) Aderat pugnantibus spectator populus, utque in ludicro certamine, hos, rursus illos clamore et plausu fovebat. quotiens pars altera inclinasset, abditos in tabernis aut si quam in domum perfugerant, erui iugularique expostulantes parte maiore praedae potiebantur: nam milite ad sanguinem et caedes obverso spolia in vulgus cedebant. (2) saeva ac deformis urbe tota facies: alibi proelia et vulnera, alibi balineae popinaeque; simul cruor et strues corporum, iuxta scorta et scortis similes; quantum in luxurioso otio libidinum, quidquid in acerbissima captivitate scelerum, prorsus ut eandem civitatem et furere crederes et lascivire. (3) conflixerant *et* ante armati exercitus in urbe, bis Lucio Sulla, semel Cinna victoribus, nec tunc minus crudelitatis: nunc inhumana securi-

selvollen Kämpfen, aber für die Flavianer, die dank der Strategie ihrer Führer überlegen waren, verliefen sie häufiger erfolgreich. (3) Nur diejenigen gerieten in Bedrängnis, die gegen den linken Teil der Stadt heranrückten und auf engen und schlüpfrigen Wegen gegen die Sallustianischen Gärten abgeschwenkt waren.[104] Die oben auf der Parkmauer stehenden Vitellianer wehrten bis spät am Tag mit Stein- und Speerwürfen den Ansturm ab, wurden aber schließlich von den Reitern, die durch die Porta Collina eingedrungen waren, umzingelt. Auch auf dem Marsfeld stießen die feindlichen Reihen aufeinander. Für die Flavianer sprach das Glück und das Wissen, so oft schon gesiegt zu haben; die Vitellianer stürmten in nackter Verzweiflung vor, und obgleich geschlagen, sammelten sie sich aufs neue in der Stadt.

**83** (1) Neben den Kämpfenden stand als Zuschauer das Volk, und wie bei einem Kampfspiel feuerte es bald die einen, bald die anderen durch Geschrei und Klatschen an; sooft die eine Seite wankte, forderten sie, die Soldaten, die sich in den Läden versteckt oder in ein Haus geflüchtet hatten, herauszuzerren und umzubringen – und bemächtigten sich selbst eines Großteils der Beute; denn da die Soldaten mit Blutvergießen und Morden beschäftigt waren, fiel das Beutegut dem Pöbel zu. (2) Die ganze Stadt bot ein grausiges, abstoßendes Bild: hier Kämpfe und Wunden, dort Bäder und Kneipen; zugleich Blutlachen und Leichenhaufen, daneben Huren und ähnliches Gelichter: alle Arten von Ausschweifungen einer üppigen Friedenszeit, jede Form von Verbrechen bei einer grausamen Eroberung – kurz, man hätte glauben können, ein und dieselbe Stadt sei zugleich blutiger Raserei und wilder Ausgelassenheit verfallen. (3) Auch früher waren bewaffnete Heere in der Stadt aufeinander gestoßen, zweimal als Lucius Sulla, einmal als Cinna Sieger war,[105] und auch damals war die Grausamkeit nicht geringer gewesen –, jetzt aber: widernatürliche

tas et ne minimo quidem temporis voluptates intermissae: velut festis diebus id quoque gaudium accederet, exultabant, fruebantur, nulla partium cura, malis publicis laeti.

**84** (1) Plurimum molis in obpugnatione castrorum fuit, quae acerrimus quisque ut novissimam spem retinebant. eo intentius victores, praecipuo veterum cohortium studio, cuncta validissimarum urbium excidiis reperta simul admovent, testudinem tormenta aggeres facesque, quidquid tot proeliis laboris ac periculi hausissent, opere illo consummari clamitantes. (2) urbem senatui ac populo Romano, templa dis reddita: proprium esse militis decus in castris: illam patriam, illos penates. ni statim recipiantur, noctem in armis agendam. contra Vitelliani, quamquam numero fatoque dispares, inquietare victoriam, morari pacem, domos arasque cruore foedare suprema victis solacia amplectebantur. (3) multi semianimes super turres et propugnacula moenium expiravere: convulsis portis reliquus globus obtulit se victoribus, et cecidere omnes contrariis vulneribus, versi in hostem: ea cura etiam morientibus decori exitus fuit.

(4) Vitellius capta urbe per aversam Palatii partem Aventinum in domum uxoris sellula defertur, ut, si diem latebra vitavisset, Tarracinam ad cohortes fratremque perfugeret. dein mobilitate ingenii et, quae natura pavo-

Sorglosigkeit, keinen Augenblick lang Unterbrechung der Lustbarkeiten: als wäre zu den Festtagen[106] noch ein Sondervergnügen dazugekommen, jubelten, genossen sie – ohne Sorge um den Parteienkampf, über das allgemeine Unglück beglückt.

**84** (1) Das schwerste Stück Arbeit war die Erstürmung des Prätorianerlagers, das die Schar der Tapfersten als letzte Hoffnung zu halten suchte. Um so verbissener wandten die Sieger – besonders die alten Kohorten taten sich dabei hervor – alle Mittel zugleich an, die man zur Vernichtung der festesten Städte erfunden hatte: Schirmdach, Wurfmaschinen, Erddämme, Brandfackeln; dabei riefen sie, alle Mühen und Gefahren, die sie in so vielen Schlachten bis zur Neige ausgekostet hätten, würden mit diesem Werk einen krönenden Abschluß finden. (2) Die Stadt sei dem Senat und dem römischen Volk, die Tempel den Göttern wiedergegeben: dem Soldaten zustehender Ehrenplatz sei im Lager: dort sei seine Heimat, dort sein Herd. Würde es nicht sogleich erobert, müßten sie die Nacht unter Waffen verbringen. Die Vitellianer auf der Gegenseite, wiewohl an Zahl unterlegen und vom Glück verlassen, klammerten sich an den letzten Trost für Besiegte: den Sieg zu erschweren, den Frieden hinauszuzögern, Häuser und Altäre mit Blut zu besudeln. (3) Viele, schon halbtot, hauchten auf den Türmen und Brustwehren der Lagermauer ihr Leben aus. Als die Tore gesprengt waren, warf sich der restliche Haufe den Siegern entgegen: und alle fielen mit Wunden auf der Brust, dem Feinde zugekehrt: so dachten sie selbst noch im Sterben an einen ehrenvollen Tod.

(4) Vitellius ließ sich nach dem Fall der Stadt auf einem Tragsessel durch den rückwärtigen Teil des Palastes zum Aventin in das Haus seiner Gattin tragen. Er hatte die Absicht, wenn er den Tag in seinem Versteck glücklich überstanden habe, nach Tarracina zu den Kohorten und zu seinem Bruder zu fliehen. In seinem Wankelmut

ris est, cum omnia metuenti praesentia maxime displicerent, in Palatium regreditur vastum desertumque, dilapsis etiam infimis servitiorum aut occursum eius declinantibus. terret solitudo et tacentes loci; temptat clausa, inhorrescit vacuis; fessusque misero errore et pudenda latebra semet occultans ab Iulio Placido tribuno cohortis protrahitur. (5) vinctae pone tergum manus; laniata veste, foedum spectaculum, ducebatur, multis increpantibus, nullo inlacrimante: deformitas exitus misericordiam abstulerat. obvius e Germanicis militibus Vitellium infesto ictu per iram, vel quo maturius ludibrio eximeret, an tribunum adpetierit, in incerto fuit: aurem tribuni amputavit ac statim confossus est.

**85** (1) Vitellium infestis mucronibus coactum modo erigere os et offerre contumeliis, nunc cadentes statuas suas, plerumque rostra aut Galbae occisi locum contueri, postremo ad Gemonias, ubi corpus Flavii Sabini iacuerat, propulere. una vox non degeneris animi excepta, cum tribuno insultanti se tamen imperatorem eius fuisse respondit; ac deinde ingestis vulneribus concidit. et vulgus eadem pravitate insectabatur interfectum qua foverat viventem.

**86** (1) Patrem illi ⟨Lucium Vitellium censorem et ter

und – wie es eben Eigenheit der Angst ist – da ihm in seiner Furcht vor allem und jedem gerade das Nächstliegende zuwider war, kehrte er dann wieder in den Palast zurück, der öde und verlassen war; denn auch die geringsten der Sklaven hatten sich davongestohlen oder wichen einer Begegnung mit ihm aus. Es schreckte ihn die Einsamkeit, die Totenstille ringsum. Er versuchte, die verschlossenen Räume zu öffnen, erschauert über ihre Leere; erschöpft von dem jämmerlichen Umherirren, verkriecht er sich schließlich in einem schändlichen Versteck;[107] von dort wird er von dem Kohortentribunen Iulius Placidus hervorgezerrt. (5) Seine Hände wurden ihm auf den Rücken gebunden; in zerfetztem Gewand – ein häßliches Schauspiel – wurde er abgeführt: von vielen beschimpft, von niemandem beweint. Die Ehrlosigkeit seines Endes hatte Mitleid nicht aufkommen lassen. Ein entgegenkommender germanischer Soldat stürzte mit erhobenem Schwert auf Vitellius los – im Zorn, oder um ihn rascher der Verhöhnung zu entziehen, oder er hatte es auf den Tribunen abgesehen: das alles ist ungewiß; jedenfalls hieb er dem Tribunen ein Ohr ab und wurde augenblicklich niedergemacht.

**85** (1) Mit gezückten Schwertern zwang man Vitellius, bald sein Antlitz zu erheben und es den Beschimpfungen darzubieten, dann wiederum auf das Niederstürzen seiner Statuen, öfter noch auf die Rednertribüne und die Mordstätte Galbas hinzuschauen; schließlich stießen sie ihn zur Gemonischen Treppe, wo der Leichnam des Sabinus gelegen hatte. Ein einziges Wort, das von keineswegs niedriger Gesinnung zeugte, vernahm man, als er einem ihn verhöhnenden Tribunen erwiderte, er sei ja doch sein Imperator gewesen. Dann brach er unter den gegen ihn geführten Hieben zusammen. Und der Pöbel schmähte in gleicher Niederträchtigkeit den Toten, in der er dem Lebenden gehuldigt hatte.

**86** (1) Sein Vater ⟨war, wie erwähnt, der Zensor und

consulem fuisse memoravi, patriam habuit⟩ Luceriam. septimum et quinquagensimum aetatis annum explebat, consulatum, sacerdotia, nomen locumque inter primores nulla sua industria, sed cuncta patris claritudine adeptus. principatum ei detulere, qui ipsum non noverant: studia exercitus raro cuiquam bonis artibus quaesita perinde adfuere quam huic per ignaviam. (2) inerat tamen simplicitas ac liberalitas, quae, ni adsit modus, in exitium vertuntur. amicitias dum magnitudine munerum, non constantia morum contineri putat, meruit magis quam habuit. rei publicae haud dubie intererat Vitellium vinci, sed imputare perfidiam non possunt, qui Vitellium Vespasiano prodidere, cum a Galba descivissent.

(3) Praecipiti in occasum die ob pavorem magistratuum senatorumque, qui dilapsi ex urbe aut per domos clientium semet occultabant, vocari senatus non potuit. Domitianum, postquam nihil hostile metuebatur, ad duces partium progressum et Caesarem consalutatum miles frequens utque erat in armis in paternos penates deduxit.

dreimalige Konsul L. Vitellius), seine Vaterstadt war Luceria[108]; er stand im 57. Lebensjahr, Konsulat, Priesterämter, Namen und Stellung unter den führenden Männern hatte er nicht durch eigene Tatkraft, sondern alles nur dank der Berühmtheit seines Vaters erreicht. Den Prinzipat übertrugen ihm Leute, die ihn selbst nicht kannten. Die Sympathie des Heeres gewann selten jemand durch löbliche Mittel so, wie sie ihm zufiel bei all seiner Trägheit. (2) Doch besaß er ein offenes Wesen und Freigebigkeit, Eigenschaften, die leicht, wenn das rechte Maß fehlt, zum Verderben ausschlagen. Da er glaubte, Freundschaften gründeten sich mehr auf die Größe der Geschenke als auf Festigkeit des Charakters, hat er sie eher erkauft als besessen. Im Interesse des Staates lag es ohne Zweifel, daß Vitellius besiegt wurde; aber ihre Treulosigkeit können sich diejenigen nicht als Verdienst anrechnen, die Vitellius an Vespasianus verraten haben, da sie ja schon vorher von Galba abgefallen waren.[109]
(3) Der Tag neigte sich rasch dem Ende zu; wegen der Angst der Magistrate und der Senatoren, die entweder aus der Stadt entwichen waren oder sich in den Häusern ihrer Klienten versteckt hielten, konnte der Senat nicht einberufen werden. Als keine Feindseligkeiten mehr zu befürchten waren, erschien Domitianus vor den Heerführern der Partei und wurde als Caesar begrüßt; ihn geleiteten die Soldaten in hellen Scharen und bewaffnet, wie sie waren, zur väterlichen Wohnung.

## Liber IV

1 (1) Interfecto Vitellio bellum magis desierat quam pax coeperat. armati per urbem victores implacabili odio victos consectabantur: plenae caedibus viae, cruenta fora templaque, passim trucidatis, ut quemque fors obtulerat. ac mox augescente licentia scrutari ac protrahere abditos; si quem procerum habitu et iuventa conspexerant, obtruncare nullo militum aut populi discrimine. (2) quae saevitia recentibus odiis sanguine explebatur, dein verterat in avaritiam. nihil usquam secretum aut clausum sinebant, Vitellianos occultari simulantes. initium id perfringendarum domuum, vel si resisteretur, causa caedis; nec deerat egentissimus quisque e plebe et pessimi servitiorum prodere ultro dites dominos, alii ab amicis monstrabantur. (3) ubique lamenta, conclamationes et fortuna captae urbis, adeo ut Othoniani Vitellianique militis invidiosa antea petulantia desideraretur. duces partium accendendo civili bello acres, temperandae victoriae impares, quippe inter turbas et discordias pessimo cuique plurima vis, pax et quies bonis artibus indigent.

2 (1) Nomen sedemque Caesaris Domitianus acceperat, nondum ad curas intentus, sed stupris et adulteriis filium

# Buch IV

## *Rom nach dem Sieg der Flavier* [1–11

**1** (1) Nach dem Tod des Vitellius hatte eher der Krieg aufgehört als der Frieden begonnen. Bewaffnet verfolgten die Sieger in der ganzen Stadt mit unversöhnlichem Haß die Besiegten: voll von Erschlagenen waren die Straßen, blutbefleckt die Plätze und Tempel, da sie ja wahllos hinmordeten, wen ihnen der Zufall in den Weg führte. Als dann die Zügellosigkeit noch zunahm, suchten sie nach Versteckten und zerrten sie hervor; sobald sie einen hochgewachsenen jungen Mann erblickt hatten,[1] erschlugen sie ihn, ohne einen Unterschied zu machen zwischen Soldaten und Zivilbevölkerung. (2) Dieses Wüten fand während der ersten Haßausbrüche Befriedigung im Blutvergießen, dann schlug es um in Beutegier. Nirgends ließen sie einen Raum unbeachtet oder verschlossen – angeblich, weil sich dort Vitellianer versteckt hielten. Das war für sie das Signal, die Häuser aufzubrechen und, wenn man Widerstand leistete, Grund zu morden; und armes Bettlervolk und die Übelsten unter den Sklaven waren gerne bereit, ihre reichen Herren ohne weiteres zu verraten, andere wurden von ihren Freunden angezeigt. (3) Überall Klagen und Wehgeschrei: das Schicksal einer eroberten Stadt, so daß man sogar die früher so verhaßte Zügellosigkeit der othonianischen und vitellianischen Soldaten zurücksehnte. Die Heerführer der Partei, voll wilden Eifers, den Bürgerkrieg anzuheizen, waren nicht imstande, den Sieg maßvoll zu nützen; denn in Aufruhr und Zwietracht hat gerade der Schlechteste die größte Macht – Frieden und Ruhe bedürfen guter Eigenschaften.

**2** (1) Namen und Wohnsitz eines Caesars hatte Domitianus erhalten, für Regierungsgeschäfte zeigte er noch kein Interesse, dafür spielte er bei Unzucht und Ehe-

principis agebat. praefectura praetorii penes Arrium Varum, summa potentiae in Primo Antonio. is pecuniam familiamque e principis domo quasi Cremonensem praedam rapere: ceteri modestia vel ignobilitate ut in bello obscuri, ita praemiorum expertes. (2) civitas pavida et servitio parata occupari redeuntem Tarracina L. Vitellium cum cohortibus extinguique reliqua belli postulabat: praemissi Ariciam equites, agmen legionum intra Bovillas stetit. nec cunctatus est Vitellius seque et cohortes arbitrio victoris permittere, et miles infelicia arma haud minus ira quam metu abiecit. (3) longus deditorum ordo saeptus armatis per urbem incessit, nemo supplici vultu, sed tristes et truces et adversum plausus ac lasciviam insultantis vulgi immobiles. paucos erumpere ausos circumiecti pressere; ceteri in custodiam conditi, nihil quisquam locutus indignum, et quamquam inter adversa, salva virtutis fama. dein L. Vitellius interficitur, par vitiis fratris, in principatu eius vigilantior, nec perinde prosperis socius quam adversis abstractus.

**3** (1) Isdem diebus Lucilius Bassus cum expedito equite ad componendam Campaniam mittitur, discordibus municipiorum animis magis inter semet quam contumacia adversus principem. viso milite quies et minoribus coloniis impunitas: Capuae legio tertia hiemandi causa

bruch den Kaisersohn. Die Prätorianerpräfektur hatte nun Arrius Varus inne, die größte Macht besaß Primus Antonius. Er raffte Geld und Sklaven aus dem Kaiserhaus an sich, als wäre es Beute aus Cremona. Die übrigen gingen wegen ihrer Bescheidenheit und niedrigen Stellung ebenso, wie sie im Krieg farblos geblieben waren, nun auch bei der Belohnung leer aus.

(2) Die eingeschüchterte, zur Sklavenhaltung bereite Bürgerschaft verlangte, dem von Tarracina zurückkehrenden L. Vitellius[2] den Weg zu sperren und die Reste des Kriegsbrandes auszutreten. So wurden Reiter nach Aricia vorausgeschickt, die Kolonne der Legionen machte diesseits von Bovillae halt. Vitellius zögerte nicht, sich und seine Kohorten dem Sieger auf Gedeih und Verderb auszuliefern, und die Soldaten warfen die Unglückswaffen ebenso aus Erbitterung wie aus Furcht weg. (3) Lang war der Zug der Gefangenen, der sich zwischen Reihen von Bewaffneten durch die Stadt bewegte, kein einziger mit demütiger Miene, sondern finster und trotzig und gegenüber Beifall und Spott der höhnenden Menge unbeweglich. Einige wenige, die auszubrechen versuchten, wurden umringt und zu Boden gestoßen; die übrigen wurden in Gewahrsam genommen – dabei sprach kein einziger ein würdeloses Wort, und selbst im Unglück blieb der Ruf ihrer Mannhaftigkeit unangetastet. Danach wurde L. Vitellius getötet, gleich an Lastern seinem Bruder, während dessen Prinzipat tatkräftiger, nicht so sehr im Glück ihm verbunden wie ins Unglück fortgerissen.

**3** (1) In denselben Tagen wurde Lucilius Bassus[3] mit leichter Reiterei ausgeschickt, um die Ordnung in Kampanien wiederherzustellen; denn unter den Landstädten dort gab es Streitigkeiten – mehr untereinander als aus Widerstand gegen den Prinzeps. Man sah die Soldaten – und Ruhe trat ein, die kleineren Koloniestädte blieben ohne Strafe. Nach Capua wurde die dritte Legion ins

locatur et domus inlustres adflictae, cum contra Tarracinenses nulla ope iuvarentur. (2) tanto proclivius est iniuriae quam beneficio vicem exsolvere, quia gratia oneri, ultio in quaestu habetur. solacio fuit servus Vergilii Capitonis, quem proditorem Tarracinensium diximus, patibulo adfixus in isdem anulis, quos acceptos a Vitellio gestabat. (3) at Romae senatus cuncta principibus solita Vespasiano decernit, laetus et spei certus, quippe sumpta per Gallias Hispaniasque civilia arma, motis ad bellum Germaniis, mox Illyrico, postquam Aegyptum Iudaeam Syriamque et omnes provincias exercitusque lustraverant, velut expiato terrarum orbe cepisse finem videbantur: (4) addidere alacritatem Vespasiani litterae tamquam manente bello scriptae. ea prima specie forma; ceterum ut princeps loquebatur, civilia de se, et rei publicae egregia. nec senatus obsequium deerat: ipsi consulatus cum Tito filio, praetura Domitiano et consulare imperium decernuntur.

4 (1) Miserat et Mucianus epistulas ad senatum, quae materiam sermonibus praebuere. si privatus esset, cur publice loqueretur? potuisse eadem paucos post dies loco sententiae dici. ipsa quoque insectatio in Vitellium sera et sine libertate: id vero erga rem publicam superbum, erga principem contumeliosum, quod in manu sua fuisse imperium donatumque Vespasiano iactabat. (2) ceterum invidia in occulto, adulatio in aperto erant: multo cum

Winterquartier verlegt, und darunter hatten die Häuser der Vornehmen zu leiden; für Tarracina gab es keine Hilfsmaßnahmen.[4] (2) So viel mehr ist man geneigt, Unrecht statt Wohltat zu vergelten, weil man ja Dankesbeweis als Last, Rache als Gelegenheit für Bereicherung betrachtet. Eine Genugtuung war es, daß der Sklave des Vergilius Capito, der von mir erwähnte Verräter Tarracinas, ans Kreuz geschlagen wurde; geschmückt mit denselben Ringen, die er als Geschenk des Vitellius trug.[5] (3) In Rom aber beschloß der Senat alle bei Herrschern üblichen Ehren auch für Vespasianus,[6] freudigen Sinnes und hoffnungssicher; denn man hatte den Eindruck, daß der in Gallien und Spanien begonnene Bürgerkrieg, der auch Germanien, dann Illyrien ergriffen und schließlich Ägypten, Judäa, Syrien und alle Provinzen und Heere durchzogen hatte, nun endlich gleichsam durch Entsühnung des ganzen Erdkreises sein Ende gefunden habe. (4) Die Hochstimmung steigerte noch ein Schreiben Vespasians, das so abgefaßt war, als dauere der Krieg noch an: so wirkte beim ersten Hinsehen seine Ausdrucksweise; im übrigen sprach er aber als Prinzeps, in bescheidenem Ton von sich, voll Hochachtung über den Staat. Und der Senat ließ es an Willfährigkeit nicht fehlen: ihm selbst wurde mit seinem Sohn Titus das Konsulat, dem Domitianus Prätur und konsularisches Imperium zuerkannt.[7]

4 (1) Auch Mucianus hatte ein Schreiben an den Senat gerichtet, das Stoff für vielerlei Gerede bot: wenn er Privatmann sei, wieso spreche er dann als Amtsperson? Dasselbe hätte man wenige Tage später im Verlauf einer Abstimmung sagen können. Auch sein Angriff auf Vitellius kam zu spät und zeugte von wenig Freimut. Das vollends war Anmaßung gegenüber dem Staat, Beleidigung gegenüber dem Prinzeps: sich zu rühmen, in seiner Hand sei die Herrschaft gelegen, er habe sie dem Vespasianus geschenkt. (2) Im übrigen blieb die Empörung darüber im verborgenen, die Schmeichelei trat offen

honore verborum Muciano triumphalia de bello civium data, sed in Sarmatas expeditio fingebatur. adduntur Primo Antonio consularia, Cornelio Fusco et Arrio Varo praetoria insignia. mox deos respexere; restitui Capitolium placuit. (3) eaque omnia Valerius Asiaticus consul designatus censuit: ceteri vultu manuque, pauci, quibus conspicua dignitas aut ingenium adulatione exercitum, compositis orationibus adsentiebantur. ubi ad Helvidium Priscum praetorem designatum ventum, prompsit sententiam ut honorificam in novum principem, ⟨ita ipsi decorum, quippe⟩ falsa aberant, et studiis senatus attollebatur. isque praecipuus illi dies magnae offensae initium et magnae gloriae fuit.

**5** (1) Res poscere videtur, quoniam iterum in mentionem incidimus viri saepius memorandi, ut vitam studiaque eius, et quali fortuna sit usus, paucis repetam. Helvidius Priscus [regione Italiae Carecina] e municipio Cluviis, patre, qui ordinem primi pili duxisset, ingenium inlustre altioribus studiis iuvenis admodum dedit, non, ut plerique, ut nomine magnifico segne otium velaret, sed quo firmior adversus fortuita rem publicam capesseret. (2) doctores sapientiae secutus est, qui sola bona quae honesta, mala tantum quae turpia, potentiam nobilitatem ceteraque extra animum neque bonis neque malis adnumerant. quaestorius adhuc a Paeto Thrasea gener

zutage: unter einem Schwall ehrender Worte wurden Mucianus die Triumphinsignien[8] für den Bürgerkrieg verliehen, aber zum Vorwand diente der Feldzug gegen die Sarmaten.[9] Zuerkannt wurden dem Primus Antonius die konsularischen, dem Cornelius Fuscus und dem Arrius Varus die prätorischen Ehrenzeichen. Dann kümmerten sie sich auch um die Götter: man beschloß, das Kapitol wiederaufzubauen. (3) Das alles beantragte der designierte Konsul Valerius Asiaticus; die übrigen gaben durch Miene und Handbewegung ihre Zustimmung, wenige, die durch ihre hohe Stellung angesehen oder in Schmeichelei schon geübt waren, in wohlgesetzten Reden. Sobald die Reihe an den designierten Prätor Helvidius Priscus kam, äußerte er seine Meinung, die ebenso ehrenvoll für den neuen Prinzeps wie rühmlich für ihn selbst war, da alle Verlogenheit fehlte; die Rede wurde vom Senat mit Begeisterung aufgenommen. Dieser Tag vor allem war es, der für ihn den Beginn großer Anfeindung und großen Ruhmes bedeutete.

5 (1) Da wir zum zweiten Mal den Mann genannt haben, der noch öfter zu erwähnen sein wird, erscheint es notwendig, in Kürze einiges über sein Leben, seine Interessen und sein bisheriges Schicksal nachzutragen. Helvidius Priscus[10] stammte aus der Landstadt Cluviae[11], sein Vater hatte den Rang eines Primipilus bekleidet; sein glänzendes Talent widmete er schon als ganz junger Mann höheren Studien, aber nicht wie die meisten, um mit einem stolzen Namen träges Nichtstun zu bemänteln, sondern um dadurch besser gewappnet gegen die Zufälligkeiten des Lebens die politische Laufbahn einzuschlagen. (2) Er schloß sich den Lehrern der Weisheit an, die für das einzige Gut halten, was ehrenhaft, für ein Übel nur, was schändlich ist, Macht, Adel, und was sonst außerhalb des Geistes liegt, weder als ein Gut noch als ein Übel ansehen.[12] Als er gerade erst Quästor gewesen war, erwählte ihn Paetus Thrasea[13] zum Schwieger-

delectus e moribus soceri nihil aeque ac libertatem hausit, civis, senator, maritus, gener, amicus, cunctis vitae officiis aequabilis, opum contemptor, recti pervicax, constans adversus metus.

**6** (1) Erant quibus adpetentior famae videretur, quando etiam sapientibus cupido gloriae novissima exuitur. ruina soceri in exilium pulsus, ut Galbae principatu rediit, Marcellum Eprium, delatorem Thraseae, accusare adgreditur. ea ultio, incertum maior an iustior, senatum in studia diduxerat: nam si caderet Marcellus, agmen reorum sternebatur. (2) primo minax certamen et egregiis utriusque orationibus testatum; mox dubia voluntate Galbae, multis senatorum deprecantibus, omisit Priscus, variis, ut sunt hominum ingenia, sermonibus moderationem laudantium aut constantiam requirentium.

(3) Ceterum eo senatus die, quo de imperio Vespasiani censebant, placuerat mitti ad principem legatos. hinc inter Helvidium et Eprium acre iurgium: Priscus eligi nominatim a magistratibus iuratis, Marcellus urnam postulabat, quae consulis designati sententia fuerat.

**7** (1) Sed Marcelli studium proprius rubor excitabat, ne aliis electis posthabitus crederetur. paulatimque per

sohn: von dem Wesen seines Schwiegervaters nahm er nichts so sehr in sich auf wie dessen Freimut: als Bürger, Senator, Gatte, Schwiegersohn, Freund in allen Verpflichtungen des Lebens sich gleichbleibend, ein Verächter des Reichtums, hartnäckig festhaltend am Rechten, standhaft gegen alle Gefährdungen.

6 (1) Für manche schien er es allzusehr auf Anerkennung abgesehen zu haben, wie ja auch für Weise das Streben nach Ruhm das letzte ist, wovon sie sich freimachen. Durch den Sturz seines Schwiegervaters in die Verbannung getrieben, machte er sich sofort, nachdem er im Prinzipat Galbas zurückgekehrt war, daran, Marcellus Eprius[14], den Denunzianten Thraseas, anzuklagen. Dieses Racheverlangen – soll man es übersteigerten Geltungsdrang oder übersteigerten Rechtssinn nennen? – hatte den Senat in zwei Parteien gespalten. Sollte nämlich Marcellus fallen, mußte ein ganzer Haufen von Schuldigen auf der Strecke bleiben. (2) Zunächst nahm der Streit bedrohliche Formen an – die hervorragenden Reden beider Männer legen davon Zeugnis ab. Dann aber, als Galba sich nicht entscheiden konnte und auch viele Senatoren Fürbitte einlegten, gab Priscus nach – das bot, wie es eben Menschenart ist, Anlaß zu verschiedenen Deutungen: die einen lobten seine Mäßigung, die anderen vermißten an ihm Konsequenz.

(3) Übrigens beschloß man an jenem Senatstag, an dem man über die Herrschaft Vespasians abstimmte, Gesandte an den Prinzeps zu schicken. Darüber kam es zwischen Helvidius und Eprius zu einem scharfen Wortwechsel. Priscus forderte namentliche Wahl durch eidlich verpflichtete Magistrate, Marcellus dagegen ein Losverfahren, wie auch der Antrag des designierten Konsuls gelautet hatte.

7 (1) Triebfeder für den Eifer des Marcellus aber war seine persönliche Eitelkeit: man sollte ihn nicht bei der Wahl anderer für zurückgesetzt halten. Und allmählich

altercationem ad continuas et infestas orationes provecti sunt, quaerente Helvidio, quid ita Marcellus iudicium magistratuum pavesceret: esse illi pecuniam et eloquentiam, quis multos anteiret, ni memoria flagitiorum urgeretur. sorte et urna mores non discerni: suffragia et existimationem senatus reperta, ut in cuiusque vitam famamque penetrarent. (2) pertinere ad utilitatem rei publicae, pertinere ad Vespasiani honorem, occurrere illi, quos innocentissimos senatus habeat, qui honestis sermonibus aures imperatoris imbuant. fuisse Vespasiano amicitiam cum Thrasea, Sorano, Sentio; quorum accusatores etiam si puniri non oporteat, ostentari non debere. (3) hoc senatus iudicio velut admoneri principem quos probet, quos reformidet. nullum maius boni imperii instrumentum quam bonos amicos esse. satis Marcello, quod Neronem in exitium tot innocentium impulerit: frueretur praemiis et impunitate, Vespasianum melioribus relinqueret.

**8** (1) Marcellus non suam sententiam impugnari, sed consulem designatum censuisse dicebat, secundum vetera exempla, quae sortem legationibus posuissent, ne ambitioni aut inimicitiis locus foret. nihil evenisse, cur antiquitus instituta exolescerent aut principis honor in cuiusquam contumeliam verteretur; sufficere omnes obsequio. (2) id magis vitandum, ne pervicacia quorundam inritaretur animus novo principatu suspensus et vultus quoque

steigerten sie sich in ihrem Wortwechsel zu zusammenhängenden erbitterten Reden: Helvidius fragte, warum Marcellus solche Angst vor dem Urteil der Magistrate habe; er habe doch Geld und Beredsamkeit – und dadurch sei er doch gegenüber vielen anderen im Vorteil; es müßte ihn denn die Erinnerung an seine Schandtaten bedrücken. Bei Los und Urne werde der Lebenswandel nicht berücksichtigt: Abstimmung und Prüfung durch den Senat seien eingeführt, um jedes einzelnen Leben und Ruf gründlich zu durchforschen. (2) Es erfordere der Nutzen des Staates, es erfordere die Ehre Vespasians, daß ihm die untadeligsten Männer gegenüberträten, über die der Senat verfüge: sie sollten die Ohren des Imperators an ehrenhafte Worte gewöhnen. Vespasianus habe Freundschaft gepflegt mit Thrasea, Soranus[15], Sentius. Wenn man deren Ankläger schon nicht der verdienten Strafe zuführe, so solle man sie wenigstens nicht vor ihm zur Schau stellen. (3) Durch ein solches Urteil des Senates werde der Prinzeps gleichsam erinnert, welche Männer er schätzen, vor welchen er sich hüten solle. Kein wichtigeres Werkzeug einer guten Herrschaft gebe es als gute Freunde. Marcellus möge sich damit begnügen, daß er Nero zur Vernichtung so vieler Unschuldiger angetrieben habe: genießen solle er seinen Lohn und die Straflosigkeit, Vespasianus aber Besseren überlassen.

**8** (1) Marcellus sagte, eigentlich sei nicht seine Meinung Ziel der Angriffe, sondern der designierte Konsul habe diesen Antrag gestellt – entsprechend überkommenen Beispielen, die für Gesandtschaften das Los festgesetzt hätten, damit Bestechung und persönliche Feindschaften ausgeschlossen seien. Nichts sei geschehen, weshalb die altgewohnten Bräuche aus der Mode kommen oder die Ehrung des Prinzeps jemandem zum Schimpf ausschlagen sollte; alle seien gut genug für die Huldigung. (2) Wichtiger sei es, zu verhindern, daß durch die Starrköpfigkeit gewisser Leute der Prinzeps gereizt werde, der zu

ac sermones omnium circumspectans. se meminisse temporum, quibus natus sit, quam civitatis formam patres avique instituerint; ulteriora mirari, praesentia sequi; bonos imperatores voto expetere, qualescumque tolerare. (3) non magis sua oratione Thraseam quam iudicio senatus adflictum; saevitiam Neronis per eius modi imagines inlusisse, nec minus sibi anxiam talem amicitiam quam aliis exilium. denique constantia fortitudine Catonibus et Brutis aequaretur Helvidius: se unum esse ex illo senatu, qui simul servierit. (4) suadere etiam Prisco, ne supra principem scanderet, ne Vespasianum senem triumphalem, iuvenum liberorum patrem, praeceptis coerceret. quo modo pessimis imperatoribus sine fine dominationem, ita quamvis egregiis modum libertatis placere. (5) haec magnis utrimque contentionibus iactata diversis studiis accipiebantur. vicit pars, quae sortiri legatos malebat, etiam mediis patrum adnitentibus retinere morem; et splendidissimus quisque eodem inclinabat metu invidiae, si ipsi eligerentur.

**9** (1) Secutum aliud certamen. praetores aerarii (nam tum a praetoribus tractabatur aerarium) publicam paupertatem questi modum impensis postulaverant. eam curam consul designatus ob magnitudinem oneris et remedii difficultatem principi reservabat: Helvidius arbitrio sena-

Beginn der ihm ungewohnten Herrschaft noch unsicher sei und daher Mienen und Worte aller mustere. Er gedenke der Zeiten, da er geboren sei, der Verfassung, die die Väter und Großväter geschaffen hätten; die Vergangenheit bewundere er, der Gegenwart füge er sich; gute Herrscher wünsche er von Herzen, wie immer sie aber seien, so ertrage er sie. (3) Weniger durch seine Rede sei damals Thrasea gestürzt worden als durch das Urteil des Senates. Nero habe in seiner Grausamkeit mit derartigen Schauprozessen sein übles Spiel getrieben, und für ihn sei eine solche Freundschaft nicht weniger beängstigend gewesen als für andere die Verbannung. Möge schließlich auch Priscus dank seiner Standhaftigkeit und Tapferkeit Männern wie Cato und Brutus gleichgestellt werden – er sei einer aus jenem Senat, die gleichen Sklavendienst geleistet hätten. (4) Er rate jedenfalls dem Priscus, nicht sich über den Prinzeps zu erheben, nicht Vespasianus, den triumphgeschmückten alten Mann, den Vater erwachsener Söhne, mit seinen Vorschriften zu schulmeistern. Wie den schlechtesten Herrschern eine schrankenlose Despotie, so gefalle auch noch so vortrefflichen eben eine Mäßigung in der Freiheit. (5) Diese von beiden Seiten mit großer Heftigkeit vorgetragenen Reden fanden geteilte Aufnahme. Es siegte die Gruppe, die die Gesandten lieber durch das Los bestimmen wollte, wobei auch die gemäßigten Senatoren für die Beibehaltung des Brauches eintraten; und gerade die Angesehensten neigten zur selben Ansicht – aus Furcht vor Neid, falls sie selbst gewählt würden.

**9** (1) Es folgte ein anderer Streit. Die für die Staatskasse zuständigen Prätoren – denn damals wurde die Staatskasse von Prätoren verwaltet[16] – klagten über die Geldknappheit des Staates und forderten Einschränkung bei den Ausgaben. Diese Aufgabe wollte der designierte Konsul wegen der Größe des Problems und der Schwierigkeit einer Abhilfe dem Prinzeps vorbehalten wissen.

tus agendum censuit. (2) cum perrogarent sententias consules, Volcacius Tertullinus tribunus plebis intercessit, ne quid super tanta re principe absente statueretur. censuerat Helvidius, ut Capitolium publice restitueretur, adiuvaret Vespasianus. eam sententiam modestissimus quisque silentio, deinde oblivio transmisit: fuere qui et meminissent.

10 (1) Tum invectus est Musonius Rufus in P. Celerem, a quo Baream Soranum falso testimonio circumventum arguebat. ea cognitione renovari odia accusationum videbantur. sed vilis et nocens reus protegi non poterat: quippe Sorani sancta memoria; Celer professus sapientiam, dein testis in Baream, proditor corruptorque amicitiae, cuius se magistrum ferebat. proximus dies causae destinatur; nec tam Musonius aut Publius quam Priscus et Marcellus ceterique, motis ad ultionem animis, expectabantur.

**11** (1) Tali rerum statu, cum discordia inter patres, ira apud victos, nulla in victoribus auctoritas, non leges, non princeps in civitate essent, Mucianus urbem ingressus cuncta simul in se traxit. fracta Primi Antonii Varique Arrii potentia, male dissimulata in eos Muciani iracundia, quamvis vultu tegeretur. sed civitas rimandis offensis sagax verterat se transtuleratque: ille unus ambiri, coli.

Helvidius beantragte, daß der Senat eine Entscheidung zu treffen habe. (2) Als die Konsuln darüber Umfrage hielten, erhob der Volkstribun Volcacius Tertullinus Einspruch: über eine so wichtige Sache dürfe in Abwesenheit des Prinzeps nicht entschieden werden. Helvidius hatte beantragt, das Kapitol aus Staatsmitteln wieder aufzubauen, Vespasianus solle nur einen Beitrag spenden. Diesen Antrag übergingen die gemäßigten Senatoren mit Stillschweigen, dann versank er in Vergessenheit; es gab aber einige, die alles im Gedächtnis bewahrten.

10 (1) Dann griff Musonius Rufus[17] den P. Celer[18] an: er beschuldigte ihn, daß Barea Soranus auf Grund seines falschen Zeugnisses ins Verderben gestürzt sei. Es schien so, als würden durch diese Untersuchung die Haßausbrüche gegen das Denunziantenwesen wieder aufleben. Aber der Beschuldigte, verächtlich und straffällig wie er war, konnte nicht geschützt werden: denn Soranus stand in ehrwürdigem Ansehen; Celer lehrte zwar Philosophie, trat dann aber als Zeuge gegen Soranus auf und wurde so Verräter und Zerstörer der Freundschaft, als deren Lehrmeister er gelten wollte. Der folgende Tag wurde für den Prozeß bestimmt; aber nicht so sehr auf Musonius und Publius wartete man gespannt wie auf Priscus und Marcellus und alle anderen, da man zur Rache entschlossen war.

11 (1) Während dieser Zustände, da Zwietracht unter den Senatoren, Erbitterung bei den Besiegten herrschte, die Sieger keine Autorität hatten, keine Gesetze, kein Prinzeps in der Stadt für Ordnung sorgten, rückte Mucianus in Rom ein – und zog sogleich alles an sich. Gebrochen war die Macht des Primus Antonius und des Varus Arrius, kaum verhüllt der Groll Mucians gegen sie, obgleich er ihn hinter glatter Miene verbarg. Aber die Bürgerschaft mit ihrer guten Witterung, wenn es Mißstimmigkeiten aufzuspüren gilt, hatte mit rascher Schwenkung sich auf die andere Seite geschlagen: nur

nec deerat ipse, stipatus armatis domos hortosque permutans, apparatu incessu excubiis vim principis amplecti, nomen remittere. (2) plurimum terroris intulit caedes Calpurnii Galeriani. is fuit filius Gai Pisonis, nihil ausus: sed nomen insigne et decora ipsius iuventa rumore vulgi celebrabantur, erantque in civitate adhuc turbida et novis sermonibus laeta, qui principatus inanem ei famam circumdarent. iussu Muciani custodia militari cinctus, ne in ipsa urbe conspectior mors foret, ad quadragensimum ab urbe lapidem Appia via fuso per venas sanguine extinguitur. (3) Iulius Priscus praetoriarum sub Vitellio cohortium praefectus se ipse interfecit, pudore magis quam necessitate. Alfenus Varus ignaviae infamiaeque suae superfuit. Asiaticus (is enim libertus) malam potentiam servili supplicio expiavit.

**12** (1) Isdem diebus crebrescentem cladis Germanicae famam nequaquam maesta civitas excipiebat; caesos exercitus, capta legionum hiberna, descivisse Gallias non ut mala loquebantur. id bellum quibus causis ortum, quanto externarum sociarumque gentium motu flagra-

noch (Mucianus) war es, den man umwarb, verehrte. Und er ließ es nicht an sich fehlen: umgeben von einer Schar von Bewaffneten, ständig Paläste und Parks wechselnd, maßte er sich durch Aufwand, Gehaben und Wachen die Macht des Prinzeps an, verzichtete nur auf den Titel. (2) Den größten Schrecken verbreitete die Ermordung des Calpurnius Galerianus[19]. Er war der Sohn des Gaius Piso, ein Mann, der sich durch keine verwegene Tat hervorgetan hatte; aber sein berühmter Name, seine jugendfrische Schönheit waren im Volk ein beliebtes Thema, und es gab in der noch erregten und nach Neuigkeiten gierigen Bevölkerung Leute, die unbegründetes Gerede über seine Herrschaftsabsichten verbreiteten. Auf Befehl des Mucianus wurde er von einer Wacheabteilung umstellt; damit sein Tod in der Stadt selbst nicht zu viel Aufsehen erregte, wurde er am 40. Meilenstein vor der Stadt auf der Via Appia – Blut schoß aus seinen Adern – umgebracht. (3) Iulius Priscus[20], Prätorianerpräfekt unter Vitellius, tötete sich selbst, mehr aus Ehrgefühl als durch Zwang. Alfenus Varus[21] überlebte seine Feigheit und Schande. Asiaticus[22] – er war ja Freigelassener – büßte seine unheilvolle Machtstellung mit dem Sklaventod.

### *Bataveraufstand unter Iulius Civilis (Erster Bericht)* [12–37

**12** (1) Das in diesen Tagen sich immer mehr verbreitende Gerücht von einem schweren Rückschlag in Germanien vernahm die Bürgerschaft ohne jedes Zeichen von Sorge; daß die Heere vernichtet, die Winterlager der Legionen erobert seien, daß Gallien abgefallen sei – davon sprach man, als wäre es kein Unglück. Von den Gründen, die zu diesem Krieg geführt haben, von dem gewaltigen Aufruhr, den sein Aufflammen unter fremden und verbündeten Völkern hervorgerufen hat, möchte ich nun ein-

verit, altius expediam. (2) Batavi, donec trans Rhenum agebant, pars Chattorum, seditione domestica pulsi extrema Gallicae orae vacua cultoribus simulque insulam iuxta sitam occupavere, quam mare Oceanus a fronte, Rhenus amnis tergum ac latera circumluit. (3) nec opibus (rarum in societate validiorum) attritis viros tantum armaque imperio ministrant, diu Germanicis bellis exerciti, mox aucta per Britanniam gloria, transmissis illuc cohortibus, quas vetere instituto nobilissimi popularium regebant. erat et domi delectus eques, praecipuo nandi studio, ⟨quo⟩ arma equosque retinens integris turmis Rhenum perrumpere.

**13** (1) Iulius Civilis et Claudius Paulus regia stirpe multo ceteros anteibant. Paulum Fonteius Capito falso rebellionis crimine interfecit; iniectae Civili catenae, missusque ad Neronem et a Galba absolutus sub Vitellio rursus discrimen adiit, flagitante supplicium eius exercitu: inde causae irarum spesque ex malis nostris. (2) sed Civilis ultra quam barbaris solitum ingenio sollers et Sertorium se aut Annibalem ferens simili oris dehonestamento, ne ut hosti obviam iretur, si a populo Romano palam descivisset, Vespasiani amicitiam studiumque partium praetendit, missis sane ad eum Primi Antonii litteris, quibus avertere accita Vitellio auxilia et tumultus Germanici specie retentare legiones iubebatur. (3) eadem Hordeo-

gehender berichten. (2) Solange die Bataver jenseits des Rheins siedelten, bildeten sie einen Teil der Chatten; durch einen Stammesstreit vertrieben, besetzten sie den äußersten, noch unbesiedelten Küstenstrich Galliens und zugleich die nahegelegene Insel, welche der Ozean vorne, der Rhein im Rücken und an den Seiten umspült.[23] (3) Ohne in ihrer Macht geschwächt zu sein – eine Seltenheit bei einem Bündnis mit Stärkeren –, stellten sie dem Reich nur Mannschaften und Waffen; lange in den germanischen Kriegen geschult, erhöhten sie ihren Ruhm in Britannien,[24] als ihre Kohorten dorthin geschickt wurden, deren Kommando nach altem Brauch die Vornehmsten des Stammes führten. Auch hatten sie daheim noch ausgezeichnete Reiter, die mit besonderem Eifer sich im Schwimmen übten: so konnten sie mit Waffen und Pferden zugleich in geschlossener Schwadron den Rhein überqueren.

**13** (1) Iulius Civilis und Claudius Paulus, beide aus königlichem Geschlecht, überragten weit die übrigen. Den Paulus ließ Fonteius Capito unter falscher Beschuldigung eines Aufruhrs töten; Civilis wurde in Ketten gelegt; zu Nero geschickt und von Galba freigesprochen, geriet er unter Vitellius wieder in Gefahr, da das Heer seine Hinrichtung forderte: das waren die Gründe für seine Erbitterung, und daher seine Hoffnung auf Grund unserer mißlichen Lage. (2) Civilis war ein schlauerer Kopf als bei Barbaren üblich, und er stellte sich einem Sertorius oder Hannibal an die Seite, da sein Gesicht in ähnlicher Weise entstellt war;[25] damit man ihm nicht wie einem Feind entgegentrete, wenn er offen vom römischen Volk abfalle, täuschte er Freundschaft mit Vespasianus und Sympathie für die Partei vor. Er hatte freilich auch einen Brief des Primus Antonius erhalten mit dem Befehl, die von Vitellius herbeigerufenen Hilfsverbände abzulenken und durch das Scheinmanöver eines germanischen Aufstandes die Legionen zurückzuhalten. (3)

nius Flaccus praesens monuerat, inclinato in Vespasianum animo et rei publicae cura, cui excidium adventabat, si redintegratum bellum et tot armatorum milia Italiam inrupissent.

**14** (1) Igitur Civilis desciscendi certus, occultato interim altiore consilio, cetera ex eventu iudicaturus, novare res hoc modo coepit. iussu Vitellii Batavorum iuventus ad dilectum vocabatur, quem suapte natura gravem onerabant ministri avaritia ac luxu, senes aut invalidos conquirendo, quos pretio dimitterent: rursus impubes et forma conspicui (et est plerisque procera pueritia) ad stuprum trahebantur. (2) hinc invidia, et compositae seditionis auctores perpulere, ut dilectum abnuerent. Civilis primores gentis et promptissimos vulgi specie epularum sacrum in nemus vocatos, ubi nocte ac laetitia incaluisse videt, a laude gloriaque gentis orsus iniurias et raptus et cetera servitii mala enumerat: neque enim societatem, ut olim, sed tamquam mancipia haberi: (3) quando legatum, gravi quidem comitatu et superbo, cum imperio venire? tradi se praefectis centurionibusque: quos ubi spoliis et sanguine expleverint, mutari, exquirique novos sinus et varia praedandi vocabula. instare dilectum, quo liberi a parentibus, fratres a fratribus velut supremum dividan-

Auch Hordeonius Flaccus hatte persönlich dazu geraten, da er schon Vespasianus zuneigte, aber auch um den Staat besorgt war, dem ja der Untergang drohen mußte, wenn der Krieg aufs neue losbräche und so viele Tausende Bewaffnete in Italien einfielen[26].

**14** (1) Civilis war also zum Abfall entschlossen, verheimlichte aber vorläufig seine tiefere Absicht, um das weitere nach der jeweiligen Lage zu entscheiden, und begann den Aufruhr auf folgende Weise. Auf Befehl des Vitellius wurde die Jugend der Bataver zur Aushebung gerufen; diesen an sich schon lästigen Vorgang machten die damit Beauftragten durch ihre Habgier und ihre Ausschweifungen zu einer drückenden Last: sie hoben nämlich alte und schwache Leute aus, um sie für Geld wieder freizulassen; dafür wurden an Gestalt ansehnliche Halbwüchsige – und die meisten Knaben dort sind hochgewachsen – zur Schändung weggeschleppt. (2) Daraus entstand Erbitterung, und die Rädelsführer des verabredeten Aufruhrs drängten darauf, die Aushebung zu verweigern. Civilis berief die Häupter des Stammes und die entschlossensten Männer aus dem Volk unter dem Vorwand eines Festmahls in einen heiligen Hain; sowie er sah, daß sie durch das nächtliche Fest in hitzige Stimmung geraten waren, begann er von Ruhm und Glanz des Stammes zu sprechen und zählte dann die Ungerechtigkeiten, Plünderungen und alle anderen Leiden der Knechtschaft auf: nicht mehr als Bundesgenossen wie einst, sondern gleich Sklaven würden sie behandelt. (3) Wann komme denn zu ihnen ein Legat, so lästig und überheblich auch sein Gefolge sei, der aber doch Befehlsgewalt habe? Ausgeliefert seien sie Präfekten und Zenturionen. Wenn sie diese mit Beute und Blut gesättigt hätten, wechsle man sie aus und suche nach neuen Einnahmequellen und mancherlei Decknamen für das Plündern. Eine Aushebung stehe bevor, durch welche Kinder von ihren Eltern, Brüder von ihren Brüdern gleichsam

tur. (4) numquam magis adflictam rem Romanam nec aliud in hibernis quam praedam et senes: attollerent tantum oculos et inania legionum nomina ne pavescerent. at sibi robur peditum equitumque, consanguineos Germanos, Gallias idem cupientes. ne Romanis quidem ingratum id bellum, cuius ambiguam fortunam Vespasiano imputaturos: victoriae rationem non reddi.

**15** (1) Magno cum adsensu auditus barbaro ritu et patriis execrationibus universos adigit. missi ad Canninefates qui consilia sociarent. ea gens partem insulae colit, origine lingua virtute par Batavis; numero superantur. mox occultis nuntiis pellexit Britannica auxilia, Batavorum cohortes missas in Germaniam, ut supra rettulimus, ac tum Mogontiaci agentes. (2) erat in Canninefatibus stolidae audaciae Brinno, claritate natalium insigni; pater eius multa hostilia ausus Gaianarum expeditionum ludibrium impune spreverat. igitur ipso rebellis familiae nomine placuit impositusque scuto more gentis et sustinentium umeris vibratus dux deligitur. statimque accitis Frisiis (transrhenana gens est) duarum cohortium hiberna proximo †occupata† Oceano inrumpit. nec providerant impetum hostium milites, nec, si providissent, satis virium ad arcendum erat: capta igitur ac direpta castra.

auf ewig getrennt würden. (4) Nie vorher sei die römische Sache mehr erschüttert gewesen, und nichts anderes sei in den Winterlagern zu finden als Beute und Greise: sie sollten nur die Augen erheben und vor den bloßen Namen der Legionen nicht in Schrecken geraten. Sie aber hätten eine Kerntruppe an Fußvolk und Reiterei, die Germanen seien ihre Blutsverwandten, Gallien vom gleichen Wunsch beseelt. Nicht einmal den Römern komme der Krieg ungelegen, den man, falls das Glück schwanke, dem Vespasianus anrechnen könne: für den Sieg brauche man überhaupt keine Rechenschaft abzulegen.

**15** (1) Mit lautem Beifall wurde seine Rede aufgenommen; nach Barbarenritus und unter den landesüblichen Verwünschungen vereidigte er dann alle: Boten entsandte man zu den Canninefaten, damit sie mit ihnen gemeinsame Sache machten. Dieser Stamm besiedelte einen Teil der Insel, in Abstammung, Sprache und Tapferkeit den Batavern gleich, an Zahl unterlegen. Dann gewann er durch Geheimboten die britannischen Hilfstruppen, jene Bataverkohorten, die, wie oben erwähnt,[26a] nach Germanien beordert worden waren und damals bei Mogontiacum lagerten. (2) Es lebte bei den Canninefaten ein gewisser Brinno; seine Eigenschaften: stures Draufgängertum, ganz besonders vornehme Herkunft. Sein Vater hatte manch feindliche Tat gewagt und dann ungestraft das Gaukelspiel der Feldzüge des Gaius verachtet.[27] So machte er schon durch den Namen seiner rebellischen Familie Eindruck: nach Stammessitte auf den Schild gehoben und auf den Schultern der Träger hin- und hergeschwenkt, wurde er zum Führer gewählt. Sogleich rief er die Friesen, einen rechtsrheinischen Stamm, herbei und erstürmte ein am Ozean gelegenes Winterlager zweier Kohorten. Die Soldaten hatten den Angriff nicht erwartet, und selbst wenn sie ihn erwartet hätten, verfügten sie über zu wenig Mannschaft, um ihn abzuschlagen; daher wurde das Lager erobert und

(3) dein vagos et pacis modo effusos lixas negotiatoresque Romanos invadunt. simul excidiis castellorum imminebant, quae a praefectis cohortium incensa sunt, quia defendi nequibant. signa vexillaque et quod militum in superiorem insulae partem congregantur, duce Aquilio primipilari, nomen magis exercitus quam robur: quippe viribus cohortium abductis Vitellius e proximis Nerviorum Germanorumque pagis segnem numerum armis oneraverat.

**16** (1) Civilis dolo grassandum ratus incusavit ultro praefectos, quod castella deseruissent: se cum cohorte, cui praeerat, Canninefatem tumultum compressurum, illi sua quisque hiberna repeterent. subesse fraudem consilio et dispersas cohortes facilius opprimi, nec Brinnonem ducem eius belli, sed Civilem esse patuit, erumpentibus paulatim indiciis, quae Germani, laeta bello gens, non diu occultaverant. (2) ubi insidiae parum cessere, ad vim transgressus Canninefates, Frisios, Batavos propriis cuneis componit: derecta ex diverso acies haud procul a flumine Rheno et obversis in hostem navibus, quas incensis castellis illuc adpulerant. nec diu certato Tungrorum cohors signa ad Civilem transtulit, perculsique milites improvisa proditione a sociis hostibusque caedebantur. (3) eadem etiam *in* navibus perfidia: pars remi-

geplündert. (3) Dann überfielen sie die über Land ziehenden und wie in Friedenszeiten weit verstreuten römischen Marketender und Kaufleute. Zugleich bedrohten sie die Kastelle mit Zerstörung; diese wurden von den Kohortenpräfekten in Brand gesteckt, weil man sie nicht verteidigen konnte. Die Feldzeichen und Standarten und alles, was an Mannschaften vorhanden war, wurde unter Führung des Primipilaren Aquilius im stromaufwärts gelegenen Teil der Insel zusammengezogen, ein Heer mehr dem Namen als der Schlagkraft nach. Denn Vitellius hatte den Kern der Kohorten abgezogen und dafür aus den benachbarten Gauen der Nervier und Germanen einen müden Haufen mit Waffen behängt.

**16** (1) Überzeugt, daß man mit List vorgehen müsse, machte Civilis sogar den Präfekten Vorwürfe, weil sie die Kastelle im Stich gelassen hätten: er selber werde mit der Kohorte, die er befehligte, den Aufstand der Canninefaten niederwerfen; sie sollten nur, jeder in sein Winterlager, zurückkehren. Daß List hinter diesem Rat steckte – die Kohorten könnten nämlich nach ihrer Zersplitterung leichter überwältigt werden – und daß nicht Brinno der Führer in diesem Krieg sei, sondern Civilis, das war offenkundig: denn allmählich kamen Beweise zutage, welche das kriegsbegeisterte Volk der Germanen nicht lange hatte verheimlichen können. (2) Als er mit seiner Hinterhältigkeit keinen rechten Erfolg hatte, ging er zu Gewalt über: die Canninefaten, Friesen und Bataver stellte er in jeweils eigenen Keilformationen auf – ihnen gegenüber bezog unsere Schlachtreihe Stellung, nicht weit entfernt vom Rhein, wobei die Schiffe, die sie nach dem Abbrennen der Kastelle dort gelandet hatten, gegen den Feind gekehrt waren. Nach kurzem Kampf lief die Kohorte der Tungrer zu Civilis über, und unsere Soldaten, betroffen über den unvorhergesehenen Verrat, wurden von Bundesgenossen und Feinden zusammengehauen. (3) Dasselbe treulose Verhalten gab es auch bei

gum e Batavis tamquam imperitia officia nautarum propugnatorumque impediebant; mox contra tendere et puppes hostili ripae obicere: ad postremum gubernatores centurionesque, nisi eadem volentes, trucidant, donec universa quattuor et viginti navium classis transfugeret aut caperetur.

17 (1) Clara ea victoria in praesens, in posterum usui; armaque et naves, quibus indigebant, adepti magna per Germanias Galliasque fama libertatis auctores celebrabantur. Germaniae statim misere legatos auxilia offerentes: Galliarum societatem Civilis arte donisque adfectabat, captos cohortium praefectos suas in civitates remittendo, cohortibus, abire an manere mallent, data potestate. manentibus honorata militia, digredientibus spolia Romanorum offerebantur: (2) simul secretis sermonibus admonebat malorum, quae tot annis perpessi miseram servitutem falso pacem vocarent. Batavos, quamquam tributorum expertes, arma contra communes dominos cepisse; prima acie fusum victumque Romanum. quid si Galliae iugum exuant? quantum in Italia reliquum? (3) provinciarum sanguine provincias vinci. ne Vindicis aciem cogitarent: Batavo equite protritos Aeduos Arvernosque; fuisse inter Verginii auxilia Belgas, vereque reputantibus Galliam suismet viribus concidisse. nunc

den Schiffen: ein Teil der batavischen Ruderer versuchte wie aus Ungeschicklichkeit, die Arbeit der Matrosen und der Schiffssoldaten zu behindern; dann leisteten sie offen Widerstand und stießen die Schiffe mit dem Achterdeck an das feindliche Ufer heran, zuletzt metzelten sie die Steuermänner und Zenturionen nieder, wenn sie nicht gemeinsame Sache mit ihnen machten, bis schließlich die ganze Flotte von 24 Schiffen zu den Feinden überging oder von ihnen gekapert wurde.

17 (1) Viel Ruhm brachte dieser Sieg für die Gegenwart, und für die Zukunft viel Nutzen. Waffen und Schiffe, an denen es ihnen mangelte, gewannen sie und standen in ganz Germanien und Gallien im hohen Ruf von Befreiern. Die Germanen schickten sogleich Gesandte und boten Hilfstruppen an; ein Bündnis mit Gallien suchte Civilis mit Klugheit und Geschenken zu gewinnen, indem er die gefangenen Kohortenpräfekten zu ihren Stämmen entließ und es den Kohorten freistellte, ob sie abziehen oder bleiben wollten. Wer blieb, erhielt ehrenvollen Dienst angeboten, wer sich entfernte, römische Beutestücke. (2) Zugleich erinnerte er sie in vertraulichen Gesprächen an die Leiden, die sie so viele Jahre ertragen hätten: und deshalb bezeichneten sie ihre armselige Knechtschaft mit falschem Namen als »Frieden«.[28] Die Bataver hätten, obwohl ihnen Tribute noch unbekannt seien, die Waffen gegen die gemeinsamen Zwingherren erhoben; im ersten Ansturm sei der Römer verjagt und besiegt worden. Wie, wenn ganz Gallien das Joch abschüttle? Wieviel bliebe dann in Italien noch übrig? (3) Mit dem Blut der Provinzen würden die Provinzen besiegt. Sie sollten nicht an den Kampf des Vindex denken: durch Bataverreiterei seien die Häduer und Arverner aufgerieben worden;[29] unter den Hilfstruppen des Verginius seien Belger gewesen – und wenn man es recht bedenke, so sei Gallien durch seine eigenen Streitkräfte zu Fall gekommen. Nun aber seien sie alle vereint,

easdem omnium partes, addito si quid militaris disciplinae in castris Romanorum viguerit; esse secum veteranas cohortes, quibus nuper Othonis legiones procubuerint. (4) servirent Syria Asiaque et suetus regibus Oriens: multos adhuc in Gallia vivere ante tributa genitos. nuper certe caeso Quinctilio Varo pulsam e Germania servitutem, nec Vitellium principem sed Caesarem Augustum bello provocatum. (5) libertatem natura etiam mutis animalibus datam, virtutem proprium hominum bonum; deos fortioribus adesse: proinde arriperent vacui occupatos, integri fessos. dum alii Vespasianum, alii Vitellium foveant, patere locum adversus utrumque.

(6) sic in Gallias Germaniasque intentus, si destinata provenissent, validissimarum ditissimarumque nationum regno imminebat.

**18** (1) At Flaccus Hordeonius primos Civilis conatus per dissimulationem aluit: ubi expugnata castra, deletas cohortes, pulsum Batavorum insula Romanum nomen trepidi nuntii adferebant, Munium Lupercum legatum (is duarum legionum hibernis praeerat) egredi adversus hostem iubet. Lupercus legionarios e praesentibus, Ubios e proximis, Trevirorum equites haud longe agentes raptim transmisit, addita Batavorum ala, quae iam pridem corrupta fidem simulabat, ut proditis in ipsa acie

dazu komme noch die militärische Disziplin, soweit sie in den Lagern der Römer gewirkt habe; an ihrer Seite stünden die altgedienten Kohorten, denen erst vor kurzem die Legionen Othos unterlegen seien.[30] (4) Sklavendienste leisten sollten Syrien, Asien und der an Könige gewohnte Orient. In Gallien seien jetzt noch viele am Leben, die vor der Zeit der Tributzahlungen geboren seien.[31] Erst vor kurzem habe Germanien nach dem Tod des Quinctilius Varus die Knechtschaft abgeschüttelt – und da sei nicht ein Prinzeps Vitellius, sondern Caesar Augustus zum Krieg herausgefordert worden. (5) Freiheitsdrang sei von der Natur auch den stummen Tieren gegeben, Mannesmut sei ein den Menschen eigenes Gut; die Götter stünden auf der Seite der Mutigeren: sie, die handlungsfähig seien, sollten herfallen über die in Schwierigkeiten verstrickten Römer, sie mit ihren unverbrauchten Kräften über die Erschöpften. Während die einen auf Vespasianus, die anderen auf Vitellius setzten, stehe die Bahn frei gegen beide.

(6) So hatte Civilis sein Sinnen und Trachten auf Gallien und Germanien gerichtet und drohte, wären seine Pläne aufgegangen, die Königsherrschaft über die mächtigsten und reichsten Völker an sich zu reißen.

**18** (1) Aber Flaccus Hordeonius förderte die ersten Unternehmungen des Civilis gerade dadurch, daß er vor alledem die Augen verschloß; als die Schreckensnachrichten eintrafen – erstürmt sei das Lager, vernichtet die Kohorten, vertrieben von der Bataverinsel alles, was sich römisch nenne –, da befahl er dem Legaten Munius Lupercus, dem Kommandanten des Winterlagers zweier Legionen,[32] gegen die Feinde auszurücken. Lupercus ließ an Legionssoldaten, was er zur Hand hatte, Ubier aus der nächsten Umgebung und Reiter der Treverer, die unweit stationiert waren, eilends übersetzen, dazu noch eine Bataverschwadron, die, schon längst zum Abfall entschlossen, Treue vortäuschte, um dann mitten in der

Romanis maiore pretio fugeret. (2) Civilis captarum cohortium signis circumdatus, ut suo militi recens gloria ante oculos et hostes memoria cladis terrerentur, matrem suam sororesque, simul omnium coniuges parvosque liberos consistere a tergo iubet, hortamenta victoriae vel pulsis pudorem. (3) ut virorum cantu, feminarum ululatu sonuit acies, nequaquam par a legionibus cohortibusque redditur clamor. nudaverat sinistrum cornu Batavorum ala transfugiens statimque in nos versa. sed legionarius miles, quamquam rebus trepidis, arma ordinesque retinebat. Ubiorum Trevirorumque auxilia foeda fuga dispersa totis campis palantur: illuc incubuere Germani, et fuit interim effugium legionibus in castra, quibus Veterum nomen est. (4) praefectus alae Batavorum Claudius Labeo, oppidano certamine aemulus Civili, ne interfectus invidiam apud populares vel, si retineretur, semina discordiae praeberet, in Frisios avehitur.

**19** (1) Isdem diebus Batavorum et Canninefatium cohortes, cum iussu Vitellii in urbem pergerent, missus a Civile nuntius adsequitur. intumuere statim superbia ferociaque et pretium itineris donativum, duplex stipendium, augeri equitum numerum, promissa sane a Vitellio, postulabant, non ut adsequerentur, sed causam seditioni. (2) et

Schlacht die Römer zu verraten und aus ihrer Flucht größeren Gewinn zu schlagen. (2) Civilis stand inmitten von Feldzeichen der gefangenen Kohorten, damit seine Krieger den jüngst errungenen Ruhm vor Augen hätten und die Feinde durch die Erinnerung an ihre Niederlage geschreckt würden; dann befahl er seiner Mutter, seinen Schwestern und zugleich den Gattinnen von allen samt ihren kleinen Kindern, sich hinter der Schlachtlinie aufzustellen: als Ansporn zum Sieg oder für die Geschlagenen zur Beschämung. (3) Als die Schlachtreihe vom Kriegsgesang der Männer und dem Geheul der Frauen erdröhnte, erwiderten Legionen und Kohorten den Lärm durchaus nicht in gleicher Stärke. Den linken Flügel hatte die Bataverschwadron entblößt, da sie überlief und sich sofort gegen uns wandte. Aber die Legionssoldaten behielten trotz bedrängter Lage die Waffen in der Hand und blieben in Reih und Glied. Die Hilfstruppen der Ubier und Treverer verliefen sich in schimpflicher Flucht und irrten im ganzen Gelände umher. Auf sie stürzten sich die Germanen – und so konnten indessen die Legionen in das Vetera genannte Lager entkommen. (4) Der Präfekt der Bataverschwadron Claudius Labeo, infolge einer in Kleinstädten üblichen Fehde der Rivale des Civilis, wurde in das Gebiet der Friesen abgeschoben, damit seine Ermordung nicht Erbitterung bei seinen Stammesgenossen errege oder sein Verbleiben den Samen für Zwietracht biete.

**19** (1) In denselben Tagen erreichte die Kohorten der Bataver und Canninefaten, als sie auf Befehl des Vitellius auf dem Marsch nach Rom waren,[33] ein von Civilis entsandter Bote. Sogleich schwoll ihnen der Kamm vor Trotz und Übermut: als Belohnung für den Marsch forderten sie ein Geldgeschenk, doppelten Sold, Versetzung einer größeren Zahl zur Reiterei – das alles hatte zwar schon Vitellius versprochen (doch nun verlangten sie es) –, nicht um es zu erhalten, sondern um einen Grund

Flaccus multa concedendo nihil aliud effecerat, quam ut acrius exposcerent quae sciebant negaturum. spreto Flacco inferiorem Germaniam petivere, ut Civili iungerentur. Hordeonius adhibitis tribunis centurionibusque consultavit, num obsequium abnuentes vi coerceret; mox insita ignavia et trepidis ministris, quos ambiguus auxiliorum animus et subito dilectu suppletae legiones angebant, statuit continere intra castra militem: dein paenitentia et arguentibus ipsis qui suaserant, tamquam secuturus scripsit Herennio Gallo legionis primae legato, qui Bonnam obtinebat, ut arceret transitu Batavos: se cum exercitu tergis eorum haesurum. (3) et opprimi poterant, si hinc Hordeonius, inde Gallus, motis utrimque copiis, medios clausissent. Flaccus omisit inceptum aliisque litteris Gallum monuit, ne terreret abeuntes: unde suspicio sponte legatorum excitari bellum cunctaque quae acciderant aut metuebantur non inertia militis neque hostium vi, sed fraude ducum evenire.

**20** (1) Batavi cum castris Bonnensibus propinquarent, praemisere qui Herennio Gallo mandata cohortium exponeret. nullum sibi bellum adversus Romanos, pro qui-

zum Aufruhr zu haben. (2) Und tatsächlich hatte Flaccus trotz weitgehender Zugeständnisse nur erreicht, daß sie noch härtere Forderungen erhoben, die er, wie sie wußten, ablehnen werde. Ohne sich weiter um Flaccus zu kümmern, zogen sie nach Niedergermanien, um sich mit Civilis zu vereinigen. Hordeonius beriet mit den von ihm beigezogenen Tribunen und Zenturionen, ob er gegen die Gehorsamsverweigerer mit Gewalt vorgehen solle; gleich darauf aber entschied er, die Truppen im Lager zurückzuhalten – dies aus angeborener Feigheit und wegen der Verzagtheit seiner Untergebenen, denen die unsichere Haltung der Hilfstruppen und der Umstand, daß die Legionen durch überstürzte Aushebung aufgefüllt worden waren, Sorgen machten. Dann reute es ihn wieder, und da ihm sogar diejenigen, die vorher dazu geraten hatten, jetzt Vorwürfe machten, schrieb er in der Absicht, die Verfolgung aufzunehmen, an den Legaten der 1. Legion Herennius Gallus, den Kommandanten von Bonna, er solle die Bataver am Übersetzen hindern, er selbst werde sich mit seinem Heer an ihre Fersen heften. (3) Und man hätte sie tatsächlich überwinden können, wenn Hordeonius von der einen Seite, Gallus von der anderen ihre Truppen in Marsch gesetzt und die Feinde in der Mitte eingeschlossen hätten. Flaccus aber gab das Unternehmen auf und riet in einem anderen Schreiben dem Gallus, sie beim Abzug nicht zu beunruhigen. Das führte zum Verdacht, es werde mit Zustimmung der Legaten der Krieg geschürt, und alles, was geschehen sei oder noch zu befürchten stehe, sei nicht Folge der Unfähigkeit des Heeres oder der Übermacht des Feindes, sondern habe seinen Grund in der Arglist der Führer.

**20** (1) Als sich die Bataver dem Lager von Bonna näherten, schickten sie einen Unterhändler voraus, der dem Herennius Gallus die Aufträge der Kohorten darlegen sollte: sie wollten keinen Krieg gegen die Römer, für die

bus totiens bellassent: longa atque inrita militia fessis patriae atque otii cupidinem esse. si nemo obsisteret, innoxium iter fore: sin arma occurrant, ferro viam inventuros. (2) cunctantem legatum milites perpulerant, fortunam proelii experiretur. tria milia legionariorum et tumultuariae Belgarum cohortes, simul paganorum lixarumque ignava sed procax ante periculum manus omnibus portis prorumpunt, ut Batavos numero impares circumfundant. (3) illi veteres militiae in cuneos congregantur, densi undique et frontem tergaque ac latus tuti; sic tenuem nostrorum aciem perfringunt. cedentibus Belgis pellitur legio, et vallum portasque trepidi petebant. ibi plurimum cladis: cumulatae corporibus fossae, nec caede tantum et vulneribus, sed ruina et suis plerique telis interiere. (4) victores colonia Agrippinensium vitata, nihil cetero in itinere hostile ausi, Bonnense proelium excusabant, tamquam petita pace, postquam negabatur, sibimet ipsi consuluissent.

**21** (1) Civilis adventu veteranarum cohortium iusti iam exercitus ductor, sed consilii ambiguus et vim Romanam reputans, cunctos qui aderant in verba Vespasiani adigit mittitque legatos ad duas legiones, quae priore acie pulsae in Vetera castra concesserant, ut idem sacramentum acciperent. (2) redditur responsum: neque proditoris

sie oft gekämpft hätten: von langem und fruchtlosem Kriegsdienst erschöpft, sehnten sie sich nur noch nach Heimat und Frieden. Wenn ihnen niemand in den Weg trete, würden sie auf ihrem Marsch niemandem Schaden zufügen; sollten sie ihnen mit Waffengewalt begegnen, so würden sie sich mit dem Schwert den Weg bahnen. (2) Den noch zögernden Legaten hatten die Soldaten dazu gebracht, das Kriegsglück zu versuchen. 3000 Legionssoldaten und eilig aufgebotene Belgerkohorten und zugleich mit ihnen ein feiger, aber vor der Gefahr großsprecherischer Haufen von Bauern und Marketendern stürzten aus allen Toren hervor, um die zahlenmäßig unterlegenen Bataver einzukreisen. (3) Jene, alterprobte Krieger, scharten sich zu Keilen zusammen, nach allen Seiten dichtgedrängt und nach vorne, im Rücken und an den Flanken gesichert; so durchstießen sie die dünne Linie der Unseren. Als die Belger wichen, wurde auch die Legion zurückgeschlagen, und in hastiger Flucht drängten alle dem Wall und den Toren zu. Dort gab es auch die meisten Verluste: voll mit Leichen waren die Gräben, und nicht nur im Kampfgetümmel oder an ihren Wunden, sondern schon durch den Sturz und oft auch durch ihre eigenen Waffen kamen sie um. (4) Die Sieger zogen an der Colonia Agrippinensis vorbei und wagten auf dem weiteren Marsch keine Feindseligkeiten mehr. Das Gefecht bei Bonna entschuldigten sie so: sie hätten nur um Frieden gebeten und seien erst dann, als man ihn verweigerte, zur Selbsthilfe entschlossen gewesen.

**21** (1) Civilis war nach dem Eintreffen der altgedienten Kohorten der Führer eines richtigen Heeres, aber noch war er unschlüssig und bedachte die römische Übermacht: daher vereidigte er alle Anwesenden auf Vespasianus und schickte Gesandte zu den zwei Legionen, die sich nach ihrer Niederlage in das Lager Vetera zurückgezogen hatten: sie sollten den gleichen Eid leisten. (2) Man

neque hostium se consiliis uti; esse sibi Vitellium principem, pro quo fidem et arma usque ad supremum spiritum retenturos: proinde perfuga Batavus arbitrium rerum Romanarum ne ageret, sed meritas sceleris poenas expectaret. quae ubi relata Civili, incensus ira universam Batavorum gentem in arma rapit; iunguntur Bructeri Tencterique et excita nuntiis Germania ad praedam famamque.

**22** (1) Adversus has concurrentis belli minas legati legionum Munius Lupercus et Numisius Rufus vallum murosque firmabant. subversa longae pacis opera, haud procul castris in modum municipii extructa, ne hostibus usui forent. sed parum provisum, ut copiae in castra conveherentur; rapi permisere: ita paucis diebus per licentiam absumpta sunt, quae adversus necessitates in longum suffecissent. (2) Civilis medium agmen cum robore Batavorum obtinens utramque Rheni ripam, quo truculentior visu foret, Germanorum catervis complet, adsultante per campos equite; simul naves in adversum amnem agebantur. hinc veteranarum cohortium signa, inde depromptae silvis lucisque ferarum imagines, ut cuique genti inire proelium mos est, mixta belli civilis externique facie obstupefecerant obsessos. (3) et spem obpugnantium augebat amplitudo valli, quod duabus

gab ihnen zur Antwort: sie seien weder auf die Ratschläge eines Verräters noch auf die von Feinden angewiesen: ihr Prinzeps sei Vitellius, für den sie Treue und Waffen bis zum letzten Atemzug bewahren würden. Deshalb solle er, ein fahnenflüchtiger Bataver, nicht den Schiedsrichter über römische Angelegenheiten spielen, sondern die verdienten Strafen für sein Verbrechen erwarten. Als Civilis das erfuhr, rief er wutentbrannt den ganzen Bataverstamm unter die Waffen; es schlossen sich ihnen die Brukterer und Tenkterer an, und aufgerufen wurde durch Sendboten Germanien zu Beute und Ruhm.

**22** (1) Angesichts dieser drohenden Vorzeichen eines neu aufflammenden Krieges verstärkten die Legionslegaten Munius Lupercus und Numisius Rufus[34] Wall und Lagermauern. Abgerissen wurden die in langer Friedenszeit entstandenen Bauten, die unweit des Lagers nach Art einer Landstadt errichtet worden waren,[35] damit der Feind dort keinen Vorteil finde. Aber man kümmerte sich zu wenig darum, Vorräte in das Lager zu schaffen; daher gestattete man Plünderungen, und so wurde in wenigen Tagen hemmungslos vergeudet, was in Notlagen für lange Zeit gereicht hätte. (2) Civilis hielt mit der Kerntruppe der Bataver das Zentrum des Heereszuges, besetzte aber, um einen drohenderen Anblick zu bieten, beide Rheinufer dicht mit Germanenscharen, während die Reiterei im freien Gelände heransprengte; gleichzeitig wurden Schiffe stromaufwärts geführt. Hier sah man die Feldzeichen der altgedienten Legionen, dort die aus Wäldern und Hainen hervorgeholten Bilder von wilden Tieren[36] – so ist es bei jedem Stamm dort Brauch, in den Krieg zu ziehen –, und all das, der Eindruck, man habe es mit einem Krieg gegen Bürger und zugleich gegen einen äußeren Feind zu tun, hatte unter den Belagerten lähmendes Entsetzen verbreitet. (3) Und die Hoffnung der Belagerer erhöhte noch der Umfang des Walles, der,

legionibus situm vix quinque milia armatorum [Romanorum] tuebantur; sed lixarum multitudo turbata pace illuc congregata et bello ministra aderat.

**23** (1) Pars castrorum in collem leniter exurgens, pars aequo adibatur. quippe illis hibernis obsideri premique Germanias Augustus crediderat, neque umquam id malorum, ut obpugnatum ultro legiones nostras venirent; inde non loco neque munimentis labor additus: vis et arma satis placebant. (2) Batavi Transrhenanique, quo discreta virtus manifestius spectaretur, sibi quaeque gens consistunt, eminus lacessentes. post ubi pleraque telorum turribus pinnisque moenium inrita haerebant et desuper saxis vulnerabantur, clamore atque impetu invasere vallum, adpositis plerique scalis, alii per testudinem suorum; scandebantque iam quidam, cum gladiis et armorum incussu praecipitati sudibus et pilis obruuntur, praeferoces initio et rebus secundis nimii. (3) sed tum praedae cupidine adversa quoque tolerabant; machinas etiam, insolitum sibi, ausi. nec ulla ipsis sollertia: perfugae captivique docebant struere materias in modum pontis, mox subiectis rotis propellere, ut alii superstantes

angelegt für zwei Legionen, von kaum 5000 Bewaffneten gehalten wurde. Aber eine große Menge Marketender war dort zusammengeströmt, als die Friedenszeit gestört worden war, und stand nun als Hilfe für den Krieg zur Verfügung.

**23** (1) Ein Teil des Lagers war in sanfter Steigung den Hügel hinauf angelegt, ein Teil war von der Ebene her zugänglich. Denn Augustus hatte geglaubt, durch jenes Winterlager könne Germanien in Belagerungszustand und unter Druck gehalten werden, niemals aber werde solches Unglück hereinbrechen, daß man sogar zum Sturm auf unsere Legionen anrücke; daher hatte man weder dem Gelände noch den Befestigungsanlagen besondere Beachtung geschenkt: Macht und Waffen schienen ausreichend. (2) Die Bataver und die rechtsrheinischen Völker stellten sich nach Stämmen gegliedert auf, damit durch die Trennung ihre Tapferkeit deutlicher sichtbar werde, und eröffneten den Kampf durch Fernbeschuß. Als dann ihre Geschosse zum Großteil wirkungslos an Türmen und Brustwehren stecken blieben und sie selbst durch herabgeschleuderte Steine verwundet wurden, setzten sie unter Geschrei zum Sturm auf den Wall an: viele legten Leitern an, andere kletterten auf die von den eigenen Leuten gebildeten Schilddächer; schon waren manche dabei, den Wall zu ersteigen, als sie durch Schwerthiebe und durch den Stoß der Schilde hinuntergestürzt und mit Schanzpfählen und Speeren überschüttet wurden, sie, die sich anfangs besonders ungestüm und bei Erfolgen maßlos gebärdeten. (3) Aber damals ertrugen sie in ihrer Beutegier auch Rückschläge, ja sie wagten sich sogar, was für sie ungewöhnlich ist, an den Einsatz von Belagerungsmaschinen. Doch zeigten sie nicht die geringste Geschicklichkeit. Überläufer und Gefangene unterwiesen sie, aus Bauholz eine Art von Sturmbrücke zusammenzufügen, sie dann auf daruntergeschobenen Rädern vorzurollen, damit die einen, oben

tamquam ex aggere proeliarentur, pars intus occulti muros subruerent. sed excussa ballistis saxa stravere informe opus. (4) et crates vineasque parantibus adactae tormentis ardentes hastae, ultroque ipsi obpugnatores ignibus petebantur, donec desperata vi verterent consilium ad moras, haud ignari paucorum dierum inesse alimenta et multum imbellis turbae; simul ex inopia proditio et fluxa servitiorum fides ac fortuita belli sperabantur.

**24** (1) Flaccus interim cognito castrorum obsidio et missis per Gallias qui auxilia concirent, lectos e legionibus Dillio Voculae duoetvicensimae legionis legato tradit, ut quam maximis per ripam itineribus celeraret, ipse navibus invalidus corpore, invisus militibus. neque enim ambigue fremebant: emissas a Mogontiaco Batavorum cohortes, dissimulatos Civilis conatus, adsciri in societatem Germanos. (2) non Primi Antonii neque Muciani ope Vespasianum magis adolevisse. aperta odia armaque palam depelli: fraudem et dolum obscura eoque inevitabilia. Civilem stare contra, struere aciem: Hordeonium e cubiculo et lectulo iubere, quidquid hosti conducat. tot armatas fortissimorum virorum manus unius senis valetudine regi: quin potius interfecto traditore fortunam

stehend, wie von einem Wall aus kämpften, die anderen, im Inneren geborgen, die Mauern untergruben.[37] Aber von Wurfmaschinen abgeschossene Steine zerschmetterten das unförmige Gebilde. (4) Als sie Faschinen und Laufgänge herstellen wollten, schleuderte man mit Katapulten brennende Lanzen auf sie – und so wurden sie selbst bei ihrem Sturmangriff mit Feuerbränden angegriffen; schließlich gaben sie die Hoffnung auf, mit Gewalt zum Erfolg zu kommen, und verlegten sich auf Abwarten: sie wußten genau, daß drinnen nur Lebensmittel für wenige Tage waren, dazu noch viel kampfunfähiges Volk; zugleich hoffte man auf Verrat als Folge der Notlage, auf die Wandelbarkeit der Sklaventreue und überhaupt auf die Zufälligkeiten des Krieges.

**24** (1) Inzwischen hatte Flaccus von der Einschließung des Lagers erfahren und Boten in die gallischen Lande ausgesandt, die Hilfstruppen in Marsch setzen sollten. Dem Legaten der 22. Legion Dillius Vocula übergab er Eliteverbände der Legionen mit dem Befehl, möglichst rasch das Ufer entlang zu marschieren; er selbst fuhr zu Schiff, krank und seinen Soldaten verhaßt; denn die äußerten ganz deutlich ihre Empörung: hinausgeleitet aus Mogontiacum habe man die Bataverkohorten, verheimlicht die Umtriebe des Civilis, und als Bundesgenossen habe man Germanen. (2) Nicht durch die Hilfe des Primus Antonius oder des Mucianus habe sich Vespasians Stellung stärker gefestigt. Unverhohlenen Haß und unverhohlene Gewalt könne man offen abwehren, Betrug und List wirkten im Dunkel und seien daher unentrinnbar. Civilis stehe ihnen gegenüber und ordne sein Heer zur Schlacht. Hordeonius erteile vom Schlafzimmer und vom Bett aus Befehle – und alle seien nur dem Feind von Nutzen! So viele waffenstarrende Fäuste der tapfersten Männer würden von einem einzigen altersschwachen Greis gelenkt: besser wäre es doch, den Verräter zu töten und so ihr eigenes Glück und ihre Tapfer-

virtutemque suam malo omine exsolverent. (3) his inter se vocibus instinctos flammavere insuper adlatae a Vespasiano litterae, quas Flaccus, quia occultari nequibant, pro contione recitavit, vinctosque qui attulerant ad Vitellium misit.

**25** (1) Sic mitigatis animis Bonnam, hiberna primae legionis, ventum. infensior illic miles culpam cladis in Hordeonium vertebat: eius iussu derectam adversus Batavos aciem, tamquam a Mogontiaco legiones sequerentur; eiusdem proditione caesos, nullis supervenientibus auxiliis: ignota haec ceteris exercitibus neque imperatori suo nuntiari, cum adcursu tot provinciarum extingui repens perfidia potuerit. (2) Hordeonius exemplares omnium litterarum, quibus per Gallias Britanniamque et Hispanias auxilia orabat, exercitui recitavit instituitque pessimum facinus, ut epistulae aquiliferis legionum traderentur, a quis ante militi quam ducibus legebantur. tum e seditiosis unum vinciri iubet, magis usurpandi iuris, quam quia unius culpa foret. (3) motusque Bonna exercitus in coloniam Agrippinensem, adfluentibus auxiliis Gallorum, qui primo rem Romanam enixe iuvabant: mox valescentibus Germanis pleraeque civitates adversum nos arma *sumpsere* spe libertatis et, si exuissent servitium, cupidine imperitandi. (4) gliscebat iracundia

keit von einem bösen Vorzeichen zu befreien.[38] (3) Durch solche Worte, die sie miteinander wechselten, schon gereizt, versetzte sie ein Schreiben Vespasians in flammende Erregung; da es nicht geheimgehalten werden konnte, las es Flaccus in der Heeresversammlung vor, ließ die Überbringer in Fesseln legen und zu Vitellius schicken.

**25** (1) So beruhigten sich die Gemüter, und man kam nach Bonna, dem Winterlager der 1. Legion. Dort waren die Soldaten noch erbitterter, denn sie schoben die Schuld an ihrer Niederlage dem Hordeonius zu: auf seinen Befehl habe man den Batavern die Spitze geboten, in der Meinung, daß von Mogontiacum die Legionen nachkämen; sein Verrat sei die Ursache des Blutbades, da überhaupt keine Hilfstruppen eingetroffen seien: das alles sei den anderen Heeren unbekannt und werde auch nicht ihrem Imperator gemeldet, obwohl man doch bei rascher Hilfe so vieler Provinzen den Abfall im Keime hätte ersticken können. (2) Abschriften von allen Briefen, in denen er in Gallien, Britannien und Spanien um Hilfstruppen bat, las Hordeonius dem Heer vor und führte damit den grundschlechten Brauch ein, Briefe den Adlerträgern der Legionen auszuhändigen, von denen sie dann der Mannschaft eher verlesen wurden als den Offizieren. Dann befahl er, einen von den Meuterern in Fesseln zu legen, mehr um sein Recht in Anspruch zu nehmen, als weil nur der eine schuldig gewesen wäre. (3) Daraufhin rückte das Heer von Bonna gegen Colonia Agrippinensis[39] vor, und hier stießen starke Hilfsverbände der Gallier zu ihnen, die anfangs energisch die römische Sache unterstützten; als dann die Germanen zu ersten Erfolgen kamen, ergriffen sehr viele Stämme gegen uns die Waffen in der Hoffnung auf Freiheit und im Verlangen nach Herrschaft, wenn sie die Knechtschaft abgeschüttelt hätten. (4) Es wuchs die Erbitterung unter den Legionen, und die Fesselung des einen Mannes hatte

legionum, nec terrorem unius militis vincula indiderant: quin idem ille arguebat ultro conscientiam ducis, tamquam nuntius inter Civilem Flaccumque falso crimine testis veri opprimeretur. conscendit tribunal Vocula mira constantia, prensumque militem ac vociferantem duci ad supplicium iussit: et dum mali pavent, optimus quisque iussis paruere. exim consensu ducem Voculam poscentibus, Flaccus summam rerum ei permisit.

**26** (1) Sed discordes animos multa efferabant: inopia stipendii frumentique et simul dilectum tributaque Galliae aspernantes, Rhenus incognita illi caelo siccitate vix navium patiens, arti commeatus, dispositae per omnem ripam stationes, quae Germanos vado arcerent, eademque de causa minus frugum et plures qui consumerent. (2) apud imperitos prodigii loco accipiebatur ipsa aquarum penuria, tamquam nos amnes quoque et vetera imperii munimenta desererent: quod in pace fors seu natura, tunc fatum et ira dei vocabatur.

(3) Ingressis Novaesium sexta decima legio coniungitur. additus Voculae in partem curarum Herennius Gallus legatus; nec ausi ad hostem pergere*** (loco Gelduba nomen est) castra fecere. ibi struenda acie, muniendo vallandoque et ceteris belli meditamentis militem firmabant. utque praeda ad virtutem accenderetur, in proximos Cugernorum pagos, qui societatem Civilis accepe-

sie nicht eingeschüchtert. Ja gerade dieser Soldat beschuldigte sogar den Feldherrn des Einverständnisses, als wolle man ihn, den Boten zwischen Civilis und Flaccus, durch falsche Beschuldigung als Zeugen der Wahrheit mundtot machen. Da bestieg Vocula mit bewundernswerter Entschlossenheit die Rednerbühne und befahl, den Soldaten zu fassen und trotz seines Geschreis zur Hinrichtung abzuführen: und während die üblen Elemente eingeschüchtert waren, gehorchten die Gutgesinnten den Befehlen. Als man hierauf unter allgemeiner Zustimmung Vocula als Führer forderte, übergab ihm Flaccus den Oberbefehl.

**26** (1) Aber es gab vieles, was die aufsässigen Gemüter in Wut versetzte: Sold und Nahrung waren knapp, zugleich widersetzte sich Gallien der Aushebung und den Tributzahlungen, der Rhein war infolge einer im dortigen Klima unbekannten Trockenheit nicht schiffbar, der Nachschub war beschränkt, verteilt waren entlang des ganzen Ufers Wachposten, die die Germanen von den Furten fernhalten sollten, und aus ebendemselben Grund gab es weniger Bodenertrag und mehr Verbraucher. (2) Bei den Ungebildeten galt sogar der Wassermangel als übles Vorzeichen, als ob uns auch die Flüsse, die alten Bollwerke des Reiches, im Stiche ließen: was im Frieden Zufall oder Naturerscheinung hieß, das hieß jetzt Schicksal oder Zorn der Gottheit.

(3) Nach dem Einmarsch in Novaesium schloß sich ihnen die 16. Legion an. Dem Vocula wurde zur Unterstützung bei seinen Aufgaben der Legat Herennius Gallus beigeordnet. Man wagte nicht, weiter vorzurükken *** [40], sondern bezog an einem Ort namens Gelduba Lager. Dort versuchten sie, durch Schanz- und Wallarbeiten und andere Kriegsmanöver dem Heer Mut einzuflößen; und damit sie durch Beutezüge zu neuem Mut entflammt würden, führte Vocula das Heer in die benachbarten Gaue der Cugerner, die ein Bündnisange-

rant, ductus a Vocula exercitus; pars cum Herennio Gallo permansit.

**27** (1) Forte navem haud procul castris, frumento gravem, cum per vada haesisset, Germani in suam ripam trahebant. non tulit Gallus misitque subsidio cohortem: auctus et Germanorum numerus, paulatimque adgregantibus se auxiliis acie certatum. Germani multa cum strage nostrorum navem abripiunt. (2) victi, quod tum in morem verterat, non suam ignaviam, sed perfidiam legati culpabant. protractum e tentorio, scissa veste, verberato corpore, quo pretio, quibus consciis prodidisset exercitum, dicere iubent. redit in Hordeonium invidia: illum auctorem sceleris, hunc ministrum vocant, donec exitium minitantibus exterritus proditionem et ipse Hordeonio obiecit; vinctusque adventu demum Voculae exsolvitur. (3) is postera die auctores seditionis morte adfecit: tanta illi exercitui diversitas inerat licentiae patientiaeque. haud dubie gregarius miles Vitellio fidus, splendidissimus quisque in Vespasianum proni: inde scelerum ac suppliciorum vices et mixtus obsequio furor, ut contineri non possent qui puniri poterant.

**28** (1) At Civilem immensis auctibus universa Germania extollebat, societate nobilissimis obsidum firmata. ille, ut cuique proximum, vastari Ubios Trevirosque, et aliam manum Mosam amnem transire iubet, ut Menapios et

bot des Civilis angenommen hatten; ein Teil blieb mit Herennius Gallus im Lager.

**27** (1) Es traf sich, daß die Germanen ein schwerbeladenes Getreideschiff, das nicht weit vom Lager auf Grund gelaufen war, auf ihr Ufer zu ziehen versuchten. Dem wollte Gallus nicht zusehen und schickte eine Kohorte zum Einsatz. Auch die Zahl der Germanen nahm zu, und da allmählich immer mehr Verstärkungen dazustießen, kam es zu einem richtigen Kampf. Die Germanen schleppten unter großen Verlusten auf unserer Seite das Schiff fort. (2) Die Besiegten gaben, wie es damals üblich geworden war, die Schuld daran nicht ihrer Feigheit, sondern der Treulosigkeit des Legaten. Sie zerrten ihn aus seinem Zelt hervor, zerrissen ihm das Gewand, verprügelten ihn und befahlen ihm zu sagen, um welchen Preis, mit welchen Mitwissern er das Heer verraten habe. Wiederum flackert der Haß gegen Hordeonius auf – ihn nennen sie den Anstifter zum Verderben, den anderen bloß sein Werkzeug, bis er, durch Todesdrohungen verschreckt, auch selbst dem Hordeonius Verrat vorwarf. Er wurde in Fesseln gelegt und erst durch die Ankunft Voculas befreit. (3) Der ließ am nächsten Tag die Rädelsführer der Meuterei hinrichten. So scharfer Gegensatz herrschte in jenem Heer: hier Zügellosigkeit, dort Unterwürfigkeit. Ohne Zweifel war der gemeine Soldat dem Vitellius treu, die höheren Offiziere dem Vespasianus zugeneigt: daher eine Folge von Gewalttaten und Hinrichtungen und ein Durcheinander von Gehorsam und Raserei, so daß man die nicht in Zucht halten konnte, die man hätte bestrafen müssen.

**28** (1) Aber durch gewaltigen Zustrom erhöhte ganz Germanien das Machtgefühl des Civilis – und das Bündnis wurde noch durch Geiseln aus den vornehmsten Geschlechtern gefestigt. Er befahl, das Gebiet der Ubier und Treverer zu verwüsten, da es ihnen allen am nächsten lag; ebenso ließ er eine Abteilung die Mosa überque-

Morinos et extrema Galliarum quateret. actae utrobique praedae, infestius in Ubiis, quod gens Germanicae originis eiurata patria [Romanorum nomen] Agrippinenses vocarentur. (2) caesae cohortes eorum in vico Marcoduro incuriosius agentes, quia procul ripa aberant. nec quievere Ubii, quo minus praedas e Germania peterent, primo impune, dein circumventi sunt, per omne id bellum meliore usi fide quam fortuna. (3) contusis Ubiis gravior et successu rerum ferocior Civilis obsidium legionum urgebat, intentis custodiis, ne quis occultus nuntius venientis auxilii penetraret. machinas molemque operum Batavis delegat: Transrhenanos proelium poscentes ad scindendum vallum ire detrusosque redintegrare certamen iubet, superante multitudine et facili damno.

**29** (1) Nec finem labori nox attulit: congestis circum lignis accensisque, simul epulantes, ut quisque vino incaluerat, ad pugnam temeritate inani ferebantur. quippe ipsorum tela per tenebras vana: Romani conspicuam barbarorum aciem, et si quis audacia aut insignibus effulgens, ad ictum destinabant. (2) intellectum id Civili et restincto igne misceri cuncta tenebris et armis iubet. tum

ren, um die Menapier, die Moriner und überhaupt den nördlichsten Landstrich Galliens heimzusuchen. Von beiden Gegenden trieben sie Beute ein, mit größerer Härte bei den Ubiern, weil dieser Stamm trotz germanischer Abstammung der Heimat abgeschworen hatte und nun den Namen »Agrippinenser« trug. (2) Ihre Kohorten wurden beim Dorf Marcodurum aufgerieben, wo sie ziemlich sorglos lagerten, da sie ja vom Rheinufer weit entfernt waren. Doch auch die Ubier blieben nicht untätig, sondern trieben Beute aus Germanien ein, anfangs ungestraft, dann wurden sie überwältigt – wie überhaupt in diesem ganzen Krieg ihre Treue festeren Bestand hatte als ihr Glück. (3) Nach der Vernichtung der Ubier noch mächtiger und dank seiner Erfolge noch kampfentschlossener, verstärkte Civilis den Druck auf die belagerten Legionen, wobei die Wachen scharf darauf achteten, daß keine geheime Nachricht über das Heranrücken eines Ersatzheeres durchdringe. Die Kriegsmaschinen und die Arbeit an den Belagerungswerken übertrug er den Batavern. Den rechtsrheinischen Verbänden, die eine Schlacht forderten, befahl er auszurücken, um den Wall einzureißen und, als sie zurückgeschlagen wurden, den Kampf wieder aufzunehmen, waren doch Menschen im Überfluß vorhanden und ein Verlust daher leicht zu verwinden.

**29** (1) Auch die Nacht setzte dem Kampf kein Ende: ringsum hatten sie Scheiterhaufen errichtet und angezündet – und eben noch beim gemeinsamen Schmaus, stürmten sie, wie jeden der Wein erhitzt hatte, in sinnloser Verwegenheit zum Kampf; denn ihre eigenen Geschosse verfehlten in der Finsternis das Ziel, die Römer aber richteten ihre Schüsse auf die deutlich sichtbaren Reihen der Barbaren und auf jeden, der durch Kühnheit oder Waffenschmuck besonders hervorstach. (2) Als Civilis das merkte, ließ er die Feuer löschen und alles in ein Chaos von Finsternis und Waffenlärm treiben: daher also

vero strepitus dissoni, casus incerti, neque feriendi neque declinandi providentia: unde clamor acciderat, circumagere corpora, tendere artus; nihil prodesse virtus, fors cuncta turbare et ignavorum saepe telis fortissimi cadere. (3) apud Germanos inconsulta ira: Romanus miles periculorum gnarus ferratas sudes, gravia saxa non forte iaciebat. ubi sonus molientium aut adpositae scalae hostem in manus dederant, propellere umbone, pilo sequi; multos in moenia egressos pugionibus fodere. sic exhausta nocte novam aciem dies aperuit.

30 (1) Eduxerant Batavi turrim duplici tabulato, quam praetoriae portae (is aequissimus locus) propinquantem promoti contra validi asseres et incussae trabes perfregere multa superstantium pernicie. pugnatumque in perculsos subita et prospera eruptione; simul a legionariis peritia et arte praestantibus plura struebantur. (2) praecipuum pavorem intulit suspensum et nutans machinamentum, quo repente demisso praeter suorum ora singuli pluresve hostium sublime rapti verso pondere intra castra effundebantur. Civilis omissa expugnandi spe rursus per otium adsidebat, nuntiis et promissis fidem legionum convellens.

jetzt wirres Geschrei, planloses Zusammenprallen, keine Möglichkeit, mit Überlegung zuzustoßen oder auszuweichen; woher Geschrei erscholl, dort suchten sie sich durch Körperdrehung zu decken oder spannten die Gliedmaßen zum Ausfall; nichts nützte Tapferkeit, alles verwirrte der Zufall, und oft fielen durch die Geschosse der Feigen die Tapfersten. (3) Bei den Germanen unbesonnene Kampfeswut – der römische Soldat, mit Gefahren vertraut, schleuderte eisenbeschlagene Pfähle, schwere Felsblöcke – und nicht aufs Geratewohl. Wo das Getöse von Zerstörungsarbeiten am Wall oder das Anlegen von Leitern ihnen die Feinde in die Hände lieferten, dort stießen sie mit dem Schildbuckel zu, setzten mit Speerwürfen nach; viele, die schon die Mauerkrone erreicht hatten, stachen sie mit dem Schwert nieder. Als die Nacht überstanden war, zeigte der Tag ein neues Bild des Kampfgeschehens.

30 (1) Die Bataver hatten einen zweistöckigen Turm aufgeführt; als er an die Porta Praetoria[41] – dort war das Gelände am ebensten – herangeschoben wurde, stemmte man starke Balken dagegen, schleuderte Bohlen darauf und zerschmetterte ihn so – unter schweren Verlusten der Obenstehenden. Man ging sogleich gegen die bestürzten Feinde in einem plötzlichen und geglückten Ausfall zum Sturmangriff vor. Zugleich taten sich die Legionssoldaten durch Erfahrung und Geschicklichkeit hervor und setzten noch mehr an Kriegstechnik ein: (2) außergewöhnlichen Schrecken verbreitete eine frei hängende, auf- und abschwebende Maschine, die durch plötzliches Absenken einzelne oder mehrere Feinde vor den Augen der Ihrigen emporriß und sie dann durch Gewichtsverlagerung in das Lager hineinschleuderte.[42] Nun gab Civilis die Hoffnung auf eine Erstürmung auf, blieb aber ohne Kampftätigkeit davor liegen und versuchte, durch Botschaften und Versprechungen die Treue der Legionen zu erschüttern.

**31** (1) Haec in Germania ante Cremonense proelium gesta, cuius eventum litterae Primi Antonii docuere, addito Caecinae edicto; et praefectus cohortis e victis, Alpinius Montanus, fortunam partium praesens fatebatur. diversi hinc motus animorum: auxilia e Gallia, quis nec amor neque odium in partes, militia sine adfectu, hortantibus praefectis statim a Vitellio desciscunt: vetus miles cunctabatur. (2) sed adigente Hordeonio Flacco, instantibus tribunis, dixit sacramentum, non vultu neque animo satis adfirmans: et cum cetera iuris iurandi verba conciperent, Vespasiani nomen haesitantes aut levi murmure et plerumque silentio transmittebant.
**32** (1) Lectae deinde pro contione epistulae Antonii ad Civilem suspiciones militum inritavere, tamquam ad socium partium scriptae et de Germanico exercitu hostiliter. mox adlatis Geldubam in castra nuntiis eadem dicta factaque, et missus cum mandatis Montanus ad Civilem, ut absisteret bello neve externa armis falsis velaret: si Vespasianum iuvare adgressus foret, satis factum coeptis. (2) ad ea Civilis primo callide: post ubi videt Montanum praeferocem ingenio paratumque in res novas, orsus a questu periculisque, quae per quinque et viginti annos in castris Romanis exhausisset, ‘egregium’ inquit ‘pretium laborum recepi, necem fratris et vincula mea et saevissi-

**31** (1) Dies ereignete sich in Germanien vor der Schlacht von Cremona, von deren Ausgang ein Schreiben des Primus Antonius unterrichtete, beigefügt war ein Edikt Caecinas. Und Alpinius Montanus[43], ein Kohortenpräfekt aus den Reihen der Besiegten, bestätigte persönlich das Schicksal der Partei. Verschieden war die Reaktion der Leute: die Hilfstruppen aus Gallien, die weder Zuneigung noch Haß gegenüber den Parteien empfanden, den Kriegsdienst ohne innere Anteilnahme erfüllten, fielen sofort auf die ermunternden Worte ihrer Kohortenpräfekten von Vitellius ab; die altgedienten Soldaten zögerten noch. (2) Aber als Hordeonius Flaccus sie vereidigte, sprachen sie auf Drängen der Tribunen die Schwurformel, ohne aber in Miene oder in ihren Herzen Zustimmung auszudrücken; während sie die übrigen Worte des Eides deutlich wiederholten, übergingen sie den Namen Vespasianus stockend oder mit leisem Murmeln, viele überhaupt mit Stillschweigen.

**32** (1) Das später in der Heeresversammlung verlesene Schreiben des Antonius an Civilis erregte den Verdacht der Soldaten, es sei an einen Verbündeten der Partei gerichtet, mit feindseligen Bemerkungen über das germanische Heer. Als dann die Nachrichten nach Gelduba in das Lager kamen, redete und handelte man genau so; entsandt wurde Montanus zu Civilis mit der Aufforderung, er solle vom Krieg lassen und nicht feindliche Absichten mit trügerischen Waffentaten verhüllen: wenn er angetreten sei zur Unterstützung Vespasians, so sei für dieses Unterfangen genug geschehen. (2) Darauf antwortete Civilis zunächst mit schlauer Verstellung; als er dann sah, daß Montanus ein wild-verwegener, zu Aufruhr entschlossener Mensch sei, begann er mit Klagen über die Gefahren, die er fünfundzwanzig Jahre lang in römischen Kriegslagern durchzustehen hatte: »Vortrefflichen Lohn«, sagte er, »habe ich für meine Mühen erhalten: die Ermordung meines Bruders, meine Fesseln, die wilden

mas huius exercitus voces, quibus ad supplicium petitus iure gentium poenas reposco. vos autem Treviri ceteraeque servientium animae, quod praemium effusi totiens sanguinis expectatis nisi ingratam militiam, inmortalia tributa, virgas, secures et dominorum ingenia? (3) en ego praefectus unius cohortis et Canninefates Batavique, exigua Galliarum portio, vana illa castrorum spatia excidimus vel saepta ferro fameque premimus. denique ausos aut libertas sequetur aut victi idem erimus.' sic accensum, sed molliora referre iussum dimittit: ille ut inritus legationis redit, cetera dissimulans, quae mox erupere.

**33** (1) Civilis parte copiarum retenta veteranas cohortes et quod e Germanis maxime promptum adversus Voculam exercitumque eius mittit, Iulio Maximo et Claudio Victore, sororis suae filio, ducibus. rapiunt in transitu hiberna alae Asciburgii sita; adeoque improvisi castra involavere, ut non adloqui, non pandere aciem Vocula potuerit: id solum ut in tumultu monuit, subsignano milite media firmare: auxilia passim circumfusa sunt. (2) eques prorupit, exceptusque compositis hostium ordinibus terga in suos vertit. caedes inde, non proelium. et Nerviorum cohortes, metu seu perfidia, latera nostrorum nudavere: sic ad legiones perventum, quae amissis signis

Drohungen dieses Heeres, in denen meine Hinrichtung gefordert wurde – aber dafür verlange ich nach dem Völkerrecht Sühne. Ihr aber, Treverer, und ihr übrigen Sklavenseelen, welche andere Belohnung für so oft vergossenes Blut erwartet ihr als unbedankten Kriegsdienst, ewige Tributzahlungen, Ruten und Beile[44] und die Launen der Herren? (3) Seht doch, ich, der Präfekt einer einzigen Kohorte, dazu Canninefaten und Bataver, ein winziger Teil Galliens, wir haben jene in hohler Drohgebärde sich ausdehnenden Lager vernichtet oder halten sie eingeschlossen durch Hunger und Schwert. Wohlan – wenn wir etwas wagen, wird uns die Freiheit von selbst folgen oder wir bleiben, wenn besiegt, das gleiche wie bisher.« So hetzte er ihn auf und entließ ihn mit dem Befehl, in seinem Bericht alles in milderer Form darzustellen. Bei seiner Rückkehr gab Montanus vor, die Gesandtschaft sei erfolglos gewesen, und verheimlichte alles übrige; das sollte aber bald zutage kommen.

**33** (1) Civilis behielt nur einen Teil der Truppen zurück, die altgedienten Kohorten und die kampfentschlossensten Germanen schickte er gegen Vocula und dessen Heer vor – Iulius Maximus und Claudius Victor, der Sohn seiner Schwester, waren die Führer. Im Handstreich nahmen sie das Lager einer Reiterschwadron bei Asciburgium. So überraschend brachen sie in das Lager ein, daß Vocula weder seine Leute ansprechen noch die Kampflinie entfalten konnte: nur das konnte er bei dem Tumult anordnen, mit der regulären Truppe ein festes Zentrum zu bilden; die Hilfstruppen schlossen sich lose ringsum an. (2) Die Reiterei brach vor; da sie aber von den fest geschlossenen Reihen der Feinde empfangen wurde, floh sie auf die eigenen Reihen zurück. Ein Morden war es dann, keine Schlacht; und die Kohorten der Nervier[45] entblößten, aus Furcht oder aus Treulosigkeit, unsere Flanken. So prallte der Angriff auf die Legionen, die ihre Feldzeichen verloren und schon

intra vallum sternebantur, cum repente novo auxilio fortuna pugnae mutatur. (3) Vasconum lectae a Galba cohortes ac tum accitae, dum castris propinquant, audito proeliantium clamore intentos hostes a tergo invadunt latioremque quam pro numero terrorem faciunt, aliis a Novaesio, aliis a Mogontiaco universas copias advenisse credentibus. is error Romanis addit animos, et dum alienis viribus confidunt, suas recepere. (4) fortissimus quisque e Batavis, quantum peditum erat, funduntur: eques evasit cum signis captivisque, quos prima acie corripuerant. caesorum eo die in partibus nostris maior numerus et imbellior, e Germanis ipsa robora.

**34** (1) Dux uterque pari culpa meritus adversa prosperis defuere. nam Civilis si maioribus copiis instruxisset aciem, circumiri a tam paucis cohortibus nequisset castraque perrupta excidisset: Vocula nec adventum hostium exploravit, eoque simul egressus victusque; dein victoriae parum confisus, tritis frustra diebus castra in hostem movit, quem si statim impellere cursumque rerum sequi maturasset, solvere obsidium legionum eodem impetu potuit. (2) temptaverat interim Civilis obsessorum animos, tamquam perditae apud Romanos res et suis victoria provenisset: circumferebantur signa

innerhalb des Lagers niedergemacht wurden, als plötzlich durch unerwartete Hilfe das Schlachtenglück sich wandte. (3) Die von Galba ausgehobenen und jetzt herbeigerufenen Vasconer-Kohorten[46] vernahmen, als sie sich dem Lager näherten, das Geschrei der Kämpfenden, griffen vom Rücken her die auf den Frontangriff ausgerichteten Feinde an und verbreiteten größeren Schrekken, als es ihrer Zahl entsprach: denn die einen glaubten, aus Novaesium, die anderen, aus Mogontiacum sei die ganze Streitmacht eingetroffen.[47] Dieser Irrtum gab den Römern neuen Mut, und während sie auf die Kräfte anderer vertrauten, gewannen sie die eigenen wieder. (4) Die Tapfersten der Bataver, soweit sie zu Fuß kämpften, wurden niedergemacht; die Reiterei entkam mit den Feldzeichen und den Gefangenen, die sie beim ersten Treffen ergriffen hatten. An Gefallenen gab es an diesem Tag auf unserer Seite die größere Zahl – aber es traf nur die minder Kriegstüchtigen, bei den Germanen die Kerntruppen selbst.

**34** (1) Beide Heerführer hatten in gleicher Weise das Unglück verschuldet, die Erfolge nicht genützt. Hätte nämlich Civilis seine Schlachtlinie mit stärkeren Truppen gebildet, so hätte er nicht von so wenigen Kohorten eingekreist werden können, und er hätte das im Sturm genommene Lager zerstört. Vocula aber ließ den Anmarsch der Feinde nicht auskundschaften – daher wurde er gleich beim Ausrücken geschlagen. Hierauf vertraute er zu wenig auf seinen Sieg, ließ nutzlos Tage verstreichen und rückte erst dann gegen den Feind vor: hätte er sich beeilt, ihn endgültig niederzuwerfen und den Lauf der Dinge zu nutzen, hätte er durch ein und denselben Vorstoß die Belagerung der Legionen brechen können. (2) Inzwischen hatte Civilis das Selbstvertrauen der (in Vetera) Eingeschlossenen zu erschüttern versucht, als ob bei den Römern schon alles verloren und den Seinigen der Sieg geglückt sei. Man trug vor ihren

vexillaque, ostentati etiam captivi. ex quibus unus, egregium facinus ausus, clara voce gesta patefecit, confossus illico a Germanis: unde maior indici fides; simul vastatione incendiisque flagrantium villarum venire victorem exercitum intellegebatur. (3) in conspectu castrorum constitui signa fossamque et vallum circumdari Vocula iubet: depositis impedimentis sarcinisque expediti certarent. hinc in ducem clamor pugnam poscentium; et minari adsueverant. ne tempore quidem ad ordinandam aciem capto incompositi fessique proelium sumpsere; nam Civilis aderat, non minus vitiis hostium quam virtute suorum fretus. (4) varia apud Romanos fortuna et seditiosissimus quisque ignavus: quidam recentis victoriae memores retinere locum, ferire hostem, seque et proximos hortari et redintegrata acie manus ad obsessos tendere, ne tempori deessent. illi cuncta e muris cernentes omnibus portis prorumpunt. (5) ac forte Civilis lapsu equi prostratus, credita per utrumque exercitum fama vulneratum aut interfectum, immane quantum suis pavoris et hostibus alacritatis indidit: sed Vocula omissis fugientium tergis vallum turrisque castrorum augebat, tamquam rursus obsidium immineret, corrupta totiens victoria non falso suspectus bellum malle.

Augen die Feldzeichen und Standarten hin und her, stellte die Gefangenen zur Schau. Einer von diesen – eine wagemutige Tat – erklärte mit lauter Stimme, was tatsächlich geschehen – und wurde sofort von den Germanen erschlagen: daher gewann seine Aussage mehr Glaubwürdigkeit; zugleich erkannte man an Verwüstung und Flammen der brennenden Gehöfte den Anmarsch des siegreichen Heeres. (3) Im Sichtfeld des Lagers ließ Vocula die Feldzeichen aufpflanzen und rings um sie Graben und Wall anlegen; Troß und Gepäck sollten sie zusammenstellen, um so frei beweglich für den Kampf zu sein. Da forderten sie mit Geschrei vom Heerführer das Zeichen zur Schlacht – und zu drohen, daran hatten sie sich gewöhnt. Ohne sich Zeit zu kampfmäßiger Aufstellung zu nehmen, stürzten sie sich ungeordnet und ermattet in den Kampf. Denn Civilis war schon zur Stelle – nicht weniger auf die Fehler der Feinde als auf die Tapferkeit der Seinen vertrauend. (4) Wechselnd war das Glück bei den Römern, und die ärgsten Aufwiegler waren die Feigsten; manche hielten in Erinnerung an den jüngsten Sieg die Stellung, hieben auf den Feind ein, sprachen sich und den Nebenmännern Mut zu und streckten, als die Kampflage ausgeglichen war, ihre Hände den Belagerten entgegen, sie möchten die Gunst des Augenblicks nutzen. Diese verfolgten alles von der Mauer und stürmten nunmehr aus allen Toren hervor. (5) Als dann Civilis zufällig beim Sturz seines Pferdes zu Boden geschleudert wurde, fand in beiden Heeren das Gerücht von seiner Verwundung oder seinem Tod Glauben – und das erfüllte die Seinen mit gewaltigem Schrekken und die Gegner mit gewaltigem Kampfesmut. Vocula aber setzte den Fliehenden nicht nach, sondern verstärkte Wall und Türme des Lagers, als ob eine neuerliche Belagerung drohe: da er so oft schon den Sieg verspielt hatte, wurde er nicht zu Unrecht verdächtigt, den Kriegszustand vorzuziehen.

**35** (1) Nihil aeque exercitus nostros quam egestas copiarum fatigabat. impedimenta legionum cum imbelli turba Novaesium missa, ut inde terrestri itinere frumentum adveherent; nam flumine hostes potiebantur. primum agmen securum incessit, nondum satis firmo Civile. (2) qui ubi rursum missos Novaesium frumentatores datasque in praesidium cohortes velut multa pace ingredi accepit, rarum apud signa militem, arma in vehiculis, cunctos licentia vagos, compositus invadit, praemissis, qui pontes et viarum angusta insiderent. pugnatum longo agmine et incerto Marte, donec proelium nox dirimeret. (3) cohortes Geldubam perrexere, manentibus, ut fuerant, castris, quae relictorum illic militum praesidio tenebantur. non erat dubium, quantum in regressu discriminis adeundum foret frumentatoribus onustis perculsisque. addit exercitui suo Vocula mille delectos e quinta et quinta decima legionibus apud Vetera obsessis, indomitum militem et ducibus infensum. (4) plures quam iussum erat profecti palam in agmine fremebant, non se ultra famem, insidias legatorum toleraturos: at qui remanserant, desertos se abducta parte legionum querebantur. duplex hinc seditio, aliis revocantibus Voculam, aliis redire in castra abnuentibus.

**36** (1) Interim Civilis Vetera circumsedit: Vocula Geldubam atque inde Novaesium concessit, [Civilis capit Gel-

**35** (1) Nichts setzte unseren Truppen so zu wie der Mangel an Lebensmitteln. Den Troß der Legionen schickte man mit dem kriegsuntauglichen Haufen nach Novaesium, damit sie von dort auf dem Landweg Getreide heranschafften; denn den Fluß beherrschten die Feinde. Der erste Konvoi kam ungefährdet durch, da Civilis sich noch nicht stark genug fühlte. (2) Als er aber erfuhr, daß nun zum zweiten Mal ein Verpflegungstrupp nach Novaesium unterwegs sei und die zur Bedeckung beigestellten Kohorten wie im tiefsten Frieden dahinzögen, nur wenige Soldaten im Truppenverband marschierten, die Waffen auf den Wagen lägen und alle sich nach Belieben herumtrieben, fiel er in geschlossener Ordnung über sie her; vorausgeschickt hatte er Trupps zur Besetzung der Knüppeldämme und Wegengen. Gekämpft wurde auf der ganzen Länge der Kolonne mit wechselndem Kriegsglück, bis schließlich die Nacht die Kämpfenden trennte. (3) Die Kohorten marschierten nach Gelduba weiter: dort fanden sie das Lager, das von einer dort zurückgelassenen Besatzung gehalten wurde, im alten Zustand vor. Es bestand kein Zweifel, in welche Gefahr beim Rückmarsch der schwerbeladene und eingeschüchterte Verpflegungstrupp kommen mußte. Vocula verstärkte sein Heer mit 1000 Auserlesenen der 5. und 15. Legion, die in Vetera belagert worden waren, einem zügellosen, gegen ihren Führer aufsässigen Kriegshaufen. (4) Eine größere Zahl, als befohlen war, brach auf, und auf dem Marsch murrten sie laut: nicht länger wollten sie den Hunger und die Winkelzüge ihrer Legaten ertragen. Aber die Zurückgebliebenen klagten, man habe sie durch den Abzug eines Teils der Legionen im Stich gelassen. Daraus entstand doppelter Aufruhr, da die einen Vocula zurückriefen, die anderen sich weigerten, ins Lager zurückzukehren.

**36** (1) Inzwischen schloß Civilis Vetera (zum zweiten Male) ein; Vocula zog sich nach Gelduba und von dort

dubam] mox haud procul Novaesio equestri proelio prospere certavit. sed miles secundis adversisque perinde in exitium ducum accendebatur; et adventu quintanorum quintadecimanorumque auctae legiones donativum exposcunt, comperto pecuniam a Vitellio missam. (2) nec diu cunctatus Hordeonius nomine Vespasiani dedit, idque praecipuum fuit seditionis alimentum. effusi in luxum et epulas et nocturnos coetus veterem in Hordeonium iram renovant, nec ullo legatorum tribunorumve obsistere auso (quippe omnem pudorem nox ademerat) protractum e cubili interficiunt. eadem in Voculam parabantur, nisi servili habitu per tenebras ignoratus evasisset.

**37** (1) Ubi sedato impetu metus rediit, centuriones cum epistulis ad civitates Galliarum misere, auxilia ac stipendia oraturos: ipsi, ut est vulgus sine rectore praeceps pavidum socors, adventante Civile raptis temere armis ac statim omissis, in fugam vertuntur. (2) res adversae discordiam peperere, iis qui e superiore exercitu erant causam suam dissociantibus; Vitellii tamen imagines in castris et per proximas Belgarum civitates repositae, cum iam Vitellius occidisset. dein mutati in paenitentiam primani quartanique et duoetvicensimani Voculam sequuntur, apud quem resumpto Vespasiani sacramento ad liberandum Mogontiaci obsidium ducebantur. (3) discesserant obsessores, mixtus ex Chattis Usipis Mattiacis

nach Novaesium zurück. Kurz darauf lieferte er unweit von Novaesium ein erfolgreiches Reitergefecht. Aber Erfolg oder Mißerfolg reizten die Soldateska in gleicher Weise zu Mordplänen gegen ihren Führer; und die Legionen, durch das Eintreffen der »Fünfer« und »Fünfzehner« verstärkt[48], forderten das »Geldgeschenk«, da man erfahren hatte, das Geld sei von Vitellius geschickt worden. (2) Ohne lange zu zögern, zahlte es Hordeonius im Namen Vespasians aus – und das vor allem war Zündstoff für die Meuterei. Hemmungslos hingegeben den Ausschweifungen, Gelagen und nächtelangen Feiern, frischten sie den Groll gegen Hordeonius auf – und ohne daß ein einziger der Legaten und Tribunen Einhalt zu gebieten wagte – jegliches Ehrgefühl hatte ja die Nacht ausgelöscht –, zerrten sie ihn aus dem Schlafgemach und brachten ihn um. Dasselbe planten sie mit Vocula, doch in Sklavenkleidern konnte er in der Dunkelheit entkommen.

37 (1) Als sich der Aufruhr gelegt hatte und die Furcht wiederkehrte, schickten sie Zenturionen mit Briefen an die gallischen Stämme mit der Bitte um Hilfstruppen und Geld für die Soldzahlung; sie selbst – eine Masse ohne Führer ist ja unüberlegt, ängstlich, blöde – rissen beim Anmarsch des Civilis blindlings die Waffen an sich, warfen sie gleich wieder weg und wandten sich zur Flucht. (2) Ihre mißliche Lage führte zu Zwietracht – denn die Soldaten des obergermanischen Heeres machten nicht mehr gemeinsame Sache mit den übrigen. Jedoch wurden die Statuen des Vitellius im Lager und in den nächstgelegenen belgischen Gauen wieder aufgestellt, obwohl Vitellius schon tot war. Dann besannen sich die »Einser«, »Vierer« und »Zweiundzwanziger« und folgten wieder reumütig dem Vocula, von dem sie neuerlich unter Eid auf Vespasianus genommen und zum Entsatz von Mogontiacum geführt wurden.[49] (3) Die Belagerer waren bereits abgezogen, ein aus Chatten, Usipern und Mattia-

exercitus, satietate praedae nec incruentati: in via dispersos et nescios miles noster invaserat. quin et loricam vallumque per fines suos Treviri struxere, magnisque in vicem cladibus cum Germanis certabant, donec egregia erga populum Romanum merita mox rebelles foedarent.

**38** (1) Interea Vespasianus iterum ac Titus consulatum absentes inierunt, maesta et multiplici metu suspensa civitate, quae super instantia mala falsos pavores induerat, descivisse Africam res novas moliente L. Pisone. (2) is *pro consule* provinciae nequaquam turbidus ingenio; sed quia naves saevitia hiemis prohibebantur, vulgus alimenta in dies mercari solitum, cui una ex re publica annonae cura, clausum litus, retineri commeatus, dum timet, credebat, augentibus famam Vitellianis, qui studium partium nondum posuerant, ne victoribus quidem ingrato rumore, quorum cupiditates externis quoque bellis inexplebiles nulla umquam civilis victoria satiavit.

**39** (1) Kalendis Ianuariis in senatu, quem Iulius Frontinus praetor urbanus vocaverat, legatis exercitibusque ac regibus laudes gratesque decretae; Tettio Iuliano prae-

kern zusammengewürfeltes Heer: sie hatten genug Beute gemacht, mußten aber schweren Blutzoll zahlen: als sie ohne feste Ordnung und ahnungslos dahinzogen, waren unsere Soldaten über sie hergefallen. Sogar einen mit Faschinen verstärkten Erdwall errichteten die Treverer entlang ihrer Grenzen: sie lagen im Krieg mit den Germanen, unter großen Verlusten auf beiden Seiten. Doch bald sollten sie ihre großen Verdienste um das römische Volk durch ihren Abfall zuschanden machen.

## *Ereignisse in Rom* [38–47

**38** (1) Inzwischen traten Vespasianus sein zweites und Titus sein erstes Konsulat an, beide in Abwesenheit; die Bürgerschaft war niedergeschlagen und hin- und hergerissen in mannigfachen Ängsten, hatte sie sich doch, abgesehen von wirklich drohendem Unheil, grundlosen Befürchtungen hingegeben, Africa sei abgefallen, da L. Piso[50] einen Staatsstreich plane. (2) Dieser war Prokonsul in Africa, seinem Charakter nach überhaupt nicht an Unruhen interessiert. Aber weil die Schiffe durch die Winterstürme zurückgehalten wurden, war die Volksmenge, die ihre Lebensmittel von Tag zu Tag zu kaufen pflegt – und in der Sorge um das tägliche Brot liegt ihr einziges Interesse am Staat –, in Furcht und daher im Glauben, die Küste sei gesperrt, der Lebensmittelnachschub werde blockiert; dieses Gerücht verstärkten die Vitellianer, die den Eifer für ihre Partei noch nicht aufgegeben hatten; und das Gerede war nicht einmal den Siegern unangenehm, deren Habgier, unstillbar selbst in Kriegen gegen äußere Feinde, erst recht nicht ein Sieg über Mitbürger sättigen konnte.

**39** (1) Am 1. Januar wurden im Senat, den der Stadtprätor Iulius Frontinus[51] einberufen hatte, den Legaten, Heeren und Königen[52] Lob und Dank zuerkannt. Mit der Begründung, er habe seine zu Vespasianus übertre-

tura, tamquam transgredientem in partes Vespasiani legionem deseruisset, ablata, ut in Plotium Grypum transferretur; Hormo dignitas equestris data. (2) et mox eiurante Frontino Caesar Domitianus praeturam cepit. eius nomen epistulis edictisque praeponebatur, vis penes Mucianum erat, nisi quod pleraque Domitianus instigantibus amicis aut propria libidine audebat. (3) sed praecipuus Muciano metus e Primo Antonio Varoque Arrio, quos recentes clarosque rerum fama ac militum studiis etiam populus fovebat, quia in neminem ultra aciem saevierant. et ferebatur Antonius Scribonianum Crassum, egregiis maioribus et fraterna imagine fulgentem, ad capessendam rem publicam hortatus, haud defutura consciorum manu, ni Scribonianus abnuisset, ne paratis quidem corrumpi facilis, adeo metuens incerta. (4) igitur Mucianus, quia propalam opprimi Antonius nequibat, multis in senatu laudibus cumulatum secretis promissis onerat, citeriorem Hispaniam ostentans discessu Cluvii Rufi vacuam; simul amicis eius tribunatus praefecturasque largitur. dein postquam inanem animum spe et cupidine impleverat, vires abolet dimissa in hiberna legione septima, cuius flagrantissimus in Antonium amor. et tertia legio, familiaris Arrio Varo miles, in Syriam

tende Legion im Stich gelassen, wurde Tettius Iulianus die Prätur aberkannt[53] und dem Plotius Grypus übertragen. Dem Hormus wurde die Ritterwürde verliehen. (2) Als Frontinus bald darauf zurücktrat, übernahm Caesar Domitianus die Prätur.[54] Sein Name wurde Briefen und Edikten vorangestellt, die Macht lag in den Händen des Mucianus, nur daß sich Domitianus auf Anstiften seiner Freunde oder aus eigener Willkür sehr viel herausnahm. (3) Aber ganz besonders fürchtete Mucianus den Primus Antonius und den Varus Arrius, die den frischen Ruhmesglanz ihrer Taten und die Sympathie der Soldaten genossen und daher auch beim Volk beliebt waren, weil sie gegen niemanden über das Schlachtfeld hinaus grausam gewesen waren. Man erzählte auch, Antonius habe Scribonianus Crassus, einen Mann mit hervorragenden Ahnen, dem auch das Ahnenbild seines Bruders Glanz verlieh,[55] dazu aufgefordert, die Macht im Staat zu ergreifen – und eine Schar von Mitverschworenen würde kaum gefehlt haben, wenn Scribonianus nicht abgelehnt hätte: war er doch auch bei genau vorbereiteten Unternehmen kaum zu unrechtem Tun zu verleiten, geschweige denn, wenn er unsicheren Ausgang zu fürchten hatte. (4) Da also Antonius in offener Auseinandersetzung nicht beseitigt werden konnte, überhäufte ihn Mucianus im Senat mit Lobeshymnen und machte ihm unter vier Augen große Versprechungen, indem er ihm etwa das nach des Cluvius Rufus Abgang unbesetzte Spanien[56] vor Augen hielt; zugleich verlieh er an dessen Freunde freigebig Tribunate und Präfekturen. Als er dann seinen eitlen Sinn mit Hoffnung auf Erfüllung seiner Wünsche völlig betört hatte, brachte er ihn um all seine Macht dadurch, daß er die 7. Legion, die in leidenschaftlicher Zuneigung dem Antonius ergeben war, in das Winterlager abschob. Die 3. Legion, deren Soldaten dem Arrius Varus zugetan waren, wurde nach Syrien zurückgeschickt; ein anderer Teil des Heeres war bereits

remissa; pars exercitus in Germanias ducebatur. sic egesto quidquid turbidum redit urbi sua forma legesque et munia magistratuum.

40 (1) Quo die senatum ingressus est Domitianus, de absentia patris fratrisque ac iuventa sua pauca et modica disseruit, decorus habitu; et ignotis adhuc moribus crebra oris confusio pro modestia accipiebatur. referente Caesare de restituendis Galbae honoribus, censuit Curtius Montanus, ut Pisonis quoque memoria celebraretur. patres utrumque iussere: de Pisone inritum fuit. (2) tum sorte ducti, per quos redderentur bello rapta, quique aera legum vetustate delapsa noscerent figerentque, et fastos adulatione temporum foedatos exonerarent modumque publicis impensis facerent. redditur Tettio Iuliano praetura, postquam cognitus est ad Vespasianum confugisse: Grypo honor mansit. (3) repeti inde cognitionem inter Musonium Rufum et Publium Celerem placuit, damnatusque Publius et Sorani manibus satis factum. insignis publica severitate dies ne privatim quidem laude caruit. iustam vindictam explesse Musonius videbatur, diversa fama Demetrio Cynicam sectam professo, quod manifestum reum ambitiosius quam honestius defendisset: ipsi Publio neque animus in periculis neque oratio suppeditavit. (4) signo ultionis in accusatores dato, petit a Caesare

auf dem Marsch nach Germanien. Da nun alle unruhigen Elemente entfernt waren, kehrte zurück, was eigentliches Wesen der Stadt ist: Gesetze und Amtstätigkeit der Magistrate.

40 (1) An dem Tag, da Domitianus seinen Senatssitz einnahm, sprach er über die Abwesenheit seines Vaters und seines Bruders, ebenso über sein eigenes jugendliches Alter, kurz, maßvoll und in edler Haltung: und da man seinen Charakter noch nicht kannte, wurde sein häufiges Erröten als Bescheidenheit aufgefaßt. Als der Caesar über die Ehrenrettung Galbas Bericht erstattete, beantragte Curtius Montanus, auch Pisos Andenken zu ehren. Die Senatoren stimmten beiden Anträgen zu, aber der über Piso wurde nicht verwirklicht. (2) Dann wurde durch Los eine Kommission bestimmt für die Aufgabe, die im Krieg geraubten Güter wiederzubeschaffen, die im Laufe langer Jahre herabgefallenen Bronze-Gesetzestafeln zu sichten und wieder anzubringen, den durch zeitbedingte Schmeicheleien entstellten Kalender zu säubern[57] und Einschränkungen bei den öffentlichen Ausgaben festzulegen. Tettius Iulianus erhielt die Prätur zurück, nachdem man erfahren hatte, er habe bei Vespasianus Zuflucht gefunden; Grypus blieb im Amt. (3) Hierauf beschloß man die Wiederaufnahme der Verhandlung zwischen Musonius und Publius Celer;[58] Publius wurde verurteilt und den Manen[59] des Soranus Genugtuung geleistet. Dieser Tag, ausgezeichnet durch Strenge in einem öffentlichen Verfahren, brachte auch lobende Äußerungen im privaten Bereich: so schien Musonius eine gerechte Strafe vollstreckt zu haben, während Demetrius[60], der sich zur kynischen Lehre bekannte, in ganz anderem Ruf stand, weil er den offensichtlich Schuldigen mehr aus Ehrgeiz als aus Ehrgefühl verteidigt habe: dem Publius fehlten während der Verhandlung sowohl Mut wie Beredsamkeit. (4) Als damit das Zeichen zur Rache an den Anklägern gegeben war,

Iunius Mauricus, ut commentariorum principalium potestatem senatui faceret, per quos nosceret, quem quisque accusandum poposcisset. consulendum tali super re principem respondit.

**41** (1) Senatus inchoantibus primoribus ius iurandum concepit, quo certatim omnes magistratus, ceteri, ut sententiam rogabantur, deos testes advocabant, nihil ope sua factum, quo cuiusquam salus laederetur, neque se praemium aut honorem ex calamitate civium cepisse, trepidis et verba iuris iurandi per varias artes mutantibus, quis flagitii conscientia inerat. (2) probabant religionem patres, periurium arguebant; eaque velut censura in Sariolenum Voculam et Nonium Attianum et Cestium Severum acerrime incubuit, crebris apud Neronem delationibus famosos. Sariolenum et recens crimen urgebat, quod apud Vitellium molitus eadem foret: nec destitit senatus manus intentare Voculae, donec curia excederet. (3) ad Paccium Africanum transgressi eum quoque proturbant, tamquam Neroni Scribonios fratres concordia opibusque insignes ad exitium monstravisset. Africanus neque fateri audebat neque abnuere poterat: in Vibium Crispum, cuius interrogationibus fatigabatur, ultro conversus, miscendo quae defendere nequibat, societate culpae invidiam declinavit.

**42** (1) Magnam eo die pietatis eloquentiaeque famam Vipstanus Messala adeptus est, nondum senatoria aetate,

bat Iunius Mauricus[61] den Caesar, dem Senat Einsicht in die kaiserlichen Kabinettsakten zu gewähren, um daraus zu erfahren, für wen jeder die Anklage gefordert habe. Dieser antwortete, in so wichtiger Angelegenheit sei der Prinzeps zu befragen.

**41** (1) Der Senat verfaßte nach dem Beispiel seiner führenden Männer eine Eidesformel, nach der im Wetteifer alle Magistrate und alle übrigen, wenn sie in der Befragung an die Reihe kamen, die Götter zu Zeugen anriefen, mit ihrer Hilfe sei nichts geschehen, wodurch irgendeines Menschen Leben bedroht worden sei, sie hätten sich auch nicht mit Lohn oder Ehrenamt am Unglück anderer bereichert; in Angst und Aufregung versuchten diejenigen die Worte der Eidesformel durch allerlei Kunstgriffe zu ändern, die sich einer Schandtat bewußt waren. (2) Gewissenhafte Eidesleistung lobten die Senatoren, gegen Meineid erhoben sie Protest. Und wie ein Sittengericht traf das in aller Härte Sariolenus Vocula, Nonius Attianus und Cestius Severus – alle durch ihre häufigen Denunziationen unter Nero übel berüchtigt. Den Sariolenus belastete auch aus jüngster Zeit die Beschuldigung, unter Vitellius dasselbe betrieben zu haben. Und der Senat hörte nicht auf, Vocula mit erhobenen Fäusten zu bedrohen, bis er die Kurie verließ. (3) Dann wandten sie sich gegen Paccius Africanus und jagten auch ihn hinaus, weil er bei Nero die beiden durch Eintracht und Reichtum ausgezeichneten Brüder Scribonianus[62] angezeigt und so ins Verderben getrieben habe. Africanus wagte weder zu gestehen, noch konnte er leugnen. Da griff er nun selbst Vibius Crispus an, durch dessen Fragen er in die Enge getrieben wurde: indem er ihn in Sachen hineinzog, die jener nicht abstreiten konnte, lenkte er durch den Hinweis auf eine gemeinsame Schuld die haßerfüllten Angriffe von sich ab.

**42** (1) Großen Ruhm der Bruderliebe und Beredsamkeit erwarb sich an diesem Tage Vipstanus Messala[63]: er

ausus pro fratre Aquilio Regulo deprecari. Regulum subversa Crassorum et Orfiti domus in summum odium extulerat: sponte accusationem subisse iuvenis admodum, nec depellendi periculi sed in spem potentiae videbatur; et Sulpicia Praetextata Crassi uxor quattuorque liberi, si cognosceret senatus, ultores aderant. (2) igitur Messala non causam neque reum tueri, sed periculis fratris semet opponens flexerat quosdam. occurrit truci oratione Curtius Montanus, eo usque progressus, ut post caedem Galbae datam interfectori Pisonis pecuniam a Regulo adpetitumque morsu Pisonis caput obiectaret. (3) 'hoc certe' inquit 'Nero non coegit, nec dignitatem aut salutem illa saevitia redemisti. sane toleremus istorum defensiones, qui perdere alios quam periclitari ipsi maluerunt: te securum reliquerat exul pater et divisa inter creditores bona, nondum honorum capax aetas, nihil quod ex te concupisceret Nero, nihil quod timeret. (4) libidine sanguinis et hiatu praemiorum ignotum adhuc ingenium et nullis defensionibus expertum caede nobili imbuisti, cum ex funere rei publicae raptis consularibus spoliis, septuagiens sestertio saginatus et sacerdotio fulgens innoxios pueros, inlustres senes, conspicuas feminas eadem ruina prosterneres, cum segnitiam Neronis incu-

stand noch nicht im Senatorenalter, wagte es aber, für seinen Bruder Aquilius Regulus[64] Fürbitte einzulegen. Den Regulus hatte die Vernichtung des Hauses der Crassi und des Orfitus äußerst verhaßt gemacht: aus eigenem Antrieb, so schien es, hatte er sich schon als junger Mann mit dem Geschäft eines Anklägers eingelassen, aber nicht, um Gefahr von sich abzuwenden, sondern in der Hoffnung, zu Macht zu gelangen; und Sulpicia Praetextata, die Gattin des Crassus, und ihre vier Kinder standen als Rächer bereit, falls der Senat die Untersuchung eröffnen würde. (2) Daher konnte Messala weder den Fall noch den Beschuldigten vertreten, aber dadurch, daß er mit seiner eigenen Person den Bruder in der Gefahr deckte, hatte er schon einige umgestimmt. Mit einer grimmigen Rede trat ihm Curtius Montanus entgegen, in der er sogar den Vorwurf erhob, Regulus habe nach Galbas Tod dem Mörder Pisos Geld gegeben und in Pisos Haupt hineingebissen. (3) »Dazu hat dich Nero sicher nicht gezwungen, und weder Stellung noch Leben hast du durch diese Grausamkeit erkauft. Hinnehmen wollen wir meinetwegen die Verteidigungsreden dieser Leute da, die lieber andere ins Verderben stürzen als selbst in Gefahr geraten wollten. Dir hatten völlige Sicherheit hinterlassen die Verbannung des Vaters und die Aufteilung des Vermögens unter die Gläubiger,[65] du standest noch nicht in dem für Ehrenämter vorgeschriebenen Alter, nichts gab es, was Nero von dir zu begehren, nichts, was er zu fürchten hatte. (4) Aus Blutdurst und unersättlicher Gier nach Belohnungen hast du dein noch unbekanntes Talent, das noch nicht in Verteidigungsreden erprobt war, mit adeligem Blut eingeweiht, als du vom Grab des Gemeinwesens konsularischen Besitz als Beute an dich rissest, als du, mit sieben Millionen Sesterzen vollgestopft und im Glanze deines Priesteramtes, unschuldige Knaben, erlauchte Greise, angesehene Frauen in das gleiche Verderben stürztest, als

sares, quod per singulas domos seque et delatores fatigaret: posse universum senatum una voce subverti. (5) retinete, patres conscripti, et reservate hominem tam expediti consilii, ut omnis aetas instructa sit, et quo modo senes nostri Marcellum, Crispum, iuvenes Regulum imitentur. invenit aemulos etiam infelix nequitia: quid si floreat vigeatque? et quem adhuc quaestorium offendere non audemus, praetorium et consularem ausuri sumus? an Neronem extremum dominorum putatis? idem crediderant, qui Tiberio, qui Gaio superstites fuerunt, cum interim intestabilior et saevior exortus est. (6) non timemus Vespasianum; ea principis aetas, ea moderatio: sed diutius durant exempla quam mores. elanguimus, patres conscripti, nec iam ille senatus sumus, qui occiso Nerone delatores et ministros more maiorum puniendos flagitabat. optimus est post malum principem dies primus.'

**43** (1) Tanto cum adsensu senatus auditus est Montanus, ut spem caperet Helvidius posse etiam Marcellum prosterni. igitur a laude Cluvii Rufi orsus, qui perinde dives et eloquentia clarus nulli umquam sub Nerone periculum facessisset, crimine simul exemploque Eprium urgebat, ardentibus patrum animis. (2) quod ubi sensit Marcellus, velut excedens curia 'imus' inquit, 'Prisce, et relinquimus tibi senatum tuum: regna praesente

du Nero Trägheit vorwarfst, weil er durch sein Vorgehen gegen eine Familie nach der anderen sich und die Denunzianten ermüde: man könne doch den Senat mit einem einzigen Wort ausrotten. (5) Haltet ihn nur fest, Senatoren, und bewahrt ihn gut, diesen Mann so schnellen Rates, damit jede Altersstufe einen Lehrmeister habe, und wie wir Alten einem Marcellus, Crispus, so die Jugend dem Regulus nacheifere. Nachahmer findet die Bosheit, auch wenn sie keine Früchte einbringt – was erst, wenn sie blüht und gedeiht? Und an den Mann, den wir jetzt, da er Quästor gewesen, nicht anzutasten wagen, an den werden wir uns, wenn er Prätor und Konsul gewesen, heranwagen? Oder glaubt ihr, Nero sei der letzte der Tyrannen gewesen? Dasselbe hatten die geglaubt, die Tiberius, die Gaius überlebt haben – und doch kam einer zur Macht, der noch abstoßender und grausamer war. (6) Keine Angst haben wir vor Vespasianus – der Grund: das Alter des Prinzeps, seine Besonnenheit: aber Strafexempel haben eine längere Wirkung als ein edler Charakter. Schlaff sind wir geworden, Senatoren, und nicht mehr sind wir jener Senat, der nach Neros Tod Denunzianten und deren Helfershelfer nach Vätersitte zur Bestrafung forderte. Am besten ist nach einem schlechten Prinzeps der erste Tag.«

**43** (1) Mit solchem Beifall der Senatoren wurde Montanus angehört, daß Helvidius Hoffnung faßte, es könne auch Marcellus vernichtet werden. Daher begann er mit einem Lob auf Cluvius Rufus, der, ebenso reich wie durch Beredsamkeit berühmt, nie jemanden unter Nero in einen Prozeß verwickelt habe; durch Beschuldigung ebenso wie durch dieses Beispiel brachte er Eprius in Bedrängnis, und die Senatoren gerieten in leidenschaftliche Erregung. (2) Als Marcellus das merkte, tat er so, als wolle er die Kurie verlassen, und sagte: »Wir gehen, Priscus, und überlassen dir deinen Senat. Gebärde dich als König in Anwesenheit des Caesars.« Ihm folgte

Caesare.' sequebatur Vibius Crispus, ambo infensi, vultu diverso, Marcellus minacibus oculis, Crispus renidens, donec adcursu amicorum retraherentur. cum glisceret certamen, hinc multi bonique, inde pauci et validi pertinacibus odiis tenderent, consumptus per discordiam dies.

44 (1) Proximo senatu, inchoante Caesare de abolendo dolore iraque et priorum temporum necessitatibus, censuit Mucianus prolixe pro accusatoribus; simul eos qui coeptam, deinde omissam actionem repeterent, monuit sermone molli et tamquam rogaret. patres coeptatam libertatem, postquam obviam itum, omisere. (2) Mucianus, ne sperni senatus iudicium et cunctis sub Nerone admissis data impunitas videretur, Octavium Sagittam et Antistium Sosianum senatorii ordinis egressos exilium in easdem insulas redegit. Octavius Pontiam Postuminam, stupro cognitam et nuptias suas abnuentem, impotens amoris interfecerat, Sosianus pravitate morum multis exitiosus. (3) ambo gravi senatus consulto damnati pulsique, quamvis concesso aliis reditu, in eadem poena retenti sunt. nec ideo lenita erga Mucianum invidia: quippe Sosianus ac Sagitta viles, etiam si reverterentur: accusatorum ingenia et opes et exercita malis artibus potentia timebantur.

Vibius Crispus, beide voll Erbitterung, aber mit verschiedener Miene: Marcellus mit drohendem Blick, Crispus höhnisch lächelnd; schließlich wurden sie von ihren herbeieilenden Freunden zurückgeholt. Da der Streit an Heftigkeit zunahm, auf der einen Seite die Gutgesinnten, auf der anderen eine Minderheit von Einflußreichen sich in hartnäckigen Haßausbrüchen maßen, wurde der ganze Tag mit Hader vertan.

**44** (1) Als in der nächsten Senatssitzung der Caesar damit begann, man müsse Schmerz, Erbitterung und Not der jüngsten Vergangenheit beseitigen, brachte Mucianus einen für die Denunzianten günstigen Antrag ein; zugleich riet er den Senatoren, die den begonnenen, dann fallengelassenen Prozeß wieder aufnehmen wollten, in einer sanften, eher im Ton einer Bitte gehaltenen Rede davon ab. Die Senatoren gaben, da sie auf Widerstand stießen, ihre eben in Ansätzen gezeigte freimütige Haltung wieder auf. (2) Um nicht den Anschein zu erwekken, man mißachte das Urteil des Senates und gewähre für alle unter Nero begangenen Verbrechen Straffreiheit, ließ Mucianus den Octavius Sagitta und den Antistius Sosianus, zwei Senatoren, die ihren Verbannungsort verlassen hatten, auf dieselben Inseln zurückbringen. Octavius hatte Pontia Postumina, die von ihm verführt worden war, aber die Ehe mit ihm ausschlug, in blinder Leidenschaft getötet; Sosianus hatte in seiner Bösartigkeit viele ins Verderben gestürzt. (3) Beide waren durch einen strengen Senatsbeschluß verurteilt und verbannt worden, und obwohl anderen die Rückkehr gewährt wurde, blieb für sie die gleiche Strafe aufrecht. Aber dadurch schwand nicht die Erbitterung gegen Mucianus; denn Sosianus und Sagitta würden unbedeutend bleiben, selbst wenn sie zurückkehren sollten: aber die Durchtriebenheit der Ankläger, ihr Reichtum, ihre in allen üblen Schlichen erprobte Macht – davor hatte man Angst.

**45** (1) Reconciliavit paulisper studia patrum habita in senatu cognitio secundum veterem morem. Manlius Patruitus senator pulsatum se in colonia Seniensi coetu multitudinis et iussu magistratuum querebatur; nec finem iniuriae hic stetisse: planctum et lamenta et supremorum imaginem praesenti sibi circumdata cum contumeliis ac probris, quae in senatum universum iacerentur. (2) vocati qui arguebantur, et cognita causa in convictos vindicatum, additumque senatus consultum, quo Seniensium plebes modestiae admoneretur. isdem diebus Antonius Flamma *accusantibus* Cyrenensibus damnatur lege repetundarum et exilio ob saevitiam.

**46** (1) Inter quae militaris seditio prope exarsit. praetorianam militiam repetebant a Vitellio dimissi, pro Vespasiano congregati; et lectus in eandem spem e legionibus miles promissa stipendia flagitabat. ne Vitelliani quidem sine multa caede pelli poterant: sed immensa pecunia tanta vis hominum retinenda erat. (2) ingressus castra Mucianus, quo rectius stipendia singulorum spectaret, suis cum insignibus armisque victores constituit, modicis inter se spatiis discretos. tum Vitelliani, quos apud Bovillas in deditionem acceptos memoravimus, ceterique per urbem et urbi vicina conquisiti producuntur prope

**45** (1) Für kurze Zeit wirkte versöhnlich auf die Stimmung der Senatoren eine Untersuchung, die im Senat nach alter Sitte durchgeführt wurde. Der Senator Manlius Patruitus erhob Klage, er sei in der Koloniestadt Sena von einer Volksmenge geschlagen worden, noch dazu auf Befehl der Stadtbehörden. Doch damit sei der Rechtsbruch nicht zu Ende gewesen: Totenklagen, Wehgeschrei und das Zerrbild einer Totenfeier habe man um seine Person in Szene gesetzt unter Beschimpfungen und Schmähungen, die sich gegen die Gesamtheit des Senates gerichtet hätten. (2) Die Beschuldigten wurden vorgeladen, und nach Abschluß der Untersuchung erhielten alle, die überführt worden waren, ihre Strafe; außerdem erging ein Senatsbeschluß, in dem die Bevölkerung von Sena an Zucht und Ordnung gemahnt wurde. In denselben Tagen wurde Antonius Flamma auf die Klage der Einwohner von Kyrene nach dem Gesetz über Gelderpressung bestraft und wegen Grausamkeit zur Verbannung verurteilt.[66]

**46** (1) Inzwischen wäre unter den Soldaten beinahe ein Aufruhr entbrannt. Wiederaufnahme in die Prätorianergarde verlangten die von Vitellius entlassenen, dann für Vespasianus wieder zusammengezogenen Mannschaften;[67] und die aus den Legionen mit gleichen Aussichten abgezogenen Soldaten forderten den versprochenen Sold; nicht einmal die Vitellianer hätte man ohne schweres Blutvergießen wegjagen können.[68] Aber nur mit gewaltigem Geldaufwand konnte eine so große Menschenmasse (unter Waffen) gehalten werden. (2) Mucianus begab sich in das Lager, um so genauer die Dienstzeit der einzelnen Leute überprüfen zu können; mit ihren Auszeichnungen und Waffen ließ er die Sieger Aufstellung nehmen, nur durch kleine Abstände getrennt. Dann wurden die Vitellianer, die sich, wie erwähnt, bei Bovillae ergeben hatten, sowie die in der Stadt und ihrer Umgebung Festgenommenen vorgeführt, alle fast ohne

intecto corpore. eos Mucianus diduci et Germanicum Britannicumque militem, ac si qui aliorum exercituum, separatim adsistere iubet. (3) illos primus statim aspectus obstupefecerat, cum ex diverso velut aciem telis et armis trucem, semet clausos nudosque et inluvie deformes aspicerent: ut vero huc illuc distrahi coepere, metus per omnes et praecipua Germanici militis formido, tamquam ea separatione ad caedem destinaretur. prensare commanipularium pectora, cervicibus innecti, suprema oscula petere, ne desererentur soli neu pari causa disparem fortunam paterentur; modo Mucianum, modo absentem principem, postremum caelum ac deos obtestari, donec Mucianus cunctos eiusdem sacramenti, eiusdem imperatoris milites appellans, falso timori obviam iret; namque et victor exercitus clamore lacrimas eorum iuvabat. isque finis illa die. (4) paucis post diebus adloquentem Domitianum firmati iam excepere: spernunt oblatos agros, militiam et stipendia orant. preces erant, sed quibus contra dici non posset; igitur in praetorium accepti. dein quibus aetas et iusta stipendia, dimissi cum honore, alii ob culpam, sed carptim ac singuli, quo tutissimo remedio consensus multitudinis extenuatur.

**47** (1) Ceterum verane pauperie an uti videretur, actum in senatu, ut sescentiens sestertium a privatis mutuum acciperetur, praepositusque ei curae Pompeius Silvanus.

Rüstung auf dem Leib. Diese ließ Mucianus auseinandertreten, die germanischen und britannischen Truppen sowie Angehörige anderer Heere gesondert Aufstellung nehmen. (3) Gleich der erste Eindruck hatte sie in Schrecken versetzt, als sie gegenüber eine gleichsam in Wehr und Waffen drohende Schlachtreihe, sich selbst aber eingeschlossen, unbewaffnet und von Schmutz entstellt sahen; als man vollends begann, sie hierhin und dorthin abzudrängen, verbreitete sich bei allen Furcht, und besonders groß war der Schrecken bei den germanischen Soldaten, als ob sie durch dieses Absondern zur Ermordung bestimmt würden. Sie warfen sich ihren Manipelkameraden an die Brust, umschlangen deren Hals, baten um den Abschiedskuß: man möge doch nicht sie allein verstoßen und bei gleicher Lage ein so ungleiches Los ertragen lassen. Bald beschworen sie Mucianus, bald den abwesenden Prinzeps, zuletzt Himmel und Götter, bis Mucianus sie alle Soldaten desselben Eides, desselben Imperators nannte und damit der unbegründeten Furcht begegnete; denn auch das siegreiche Heer unterstützte durch Zuruf ihre Tränen. So ging jener Tag zu Ende. (4) Wenige Tage später vernahmen sie eine Ansprache Domitians schon in gefestigter Haltung: sie lehnten das Angebot von Ackerland ab, um militärischen Dienst und Soldzahlung baten sie. Es waren zwar Bitten, aber solche, die keine Ablehnung erlaubten; daher nahm man die Leute in die Leibgarde auf. Dann wurden alle, die das entsprechende Alter und die ordnungsgemäße Dienstzeit erreicht hatten, in Ehren entlassen, andere wegen irgendeines Vergehens aber nur nach und nach und einzeln: das sicherste Mittel, die Einmütigkeit einer Masse zu untergraben.

47 (1) Übrigens wurde aus echter Geldknappheit oder bloß, um den Anschein davon zu erwecken, im Senat darüber verhandelt, bei Privaten eine Anleihe von 60 Millionen Sesterzen aufzunehmen; man betraute mit die-

nec multo post necessitas abiit sive omissa simulatio. abrogati inde legem ferente Domitiano consulatus, quos Vitellius dederat, funusque censorium Flavio Sabino ductum, magna documenta instabilis fortunae summaque et ima miscentis.

**48** (1) Sub idem tempus L. Piso pro consule interficitur. ea de caede quam verissime expediam, si pauca supra repetiero ab initio causisque talium facinorum non absurda. legio in Africa auxiliaque tutandis imperii finibus sub divo Augusto Tiberioque principibus proconsuli parebant. mox G. Caesar, turbidus animi ac Marcum Silanum obtinentem Africam metuens, ablatam proconsuli legionem misso in eam rem legato tradidit. (2) aequatus inter duos beneficiorum numerus, et mixtis utriusque mandatis discordia quaesita auctaque pravo certamine. legatorum ius adolevit diuturnitate officii, vel quia minoribus maior aemulandi cura, proconsulum splendidissimus quisque securitati magis quam potentiae consulebant.

**49** (1) Sed tum legionem in Africa regebat Valerius Festus, sumptuosae adulescentiae neque modica cupiens et adfinitate Vitellii anxius. is crebris sermonibus temptaveritne Pisonem ad res novas an temptanti restiterit,

ser Aufgabe Pompeius Silvanus. Kurz darauf schwand die Notlage, oder man ließ den Deckmantel fallen. Aberkannt wurden dann auf Gesetzesantrag Domitians die von Vitellius verliehenen Konsulate,[69] und ein Staatsbegräbnis für Flavius Sabinus wurde veranstaltet[70] – deutlicher Beweis für die Unbeständigkeit des Glücks, das Hoch und Niedrig wahllos vertauscht.

### *Ereignisse in Africa* [48–50

**48** (1) Zur selben Zeit wurde der Prokonsul Lucius Piso ermordet. Über diese Bluttat werde ich möglichst wahrheitsgetreu berichten, wenn ich einiges nachgetragen habe, was mit Beginn und Ursachen solcher Untaten in engem Zusammenhang steht. Die Legion in Africa und die Hilfstruppen, betraut mit dem Schutz der Reichsgrenzen, standen während der Herrschaft des Augustus und des Tiberius unter dem Kommando eines Prokonsuls. Danach entzog Gaius Caesar, getrieben von Unrast und aus Furcht vor dem Statthalter Africas Marcus Silanus[71], dem Prokonsul die Legion und übergab sie einem dafür entsandten Legaten. (2) Beide erhielten die gleiche Zahl an Stabsstellen,[72] und dadurch, daß die Befehlsbereiche beider nicht klar getrennt waren, säte man Zwietracht, die noch verschärft wurde durch sinnlose Rangstreitigkeiten. Die Amtsgewalt der Legaten wuchs dank der längeren Dauer ihrer Dienstzeit oder auch, weil die Rangniedrigeren mehr Ehrgeiz entwickeln, von den Prokonsuln aber gerade die Angesehensten mehr an ihre Sicherheit als an Machtentfaltung denken mußten.

**49** (1) Damals nun befehligte die Legion in Africa Valerius Festus; er hatte als junger Mann verschwenderisch gelebt, war maßlos in seinen Wünschen und nun wegen seiner Verschwägerung mit Vitellius in Sorge. Ob er in häufigen Gesprächen den Piso zu einem Umsturz habe bewegen wollen oder ob er sich dessen Überredungskün-

incertum, quoniam secreto eorum nemo adfuit, et occiso Pisone plerique ad gratiam interfectoris inclinavere. nec ambigitur provinciam et militem alienato erga Vespasianum animo fuisse; et quidam e Vitellianis urbe profugi ostentabant Pisoni nutantes Gallias, paratam Germaniam, pericula ipsius et in pace suspecto tutius bellum. (2) inter quae Claudius Sagitta, praefectus alae Petrianae, prospera navigatione praevenit Papirium centurionem a Muciano missum, adseveravitque mandata interficiendi Pisonis centurioni data: cecidisse Galerianum consobrinum eius generumque; unam in audacia spem salutis, sed duo itinera audendi, seu mallet statim arma, seu petita navibus Gallia ducem se Vitellianis exercitibus ostenderet, nihil ad ea moto Pisone. (3) centurio a Muciano missus, ut portum Carthaginis attigit, magna voce laeta Pisoni omnia tamquam principi continuare, obvios et subitae rei miraculo attonitos, ut eadem adstreperent, hortari. vulgus credulum ruere in forum, praesentiam Pisonis exposcere; gaudio clamoribusque cuncta miscebant, indiligentia veri et adulandi libidine. (4) Piso indicio Sagittae vel insita modestia non in publicum egressus est neque se studiis vulgi permisit: centurionemque percontatus, postquam quaesitum sibi crimen caedemque comperit, animadverti in eum iussit, haud per-

sten widersetzt habe, ist unklar, da ja bei ihren Geheimgesprächen niemand dabei war und nach dem Tod Pisos die meisten sich um ein gutes Einvernehmen mit dem Mörder bemühten. Aber kein Zweifel besteht, daß Provinz und Militär Vespasianus gegenüber feindlich gesinnt waren;[73] auch wiesen einige aus der Hauptstadt geflohene Vitellianer Piso auf die schwankende Haltung Galliens hin, auf die Kriegsbereitschaft Germaniens und auf die ihm selbst drohenden Gefahren – und überhaupt biete in Friedenszeiten Verdächtigen der Krieg größere Sicherheit. (2) Inzwischen überholte Claudius Sagitta, Präfekt der Schwadron »Petriana«[74], dank günstiger Seefahrt den von Mucianus entsandten Zenturio Papirius; er versicherte, der Zenturio habe den Auftrag, Piso zu töten; ums Leben gekommen sei bereits Galerianus, sein Vetter und Schwiegersohn.[75] Einige Hoffnung auf Rettung liege in kühnem Wagemut, aber zwei Wege gebe es für kühnes Wagen: er könne sich sogleich für den Waffengang entscheiden oder mit der Flotte Gallien ansegeln und sich den vitellianischen Heeren als Führer anbieten; aber Piso ließ sich auf diese Vorstellungen nicht ein. (3) Als der von Mucianus entsandte Zenturio in den Hafen von Karthago eingelaufen war, rief er ununterbrochen alle möglichen Segenswünsche für Piso als den künftigen Prinzeps und befahl allem Volk auf der Straße, das über diese absonderliche Überraschung verblüfft war, in dieselben Rufe einzustimmen. Die leichtgläubige Menge stürmte zum Forum, forderte Pisos persönliches Erscheinen. Mit Freudengeschrei erfüllten sie den ganzen Platz, unbekümmert um die wahren Zusammenhänge, in Huldigungsrufen hemmungslos. (4) Piso trat auf einen Wink Sagittas oder aus angeborener Zurückhaltung nicht vor die Menge und bot sich auch nicht den Sympathiekundgebungen des Volkes dar. Als er beim Verhör des Zenturios erfuhr, man habe es bei ihm darauf angelegt, ihn zu beschuldigen und dann zu ermorden, befahl er,

inde spe vitae quam ira in percussorem, quod idem ex interfectoribus Clodii Macri cruentas legati sanguine manus ad caedem proconsulis rettulisset. anxio deinde edicto Carthaginiensibus increpitis, ne solita quidem munia usurpabat, clausus intra domum, ne qua motus novi causa vel forte oreretur.

**50** (1) Sed ubi Festo consternatio vulgi, centurionis supplicium veraque et falsa more famae in maius innotuere, equites in necem Pisonis mittit. illi raptim vecti obscuro adhuc coeptae lucis domum proconsulis inrumpunt destrictis gladiis, et magna pars Pisonis ignari, quod Poenos auxiliares Maurosque in eam caedem delegerat. (2) haud procul cubiculo obvium forte servum, quisnam et ubi esset Piso, interrogavere. servus egregio mendacio se Pisonem esse respondit ac statim obtruncatur. nec multo post Piso interficitur; namque aderat qui nosceret, Baebius Massa e procuratoribus Africae, iam tunc optimo cuique exitiosus et inter causas malorum, quae mox tulimus, saepius rediturus. (3) Festus Adrumeto, ubi speculabundus substiterat, ad legionem contendit praefectumque castrorum Caetronium Pisanum vinciri iussit proprias ob simultates, sed Pisonis satellitem vocabat militesque et centuriones quosdam puniit, alios praemiis adfecit, neutrum ex merito, sed ut oppressisse bellum

ihn hinzurichten, nicht so sehr in der Hoffnung, sein eigenes Leben zu retten, als aus Zorn gegen den Verbrecher, weil er, einer der Mörder des Clodius Macer[76], zurückgekommen sei, um die vom Blut des Legaten befleckten Hände nun auch zum Mord am Prokonsul zu erheben. In einem besorgten Edikt erteilte er den Karthagern einen Verweis, kam dann aber nicht einmal mehr seinen Amtsgeschäften nach und schloß sich in sein Haus ein, damit nicht auch nur zufällig Anlaß zu neuem Aufruhr entstehe.

50 (1) Aber als dem Festus der Aufruhr im Volk, die Hinrichtung des Zenturios – Wahres und Falsches, wie gewöhnlich bei Gerüchten, in grober Übertreibung – gemeldet wurden, schickte er Reiter zur Ermordung Pisos aus. Diese ritten eiligst ab, brachen noch im Morgengrauen des neuen Tages in das Haus des Prokonsuls mit gezückten Schwertern ein – und dabei kannte ein großer Teil Piso gar nicht, weil Festus punische Hilfsverbände und Mauren für diese Mordtat ausgewählt hatte. (2) Ganz nahe seinem Schlafgemach fragten sie einen zufällig entgegenkommenden Sklaven, wer denn und wo Piso sei. Der Sklave antwortete mit edler Lüge, er sei Piso, und wurde sofort zusammengeschlagen. Kurz darauf wurde Piso getötet. Es war nämlich einer dabei, der ihn den anderen zeigen konnte, Baebius Massa, der Prokurator Africas,[77] der, schon damals für alle Rechtschaffenen der Untergang, als einer der Urheber aller Leiden, die wir später ertragen mußten, noch öfter aufscheinen wird. (3) Festus eilte von Adrumetum, wo er Spähposten bezogen hatte, zur Legion und ließ den Lagerpräfekten Caetronius Pisanus in Fesseln legen – wegen persönlicher Zwistigkeiten, öffentlich aber nannte er ihn einen Spießgesellen Pisos; auch bestrafte er einige Soldaten und Zenturionen, andere zeichnete er durch Belohnungen aus – in beiden Fällen nicht nach Verdienst, sondern um den Anschein zu erwecken, er habe einen

crederetur. (4) mox Oeensium Lepcitanorumque discordias componit, quae raptu frugum et pecorum inter agrestes modicis principiis, iam per arma atque acies exercebantur; nam populus Oeensis multitudine inferior Garamantas exciverat, gentem indomitam et inter accolas latrociniis fecundam. unde artae Lepcitanis res, lateque vastatis agris intra moenia trepidabant, donec interventu cohortium alarumque fusi Garamantes et recepta omnis praeda, nisi quam vagi per inaccessa mapalium ulterioribus vendiderant.

**51** (1) At Vespasiano post Cremonensem pugnam et prosperos undique nuntios cecidisse Vitellium multi cuiusque ordinis, pari audacia fortunaque hibernum mare adgressi, nuntiavere. aderant legati regis Vologaesi quadraginta milia Parthorum equitum offerentes. (2) magnificum laetumque tantis sociorum auxiliis ambiri neque indigere: gratiae Vologaeso actae mandatumque, ut legatos ad senatum mitteret et pacem esse sciret. Vespasianus in Italiam resque urbis intentus adversam de Domitiano famam accipit, tamquam terminos aetatis et

Krieg unterdrückt. (4) Dann schlichtete er Streitigkeiten zwischen den Bewohnern von Oea und Lepcis, die nach unbedeutenden Anlässen – gegenseitigem Raub von Feldfrüchten und Vieh durch die Landbevölkerung – nun schon mit Waffen in regelrechten Schlachten ausgetragen wurden. Denn das zahlenmäßig schwächere Volk von Oea hatte die Garamanten zu Hilfe gerufen, einen noch unbezwungenen Stamm, der von dauernden Raubzügen gegen seine Nachbarn gut lebte. Dadurch gerieten die Lepcitaner in Bedrängnis, und da über weite Strecken ihr Ackerland verwüstet war, drängten sie sich zitternd innerhalb der Stadtmauern zusammen, bis durch das Dazwischentreten der Kohorten und Reiterschwadronen die Garamanten vertrieben wurden und man ihnen alle Beute abnahm, das ausgenommen, was sie, im unzugänglichen Gebiet der Hüttenlager[78] umherziehend, an die weiter landeinwärts Wohnenden verkauft hatten.

### *Vespasianus in Alexandria* [51–52

**51** (1) Nach der Schlacht von Cremona und den von überall eintreffenden Erfolgsmeldungen überbrachten indessen dem Vespasianus viele Leute jeglichen Standes, die sich mit ebensoviel Wagemut wie Glück auf das winterliche Meer hinausgewagt hatten, die Nachricht vom Tod des Vitellius. Eingetroffen waren auch die Gesandten des Königs Vologaesus, die 40 000 parthische Reiter anboten. (2) Großartig und erfreulich war es, von so starkem Truppenaufgebot der Bundesgenossen umworben zu sein und es nicht zu brauchen. Man dankte dem Vologaesus und trug ihm auf, Gesandte an den Senat zu schicken und sich darüber klar zu sein, daß Friede herrsche. Vespasianus, dessen Gedanken auf Italien und die Verhältnisse in der Hauptstadt gerichtet waren, erhielt ungünstige Kunde über Domitianus, daß er nämlich die Schranken des Alters und die Vorrechte

concessa filio egrederetur: igitur validissimam exercitus partem Tito tradit ad reliqua Iudaici belli perpetranda.

**52** (1) Titum, antequam digrederetur, multo apud patrem sermone orasse ferunt, ne criminantium nuntiis temere accenderetur integrumque se ac placabilem filio praestaret. non legiones, non classes proinde firma imperii munimenta quam numerum liberorum; nam amicos tempore, fortuna, cupidinibus aliquando aut erroribus imminui, transferri, desinere: suum cuique sanguinem indiscretum, sed maxime principibus, quorum prosperis et alii fruantur, adversa ad iunctissimos pertineant. ne fratribus quidem mansuram concordiam, ni parens exemplum praebuisset. (2) Vespasianus haud aeque Domitiano mitigatus quam Titi pietate gaudens, bono esse animo iubet belloque et armis rem publicam attollere: sibi pacem domumque curae fore. tum celerrimas navium frumento onustas saevo adhuc mari committit: quippe tanto discrimine urbs nutabat, ut decem haud amplius dierum frumentum in horreis fuerit, cum a Vespasiano commeatus subvenere.

**53** (1) Curam restituendi Capitolii in Lucium Vestinum confert, equestris ordinis virum, sed auctoritate famaque inter proceres. ab eo contracti haruspices monuere, ut reliquiae prioris delubri in paludes aveherentur, templum

eines Sohnes überschreite. Daher übergab er den kampfstärksten Teil des Heeres an Titus mit dem Auftrag, das, was im Krieg gegen die Juden noch zu tun war, zu erledigen.

**52** (1) Bevor Titus abreiste, bat er, so berichtet man, seinen Vater in einem langen Gespräch, sich nicht durch verleumderische Nachrichten grundlos erzürnen zu lassen und sich seinem Sohn gegenüber unbeeinflußt und versöhnlich zu verhalten. Nicht Legionen, nicht Flotten seien im Vergleich so starke Bollwerke der Herrschaft wie die Zahl der Kinder; denn was Freunde betreffe, so werde ihre Zahl je nach Zeit, Glück, mitunter auch durch Leidenschaften und Irrtümer kleiner, wechsle, schwinde – unauflösliches Band für jeden aber sei das eigene Blut – besonders für Herrscher, deren Glück auch andere genießen, deren Unglück nur die nächsten Angehörigen treffe. Selbst unter Brüdern könne Eintracht nicht dauern, wenn nicht der Vater ein Beispiel gebe. (2) Vespasianus, weniger wegen Domitianus besänftigt als über des Titus Bruderliebe erfreut, hieß ihn guten Mutes sein und durch Krieg und Waffen den Staat zu mehren; er selbst werde für Frieden im eigenen Haus sorgen. Dann ließ er die schnellsten Schiffe mit Getreide beladen und auf die noch stürmische See auslaufen; denn die Hauptstadt schwebte in so großer Gefahr, daß für nicht mehr als zehn Tage Getreide in den Speichern lag, als von Vespasianus Nachschub eintraf.

### *Grundsteinlegung für den kapitolinischen Tempel* [53

**53** (1) Die Sorge um den Wiederaufbau des Kapitols übertrug er dem Lucius Vestinus, einem Mann aus dem Ritterstand, der aber an Einfluß und Ruf zu den Ersten des Staates zählte. Die von ihm zusammengerufenen Haruspices[79] rieten, die Reste des früheren Heiligtums in die Sümpfe wegzuführen, den Tempel auf denselben

isdem vestigiis sisteretur: nolle deos mutari veterem formam. (2) XI kalendas Iulias serena luce spatium omne, quod templo dicabatur, evinctum vittis coronisque; ingressi milites, quis fausta nomina, felicibus ramis; dein virgines Vestales cum pueris puellisque patrimis matrimisque aqua e fontibus amnibusque hausta perluere. (3) tum Helvidius Priscus praetor, praeeunte Plautio Aeliano pontifice, lustrata suovetaurilibus area et super caespitem redditis extis, Iovem, Iunonem, Minervam praesidesque imperii deos precatus, uti coepta prosperarent sedesque suas pietate hominum inchoatas divina ope attollerent, vittas, quis ligatus lapis innexique funes erant, contigit; simul ceteri magistratus et sacerdotes et senatus et eques et magna pars populi, studio laetitiaque conixi, saxum ingens traxere. (4) passimque iniectae fundamentis argenti aurique stipes et metallorum primitiae, nullis fornacibus victae, sed ut gignuntur: praedixere haruspices, ne temeraretur opus saxo aurove in aliud destinato. altitudo aedibus adiecta: id solum religio adnuere et prioris templi magnificentiae defuisse credebatur.

Grundmauern zu errichten: die Götter wollten den alten Grundriß nicht verändert sehen. (2) Am 21. Juni, einem heiteren Tag, wurde der ganze, für den Tempel geweihte Platz mit Wollbinden und Kränzen umwunden; es betraten ihn Soldaten, die glückverheißende Namen hatten, mit heilbringenden Zweigen in Händen;[80] hierauf sprengten die Vestalischen Jungfrauen zusammen mit Knaben und Mädchen, deren Väter und Mütter noch am Leben waren, Wasser, das aus Quellen und Flüssen geschöpft war. (3) Dann entsühnte der Prätor Helvidius Priscus nach der vom Pontifex Plautius Aelianus gesprochenen Gebetsformel den Bauplatz mit einem Schwein-Schaf-Stieropfer, wobei er auf einem Rasenaltar die Eingeweide darbrachte, dann flehte er zu Iuppiter, Iuno und Minerva und zu den Schutzgöttern des Reiches, sie möchten das Bauvorhaben segnen und ihre mit menschlicher Frömmigkeit begonnenen Wohnsitze durch ihre göttliche Hilfe emporführen; hierauf berührte er die Wollbinden, mit denen der Grundstein umschlungen und die Seile umwunden waren; zugleich zogen die übrigen Magistrate, Priester, Senat, Ritter und ein großer Teil des Volkes, in freudigem Eifer vereint sich anstemmend, den mächtigen Stein. (4) Und von allen Seiten warf man in die Fundamente Gaben aus Silber und Gold sowie Erstfunde aus Bergwerken, die noch in keinem Schmelzofen bearbeitet worden waren, im ursprünglichen Zustand. Vorher hatten die Haruspices erklärt, der Bau dürfe nicht durch Gestein oder Gold entweiht werden, das schon für andere Zwecke bestimmt war. An Höhe wurde dem Tempel einiges zugegeben; das war das einzige, was religiöse Bedenken zuließen und was der Pracht des früheren Tempels, wie man glaubte, gefehlt hat.

**54** (1) Audita interim per Gallias Germaniasque mors Vitellii duplicaverat bellum. nam Civilis omissa dissimulatione in populum Romanum ruere, Vitellianae legiones vel externum servitium quam imperatorem Vespasianum malle. Galli sustulerant animos, eandem ubique exercituum nostrorum fortunam rati, vulgato rumore a Sarmatis Dacisque Moesica ac Pannonica hiberna circumsederi; paria de Britannia fingebantur. (2) sed nihil aeque quam incendium Capitolii, ut finem imperio adesse crederent, impulerat. captam olim a Gallis urbem, sed integra Iovis sede mansisse imperium: fatali nunc igne signum caelestis irae datum et possessionem rerum humanarum Transalpinis gentibus portendi superstitione vana Druidae canebant. (3) incesseratque fama primores Galliarum ab Othone adversus Vitellium missos, antequam digrederentur, pepigisse, ne deessent libertati, si populum Romanum continua civilium bellorum series et interna mala fregissent.

**55** (1) Ante Flacci Hordeonii caedem nihil prorupit, quo coniuratio intellegeretur: interfecto Hordeonio commeavere nuntii inter Civilem Classicumque praefectum alae Trevirorum. Classicus nobilitate opibusque ante alios: regium illi genus et pace belloque clara origo, ipse e

## *Bataveraufstand (Zweiter Bericht)* [54–79

**54** (1) Inzwischen hatte die in Gallien und Germanien vernommene Kunde vom Tod des Vitellius die Wucht des Krieges verdoppelt. Denn Civilis ließ nun die Maske fallen und stürmte auf das römische Volk los, die vitellianischen Legionen wollten sogar eher die Knechtschaft durch fremde Völker als die Herrschaft Vespasians ertragen. Die Gallier hatten ihr Haupt erhoben, in der Meinung, das Schicksal unserer Heere sei überall das gleiche, da sich das Gerücht verbreitet hatte, von den Sarmaten und Dakern würden in Mösien und Pannonien unsere Winterlager belagert gehalten; gleiches wurde über Britannien gefabelt. (2) Aber nichts hatte sie so sehr wie der Brand des Kapitols im Glauben bestärkt, das Ende für das Reich sei gekommen: einst sei zwar die Hauptstadt von den Galliern erobert worden, aber da Iuppiters Sitz unversehrt geblieben sei, habe das Reich weiterbestanden; jetzt sei durch das schicksalgesandte Feuer ein Zeichen himmlischen Zorns gegeben worden, und die Weltherrschaft werde den Völkern jenseits der Alpen verheißen – in lächerlichem Aberglauben verkündeten es jedenfalls die Druiden. (3) Verbreitet hatte sich das Gerücht, die von Otho gegen Vitellius ausgesandten Häuptlinge Galliens[81] hätten sich vor ihrer Abreise verpflichtet, die Sache der Freiheit nicht zu verraten, wenn die ununterbrochene Reihe der Bürgerkriege und die Nöte im Innern die Kraft des römischen Volkes gebrochen hätten.

**55** (1) Vor der Ermordung des Hordeonius Flaccus trat nichts zutage, woraus man auf eine Verschwörung hätte schließen können. Nach dem Tod des Hordeonius gingen Unterhändler zwischen Civilis und Classicus, dem Präfekten einer Trevererschwadron,[82] hin und her. Classicus überragte andere an Adel und Reichtum; er entstammte königlichem Geschlecht, seine Vorfahren waren

maioribus suis hostis populi Romani quam socios iactabat. (2) miscuere sese Iulius Tutor et Iulius Sabinus, hic Trevir, hic Lingonus, Tutor ripae Rheni a Vitellio praefectus; Sabinum super insitam vanitatem falsae stirpis gloria incendebat: proaviam suam divo Iulio per Gallias bellanti corpore atque adulterio placuisse. (3) hi secretis sermonibus animos ceterorum scrutari, ubi quos idoneos rebantur conscientia obstrinxere, in colonia Agrippinensi in domum privatam conveniunt; nam publice civitas talibus inceptis abhorrebat; ac tamen interfuere quidam Ubiorum Tungrorumque. (4) sed plurima vis penes Treviros ac Lingonas, nec tulere moras consultandi. certatim proclamant furere discordiis populum Romanum, caesas legiones, vastatam Italiam, capi cum maxime urbem, omnes exercitus suis quemque bellis distineri: si Alpes praesidiis firmentur, coalita libertate disceptaturas Gallias, quem virium suarum terminum velint.

**56** (1) Haec dicta pariter probataque: de reliquiis Vitelliani exercitus dubitavere. plerique interficiendos censebant, turbidos, infidos, sanguine ducum pollutos: vicit ratio parcendi, ne sublata spe veniae pertinaciam accenderent: adliciendos potius in societatem. legatis tantum

in Frieden und Krieg berühmt, er selbst brüstete sich aus der Reihe seiner Ahnen mehr mit den Feinden als mit den Bundesgenossen des römischen Volkes. (2) Dazu gesellten sich Iulius Tutor und Iulius Sabinus, der eine Treverer, der andere Lingone; Tutor war von Vitellius mit der Sicherung des Rheinufers betraut worden. Den Sabinus berauschte, abgesehen von seiner angeborenen Eitelkeit, der Ruhm seiner vermeintlichen Herkunft – seine Urgroßmutter habe dem Divus Iulius bei seinen Kriegszügen in Gallien wegen ihrer Schönheit gefallen und sei seine Geliebte gewesen. (3) Diese erkundeten in geheimen Gesprächen die Gesinnung der übrigen; sobald sie geeignet erscheinende Leute in ihre Pläne eingeweiht und dadurch an sich gebunden hatten, kamen sie in der Colonia Agrippinensis in einem Privathaus zusammen; denn die Bürgerschaft als Ganzes wollte mit solchen Plänen nichts zu tun haben, und doch waren einige Ubier und Tungrer bei der Beratung dabei. (4) Das Übergewicht aber hatten die Treverer und Lingonen, und die lehnten langwierige Beratungen ab. Einander überbietend schrien sie: besessen von Zwietracht sei das römische Volk, geschlagen die Legionen, verwüstet Italien, eben jetzt werde die Hauptstadt erobert, von allen Heeren sei jedes mit seinem eigenen Krieg vollauf beschäftigt; wenn man die Alpen durch Truppen sichere, könne Gallien in neu erstarkter Freiheit entscheiden, wo es seiner Macht Grenzen setzen wolle.

**56** (1) Kaum gesagt, wurde das mit Beifall aufgenommen. Wegen der Reste des vitellianischen Heeres war man noch in Zweifel. Viele meinten, man solle sie töten, diese aufrührerischen, treulosen, mit dem Blut ihrer Führer befleckten Leute; es siegte aber die vernünftige Überlegung, sie zu schonen, um nicht ihren trotzigen Widerstand zu schüren, wenn man ihnen jede Hoffnung auf Gnade nehme; man solle sie eher für die gemeinsame Sache gewinnen. Seien nur einmal die Legionslegaten

legionum interfectis, ceterum vulgus conscientia scelerum et spe impunitatis facile accessurum. ea primi concilii forma missique per Gallias concitores belli; simulatum ipsis obsequium, quo incautiorem Voculam opprimerent. (2) nec defuere qui Voculae nuntiarent, sed vires ad coercendum deerant, infrequentibus infidisque legionibus. inter ambiguos milites et occultos hostes optimum e praesentibus ratus mutua dissimulatione et isdem quibus petebatur grassari, in coloniam Agrippinensem descendit. (3) illuc Claudius Labeo, quem captum et [extra commentum] amendatum in Frisios diximus, corruptis custodibus perfugit; pollicitusque, si praesidium daretur, iturum in Batavos et potiorem civitatis partem ad societatem Romanam retracturum, accepta peditum equitumque modica manu nihil apud Batavos ausus quosdam Nerviorum Baetasiorumque in arma traxit, et furtim magis quam bello Canninefates Marsacosque incursabat.

**57** (1) Vocula Gallorum fraude inlectus ad hostem contendit; nec procul Veteribus aberat, cum Classicus ac Tutor per speciem explorandi praegressi cum ducibus Germanorum pacta firmavere. tumque primum discreti a legionibus proprio vallo castra sua circumdant, obtestante Vocula non adeo turbatam civilibus armis rem Romanam, ut Treviris etiam Lingonibusque despectui

getötet, so werde der übrige Haufen im Bewußtsein seiner Verbrechen und in der Hoffnung auf Straflosigkeit gerne auf ihre Seite treten. Das war der Verlauf der ersten Versammlung; dann wurden über Gallien hin Leute ausgesandt, die zum Krieg hetzen sollten; sie selbst heuchelten Gehorsam, um so Vocula in Sorglosigkeit zu wiegen und dann zu überfallen. (2) Aber es fanden sich Leute, die alles Vocula berichteten – doch zum Einschreiten fehlten ihm die Streitkräfte, da die Legionen zahlenmäßig schwach und in der Treue schwankend waren. Inmitten unzuverlässiger Soldaten und heimlicher Feinde hielt er es unter den gegebenen Verhältnissen für das beste, auch seinerseits mit Verstellung und den gleichen Mitteln vorzugehen, die gegen ihn angewandt wurden. So zog er hinunter nach Colonia Agrippinensis. (3) Dorthin konnte auch Claudius Labeo fliehen, nachdem er seine Wächter bestochen hatte; daß er gefangengenommen und zu den Friesen abgeschoben worden war, haben wir berichtet.[83] Er versprach, wenn ihm eine Mannschaft beigegeben werde, zu den Batavern zu gehen und den bedeutenderen Teil des Stammes in das Bündnis mit Rom zurückzuführen. Er erhielt auch eine kleine Abteilung zu Fuß und zu Pferd, wagte aber nichts bei den Batavern, brachte nur einige Nervier und Baetasier unter die Waffen und fiel dann mehrmals eher in heimlichen Beutezügen als in offenem Krieg ins Gebiet der Canninefaten und Marsaker ein.

**57** (1) Durch der Gallier Tücke verleitet, rückte Vocula gegen den Feind aus; er war nicht mehr weit von Vetera entfernt, als Classicus und Tutor, die zum Schein als Kundschafter vorausgeritten waren, mit den Germanen einen festen Vertrag schlossen. Jetzt erst trennten sie sich von den Legionen und umgaben ihr Lager mit einem eigenen Wall, obwohl Vocula beteuerte, noch sei Roms Macht durch Bürgerkriege nicht so zerrüttet, daß auch Treverer und Lingonen sie verachten dürften. (2) Noch

sit. (2) superesse fidas provincias, victores exercitus, fortunam imperii et ultores deos. sic olim Sacrovirum et Aeduos, nuper Vindicem Galliasque singulis proeliis concidisse. eadem rursus numina, eadem fata ruptores foederum expectarent. melius divo Iulio divoque Augusto notos eorum animos: Galbam et infracta tributa hostiles spiritus induisse. nunc hostes, quia molle servitium; cum spoliati exutique fuerint, amicos fore. (3) haec ferociter locutus, postquam perstare in perfidia Classicum Tutoremque videt, verso itinere Novaesium concedit: Galli duum milium spatio distantibus campis considere. illuc commeantium centurionum militumque emebantur animi, ut (flagitium incognitum) Romanus exercitus in externa verba iurarent pignusque tanti sceleris nece aut vinculis legatorum daretur. Vocula, quamquam plerique fugam suadebant, audendum ratus vocata contione in hunc modum disseruit:

**58** (1) 'Numquam apud vos verba feci aut pro vobis sollicitior aut pro me securior. nam mihi exitium parari libens audio mortemque in tot malis [hostium], ut finem miseriarum expecto: vestri me pudet miseretque, adversus quos non proelium et acies parantur; id enim fas armorum et ius hostium est: bellum cum populo Romano vestris se manibus gesturum Classicus sperat imperiumque et sacramentum Galliarum ostentat. (2) adeo nos, si fortuna in praesens virtusque deseruit, etiam

gebe es treue Provinzen, siegreiche Heere, das Glück des Reiches und rächende Götter. So seien einst Sacrovir und die Häduer[84], jüngst erst Vindex[85] und Gallien jeweils in einer einzigen Schlacht vernichtet worden. Dasselbe Götterwalten, dasselbe Schicksal sollten die Vertragsbrecher jetzt erwarten! Besser hätten Divus Iulius und Divus Augustus ihre Gesinnung gekannt; Galba und seine Herabsetzung der Tribute habe ihnen den Geist der Feindseligkeit eingeflößt. Nun seien sie Feinde, weil das Joch milde; wenn man sie erst ausgeraubt und geplündert habe, würden sie Freunde sein. (3) Diese Worte stieß er in trotzigem Grimm hervor; als er aber Classicus und Tutor in Treulosigkeit verharren sah, ließ er kehrtmachen und zog sich nach Novaesium zurück; die Gallier lagerten in einer zwei Meilen entfernten Ebene. Dort ließen sich Zenturionen und Soldaten, die ungehindert (im feindlichen Lager) aus- und eingingen, kaufen, so daß – eine noch nie erlebte Schmach – ein römisches Heer Ausländern den Eid leistete und sich als Unterpfand für solches Verbrechen zu Mord oder Fesselung der Legaten verpflichtete. Obwohl die meisten zur Flucht rieten, glaubte Vocula, doch etwas wagen zu müssen: er berief eine Heeresversammlung ein und hielt folgende Ansprache:

**58** (1) »Noch nie, wenn ich zu euch gesprochen habe, war ich um euch mehr bekümmert und um mich weniger besorgt. Denn daß ihr es auf mein Leben abgesehen habt, höre ich gerne und erwarte den Tod in so viel Unglück als Ende aller Leiden. Euretwegen erfüllt mich Scham und Mitleid, geht man doch nicht in Schlacht und offenem Kampf gegen euch vor – denn das wäre Kriegsbrauch und Feindesrecht; nein: Krieg gegen das römische Volk mit euren Händen zu führen, das hofft Classicus und brüstet sich mit seiner Herrschaft und eurem Huldigungseid für Gallien. (2) So sehr fehlen uns, wenn uns auch für den Augenblick Glück und Tapferkeit verlassen

vetera exempla deficiunt, quotiens Romanae legiones perire praeoptaverint, ne loco pellerentur? socii saepe nostri excindi urbes suas seque cum coniugibus ac liberis cremari pertulerunt, neque aliud pretium exitus quam fides famaque. (3) tolerant cum maxime inopiam obsidiumque apud Vetera legiones nec terrore aut promissis demoventur: nobis super arma et viros et egregia castrorum munimenta frumentum et commeatus quamvis longo bello pares. pecunia nuper etiam donativo suffecit, quod sive a Vespasiano sive a Vitellio datum interpretari mavultis, ab imperatore certe Romano accepistis. (4) tot bellorum victores, apud Geldubam, apud Vetera, fuso totiens hoste, si pavetis aciem, indignum id quidem, sed est vallum murique et trahendi artes, donec e proximis provinciis auxilia exercitusque concurrant. sane ego displiceam: sunt alii legati, tribuni, centurio denique aut miles. (5) ne hoc prodigium toto terrarum orbe vulgetur, vobis satellitibus Civilem et Classicum Italiam invasuros. an, si ad moenia urbis Germani Gallique duxerint, arma patriae inferetis? horret animus tanti flagitii imagine. Tutorine Treviro agentur excubiae? signum belli Batavus dabit, et Germanorum catervas supplebitis? quis deinde sceleris exitus, cum Romanae legiones contra derexerint? transfugae e transfugis et

haben, die Beispiele aus der Vergangenheit, wie oft damals römische Legionen lieber zugrunde gehen wollten, um nur nicht von ihrem Platz vertrieben zu werden? Oft haben es unsere Bundesgenossen auf sich genommen, daß ihre Städte zerstört und sie zusammen mit Frauen und Kindern in den Flammen umkamen, keinen anderen Lohn vor Augen als den Ruhm ihrer Treue. (3) Gerade jetzt ertragen in Vetera die Legionen Not und Belagerung und lassen sich weder durch Schrecken noch durch Versprechungen erschüttern. Uns aber stehen neben Waffen, Männern und vortrefflichen Lagerbefestigungen noch Getreide und selbst für einen langen Krieg ausreichender Nachschub zur Verfügung. Geld war neulich auch für ein Ehrengeschenk vorhanden[86] – ob von Vespasianus oder Vitellius gegeben, mögt ihr nach eurem Belieben deuten, erhalten jedenfalls habt ihr es vom römischen Imperator. (4) Sieger in so vielen Schlachten – bei Gelduba, bei Vetera –, nach so vielen vernichtenden Schlägen gegen den Feind, wenn ihr nun Angst vor einem Kampf habt, so ist das zwar euer unwürdig, aber wir haben noch Wall, Mauern und Mittel, den Krieg hinzuziehen, bis aus den Nachbarprovinzen Hilfstruppen und Heere uns zu Hilfe eilen. Vielleicht bin ich es, der euch mißfällt – aber es gibt noch andere Legaten, Tribunen, ja auch einen Zenturio oder einen Soldaten. (5) Doch nie soll diese Ungeheuerlichkeit im ganzen Erdkreis bekannt werden, daß mit euch als Trabanten Civilis und Classicus in Italien einfallen werden. Oder wollt ihr denn, wenn vor die Mauern Roms euch Germanen und Gallier geführt haben, die Waffen gegen eure Vaterstadt erheben! Mich schaudert beim Gedanken an solch einen Frevel. Für den Treverer Tutor werdet ihr Wache stehen? Das Signal zur Schlacht wird der Bataver geben, und ihr werdet die Horden der Germanen auffüllen? Wie wird denn dieses Verbrechen enden, wenn römische Legionen gegen euch aufmarschieren? Über-

proditores e proditoribus inter recens et vetus sacramentum invisi deis errabitis? (6) te, Iuppiter optime maxime, quem per octingentos viginti annos tot triumphis coluimus, te, Quirine, Romanae parens urbis, precor venerorque ut, si vobis non fuit cordi me duce haec castra incorrupta et intemerata servari, at certe pollui foedarique a Tutore et Classico ne sinatis, militibus Romanis aut innocentiam detis aut maturam et sine noxa paenitentiam.'

**59** (1) Varie excepta oratio inter spem metumque ac pudorem. digressum Voculam et de supremis agitantem liberti servique prohibuere foedissimam mortem sponte praevenire. et Classicus misso Aemilio Longino, desertore primae legionis, caedem eius maturavit; Herennium et Numisium legatos vinciri satis visum. (2) dein sumptis Romani imperii insignibus in castra venit. nec illi, quamquam ad omne facinus durato, verba ultra suppeditavere, quam ut sacramentum recitaret: iuravere qui aderant pro imperio Galliarum. interfectorem Voculae altis ordinibus, ceteros, ut quisque flagitium navaverat, praemiis attollit.

(3) Divisae inde inter Tutorem et Classicum curae. Tutor valida manu circumdatos Agrippinenses quantumque militum apud superiorem Rheni ripam in eadem verba adigit, occisis Mogontiaci tribunis, pulso castrorum praefecto, qui detractaverant: Classicus corruptissimum quemque e deditis pergere ad obsessos iubet, veniam

läufer aus den Reihen von Überläufern und Verräter aus den Reihen der Verräter[87] – so wollt ihr zwischen neuem und altem Eid, den Göttern verhaßt, hin und her taumeln? (6) Dich, Iuppiter Optimus Maximus, den wir seit 820 Jahren durch so viele Triumphe verehrt haben, dich, Quirinus, Vater der Stadt Rom, flehe ich in Verehrung an: wenn es schon nicht euer Wille ist, daß unter meiner Führung dieses Lager unversehrt und unbefleckt bewahrt wird, so laßt es doch nicht schänden und entweihen – von Tutor und Classicus; den römischen Soldaten aber schenkt Schuldlosigkeit und vor schuldhafter Tat rechtzeitige Reue.«

**59** (1) Geteilte Aufnahme fand diese Rede, schwankend zwischen Hoffnung, Furcht und Scham. Als Vocula sich entfernt hatte und schon an Selbstmord dachte, hinderten ihn Freigelassene und Sklaven, dem schimpflichsten Tod durch eigene Hand zuvorzukommen. Da entsandte Classicus den Aemilius Longinus, einen Fahnenflüchtigen der 1. Legion, und ließ ihn unverzüglich ermorden; bei den Legaten Herennius und Numisius schien es ihm zu genügen, sie in Fesseln zu legen. (2) Angetan mit den Symbolen römischer Befehlsgewalt erschien er dann im Lager; und obwohl er sonst in unerbittlicher Härte zu jedem Verbrechen bereit war, reichten jetzt seine Worte nur zur Verlesung des Fahneneides. Alle Anwesenden schworen auf die Herrschaft Galliens. Den Mörder Voculas zeichnete er durch Rangerhöhung aus, die übrigen durch Belohnungen je nach ihrer Mithilfe bei der Schandtat.

(3) Dann teilten sich Tutor und Classicus die Aufgaben. Tutor nötigte die von starken Truppen eingeschlossenen Agrippinenser und alle am Oberrhein stehenden Verbände zu demselben Eid; getötet wurden dabei in Mogontiacum die Tribunen, vertrieben der Lagerpräfekt, die alle den Eid verweigert hatten. Classicus befahl nun den übelsten Elementen aus der Zahl derer, die sich

ostentantes, si praesentia sequerentur: aliter nihil spei, famem ferrumque et extrema passuros. adiecere qui missi erant exemplum suum.

**60** (1) Obsessos hinc fides, inde egestas inter decus ac flagitium distrahebant. cunctantibus solita insolitaque alimenta deerant, absumptis iumentis equisque et ceteris animalibus, quae profana foedaque in usum necessitas vertit. virgulta postremo et stirpes et internatas saxis herbas vellentes miseriarum patientiaeque documentum fuere, donec egregiam laudem fine turpi macularent, missis ad Civilem legatis vitam orantes. (2) neque ante preces admissae quam in verba Galliarum iurarent: tum pactus praedam castrorum dat custodes, qui pecuniam calones sarcinas retentarent et qui ipsos leves abeuntes prosequerentur. ad quintum ferme lapidem coorti Germani incautum agmen adgrediuntur. pugnacissimus quisque in vestigio, multi palantes occubuere: ceteri retro in castra perfugiunt, querente sane Civile et increpante Germanos tamquam fidem per scelus abrumperent. (3) simulata ea fuerint an retinere saevientes nequiverit, parum adfirmatur. direptis castris faces iniciunt, cunctosque, qui proelio superfuerant, incendium hausit.

**61** (1) Civilis barbaro voto post coepta adversus Roma-

ergeben hatten, sich zu den Belagerten zu begeben: sie sollten ihnen Gnade in Aussicht stellen, wenn sie sich in die gegenwärtige Lage fügten; andernfalls gebe es nicht die geringste Hoffnung: Hunger und Schwert, ja das Äußerste hätten sie dann zu erdulden. Dazu wiesen die Boten noch auf ihr eigenes Beispiel hin.

**60** (1) Die Belagerten ließ auf der einen Seite die Treue, auf der anderen die Notlage zwischen Ehrgefühl und schändlichem Verrat hin- und herschwanken. Während sie noch zögerten, gingen ihnen die gewöhnlichen, aber auch die ungewöhnlichen Nahrungsmittel aus: Zugtiere, Pferde und alle möglichen Tiere, unreine und ekelerregende, deren Verwendung die Not erzwang.[88] Zuletzt rissen sie Gesträuch, Wurzeln und zwischen den Steinen wachsende Pflanzen aus und boten so ein Beispiel für Ausharren im Elend, bis sie dann ihren überragenden Ruhm durch ein schimpfliches Ende befleckten: sie schickten Gesandte an Civilis und baten um ihr Leben. (2) Aber ihre Bitten wurden erst erhört, als sie den Eid auf Gallien geleistet hatten. Dann bedang er sich die Plünderung des Lagers aus und gab ihnen Wachen bei, die Geld, Pferdeknechte und Troß zurückhalten sollten; andere sollten die ohne Gepäck Abziehenden fortgeleiten. Ungefähr beim 5. Meilenstein brachen Germanen hervor und überfielen sie auf ihrem sorglosen Marsch. Wer tapfer sich zum Kampfe stellte, fiel an Ort und Stelle, viele auf der planlosen Flucht; die übrigen flohen zurück ins Lager. Tatsache ist, daß Civilis sich über die Germanen beklagte und ihnen Vorwürfe machte, weil sie durch diese Freveltat ihr Wort gebrochen hätten. (3) Ob das Heuchelei war oder ob er sie in ihrer Raserei nicht hatte zügeln können, steht nicht sicher fest. Nach der Plünderung steckten sie das Lager in Brand, und alle, die den Kampf überlebt hatten, kamen in den Flammen um.

**61** (1) Civilis hatte nach einem bei Barbaren üblichen

nos arma propexum rutilatumque crinem patrata demum caede legionum deposuit; et ferebatur parvulo filio quosdam captivorum sagittis iaculisque puerilibus figendos obtulisse. ceterum neque se neque quemquam Batavum in verba Galliarum adegit, fisus Germanorum opibus et, si certandum adversus Gallos de possessione rerum foret, inclutus fama et potior. (2) Munius Lupercus legatus legionis inter dona missus Veledae. ea virgo nationis Bructerae late imperitabat, vetere apud Germanos more, quo plerasque feminarum fatidicas et augescente superstitione arbitrantur deas. tuncque Veledae auctoritas adolevit; nam prosperas Germanis res et excidium legionum praedixerat. (3) sed Lupercus in itinere interfectus. pauci centurionum tribunorumque in Gallia geniti reservantur pignus societati. cohortium alarum legionum hiberna subversa cremataque, iis tantum relictis, quae Mogontiaci ac Vindonissae sita sunt.

**62** (1) Legio sexta decima cum auxiliis simul deditis a Novaesio in coloniam Trevirorum transgredi iubetur, praefinita die, intra quam castris excederet. medium omne tempus per varias curas egere, ignavissimus quisque caesorum apud Vetera exemplo paventes, melior pars rubore et infamia: quale illud iter? quis dux viae? et omnia in arbitrio eorum, quos vitae necisque dominos

Gelübde nach Ausbruch des Krieges gegen die Römer sich das Haupthaar lang wachsen lassen und rot gefärbt; nun erst, nach dem Blutbad unter den Legionen, schnitt er es ab. Man berichtete auch, er habe seinem kleinen Sohn einige der Gefangenen als Zielscheibe für seine Kinderpfeile und Kinderspeere überlassen. Im übrigen leistete weder er noch irgendeiner der Bataver den Eid auf Gallien; denn er vertraute auf die Macht der Germanen und, sollte es mit den Galliern zum Kampf um die Vorherrschaft kommen, auf den Ruhm seines Namens und seiner Stellung. (2) Der Legionslegat Munius Lupercus wurde neben anderen Geschenken der Veleda[89] übersandt. Diese, eine Jungfrau aus dem Stamm der Brukterer, übte einen tiefgreifenden Einfluß aus entsprechend alter Sitte bei den Germanen, nach der sie sehr viele Frauen für Prophetinnen und, bei Steigerung des Aberglaubens, für Göttinnen halten. Damals wuchs das Ansehen der Veleda; denn sie hatte den Germanen ihren Erfolg, nämlich die Vernichtung der Legionen, geweissagt. (3) Aber Lupercus wurde unterwegs getötet; nur wenige, in Gallien geborene Zenturionen und Tribunen verschonte man als Unterpfand der Bündnistreue. Die Winterlager der Kohorten, Schwadronen und Legionen wurden zerstört und verbrannt, nur die bei Mogontiacum und Vindonissa gelegenen blieben bestehen.

**62** (1) Die 16. Legion und die Hilfstruppen, die sich zusammen mit ihr ergeben hatten, erhielten Befehl, von Novaesium in die Koloniestadt der Treverer zu marschieren: der Termin für das Verlassen des Lagers war schon im voraus bestimmt worden. Die ganze Zwischenzeit verbrachten sie in mannigfachen Sorgen: die Feigsten unter ihnen voll Schrecken über das Beispiel der bei Vetera Erschlagenen, der bessere Teil in Scham und Schande versunken: »Was für ein Marsch wird das? Wer wird unterwegs Führer sein?« Und alles liege in der Willkür derer, die sie zu Herren über Leben und Tod

fecissent. alii nulla dedecoris cura pecuniam aut carissima sibimet ipsi circumdare, quidam expedire arma telisque tamquam in aciem accingi. (2) haec meditantibus advenit proficiscendi hora expectatione tristior. quippe intra vallum deformitas haud perinde notabilis: detexit ignominiam campus et dies. revulsae imperatorum imagines, inhonora signa, fulgentibus hinc inde Gallorum vexillis; silens agmen et velut longae exequiae; dux Claudius Sanctus effosso oculo dirus ore, ingenio debilior. (3) duplicatur flagitium, postquam desertis Bonnensibus castris altera se legio miscuerat. et vulgata captarum legionum fama cuncti, qui paulo ante Romanorum nomen horrebant, procurrentes ex agris tectisque et undique effusi insolito spectaculo nimium fruebantur. (4) non tulit ala Picentina gaudium insultantis vulgi, spretisque Sancti promissis aut minis Mogontiacum abeunt; ac forte obvio interfectore Voculae Longino, coniectis in eum telis initium exsolvendae in posterum culpae fecere: legiones nihil mutato itinere ante moenia Trevirorum considunt.

**63** (1) Civilis et Classicus rebus secundis sublati, an coloniam Agrippinensem diripiendam exercitibus suis permitterent dubitavere. saevitia ingenii et cupidine prae-

gemacht hätten. Die einen beluden sich, unbekümmert um die Schande, mit ihrem Geld oder dem, was ihnen sonst am teuersten war, einige holten ihre Schutzwaffen hervor[90] und gürteten die Schwerter um, als ginge es zur Schlacht. (2) Während dieser Vorbereitungen kam die Stunde des Aufbruchs – und verlief noch bedrückender, als erwartet; denn innerhalb des Lagerwalls war der klägliche Zustand nicht so sichtbar: die Schande enthüllten das freie Feld und der helle Tag. Herabgerissen waren die Bilder der Imperatoren, ohne Ehrenschmuck die Feldzeichen, während links und rechts die Standarten der Gallier glänzten; schweigend setzte sich das Heer in Marsch – wie ein langer Leichenzug. Führer war Claudius Sanctus, mit seinem ausgestochenen Auge ein gräßlicher Anblick, an Verstand noch erbärmlicher. (3) Verdoppelt wurde die Schmach, als die 2. Legion, die das Lager von Bonna verlassen hatte, sich anschloß. Und als sich die Kunde von der Gefangennahme der Legionen verbreitete, eilten alle, die kurz vorher noch vor dem bloßen Römernamen erbebten, aus ihren Feldern und Häusern herbei, von überallher kamen sie hervor und weideten sich nur allzusehr an dem ungewohnten Schauspiel. (4) Nicht ertrug die picentinische Reiterschwadron[91] die Freude der höhnenden Menge: ohne sich um die Versprechungen und Drohungen des Sanctus zu kümmern, zogen sie nach Mogontiacum ab; und als ihnen zufällig Longinus, der Mörder Voculas, in den Weg kam, schleuderten sie ihre Lanzen gegen ihn und setzten so den Anfang für die künftige Entsühnung von ihrer Schuld. Die Legionen änderten ihre Marschrichtung nicht und lagerten sich vor den Mauern der Trevererstadt.

**63** (1) In der Hochstimmung über ihre Erfolge überlegten Civilis und Classicus, ob sie die Colonia Agrippinensis ihren Heeren zur Plünderung freigeben sollten. Die Grausamkeit ihres Charakters und Beutegier drängten sie

dae ad excidium civitatis trahebantur: obstabat ratio belli et novum imperium inchoantibus utilis clementiae fama; Civilem etiam beneficii memoria flexit, quod filium eius primo rerum motu in colonia Agrippinensi deprehensum honorata custodia habuerant. (2) sed Transrhenanis gentibus invisa civitas opulentia auctuque; neque alium finem belli rebantur, quam si promisca ea sedes omnibus Germanis foret aut disiecta Ubios quoque dispersisset.

**64** (1) Igitur Tencteri, Rheno discreta gens, missis legatis mandata apud concilium Agrippinensium edi iubent, quae ferocissimus e legatis in hunc modum protulit: 'redisse vos in corpus nomenque Germaniae communibus deis et praecipuo deorum Marti grates agimus, vobisque gratulamur, quod tandem liberi inter liberos eritis; nam ad hunc diem flumina ac terram et caelum quodam modo ipsum clauserant Romani, ut conloquia congressusque nostros arcerent, vel, quod contumeliosius est viris ad arma natis, inermes ac prope nudi sub custode et pretio coiremus. (2) sed ut amicitia societasque nostra in aeternum rata sint, postulamus a vobis muros coloniae, munimenta servitii, detrahatis (etiam fera animalia, si clausa teneas, virtutis obliviscuntur), Romanos omnes in finibus vestris trucidetis (haud facile libertas et domini miscentur): bona interfectorum in medium cedant, ne quis occulere quicquam aut segregare causam suam pos-

zur Vernichtung der Stadt: dagegen sprachen kriegstaktische Überlegungen und der Gedanke, beim Neubeginn der Herrschaft aus dem Ruf der Milde Nutzen zu ziehen. Den Civilis stimmte auch die Erinnerung an eine gute Tat der Agrippinenser um, weil sie bei Ausbruch der Unruhen seinen in ihrer Stadt festgenommenen Sohn in ehrenvoller Haft gehalten hatten. (2) Aber den rechtsrheinischen Stämmen war die Stadt wegen ihres Wohlstandes und Aufschwungs verhaßt; sie glaubten, der Krieg sei erst dann zu Ende, wenn ohne Unterschied allen Germanen dieser Wohnsitz offenstünde oder dessen Zerstörung auch die Ubier überallhin zerstreue.

**64** (1) Daher schickten die Tenkterer, ein durch den Rhein von ihnen getrennter Stamm, Gesandte und verlangten, daß ihre Aufträge vor der Versammlung der Agrippinenser verkündet würden; der wildeste unter den Gesandten trug sie folgendermaßen vor: »Daß ihr zu Gemeinschaft und Namen der Germanen zurückgekehrt seid, dafür danken wir den gemeinsamen Göttern und Mars, dem obersten Gott, euch aber beglückwünschen wir, daß ihr endlich als Freie unter Freien leben könnt. Denn bis auf den heutigen Tag hatten die Römer Flüsse und Land und irgendwie sogar den Himmel selbst versperrt, so daß sie unsere Gespräche und unsere Zusammenkünfte verhindern oder, was noch schmachvoller ist für Männer, die zum Waffendienst geboren sind, daß wir nur waffenlos und beinahe nackt, unter Bewachung und nur für Geld zusammenkommen können. (2) Aber damit unsere Freundschaft, unser Bund für ewig besiegelt seien, fordern wir von euch: die Mauern der Koloniestadt, Zwingwerke eures Sklavenlebens – reißt sie nieder: auch wilde Tiere, hält man sie eingesperrt, vergessen ihren Mut; alle Römer in eurem Land – bringt sie um: nur schwer lassen sich Freiheit und Zwingherren vereinen; der Besitz der Getöteten soll Gemeingut sein, damit niemand etwas verheimlichen oder sich mit seinen Pri-

sit. (3) liceat nobis vobisque utramque ripam colere, ut olim maioribus nostris: quo modo lucem diemque omnibus hominibus, ita omnes terras fortibus viris natura aperuit. instituta cultumque patrium resumite, abruptis voluptatibus, quibus Romani plus adversus subiectos quam armis valent. sincerus et integer et servitutis oblitus populus aut ex aequo agetis aut aliis imperitabitis.'

**65** (1) Agrippinenses sumpto consultandi spatio, quando neque subire condiciones metus futuri neque palam aspernari condicio praesens sinebat, in hunc modum respondent: 'quae prima libertatis facultas data est, avidius quam cautius sumpsimus, ut vobis ceterisque Germanis, consanguineis nostris, iungeremur. muros civitatis, congregantibus se cum maxime Romanorum exercitibus, augere nobis quam diruere tutius est. (2) si qui ex Italia aut provinciis alienigenae in finibus nostris fuerant, eos bellum absumpsit vel in suas quisque sedes refugerunt. deductis olim et nobiscum per conubium sociatis quique mox provenerunt haec patria est; nec vos adeo iniquos existimamus, ut interfici a nobis parentes fratres liberos nostros velitis. (3) vectigal et onera commerciorum resolvimus: sint transitus incustoditi sed diurni et inermes, donec nova et recentia iura vetustate in consuetudinem vertuntur. arbitrum habebimus Civilem et Veledam, apud quos pacta sancientur.' (4) sic lenitis Tencteris

vatinteressen absondern kann. (3) Freistehen soll es uns und euch, wie einst unseren Vorfahren, beide Ufer zu bewohnen. Wie das Tageslicht allen Menschen, so hat alle Länder die Natur den tapferen Männern freigegeben. Nehmt wieder Bräuche und Lebensgewohnheit der Väter an, reißt euch los vom Genußleben, durch das die Römer mehr Macht über die Unterworfenen ausüben als durch ihre Waffen[92]. Ein echtes, unverdorbenes Volk, das die Knechtschaft vergessen hat, werdet ihr entweder anderen gleichberechtigt sein oder über andere gebieten.«

**65** (1) Die Agrippinenser nahmen sich Bedenkzeit; und da die Bedingungen anzunehmen die Furcht vor der Zukunft, sie rundweg abzulehnen ihre gegenwärtige Lage nicht zuließ, antworteten sie folgendermaßen: »Die erste Gelegenheit zur Freiheit, die sich uns bot, haben wir mit mehr Leidenschaft als Vorsicht ergriffen, um uns mit euch und den übrigen Germanen zu vereinen. Die Mauern unserer Stadt in Zeiten, da sich eben jetzt römische Heere zusammenballen, zu verstärken ist sicherer, als sie einzureißen. (2) Die wenigen Fremdlinge aus Italien und den Provinzen, die in unserem Land gelebt hatten, sie alle hat der Krieg hinweggerafft – sofern nicht jeder in seine Heimat zurückgeflohen ist. Den Siedlern, die einst hierher geführt worden waren[93] und nun mit uns in Ehegemeinschaft leben, sowie deren Nachkommen bedeutet das alles hier Vaterland. Wir halten euch nicht für so ungerecht, daß ihr von uns verlangt, unsere Eltern, Geschwister und Kinder zu töten. (3) Zoll und Belastungen des Handelsverkehrs heben wir auf; überschreiten sollt ihr den Rhein, ohne bewacht zu werden, aber nur bei Tag und ohne Waffen, bis sich der ungewohnte und neue Rechtszustand im Laufe der Jahre zur Gewohnheit gewandelt hat. Als Schiedsrichter werden wir Civilis und Veleda haben, von denen unsere Abmachungen bestätigt werden sollen.« (4) Als sie mit solchen Worten die Tenkterer besänftigt hatten, wurden

legati ad Civilem ac Veledam missi cum donis cuncta ex voluntate Agrippinensium perpetravere; sed coram adire adloquique Veledam negatum: arcebantur aspectu, quo venerationis plus inesset. ipsa edita in turre; delectus e propinquis consulta responsaque ut internuntius numinis portabat.

**66** (1) Civilis societate Agrippinensium auctus proximas civitates adfectare aut adversantibus bellum inferre statuit. occupatisque Sunucis et iuventute eorum per cohortes composita, quo minus ultra pergeret, Claudius Labeo Baetasiorum Tungrorumque et Nerviorum tumultuaria manu restitit, fretus loco, quia pontem Mosae fluminis anteceperat. (2) pugnabaturque in angustiis ambigue, donec Germani transnatantes terga Labeonis invasere; simul Civilis, ausus an ex composito, intulit se agmini Tungrorum, et clara voce 'non ideo' inquit 'bellum sumpsimus, ut Batavi et Treviri gentibus imperent: procul haec a nobis adrogantia. accipite societatem: transgredior ad vos, seu me ducem seu militem mavultis.' (3) movebatur vulgus condebantque gladios, cum Campanus ac Iuvenalis e primoribus Tungrorum universam ei gentem dedidere; Labeo antequam circumveniretur profugit. Civilis Baetasios quoque ac Nervios in fidem acceptos copiis suis adiunxit, ingens rerum, perculsis civitatum animis vel sponte inclinantibus.

Gesandte mit Geschenken zu Civilis und Veleda geschickt; sie konnten alles nach den Wünschen der Agrippinenser durchsetzen; persönlich Veleda aufzusuchen und sie anzusprechen wurde ihnen untersagt: man verwehrte ihnen ihren Anblick, damit ihre Erhabenheit noch gesteigert werde. Sie wohnte in einem hohen Turm. Ein Auserwählter aus dem Kreis ihrer Verwandten überbrachte Fragen und Antworten wie eine Mittelsperson der Gottheit.

**66** (1) Durch das Bündnis mit den Agrippinensern gestärkt, beschloß Civilis, die Nachbarstämme auf seine Seite zu ziehen oder, falls sie sich weigerten, gegen sie Krieg zu führen. Das Gebiet der Sunuken hatte er schon besetzt und ihre Jungmannschaft nach Kohorten eingeteilt. Seinem weiteren Vordringen trat Claudius Labeo mit einer eilig aufgebotenen Schar von Baetasiern, Tungrern und Nerviern entgegen, voll Vertrauen auf die von ihm bezogene Stellung: hatte er doch vor Civilis die Brücke über die Mosa besetzt. (2) Der Kampf auf dieser Wegenge blieb unentschieden, bis die Germanen hinüberschwammen und Labeo im Rücken angriffen; zugleich stürzte sich Civilis – aus Wagemut oder Berechnung – mitten in die Schar der Tungrer und rief mit klarer Stimme: »Nicht deshalb haben wir den Krieg begonnen, daß Bataver und Treverer über andere Stämme herrschen. Fern liegt uns diese Anmaßung. Nehmt das Bündnis an! Ich trete an eure Seite, ob ihr mich als Soldaten oder Führer haben wollt!«[94] (3) Davon ließ sich die Menge beeindrucken, und schon steckten sie die Schwerter ein, als Campanus und Iuvenalis, zwei Häuptlinge der Tungrer, ihm den gesamten Stamm übergaben. Labeo konnte, bevor er umzingelt wurde, entfliehen. Civilis nahm auch die Unterwerfung der Baetasier und Nervier an und reihte sie in sein Heer ein: gewaltig war nun seine Macht, in Schrecken versetzt die Stämme oder zum freiwilligen Anschluß geneigt.

**67** (1) Interea Iulius Sabinus proiectis foederis Romani monumentis Caesarem se salutari iubet magnamque et inconditam popularium turbam in Sequanos rapit, conterminam civitatem et nobis fidam; nec Sequani detractavere certamen. fortuna melioribus adfuit: fusi Lingones. Sabinus festinatum temere proelium pari formidine deseruit; utque famam exitii sui faceret, villam, in quam perfugerat, cremavit, illic voluntaria morte interisse creditus. (2) sed quibus artibus latebrisque vitam per novem mox annos traduxerit, simul amicorum eius constantiam et insigne Epponinae uxoris exemplum suo loco reddemus. Sequanorum prospera acie belli impetus stetit. resipiscere paulatim civitates fasque et foedera respicere, principibus Remis, qui per Gallias edixere, ut missis legatis in commune consultarent, libertas an pax placeret.

**68** (1) At Romae cuncta in deterius audita Mucianum angebant, ne quamquam egregii duces (iam enim Gallum Annium et Petilium Cerialem delegerat) summam belli parum tolerarent. nec relinquenda urbs sine rectore; et Domitiani indomitae libidines timebantur, suspectis, uti diximus, Primo Antonio Varoque Arrio. (2) Varus praetorianis praepositus vim atque arma retinebat: eum

**67** (1) Inzwischen hatte Iulius Sabinus alle Denkmäler des Bündnisses mit Rom umstürzen lassen und befahl, daß man ihn als Caesar begrüße; eine große, ungeordnete Schar seiner Stammesgenossen führte er hastig ins Gebiet der Sequaner, eines benachbarten, uns treu gebliebenen Stammes. Die Sequaner entzogen sich nicht dem Kampf – und das Glück war auf der Seite der Besseren: die Lingonen wurden geschlagen. Ebenso groß wie die blinde Hast, mit der Sabinus den Kampf begonnen hatte, war seine Angst, in der er sich davonmachte; und um das Gerücht von seinem Ende zu bekräftigen, ließ er das Gehöft, in das er geflohen war, anzünden; und wirklich glaubte man, er habe dort Selbstmord begangen. (2) Aber mit welchen Listen und in welchen Verstecken er die folgenden neun Jahre sein Leben gefristet hat, außerdem von der standhaften Treue seiner Freunde und dem leuchtenden Beispiel seiner Gattin Epponina, von alledem werde ich an der entsprechenden Stelle berichten.[95] Durch die erfolgreiche Schlacht der Sequaner kam der Kriegssturm zum Stehen. Allmählich besannen sich die Stämme und achteten Recht und Verträge – allen voran die Remer, die in ganz Gallien verkünden ließen, man solle Gesandte ausschicken und gemeinsam beraten, ob Freiheit oder Frieden vorzuziehen seien.

**68** (1) Aber da in Rom alles noch schrecklicher klang, bedrückte den Mucianus die Sorge, es könnten auch noch so ausgezeichnete Heerführer – schon hatte er nämlich Gallus Annius und Petilius Cerialis dazu bestimmt – der Gesamtführung des Krieges nicht hinreichend gewachsen sein. Auch durfte man die Hauptstadt nicht ohne Aufsicht lassen. Zudem hatte man immer mehr Angst vor den zügellosen Begierden Domitians, während dem Primus Antonius und dem Varus Arrius, wie erwähnt,[96] nicht zu trauen war. (2) Varus, mit dem Befehl über die Prätorianer betraut, verfügte noch immer über gewaltige Waffenmacht. Ihn enthob Mucianus sei-

Mucianus pulsum loco, ne sine solacio ageret, annonae praefecit. utque Domitiani animum Varo haud alienum deleniret, Arrecinum Clementem, domui Vespasiani per adfinitatem innexum et gratissimum Domitiano, praetorianis praeposuit, patrem eius sub C. Caesare egregie functum ea cura dictitans, laetum militibus idem nomen, atque ipsum, quamquam senatorii ordinis, ad utraque munia sufficere. (3) adsumuntur e civitate clarissimus quisque et alii per ambitionem. simul Domitianus Mucianusque accingebantur, dispari animo, ille spe ac iuventa properus, hic moras nectens, quis flagrantem retineret, ne ferocia aetatis et pravis impulsoribus, si exercitum invasisset, paci belloque male consuleret. (4) legiones victrices, octava, undecima, decima tertia, Vitellianarum unaetvicensima, e recens conscriptis secunda Poeninis Cottianisque Alpibus, pars monte Graio traducuntur; quarta decima legio e Britannia, sexta ac prima ex Hispania accitae.

(5) Igitur venientis exercitus fama et suopte ingenio ad mitiora inclinantes Galliarum civitates in Remos convenere. Trevirorum legatio illic opperiebatur, acerrimo instinctore belli Iulio Valentino. is meditata oratione cuncta magnis imperiis obiectari solita contumeliasque et invidiam in populum Romanum effudit, turbidus

nes Amtes, und damit er nicht ohne Ausgleich bleibe, übertrug er ihm die Aufsicht über die Getreideversorgung.[97] Um aber Domitianus, der dem Varus sehr zugetan war, zu beschwichtigen, betraute er den Arrecinus Clemens, der mit dem Haus Vespasians verschwägert und bei Domitianus sehr beliebt war, mit dem Kommando über die Prätorianer; dabei erklärte er, daß dessen Vater unter Gaius Caesar diesen Posten ausgezeichnet versehen habe, derselbe Name von den Soldaten freudig vernommen werde und er selbst, wiewohl Mitglied des Senates, für beide Aufgaben geeignet sei.[98] (3) (Als Begleiter nach Gallien) wurden die vornehmsten Mitglieder der Bürgerschaft mitgenommen, andere folgten aus Ehrgeiz. Gleichzeitig rüsteten sich Domitianus und Mucianus zur Reise, beide in verschiedener Stimmung: jener von Hoffnung und Jugend zu übereilter Hast getrieben, dieser bemüht, Gründe für einen Aufschub zu finden, womit er den Wirrkopf zurückhalten könnte, damit er nicht in jugendlichem Ungestüm und beeinflußt von üblen Ratgebern, wenn er einmal das Heer an sich gerissen habe, für Frieden und Krieg verhängnisvolle Maßnahmen treffe. (4) Von den siegreichen Legionen wurden die 8., die 11. und die 23., von den vitellianischen die 21., von den unlängst ausgehobenen die 2. über die Pöninischen und Cottischen Alpen geführt, ein Teil über das Graius-Gebirge.[99] Die 14. Legion wurde aus Britannien, die 6. und die 1. aus Spanien herbeibefohlen.

(5) Daher kamen, auf die Kunde vom Herannahen des Heeres und weil sie auf Grund ihres Charakters zu milderem Verhalten neigen, die gallischen Stämme im Gebiet der Remer zusammen. Dort wartete schon eine Gesandtschaft der Treverer unter Iulius Valentinus, dem schärfsten Kriegstreiber. In einer wohlvorbereiteten Rede schleuderte er alle gegen große Reiche üblichen Vorwürfe, Schmähungen und Haßausbrüche dem römischen Volk entgegen, ein unruhiger Kopf, geeignet, überall

miscendis seditionibus et plerisque gratus vaecordi facundia.

**69** (1) At Iulius Auspex e primoribus Remorum, vim Romanam pacisque bona dissertans et sumi bellum etiam ab ignavis, strenuissimi cuiusque periculo geri, iamque super caput legiones, sapientissimum quemque reverentia fideque, iuniores periculo ac metu continuit: et Valentini animum laudabant, consilium Auspicis sequebantur. (2) constat obstitisse Treviris Lingonibusque apud Gallias, quod Vindicis motu cum Verginio steterant. deterruit plerosque provinciarum aemulatio: quod bello caput? unde ius auspiciumque peteretur? quam, si cuncta provenissent, sedem imperio legerent? (3) nondum victoria, iam discordia erat, aliis foedera, quibusdam opes viresque aut vetustatem originis per iurgia iactantibus: taedio futurorum praesentia placuere. scribuntur ad Treviros epistulae nomine Galliarum, ut abstinerent armis, impetrabili venia et paratis deprecatoribus, si paeniteret: restitit idem Valentinus obstruxitque civitatis suae aures, haud perinde instruendo bello intentus quam frequens contionibus.

**70** (1) Igitur non Treviri neque Lingones ceteraeve rebellium civitates pro magnitudine suscepti discriminis agere;

Aufruhr zu entfachen, und bei den meisten beliebt wegen seiner wahnbesessenen Beredsamkeit.

69 (1) Aber Iulius Auspex, einer der Häuptlinge der Remer, sprach von der Macht Roms und den Vorteilen des Friedens und davon, daß ein Krieg auch von Feiglingen begonnen, aber nur durch gefahrvollen Wagemut gerade der Tatkräftigsten geführt werde, und schon drohten über ihren Häuptern die Legionen: so hielt er die einsichtigen Leute in Schranken durch den Appell an ihr Ehrgefühl und ihre Treue, die jüngeren durch den Hinweis auf die Gefahr und ihre eigene Furcht – und so lobten sie des Valentinus Verwegenheit, dem Rat des Auspex aber folgten sie. (2) Ganz offensichtlich schadete es den Treverern und Lingonen in den Augen der Gallier, daß sie beim Aufstand des Vindex auf der Seite des Verginius gestanden waren. Sehr viele schreckte auch die Eifersucht der Provinzen ab: wer sollte das Haupt des Krieges sein? Woher sollten sie Rechtsnachweis und Götterspruch einholen?[100] Welchen Ort sollte man, wenn alles glücklich ausgegangen sei, als Sitz für die Herrschaft auswählen? (3) Noch gab es keinen Sieg, schon aber Streit: wobei die einen mit Bündnissen, einige mit Reichtum und Macht oder Alter der Abstammung im Wortgezänk prahlten: Aus Verdruß über Künftiges begnügte man sich mit dem gegenwärtigen Zustand. Man schrieb an die Treverer Briefe im Namen der gallischen Stämme, sie sollten die Waffen niederlegen – erreichbar sei Verzeihung und bereit stünden Fürsprecher, wenn sie nur bereuten. Wiederum war es Valentinus, der Einspruch erhob und die Ohren seiner Stammesgenossen taub machte, weniger darauf versessen, einen Krieg zu organisieren, als in Versammlungen den Vielredner zu spielen.

70 (1) Daher handelten weder Treverer noch Lingonen oder die übrigen aufständischen Stämme entsprechend der Größe des gefahrvollen Unternehmens, nicht einmal

ne duces quidem in unum consulere, sed Civilis avia Belgarum circumibat, dum Claudium Labeonem capere aut exturbare nititur; Classicus segne plerumque otium trahens velut parto imperio fruebatur; ne Tutor quidem maturavit superiorem Germaniae ripam et ardua Alpium praesidiis claudere. (2) atque interim unaetvicensima legio Vindonissa, Sextilius Felix cum auxiliariis cohortibus per Raetiam inrupere; accessit ala Singularium excita olim a Vitellio, deinde in partes Vespasiani transgressa. praeerat Iulius Briganticus sorore Civilis genitus, ut ferme acerrima proximorum odia sunt, invisus avunculo infensusque. (3) Tutor Trevirorum copias recenti Vangionum, Caeracatium, Tribocorum dilectu auctas veterano pedite atque equite firmavit, corruptis spe aut metu subactis legionariis; qui primo cohortem praemissam a Sextilio Felice interficiunt, mox ubi duces exercitusque Romanus propinquabant, honesto transfugio rediere, secutis Tribocis Vangionibusque et Caeracatibus. (4) Tutor Treviris comitantibus, vitato Mogontiaco, Bingium concessit, fidens loco, quia pontem Navae fluminis abruperat, sed incursu cohortium, quas Sextilius ducebat, et reperto vado proditus fususque. ea clade perculsi Treviri, et plebes omissis armis per agros palatur: quidam

die Führer berieten über ein gemeinsames Vorgehen, sondern Civilis zog in den unwegsamen Landstrichen Belgiens umher im Bemühen, Claudius Labeo gefangenzunehmen oder zu vertreiben; Classicus verbrachte die meiste Zeit in trägem Nichtstun und genoß die Herrschaft, als hätte er sie schon errungen; auch Tutor beeilte sich nicht, das germanische Oberrhein-Ufer und die Alpenhöhen durch Truppen zu sperren. (2) Inzwischen konnten die 21. Legion von Vindonissa her, Sextilius Felix[101] mit den Auxiliarkohorten auf dem Weg durch Rätien eindringen. Zu ihnen stieß eine Eliteschwadron von Singularen,[102] die einst von Vitellius aufgeboten und dann zur Partei Vespasians übergetreten war. Ihr Kommandant war Iulius Briganticus, ein Schwestersohn des Civilis – und wie in der Regel Haß unter nächsten Verwandten am erbittertsten ist, war er seinem Onkel verhaßt und ihm feindlich gesinnt. (3) Tutor verstärkte die unlängst durch eine Aushebung aus Vangionen, Caerakaten und Tribokern vermehrten Truppen mit altgedienten Mannschaften zu Fuß und zu Pferd, wobei er die Legionssoldaten durch Versprechungen verleitete oder durch Drohungen einschüchterte. Diese vernichteten zunächst eine von Sextilius Felix ausgeschickte Kohorte, kurz darauf, als die Heerführer mit dem römischen Heer heranrückten, liefen sie wieder in »ehrenhaftem Frontwechsel« zu uns über; ihnen folgten Triboker, Vangionen und Caerakaten. (4) Tutor zog sich, begleitet von den Treverern, ohne Mogontiacum zu berühren, nach Bingium zurück; auf seine Stellung dort vertraute er, weil er vorher die Brücke über die Nava hatte abreißen lassen. Aber als die von Sextilius geführten Kohorten herandrängten und man auch eine Furt entdeckt hatte, sah er sich verraten und wurde in die Flucht getrieben. Diese Niederlage jagte den Treverern Schrecken ein: das Kriegsvolk warf die Waffen weg und verstreute sich über das offene Land. Einige Häuptlinge flohen, um den An-

principipum, ut primi posuisse bellum viderentur, in civitates, quae societatem Romanam non exuerant, perfugere. (5) legiones a Novaesio Bonnaque in Treviros, ut supra memoravimus, traductae se ipsae in verba Vespasiani adigunt. haec Valentino absente gesta; qui ubi adventabat furens cunctaque rursus in turbas et exitium conversurus, legiones in Mediomatricos, sociam civitatem, abscessere: Valentinus ac Tutor in arma Treviros retrahunt, occisis Herennio ac Numisio legatis, quo minore spe veniae cresceret vinculum sceleris.

**71** (1) Hic belli status erat, cum Petilius Cerialis Mogontiacum venit. eius adventu erectae spes; ipse pugnae avidus et contemnendis quam cavendis hostibus melior, ferocia verborum militem incendebat, ubi primum congredi licuisset, nullam proelio moram facturus. (2) dilectus per Galliam habitos in civitates remittit ac nuntiare iubet sufficere imperio legiones: socii ad munia pacis redirent securi velut confecto bello, quod Romanae manus excepissent. auxit ea res Gallorum obsequium: nam recepta iuventute facilius tributa toleravere, proniores ad officia, quod spernebantur. (3) at Civilis et Classicus, ubi pulsum Tutorem, caesos Treviros, cuncta hostibus prospera accepere, trepidi ac properantes, dum dispersas suorum copias conducunt, crebris interim nuntiis

schein zu erwecken, als erste den Krieg aufgegeben zu haben, zu Stämmen, die das Bündnis mit Rom nicht gelöst hatten. (5) Die Legionen, welche, wie vorher erwähnt, von Novaesium und Bonna zu den Treverern geführt worden waren, vereidigten sich selbst auf Vespasianus. Das geschah in Abwesenheit des Valentinus. Als dieser dazukam, wutschnaubend und entschlossen, alles von neuem in Aufruhr und Verderben zu stürzen, zogen die Legionen zu den Mediomatrikern, einem verbündeten Stamm. Valentinus und Tutor zwangen die Treverer wieder zu den Waffen; die Legaten Herennius und Numisius hatten sie ermordet: so sollten mit dem Schwinden der Hoffnung auf Gnade die Bande des Verbrechens sie fester umschließen.

**71** (1) Das war die Kriegslage, als Petilius Cerialis nach Mogontiacum kam. Seine Ankunft weckte neue Hoffnungen; voll Verlangen nach einer Schlacht und eher geneigt, die Feinde geringzuschätzen, als sich vor ihnen in acht zu nehmen, entflammte er die Soldaten durch eine wild-trotzige Rede, entschlossen, sobald ein Waffengang nur möglich sei, mit der Schlacht nicht zu zögern. (2) Die in ganz Gallien ausgehobenen Mannschaften schickte er zu ihren Stämmen zurück und befahl ihnen, dort zu melden, zur Sicherung der Herrschaft genügten die Legionen: die Bundesgenossen sollten zu den Aufgaben des Friedens zurückkehren, unbesorgt, da der Krieg so gut wie beendet sei, den nun Römer in die Hand genommen hätten. Das alles stärkte bei den Galliern die Bereitschaft zu Gehorsam; denn da sie ihre Jungmannschaft zurückerhalten hatten, ertrugen sie leichter die Tributabgaben und waren geneigter zu Dienstleistungen, weil man auf sie keinen Wert legte. (3) Aber den Civilis und den Classicus trieb die Nachricht von der Niederlage Tutors, der Vernichtung der Treverer und der in allem günstigen Lage der Feinde zu ängstlicher Hast: während sie ihre verstreuten Truppen zusammenzogen, warnten

Valentinum monuere, ne summae rei periculum faceret. (4) eo rapidius Cerialis, missis in Mediomatricos, qui breviore itinere legiones in hostem verterent, contracto quod erat militum Mogontiaci quantumque secum transvexerat, tertiis castris Rigodulum venit, quem locum magna Trevirorum manu Valentinus insederat, montibus aut Mosella amne saeptum; et addiderat fossas obicesque saxorum. (5) nec deterruere ea munimenta Romanum ducem, quo minus peditem perrumpere iuberet, equitum aciem in collem erigeret, spreto hoste, quem temere collectum haud ita loco iuvari, ut non plus suis in virtute foret. paulum morae in adscensu, dum missilia hostium praevehuntur: ut ventum in manus, deturbati ruinae modo praecipitantur. et pars equitum aequioribus iugis circumvecta nobilissimos Belgarum, in quis ducem Valentinum, cepit.

**72** (1) Cerialis postero die coloniam Trevirorum ingressus est, avido milite eruendae civitatis. hanc esse Classici, hanc Tutoris patriam; horum scelere clausas caesasque legiones. quid tantum Cremonam meruisse? quam e gremio Italiae raptam, quia unius noctis moram victoribus attulerit. stare in confinio Germaniae integram sedem spoliis exercituum et ducum caedibus ovantem.

sie inzwischen durch zahlreiche Boten den Valentinus davor, ihr ganzes Unternehmen in Gefahr zu bringen. (4) Um so rascher handelte Cerialis: zu den Mediomatrikern schickte er Leute, die auf kürzerem Weg die Legionen gegen den Feind führen sollten; er zog zusammen, was an Truppen in Mogontiacum war, und die Verbände, die er selbst herangeführt hatte; am dritten Tag kam er nach Rigodulum. Mit einer großen Schar von Treverern hatte Valentinus diesen Ort besetzt, der von Bergen und der Mosella geschützt war; außerdem hatte er noch Gräben und Steinbarrikaden angelegt. (5) Aber diese Befestigungsanlagen schreckten den römischen Feldherrn nicht davon ab, dem Fußvolk den Durchbruch zu befehlen, die Reiterstreitmacht den Hügel hinaufführen zu lassen; vom Feind hielt er wenig: denn diesem eilig zusammengezogenen Haufen würde das Gelände nicht so sehr Vorteil bieten, daß nicht mehr Durchschlagskraft in der Tapferkeit seiner Soldaten läge. Eine kurze Verzögerung gab es beim Aufstieg, während die Reiter vor der Schußlinie der Feinde entlangritten. Sobald es dann zum Handgemenge kam, wurden diese aus ihrer Stellung vertrieben und wie bei einem Hauseinsturz hinabgeworfen. Ein Teil der Reiter, der auf einem flacheren Berghang um den Ort herumgeritten war, nahm die Vornehmsten der Belger, darunter ihren Führer Valentinus, gefangen.

**72** (1) Cerialis rückte am folgenden Tag in die Koloniestadt der Treverer[103] ein; das Kriegsvolk brannte darauf, die Stadt zu zerstören. Das sei die Heimat des Classicus, die Heimat Tutors: ihr Verbrechen sei schuld an Einschließung und Vernichtung der römischen Legionen. Was habe denn Cremona Großes verbrochen? Jene Stadt sei aus dem Schoß Italiens gerissen worden, nur weil sie die Sieger eine einzige Nacht aufgehalten habe.[104] Aber im Grenzgebiet zu Germanien stehe unversehrt dieser Ort – triumphierend über die unseren Heeren geraubten Waffen und den Mord an den Heerführern. Die Beute

redigeretur praeda in fiscum: ipsis sufficere ignes et rebellis coloniae ruinas, quibus tot castrorum excidia pensarentur. (2) Cerialis metu infamiae, si licentia saevitiaque imbuere militem crederetur, pressit iras: et paruere, posito civium bello ad externa modestiores. convertit inde animos accitarum e Mediomatricis legionum miserabilis aspectus. (3) stabant conscientia flagitii maestae, fixis in terram oculis: nulla inter coeuntes exercitus consalutatio; neque solantibus hortantibusve responsa dabant, abditi per tentoria et lucem ipsam vitantes. nec proinde periculum aut metus quam pudor ac dedecus obstupefecerat, attonitis etiam victoribus, qui vocem precesque adhibere non ausi lacrimis ac silentio veniam poscebant, donec Cerialis mulceret animos, fato acta dictitans, quae militum ducumque discordia vel fraude hostium evenissent. primum illum stipendiorum et sacramenti diem haberent: (4) priorum facinorum neque imperatorem neque se meminisse. tunc recepti in eadem castra, et edictum per manipulos, ne quis in certamine iurgiove seditionem aut cladem commilitoni obiectaret.

73 (1) Mox Treviros ac Lingonas ad contionem vocatos ita adloquitur: ‘neque ego umquam facundiam exercui, et populi Romani virtutem armis adfirmavi: sed quoniam apud vos verba plurimum valent bonaque ac mala non

möge dem Fiskus[105] zufließen, ihnen genügten Brand und Trümmer der rebellischen Koloniestadt: dadurch würde die Vernichtung so vieler Legionslager aufgewogen. (2) Aus Furcht vor übler Nachrede, wenn man nämlich von ihm glaube, er gewöhne seine Soldaten an Zügellosigkeit und Grausamkeit, unterdrückte Cerialis ihre Wutausbrüche – und sie gehorchten, denn nach dem Ende des Bürgerkrieges bewiesen sie auch gegen den äußeren Feind mehr Disziplin. Nun zog auch der beklagenswerte Anblick der vom Mediomatrikerland herbeigerufenen Legionen ihre Aufmerksamkeit an. (3) Diese standen da, vom Wissen um ihr schändliches Verhalten bedrückt, die Augen zu Boden gesenkt: keine Begrüßung zwischen den Heeren beim Zusammentreffen; auf Trost- und Ermunterungsworte gaben sie keine Antwort – verkrochen in die Zelte, scheuten sie sogar das Tageslicht. Nicht so sehr die Gefahr oder die Furcht, sondern Scham und Schande hatten sie verstummen lassen; erschüttert waren auch die Sieger, die ihre Stimme zu Bitten nicht zu erheben wagten, nur unter Tränen in Schweigen um Gnade baten. Schließlich besänftigte sie Cerialis: Schicksalswerk, so erklärte er, sei alles, was durch Zwietracht unter Soldaten und Heerführern oder durch Verrat der Feinde geschehen sei. (4) Jenen Tag sollten sie als den ersten ihrer Dienstzeit und ihres Eides betrachten – an ihre früheren Taten wollten weder der Imperator noch er selbst denken. Dann wurden sie im selben Lager aufgenommen, und alle Manipel erhielten die Weisung, niemand dürfe in Streit oder Wortwechsel seinem Kameraden Aufruhr oder Niederlage vorwerfen.

**73** (1) Dann berief er die Treverer und Lingonen zu einer Versammlung und sprach sie folgendermaßen an: »Ich für meine Person habe mich nie mit der Beredsamkeit abgegeben, und für den Mannesmut des römischen Volkes habe ich durch Waffentaten den Beweis geliefert. Aber da bei euch Worte am meisten wirken und Gut und

sua natura, sed vocibus seditiosorum aestimantur, statui pauca disserere, quae profligato bello utilius sit vobis audisse quam nobis dixisse. (2) terram vestram ceterorumque Gallorum ingressi sunt duces imperatoresque Romani nulla cupidine, sed maioribus vestris invocantibus, quos discordiae usque ad exitium fatigabant, et acciti auxilio Germani sociis pariter atque hostibus servitutem imposuerant. quot proeliis adversus Cimbros Teutonosque, quantis exercituum nostrorum laboribus quove eventu Germanica bella tractaverimus, satis clarum. nec ideo Rhenum insedimus, ut Italiam tueremur, sed ne quis alius Ariovistus regno Galliarum potiretur. (3) an vos cariores Civili Batavisque et transrhenanis gentibus creditis quam maioribus eorum patres avique vestri fuerunt? eadem semper causa Germanis transcendendi in Gallias, libido atque avaritia et mutandae sedis amor, ut relictis paludibus et solitudinibus suis fecundissimum hoc solum vosque ipsos possiderent: ceterum libertas et speciosa nomina praetexuntur; nec quisquam alienum servitium et dominationem sibi concupivit, ut non eadem ista vocabula usurparet.'

**74** (1) 'Regna bellaque per Gallias semper fuere, donec in nostrum ius concederetis. nos, quamquam totiens lacessiti, iure victoriae id solum vobis addidimus, quo pacem tueremur; nam neque quies gentium sine armis neque

Böse nicht nach seinem Wesen, sondern nach den Reden von Aufrührern gemessen werden, habe ich mich entschlossen, kurz darzulegen, was jetzt, da der Krieg niedergeschlagen ist, für euch zu hören nützlicher ist als für mich, es zu sagen. (2) Euer Land und das der übrigen Gallier haben römische Feldherrn und Imperatoren betreten, nicht aus Eigennutz, sondern auf Hilfegesuch eurer Vorfahren, die innerer Hader bis an den Rand des Untergangs trieb, während die zu Hilfe gerufenen Germanen ihren Bundesgenossen so, als wären sie Feinde, das Joch der Knechtschaft auferlegt hatten. In wie vielen Schlachten wir gegen Kimbern und Teutonen gekämpft, unter welchen Strapazen für unsere Heere und mit welchem Erfolg wir die Kriege gegen Germanien geführt haben, ist hinlänglich bekannt. Und nicht deshalb haben wir den Rhein besetzt, um Italien zu schützen, sondern damit kein zweiter Ariovist die Zwingherrschaft über Gallien an sich reiße. (3) Oder glaubt ihr etwa, dem Civilis und seinen Batavern sowie den rechtsrheinischen Germanen teurer zu sein, als es ihren Vorfahren eure Väter und Großväter gewesen sind? Die Germanen haben immer die gleiche Ursache, nach Gallien herüberzukommen: Willkür, Habsucht und Lust, ihre Wohnsitze zu wechseln, um ihre Sümpfe und Einöden zu verlassen und diesen so fruchtbaren Boden und damit euch selbst in Besitz zu nehmen: allerdings, Freiheit und andere prächtige Namen dienen als Vorwand: denn noch nie hat jemand anderer Völker Knechtung und Herrschaft für sich angestrebt, ohne gerade jene Worte zu gebrauchen.

**74** (1) Zwingherrschaften und Kriege hat es in Gallien immer gegeben, bis ihr unserer Rechtsordnung beigetreten seid; wir haben, obgleich so oft herausgefordert, euch nach Siegesrecht nur das auferlegt, womit wir den Frieden schützen können; denn Ruhe unter den Völkern kann man nicht ohne Waffen haben, Waffen nicht ohne

arma sine stipendiis neque stipendia sine tributis haberi queunt: cetera in communi sita sunt. ipsi plerumque legionibus nostris praesidetis, ipsi has aliasque provincias regitis; nihil separatum clausumve. (2) et laudatorum principum usus ex aequo quamvis procul agentibus: saevi proximis ingruunt. quo modo sterilitatem aut nimios imbres et cetera naturae mala, ita luxum vel avaritiam dominantium tolerate. vitia erunt, donec homines, sed neque haec continua et meliorum interventu pensantur: nisi forte Tutore et Classico regnantibus moderatius imperium speratis, aut minoribus quam nunc tributis parabuntur exercitus, quibus Germani Britannique arceantur. (3) nam pulsis, quod di prohibeant, Romanis quid aliud quam bella omnium inter se gentium existent? octingentorum annorum fortuna disciplinaque compages haec coaluit, quae convelli sine exitio convellentium non potest: sed vobis maximum discrimen, penes quos aurum et opes, praecipuae bellorum causae. (4) proinde pacem et urbem, quam victi victoresque eodem iure obtinemus, amate colite: moneant vos utriusque fortunae documenta, ne contumaciam cum pernicie quam obsequium cum securitate malitis.' tali oratione graviora metuentes composuit erexitque.

**75** (1) Tenebantur victore exercitu Treviri, cum Civilis et Classicus misere ad Cerialem epistulas, quarum haec sententia fuit: Vespasianum, quamquam nuntios occulta-

Sold, Sold nicht ohne Tribute; alles übrige habt ihr mit uns gemeinsam. Ihr selbst kommandiert in vielen Fällen unsere Legionen, ihr selbst verwaltet diese und andere Provinzen;[106] nichts ist euch vorenthalten oder versperrt. (2) Und von lobenswerten Fürsten habt ihr in gleicher Weise Nutzen, obwohl ihr so weit entfernt lebt; die grausamen Herrscher fallen über ihre nächste Umgebung her. Wie Dürre, übermäßige Regenfälle und andere Naturkatastrophen, so ertragt auch Ausschweifung und Habgier der Herrschenden. Laster wird es geben, solange Menschen leben – aber sie sind kein Dauerzustand und werden durch das Dazwischentreten besserer Zeiten aufgewogen, es sei denn, ihr erhofft unter den Despoten Civilis und Classicus eine mildere Herrschaft, oder daß mit geringeren Abgaben als jetzt Heere aufgestellt werden, mit denen man Germanen und Britannen abwehren kann. (3) Denn sollten, was die Götter verhindern mögen, die Römer aus dem Land getrieben werden, was wird dann anderes entstehen als Kriege aller Völker gegeneinander? Im Laufe von achthundert Jahren haben Glück und Manneszucht dieses Staatsgefüge errichtet, das nicht zerstört werden kann ohne Verderben der Zerstörer; aber euch droht die größte Gefahr, die ihr Gold und Reichtum besitzt: die wichtigsten Kriegsgründe. (4) Daher liebt und ehrt den Frieden und die Stadt, an der wir, Besiegte und Sieger, gleichen Rechtsanteil haben. Mahnen mögen euch Beispiele für die zwei Formen der Schicksalsmacht, damit ihr nicht Trotz, verbunden mit Untergang, dem Gehorsam, verbunden mit Sicherheit, vorzieht.« Mit solcher Rede beruhigte und ermutigte er die Leute, die Ärgeres befürchtet hatten.

**75** (1) Das siegreiche Heer hielt das Treverer-Land besetzt, als Civilis und Classicus an Cerialis einen Brief folgenden Inhalts schickten: Vespasianus sei, obwohl man die Nachrichten zurückhalte, aus dem Leben ge-

rent, excessisse vita, urbem atque Italiam interno bello consumptam, Muciani ac Domitiani vana et sine viribus nomina: si Cerialis imperium Galliarum velit, ipsos finibus civitatium suarum contentos; si proelium mallet, ne id quidem abnuere. ad ea Cerialis Civili et Classico nihil: eum qui attulerat *et* ipsas epistulas ad Domitianum misit.

(2) Hostes divisis copiis advenere undique. plerique culpabant Cerialem passum iungi quos discretos intercipere licuisset. Romanus exercitus castra fossa valloque circumdedit, quis temere antea intutis consederat.

**76** (1) Apud Germanos diversis sententiis certabatur. Civilis opperiendas Transrhenanorum gentes, quarum terrore fractae populi Romani vires obtererentur: Gallos quid aliud quam praedam victoribus? et tamen, quod roboris sit, Belgas secum palam aut voto stare. (2) Tutor cunctatione crescere rem Romanam adfirmabat, coeuntibus undique exercitibus: transvectam e Britannia legionem, accitas ex Hispania, adventare ex Italia; nec subitum militem, sed veterem expertumque belli. nam Germanos, qui ab ipsis sperentur, non iuberi, non regi, sed cuncta ex libidine agere; pecuniamque ac dona, quis solis corrumpantur, maiora apud Romanos, et neminem adeo in arma pronum, ut non idem pretium quietis quam

schieden, die Hauptstadt und Italien seien durch den Bürgerkrieg erschöpft, Mucianus und Domitianus seien Namen ohne Bedeutung und Macht. Wenn Cerialis die Herrschaft über Gallien haben wolle, so seien sie mit den Grenzen ihrer Stämme zufrieden; wolle er lieber einen Kampf, so lehnten auch sie ihn nicht ab. Cerialis gab dem Civilis und dem Classicus darauf keine Antwort; den Überbringer des Briefes und die Briefe selbst sandte er an Domitianus.
(2) Die Feinde rückten in getrennten Heerhaufen von allen Seiten heran. Sehr viele machten es Cerialis zum Vorwurf, er habe der Vereinigung der Feinde zugesehen, die man, aufgesplittert, leicht hätte abfangen können. Das römische Heer umgab mit Wall und Graben das Lager, in dem es vorher leichtsinnig ohne diese Schutzbauten gelagert hatte.
**76** (1) Bei den Germanen gab es Meinungsverschiedenheit und Streit. Civilis sprach dafür, die rechtsrheinischen Stämme abzuwarten, unter deren furchterregendem Ansturm die bereits angeschlagenen Kräfte des römischen Volkes zermalmt würden; die Gallier: was seien die anderes als Beute für den Sieger? Und doch stünde ihr stärkster Stamm, die Belger, offen oder doch mit dem Herzen auf seiner Seite. (2) Tutor erklärte, durch Zögern wachse nur die römische Macht, da von allen Seiten die Heere hier sich vereinigten: herübergeführt aus Britannien sei eine Legion, angefordert andere aus Spanien, im Anmarsch aus Italien: nicht rasch zusammengeraffte Mannschaften, sondern altgediente, kampferprobte. Die Germanen aber, auf die sie selbst hofften, ließen sich nicht befehlen, nicht lenken, sondern würden in allem nach eigener Willkür handeln; Geld und Geschenke, wodurch allein sie sich bestechen ließen, gebe es in reicherem Maße bei den Römern, und niemand sei derart auf Waffentaten versessen, daß er nicht lieber um gleichen Lohn Frieden der Gefahr vorzöge. (3) Wür-

periculi malit. (3) quod si statim congrediantur, nullas esse Ceriali nisi e reliquiis Germanici exercitus legiones, foederibus Galliarum obstrictas. idque ipsum, quod inconditam nuper Valentini manum contra spem suam fuderint, alimentum illis ducique temeritatis: ausuros rursus venturosque in manus non imperiti adulescentuli, verba et contiones quam ferrum et arma meditantis, sed Civilis et Classici; quos ubi aspexerint, redituram in animos formidinem, fugam famemque ac totiens captis precariam vitam. (4) neque Treviros aut Lingonas benevolentia contineri: resumpturos arma, ubi metus abscesserit. diremit consiliorum diversitatem adprobata Tutoris sententia Classicus, statimque exequuntur.

*77* (1) Media acies Ubiis Lingonibusque data; dextro cornu cohortes Batavorum, sinistro Bructeri Tencterique. pars montibus, alii viam inter Mosellamque flumen tam improvisi adsiluere, ut in cubiculo ac lectulo Cerialis (neque enim noctem in castris egerat) pugnari simul vincique suos audierit, increpans pavorem nuntiantium, donec universa clades in oculis fuit: perrupta legionum castra, fusi equites, medius Mosellae pons, qui ulteriora coloniae adnectit, ab hostibus insessus. (2) Cerialis turbidis rebus intrepidus et fugientes manu retrahens, intecto

den sie sich sogleich im Kampfe messen, so hätte Cerialis nur aus den Resten des germanischen Heeres gebildete Legionen zur Verfügung – und die seien durch Verträge an Gallien gebunden. Und gerade, daß sie neulich den ungeordneten Haufen des Valentinus wider ihre eigene Erwartung verjagt hätten, bedeute für sie und ihren Führer nur neue Nahrung ihrer Tollkühnheit. Sie würden sich wieder vorwagen – und nicht einem unerfahrenen Jüngling in die Hände fallen, der mehr an Reden und Versammlungen als an Schwert und Waffen denke, sondern dem Civilis und dem Classicus; sobald sie nur einen Blick auf diese geworfen hätten, werde in ihren Herzen die Erinnerung wiederkehren an Furcht, Flucht und Hunger: daß sie, so oft gefangengenommen, ihr Leben nur erbettelt hätten. (4) Es sei auch nicht ihre friedliche Gesinnung, die Treverer und Lingonen in Schranken halte; sie würden wieder zu den Waffen greifen, wenn die Furcht von ihnen gewichen sei. Den Streit der Meinungen schlichtete Classicus, indem er der Meinung Tutors beipflichtete – und sofort machten sie sich ans Werk.

77 (1) Das Mitteltreffen wurde den Ubiern und Lingonen zugewiesen, auf dem rechten Flügel standen die Kohorten der Bataver, auf dem linken die Brukterer und Tenkterer. Ein Teil stürmte über die Berghöhen, andere zwischen Straße und Mosella so unvermutet heran, daß Cerialis im Schlafgemach, noch im Bett – er hatte nämlich die Nacht nicht im Lager verbracht – zugleich von der Schlacht und der Bedrängnis der Seinen hörte. Erst schimpfte er über die Angst der Boten, bald aber hatte er das ganze Ausmaß der Niederlage vor Augen: erstürmt war das Lager der Legionen, verjagt die Reiterei, die zwischen Stadt und Lager liegende Mosella-Brücke, die das jenseitige Gebiet mit der Koloniestadt verbindet, von den Feinden besetzt. (2) Von dem Aufruhr rings um ihn blieb Cerialis unerschüttert, zog mit eigener Hand

corpore promptus inter tela, felici temeritate et fortissimi cuiusque adcursu reciperatum pontem electa manu firmavit. mox in castra reversus palantes captarum apud Novaesium Bonnamque legionum manipulos et rarum apud signa militem ac prope circumventas aquilas videt. (3) incensus ira 'non Flaccum' inquit, 'non Voculam deseritis: nulla hic proditio; neque aliud excusandum habeo quam quod vos Gallici foederis oblitos redisse in memoriam Romani sacramenti temere credidi. adnumerabor Numisiis et Herenniis, ut omnes legati vestri aut militum manibus aut hostium ceciderint. ite, nuntiate Vespasiano vel, quod propius est, Civili et Classico, relictum a vobis in acie ducem: venient legiones, quae neque me inultum neque vos impunitos patiantur.'

**78** (1) Vera erant, et a tribunis praefectisque eadem ingerebantur. consistunt per cohortes et manipulos; neque enim poterat patescere acies effuso hoste et impedientibus tentoriis sarcinisque, cum intra vallum pugnaretur. Tutor et Classicus et Civilis suis quisque locis pugnam ciebant, Gallos pro libertate, Batavos pro gloria, Germanos ad praedam instigantes. et cuncta pro hostibus erant, donec legio unaetvicensima patentiore quam ceterae spatio conglobata sustinuit ruentes, mox impulit. (2) nec sine ope divina mutatis repente animis terga victores

Fliehende zurück, stürzte sich ungewappnet in den Geschoßhagel: in glückbringendem Ungestüm und durch das rasche Eingreifen der Tapfersten gewann er die Brücke zurück und sicherte sie durch eine auserlesene Schar. Als er dann ins Lager zurückkehrte, sah er die Manipel der bei Novaesium und Bonna gefangengenommenen Legionen in planloser Flucht, nur wenige Soldaten bei den Feldzeichen und fast schon umzingelt die Legionsadler. (3) In flammendem Zorn rief er: »Nicht Flaccus, nicht Vocula laßt ihr im Stich; verraten habe *ich* euch nicht;[107] ich habe mich nur dafür zu entschuldigen, daß ich vorschnell geglaubt habe, ihr hättet das Bündnis mit den Galliern vergessen und euch wieder an den römischen Eid erinnert. Man wird mich in eine Reihe mit Numisius und Herennius[108] stellen, damit dann alle eure Legaten entweder von der Hand der Soldaten oder der Feinde gefallen sind. Geht, meldet Vespasianus oder, was näherliegt, Civilis und Classicus, verlassen hättet ihr in der Schlacht euren Führer. Kommen werden Legionen, die weder mich ungerächt, noch euch ungestraft lassen werden.«

**78** (1) Das alles stimmte, und auch Tribunen und Präfekten machten ihnen die gleichen Vorwürfe. Nun stellten sie sich nach Kohorten und Manipeln gegliedert auf; denn die Schlachtreihe konnte sich nicht entfalten, da der Feind von allen Seiten herandrängte; auch waren Zelte und Troß ein Hindernis, da man innerhalb des Walles kämpfte. Tutor, Classicus und Civilis feuerten, jeder von seinem Platz aus, zum Kampf an: die Gallier riefen sie zur Freiheit auf, die Bataver zum Ruhm, die Germanen zum Beutemachen. Und alles stand günstig für die Feinde, bis die 21. Legion, die sich auf freierem Gelände als die übrigen zusammengeballt hatte, die Heranstürmenden aufhalten und dann zurückdrängen konnte. (2) Und nicht ohne göttliche Hilfe geschah es, daß sich die Sieger plötzlich eines anderen besannen und die Flucht

vertere. ipsi territos se cohortium aspectu ferebant, quae primo impetu disiectae summis rursus iugis congregabantur ac speciem novi auxilii fecerant. sed obstitit vincentibus pravum inter ipsos certamen omisso hoste spolia consectandi. Cerialis ut incuria prope rem adflixit, ita constantia restituit; secutusque fortunam castra hostium eodem die capit excinditque.

79 (1) Nec in longum quies militi data. orabant auxilium Agrippinenses offerebantque uxorem ac sororem Civilis et filiam Classici, relicta sibi pignora societatis. atque interim dispersos in domibus Germanos trucidaverant; unde metus et iustae preces invocantium, antequam hostes reparatis viribus ad spem vel ad ultionem accingerentur. (2) namque et Civilis illuc intenderat, non invalidus, flagrantissima cohortium suarum integra, quae e Chaucis Frisiisque composita Tolbiaci in finibus Agrippinensium agebat: sed tristis nuntius avertit, deletam cohortem dolo Agrippinensium, qui largis epulis vinoque sopitos Germanos, clausis foribus, igne iniecto cremavere; simul Cerialis propero agmine subvenit. (3) circumsteterat Civilem et alius metus, ne quarta decima legio adiuncta Britannica classe adflictaret Batavos, qua Oceano ambiuntur. sed legionem terrestri itinere Fabius Priscus legatus in Nervios Tungrosque duxit, eaeque

ergriffen. Sie selbst gaben an, der Anblick der Kohorten habe ihnen Schrecken eingejagt, die, beim ersten Angriff zersprengt, sich auf den Hügelhöhen sammelten und den Anschein neu eingetroffener Kampfverbände erweckt hatten. Vor allem hinderte ihren Sieg ein törichter Wettstreit in den eigenen Reihen: ohne auf den Feind zu achten, jagten sie der Beute nach. Wie aber Cerialis durch seine Sorglosigkeit den Erfolg beinahe gefährdet hätte, so sicherte er ihn dann durch seine standhafte Haltung; er nützte sein Glück und eroberte und zerstörte noch am selben Tag das Lager der Feinde.

79 (1) Aber nicht für lange Zeit war den Soldaten Ruhe gegönnt. Um Hilfe baten die Agrippinenser und boten dafür die Auslieferung der Gattin und der Schwester des Civilis und der Tochter des Classicus an, die als Unterpfänder der Bündnistreue bei ihnen geblieben waren. Inzwischen hatten sie die in den Häusern verstreuten Germanen getötet. Daher ihre Furcht und aller Grund für ihr Hilfegesuch, ehe die Feinde mit frischen Kräften Hoffnung schöpften oder sich zu einem Rachezug rüsteten. (2) Denn dazu war auch Civilis entschlossen – und er verfügte noch über bedeutende Machtmittel, zumal die verwegenste seiner Kohorten noch ungeschwächt war; diese bestand aus Chauken und Friesen und lagerte in Tolbiacum im Gebiet der Agrippinenser. Aber von seinem Plan brachte ihn die traurige Nachricht ab, daß die Kohorte durch einen tückischen Anschlag der Agrippinenser vernichtet worden sei: diese hatten durch reichliche Gastmähler und Trinkgelage die Germanen eingeschläfert, alle Türen versperrt, Feuer hineingeworfen und so alle verbrannt. Zugleich kam Cerialis in Eilmärschen herangerückt. (3) Auch eine andere Sorge hatte Civilis bedrängt, es könnte die 14. Legion im Verein mit der britannischen Flotte in das Batavergebiet einfallen, dort, wo es vom Ozean begrenzt wird. Die Legion aber führte der Legat Fabius Priscus auf dem Landweg gegen

civitates in deditionem acceptae: classem ultro Canninefates adgressi sunt maiorque pars navium depressa aut capta. (4) et Nerviorum multitudinem, sponte commotam, ut pro Romanis bellum capesseret, idem Canninefates fudere. Classicus quoque adversus equites Novaesium a Ceriale praemissos secundum proelium fecit: quae modica sed crebra damna famam victoriae nuper partae lacerabant.

80 (1) Isdem diebus Mucianus Vitellii filium interfici iubet, mansuram discordiam obtendens, ni semina belli restinxisset. neque Antonium Primum adsciri inter comites a Domitiano passus est, favore militum anxius et superbia viri aequalium quoque, adeo superiorum intolerantis. (2) profectus ad Vespasianum Antonius ut non pro spe sua excipitur, ita neque averso imperatoris animo. trahebatur in diversa, hinc meritis Antonii, cuius ductu confectum haud dubie bellum erat, inde Muciani epistulis: simul ceteri ut infestum tumidumque insectabantur, adiunctis prioris vitae criminibus. (3) neque ipse deerat adrogantia vocare offensas, nimius commemorandis quae meruisset: alios ut imbelles, Caecinam ut cap-

die Nervier und Tungrer, und diese Stämme unterwarfen sich; die Flotte griffen auf eigenen Antrieb die Canninefaten an – dabei wurde der Großteil der Schiffe versenkt oder gekapert. (4) Und ebenfalls die Canninefaten waren es, die eine größere Anzahl von Nerviern, die freiwillig Krieg für die Römer führten, in die Flucht jagten. Auch Classicus lieferte den von Cerialis nach Novaesium vorausgeschickten Reitern ein erfolgreiches Gefecht; diese unbedeutenden, aber wiederholten Rückschläge schmälerten den Ruhm des jüngst errungenen Sieges.

### *Rom* [80

80 (1) In denselben Tagen ließ Mucianus den Sohn des Vitellius töten, unter dem Vorwand, die Zwietracht werde fortbestehen, wenn man nicht die Keimzelle des Krieges zerstöre. Er ließ auch nicht zu, daß Antonius Primus unter die Begleiter Domitians aufgenommen werde – beunruhigt durch die Beliebtheit des Mannes bei den Soldaten und durch dessen Hochmut, da er unduldsam war gegen Gleichgestellte und erst recht gegen Vorgesetzte. (2) Antonius reiste zu Vespasianus ab, wo er zwar nicht seiner Erwartung gemäß, aber auch nicht ungnädig vom Imperator empfangen wurde. Dieser sah sich im Zwiespalt: auf der einen Seite die Verdienste des Antonius, unter dessen Führung ohne Zweifel der Krieg beendet worden war, auf der anderen Seite die Briefe des Mucianus; zugleich zogen die anderen über ihn her wie über einen feindseligen und aufgeblasenen Menschen, wobei sie auch Verfehlungen aus seinem Vorleben anführten. (3) Und Antonius selbst tat auch alles, um durch anmaßendes Verhalten Anstoß zu erregen, wenn er seine eigenen Verdienste allzu deutlich in Erinnerung brachte: die anderen beschimpfte er als Feiglinge, den Caecina als einen Gefangenen, der sich bedingungslos ausgeliefert habe. Daher begannen sein Ansehen und

tivum ac dediticium increpat. unde paulatim levior viliorque haberi, manente tamen in speciem amicitia.

**81** (1) Per eos menses quibus Vespasianus Alexandriae statos aestivis flatibus dies et certa maris opperiebatur, multa miracula evenere, quis caelestis favor et quaedam in Vespasianum inclinatio numinum ostenderetur. e plebe Alexandrina quidam oculorum tabe notus genua eius advolvitur, remedium caecitatis exposcens gemitu, monitu Serapidis dei, quem dedita superstitionibus gens ante alios colit; precabaturque principem, ut genas et oculorum orbes dignaretur respergere oris excremento. alius manum aeger eodem deo auctore, ut pede ac vestigio Caesaris calcaretur, orabat. (2) Vespasianus primo inridere, aspernari; atque illis instantibus modo famam vanitatis metuere, modo obsecratione ipsorum et vocibus adulantium in spem induci: postremo aestimari a medicis iubet, an talis caecitas ac debilitas ope humana superabiles forent. medici varie disserere: huic non exesam vim luminis et redituram, si pellerentur obstantia; illi elapsos in pravum artus, si salubris vis adhibeatur, posse integrari. id fortasse cordi deis et divino ministerio princi-

seine Bedeutung allmählich zu schwinden, trotzdem blieb zum Schein die freundschaftliche Beziehung gewahrt.

### *Vespasianus in Alexandria* [81–84

**81** (1) In diesen Monaten, in denen Vespasianus in Alexandria das Ende der periodischen Sommerwinde[109] und sichere Seefahrt abwartete, ereigneten sich viele Wunder, durch die, so glaubte man, auf des Himmels Huld und eine gewisse Zuneigung der Götter für Vespasianus hingedeutet wurde. Ein Mann aus dem niederen Volk von Alexandria, der, wie man wußte, sein Augenlicht verloren hatte, warf sich vor seinen Knien nieder und flehte unter Stöhnen um Heilung seiner Blindheit: er handle so auf Weisung des Gottes Serapis[110]; ihn verehrt das abergläubischen Vorstellungen ergebene Volk mehr als alle anderen. Er flehte den Prinzeps an, er möge sich herablassen, ihm Wangen und Augenlider mit Speichel zu bestreichen. Ein anderer, der ein Leiden an der Hand hatte, bat auf Anraten desselben Gottes, der Caesar möge mit der Fußsohle darauftreten. (2) Vespasianus lachte zunächst darüber und lehnte ab; als ihn jene aber weiter bedrängten, fürchtete er einerseits das Gerede bei einem Mißerfolg, andererseits ließen ihn die beschwörenden Bitten und die Zurufe der Schmeichler doch eine gewisse Hoffnung schöpfen. Zuletzt ließ er von Ärzten ein Gutachten erstellen, ob eine solche Blindheit, ein solches Gebrechen durch menschliche Hilfe heilbar seien. Die Ärzte ergingen sich in unterschiedlichen Äußerungen: bei dem einen sei die Sehkraft nicht ganz geschwunden und könne wiederkehren, wenn man die Hindernisse beseitige; beim anderen seien die Glieder verrenkt und könnten, wenn man ein heilbringendes Mittel anwende, wieder eingerichtet werden. Das sei vielleicht Wunsch der Götter, und er, der Prinzeps, sei

pem electum; denique patrati remedii gloriam penes Caesarem, inriti ludibrium penes miseros fore. (3) igitur Vespasianus cuncta fortunae suae patere ratus nec quicquam ultra incredibile, laeto ipse vultu, erecta quae adstabat multitudine, iussa exequitur. statim conversa ad usum manus, ac caeco reluxit dies. utrumque qui interfuere nunc quoque memorant, postquam nullum mendacio pretium.

**82** (1) Altior inde Vespasiano cupido adeundi sacram sedem, ut super rebus imperii consuleret: arceri templo cunctos iubet. atque ingressus intentusque numini respexit pone tergum e primoribus Aegyptiorum nomine Basiliden, quem procul Alexandria plurium dierum itinere et aegro corpore detineri haud ignorabat. (2) percontatur sacerdotes, num illo die Basilides templum inisset, percontatur obvios, num in urbe visus sit; denique missis equitibus explorat illo temporis momento octoginta milibus passuum afuisse: tunc divinam speciem et vim responsi ex nomine Basilidis interpretatus est.

**83** (1) Origo dei nondum nostris auctoribus celebrata: Aegyptiorum antistites sic memorant, Ptolemaeo regi, qui Macedonum primus Aegypti opes firmavit, cum Alexandriae recens conditae moenia templaque et religiones adderet, oblatum per quietem decore eximio et maiore quam humana specie iuvenem, qui moneret, ut fidissimis

als Werkzeug der Götter auserwählt; schließlich, der Ruhm bei erfolgreicher Heilung werde dem Caesar zufallen, der Spott bei einem Mißlingen den beiden Unglücklichen. (3) Weil also Vespasianus glaubte, alles stehe seinem Glück offen, und es gebe nichts, was man von ihm nicht erwarten würde, führte er mit fröhlicher Miene unter gespannter Aufmerksamkeit der ihn umgebenden Menge das aus, was man von ihm verlangte. Sofort wurde die Hand wieder gebrauchsfähig, und dem Blinden erstrahlte wieder das Tageslicht. Beides erzählen Augenzeugen noch heute, da Lügen keinen Gewinn mehr bringen.

**82** (1) Ein tiefes Verlangen ergriff hierauf Vespasianus, die heilige Stätte zu besuchen, um Rat über seine Herrschaftspläne einzuholen. Er befahl, alle anderen vom Tempelbezirk fernzuhalten. Als er eintrat und sich ganz der Gottheit zuwandte, erblickte er hinter sich einen vornehmen Ägypter namens Basilides; von ihm wußte er ganz genau, daß er von Alexandria mehrere Tagesreisen entfernt sei und von einer Krankheit festgehalten werde. (2) Er befragte die Priester, ob an jenem Tag Basilides den Tempel betreten habe, er befragte Leute, die ihm begegneten, ob man jenen in der Stadt gesehen habe; schließlich schickte er Reiter aus und erfuhr, daß er zu jenem Zeitpunkt achtzig Meilen entfernt gewesen sei. Da deutete er die Erscheinung als gottgesandt und sah den Sinn des Gottesspruches im Namen Basilides.[111]

**83** (1) Der Ursprung des Gottes[112] ist von unseren Schriftstellern noch nicht behandelt worden. Die Oberpriester der Ägypter berichten folgendes: Dem König Ptolemaeus, der als erster der Makedonen die Macht in Ägypten fest begründet hat[113], sei, als er das neugegründete Alexandria mit Mauern, Tempeln und Götterkulten versah, im Schlafe ein Jüngling von außergewöhnlicher Schönheit und übermenschlicher Gestalt erschienen; dieser habe ihn aufgefordert, die Getreuesten seiner Freunde

amicorum in Pontum missis effigiem suam acciret; laetum id regno magnamque et inclutam sedem fore, quae excepisset: simul visum eundem iuvenem in caelum igne plurimo attolli. (2) Ptolemaeus omine et miraculo excitus sacerdotibus Aegyptiorum, quibus mos talia intellegere, nocturnos visus aperit. atque illis Ponti et externorum parum gnaris, Timotheum Atheniensem e gente Eumolpidarum, quem ut antistitem caerimoniarum Eleusine exciverat, quaenam illa superstitio, quod numen, interrogat. Timotheus quaesitis qui in Pontum meassent, cognoscit urbem illic Sinopen, nec procul templum vetere inter accolas fama Iovis Ditis: namque et muliebrem effigiem adsistere, quam plerique Proserpinam vocent. (3) sed Ptolemaeus, ut sunt ingenia regum, pronus ad formidinem, ubi securitas rediit, voluptatum quam religionum adpetens neglegere paulatim aliasque ad curas animum vertere, donec eadem species terribilior iam et instantior exitium ipsi regnoque denuntiaret, ni iussa patrarentur. (4) tum legatos et dona Scydrothemidi regi (is tunc Sinopensibus imperitabat) expediri iubet praecepitque navigaturis, ut Pythicum Apollinem aderant. illis mare secundum, sors oraculi haud ambigua: irent simulacrumque patris sui reveherent, sororis relinquerent.

**84** (1) Ut Sinopen venere, munera preces mandata regis

nach Pontus zu entsenden und von dort sein Bild holen zu lassen: Glück werde das dem Reich, Macht und Ruhm aber der Stätte bringen, die das Bild aufnehme. Zugleich glaubte er zu sehen, wie derselbe Jüngling in einem Flammenmeer zum Himmel auffahre. (2) Durch dieses wunderbare Zeichen erregt, eröffnete Ptolemaeus den Priestern der Ägypter, die derartiges zu deuten pflegen, seine nächtlichen Gesichte. Da sie aber über den Pontus und das ganze Ausland nicht Bescheid wußten, befragte er den Athener Timotheus aus dem Geschlecht der Eumolpiden, den er als Vorsteher der Mysterien von Eleusis eingeladen hatte, was denn das für eine wunderbare Erscheinung, was das für eine Gottheit sei. Timotheus befragte Leute, die schon in den Pontus gereist waren, und erfuhr, dort gebe es eine Stadt Sinope und in deren Nähe einen bei den Bewohnern seit alters hochberühmten Tempel des Iuppiter Dis[114]; dort stehe nämlich auch eine weibliche Statue, die man allgemein Proserpina nenne. (3) Wie es Art der Könige ist, neigte Ptolemaeus zwar zur Ängstlichkeit, als aber das Gefühl der Sicherheit wiederkehrte, dachte er mehr an seine Vergnügungen als an religiöse Fragen, verlor allmählich das Interesse daran und wandte seine Aufmerksamkeit anderen Aufgaben zu, bis dieselbe Erscheinung, jetzt schon schrecklicher und drohender, ihm selbst und seinem Reiche den Untergang ankündigte, wenn die Befehle nicht durchgeführt würden. (4) Da befahl er, Gesandte mit Geschenken an den König Skydrothemis – der herrschte damals über Sinope – abzufertigen; und er trug ihnen vor der Abfahrt auf, den pythischen Apollo zu befragen. Sie hatten eine günstige Seefahrt, der Orakelspruch war unzweideutig: sie sollten gehen und das Bild seines Vaters zurückbringen, das seiner Schwester zurücklassen.

**84** (1) Als sie nach Sinope kamen, überbrachten sie Geschenke, Bitten und Aufträge ihres Königs dem Sky-

sui Scydrothemidi adlegant. qui *di*versus animi modo numen pavescere, modo minis adversantis populi terreri; saepe donis promissisque legatorum flectebatur. atque interim triennio exacto Ptolemaeus non studium, non preces omittere: dignitatem legatorum, numerum navium, auri pondus augebat. (2) tum minax facies Scydrothemidi offertur, ne destinata deo ultra moraretur: cunctantem varia pernicies morbique et manifesta caelestium ira graviorque in dies fatigabat. advocata contione iussa numinis, suos Ptolemaeique visus, ingruentia mala exponit: vulgus aversari regem, invidere Aegypto, sibi metuere templumque circumsedere. (3) maior hinc fama tradidit deum ipsum adpulsas litori naves sponte conscendisse: mirum inde dictu, tertio die tantum maris emensi Alexandriam adpelluntur. templum pro magnitudine urbis extructum loco cui nomen Rhacotis; fuerat illic sacellum Serapidi atque Isidi antiquitus sacratum. (4) haec de origine et advectu dei celeberrima. nec sum ignarus esse quosdam, qui Seleucia urbe Syriae accitum regnante Ptolemaeo, quem tertia aetas tulit; alii auctorem eundem Ptolemaeum, sedem, ex qua transierit, Memphim perhibent, inclutam olim et veteris Aegypti columen. (5) deum ipsum multi Aesculapium, quod medea-

drothemis. Dieser geriet in einen Meinungszwiespalt: bald empfand er Furcht vor der Gottheit, bald schreckten ihn die Drohungen des Volkes, das den Handel ablehnte; oft aber begannen Geschenke und Versprechungen der Gesandten ihn wieder umzustimmen. So vergingen drei Jahre, Ptolemaeus ließ aber nicht in seinen Bemühungen, nicht in seinen Bitten nach: er erhöhte den Rang der Gesandten, die Zahl der Schiffe, die Menge des Goldes. (2) Da erschien dem Skydrothemis ein drohendes Traumbild, er dürfe nicht länger des Gottes Willen behindern. Als er weiter zögerte, da zermürbten ihn mannigfache Heimsuchungen, Krankheiten und der deutliche, von Tag zu Tag wachsende Zorn der Götter. Er berief eine Volksversammlung ein und berichtete über die Befehle der Gottheit, über seine und des Ptolemaeus Traumgesichte, über das hereinbrechende Unheil. Aber die Menge widersetzte sich dem König, war neidisch auf Ägypten und voll Sorge um sich selbst – und umlagerte den Tempel. (3) Bedeutungsvolleres überliefert nun die Sage: der Gott selbst habe die am Strand liegenden Schiffe aus eigenem Antrieb bestiegen, und – so der weitere Wunderbericht – in drei Tagen habe man eine so gewaltige Meeresstrecke durchmessen und sei in Alexandria gelandet. Ein der Größe der Stadt angemessener Tempel wurde in dem Rhakotis genannten Stadtteil errichtet; es hatte dort ein kleines Heiligtum gestanden, das seit alters dem Serapis und der Isis geweiht war. (4) Soweit die allgemein bekannten Nachrichten über Ursprung und Ankunft des Gottes. Es ist mir aber auch bekannt, daß einige behaupten, der Gott sei aus Seleucia, einer Stadt Syriens, herbeigeholt worden unter der Herrschaft des Ptolemaeus, der der dritten Generation angehört.[115] Andere wiederum geben als Kultstifter denselben Ptolemaeus an, aber als Herkunftsort, von dem der Gott gekommen sei, Memphis, eine einst berühmte Stadt und Haupt des alten Ägypten. (5) In dem Gott selbst

tur aegris corporibus, quidam Osirin, antiquissimum illis gentibus numen, plerique Iovem ut rerum omnium potentem, plurimi Ditem patrem insignibus, quae in ipso manifesta, aut per ambages coniectant.

**85** (1) At Domitianus Mucianusque antequam Alpibus propinquarent, prosperos rerum in Treviris gestarum nuntios accepere. praecipua victoriae fides dux hostium Valentinus nequaquam abiecto animo, quos spiritus gessisset, vultu ferebat. auditus ideo tantum, ut nosceretur ingenium eius, damnatusque inter ipsum supplicium exprobranti cuidam patriam eius captam accipere se solacium mortis respondit. (2) sed Mucianus quod diu occultaverat, ut recens exprompsit: quoniam benignitate deum fractae hostium vires forent, parum decore Domitianum confecto prope bello alienae gloriae interventurum. si status imperii aut salus Galliarum in discrimine verteretur, debuisse Caesarem in acie stare, Canninefates Batavosque minoribus ducibus delegandos: ipse Luguduni vim fortunamque principatus e proximo ostentaret, nec parvis periculis immixtus et maioribus non defuturus.

**86** (1) Intellegebantur artes, sed pars obsequii in eo, ne

sehen viele den Aesculapius, weil er Krankheiten heile, einige den Osiris, die älteste Gottheit bei jenen Völkern, sehr viele Iuppiter als Herrn über die ganze Welt, die meisten aber Dispater – und zwar auf Grund seiner Attribute, die an ihm erkennbar sind, oder infolge umständlicher Schlußfolgerungen.

### *Mucianus und Domitianus auf der Reise nach Gallien* [85–86

**85** (1) Bevor Domitianus und Mucianus sich den Alpen näherten, erhielten sie die günstigen Nachrichten über die Ereignisse im Treverer-Land. Vortrefflichste Bürgschaft für den Sieg war der Führer der Feinde, Valentinus: nicht im geringsten kleinmütig, zeigte er noch in seinem Gesichtsausdruck, welch kühne Pläne er gehegt hatte. Man hörte ihn nur deshalb an, um seine Sinnesart kennenzulernen, und verurteilte ihn dann; als ihm jemand gerade bei der Hinrichtung höhnend zurief, seine Vaterstadt sei nun doch erobert, antwortete er, er nehme das als Trost in den Tod mit. (2) Einen lange geheimgehaltenen Gedanken gab nun Mucianus kund, als wäre er ihm eben jetzt erst gekommen: da also durch Gnade der Götter die Macht der Feinde gebrochen sei, zeuge es von wenig Anstand, wenn Domitianus jetzt, nachdem der Krieg fast zu Ende sei, dem Ruhm eines anderen in den Weg trete. Wenn der Bestand des Reiches oder das Wohl Galliens auf dem Spiel stünden, so wäre es Pflicht des Caesars gewesen, sich auf dem Schlachtfeld zu stellen; die Canninefaten und Bataver möge man rangniedrigeren Heerführern überlassen: er selbst möge in Lugdunum Macht und Hoheit des Prinzipates aus nächster Nähe zeigen – nicht in kleine Gefahren verwickelt und bereit, künftig bei größeren nicht zu fehlen.

**86** (1) Man durchschaute diese Ränke, aber es gehörte zur Fügsamkeit, so zu tun, als habe man sie nicht durch-

deprehenderentur: ita Lugudunum ventum. unde creditur Domitianus occultis ad Cerialem nuntiis fidem eius temptavisse, an praesenti sibi exercitum imperiumque traditurus foret. qua cogitatione bellum adversus patrem agitaverit an opes viresque adversus fratrem, in incerto fuit: nam Cerialis salubri temperamento elusit ut vana pueriliter cupientem. (2) Domitianus sperni a senioribus iuventam suam cernens modica quoque et usurpata antea munia imperii omittebat, simplicitatis ac modestiae imagine in altitudinem conditus studiumque litterarum et amorem carminum simulans, quo velaret animum et fratris *se* aemulationi subduceret, cuius disparem mitioremque naturam contra interpretabatur.

schaut. So kamen sie nach Lugdunum. Von dort aus, so glaubt man, habe Domitianus durch Geheimbotschaften an Cerialis dessen Treue auf die Probe gestellt: ob er ihm bei persönlichem Erscheinen Heer und Oberbefehl übergeben würde. Ob er bei dieser Überlegung an einen Krieg gegen seinen Vater gedacht hat oder an Machtmittel und Streitkräfte als Gegengewicht zum Bruder, bleibt unklar; denn Cerialis hielt ihn mit vernünftigem Taktgefühl hin, als ob er in kindlichem Übermut nichtigen Plänen nachjage. (2) Da Domitianus merkte, daß er von den Älteren wegen seiner Jugend nicht für voll genommen wurde, gab er auch die bescheidenen, früher von ihm beanspruchten Regierungsgeschäfte auf; unter der Maske biederer Bescheidenheit zog er sich in die unergründliche Tiefe seines Wesens zurück und täuschte wissenschaftliche Tätigkeit und Liebe zur Dichtung vor, um so seine wahre Gesinnung zu verschleiern und sich der Eifersucht seines Bruders zu entziehen, dessen ganz andere, mildere Wesensart er nicht verstehen konnte.

*Abb. 5. Kaiser Titus. Museo Nazionale, Neapel*

*Abb. 6. Titus-Bogen und Colosseum, Rom*

# Liber V

**1** (1) Eiusdem anni principio Caesar Titus, perdomandae Iudaeae delectus a patre et privatis utriusque rebus militia clarus, maiore tum vi famaque agebat, certantibus provinciarum et exercituum studiis. atque ipse, ut super fortunam crederetur, decorum se promptumque in armis ostendebat, comitate et adloquiis officia provocans ac plerumque in opere, in agmine gregario militi mixtus, incorrupto ducis honore. (2) tres eum in Iudaea legiones, quinta et decima et quinta decima, vetus Vespasiani miles, excepere. addidit e Syria duodecimam et adductos Alexandria duoetvicensimanos tertianosque; comitabantur viginti sociae cohortes, octo equitum alae, simul Agrippa Sohaemusque reges et auxilia regis Antiochi validaque et solito inter accolas odio infensa Iudaeis Arabum manus, multique, quos urbe atque Italia sua quemque spes acciverat occupandi principem adhuc vacuum. his cum copiis fines hostium ingressus composito agmine, cuncta explorans paratusque decernere, haud procul Hierosolymis castra facit.

**2** (1) Sed quoniam famosae urbis supremum diem tradituri sumus, congruens videtur primordia eius aperire. Iudaeos Creta insula profugos novissima Libyae inse-

# Buch V

## *Judäa* [1–13

1 (1) Zu Beginn desselben Jahres ging Caesar Titus, zur endgültigen Bezwingung Judäas vom Vater auserwählt und schon früher, da beide noch als gewöhnliche Bürger lebten, durch Kriegstaten berühmt, mit größerem Nachdruck und Ansehen[1] an diese Aufgabe heran, wobei Provinzen und Heere sich in ihrem Einsatz überboten. Um auch selbst den Eindruck zu erwecken, erhaben zu sein über seine hohe Stellung, zeigte er sich als Kriegsmann von Anstand und Tatkraft: durch Freundlichkeit und persönliche Ansprache weckte er den Diensteifer, mischte sich häufig bei Schanzarbeiten oder auf dem Marsch unter die gemeinen Soldaten, ohne an seiner Feldherrnwürde Schaden zu nehmen. (2) Drei Legionen, die 4., 10. und 15., alterprobte Soldaten Vespasians, empfingen ihn in Judäa. Er fügte noch aus Syrien die 12. hinzu und die aus Alexandria herangeführten »Zweiundzwanziger« und »Dreier«. Es begleiteten ihn zwanzig Kohorten der Bundesgenossen, acht Reiterschwadronen, dazu die Könige Agrippa und Sohaemus sowie die Hilfstruppen des Königs Antiochus[2] und eine starke, in dem bei Grenznachbarn üblichen Haß mit den Juden verfeindete Araberschar, zuletzt noch viele, wie eben jeden aus der Hauptstadt und aus Italien die Hoffnung angelockt hatte, den noch unbeeinflußten Prinzeps für sich einzunehmen. Mit diesen Truppen rückte er in geordnetem Heereszug in das Feindesland ein: alles erkundend und bereit zur Entscheidungsschlacht, bezog er unweit von Jerusalem Lager.

2 (1) Da ich nun darangehe, vom letzten Tag dieser berühmten Stadt zu berichten, erscheint es angemessen, ihre Anfangsgeschichte darzulegen[3].

Die Juden haben, so berichtet man, als Flüchtlinge von

disse memorant, qua tempestate Saturnus vi Iovis pulsus cesserit regnis. argumentum e nomine petitur: inclutum in Creta Idam montem, accolas Idaeos aucto in barbarum cognomento Iudaeos vocitari. (2) quidam regnante Iside exundantem per Aegyptum multitudinem ducibus Hierosolymo ac Iuda proximas in terras exoneratam; plerique Aethiopum prolem, quos rege Cepheo metus atque odium mutare sedes perpulerit. (3) sunt qui tradant Assyrios convenas, indigum agrorum populum, parte Aegypti potitos, mox proprias urbes Hebraeasque terras et propiora Syriae coluisse. clara alii Iudaeorum initia, Solymos, carminibus Homeri celebratam gentem, conditae urbi Hierosolyma nomen e suo fecisse.

**3** (1) Plurimi auctores consentiunt orta per Aegyptum tabe, quae corpora foedaret, regem Bocchorim adito Hammonis oraculo remedium petentem purgare regnum et id genus hominum ut invisum deis alias in terras avehere iussum. sic conquisitum collectumque vulgus, postquam vastis locis relictum sit, ceteris per lacrimas torpentibus, Moysen unum exulum monuisse, ne quam deorum hominumve opem expectarent utrisque deserti, sed sibimet duce caelesti crederent, primo cuius auxilio praesentes miserias pepulissent. adsensere atque omnium

der Insel Kreta die entlegensten Gebiete Libyens besiedelt, zur Zeit, da Saturn, von Iuppiter gewaltsam vertrieben, von der Herrschaft zurücktrat. Den Beweis sucht man im Namen: berühmt sei auf Kreta der Berg Ida, und seine Anwohner, die Idäer, nenne man mit einer in Barbarensprachen üblichen Erweiterung »Iudäer«. (2) Einige berichten, unter der Herrschaft der Königin Isis habe sich die in Ägypten überquellende Volksmenge unter Führung des Hierosolymus und des Judas über die Nachbarländer ergossen; die meisten halten sie für Nachkommen der Äthiopier: unter König Kepheus[4] hätten Furcht und Haß sie zum Wechsel der Wohnsitze gezwungen. (3) Einige berichten auch, assyrische Einwanderer, ein Volk auf der Suche nach Ackerland, habe sich eines Teils von Ägypten bemächtigt, dann aber eigene Städte, das Hebräerland und die Grenzgebiete gegen Syrien besiedelt. Andere schreiben von einem ruhmvollen Ursprung der Juden: die Solymer, ein in Homers Gedichten gefeiertes Volk[5], hätten die von ihnen gegründete Stadt nach ihrem Namen Hierosolyma genannt.

3 (1) Die meisten Autoren stimmen in folgendem überein: als in ganz Ägypten eine Seuche ausgebrochen sei, die den Körper entstellte, habe sich König Bokchoris[6] an das Orakel des Ammon[7] gewandt mit der Bitte um ein Heilmittel: da sei ihm befohlen worden, sein Reich zu säubern und dieses Menschengeschlecht als den Göttern verhaßt in andere Länder wegzuschaffen. So habe man dieses Volk zusammengesucht, zusammengetrieben und es in der Wüste sich selbst überlassen; als nun die einen stumpfsinnig Tränen vergossen, habe Moyses, einer der Vertriebenen, sie aufgerufen, auf keine Unterstützung von Göttern und Menschen zu warten, da sie von beiden verlassen seien; vielmehr sollten sie nur auf sich selbst unter himmlischer Führung bauen, mit deren Hilfe sie schon jetzt das gegenwärtige Unglück überwinden wür-

ignari fortuitum iter incipiunt. (2) sed nihil aeque quam inopia aquae fatigabat, iamque haud procul exitio totis campis procubuerant, cum grex asinorum agrestium e pastu in rupem nemore opacam concessit. secutus Moyses coniectura herbidi soli largas aquarum venas aperit. id levamen; et continuum sex dierum iter emensi septimo pulsis cultoribus obtinuere terras, in quis urbs et templum dicata.

4 (1) Moyses quo sibi in posterum gentem firmaret, novos ritus contrariosque ceteris mortalibus indidit. profana illic omnia quae apud nos sacra, rursum concessa apud illos quae nobis incesta. (2) effigiem animalis, quo monstrante errorem sitimque depulerant, penetrali sacravere, caeso ariete velut in contumeliam Hammonis; bos quoque immolatur, quoniam Aegyptii Apin colunt. sue abstinent memoria cladis, quod ipsos scabies quondam turpaverat, cui id animal obnoxium. (3) longam olim famem crebris adhuc ieiuniis fatentur, et raptarum frugum argumentum panis Iudaicus nullo fermento detinetur. septimo die otium placuisse ferunt, quia is finem laborum tulerit; dein blandiente inertia septimum quoque annum ignaviae datum. (4) alii honorem eum Saturno haberi, seu principia religionis tradentibus Idaeis, quos cum Saturno pulsos et conditores gentis accepimus,

den. Sie stimmten zu, und in allem unerfahren, begannen sie auf gut Glück den Marsch. (2) Aber nichts setzte ihnen so zu wie der Wassermangel, und schon waren sie, dem Untergang nahe, ringsum auf der ganzen Wüstenfläche niedergesunken, als eine Herde Wildesel zu einem im Schatten eines Hains liegenden Felsen wechselte. Moyses folgte ihr, zog aus dem grasreichen Boden seine Schlüsse und fand reiche Wasseradern. Das bot ihnen Erquikkung; nach sechs Tagen ununterbrochenen Marsches vertrieben sie dann am siebenten Tag die früheren Bewohner und besetzten deren Land, in dem sie ihre Hauptstadt und ihren Tempel gründeten.

4 (1) Damit er sich des Volkes für die Zukunft versichere, gab Moyses ihm neue Kultbräuche, die im Gegensatz stehen zu denen aller übrigen Menschen. Unheilig ist dort alles, was bei uns heilig, andererseits ist erlaubt bei ihnen, was für uns als Schande gilt. (2) Ein Bild des Tieres, durch dessen Hinweis sie Herumirren und Durst überwunden hatten, weihten sie in ihrem Allerheiligsten, wobei sie einen Widder schlachteten, gleichsam zur Verhöhnung Ammons; auch Stieropfer bringen sie dar, weil die Ägypter den Apis verehren.[8] Schweinefleisch rühren sie nicht an – in Erinnerung an die Plage, weil auch sie damals der Aussatz entstellt hatte, von dem dieses Tier oft befallen wird. (3) Ihre einstige lange Hungersnot bezeugen sie bis heute durch oftmaliges Fasten, und als Erinnerung an den Raub von Feldfrüchten halten die Juden an ihrem ungesäuerten Brot fest. Am siebenten Tag, so sagt man, habe es ihnen gefallen, der Ruhe zu pflegen, da dieser Tag ihnen das Ende ihrer Plagen gebracht habe; als ihnen dann die Untätigkeit behagte, hätten sie auch jedes siebente Jahr dem Müßiggang geweiht. (4) Andere meinen, dies sei eine Ehrung für Saturn, sei es, weil die Idäer die Grundbegriffe ihrer Religion weitergegeben haben – sie wurden der Überlieferung nach gleichzeitig mit Saturn vertrieben und sind

seu quod de septem sideribus, quis mortales reguntur, altissimo orbe et praecipua potentia stella Saturni feratur, ac pleraque caelestium viam suam et cursus septenos per numeros commeare.

5 (1) Hi ritus quoquo modo inducti antiquitate defenduntur: cetera instituta, sinistra foeda, pravitate valuere. nam pessimus quisque spretis religionibus patriis tributa et stipes illuc congerebant, unde auctae Iudaeorum res, et quia apud ipsos fides obstinata, misericordia in promptu, sed adversus omnes alios hostile odium. (2) separati epulis, discreti cubilibus, proiectissima ad libidinem gens, alienarum concubitu abstinent; inter se nihil inlicitum. circumcidere genitalia instituerunt, ut diversitate noscantur. transgressi in morem eorum idem usurpant, nec quicquam prius imbuuntur quam contemnere deos, exuere patriam, parentes liberos fratres vilia habere. (3) augendae tamen multitudini consulitur; nam et necare quemquam ex agnatis nefas, animosque proelio aut suppliciis peremptorum aeternos putant: hinc generandi amor et moriendi contemptus. corpora condere quam cremare e more Aegyptio, eademque cura et de infernis persuasio, caelestium contra. (4) Aegyptii pleraque animalia effi-

die Begründer des Volkes –, sei es, weil von den sieben Gestirnen[9], durch die das Menschenleben bestimmt wird, in der obersten Kreisbahn mit mächtigstem Einfluß der Stern des Saturn seinen Umlauf beschreibe und die meisten Himmelskörper ihren Weg und ihre Bahn nach der Siebenzahl vollenden.

**5** (1) Diese Kultbräuche, auf welche Weise auch immer eingeführt, werden durch ihr hohes Alter gerechtfertigt; die übrigen Einrichtungen, unsinnig und abstoßend, kamen zur Geltung eben wegen ihrer Abscheulichkeit. Denn überall waren es gerade die übelsten Elemente, die ihren Väterglauben aufgaben und Tempelabgaben und Spenden dort zusammenhäuften; daher wuchs die Macht der Juden, und auch deshalb, weil unter ihnen unverbrüchliche Treue waltet und hilfsbereites Mitleid, gegen alle anderen aber feindseliger Haß.[10] (2) Abgesondert sind sie beim Essen, getrennt beim Schlafen, und obwohl ein der Sinnlichkeit ganz hingegebenes Volk, enthalten sie sich des Geschlechtsverkehrs mit fremdländischen Frauen; untereinander gilt ihnen nichts als unerlaubt. Die Sitte der Beschneidung haben sie eingeführt, um an diesem Unterscheidungsmerkmal erkannt zu werden. Alle, die zu ihrer Lebensform übertreten, halten sich an denselben Brauch, und nichts wird ihnen früher beigebracht, als die Götter zu verachten, ihr Vaterland zu vergessen, Eltern, Kinder, Brüder geringzuachten. (3) Dennoch kümmern sie sich um den Bevölkerungszuwachs; denn eines der nachgeborenen Kinder zu töten gilt als Frevel;[11] die Seelen der im Krieg oder durch Hinrichtung Umgekommenen halten sie für unsterblich: daher ihre Lust zur Fortpflanzung und ihre Todesverachtung. Die Leichen begraben sie, anstatt sie zu verbrennen, und dies nach ägyptischer Sitte; bei ihnen gilt auch derselbe Totenkult und dieselbe Vorstellung von der Unterwelt; ganz anders aber ihr Bild von den Himmlischen. (4) Die Ägypter verehren viele Tiere und zusam-

*Abb. 7. Relief von einer der Innenseiten des Titus-Bogens*
*Der Triumphzug*

*Abb. 8. Relief von der gegenüberliegenden Innenseite Beutestücke von der Eroberung Jerusalems*

giesque compositas venerantur, Iudaei mente sola unumque numen intellegunt: profanos, qui deum imagines mortalibus materiis in species hominum effingant; summum illud et aeternum neque imitabile neque interiturum. igitur nulla simulacra urbibus suis, nedum templis sistunt; non regibus haec adulatio, non Caesaribus honor. (5) sed quia sacerdotes eorum tibia tympanisque concinebant, hedera vinciebantur vitisque aurea templo reperta, Liberum patrem coli, domitorem Orientis, quidam arbitrati sunt, nequaquam congruentibus institutis. quippe Liber festos laetosque ritus posuit, Iudaeorum mos absurdus sordidusque.

**6** (1) Terra finesque, qua ad Orientem vergunt, Arabia terminantur, a meridie Aegyptus obiacet, ab occasu Phoenices et mare, septentrionem e latere Syriae longe prospectant. corpora hominum salubria et ferentia laborum. rari imbres, uber solum: [exuberant] fruges nostrum ad morem praeterque eas balsamum et palmae. palmetis proceritas et decor, balsamum modica arbor: ut quisque ramus intumuit, si vim ferri adhibeas, pavent venae; fragmine lapidis aut testa aperiuntur; umor in usu medentium est. (2) praecipuum montium Libanum erigit, mirum dictu, tantos inter ardores opacum fidumque nivibus; idem amnem Iordanen alit funditque. nec Iordanes pelago accipitur, sed unum atque alterum lacum integer perfluit, tertio retinetur. lacus immenso ambitu,

mengesetzte Götterbilder, bei den Juden gibt es nur eine Erkenntnis im Geist, den Glauben an einen einzigen Gott. Als Gotteslästerer betrachten sie alle, die Götterbilder aus irdischem Stoff nach dem Ebenbild der Menschen schaffen; jenes höchste und ewige Wesen sei weder darstellbar noch vergänglich. Daher stellen sie in ihren Städten keine Götterbilder auf, schon gar nicht in den Tempeln. Eine solche Huldigung erweisen sie nicht den Königen, eine solche Ehre nicht den Caesaren. (5) Weil aber ihre Priester Musik mit Flötenspiel und Pauken machten, sich mit Efeu bekränzten, und weil man im Tempel einen goldenen Rebstock[12] fand, glaubten einige, es werde Vater Liber verehrt, der Bezwinger des Orients, obwohl die Kultsatzungen keineswegs übereinstimmen; denn Liber stiftete festliche und fröhliche Bräuche, die Sitte der Juden ist widerwärtig und schäbig.

**6** (1) Das Land wird im Osten von Arabien begrenzt, im Süden schließt Ägypten an, im Westen Phönikien und das Meer, nach Norden, gegen Syrien zu, dehnt es sich weit aus. Die Menschen sind körperlich gesund und stark im Ertragen von Strapazen. Regen ist selten, der Boden fruchtbar: Feldfrüchte gibt es die gleichen wie bei uns, daneben noch Balsam und Palmen. Die Palmwälder sind hoch und schön gewachsen, der Balsambaum erreicht eine mäßige Höhe. Sobald der Saft in einem Zweig angeschwollen ist und man mit einem Messer hineinschneidet, schrumpfen die Saftgefäße; mit einem Steinsplitter oder einer Tonschale werden sie geöffnet, den Saft verwenden die Ärzte. (2) Als höchster Gebirgszug erhebt sich der Libanon, der merkwürdigerweise trotz der großen Hitze schattig und immer schneebedeckt ist; auch speist er den Jordanfluß und läßt ihn entströmen; jedoch ergießt sich der Jordan nicht ins Meer, sondern durchfließt erst den einen See, dann einen zweiten mit unverminderter Wassermenge, vom dritten wird er aufgenommen.[13] Der See hat einen gewaltigen Umfang und

specie maris, sapore corruptior, gravitate odoris accolis pestifer, neque vento impellitur neque pisces aut suetas aquis volucres patitur. inertes undae superiacta ut solido ferunt; periti imperitique nandi perinde attolluntur. (3) certo anni bitumen egerit, cuius legendi usum, ut ceteras artes, experientia docuit. ater suapte natura liquor et sparso aceto concretus innatat; hunc manu captum, quibus ea cura, in summa navis trahunt: inde nullo iuvante influit oneratque, donec abscindas. nec abscindere aere ferrove possis: fugit cruorem vestemque infectam sanguine, quo feminae per menses exsolvuntur. (4) sic veteres auctores, sed gnari locorum tradunt undantes bitumine moles pelli manuque trahi ad litus, mox, ubi vapore terrae, vi solis inaruerint, securibus cuneisque ut trabes aut saxa discindi.

7 (1) Haud procul inde campi, quos ferunt olim uberes magnisque urbibus habitatos fulminum iactu arsisse; et manere vestigia, terramque ipsam, specie torridam, vim frugiferam perdidisse. nam cuncta sponte edita aut manu sata, sive herba tenus aut flore seu solitam in speciem adolevere, atra et inania velut in cinerem vanescunt. (2) ego sicut inclitas quondam urbes igne caelesti flagrasse

gleicht einem Meer, der Geschmack des Wassers ist aber noch übler, der Gestank ist für die Anwohner gesundheitsschädlich; er wird von keinem Windhauch bewegt und bietet weder Fischen noch Wasservögeln Lebensraum. Die zähflüssige Wasserfläche trägt alles, was man auf sie wirft, wie auf festem Boden. Schwimmer und Nichtschwimmer werden in gleicher Weise emporgehoben. (3) Zu einer bestimmten Jahreszeit wirft er Asphalt[14] aus: die Fertigkeit beim Einsammeln haben sie ebenso wie die übrigen technischen Verfahren durch Erfahrung gelernt. Die von Natur schwarze Flüssigkeit, die durch Aufguß von Essig erstarrt, schwimmt auf der Seeoberfläche. Die damit Beschäftigten ergreifen diese Flüssigkeit mit der Hand und ziehen sie an Bord der Schiffe: von dort fließt sie ohne jegliches Zutun in das Schiff und bildet die Ladung, bis man sie losbricht; aber Bronze- oder Eisengeräte kann man dafür nicht verwenden. Der Asphalt verträgt nicht die Berührung mit Blut oder mit Tüchern, die mit der Monatsregel der Frauen benetzt sind. (4) Soweit die alten Autoren; die Ortskundigen aber berichten, man treibe die Asphaltblöcke zusammen und ziehe sie mit der Hand an den Strand; sobald sie dann durch die Glut des Bodens und die Hitze der Sonne ausgetrocknet seien, spalte man sie mit Beilen und Keilen wie Holzblöcke oder Steine.

7 (1) Nicht weit von dort liegen Ebenen, die einst Berichten nach fruchtbar und von großen Städten besiedelt waren, die aber vom Blitz getroffen in Flammen aufgegangen waren. Noch seien Spuren vorhanden, aber das Land selbst, vom Aussehen her schon ausgedörrt, habe seine Fruchtbarkeit verloren. Denn alles, was von selbst wächst oder von Menschenhand gesät wird, wächst zwar ins Kraut oder bis zur Blüte oder bis zur üblichen Gestalt, wird dann aber schwarz, wertlos und zerfällt gleichsam in Asche. (2) Ich will zwar zugeben, daß einst berühmte Städte durch Feuer vom Himmel

concesserim, ita halitu lacus infici terram, corrumpi superfusum spiritum, eoque fetus segetum et autumni putrescere reor, solo caeloque iuxta gravi. et Belius amnis Iudaico mari inlabitur, circa cuius os lectae harenae admixto nitro in vitrum excoquuntur. modicum id litus et egerentibus inexhaustum.

**8** (1) Magna pars Iudaeae vicis dispergitur, habent et oppida; Hierosolyma genti caput. illic immensae opulentiae templum, et primis munimentis urbs, dein regia, templum intimis clausum. ad fores tantum Iudaeo aditus, limine praeter sacerdotes arcebantur. (2) dum Assyrios penes Medosque et Persas Oriens fuit, despectissima pars servientium: postquam Macedones praepolluere, rex Antiochus demere superstitionem et mores Graecorum dare adnisus, quo minus taeterrimam gentem in melius mutaret, Parthorum bello prohibitus est; nam ea tempestate Arsaces desciverat. (3) tum Iudaei Macedonibus invalidis, Parthis nondum adultis (et Romani procul erant), sibi ipsi reges imposuere; qui mobilitate vulgi expulsi, resumpta per arma dominatione fugas civium, urbium eversiones, fratrum coniugum parentum neces aliaque solita regibus ausi superstitionem fovebant, quia honor sacerdotii firmamentum potentiae adsumebatur.

in Flammen aufgegangen sind, glaube aber doch, daß durch die Ausdünstung des Sees das Land vergiftet und die darüber lagernde Luft verpestet wird und deshalb der Ertrag der Saaten und des Herbstes verfault, da Boden und Klima gleich schädlich sind. Der Belius-Fluß mündet in das Jüdische Meer; der an seiner Mündung gesammelte Sand wird mit Salpeter vermischt und zu Glas geschmolzen. Dieser Küstenabschnitt ist nicht sehr lang, aber für die Sandgewinnung unerschöpflich.

**8** (1) Ein großer Teil Judäas ist übersät mit Dorfsiedlungen, sie haben aber auch Städte; Hierosolyma ist die Hauptstadt des Volkes. Dort steht ein Tempel von unermeßlichem Reichtum. Durch den äußeren Mauerring ist die Stadt, durch einen zweiten die Königsburg, durch den innersten der Tempel umschlossen. Nur bis zu dessen Toren hat ein Jude Zutritt, von der Schwelle werden alle außer den Priestern ferngehalten. (2) Solange der Orient unter der Herrschaft der Assyrer, Meder und Perser stand, waren sie der verachtetste Teil der Unterworfenen. Als die Makedonen die Vorherrschaft besaßen, versuchte der König Antiochus[15], ihnen den Aberglauben zu nehmen und griechische Gesittung zu geben; aber dieses in allem ekelerregende Volk zum Besseren zu wandeln, daran hinderte ihn der Krieg mit den Parthern; denn zu dieser Zeit war Arsakes[16] abgefallen. (3) Daraufhin – die Makedonen waren geschwächt, die Parther noch nicht erstarkt, und die Römer waren weit weg – setzten sich die Juden selbst Könige ein.[17] Diese wurden von dem wankelmütigen Volk vertrieben, gewannen aber mit Waffengewalt die Herrschaft zurück: Verbannung von Bürgern, Zerstörung von Städten, Mord an Brüdern, Gattinnen, Eltern, und alles, was unter Königen üblich ist – dazu erkühnten sie sich, förderten aber den Aberglauben, da sie die Hohepriesterwürde als Stütze ihrer Macht nutzten.

**9** (1) Romanorum primus Cn. Pompeius Iudaeos domuit templumque iure victoriae ingressus est: inde vulgatum nulla intus deum effigie vacuam sedem et inania arcana. muri Hierosolymorum diruti, delubrum mansit. mox civili inter nos bello, postquam in dicionem M. Antonii provinciae cesserant, rex Parthorum Pacorus Iudaea potitus interfectusque a P. Ventidio, et Parthi trans Euphraten redacti: Iudaeos C. Sosius subegit. (2) regnum ab Antonio Herodi datum victor Augustus auxit. post mortem Herodis, nihil expectato Caesare, Simo quidam regium nomen invaserat. is a Quinctilio Varo obtinente Syriam punitus, et gentem coercitam liberi Herodis tripertito rexere. sub Tiberio quies. dein iussi a C. Caesare effigiem eius in templo locare arma potius sumpsere, quem motum Caesaris mors diremit. (3) Claudius, defunctis regibus aut ad modicum redactis, Iudaeam provinciam equitibus Romanis aut libertis permisit, e quibus Antonius Felix per omnem saevitiam ac libidinem ius regium servili ingenio exercuit, Drusilla Cleopatrae et Antonii nepte in matrimonium accepta, ut eiusdem Antonii Felix progener, Claudius nepos esset.

**10** (1) Duravit tamen patientia Iudaeis usque ad Gessium Florum procuratorem: sub eo bellum ortum. et comprimere coeptantem Cestium Gallum Syriae legatum varia proelia ac saepius adversa excepere. qui ubi fato aut

**9** (1) Als erster Römer bezwang Gnaeus Pompeius[18] die Juden und betrat den Tempel nach dem Recht des Siegers. Seither ist bekannt, daß drinnen kein Götterbild stehe, die Stätte leer und der Geheimkult sinn- und zwecklos sei. Die Mauern von Hierosolyma wurden geschleift, der Tempel blieb erhalten. Als dann in der Zeit unserer Bürgerkriege diese Provinzen in die Gewalt des Marcus Antonius gekommen waren,[19] bemächtigte sich der Partherprinz Pacorus[20] Judäas; er wurde von Publius Ventidius[21] getötet, die Parther über den Euphrat zurückgedrängt; die Juden unterwarfen sich Gaius Sosius[22]. (2) Die Königsherrschaft wurde von Antonius dem Herodes übergeben, nach seinem Sieg erweiterte sie Augustus. Nach dem Tod des Herodes riß ein gewisser Simo, ohne auf die Verleihung durch den Caesar zu warten, die Königswürde an sich. Er wurde von Quinctilius Varus[23], dem Statthalter Syriens, bestraft, und über das gedemütigte Volk geboten die Söhne des Herodes, jeder über ein Drittel. Unter Tiberius herrschte Ruhe. Als sie dann von Gaius Caesar den Befehl erhielten, sein Standbild im Tempel aufzustellen, griffen sie lieber zu den Waffen; aber diesen Aufstand beendete der Tod des Caesars. (3) Nach dem Tod oder der Machtbeschränkung der Könige überließ Claudius die Provinz Judäa römischen Rittern und Freigelassenen, unter denen Antonius Felix[24] mit aller Grausamkeit und Willkür Königsrecht in Sklavengesinnung ausübte. Er heiratete Drusilla, die Enkelin der Kleopatra und des Antonius, so daß Felix Gatte der Enkelin ebendieses Antonius und Claudius der Enkel war.[25]

**10** (1) Dennoch dauerte die Geduld der Juden bis zur Prokuratur des Gessius Florus: unter ihm brach der Krieg aus. Der Legat von Syrien, Cestius Gallus, der ihn zu unterdrücken versuchte, hatte mannigfache, meist unglückliche Schlachten zu bestehen. Als er eines natürlichen Todes oder aus Lebensüberdruß gestorben war,

taedio occidit, missu Neronis Vespasianus fortuna famaque et egregiis ministris intra duas aestates cuncta camporum omnesque praeter Hierosolyma urbes victore exercitu tenebat. (2) proximus annus civili bello intentus quantum ad Iudaeos per otium transiit. pace per Italiam parta et externae curae rediere: augebat iras, quod soli Iudaei non cessissent; simul manere apud exercitus Titum ad omnes principatus novi eventus casusve utile videbatur.

**11** (1) Igitur castris, uti diximus, ante moenia Hierosolymorum positis instructas legiones ostentavit: Iudaei sub ipsos muros struxere aciem, rebus secundis longius ausuri et, si pellerentur, parato perfugio. missus in eos eques cum expeditis cohortibus ambigue certavit; mox cessere hostes et sequentibus diebus crebra pro portis proelia serebant, donec adsiduis damnis intra moenia pellerentur. (2) Romani ad obpugnandum versi; neque enim dignum videbatur famem hostium opperiri, poscebantque pericula, pars virtute, multi ferocia et cupidine praemiorum. ipsi Tito Roma et opes voluptatesque ante oculos; ac ni statim Hierosolyma conciderent, morari videbantur. (3) sed urbem arduam situ opera molesque firmaverant, quis vel plana satis munirentur. nam duos colles in immensum editos claudebant muri per artem obliqui aut introrsus sinuati, ut latera obpugnantium ad

entsandte Nero den Vespasianus, der dank seines Glücks, seines Rufes und seiner ausgezeichneten Helfer innerhalb zweier Sommer[26] das ganze Land und alle Städte außer Hierosolyma mit seinem siegreichen Heer fest in der Hand hielt. (2) Das nächste Jahr war dem Bürgerkrieg gewidmet und verging, was die Juden betraf, in Ruhe. Als der Friede in Italien errungen war, kehrten die auswärtigen Sorgen wieder. Es steigerte die Erbitterung, daß die Juden als einzige sich nicht gefügt hatten. Zugleich erschien es für alle Erfolge oder Rückschläge des neuen Prinzipates vorteilhaft, wenn Titus bei den Heeren bleibe.

**11** (1) So errichtete er denn, wie erwähnt, vor den Mauern Hierosolymas Lager, zeigte seine in Schlachtordnung aufgerückten Legionen. Die Juden ordneten sich zur Schlacht unmittelbar unterhalb der Stadtmauern, um sich bei günstigem Kampfverlauf weiter vorzuwagen oder, wenn sie geschlagen würden, eine Fluchtmöglichkeit zu haben. Reiter, die mit leichten Kohorten gegen sie ausgeschickt wurden, kämpften mit ihnen ohne Entscheidung; bald mußten sich die Feinde zurückziehen, lieferten aber an den folgenden Tagen vor den Toren noch eine Reihe von Gefechten, bis sie nach dauernden Verlusten hinter die Mauer getrieben wurden. (2) Nun traten die Römer zum Sturm an; denn es schien ihnen unwürdig, die Aushungerung der Feinde abzuwarten: sie verlangten nach Gefahren – ein Teil aus Tapferkeit, viele aus Verwegenheit und Gier nach Beutegewinn. Dem Titus selbst trat Rom mit seinem Reichtum und den Vergnügungsmöglichkeiten vor Augen; und wenn Hierosolyma nicht sofort fiele, schien das alles in weite Ferne gerückt. (3) Aber die auf steiler Höhe gelegene Stadt war durch gewaltige Wehrbauten befestigt, die auch in ebenem Gelände ausreichenden Schutz geboten hätten. Denn zwei hoch aufragende Hügel waren von Mauern umschlossen, die mit kunstvoller Technik in vorspringen-

ictus patescerent. extrema rupis abrupta, et turres, ubi mons iuvisset, in sexagenos pedes, inter devexa in centenos vicenosque attollebantur, mira specie ac procul intuentibus pares. alia intus moenia regiae circumiecta, conspicuoque fastigio turris Antonia, in honorem M. Antonii ab Herode appellata.

**12** (1) Templum in modum arcis propriique muri, labore et opere ante alios; ipsae porticus, quis templum ambibatur, egregium propugnaculum. fons perennis aquae, cavati sub terra montes et piscinae cisternaeque servandis imbribus. (2) providerant conditores ex diversitate morum crebra bella: inde cuncta quamvis adversus longum obsidium; et a Pompeio expugnatis metus atque usus pleraque monstravere. atque per avaritiam Claudianorum temporum empto iure muniendi struxere muros in pace tamquam ad bellum, magna conluvie et ceterarum urbium clade aucti; nam pervicacissimus quisque illuc perfugerat eoque seditiosius agebant. (3) tres duces, totidem exercitus: extrema et latissima moenium Simo, mediam urbem Ioannes [quem et Bargioram vocabant], templum Eleazarus firmaverat. multitudine et armis Ioannes ac Simo, Eleazarus loco pollebat: sed proelia dolus

den oder zurückweichenden Linien errichtet waren, so daß die Flanke der Sturmtruppen dem Beschuß ungedeckt offenstand. Nach außen fiel das Felsmassiv steil ab, und Türme erhoben sich, wo der Berg zustatten kam, 60 Fuß hoch, in den Einsenkungen 120 Fuß hoch – ein wunderbarer Anblick, und wenn man von weitem hinschaute, wirkten sie gleich hoch. Eine andere Mauer weiter innen umschloß die Königsburg; von ansehnlicher Höhe war der Antonius-Turm, der zu Ehren des Marcus Antonius von Herodes diesen Namen erhalten hatte.

**12** (1) Der Tempel war wie eine Burg angelegt und hatte eigene Mauern, ein mit größerem Arbeitsaufwand als alle anderen errichtetes Bauwerk;[27] selbst die um den Tempel angelegten Säulenhallen bildeten ein vortreffliches Bollwerk. Es gab dort eine ständig fließende Quelle, künstlich angelegte unterirdische Gänge, Fischteiche und Zisternen zum Auffangen des Regenwassers. (2) Die Erbauer hatten Kriege infolge der Verschiedenartigkeit der Lebensformen vorausgesehen: daher war alles für eine noch so lange Belagerung eingerichtet; und bei der Eroberung durch Pompeius hatten sie durch Furcht und Erfahrung viel dazugelernt. Bei der zu Claudius' Zeiten herrschenden Habgier hatten sie sich das Befestigungsrecht erkauft und erbauten Mauern – im Frieden so wie für den Kriegsfall, und durch das Zusammenströmen von allem möglichen Gesindel und die Zerstörung der anderen Städte wuchs die Bevölkerung.[28] Denn gerade die verwegensten Draufgänger hatten sich dorthin geflüchtet und gebärdeten sich nun noch aufsässiger. (3) Drei Heerführer gab es, ebenso viele Heere: die äußerste und längste Mauer hielt Simo besetzt, die Mittelstadt Ioannes, den Tempel Eleazar. In der Truppenzahl und der Bewaffnung lag die Stärke des Ioannes und des Simo, die Eleazars in seinem Kampfabschnitt. Aber zwischen ihnen kam es zu Gefechten, Hinterlist, Brandstiftun-

incendia inter ipsos, et magna vis frumenti ambusta. (4) mox Ioannes, missis per speciem sacrificandi, qui Eleazarum manumque eius obtruncarent, templo potitur. ita in duas factiones civitas discessit, donec propinquantibus Romanis bellum externum concordiam pareret.

**13** (1) Evenerant prodigia, quae neque hostiis neque votis piare fas habet gens superstitioni obnoxia, religionibus adversa. visae per caelum concurrere acies, rutilantia arma et subito nubium igne conlucere templum. apertae repente delubri fores et audita maior humana vox excedere deos; simul ingens motus excedentium. (2) quae pauci in metum trahebant: pluribus persuasio inerat antiquis sacerdotum litteris contineri eo ipso tempore fore, ut valesceret Oriens profectique Iudaea rerum potirentur. quae ambages Vespasianum ac Titum praedixerat, sed vulgus more humanae cupidinis sibi tantam fatorum magnitudinem interpretati ne adversis quidem ad vera mutabantur. (3) multitudinem obsessorum omnis aetatis, virile ac muliebre secus, sexcenta milia fuisse accepimus: arma cunctis, qui ferre possent, et plures quam pro numero audebant. obstinatio viris feminisque par; ac si transferre sedes cogerentur, maior vitae metus quam mortis. (4) hanc adversus urbem gentemque Caesar Titus, quando impetus et subita belli locus abnueret, aggeribus vineisque certare statuit: dividuntur legionibus

gen – und dabei verbrannte eine große Menge Getreide. (4) Dann schickte Ioannes unter dem Vorwand eines Opfers Leute aus, um Eleazar und seine Schar zu ermorden, und er bemächtigte sich des Tempels. So spaltete sich das Volk nun in zwei Parteien, bis beim Heranrükken der Römer der äußere Krieg Eintracht schuf.

**13** (1) Es waren Vorzeichen geschehen; doch sie durch Opfer und Gelübde zu entsühnen, hält das dem Aberglauben ergebene, heiligen Bräuchen abholde Volk für nicht erlaubt. Man sah am Himmel Schlachtreihen aufeinanderprallen, rot leuchtende Waffen und in plötzlichem Feuerschein der Wolken den Tempel aufleuchten. Plötzlich sprang das Tor des Heiligtums auf, und man hörte eine übermenschliche Stimme: »Die Götter ziehen aus« – und zugleich gewaltiges Getöse des Auszuges. (2) Das deuteten nur wenige als furchterregend, die Menge war überzeugt, in den alten Priesterschriften stehe geschrieben, eben zu dieser Zeit werde die Macht des Orients wachsen und Männer würden aus Judäa hinausziehen und sich der Weltherrschaft bemächtigen. Dieses Rätselwort hatte auf Vespasianus und Titus vorausgewiesen, aber die Menge deutete entsprechend menschlichem Wunschdenken die vom Schicksal verheißene Größe zu ihren Gunsten und ließ sich nicht einmal durch Rückschläge zur Wahrheit bekehren. (3) Die Zahl der Belagerten jeglichen Alters, männlichen und weiblichen Geschlechts, betrug, wie wir erfahren haben, 600 000. Waffen hatten alle, die sie nur tragen konnten, und Kampfesmut bewiesen mehr, als es der Gesamtzahl entsprochen hätte; gleich verbissenen Widerstand leisteten Männer wie Frauen, und würde man sie zwingen, ihre Wohnsitze zu verlegen, so hätten sie mehr Angst vor dem Leben als vor dem Tod. (4) Gegen diese Stadt und dieses Volk beschloß Caesar Titus, weil das Gelände Sturmangriff und Handstreich nicht zuließ, mit Schanzwerken und Laufgräben anzukämpfen: aufgeteilt wurden

munia et quies proeliorum fuit, donec cuncta expugnandis urbibus reperta apud veteres aut novis ingeniis struerentur.

**14** (1) At Civilis post malam in Treviris pugnam reparato per Germaniam exercitu apud Vetera castra consedit, tutus loco, et ut memoria prosperarum illic rerum augescerent barbarorum animi. secutus est eodem Cerialis, duplicatis copiis adventu secundae et tertiae decimae et quartae decimae legionum; cohortesque et alae iam pridem accitae post victoriam properaverant. (2) neuter ducum cunctator, sed arcebat latitudo camporum suopte ingenio umentium; addiderat Civilis obliquam in Rhenum molem, cuius obiectu revolutus amnis adiacentibus superfunderetur. ea loci forma, incertis vadis subdola et nobis adversa: quippe miles Romanus armis gravis et nandi pavidus, Germanos fluminibus suetos levitas armorum et proceritas corporum attollit.

**15** (1) Igitur lacessentibus Batavis ferocissimo cuique nostrorum coeptum certamen, deinde orta trepidatio, cum praealtis paludibus arma equi haurirentur. Germani notis vadis persultabant, omissa plerumque fronte latera ac terga circumvenientes. neque ut in pedestri acie comminus certabatur, sed tamquam navali pugna vagi inter

die Aufgaben unter den Legionen, und es herrschte Waffenruhe, bis alle Mittel, die zur Eroberung von Städten in alten Zeiten oder durch neue Erfindungen ersonnen worden waren, bereitstanden.

### *Bataveraufstand (Dritter Bericht)* [14–26

**14** (1) Aber Civilis hatte nach der unglücklichen Schlacht im Treverer-Land sein Heer in Germanien ergänzt und bezog bei Castra Vetera Lager, geschützt durch das Gelände und in der Absicht, daß bei der Erinnerung an die Erfolge dort die Bataver wieder Mut faßten. Auch Cerialis folgte ihm dorthin – mit doppelter Truppenstärke, da die 2., 13. und 14. Legion eingetroffen waren. Auch die schon längst angeforderten Kohorten und Schwadronen hatten sich nach dem Sieg beeilt. (2) Keiner der beiden Heerführer war ein Zauderer, doch waren für sie die weiten, von Natur aus feuchten Niederungen ein Hindernis. Auch hatte Civilis quer in den Rhein einen Damm bauen lassen, und durch diesen Riegel wurde das Wasser aufgestaut und ergoß sich über die angrenzenden Niederungen. So sah das Gelände aus: trügerisch wegen der unsicheren Furten und für uns ungünstig: denn der römische Soldat ist schwer mit Waffen belastet und hat Angst vor dem Schwimmen; die Germanen, an Flüsse gewöhnt, halten sich dank ihrer leichten Waffen und ihres schlanken Körperwuchses über Wasser.

**15** (1) Als daher die Bataver sie herausforderten, begannen die Verwegensten unserer Leute den Kampf; da brach Angst und Schrecken herein, als in den tiefen Sümpfen Waffen und Pferde versanken. Die Germanen sprengten über die ihnen bekannten Furten heran, gaben zumeist den Frontalangriff auf und umzingelten uns von den Flanken und im Rücken. Und nicht wie bei einer Landschlacht kämpften sie Mann gegen Mann, sondern es war wie bei einem Seegefecht: in den Wogen umher-

undas aut, si quid stabile occurrebat, totis illic corporibus nitentes, vulnerati cum integris, periti nandi cum ignaris in mutuam perniciem implicabantur. (2) minor tamen quam pro tumultu caedes, quia non ausi egredi paludem Germani in castra rediere. eius proelii eventus utrumque ducem diversis animi motibus ad maturandum summae rei discrimen erexit. Civilis instare fortunae, Cerialis abolere ignominiam: Germani prosperis feroces, Romanos pudor excitaverat. nox apud barbaros cantu aut clamore, nostris per iram et minas acta.

**16** (1) Postera luce Cerialis equite et auxiliariis cohortibus frontem explet, in secunda acie legiones locatae, dux sibi delectos retinuerat ad improvisa. Civilis haud porrecto agmine, sed cuneis adstitit: Batavi Cugernique in dextro, laeva ac propiora flumini Transrhenani tenuere. exhortatio ducum non more contionis apud universos, sed ut quosque suorum advehebantur. (2) Cerialis veterem Romani nominis gloriam, antiquas recentesque victorias; ut perfidum ignavum victum hostem in aeternum exciderent, ultione magis quam proelio opus esse. pauciores nuper cum pluribus certasse, ac tamen fusos Germanos, quod roboris fuerit: superesse qui fugam animis, qui vulnera tergo ferant. (3) proprios inde stimulos legionibus admovebat, domitores Britanniae quartadecimanos

treibend oder, wenn man festen Grund gefunden hatte, mit aller Kraft sich hinaufstemmend, Verwundete und Unverletzte, Schwimmkundige und Nichtschwimmer – alle zogen sich gegenseitig ins Verderben. (2) Dennoch waren die Verluste gering im Vergleich zum Schlachtgetöse, da sich die Germanen aus dem Sumpf nicht hinauswagten, sondern ins Lager zurückkehrten. Der Ausgang dieses Gefechtes trieb beide Heerführer aus verschiedenen Beweggründen an, die letzte Entscheidung rasch herbeizuführen. Civilis wollte seinem Glück nachsetzen, Cerialis die Schande tilgen: die Germanen wegen ihres Erfolges voll Kampfeswut, die Römer spornte ihr Ehrgefühl an. Die Nacht verging bei den Barbaren unter Gesang und Lärm, bei den Unsrigen unter Wut und Drohungen.

**16** (1) Am folgenden Morgen verstärkte Cerialis mit Reiterei und Auxiliarkohorten sein Vordertreffen, in das zweite Treffen wurden die Legionen gestellt, bei sich hatte der Heerführer Eliteeinheiten für unvorhergesehene Ereignisse zurückbehalten. Civilis stellte sein Heer nicht in entfalteter Linie auf, sondern in Keilen: die Bataver und Cugerner standen auf dem rechten Flügel, den linken, dem Fluß zugekehrten Abschnitt hielten die Rechtsrheinischen. Die anfeuernde Rede der Heerführer war nicht in der Art einer Heeresversammlung an die Gesamtheit gerichtet, sondern jeweils an die Abteilungen ihrer Leute, an die sie heranritten. (2) Cerialis sprach vom alten Ruhm des römischen Namens, von den vergangenen und den jüngsten Siegen; um den treulosen, feigen, besiegten Feind für alle Zeit auszurotten, sei eher Rache als Kampf nötig. Zahlenmäßig unterlegen, hätten sie unlängst mit einer Übermacht gekämpft – und doch seien die Germanen verjagt worden, und zwar ihre Kerntruppen. Übrig seien nur Leute, die Flucht im Herzen, Wunden auf dem Rücken trügen. (3) Dann rief er jeder Legion ein besonderes Wort des Ansporns zu: Bezwin-

appellans; principem Galbam sextae legionis auctoritate factum; illa primum acie secundanos nova signa novamque aquilam dicaturos. hinc praevectus ad Germanicum exercitum manus tendebat, ut suam ripam, sua castra sanguine hostium reciperarent. alacrior omnium clamor, quis vel ex longa pace proelii cupido vel fessis bello pacis amor, praemiaque et quies in posterum sperabatur.

17 (1) Nec Civilis silentem struxit aciem, locum pugnae testem virtutis ciens: stare Germanos Batavosque super vestigia gloriae, cineres ossaque legionum calcantes. quocumque oculos Romanus intenderet, captivitatem clademque et dira omnia obversari. ne terrerentur vario Trevirici proelii eventu: suam illic victoriam Germanis obstitisse, dum omissis telis praeda manus impediunt: sed cuncta mox prospera et hosti contraria evenisse. (2) quae provideri astu ducis oportuerit, providisse, campos madentes et ipsis gnaros, paludes hostibus noxias. Rhenum et Germaniae deos in aspectu: quorum numine capesserent pugnam, coniugum parentum patriae memores: illum diem aut gloriosissimum inter maiores aut ignominiosum apud posteros fore. (3) ubi sono armorum tripudiisque (ita illis mos) adprobata sunt dicta, saxis glandibusque et ceteris missilibus proelium incipitur,

ger Britanniens nannte er die »Vierzehner«[29]; Prinzeps sei Galba durch die Entscheidungstat der 6. Legion geworden;[30] in dieser Schlacht würden zum ersten Mal die »Zweier« ihre neuen Feldzeichen und den neuen Adler einweihen.[31] Von dort ritt er vor das germanische Heer und rief mit ausgestreckten Händen, sie sollten *ihr* Ufer, *ihr* Lager mit dem Blut der Feinde zurückgewinnen. Freudiger nun das Geschrei aller, die entweder nach langer Friedenszeit den Kampf wünschten oder kriegsmüde sich nach Frieden sehnten; auch erhoffte man für die Zukunft Belohnung und Ruhe.

17 (1) Auch Civilis ordnete sein Heer nicht unter allgemeinem Schweigen: den Kampfplatz rief er als Zeugen ihres Mannesmutes an: Germanen und Bataver stünden auf den Spuren ihres Ruhmes, mit Füßen träten sie Asche und Gebeine der Legionen. Wohin auch immer der Römer seine Augen wende, blickten ihm Gefangenschaft, Niederlage und Grauen aller Art entgegen. Sie sollten sich nicht schrecken lassen durch den unentschiedenen Ausgang der Schlacht im Treverer-Gebiet:[32] ihr eigener Sieg habe dort den Germanen im Wege gestanden, da sie von den Waffen ließen und mit Beute ihre Hände behinderten; aber doch habe sich alles bald zum Guten, für den Feind zum Nachteil gewendet.[33] (2) Worauf ein schlauer Führer im voraus achten müsse, darauf habe er geachtet: morastige Niederungen, ihnen selbst bekannt, Sümpfe, den Feinden verderblich. Den Rhein und Germaniens Götter hätten sie vor Augen: unter ihrem Schutz sollten sie den Kampf aufnehmen im Gedenken an Gattinnen, Eltern, Vaterland. Dieser Tag werde entweder der ruhmvollste sein vor ihren Ahnen oder einer der Schande für die Nachwelt. (3) Als sie mit Waffengeklirr und Kriegstanz – so ist es Brauch bei ihnen – seinen Worten Beifall gespendet hatten, begann der Kampf mit einem Hagel von Steinen, Kugeln und anderen Wurfgeschossen: unsere Soldaten rückten dies-

neque nostro milite paludem ingrediente et Germanis, ut elicerent, lacessentibus.

**18** (1) Absumptis quae iaciuntur et ardescente pugna procursum ab hoste infestius: immensis corporibus et praelongis hastis fluitantem labantemque militem eminus fodiebant; simul e mole, quam eductam in Rhenum rettulimus, Bructerorum cuneus transnatavit. turbata ibi res et pellebatur sociarum cohortium acies, cum legiones pugnam excipiunt suppressaque hostium ferocia proelium aequatur. (2) inter quae perfuga Batavus adiit Cerialem, terga hostium promittens, si extremo paludis eques mitteretur: solidum illa et Cugernos, quibus custodia obvenisset, parum intentos. duae alae cum perfuga missae incauto hosti circumfunduntur. quod ubi clamore cognitum, legiones a fronte incubuere, pulsique Germani Rhenum fuga petebant. debellatum eo die foret, si Romana classis sequi maturasset: ne eques quidem institit, repente fusis imbribus et propinqua nocte.

**19** (1) Postera die quartadecima legio in superiorem provinciam Gallo Annio missa: Cerialis exercitum decima ex Hispania legio supplevit: Civili Chaucorum auxilia venere. non tamen ausus oppidum Batavorum armis tueri, raptis quae ferri poterant, ceteris iniecto igni, in

mal nicht in das Sumpfgebiet vor, doch reizten sie die Germanen, um sie hervorzulocken.

**18** (1) Als man die Wurfgeschosse verbraucht hatte und der Kampf hitziger wurde, stießen die Feinde energischer vor. Dank ihrer ungeheuren Körpergröße und der überlangen Lanzen stießen sie aus einiger Entfernung auf unsere Soldaten ein, die keinen sicheren Stand hatten und daher schwankten. Zugleich kam von dem Damm, der, wie berichtet, in den Rhein hineingebaut worden war, der Schlachtkeil der Brukterer herübergeschwommen. Dort geriet nun alles in Verwirrung, und die Linie der Bundesgenossen-Kohorten wurde geworfen, als die Legionen den Kampf auffingen: der wilde Ansturm der Feinde wurde gebrochen und das Gleichgewicht im Kampf wiederhergestellt. (2) Währenddessen kam ein batavischer Überläufer zu Cerialis und versprach die Umgehung der Feinde, wenn am Rand des Sumpfes Reiter ausgeschickt würden; dort sei sicherer Boden, und die Cugerner, denen dort die Wache zugefallen, zeigten wenig Wachsamkeit. Zwei Schwadronen mit dem Überläufer wurden ausgeschickt und umzingelten den ahnungslosen Feind. Sowie man das an dem Geschrei erkannte, setzten die Legionen zum Frontalangriff an – die Germanen wurden geschlagen und suchten fliehend den Rhein zu erreichen. Der Krieg hätte noch an diesem Tag beendet werden können, wenn die römische Flotte rasch die Verfolgung aufgenommen hätte; aber nicht einmal die Reiterei setzte nach, da plötzlich Regen einsetzte und die Nacht schon nahe war.

**19** (1) Am folgenden Tag wurde die 14. Legion in die obergermanische Provinz zu Gallus Annius geschickt; Cerialis füllte sein Heer mit der 10. Legion aus Spanien auf; zu Civilis stießen Hilfsverbände der Chauken: trotzdem wagte er nicht, den Hauptort der Bataver mit Waffen zu schützen; er raffte allen beweglichen Besitz an sich, legte an das übrige Feuer und zog sich auf die Insel

insulam concessit, gnarus deesse naves efficiendo ponti, neque exercitum Romanum aliter transmissurum: (2) quin et diruit molem a Druso Germanico factam Rhenumque prono alveo in Galliam ruentem, disiectis quae morabantur, effudit. sic velut abacto amne tenuis alveus insulam inter Germanosque continentium terrarum speciem fecerat. (3) transiere Rhenum Tutor quoque et Classicus et centum tredecim Trevirorum senatores, in quis fuit Alpinius Montanus, quem a Primo Antonio missum in Gallias superius memoravimus. comitabatur eum frater D. Alpinius; simul ceteri miseratione ac donis auxilia concibant inter gentes periculorum avidas.

20 (1) Tantumque belli superfuit, ut praesidia cohortium alarum legionum uno die Civilis quadripertito invaserit, decimam legionem Arenaci, secundam Batavoduri et Grinnes Vadamque, cohortium alarumque castra, ita divisis copiis, ut ipse et Verax, sorore eius genitus, Classicusque ac Tutor suam quisque manum traherent, nec omnia patrandi fiducia, sed multa ausis aliqua in parte fortunam adfore: simul Cerialem neque satis cautum et pluribus nuntiis huc illuc cursantem posse medio intercipi. (2) quibus obvenerant castra decimanorum, obpugnationem legionis arduam rati egressum militem et caedendis materiis operatum turbavere, occiso praefecto castrorum et quinque primoribus centurionum paucisque

zurück, wohl wissend, daß Schiffe für einen Brückenbau fehlten und das römische Heer auf andere Weise nicht hinübergelangen könne. (2) Ja er zerstörte sogar den von Drusus Germanicus erbauten Damm[34] und ließ den Rhein, der ohnehin in starkem Gefälle gegen Gallien zuströmt, nach Zerstörung dieser Schutzbauten dorthin abfließen. Als so der Strom gleichsam abgeleitet war, sah das jetzt schmale Flußbett zwischen Insel und Germanen wie zusammenhängendes Landgebiet aus. (3) Den Rhein überschritten auch Tutor und Classicus und 113 Senatoren der Treverer; darunter war Alpinius Montanus, der, wie weiter oben berichtet,[35] von Primus Antonius nach Gallien geschickt worden war. Es begleitete ihn sein Bruder Decimus Alpinius. Zugleich versuchten die übrigen durch Erregen von Mitleid und durch Geschenke bei den ohnehin kampfesfreudigen Stämmen Hilfstruppen aufzubieten.

20 (1) So wenig war der Krieg zu Ende, daß Civilis die festen Plätze der Kohorten, Schwadronen und Legionen an einem Tag mit vier Abteilungen angriff, die 10. Legion in Arenacum, die zweite in Batavodurum und die Standlager der Kohorten und Schwadronen in Grinnes und Vada. Dabei hatte er seine Truppen so aufgeteilt, daß er selbst und Verax, der Sohn seiner Schwester, sowie Classicus und Tutor ihre eigenen Scharen führten: freilich glaubte er nicht, alles erreichen zu können, meinte aber, daß denen, die vieles wagten, irgendwie das Glück beistehen werde. Zugleich könne man Cerialis, der nicht vorsichtig sei und auf die sich mehrenden Nachrichten hierhin und dorthin eile, unterwegs abfangen. (2) Die Abteilung, welcher das Lager der »Zehner« zugefallen war, hielt einen Sturmangriff auf die Legion für zu schwierig; doch die Soldaten, die ausgerückt und mit Holzfällen beschäftigt waren, störten sie durch Angriffe – dabei fielen der Lagerpräfekt, fünf höherrangige Zenturionen und einige Soldaten, die übrigen verteidig-

militibus: ceteri se munimentis defendere. interim Germanorum manus Batavoduri interrumpere inchoatum pontem nitebantur: ambiguum proelium nox diremit.

**21** (1) Plus discriminis apud Grinnes Vadamque. Vadam Civilis, Grinnes Classicus obpugnabant: nec sisti poterant interfecto fortissimo quoque, in quis Briganticus praefectus alae ceciderat, quem fidum Romanis et Civili avunculo infensum diximus. sed ubi Cerialis cum delecta equitum manu subvenit, versa fortuna; praecipites Germani in amnem aguntur. (2) Civilis dum fugientes retentat, agnitus petitusque telis relicto equo transnatavit; idem Veraci effugium: Tutorem Classicumque adpulsae luntres vexere. ne tum quidem Romana classis pugnae adfuit, et iussum erat, sed obstitit formido et remiges per alia militiae munia dispersi. (3) sane Cerialis parum temporis ad exequenda imperia dabat, subitus consiliis set eventu clarus: aderat fortuna, etiam ubi artes defuissent; hinc ipsi exercituique minor cura disciplinae. et paucos post dies, quamquam periculum captivitatis evasisset, infamiam non vitavit.

**22** (1) Profectus Novaesium Bonnamque ad visenda castra, quae hiematuris legionibus erigebantur, navibus remeabat disiecto agmine, incuriosis vigiliis. animadversum id Germanis et insidias composuere: electa nox atra

ten sich hinter den Schanzwerken. Inzwischen bemühte sich eine Schar von Germanen, in Batavodurum die dort begonnene Brücke zu zerstören – das unentschiedene Gefecht beendete die Nacht.

**21** (1) Gefährlicher war die Lage bei Grinnes und Vada. Civilis bestürmte Vada, Classicus Grinnes. Man konnte sie nicht aufhalten, da schon die Tapfersten gefallen waren, darunter der Schwadronpräfekt Briganticus, der, wie berichtet, den Römern treu und mit seinem Onkel Civilis verfeindet war. Aber als Cerialis mit auserlesener Reiterschar zu Hilfe kam, wandte sich das Glück: Hals über Kopf wurden die Germanen in den Fluß getrieben. (2) Während Civilis die Fliehenden zurückhielt, wurde er erkannt und beschossen – er ließ sein Pferd zurück und schwamm über den Fluß. Ebenso gelang dem Verax die Flucht. Tutor und Classicus entkamen auf Kähnen, die dort vor Anker lagen. Nicht einmal jetzt griff die römische Flotte in den Kampf ein: und doch hatte sie Befehl erhalten, aber die Angst hinderte sie, und die Ruderknechte hatten sich zu anderen militärischen Dienstleistungen hierhin und dorthin verstreut. (3) Sicherlich gab Cerialis immer zu wenig Zeit zur Ausführung seiner Befehle – hastig in seinen Entschlüssen, aber durch Erfolge glänzend bestätigt. Zur Seite stand ihm das Glück, auch wenn er manchmal Kriegstaktik vermissen ließ; daher kümmerten er selbst und sein Heer sich nicht sehr viel um Disziplin. Und wenige Tage später entkam er zwar aus der Gefahr der Gefangennahme, der üblen Nachrede entging er nicht.

**22** (1) Er war nach Novaesium und Bonna gereist, um die Lager zu besichtigen, die man als Winterquartiere für die Legionen errichtete; zu Schiff machte er sich auf die Rückfahrt, der Heereszug war also geteilt, die Wachen unaufmerksam. Als die Germanen das merkten, planten sie einen Überfall: sie wählten eine wolkenverhüllte Nacht, ließen sich von der starken Strömung flußabwärts

nubibus, et prono amne rapti nullo prohibente vallum ineunt. (2) prima caedes astu adiuta: incisis tabernaculorum funibus suismet tentoriis coopertos trucidabant. aliud agmen turbare classem, inicere vincla, trahere puppes; utque ad fallendum silentio, ita coepta caede, quo plus terroris adderent, cuncta clamoribus miscebant. Romani vulneribus exciti quaerunt arma, ruunt per vias, pauci ornatu militari, plerique circum brachia torta veste et strictis mucronibus. (3) dux semisomnus ac prope intectus errore hostium servatur: namque praetoriam navem vexillo insignem, illic ducem rati, abripiunt. Cerialis alibi noctem egerat, ut plerique credidere, ob stuprum Claudiae Sacratae mulieris Ubiae. vigiles flagitium suum ducis dedecore excusabant, tamquam iussi silere, ne quietem eius turbarent; ita intermisso signo et vocibus se quoque in somnum lapsos. multa luce revecti hostes captivis navibus, praetoriam triremem flumine Lupia donum Veledae traxere.

**23** (1) Civilem cupido incessit navalem aciem ostentandi: complet quod biremium quaeque simplici ordine agebantur; adiecta ingens luntrium vis, tricenos quadragenosque ferunt, armamenta Liburnicis solita; et simul captae luntres sagulis versicoloribus haud indecore pro velis iuva-

treiben und drangen, von niemandem behindert, in die Umwallung ein. (2) Beim Beginn des Gemetzels half ihnen eine List: sie hieben die Zeltseile durch und erschlugen die unter ihren eigenen Zelten Begrabenen. Eine andere Abteilung überfiel die Flotte, warf Taue auf die Schiffe und zog sie am Hinterdeck weg. Und wie sie zunächst, um unentdeckt zu bleiben, Schweigen bewahrt hatten, so erfüllten sie nun, da das Morden begonnen hatte, um noch mehr Schrecken zu verbreiten, alles mit ihrem Geschrei: die Römer, erst durch die Wunden geweckt, suchten nach den Waffen, rannten durch die Lagergassen, nur wenige feldmäßig gerüstet, die meisten hatten Kleidungsstücke um den Arm gewickelt und das Schwert gezückt. (3) Der Heerführer, noch halb im Schlaf und fast unbekleidet, kam durch einen Irrtum der Feinde heil davon: denn diese kaperten das an der Fahne kenntliche Flaggschiff, auf dem sie den Heerführer vermuteten. Cerialis hatte aber anderswo die Nacht verbracht, wie die meisten glaubten, wegen eines Liebesabenteuers mit Claudia Sacrata, einer verheirateten Ubierin. Die Wachen entschuldigten ihr schändliches Versagen mit dem ehrlosen Verhalten des Führers: sie hätten, so sagten sie, Schweigegebot gehabt, um seine Ruhe nicht zu stören. So seien Wachsignale und Zurufe unterblieben[36], und sie selbst seien ebenfalls eingeschlafen. Am hellen Tag fuhren die Feinde mit den erbeuteten Schiffen zurück, das Flaggschiff, einen Dreiruderer, schleppten sie als Geschenk für Veleda den Lupia-Fluß hinauf.

**23** (1) Den Civilis überkam die Lust, seine Kriegsflotte vorzuführen: er bemannte alle Zweiruderer und sämtliche Schiffe, die durch einfache Ruderreihen angetrieben wurden; dazu kam eine gewaltige Menge von Kähnen mit einer Besatzung von 300 bis 400 Mann, die Ausrüstung war die bei Liburnerschiffen übliche;[37] außerdem wurden erbeutete Kähne mit buntfarbigen Mänteln – ein

bantur. spatium velut aequoris electum, quo Mosae fluminis os amnem Rhenum Oceano adfundit. (2) causa instruendae classis super insitam genti vanitatem, ut eo terrore commeatus Gallia adventantes interciperentur. Cerialis miraculo magis quam metu derexit classem, numero imparem, usu remigum, gubernatorum arte, navium magnitudine potiorem. his flumen secundum, illi vento agebantur: sic praevecti temptato levium telorum iactu dirimuntur. (3) Civilis nihil ultra ausus trans Rhenum concessit: Cerialis insulam Batavorum hostiliter populatus agros villasque Civilis intactas nota arte ducum sinebat, cum interim flexu autumni et crebris per aequinoctium imbribus superfusus amnis palustrem humilemque insulam in faciem stagni opplevit. nec classis aut commeatus aderant, castraque in plano sita vi fluminis differebantur.

**24** (1) Potuisse tunc opprimi legiones et voluisse Germanos, sed dolo a se flexos imputavit Civilis; neque abhorret vero, quando paucis post diebus deditio insecuta est. nam Cerialis per occultos nuntios Batavis pacem, Civili veniam ostentans, Veledam propinquosque monebat fortunam belli, tot cladibus adversam, opportuno erga populum Romanum merito mutare: caesos Treviros,

schöner Anblick – als Segelersatz versehen, um die Fahrt zu beschleunigen. Eine meerähnliche Fläche wurde ausgewählt, wo die Mündung der Mosa den Rhein in den Ozean ergießt. (2) Der Grund für diese Flottenparade lag, abgesehen von der diesem Volk angeborenen Prahlerei, darin, durch dieses Schreckmanöver den aus Gallien eintreffenden Nachschub abzufangen. Cerialis ließ mehr aus Verwunderung als aus Furcht seine Flotte dorthin steuern; sie war zahlenmäßig schwächer, aber durch die Erfahrung der Ruderer, die Geschicklichkeit der Steuerleute und die Größe der Schiffe überlegen. Die einen wurden von der Flußströmung, die anderen vom Wind getrieben. So fuhren sie aneinander vorbei, lieferten einen leichten Schußwechsel und trennten sich wieder. (3) Civilis wagte keinen weiteren Angriff und zog sich über den Rhein zurück;[38] Cerialis verwüstete die Bataverinsel wie Feindesland, ließ aber die Felder und Gehöfte des Civilis nach alter Feldherrnlist unversehrt;[39] da inzwischen der Herbst zur Neige ging und während der Tag- und Nachtgleiche starke Regenfälle einsetzten, trat der Fluß über die Ufer und überschwemmte die sumpfige, niedrige Insel, so daß sie wie ein See aussah. Weder Flotte noch Nachschub waren vorhanden, und das in der Ebene gelegene Lager wurde durch den reißenden Strom weggeschwemmt.

**24** (1) Daß man damals die Legionen hätte überwältigen können und die Germanen das auch gewollt, von ihm aber mit List davon abgebracht worden seien, das rechnete sich Civilis als Verdienst an. Und das entspricht auch der Wahrheit, weil wenige Tage später die Kapitulation erfolgte. Denn Cerialis stellte durch geheime Boten den Batavern Frieden, dem Civilis Gnade in Aussicht und mahnte Veleda und ihre Verwandten, das Kriegsglück, das ihnen so viele Rückschläge eingebracht, rechtzeitig durch einen Dienst am römischen Volk zu wenden: vernichtet seien die Treverer, wiedergewonnen die

receptos Ubios, ereptam Batavis patriam; neque aliud Civilis amicitia partum quam vulnera fugas luctus. (2) exulem eum et extorrem recipientibus oneri, et satis peccavisse, quod totiens Rhenum transcenderint. si quid ultra moliantur, inde iniuriam et culpam, hinc ultionem et deos fore.

**25** (1) Miscebantur minis promissa; et concussa Transrhenanorum fide inter Batavos quoque sermones orti: non prorogandam ultra ruinam, nec posse ab una natione totius orbis servitium depelli. quid profectum caede et incendiis legionum, nisi ut plures validioresque accirentur? si Vespasiano bellum navaverint, Vespasianum rerum potiri: sin populum Romanum armis vocent, quotam partem generis humani Batavos esse? (2) respicerent Raetos Noricosque et ceterorum onera sociorum: sibi non tributa, sed virtutem et viros indici. proximum id libertati; et si dominorum electio sit, honestius principes Romanorum quam Germanorum feminas tolerari. (3) haec vulgus, proceres atrociora: Civilis rabie semet in arma trusos; illum domesticis malis excidium gentis opposuisse. tunc infensos Batavis deos, cum obsiderentur legiones, interficerentur legati, bellum uni necessarium, ferale ipsis sumeretur. ventum ad extrema, ni

Ubier, entrissen sei den Batavern ihre Heimat, nichts anderes hätten sie durch die Freundschaft mit Civilis erreicht als Wunden, Flucht und Trauer. (2) Verbannt und heimatlos, sei er für alle eine Last, die ihn aufnähmen; und sie seien schon schuldbeladen genug, weil sie so oft den Rhein überschritten hätten. Sollten sie noch weiterhin Unruhe stiften, würden Unrecht und Schuld auf ihrer Seite sein, auf der anderen Rache und Götter.

**25** (1) Zu den Drohungen fügte man Versprechungen; und als die Treue der Rechtsrheinischen erschüttert war, erhoben sich auch bei den Batavern Stimmen: man dürfe nicht noch länger das Vernichtungswerk ausdehnen, auch könne nicht durch ein einziges Volk die Knechtschaft der ganzen Welt abgeschüttelt werden. Was hätten sie erreicht mit Mord und Brand unter den Legionen, als daß immer noch mehr und stärkere herbeigerufen wurden. Wenn sie für Vespasianus am Krieg teilgenommen hätten – Vespasianus besitze nun die gesamte Macht; wenn sie aber das römische Volk mit Waffengewalt herausforderten – der wievielte Teil des Menschengeschlechtes seien denn die Bataver? (2) Sie sollten doch auf die Räter, Noriker und die Lasten der übrigen Bundesgenossen schauen: von ihnen selbst würden nicht Tributzahlungen, sondern Tapferkeit und Männer verlangt: das sei doch fast schon Freiheit. Und wenn man die Wahl zwischen den Herren habe, so sei es ehrenhafter, die Herrscher der Römer als germanische Frauen zu ertragen. (3) Soweit das Volk, schärfer die Worte der Adeligen: mit seiner Raserei habe Civilis sie zu den Waffen getrieben; er habe wegen seiner persönlichen Kränkung das Volk der Vernichtung preisgegeben. Damals hätten die Götter den Batavern gezürnt, als die Legionen belagert, die Legaten ermordet wurden und der Krieg, nur für einen notwendig, für sie selbst der Untergang, seinen Anfang nahm. Nun sei es zum Äußersten gekommen,

resipiscere incipiant et noxii capitis poena paenitentiam fateantur.

**26** (1) Non fefellit Civilem ea inclinatio et praevenire statuit, super taedium malorum etiam spe vitae, quae plerumque magnos animos infringit. petito conloquio scinditur Nabaliae fluminis pons, in cuius abrupta progressi duces, et Civilis ita coepit: (2) 'si apud Vitellii legatum defenderer, neque facto meo venia neque dictis fides debebatur; cuncta inter nos inimica: hostilia ab illo coepta, a me aucta erant: erga Vespasianum vetus mihi observantia, et cum privatus esset, amici vocabamur. (3) hoc Primo Antonio notum, cuius epistulis ad bellum actus sum, ne Germanicae legiones et Gallica iuventus Alpes transcenderent. quae Antonius epistulis, Hordeonius Flaccus praesens monebat: arma in Germania movi, quae Mucianus in Syria, Aponius in Moesia, Flavianus in Pannonia * * *

wenn sie nicht wieder zu Vernunft kämen und durch die Bestrafung des Schuldigen ihre Reue bekundeten.

**26** (1) Dem Civilis entging nicht dieser Sinnesumschwung, und er beschloß zuvorzukommen: abgesehen davon, daß er der Rückschläge müde war, hoffte er auch, sein Leben zu retten – und das beugt oft auch hohen Mut. Er bat um eine Unterredung, und man riß die Brücke über den Nabalia-Fluß ab; die Heerführer traten an die Abbruchstellen, und Civilis begann folgendermaßen: (2) »Hätte ich mich vor einem Legaten des Vitellius zu verteidigen, würden weder mein Verhalten Gnade, noch meine Worte Glauben finden: alles zwischen uns war von persönlicher Abneigung bestimmt; die Feindseligkeiten waren von ihm begonnen, von mir gesteigert worden. Gegenüber Vespasianus empfinde ich seit jeher Hochachtung, und als er noch gewöhnlicher Bürger war, nannte man uns Freunde. (3) Das ist dem Primus Antonius wohlbekannt; durch seine Briefe wurde ich in den Krieg gehetzt, damit nicht die germanischen Legionen und die gallische Jungmannschaft die Alpen überschreiten. Wozu Antonius in Briefen, dazu forderte mich Hordeonius Flaccus persönlich auf. Ich habe in Germanien die Waffen erhoben, so wie Mucianus in Syrien, Aponius in Mösien, Flavianus in Pannonien***«[40]

## Fragmenta Historiarum

**1.** Sulpicius Severus Chron. II. 30. 3. Iudaei obsidione clausi, quia nulla neque pacis neque deditionis copia dabatur, ad extremum fame interibant, passimque viae oppleri cadaveribus coepere, victo iam officio humandi: quin omnia nefanda esca super ausi ne humanis quidem corporibus pepercerunt, nisi quae eiusmodi alimentis tabes praeripuerat.

**2.** Sulpicius Severus Chron. II. 30. 6. Fertur Titus adhibito consilio prius deliberasse, an templum tanti operis everteret. etenim nonnullis videbatur aedem sacratam ultra omnia mortalia inlustrem non oportere deleri, quae servata modestiae Romanae testimonium, diruta perennem crudelitatis notam praeberet. at contra alii et Titus ipse evertendum in primis templum censebant, quo plenius Iudaeorum et Christianorum religio tolleretur: quippe has religiones, licet contrarias sibi, isdem tamen ab auctoribus profectas; Christianos ex Iudaeis extitisse: radice sublata stirpem facile perituram.

## Historien-Fragmente

### 1 Sulpicius Severus, Chron. II 30,3[1]

Die durch Belagerung eingeschlossenen Juden gerieten in Gefahr, da keine Möglichkeit zu Frieden oder Unterwerfung gegeben war, zuletzt den Hungertod zu sterben; schon begannen sich allenthalben die Straßen mit Leichen zu füllen, da man nicht mehr an die Bestattungspflicht dachte: ja, alle Abscheulichkeiten wagten sie um der Nahrung willen, nicht einmal Leichen von Menschen schonten sie, außer von solchen, die nach Genuß derartiger Nahrung die Seuche hinweggerafft hatte.

### 2 Sulpicius Severus, Chron. II 30,6

Titus habe, so berichtet man, den Kriegsrat beigezogen und zunächst überlegt, ob er einen so gewaltigen Tempel zerstören solle. Denn einige glaubten, ein geweihtes, weit über alle Menschenwerke berühmtes Heiligtum dürfe nicht vernichtet werden; da seine Erhaltung als Zeugnis römischer Mäßigung, die Zerstörung als ewiger Schandfleck der Grausamkeit gelten werde. Dagegen meinten andere und auch Titus, daß man vor allem den Tempel niederreißen müsse, damit so die Religion der Juden und Christen vollständig ausgerottet werde; denn diese Religionen seien trotz ihrer Gegensätzlichkeit von denselben Stiftern ausgegangen; die Christen hätten sich aus den Juden entwickelt; beseitige man die Wurzel, werde der Stamm leicht zugrunde gehen.

**3.** Orosius VII. 9. 7. Sescenta milia Iudaeorum eo bello interfecta Cornelius et Suetonius referunt.

**4.** Orosius VII. 3. 7. Deinde, ut verbis Cornelii Taciti loquar, sene Augusto Ianus patefactus, dum apud extremos terrarum terminos novae gentes saepe ex usu et aliquando cum damno quaeruntur, usque ad Vespasiani duravit imperium. hucusque Cornelius.

**5.** Orosius VII. 19. 4. Gordianus [. . .] Iani portas aperuit: quas utrum post Vespasianum et Titum aliquis clauserit, neminem scripsisse memini, cum tamen eas ab ipso Vespasiano post annum apertas Cornelius Tacitus prodat.

**6.** Orosius VII. 10. 4. Nam quanta fuerint Diurpanei, Dacorum regis, cum Fusco duce proelia quantaeque Romanorum clades, longo textu evolverem, nisi Cornelius Tacitus, qui hanc historiam diligentissime contexuit, de reticendo interfectorum numero et Sallustium Crispum et alios auctores quam plurimos sanxisse et se ipsum idem potissimum elegisse dixisset.

3 Orosius VII 9,7[2]

600 000 Juden wurden in diesem Krieg getötet, berichten Cornelius und Sueton.

4 Orosius VII 3,7

Hierauf wurde, um mit den Worten des Cornelius Tacitus zu sprechen, in den letzten Lebensjahren des Augustus der Janus-Tempel geöffnet und blieb es auch, während an den äußersten Grenzen der Erde neue Völkerschaften oft zu ihrem Vorteil, manchmal zu ihrem Schaden dem Reiche eingegliedert wurden, bis zur Herrschaft Vespasians. Soweit Cornelius.

5 Orosius VII 19,4

Gordianus [. . .] öffnete die Tore des Janus-Tempels[3]; ob sie nach Vespasianus und Titus jemand geschlossen habe, das hat, soweit ich mich erinnere, niemand aufgeschrieben, während doch Cornelius Tacitus überliefert, sie seien von Vespasianus selbst nach einem Jahr geöffnet worden.

6 Orosius VII 10,4

Denn wie gewaltig die Schlachten des Dakerkönigs Diurpaneus gegen den römischen Feldherrn Fuscus[4] und wie groß die Verluste der Römer waren, würde ich in einem langen Abschnitt darlegen, wenn nicht Cornelius Tacitus, der die Geschichte sorgfältig aufgezeichnet hat, gesagt hätte, Sallustius Crispus und andere zahlreiche Autoren hätten den Grundsatz aufgestellt, die Zahl der Toten zu verschweigen, und er selbst hat sich dem gerne angeschlossen.

7. Orosius VII. 34. 5. Theodosius [. . .] maximas illas Scythicas gentes formidatasque cunctis maioribus, Alexandro quoque illi Magno, sicut Pompeius Corneliusque testati sunt, evitatis [. . .], hoc est Alanos Hunos et Gothos, incunctanter adgressus magnis multisque proeliis vicit.

8. Servii Comment. in Verg. Aen. III. 399. Hi vero (Locri), qui iuxta Delphos colunt, Ozolae nuncupantur [. . .] qui autem Libyam delati sunt, Nasamones appellantur, ut Cornelius Tacitus refert, oriundi a Naryciis etc.

7 Orosius VII 34,5

Theodosius[5] [...] hat jene starken Skythenstämme, die von allen unseren Vorfahren gefürchtet, auch von Alexander dem Großen, wie Pompeius[6] und Cornelius bezeugen, gemieden worden waren [...], nämlich die Alanen, Hunnen und Goten, ohne Zögern angegriffen und in vielen Schlachten besiegt.

8 Servius, Comm. in Verg. Aen. III 399[7]

Diese aber (die Lokrer), die in der Nähe von Delphi wohnen, werden Ozoler genannt [...]; diejenigen aber, die nach Libyen verschlagen wurden, heißen Nasamonen[8], wie Cornelius Tacitus berichtet, als Nachfahren der Bewohner von Naryx[9].

# Zum lateinischen Text

Die *Historien* des Tacitus sind in über 30 Handschriften überliefert, die aber alle auf eine einzige Vorlage zurückgehen, den codex Mediceus II (codex Laurentianus) 68,5 aus dem 11. Jahrhundert. Dieser Codex wurde im Kloster Monte Cassino zwischen 1038 und 1058 geschrieben.[1] Unter nicht ganz geklärten Umständen wurde diese Handschrift um die Mitte des 14. Jahrhunderts aus der Klosterbibliothek entwendet – an dem Diebstahl soll auch Giovanni Boccaccio irgendwie beteiligt gewesen sein.[2] Daß Boccaccio in den Codex Einsicht genommen hat, ist aus Tacitus-Zitaten in seinem Werk *De claris mulieribus* bewiesen. Möglicherweise spielte aber Angelo Acciaioli bei dem Diebstahl die führende Rolle: er war 1342–55 Bischof von Florenz, ab 1357 lebte er als Bischof von Monte Cassino in Neapel. Die Handschrift kam bald in den Besitz des Humanisten Niccolò Niccoli, der sie der Bibliothek von San Marco in Florenz schenkte. Von dort kam sie dann in die Bibliotheca Laurentiana.

Unserem Text dient als Vorlage die Ausgabe von C. D. Fisher (Oxford: Oxford University Press, 1911), allerdings wurden auch die Editionen von H. Goelzer, (Paris: Les Belles Lettres, 1959) und H. Heubner (Stuttgart: Teubner, 1978) zum Vergleich herangezogen. Im folgenden sind die Abweichungen vom Text der Oxoniensis angeführt, jeweils an letzter Stelle steht die Lesart der vorliegenden Ausgabe.

| | | |
|---|---|---|
| I | 49,1: | prioribus: primoribus (Faenus) |
| | 52,2: | aviditate imperitandi: secl. H. Heubner |
| | 77,3: | †Saevino P . . .: Scaevino Paquio (Hirschfeld) |
| | 79,2: | dispersi aut cupidine praedae graves: dispersi cupidine praedae aut graves (corr. Acidalius) |
| | 90,3: | ex libidine servitii: ut in familiis: ex libidine servitii, ut in familiis |
| II | 4,4: | belli †labor: belli ardor (Rhenanus) |
| | 6,1: | praecipitibus: pernicibus (Jacob) |

1 H. Heubner, Einl. zu *P. Cornelii Taciti libri qui supersunt II 1: Historiarum libri*, Stuttgart 1978, S. III.

2 Vgl. dazu J. v. Stackelberg, S. 44 ff.

20,1: [barbarum tecgmen]: barbarum tegumen (Koestermann)
76,1: ipsis gloriosum, promptum effectu: ipsis gloriosum, an promptum (Classen)
76,3: non cupisse: concupisse M
81,1: servientium: inservientium M
100,3: Patavii: patui M, patuit (Heubner)

III 5,1: †commissior†: fidei quam iussorum (Scheffer)
6,3: principia belli secundum Flavianos data: nach 7,1: Vulgata victoria post principia belli secundum Flavianos data (s. H. Heubner, Komm., III, 29 f.)
15,2: curabant: cursabant (Haase)
18,1: forte victi: †forte victi† (vgl. Anm. III 19)
44: inditus erga Vespasianum favor M, inclinatus (Heubner), insitus (Ernesti, Heraeus)
56,3: ut aspera quae utilia: aspere (Bipontini)
71,4: depellunt: depulerint (Heubner)
72,1: quo tantae cladis pretio stetit? pro patria bellavimus?: quo tantae cladis pretio? stetit ⟨dum⟩ pro patria bellavimus (Haase)
86,1: patrem illi . . . Luceriam: patrem illi ⟨Lucium Vitellium censorem et ter consulem fuisse memoravi, patriam habuit⟩ Luceriam (Andresen)

IV 4,3: bonum principem: novum principem (Halm)
** falsa aberant: ⟨ita ipsi decorum, quippe⟩ falsa aberant (Andresen)
12,3: arma equosque retinens integris turmis Rhenum perrumpere . . .: ⟨quo⟩ arma equosque retinens integris turmis Rhenum perrumpere (Koestermann)
13: Iulius Paulus et Iulius Civilis: Iulius Civilis et Claudius Paulus (Heraeus)
15,2: proximo [occupata] Oceano: proxima [occupata] Oceano (Heubner)
22,3: armatorum Romanorum: armatorum [Romanorum] (Heubner)
24,1: ipse navibus invadit invalidus: ipse navibus invalidus M
37,3: incruenti: incruentati quia (Heraeus); incruentati: in via
40,3: iustum iudicium: iustam vindictam (Meiser)

V 1,2: multi quos: multique (Halm)
9,2: Quintilio Varo: Quinctilio Varo (vgl. IV,17,4)

# Anmerkungen

## Buch I

1 Die Einleitung (Kap. 1–11) ist dreigeteilt:
1: Tacitus als Fortsetzer der annalistischen Geschichtsschreibung,
2/3: allgemeine Charakteristik der Epoche,
4–11: Überblick über die Lage in Rom und in den Provinzen am Ende des Jahres 68.

2 Mit der Angabe der Konsuln des Jahres 69 zeigt Tacitus seine Absicht, Geschichte in der alten Tradition der Annalistik zu schreiben. Diese – politisch motivierte – Absicht unterstreichen Anklänge an die Proömien zu den Historien des Sallust (F. Klingner, »Über die Einleitung der Historien des Sallust«, in: *Hermes* 63, 1928, S. 167 f.) und zu dem Geschichtswerk des Livius (Fuhrmann, 1960, S. 250 f.). – Galba war zum ersten Mal Konsul im Jahre 33 (Tac. ann. 6,15; Suet. Galba 6).

3 Seeschlacht bei Actium, 31 v. Chr.; Octavianus, ab 27 v. Chr. mit dem Titel »Augustus« ausgezeichnet, hat nun die alleinige Macht im Staat.

4 In den Jahren 112/113 war Tacitus Prokonsul der Provinz Asia. Diese Statthalterschaft bedeutete in der Kaiserzeit einen Höhepunkt in der senatorischen Karriere.

5 Dieser Plan ist nicht zur Ausführung gelangt. Die Historien reichten in den verlorenen Büchern bis 96 (Tod Domitians); in dem geplanten Werk sollten die Jahre 96–98 (Nerva) und 98–117 (Trajan) behandelt werden.

6 Dieser Textabschnitt ist gekennzeichnet durch innere Zerrissenheit des Geschilderten und »äußere Monotonie nominaler Ausdrücke« (Heubner, Komm. z. St., I, S. 19; vgl. Fuhrmann, 1960, S. 253).

7 Galba: 15. Januar 69; Otho: 16. April 69; Vitellius: 20. Dezember 69; Domitian: 18. September 96.

8 Es sind die Kriege Otho/Vitellius, Vitellius/Vespasian, Domitian/L. Antonius Saturninus, Statthalter von Obergermanien.

9 Im Osten: Sieg über die Juden durch Vespasian und Titus (70); im Westen: Bataveraufstand unter Civilis (69/70).

10 Der Ausdruck bezieht sich in rhetorischer Übertreibung nur auf den nördlichen, von Agricola (78–85 Statthalter in Britannia) unterworfenen Teil der Insel (nördlich von Forth und Clyde), der von Domitian wieder aufgegeben wurde.

11 Die Daker fügten den Römern 80 und 85 zwei schwere Niederlagen zu (vgl. Hist. frg. 6).

12 Darüber Suet. Nero 57,2: »Als endlich 20 Jahre später [...] ein unbekannter Mann auftrat, der sich für Nero ausgab, stand der Name bei den Parthern noch in so hoher Gunst, daß sie jenen lange eifrig unterstützten und nur ungern auslieferten.«

13 Die Stelle bezieht sich auf den Vesuvausbruch des Jahres 79, bei dem die Städte Pompeji, Herculaneum und Stabiae vernichtet und durch ein Seebeben und die Vulkantätigkeit die gesamte Küstenlinie der Bucht von Neapel verändert wurde (dazu: Plin. ep. 6,16.20; Tac. ann. 4,67).

14 »Klippen« ist ein rhetorisch überspitzter Ausdruck für die kleinen Inseln in der Ägäis, aber auch im Tyrrhenischen Meer, die als Verbannungsorte beliebt waren. Vgl. Iuv. sat. 13,246: »der Fels des Ägäischen Meeres und die Klippen, die voll sind hoher Verbannter«.

15 Prokuratoren waren in der Republik Vermögensverwalter reicher Leute. In der Kaiserzeit waren Freigelassene und Ritter als Prokuratoren in der kaiserlichen Verwaltung und in Hofämtern tätig. In den Provinzen waren sie Verwalter der kaiserlichen Domänen. Eine besondere Gruppe waren Prokuratoren aus dem Ritterstande als Statthalter in kleineren Provinzen ohne stehendes Legionsheer, z. B. in Noricum, Alpes Cottiae, Alpes Poeninae und in Iudaea. In den kaiserlichen und in den senatorischen Provinzen hatten die Prokuratoren die Aufsicht über die Finanzverwaltung inne.

16 So begleitete etwa Fannia ihren Gatten Helvidius Priscus (über ihn: 2,91,3 mit Anm. 123; 4,4ff.9.43.53) zweimal in die Verbannung, einmal unter Nero, einmal unter Vespasian: vgl. Plin. ep. 7,19,4. Vgl. Anm. II 123.

17 Der Gedanke an das göttliche Strafgericht kehrt wieder an zwei Höhepunkten der Darstellung: 2,38,2 (vor der ersten Schlacht bei Bedriacum) und 3,72,1 (Brand des Kapitols). Zu einem konstitutiven Element der römischen Historiographie gehört das Schuldgefühl, erwachsen aus der Erkenntnis des morali-

schen Verfalls: vgl. V. Pöschl, »Die römische Auffassung der Geschichte«, in: *Gymnasium* 63, 1956, S. 205 f.

18 Die Garnison von Rom bestand aus den *cohortes praetoriae*, den *cohortes urbanae* und den *cohortes vigilum*. Die 9 Prätorianerkohorten waren die kaiserliche Leibwache, eine Elitetruppe, die auch in Kriegen eingesetzt wurde. Sie stand unter dem Kommando zweier Präfekten aus dem Ritterstand. Jede Kohorte umfaßte 1000 Mann (900 zu Fuß, 100 zu Pferd). Ihr Sold war höher, die Dienstzeit kürzer als bei der regulären Armee. Unter Tiberius wurden die Prätorianer in einem Lager an der *porta Viminalis*, den *castra praetoria*, zusammengezogen. Vitellius erhöhte die Zahl der Kohorten auf 16, Vespasian reduzierte sie wieder auf 9. Die *cohortes urbanae* wurden von Augustus als »Stadtwache« aufgestellt; ursprünglich gab es 3 *cohortes urbanae*, ihre Zahl wuchs bis 68 auf 9, Vespasian legte ihre Zahl endgültig auf 4 fest. Sie waren in und um Rom stationiert; eine Kohorte lag etwa in Ostia. Befehligt wurden sie von dem im Range eines Konsulars stehenden *praefectus urbi*, dem Stadtkommandanten (vgl. Anm. 99). Die *cohortes vigilum* waren die römische Feuerwehr, die ebenfalls militärisch organisiert und in 7 *cohortes* gegliedert war; sie stand unter dem Kommando des *praefectus vigilum*. Jede Kohorte hatte die Wache über zwei der vierzehn Stadtregionen. In unruhigen Zeiten konnten die *vigiles* auch Polizeifunktion übernehmen (3,64.69).

19 Die Ritter, *equites*, bildeten in der Kaiserzeit den Kern der kaiserlichen mittleren und höheren Beamtenschaft, sie bekleideten die Prokuraturen und Präfekturen; die ranghöchsten Ritterämter waren die Gardepräfektur (*praefectus praetorio*) und die Statthalterschaft des kaiserlichen Kronlandes Ägypten (*praefectus Aegypti*). Der Zensus der Ritter betrug 400 000 Sesterzen, der der Senatoren 1 Million. In der Kaiserzeit unterschieden sich Ritter von Senatoren in der Kleidung durch den schmalen Purpurstreifen an der Tunika und den Ritterring. Schon im 2. Jh. ist die Rangordnung der Ritter (nach dem Vermögen bzw. der Höhe des Jahresgehaltes) auch in der Titulatur ersichtlich: *vir egregius*, *perfectissimus*, *eminentissimus*. Die *primores* oder auch *illustres* haben gleiches Vermögen wie die Senatoren und tragen auch wie diese den breiten Purpurstreifen.

20 Nymphidius Sabinus, seit 65 *praefectus praetorio*, hatte der Garde vorgespiegelt, Nero wolle nach Ägypten fliehen (Plut.

Galba 2,1). Nach Neros Tod verdrängte er seinen Kollegen Rufinus Tigellinus und stellte sich auf Galbas Seite, in dessen Namen er der Garde ein *donativum* (s. Anm. 21) versprach. Als er erfuhr, daß Galba den Cornelius Laco zum Gardepräfekten ernannt hatte (1,13), wollte er sich selbst zum Kaiser ausrufen lassen, wurde aber beim Versuch, das Prätorianerlager zu betreten, getötet.

21 Ein *donativum* ›Geschenk, Ehrengeschenk‹ wurde schon am Ende der Republik an Soldaten, etwa im Anschluß an einen Triumph, vergeben, um ihre Treue zu belohnen (Suet. Caes. 38) oder sich ihrer Treue zu versichern (Sall. Catil. 11,5). Für die Kaiserzeit wurde das *donativum* zur Regel anläßlich der Thronbesteigung eines Kaisers (Dio Cass. 56,32,2) oder aus anderen Anlässen.

22 Cingonius Varro hatte die Rede für Nymphidius bei dessen Putschversuch verfaßt (Plut. Galba 14,7). Bei Plutarch erscheint die Bestrafung als Folge der Teilnahme am Putsch, bei Tacitus ist diese Verbindung beseitigt: die Tötung des Varro dient der Charakterisierung der Grausamkeit Galbas.

23 Petronius Turpilianus war als Nachfolger des C. Suetonius Paulinus (vgl. Anm. 178) Statthalter in Britannien ab 61.

24 Die *legio VII Galbiana* war aus spanischen Provinzialen von Galba zum Kampf gegen Nero gebildet worden (Suet. Galba 10), sie wurde später nach Pannonien verlegt, unter Otho war sie nicht mehr in Rom (2,11).

25 Gemeint ist die von Nero aus Flottenmannschaften vor allem der Dalmater, Pannonier und Thraker errichtete *legio I Classica* oder *legio I Adiutrix* (vgl. Anm. 69). Galba ließ diese Legion bestehen, die von Nero nicht in die Legion aufgenommenen *classiarii* wurden beim Einzug Galbas niedergemacht.

26 Gaius Iulius Vindex stammte aus aquitanischem Adel, schon sein Vater war römischer Senator. Vindex wurde 67 von Nero zum Statthalter der Gallia Lugdunensis gemacht. Im Frühjahr 68 erhob er sich gegen Nero; er zog Galba auf seine Seite, indem er ihm die Herrschaft anbot (Zonar. 11,13); Nero erfuhr davon Mitte März in Neapel (Dio Cass. 63,27,1). Vindex wollte auch den Statthalter von Germania superior, Verginius Rufus, gewinnen. Der lehnte ab und besiegte Vindex bei Vesontio (4,57,2; Dio Cass. 63,24,1). Vindex beging Selbstmord, Galba ehrte ihn durch ein Leichenopfer (Plut. Galba 6.22).

27 Er war Prokurator (s. Anm. 15) der Provinz Mauretania Tingitana (Marokko).

28 Gaius Cluvius Rufus war *consul suffectus* (s. Anm. 163) vor 65, Begleiter Neros auf seiner Kunstreise nach Griechenland (Suet. Nero 21); von Nero wurde er zum Statthalter der Hispania Tarraconensis ernannt. Er schrieb ›Historiae‹, die Tacitus (ann. 13,20,2; 14,2,1) als zuverlässige Quelle zitiert.

29 Im Jahre 48 verlieh Claudius an den gallischen Adel das volle römische Bürgerrecht und damit das Recht, die Ämterlaufbahn (*ius honorum*) zu ergreifen; seine Rede für das *ius honorum* der Gallier ist in einer Inschrift aus Lugdunum (Lyon) (CIL XIII 1668) und in der freien Nachgestaltung durch Tacitus (ann. 11, 23) erhalten. Galba verlieh an alle gallischen Stämme, die für ihn oder Vindex Partei ergriffen hatten, das Bürgerrecht (vgl. 1,51).

30 Mit dem Ausdruck *exercitus Germanici* ›germanische Heere‹ sind die in den beiden germanischen Provinzen (Germania superior und Germania inferior) stationierten römischen Legionen bezeichnet. – Das Heer von Germania superior (Legat Verginius Rufus, dann Hordeonius Flaccus) bestand aus folgenden Legionen, die in Mogontiacum (Mainz) und Vindonissa (Windisch im Aargau) lagen: *legio IV Macedonica, legio XXI Rapax, legio XXII Primigenia.* Die *legio II Augusta* war von Claudius nach Britannien verlegt worden (3,22). – Germania inferior (Konsularlegat war Capito, nach dessen Ermordung – vgl. 7,1 – kam nach einiger Zeit Aulus Vitellius als Statthalter) hatte Legionslager in Bonna (Bonn), Novaesium (Neuss), Castra Vetera (Xanten): *legio I Germanica* (Bonna), *legio V Alaudae, legio XV Primigenia* (Castra Vetera), *legio XVI Gallica* (Novaesium).

31 Lucius Verginius Rufus, Konsularlegat von Germania superior, hatte sich zwar nur zögernd für Galba erklärt, wies aber die ihm vom Heer angetragene Kaiserwürde zurück (vgl. auch 1,51; 2,51.68). Auf Betreiben des T. Vinius wurde er aus Germanien abberufen und durch Hordeonius Flaccus ersetzt. Er war Konsul in den Jahren 63, 69 und 97 (gemeinsam mit Nerva). In seinem dritten Konsulat starb er im Alter von 83 Jahren, Tacitus hielt die *laudatio funebris* (Plin. ep. 2,1,6). Eine Würdigung seiner Person: Plin. ep. 2,1. Seine von ihm selbst verfaßte Grabinschrift ist bei Plin. ep. 6,10,4; 9,19,1 (Dio Cass. 68,2,4) überliefert:

*Hic situs est Rufus, pulso qui Vindice quondam*
*imperium adseruit non sibi, sed patriae.*

(Hier liegt Rufus, der einst, nachdem er den Vindex geschlagen, / Herrschaft gewann nicht für sich, nein, für das Vaterland.)

32 Augustus nahm eine Zweiteilung der Provinzen vor: Die schon länger dem Imperium einverleibten Provinzen blieben in der Verwaltung des Senates (Senatsprovinzen); in ihnen war mit Ausnahme der Provinz Africa kein Legionsheer stationiert, der Statthalter trug den Titel *proconsul.* Für die kaiserlichen Provinzen ernannte der Kaiser Prätorier oder Konsulare zu Legaten; in diesen Provinzen war auch das Legionsheer stationiert. Der volle Titel dieser Statthalter war *legatus Augusti provinciae N. N. pro praetore*, d. h., sie hatten in ihrer Provinz das proprätorische Imperium, trugen aber den Titel *consularis* (Konsularlegat). Von dem *legatus provinciae* ist zu unterscheiden der *legatus legionis*, der Legionskommandant, der dem Provinzstatthalter unterstellt war. Kleinere Provinzen, in denen kein reguläres Legionsheer stationiert war, wurden von Prokuratoren verwaltet (vgl. Anm. 15).

33 Diese Feststellung entspricht der Rom-zentrierten Geschichtsauffassung des Tacitus: die Statthalter des Orients hatten sich nicht gegen den jeweiligen Prinzeps in Rom empört. Tatsächlich aber war seit der Prokuratur des Gessius Florus (64–66) Judäa in hellem Aufruhr. Ende 66 war T. Flavius Vespasianus von Nero mit dem Kommando im Krieg gegen die Juden betraut worden. In Syrien zog er 60000 Mann zusammen (Ios. bel. Iud. 3,64–69) und hatte im Lauf des Jahres 67 Galiläa fest in der Hand; bei der Eroberung der Festung von Iotapata ergab sich deren Kommandant Iosephus den Römern, wurde aber schonend behandelt, da er Vespasian die Kaiserwürde prophezeite (Ios. bel. Iud. 3,399 ff.; Suet. Vesp. 5; Dio Cass. 66,1). Iosephus erhielt von den Flaviern das römische Bürgerrecht und nannte sich daher Flavius Iosephus; er schrieb ein Werk über den Krieg der Römer gegen die Juden.

34 Gaius Licinius Mucianus, wahrscheinlich aus Spanien stammend, fiel bei Claudius in Ungnade und wurde in den Orient abgeschoben: um 57 war er Legat in Lykien; 64 Konsul; 68 Statthalter in Syrien. Sein Eintreten für Vespasian: 2,74 ff. Unter Vespasian war er 70 und 72 Konsul. In seinen letzten Lebensjahren widmete er sich literarischer Tätigkeit und sam-

melte historische Dokumente und Reden (›Acta‹ – vgl. Tac. dial. 37,2; dazu Schanz/Hosius T. 2, S. 783 f.) und geographische Essays, die von Plinius d. Ä. öfter zitiert werden.

35 Siehe 2,1 ff.

36 Im Herrscherkult ist *Divus* (der Vergöttlichte) die Bezeichnung für den verstorbenen Kaiser, dem in der »Apotheose« (*consecratio*) göttliche Ehren zuerkannt wurden. Als erster hatte Augustus für Caesar im Jahre 42 v. Chr. diese *consecratio* durchgeführt: Caesar hieß von da ab *Divus Iulius.* Seit Augustus wird die *consecratio* der verstorbenen Herrscher zur Regel, Ausnahmen sind Kaiser, die der *damnatio memoriae* verfielen (vgl. Anm. 57). Den Kult der verstorbenen Herrscher übernahmen die Priesterkollegien der *sodales* (*sodales Augustales, Flaviales* usw.). Neben orientalischen Einflüssen entwickelte sich dieser Herrscherkult aus der den Römern vertrauten Verehrung des Genius, der Schutzgottheit jedes Römers. Die verstorbenen Kaiser erhielten göttliche Ehren, waren aber keine »Götter«; daß sich etwa Caligula zwischen den Statuen des Kastor und des Pollux auf dem Forum als Gott verehren ließ, galt schon in der Antike als absurde Verirrung. (Vgl. Latte, S. 302 ff., 312 ff.) Da ›verewigt‹, ›göttlich‹, ›verstorben‹ den Sinn von *Divus* nur teilweise wiedergeben, wurde in der Übersetzung »Divus« beibehalten.

37 Octavianus machte Ägypten 30 v. Chr. zur römischen Provinz. Da Ägypten für die Getreideversorgung Italiens von größter Bedeutung war, übernahm er es in die kaiserliche Verwaltung als *patrimonium Augusti* und unterstellte es einem *praefectus* aus dem Ritterstand: *praefectus Alexandriae et Aegypti.* Diese Präfektur gehörte mit der Gardepräfektur zusammen zu den angesehensten ritterlichen Ämtern. Über die Ausnahmestellung Ägyptens: Tac. ann. 2,59; hist. 3,8.

38 Ägypten hatte nur einen Seehafen, nämlich Alexandria-Pharus.

39 Tiberius (Iulius) Alexander stammte aus jüdischem, in Ägypten lebendem Geschlecht; er war der Neffe des Schriftstellers und Philosophen Philon von Alexandrien. Er löste sich von der jüdischen Glaubensgemeinschaft und übernahm verschiedene römische Staatsfunktionen: 46–48 war er Prokurator in Judäa (!), 63 war er im Stab des Feldherrn Corbulo im Partherkrieg (ann. 15,28). 67 wurde er von Nero zum *praefectus Aegypti* ernannt. Er vereidigte am 1. Juli 69 als erster seine Truppen auf

Vespasian (2,79; Ios. bel. Iud. 4,10,6; Suet. Vesp. 6,3). Vespasian betrachtete diesen Tag als *dies imperii*.

40 *Mauretania Caesariensis* (West-Algerien) und Mauretania Tingitana (Marokko). Nach der Ermordung von Ptolemaius, dem letzten König von Mauretanien, durch Caligula (ann. 4,23 f. 26; Suet. Cal. 26.35.55) wurde sein Reich 42 zu zwei prokuratorischen Provinzen gemacht.

41 Vgl. Anm. 15.

42 Provinzen ohne Besatzung sind Senatsprovinzen. Nur in der senatorischen Provinz Africa (s. 1,11,2) war die *legio III Augusta* stationiert (Ritterling, in: RE XII 1493, 54 ff., s. v. ›Legio‹). (Vgl. Anm. 32.)

43 Goldring und schmaler Purpurstreifen an der Tunika waren die Standesabzeichen der Ritter (vgl. Anm. 19) – daher ihre Bezeichnung als *angusticlavii*. Die Senatoren trugen den breiten Purpurstreifen (*laticlavii*). In der Kaiserzeit wurde die Ritterwürde auch an Freigelassene verliehen (vgl. 2,57,2). Der Rittername *Marcianus* sollte die Sklavenherkunft, kenntlich am Namen *Icelus*, vergessen machen.

44 Nach Tac. ann. 13,45 war Poppaea in zweiter Ehe mit Otho verheiratet. Entweder aus Prahlerei oder aus Berechnung pries Otho vor Nero ihre Schönheit, bis Nero in Leidenschaft zu der schönen Frau entflammt war. Als seine Mätresse war sie an der Ermordung Agrippinas (ann. 14,3–8) und der Verstoßung Octavias, der Gattin Neros, beteiligt (ann. 14,63 f.). 65 starb sie, als sie schwanger war, nach einem Fußtritt des betrunkenen Nero. Das Geschlecht der Poppaei war in Pompeji begütert (Casa del Menandro, Casa degli Amorini dorati).

45 Lusitanien (westl. Spanien, Portugal) wurde von *legati Augusti pro praetore* (vgl. Anm. 32) verwaltet. Otho hatte erst die Quästur bekleidet (Suet. Otho 3,2), daher war die Betrauung mit der Statthalterschaft scheinbar (*specie*) eine Auszeichnung.

46 Ein ähnlich zwiespältiges Charakterbild, schwankend zwischen positiven und negativen Eigenschaften, entwirft Tacitus von Mucianus (1,10,1.2); T. Vinius (1,48,3); Petronius Arbiter (ann. 16,18).

47 Die *comitia* waren zur Zeit der Republik Volksversammlungen, in denen u. a. die Magistrate gewählt wurden. In ironisch-sarkastischer Weise überträgt Tacitus diesen Ausdruck auf das Adoptionsverfahren im Kabinettsrat Galbas.

48 Vgl. Anm. 18.

49 Rubellius Plautus war durch seine Mutter Iulia, Enkelin des Tiberius, mit dem Kaiserhaus verwandt. Er wurde von Nero 60 nach Kleinasien verbannt (ann. 13,19 ff.); 62 auf Betreiben des Tigellinus ermordet (ann. 14,59).

50 Lucius Calpurnius Piso Frugi Licinianus ist 38 als Sohn des M. Licinius Crassus Frugi (Konsul 27) und der Scribonia, einer Enkelin des Sextus Pompeius, des Sohnes des Pompeius Magnus, geboren. Er wurde von Nero verbannt (1,21,1), von Galba zurückberufen, der ihn schon lange für die Adoption ausersehen hatte (Suet. Galba 17). Fünf Tage nach der Adoption (10. Januar 69) wurde er zusammen mit Galba am 15. Januar ermordet (1,43). Seine und seiner Gattin Verania Grabinschrift CIL VI 31723.

51 Die *comitia curiata* sind die älteste Form der römischen Volksversammlung. Die drei nach etruskischen Geschlechtern benannten *tribus* Tities, Ramnes, Luceres waren in je 10 *curiae* eingeteilt. Die 30 *curiae* bildeten die *comitia curiata.* Sie verloren bald stark an Bedeutung, erhalten blieb die Entscheidung über familienrechtliche Angelegenheiten, die die Gesamtheit betrafen, wie etwa Adoptionen: nach dem Vortrag des Pontifex maximus entschieden die *comitia curiata* über deren rechtliche Zulässigkeit. (Vgl. Meyer, S. 25, 27 f.)

52 Galba, geboren 5 v. Chr., war Angehöriger der patrizischen Gens Sulpicia; die Galbae waren seit dem Zweiten Punischen Krieg der bedeutendste Zweig der Sulpicii; Galbas Großvater Ser. Sulpicius Galba war Legat unter Caesar in Gallien, stand im Bürgerkrieg zuerst auf Caesars Seite (Cic. Att. 9,9,3), war dann aber, weil er sich zurückgesetzt fühlte, unter den Caesarmördern zu finden (Suet. Galba 3,2). Galbas Mutter Mummia Achaica war eine Enkelin des Q. Lutatius Catulus, des Sohnes des Kimbernsiegers. Zu ihren Vorfahren gehörte der Zerstörer von Korinth (146 v. Chr.) Spurius Mummius.

53 Vgl. Anm. 36.

54 Es sind die Söhne des M. Vipsanius Agrippa und der Iulia, der Tochter des Augustus: Gaius und Lucius. Beide starben in jugendlichem Alter.

55 Diese »Prophezeiung« (für Tacitus ein *oraculum ex eventu*) traf erst auf die Adoptivkaiser Nerva, Trajan, Hadrian, Antoninus Pius und Mark Aurel zu.

56 Vgl. Anm. 26. Galba war Statthalter der Provinz Hispania Tarraconensis; von der dort stationierten *legio VI Victrix* wurde er zuerst zum Imperator ausgerufen.

57 Neben der *consecratio* (vgl. Anm. 36) konnte jeder Prinzeps im gegenteiligen Fall durch einen senatorischen Strafprozeß zum Staatsfeind erklärt und sein Andenken geächtet werden: *damnatio memoriae*. Die Folge: Beseitigung seiner Statuen, Tilgung des Namens aus Inschriften, Aufhebung seiner Regierungshandlungen. Der *damnatio memoriae* verfielen etwa Nero (68), Domitian (96), Commodus (193).

58 Es sind die *legio IV* und die *legio XXII* in Obergermanien. Vgl. Anm. 30.

59 *Palatium* (davon unser Wort *Palast*): die kaiserlichen Residenzen auf dem Palatin (*mons Palatinus*), die, von Augustus begonnen, von Tiberius, Caligula, Domitian in prächtiger Weise ausgebaut wurden, so daß sie schließlich den ganzen Hügel bedeckten.

60 Dazu Heubner, Komm. z. St., I, S. 56: »Galba spielt zweifellos auf die Heereslese in Form der lex sacrata (Ganschinietz, RE I A 1628,17 ff.) an, die freilich nicht für Römer, aber für Äquer und Volsker (Liv. 4,26,3), Etrusker (Liv. 9,39,5: cum vir virum legisset), Samniter (Liv. 10,38,12: ut vir virum legeret), Ligurer (Liv. 36,38,1) und für Hannibals Heer (Polyb. 3,71,8) bezeugt ist.« Jeder Mann wählte einen anderen, bis das Kontingent voll war.

61 Vgl. Anm. 21.

62 Die Lanze (*hasta*) ist ursprünglich Symbol der Kriegsbeute, hier das Zeichen für die Eigentumsübertragung bei Zwangsversteigerungen. Die *sectio* war der Verkauf eines als Staatsgut erklärten Grundbesitzes, der *sector* der damit Beauftragte.

63 Vgl. Anm. 18.

64 Die babylonischen Priester, denen besondere Kenntnis der Astrologie und Mantik zugeschrieben wurde, hießen *Chaldaei*. Diese Bezeichnung ging in hellenistischer Zeit auf alle Astrologen über; daneben werden sie auch als *mathematici* bezeichnet. Ihre Stellung in Rom ist zwiespältig. Die erste Ausweisung der *mathematici* ist für das Jahr 139 v. Chr. durch den Prätor Cn. Cornelius Hispanus (Val. Max. 1,3,3) bezeugt. 33 v. Chr. läßt M. Vipsanius Agrippa die Astrologen ausweisen (Dio Cass. 49,43,5), es folgen Ausweisungen unter Tiberius (ann. 2,32),

Vespasian und Domitian, trotzdem bleibt ihr Einfluß stark (Plin. n. h. 2,23). Selbst Kaiser, die die Astrologen ausweisen ließen, neigten ihrer Lehre zu: Tiberius erhielt durch Thrasyllus Unterricht in der Astrologie auf Rhodos (ann. 6,20 f.), Augustus läßt sein Konzeptionssternzeichen (*capricornus* ›Steinbock‹) auf Münzen prägen, Vespasian befragt Astrologen (2,78). Verfolgt wurde also nicht der Glaube an die Astrologie, sondern die Auswüchse bzw. die politische Gefährlichkeit, vgl. ann. 3,22: Anklage wegen Befragung von *Chaldaei* gegen das Kaiserhaus. Dazu allgemein Latte, S. 275, 296, 328.

65 Eine andere Erklärung für *statio* ist ›Feldwache‹, ›Wachtposten‹.

66 Gaius Ofonius Tigellinus war niederer Herkunft (1,72). Wegen ehebrecherischer Beziehungen zu Agrippina d. J. und Iulia Livilla, der Schwester Caligulas, wurde er verbannt und ging nach Griechenland (39). Nach seiner Heimkehr widmete er sich in Unteritalien der Rennpferdezucht. Er erlangte die Gunst Neros (ann. 14,51), der ihn zum *praefectus vigilum* und dann zum *praefectus praetorio* ernannte (vgl. Anm. 18). Sein unheilvoller Einfluß zeigte sich bei der Ermordung von Neros Gattin Octavia (ann. 14,60,3), der Verdrängung Senecas und der Aufdeckung der Pisonischen Verschwörung (ann. 15,58 ff.). Er verriet Nero aber sofort nach dessen Sturz. Als ihn Otho zum Tod verurteilte, beging er Selbstmord (Plut. Otho 2).

67 Die *sportula* bezeichnet ursprünglich den geflochtenen Korb, in dem z. B. Lebensmittel getragen werden konnten. In der Kaiserzeit erhielt *sportula* die Bedeutung ›öffentliches Gastmahl‹. Nero führte den Brauch ein, anstelle des öffentlichen Gastmahls eine Geldspende auszubezahlen (Suet. Nero 16). Unter Domitian betrug die *sportula* 100 *quadrantes* (25 As = 6¼ Sesterzen). Die von Otho gespendeten 100 Sesterzen sind also eine beachtliche Bestechungssumme.

68 Die *speculatores* waren Chargen in der Legion (zehn pro Legion), die im Stab des Legionslegaten dienten. In der Prätorianergarde bildeten die *speculatores* eine berittene Spezialeinheit, die zu besonderer Dienstverwendung (Kuriere, persönliche Leibwache des Kaisers) bereitstand.

69 Der Ausdruck »Legionen« ist rhetorische Übertreibung. In Rom war nur die *legio I Classica* stationiert (1,6,2; vgl. Anm. 24.25), die *legio VII Galbiana* war nach Pannonien ab-

kommandiert worden (2,11,1). Von den germanischen, britannischen und pannonischen (illyrischen) Heeren lagen nur Detachements (*numeri*) in Rom (1,6,2).

70 Es ist der von Augustus auf dem Palatin 29 v. Chr. geweihte Tempel des Apollon (Mon. Anc. 19).

71 Die Haruspices deuteten aus den Eingeweiden der Opfertiere, vor allem der Leber, den Willen der Götter und damit die Zukunft. Ihre Weisheit ist Teil der *disciplina Etrusca*; Haruspices waren in Rom auch immer Etrusker, sie gehörten nicht zu den römischen Staatspriestern, waren aber in einem *ordo haruspicum LX* (Verein der 60 Haruspices) organisiert und standen trotz mancher Zweifel aufgeklärter Kreise (Cic. div. 1,132; 2,51) in hohem Ansehen. Ein »Lehrmittel« für angehende Haruspices ist die in Piacenza gefundene Bronze-Leber: die einzelnen Teile der Leber sind bestimmten Göttern zugewiesen, aus Mißbildungen schloß man auf ablehnende Haltung des jeweiligen Gottes.

72 Die *domus Tiberiana* war auf der Nordwestseite des Palatin von Tiberius erbaut, unter Caligula und Domitian stark erweitert worden; heute ist sie zum Großteil von den Anlagen der Orti Farnesiani bedeckt. – Das Velabrum war das bevölkerungsreichste Quartier Roms, es erstreckte sich zwischen Palatin und Kapitol gegen das Forum Boarium am Tiber. Otho begab sich also auf Nebenwegen zu dem am Forum stehenden Goldenen Meilenstein. Dieses *milliarium aureum*, von Augustus im Jahre 20 v. Chr. zwischen Rostra und Saturntempel errichtet, bezeichnet den idealen Ausgangspunkt aller Straßen des Reiches; auf ihm waren die Entfernungen von Rom zu den wichtigsten Städten angegeben.

73 Wir schreiben den 15. Januar, die Adoption hatte am 10. Januar stattgefunden; da die Römer den Anfangstag mitzählen, ist der 15. Januar der »sechste« Tag.

74 Es sind die Detachements (*numeri*) des pannonischen Heeres, die Nero in Rom zum Krieg gegen die Albaner zusammengezogen hatte (1,6,2; 9,3; 26,1).

75 Die *Vipsania porticus*, errichtet vom Feldherrn und Schwiegersohn des Augustus M. Vipsanius Agrippa, stand auf dem Marsfeld an der vom Kapitol nach Norden führenden Via Lata (heute Via del Corso) in der Nähe der heutigen Piazza della Colonna.

76 Die Legion zerfiel in 10 Kohorten, jede Kohorte umfaßte 6 Zenturien. Jede dieser 60 Zenturien stand unter dem Kommando eines Zenturios. Die Zenturionen waren Offiziere, die zum Unterschied von den ernannten Tribunen und Legaten aus den Mannschaften aufgestiegen waren. Jede Kohorte war – als Relikt aus der Zeit des Bürgerheeres – in je zwei Zenturien *hastati*, *priores* und *triarii* eingeteilt. Jede dieser Gruppen hatte einen *centurio prior* und einen *centurio posterior* (1., 2. Zenturio). Die drei *centuriones priores* der 1. Kohorte des rechten Flügels (auch *centuriones primi ordinis* genannt) saßen im Kriegsrat, der Ranghöchste unter ihnen, der *centurio prior* der Triarier, trug den Titel *primipilus.* Nach Ablauf seiner Kriegsdienstzeit hieß er *primipilaris* (vgl. *consul – consularis*) und hatte, falls er weiterdiente, die Anwartschaft auf Präfekten- und Tribunenstellen (vgl. dazu J. Kromayer / G. Veith, *Heerwesen und Kriegführung der Griechen und Römer*, München 1928, S. 400 f.).

77 Das *atrium Libertatis* lag in der Nähe der Curia auf dem Sattel zwischen Kapitol und Quirinal. Nach Liv. 34,44,5 war es u. a. Amtslokal der Zensoren. Es wurde unter Trajan im Zuge der Anlage des Trajanforums niedergerissen.

78 Vgl. Anm. 25.

79 Sie waren zu dem für Herbst 68 geplanten Feldzug gegen die Äthiopier (Suet. Nero 19,1) als Vorkommando nach Ägypten geschickt worden.

80 Zur körperlichen Verfassung Galbas s. Suet. Galba 21: »Er hatte durch Gicht mißgestaltete Hände und Füße, so daß er weder einen Schuh ertragen noch ein Buch aufrollen konnte.«

81 *Tribūnal* oder *suggestus* ist ein podiumartiger Bau, auf dem Magistrate während der Amtshandlung Platz nahmen; hier ist es ein Anbau an das Hauptquartier des Lagers, das *praetorium.* Bei offiziellen Anlässen pflegte der Feldherr oder der Kaiser hier auf der *sella castrensis* zu sitzen. Links und rechts vom Tribunal waren die Fahnen und Feldzeichen der Kohorten aufgestellt.

82 Vgl. die Schilderung 1,32,1.

83 Der Ablativ *armis* kann von *arma* ›Waffen‹ oder von *armi* ›Arme‹ abgeleitet werden. Gegen beide Übersetzungen gibt es Bedenken: für ›Arme‹ verwendet Tacitus im allgemeinen den Ausdruck *bracchia*; für *armus* ›Arm‹ ist unsere Stelle als einzi-

ger Beleg bei A. Gerber / A. Greef (Hrsg.), *Lexicon Taciteum* (Berlin 1903), angeführt. Die Bedeutung ›Waffen‹ läßt an die Form militärischer Begrüßung durch Erheben von Schwert und Schild denken. Dagegen spricht, daß Soldaten im Lager normalerweise ihre Waffen im Depot abliefern.

84 Obultronius Sabinus war unter Claudius 56 *quaestor aerarii* (ann. 13,28). Über die Gründe für seine Ermordung ist ebenso wenig bekannt wie bei Cornelius Marcellus.

85 Fonteius Capito: 1,7. Nach 1,7 ist Galba am Tod Capitos unschuldig. Clodius Macer: 1,7.

86 Cingonius Turpilianus 1,6; Nymphidius: 1,5.6.

87 Die Genannten waren Günstlinge am Hofe Neros.

88 Die im Palast wachhabende Prätorianerkohorte scheint anstelle des *sagum*, des kurzen Mantels des Soldaten, die Toga getragen zu haben, unter der das Schwert verborgen war. Martial (6,76,1) nennt Cornelius Fuscus, den Prätorianerpräfekten unter Domitian (vgl. Anm. II 115), ›ille sacer lateris custos Martisque togati‹ (Hüter des heiligen Lebens, des Mars im Friedensgewande). Ann. 16,27 nennt Tacitus die Prätorianer *globus togatorum*. M. Durry (*Les Cohortes Prétoriennes*, Paris 1968) denkt dabei an eine Vorsichtsmaßnahme des Augustus.

89 Unter den »Abzeichen« sind an Schilden und Helmen angebrachte Metallzierate zur Unterscheidung der Truppengattungen zu verstehen. Die in Rom lagernden Auxiliarformationen mußten ihre Waffen im Zeughaus (*armamentarium*) des Prätorianerlagers abliefern (vgl. Anm. 171).

90 Über Vologaesus: ann. 1,13; seine zwei Brüder waren Tiridates (ann. 1,13) und Pacorus, Vasallenfürst in Medien unter Claudius.

91 Der Lacus Curtius, ursprünglich ein Teich mitten auf dem Forum vor der Basilica Iulia, bestand zur Kaiserzeit nur noch als Brunneneinfassung.

92 In der Republik hatten *evocati* nach Aufforderung des Feldherrn (daher der Name) den Dienst wiederaufgenommen und erhielten dafür höheren Sold und Befreiung von gewissen militärischen Diensten. In der Kaiserzeit waren sie längerdienende Angehörige v. a. der Prätorianer und der Stadtkohorten; sie bildeten in Rom eine eigene Abteilung (*numerus*), gehörten aber einer Prätorianerkohorte an. Sie wurden für Spezialdienste, aber auch als Reserve für Zenturionenstellen verwendet

(vgl. Kromayer/Veith, Anm. 76, S. 490 f.). Daher wurde in der Übersetzung der Ausdruck »Offiziersanwärter« gewählt.

93 Das Verrat-Motiv erwähnt Tacitus sonst nicht; es scheint hier eher dem Wunsch nach einem wirkungsvollen Satzschluß zu entspringen. Wozu wäre sonst Vinius bis zum Schluß an Galbas Seite geblieben? Vgl. die Charakteristik 1,48, bei der Vinius in besserem Licht geschildert wird.

94 Der Tempel wurde in der Nähe der Regia, des Amtssitzes des Pontifex maximus, und der alten Rednertribüne errichtet und von Augustus 29 v. Chr. geweiht. An der Stelle dieses Tempels wurde Caesars Leiche verbrannt. Das Podium des Tempels war mit den erbeuteten Schiffsschnäbeln aus der Schlacht von Actium (31 v. Chr.) geschmückt.

95 Staatssklaven dienten u. a. als *aeditui* ›Tempelwächter‹, oft wohnten sie auch in einem Anbau des Tempels.

96 Vgl. 1,6,2.

97 Gedankengang: So wie Vitellius die Mörder Galbas und deren Helfershelfer töten läßt, soll es sein Nachfolger im Falle seiner Ermordung ebenfalls machen.

98 Vgl. Anm. 18.

99 Der Stadtpräfekt (*praefectus urbi*) ist für die römische Frühzeit als Vertreter des Königs bezeugt (Liv. 1,59; 3,6). Das in Vergessenheit geratene Amt wurde von Augustus wieder aktiviert und mit einem Konsular besetzt. Der *praefectus urbi* war der Stellvertreter des Kaisers in Rom (bis zu einem Umkreis von 100 Meilen); Aufsicht über die Gerichtsbarkeit, Aufrechterhaltung von Ruhe und Ordnung waren seine Aufgaben. Seinem Kommando unterstanden die *cohortes urbanae*, in Krisenzeiten auch die *cohortes vigilum* (vgl. Anm. 18).

100 Flavius Sabinus, der ältere Bruder Vespasians, hatte die Stadtpräfektur schon unter Nero inne (ann. 13,30), war aber von Galba abgesetzt worden.

101 Unter Augustus gab es neben der Staatskasse, dem *aerarium Saturni* im Saturntempel auf dem Forum (vgl. Anm. IV 16), verschiedene kaiserliche Kassen für die verschiedenen Steuereinkünfte und sonstigen Einnahmen: *fisci Caesaris* (›Körbe des Kaisers‹). Unter Claudius wurden die einzelnen Kassen zu einem *fiscus* zusammengefaßt und einem »Finanzminister« (*a rationibus*) unterstellt. Der Fiskus wurde v. a. durch Steuereinnahmen aus den kaiserlichen Provinzen, Bergwerkseinkünfte,

Zölle (*vectigalia*) gespeist. An Bedeutung überflügelte er bald das *aerarium*. Eine Sonderkasse des Kaisers war das *aerarium militare*, das für die Altersversorgung der Soldaten von Augustus geschaffen worden war und aus der fünfprozentigen Erbschaftssteuer erhalten wurde.

102 Vgl. Anm. 92.

103 Da beide Konsuln tot waren (Galba und Vinius), vertrat der *praetor urbanus* die Konsuln (vgl. Cic. fam. 10,12,3). In der Republik hatte der *praetor urbanus* die Schlichtung von Streitfällen zwischen römischen Bürgern übernommen, der *praetor peregrinus* die von Römern mit Fremden.

104 Seit Augustus war die *tribunicia potestas*, die Amtsbefugnis eines Volkstribunen, ein wesentlicher Machtfaktor des Prinzipates; damit war dem Prinzeps das Recht der Gesetzgebung, des Einschreitens gegen Magistratsaktionen, der Einberufung des Senates gegeben. Der Titel *Augustus* wurde ab Tiberius jedem Prinzeps vom Senat verliehen. Ehrenämter: Pontifex maximus, Zensor, Imperator.

105 Gemeint ist der 47,2 erwähnte Crassus Scribonianus.

106 Unter den geänderten Zeitumständen ist der Regierungsantritt des Claudius, nach der Ermordung seines Vorgängers Gaius Caesar (Caligula), im Jahre 41 zu verstehen.

107 Vgl. Anm. 46.

108 *Dispensatores* waren Kassenverwalter von Privatleuten, sie sind seit Varro (ling. 5,183: ›ab aere pendendo [. . .] dispensator‹) und Cicero belegt. Die Kaiser vertrauten ihnen die Verwaltung ihres Privatvermögens an. Vielfach waren sie Sklaven, konnten sich aber, da in einflußreicher Stellung zu Reichtum gekommen, sehr bald freikaufen.

109 Galba war von Gaius Caesar (Caligula) zum Statthalter von Germania superior ernannt worden; dort besiegte er die Chatten (Dio Cass. 60,8; Plut. Galba 8).

110 In der Einführung des Vitellius in das Bürgerkriegsgeschehen ist eine Steigerung der Motive feststellbar: 1,9,1: Vitellius war von Galba als Statthalter nach Germania inferior entsandt worden; 1,12,1 ist nur von einem Aufstand der Legionen die Rede; 14,1 gibt es noch keine Klarheit über die Pläne des Vitellius, ebenso 16,3: Galba erklärt, daß lediglich »zwei Legionen [. . .] noch nicht zur Ruhe gekommen sind«. In Kap. 50 ist der Plan des Vitellius in ganzer Tragweite erkennbar: Vergleich seines Un-

ternehmens mit den großen Bürgerkriegen der römischen Geschichte.

111 Die Aufzählung ist nicht chronologisch. Die richtige Reihenfolge: 48 Pharsalus (Caesar/Pompeius); 43 Mutina (Octavianus als Feldherr des Senates / M. Antonius); 42 Philippi (M. Antonius und Octavianus / Caesarmörder: Brutus und Cassius begehen Selbstmord); 41/40 Perusia (Belagerung der von L. Antonius, dem Bruder des M. Antonius, und von Fulvia, der Gattin des Antonius, verteidigten Stadt). Über die Erklärungen zur Anordnung bei Tacitus vgl. Heubner, Komm. z. St., I, S. 111 (erst außeritalische, dann italische Orte; euphonische Gründe). Mögliche Erklärung: Pharsalus und Philippi sind durch die Person Caesars verbunden; Mutina und Perusia bezeichnen Kämpfe der Nachfolger um Caesars Erbe.

112 Die aufständischen Gallier, die sich Vindex angeschlossen hatten (vgl. Anm. 26), hießen also zuerst *Vindiciani*, dann nach Anschluß an Galba *Galbiani*. »Schimpfnamen«, mit denen sich politische Gegner belegten, wurden oft als Parteinamen übernommen.

113 Nach 8,1 bestanden die Geschenke im römischen Bürgerrecht, nach 53,3 in Gebieten, die Treverer und Lingonen abtreten mußten.

114 Tacitus nennt militärische Strafen 37,4 allgemein *contumeliae*. Nach Dig. 49,16,3,1 sind darunter zu verstehen: *castigatio* ›Zurechtweisung‹, *pecuniaria multa* ›Geldbuße‹, *munerum indictio* ›Strafarbeit‹, *militiae mutatio* ›Versetzung zu niedrigeren Abteilungen‹: vgl. 25,2, *gradus deiectio* ›Degradierung‹, *ignominiosa missio* ›Entlassung in Schimpf und Schande‹.

115 Aulus Caecina Alienus ist in Vicentia (heute Vicenzia) geboren. 68 war er Quästor in Hispania Baetica (Südspanien); da er auf Galbas Seite trat, wurde er trotz jugendlichen Alters mit der Legatur einer der drei Legionen in Obergermanien betraut, mit einem Posten, den normalerweise erst Prätorier bekleiden. Nach der Schlacht bei Cremona schickte ihn Antonius Primus zu Vespasian (3,31,4), der ihn freundlich aufnahm (Ios. bel. Iud. 4,444; Dio Cass. 66,16,3 f.). Trotzdem beteiligte er sich 79 an einer Verschwörung gegen Vespasian und wurde von Titus hingerichtet (Suet. Titus 66,2).

116 Fabius Valens ist in Anagnia (Anagni in Latium) geboren. Er war 68 Legat der *legio I* in Bonna (Bonn).

117 Der Vater des Vitellius war 34, 43 und 47 Konsul (Suet. Vit. 7,3); 47 war er zusammen mit Claudius Zensor.

118 Ein ähnliches Verhalten schildert Sallust (Catil. 31,9) bei Catilina (vgl. auch Cic. Mur. 51): »Wenn ich also umstellt bin und von meinen Gegnern geradezu ins Verderben gejagt werde, so will ich den Brand, der mich verzehren soll, unter Trümmern (des Staates) ersticken« (Übers. W. Schöne / W. Eisenhut: Sallust, *Werke und Schriften*, Lat./Dt., München [5]1975). Vgl. die Vorwürfe der Bataver gegen Civilis: 5,25.

119 Zwei ineinander verschlungene rechte Hände aus Bronze oder Silber wurden als Symbol der Gastfreundschaft überreicht. Vgl. Xen. an. 2,4,1; Tac. hist. 2,8,2: *dextras, concordiae insignia.*

120 In der Kaiserzeit waren die *auxilia* fester Bestandteil des stehenden Heeres. Rekrutiert aus der nichtrömischen Bevölkerung, waren sie in *cohortes* (Kohorten – Fußvolk) und *alae* (Schwadronen – Reiterei) gegliedert; es gab auch gemischte Verbände. Die Normalstärke der Kohorten und Alen betrug entweder 500 (*cohortes, alae quingenariae*) oder 1000 Mann (*cohortes, alae milliariae*); kommandiert wurden sie von (römischen) Kohorten- und Alenpräfekten.

121 Vgl. Anm. 30.

122 Vgl. 1,12,1 den Bericht des Pompeius Propinquus.

123 Vgl. Anm. 81.

124 Das *oppidum Ubiorum*, der Hauptort der Ubier am Rhein, war unter Augustus Zentrum der römischen Staatsreligion für dieses Gebiet geworden – *ara Ubiorum.* Unter Claudius erhielt der Ort nach seiner Gattin Agrippina, die hier geboren worden war, den Titel *Colonia Claudia Ara Agrippinensium* (heute Köln). – *Colonia* war in der frühen Republik eine Bürgersiedlung in Italien zur Sicherung des römischen Territoriums (*colonia civium Romanorum*), die von Rom aus verwaltet wurde. Mit Ausdehnung des Reiches wurden *coloniae Latinae* außerhalb Italiens angelegt, die Bewohner hatten das latinische Bürgerrecht, eine Vorstufe des vollen römischen Bürgerrechts. In der Kaiserzeit wurden *coloniae* als Veteranensiedlungen angelegt (wie Köln), oder es sind reine Titularkolonien: der Titel wird als Belohnung oder Auszeichnung an Munizipien (Städte mit Selbstverwaltung) verliehen.

125 Der *balteus*, das Wehrgehänge, ein von der linken Schulter zur rechten Hüfte laufender Lederriemen, an dem das Schwert

getragen wurde, konnte mit silbernen Buckeln (*bullae*) verziert sein. Die *bullae* waren militärische Auszeichnungen, ebenso wie die *phalerae*, silberne runde Platten, die an Ledergurten am Brustpanzer getragen wurden.

126 Die kaiserlichen Hofämter wurden ursprünglich von Freigelassenen des Kaisers (*liberti Caesaris*) besetzt; sie gewannen vor allem unter Claudius großen Einfluß. Die wichtigsten »Hofminister« waren der (*procurator*) *a rationibus* (Finanzen – vgl. Anm. 101), *ab epistulis* (Staatskanzlei), *a libellis* (Bittschriften). Allmählich wurden diese Ämter mit Rittern besetzt, unter Hadrian wurde dies die Regel.

127 Vgl. 1,46,4 und Anm. 101.

128 Er hatte 12,1 Galba vom drohenden Aufstand unterrichtet. Als Prokurator war er Chef der Finanzverwaltung der Belgica (vgl. Anm. 15); der Statthalter der Provinz Belgica (*legatus Augusti*) wird 59,2 erwähnt.

129 1,7,2 wird Capito als ›avaritia et libidine foedus ac maculosus‹ bezeichnet, allerdings nach Meinung anderer. Bestätigt wird die *avaritia* durch 57,1. Heubner (Komm. z. St., I, S. 126 f.) erklärt die positive Wertung als Ergebnis der »Märtyrerrolle« Capitos als eines Opfers des verhaßten Galba. Eine gewisse Widersprüchlichkeit bleibt aber bestehen: So wird hier das Blut Burdos als des Anstifters gefordert, tatsächlich aber als stellvertretendes Opfer Crispinus getötet, während der 7,1 als Mörder – wenn auch nur als Befehlsgeber – erwähnte Fabius Valens hier überhaupt nicht genannt wird, vielmehr kurz vorher (57,1) als Verbündeter des Vitellius auftritt.

130 Iulius Civilis stammte aus fürstlichem Geschlecht. Sein Aufstand unter Vespasian wird 4,13 ff., 54 ff. und 5,14 ff. geschildert.

131 Caesar erwähnt Gall. 4,10 eine ›insula Batavorum‹ zwischen Rhein, Waal und Maas. Die Bataver waren immer treue Verbündete der Römer und stellten vortreffliche Truppenverbände. Der Aufstand des Jahres 69 ist ein einmaliges Ereignis ohne nennenswerte Folgen für die Bataver. Die *cohors IX Batavorum* hatte ihr Standquartier in *Castra Batava* (Passau).

132 Die *legio XIV Gemina* wurde wahrscheinlich unter Octavianus im Bürgerkrieg aufgestellt. Während der Offensive gegen Germanien war sie Bestandteil der Rheinarmee des Drusus und hatte ihr Standquartier in Mainz. Ab 43 war sie Teil der Ex-

peditionsarmee in Britannien. Nach dem entscheidenden Sieg über die aufständischen Britannen im Jahre 61 erhält sie die Beinamen *Martia Victrix* und gilt als Elitetruppe des römischen Heeres (hist. 2,11.32; 5,16). Nero bot sie für seinen geplanten Feldzug gegen den Orient auf (2,11). Bei Galbas Machtantritt stand sie wahrscheinlich bereits in Dalmatia. Nach der Schlacht bei Bedriacum, an der nur *vexilla* (einzelne Abteilungen) der Legion teilnahmen (2,43.66), setzte sie auf Befehl des Vitellius wieder nach Britannien über. Unter Vespasian wurde die Legion wieder auf das Festland gerufen zum Kampf gegen Civilis: 4,68. Sie blieb Teil der Rheinarmee und bezog ihr altes Standquartier Mainz. Ungefähr ab dem Jahre 90 wurde die Legion zur Verstärkung der Donauarmee (Kriege Domitians gegen Jazygen und Sarmaten) nach Pannonien verlegt, garnisoniert zunächst in Vindobona (Wien), ab 114 in Carnuntum, wo sie bis zum Ende der römischen Herrschaft verbleibt. – Zu den Bataver-Kohorten: vgl. Anm. IV 24.

133 Vgl. Anm. 32.

134 Die *legio I* wurde von Nero für den Partherkrieg (Suet. Nero 19) aufgestellt; sie bestand ebenso wie die *legio I Classica* aus Seesoldaten. Unter Otho erhielt sie den Namen *Italica*. Die *ala Tauriana* hieß so nach ihrem Gründer und ersten Präfekten T. Statilius Taurus, *consul ordinarius* 44, später Statthalter in Africa.

135 Trebellius Maximus war 56 zusammen mit Seneca *consul suffectus* (vgl. Anm. 163) (CIL IV 5514), ab 64 Statthalter in Britannien. Tacitus rügt (Agr. 16) an ihm die Vernachlässigung der Disziplin, nicht seine Habgier.

136 Valens marschierte auf der westlichen Route über Lugdunum (Lyon) und den Mont Genèvre nach Augusta Taurinorum (Turin), Caecina östlich davon über den Großen St. Bernhard nach Augusta Praetoria (Aosta).

137 Das Wort *sagina* wird allgemein als Ausdruck für ›Mastfutter‹ der Tiere (Varro, Columella) oder für die Spezialkost von Gladiatoren und Athleten (Sen. ep. 15,2) verwendet. Es wirkt also derb-karikierend. Auf Vitellius bezogen noch einmal 2,71,1.

138 Es sind die 59,1 erwähnten acht Bataver-Kohorten.

139 Nach Cichorius (RE IV 354,6 f.) wohl eine der *cohortes urbanae*, von denen einige auch außerhalb Roms stationiert waren, z. B. in Ostia; vgl. Anm. 18.

140 »Der alte Streit« bezieht sich auf die Erhebung des Vindex (vgl. Anm. 26), bei der Lugdunum für Nero (daher die gegenseitige Freundschaft: 1,51,5), Vienna für Vindex Partei ergriffen hatten. Vienna, an der Rhone gelegen, war die Hauptstadt der Allobroger, unter Caesar *colonia* mit latinischem Recht, unter Caligula *colonia Iulia Augusta Florentia Vienna*, heute Vienne.

141 Rein rechtlich unterschieden sich Lugdunum und Vienna nicht (s. Anm. 140). Lugdunum wurde von L. Munatius Plancus 43 v. Chr. als *colonia* gegründet; seit Augustus war Lugdunum Hauptstadt der Gallia Lugdunensis und religiöses Zentrum der drei gallischen Provinzen: dort stand der Altar der Dea Roma und des Augustus, an dem jährlich die Staatsopfer und die gallischen Landtage stattfanden. Vienna konnte das etwas höhere Alter als Kolonie latinischen Rechtes für sich in Anspruch nehmen, Lugdunum dagegen, daß es von Plancus als Siedlung römischer Veteranen gegründet worden war (»Teil des römischen Heeres«).

142 Das *velamentum*, ein Ölzweig, mit Tüchern umwickelt, die die Hände bedeckten, war Zeichen der um Schutz Flehenden. Die *Infula* war eine weiß-rot gestreifte Wollbinde, die durch Bänder (*vittae*) zusammengehalten wurde. Der Priester trug sie als Zeichen der Unverletzlichkeit um die Stirn, die *vittae* fielen über die Schultern herab. Hier trugen die Viennenser die *infulae* in Händen.

143 Daß diese Summe von den Viennensern aufgebracht werden mußte, ist anzunehmen: vgl. den weiteren Text. Dadurch erhält der folgende Satz seine bittere Ironie. Die Summe von 300 Sesterzen (75 Denare) entspricht einem Drittel des Jahressoldes.

144 Es ist der Ort Aquae Helveticae, heute Baden an der Limmat im Aargau.

145 Viele gallische Provinzialen trugen als römische Bürger das *nomen gentile* »Claudius«, ein Zeichen der Verehrung für den gallierfreundlichen Kaiser Claudius: 1,69: Claudius Cossus; 4,13: Claudius Paulus; 4,33: Claudius Victor; 4,62: Claudius Sanctus.

146 Kohorten und Schwadronen (*cohortes* und *alae*) gehörten zur regulären Formation des Heeres, vgl. Anm. 120. Dazu traten einheimische »irreguläre« Truppen (*iuventus* ›Jungmannschaft, Miliz‹), die als Provinzmiliz dem Kommando des Statthalters unterstanden.

147 Diese Schwadron führte ihren Namen wahrscheinlich nach ihrem Begründer C. Silius, der unter Tiberius Statthalter von Obergermanien war (ann. 1,31). Die Auxiliarformationen trugen ihren Truppennamen nach ihrem Begründer (z. B. *ala Tauriana*: 1,59,2; Anm. 134; *ala Petriana*: 1,70,2; Anm. 151) oder nach den Völkerschaften, aus denen sie rekrutiert waren (z. B. *cohortes Batavorum*, Kohorten der Gallier, Lusitanier und Britannen: 1,70,2; Kohorte der Thraker: 1,68,2).

148 Vgl. 1,31,3 und Anm. 26 und 79.

149 Die *alae* waren in *turmae* gegliedert, der Führer einer *turma* war der *decurio*: ursprünglich Führer einer Zehnerschaft, so wie der Zenturio der Führer einer Hundertschaft.

150 Augustus gliederte Italien in 11 Regionen, die heute noch im groben Grundlage der Regioneneinteilung Italiens sind; die ehemalige Provinz Gallia Cisalpina (das Gebiet nördlich des Po) wurde in die *regio X* (Venetia und Histria) und *regio XI* (Transpadana: Grenze sind die Flüsse Etsch und Oglio) geteilt. Die erwähnten Städte: Mailand, Novara, Ivrea, Vercelli.

151 Vgl. Anm. 147. Die *ala Petriana* ist noch 4,49,2 erwähnt. Ihren Namen hatte sie wahrscheinlich nach ihrem Begründer, dem Alenpräfekten T. Pomponius Petra, der zur Zeit des Tiberius lebte (CIL XI 969; ann. 11,4,1). Nach dem Bürgerkrieg wurde sie nach Britannien verlegt und war am Hadrianswall stationiert.

152 Zu »Prokurator« vgl. Anm. 15. Petronius Urbicus war Parteigänger Othos und wurde nach dessen Sturz abgelöst; für Ende 69 wird bereits Sextilius Felix als Nachfolger genannt (3,5,2). Inschriftlich genannt ist Urbicus CIL III 11551.

153 Vgl. Anm. 136.

154 Vgl. 1,45,2; ebenso verfuhr Vitellius mit Iulius Burdo: 1,58,1.

155 Vgl. Anm. 66.

156 Es ist wahrscheinlich die 1,47,2 genannte Tochter des T. Vinius, Crispina.

157 Vgl. 1,19,2.

158 Vgl. 1,59,2 und Anm. 134.

159 Vgl. Anm. 18.

160 Die germanischen Heere hatten Vitellius am 2. Januar zum Imperator erhoben (1,57), der Aufstand Othos erfolgte am 15. Januar (1,27). Der Ausdruck »lange vorher« ist also stark übertrieben.

161 L. Salvius Otho Titianus war Othos älterer Bruder, Konsul 52, 65 unter Nero Prokonsul von Asia, wo Agricola sein Quästor war (Tac. Agr. 6). Zu der in Kap. 75 geschilderten Zeit war er Konsul (vgl. 1,77,2).

162 Vgl. 1,8,1 und Anm. 28.

163 Die einjährige Amtszeit der Konsuln wurde schon unter Caesar auf sechs Monate beschränkt, später auf vier oder zwei Monate – Zeichen dafür, daß das Konsulat zu einem reinen Ehrenamt geworden war. Die Konsuln, die am 1. Januar ihr Amt antraten, wurden als *consules ordinarii* in den Konsularfasten verzeichnet, die nachgewählten (*consules suffecti*) nicht. Im Jahre 69 waren zuerst Galba und Vinius Konsuln, dann Otho und sein Bruder Titianus, dann Verginius und Vopiscus. Vgl. auch 2,71,2.

164 Pompeius Vopiscus stammte wahrscheinlich aus Vienna.

165 Das *crimen imminutae maiestatis populi Romani* umfaßte in der Republik Vergehen wie Kompetenzüberschreitungen des Feldherrn oder Statthalters (z. B. Anordnung einer Hinrichtung zum Vergnügen einer Dirne: Cic. Cato 42; Liv. 39,43, Hochverrat u. ä.). Der häufige Mißbrauch der Anklage ergab sich aus dem Fehlen einer staatsrechtlichen Definition des Begriffes. In der Kaiserzeit (*crimen laesae maiestatis*) wurde aus dem Amtsdelikt ein Verbrechen gegen die Person oder das Haus des Kaisers. Zu dem Satz des Tacitus, der wegen seiner gedrängten Kürze nur paraphrasierend wiedergegeben werden kann, der Gedankengang: Die unter Claudius und Nero häufigen Majestätsbeleidigungsprozesse hatten Erbitterung und Haß zur Folge. Die genannten Senatoren waren wegen Habgier oder ähnlicher Verbrechen angeklagt. Da man nun diese Verbrechen als »Majestätsverbrechen« deutete, wurden die Senatoren »rehabilitiert«.

166 Die *colonia Hispalis* (heute Sevilla) wurde 45 unter Caesar, die *colonia Emerita* (heute Merida) 25 v. Chr. unter Augustus deduziert.

167 Vgl. Anm. 44. Die Statuen der Poppaea waren 62 bei einer Kundgebung für Octavia, die Gattin Neros, umgestürzt worden (ann. 14,61,2); Nero ließ sie wahrscheinlich wieder aufstellen, spätestens als er Poppaea göttliche Ehren erweisen ließ (ann. 16,21). Nach Neros Tod werden sie wieder umgestürzt worden sein.

168 M. Aponius Saturninus war *consul suffectus* (Anm. I 163) unter Nero; über ihn noch 2,85.96; 3,5.9. 10 f. Er war zuerst Anhänger des Vitellius, schloß sich aber dann Vespasian an. – Die Triumphalstatue war mit Lorbeer bekränzt, der Triumphator im Triumphgewand (*tunica palmata*, goldbestickte Tunika, und *toga picta*, goldbestickte Purpurtoga) dargestellt. Seit Augustus wurden dem Feldherrn nur noch die *honores triumphales* zuerkannt, der eigentliche Triumphator war der Kaiser, unter dessen Auspizien der Krieg geführt wurde.

169 Es sind die *legio III Gallica*, Legat: T. Aurelius Fulvus, der Großvater des Kaisers Antoninus Pius; *legio VII Claudia*: Tettius Iulianus (vgl. noch 2,85; 4,39 f.); *legio VIII Augusta*: Numisius Lupus. Die konsularischen Ehrenzeichen waren die *sella curulis* und die *toga praetexta*, die Toga mit dem Purpursaum.

170 Sie gehörte zu den *cohortes urbanae*; vgl. Anm. 18.

171 Die vorübergehend in Rom lagernden Truppen mußten ihre Waffen im Zeughaus des Prätorianerlagers deponieren (vgl. 1,38,3). Auch die in der Nähe Roms stationierten Kohorten waren nicht kriegsmäßig gerüstet und mußten im Bedarfsfall ihre Waffen aus dem Zentralzeughaus beziehen.

172 Der Legions- oder Lagerpräfekt war der Stellvertreter des Legionslegaten. Diesen Rang bekleidete meist ein Primipilar (vgl. Anm. 76).

173 Ähnliche Hinweise auf die alleinige Befehlsgewalt des Feldherrn: Caes. Gall. 1,40; Liv. 44,34 (Rede des Aemilius Paullus).

174 Beide Vorzeichen ereigneten sich also im kapitolinischen Tempel. Dieser Tempel des Iuppiter Optimus Maximus hatte drei *cellae* für Iuppiter, Iuno und Minerva, die kapitolinische Trias. (Vgl. Anm. III 88.)

175 Der *pons sublicius* war die älteste, der Sage nach unter König Ancus Marcius ganz aus Holz (nach Varro ling. 5,83 sogar ohne Verwendung eines Eisennagels) errichtete Brücke. Sie verband unterhalb der Tiberinsel die beiden Tiberufer.

176 *Insulae* sind die auf vier Seiten von Straßen umgebenen, im allgemeinen drei bis vier Stockwerke hohen Mietshauskomplexe; sie waren meist nicht sehr solide gebaut und stürzten ziemlich oft ein: vgl. Iuv. sat. 3,193–196. Bezeichnend die Stelle bei Cicero (Att. 14,9,1): »Mir sind zwei *tabernae* eingestürzt; in den anderen sind alle Mauern gesprungen – nicht nur die

Mieter reißen aus, sondern auch die Mäuse.« Erhalten sind – solide gebaute – *insulae* in Ostia.

177 Vgl. 1,6,2; 29,2.

178 C. Suetonius Paulinus war 58/59–61 Statthalter in Britannien; er wurde von Nero abberufen, als er mit seinem Prokurator in Streit geraten war (ann. 14,38 f.). 66 wurde er *consul ordinarius* (vgl. Anm. 163). Nach der Niederlage Othos konnte er sich vor Vitellius rechtfertigen (2,60).

179 Vgl. 1,46,1. Er verursachte durch Unfähigkeit die Niederlage bei Bedriacum: 2,33.39.40; er wurde wie Suetonius Paulinus von Vitellius begnadigt.

180 Cn. Cornelius Dolabella wurde nach Plut., Galba 23, von einigen statt Piso für die Adoption vorgeschlagen. Nach Othos Tod kehrte er aus Aquinum zurück, wurde aber auf Befehl des Vitellius getötet (2,63).

181 Vgl. Anm. 26.

182 M. Furius Camillus Scribonianus hatte sich 42 als Statthalter von Dalmatia gegen Claudius erhoben. Nach fünf Tagen war der Aufstand unterdrückt, Scribonianus war von einem Soldaten getötet worden (ann. 12,52; Dio Cass. 60,15; Suet. Claud. 13,35).

183 Die zwölf kleinen, runden Schilde wurden ab dem 1. März (dem Fest der Armilustrien) in feierlicher Prozession von der Priesterschaft der Salier durch Rom getragen. Die Salier führten dabei ihren Waffentanz auf. Erst Ende März wurden die Schilde wieder an ihren Aufbewahrungsort, die *curia Saliorum* auf dem Palatin, zurückgebracht. An den Umzugstagen durfte kein wichtiges öffentliches oder privates Werk begonnen werden.

184 P. Galerius Trachălus war Konsul im Jahre 68. Quintilian rühmt seine volltönende Rede (inst. or. 10,1,119; 12,5,5). Trachalus verfaßte für Otho die Reden, die für die Öffentlichkeit bestimmt waren. Nach Othos Tod wurde er dank der Verwandtschaft seiner Gattin Galeria Fundana mit Vitellius gerettet (2,60,2). Unter Vespasian war er wahrscheinlich Prokonsul von Africa (CIL V 5812).

## Buch II

1 Wie in 1,50 ff. die Vorgeschichte der Erhebung des Vitellius gegeben wird, so schildert Tacitus nun die Vorgeschichte der Proklamation Vespasians zum Imperator. Deutlich markierend unterbricht Tacitus mit diesen Kapiteln den Bericht von der Auseinandersetzung Vitellius/Otho, der dann 2,11 wieder aufgenommen wird. Mit 2,1 greifen die geschichtsmächtigeren Kräfte in das Geschehen ein: Ob Vitellius oder Otho siegen wird, ist unwichtig angesichts der Macht der Flavianer. Vgl. dazu Fuhrmann, 1960, S. 267 ff.; Heubner, Komm. II, S. 9 ff.

2 Für Ios. bel. Iud. 4,497–502, ist der Grund für die Reise des Titus zu Galba, neue Aufträge für den Krieg gegen die Juden einzuholen. Man wird dies aber als Hauptmotiv der flavianischen Geschichtsschreibung auffassen, die die Loyalität Vespasians besonders betonte und die Erhebung zum Imperator auf den *impetus militum* (2,7,1) zurückführte. K. Büchner (»Die Reise des Titus«, S. 83 ff.) sieht in der Darstellung der Historien wohl mit Recht den Erklärungsversuch des Tacitus, aus der Reise und dem Orakelbesuch in Paphos die Herrschaftspläne des Flavius Vespasianus abzuleiten. Vgl. dazu Heubner, Komm. II, S. 12.

3 Titus Flavius Vespasianus, der spätere Kaiser Titus, wurde 39 in Rom geboren; er war Militärtribun in Germanien und Britannien, ab 66 unter seinem Vater Legat im Krieg gegen die Juden.

4 T. Flavius Vespasianus wurde 9 n. Chr. in Reate (heute Rieti) geboren: Militärtribun in Thrakien, 39 Prätor, 41/42 Legionslegat in Germania superior, dann bis 47 in Britannien; für erfolgreiche Feldzüge in Germanien und Britannien erhielt er die *ornamenta triumphalia* (Suet. Vesp. 4,2); 51 *consul suffectus*, vor 62 Prokonsul in Africa (vgl. dazu Anm. 135). Ende 66 übertrug ihm Nero das Kommando im Krieg gegen die Juden.

5 Berenike war die Tochter des Herodes Agrippa II., der 41–44 als letzter König über Gesamt-Judäa herrschte. Sie war mit ihrem Onkel, König von Chalkis, und dann mit Polemon, König von Pontus, verheiratet. Sie unterstützte die Flavier, war trotz des Altersunterschiedes (sie war bereits über 40) Geliebte des Titus und folgte ihm auch nach Rom.

6 Ort an der Südwestküste Zyperns; in der Nähe von Paphos ist dem Mythos nach Aphrodite dem Meer entstiegen.

6a Vgl. 1,10,3.

7 Zu denken ist an die Flotten von Syrien, Ägypten und Pontus (2,83; 3,47). Könige: die Vasallenfürsten Antiochus von Kommagene, Agrippa (Bruder der Berenike) im Ostjordangebiet, Sohaemus von Sophene (in Kleinasien, östlich des Euphrat).

8 Die entsprechenden Teile der Historien sind nicht erhalten.

9 Vgl. Anm. I 119.

10 Seit Augustus war Misenum Kriegshafen der tyrrhenischen Flotte, Ravenna für die adriatische Flotte.

11 Die Trireme (Triere) – »Dreiruderer« oder besser »Dreidecker« – war das klassische Kriegsschiff der Griechen und Römer. Die Ruderer saßen in drei versetzten Reihen übereinander, ihre Gesamtzahl betrug etwa 170 Mann, so daß sich mit den Bootsleuten und Offizieren rund 200 Mann an Bord befanden. Das Kommando über das Schiff führte der Trierarch.

12 *Legio VII Galbiana:* vgl. 1,6,2 und Anm. I 24.69. Die *legio XI Claudia pia fidelis* war in Burnum am Orka-Fluß nordwestlich von Split stationiert, die *legio XIII Gemina* lag in Pannonien, wahrscheinlich in Poetovio (Ptuj/Pettau). Zur *legio XIV* vgl. Anm. I 132. Die Soldaten der *legio XIV* werden hist. 5,16 und ann. 14,34 *domitores Britanniae* genannt.

13 Im Jahre 105 v. Chr. erteilten Gladiatoren den Legionen des Konsuls Cn. Manlius Maximus Fechtunterricht. Schon in der ausgehenden Republik war es üblich geworden, daß Gladiatoren als Leibwache dienten (Clodius, Milo: Dio Cass. 39,7; App. civ. 2,16; Cic. red. 19.30; Cic. Sest. 86 ff.). Cicero befürchtet im Jahre 63, daß die Gladiatoren von Capua in die Armee Catilinas eingegliedert werden: Sall. Catil. 30,7; das gleiche befürchten die Pompejaner im Bürgerkrieg von Caesars Gladiatoren, die ebenfalls in Capua lagern: Cic. Att. 7,14,2; 8,2,1; Caes. Gall. 1,14,4. Als Teil der regulären Armee werden Gladiatoren erwähnt, im Heer des D. Brutus und des L. Antonius im Bürgerkrieg nach Caesars Ermordung: App. civ. 5,30.33; Suet. Aug. 14. – M. Antonius bewaffnet Gladiatoren vor der Schlacht bei Actium zum Kampf gegen Octavianus: Dio Cass. 51,7,2; Ios. ant. Iud. 15,6,7; bel. Iud. 1,29,2. Mark Aurel mußte im Kampf gegen Markomannen und Quaden das durch die Pest dezimierte Heer durch Gladiatoren auffüllen, die er euphemistisch *obsequentes* (die Gehorsamen) nannte: Hist. Aug., vita Marci Aurelii 20,7. Über den nicht sehr erfolgreichen

Einsatz der Gladiatoren im Bürgerkrieg der Jahre 68/69: Tac. hist. 2,11.23.34.43; 3,57.76 f.

14 Die Alpes Maritimae waren wie die Alpes Cottiae und die Alpes Graiae et Poeninae (1,61,1) kleine, unter Augustus nach dem Sieg über die Stämme der Westalpen eingerichtete Provinzen, die von Prokuratoren verwaltet wurden. Sie blieben als selbständige Provinzen bis Diokletian bestehen.

15 Albintimilium, heute Ventimiglia an der italienisch-französischen Grenze; Tacitus schreibt Agr. 7, daß die Mutter seines Schwiegervaters Agricola damals auf ihrem Gut erschlagen wurde.

16 Iulius Classicus war Treverer aus vornehmem Geschlecht. Er schloß sich 70 dem Aufstand des Civilis an: 4,55,1.

17 Die Schiffsschnäbel zeigten, anders als bei einer Seeschlacht üblich, zur Küste.

18 Der Ausdruck »Trierarch« ist hier vom Schiffskapitän (vgl. Anm. 11) auf den Flottenkommandanten übertragen.

19 Liburnerschiffe, benannt nach den raschen und manövriertüchtigen Seeräuberschiffen der illyrischen Liburner, waren niedrig gebaute zweideckige Kriegsschiffe. In der Kaiserzeit wurde *Liburnica* als Bezeichnung für alle Kriegsschiffe verwendet.

20 Vgl. 1,70.

21 Vexillarier sind Soldaten, die in einem Detachement (*vexillum*, *vexillatio*) dienen. Ein *vexillum* konnte aus Veteranen der Legionen gebildet werden, die nach ihrer Entlassung noch freiwillig weiterdienten, oder es war eine aus der Legion für eine bestimmte militärische Aufgabe gebildete Sondertruppe (so an dieser Stelle). Vexillarier dienten unter einer eigenen Standarte (*vexillum*), nicht unter dem Legionsadler (Kromayer/Veith, Anm. I 76, S. 487, 499).

22 Das Amphitheater war aus Holz gebaut. Das erste aus Stein erbaute Amphitheater ist das von Pompeji, errichtet nach 70 v. Chr. In Rom entstand das erste Stein-Amphitheater erst 29 v. Chr.

23 *Plutei* (Pultdächer) sind auf Rollen bewegliche Schutzwehren aus mit Leder bespanntem Flechtwerk, *crates* (Faschinen) sind tragbare Schutzschirme, ebenfalls aus Flechtwerk hergestellt; die *vineae* sind aus Holzpfosten hergestellte, mit massivem Holzdach gedeckte Laufgänge, die aneinandergeschoben wurden und eine gegen Beschuß von oben gesicherte Annäherung

an die Mauer erlaubten. Zum Schutz gegen Brandpfeile wurden die Dächer mit feuchten Fellen oder Tüchern behängt.

24 Iulius Briganticus war Neffe des Iulius Civilis, mit ihm aber verfeindet: vgl. 4,70,2.

25 Vgl. Anm. I 76.

26 Zwei Niederlagen: Otho gegen Vitellius (2,43–45) und Vitellianer gegen Flavianer unter Antonius Primus (3,15).

27 Martius Macer ist bei der Befehlsverteilung 1,87,2 nicht genannt. Er war Prätor unter Tiberius, später Legat in Mösien und etwa 41–43 Prokonsul in Achaia (Griechenland). Über ihn noch 2,35.71.

28 Als Befehlshaber am Po ist bisher nur Annius Gallus genannt, daher bezieht sich der Nachtrag auf Suetonius Paulinus und Marius Celsus.

29 Der Ort ist nach einem Heiligtum der Dioskuren Kastor und Pollux benannt. Er lag etwa 18 km östlich von Cremona an der Via Postumia.

30 Es sind die 24,2 erwähnten Reiter Caecinas und die Reiter des Celsus (24,3).

31 Auch heute durchzieht das Ackerland der Poebene ein Netz von Bewässerungskanälen.

32 Gaius Iulius Antiochus Epiphanes, Sohn des Antiochus IV. Epiphanes, des letzten Königs von Kommagene im nördlichen Syrien. Er wurde 72 von Vespasian wegen des Verdachtes der Partherfreundlichkeit abgesetzt, obwohl er im Bürgerkrieg die Partei Vespasians unterstützt hatte (vgl. Anm. 106).

33 Vgl. Anm. I 172.

34 Er war über die Cottischen Alpen herangerückt: vgl. 1,61,1 und Anm. I 136.

35 Das hier Berichtete schließt an 1,66 an.

36 Vgl. 1,59,1; 64,2; Anm. IV 24.

37 Das heißt nicht, daß die Vitellianer sofort in den Kampf stürzen wollten: vgl. 34,1: Valens und Caecina warten auf Fehler der Othonianer, die sich nicht an den erfolgversprechenden Rat des Suetonius Paulinus hielten. Vgl. Heubner, Komm. II, S. 118: »eben darin liegt die Paradoxie der Vorgänge: die Vitellianer tun in diesem Falle mit Erfolg, was sie nach den Regeln der Kriegskunst nicht hätten tun sollen, und die Othonianer zu ihrem Unheil das nicht, was sie unbedingt hätten tun müssen und wozu Suetonius Paulinus im folgenden Kapitel auch

angelegentlich, wenn auch erfolglos, rät, nämlich abzuwarten.«

38 Vgl. Anm. I 178.

39 Allerdings verfährt Vitellius nicht nach dieser vernünftigen Überlegung: 57,1.

40 Auch bei Plutarch (Otho 8,6) ist der Entschluß zur Schlacht dem Einfluß der kriegsunerfahrenen Günstlinge Othos zuzuschreiben. Die Rückkehr nach Brixellum (südlich des Po, heute Brescello) berichtet Plutarch als eigenen Entschluß Othos, bei Tacitus wird auch dies zu einem Plan der Günstlinge des Kaisers: Otho als Getriebener seiner Umgebung. Dieses Motiv ist in der Darstellung Othos durch Tacitus vom Bericht über die würdelose Anbiederung an die Prätorianer (1,36) an feststellbar – sicherer Hinweis auf die »zwangsläufige« Niederlage Othos.

41 Die Schiffe waren mit dem Bug gegen den Strom gerichtet, daher wurden die Anker vom Bug aus in den Flußboden gesenkt (vgl. Verg. Aen. 3,277: ›ancora de prora iacitur‹); ein Auseinanderdriften der Schiffe verhinderte die beidseitige Verplankung.

42 Vgl. Anm. I 178.

43 Zum Zusammenhang zwischen Anwachsen der äußeren Macht und Verschärfung der inneren Krise auch Sall. Cat. 10 ff.; vgl. auch Thuk. 3,82,8 (Heubner, Komm. II, S. 139 ff.; K. Vretska, C. Sallustius Crispus. De Catilinae coniuratione. Kommentar, 1. Hbbd., Heidelberg 1976, S. 231 f.).

44 »Aufrührerische Tribunen«: etwa Tiberius und Gaius Sempronius Gracchus, die mit L. Appuleius Saturninus (100 ermordet) und M. Livius Drusus (Eintreten für die Bundesgenossen, seine Ermordung 91 löste den Bundesgenossenkrieg aus) von Tacitus ann. 3,27,2 als ›turbatores plebis‹ (Aufwiegler der Plebs) genannt werden. – Als »übermächtige Konsuln« können alle machtorientierten Konsuln der Bürgerkriegszeit verstanden werden, wie L. Opimius (erhielt wohl als erster ein *senatus consultum ultimum*, und zwar gegen C. Sempronius Gracchus), Cornelius Cinna, Marius, Caesar, Pompeius.

45 Es ist die in Lugdunum stationierte *legio I Italica*, die sich Valens angeschlossen hatte: 1,59.64.74; vgl. Anm. I 134.

46 Weil sie auf dem Straßendamm kämpften; ›inter se noscentes‹ wird kaum bedeuten, daß sie einander erkannten, eher daß sie im Nahkampf einander Aug in Auge gegenüberstanden.

47 Da die Schlacht etwa 4 Meilen östlich von Cremona stattgefunden hatte (40,1), mußten sie nach Bedriacum 18 Meilen zurücklegen.

48 Nämlich der Adler der 21. Legion: 43,1.

49 Es ist das alte, unter dem Befehl des Annius Gallus stehende Lager; das für 39,2 anzunehmende Lager (beim 4. Meilenstein) müssen die Othonianer wohl aufgegeben haben, da die Vitellianer kaum eine Meile vor diesem Lager haltgemacht hätten.

50 Zu einem Sturmangriff auf das Lager fehlten ihnen Schanz- und Sturmgeräte.

51 Seine Ernennung zum Prätorianerpräfekten gemeinsam mit Licinius Proculus nach Willkür der Prätorianer: 1,46,1.

52 Nach Suet., Dom. 10, ließ ihn Domitian töten, weil er den Geburtstag seines Onkels gefeiert hatte.

53 Er war als *consul suffectus* (1,77,1) im Gefolge Othos: 1,88,1; vgl. Anm. I 31.

54 Ferentinum, heute Ferento bei Viterbo, Stadt der Herniker, seit 195 v. Chr. Stadt mit latinischem Bürgerrecht. Bedeutende Reste (Stadtmauern, Theater) sind erhalten.

55 Vgl. 1,13,3.4.

56 Die schändliche Tat ist die Ermordung Galbas, die vortreffliche sein Selbstmord, durch den er weiteres Blutvergießen verhindert hat. Vgl. Mart. epigr. 6,32,5, der ihn mit Cato Uticensis vergleicht und sein verweichlichtes Leben dem tapferen Selbstmord gegenüberstellt.

57 Die Anrede *patres conscripti* war die formelle Anrede des Senates. Die in Mutina Versammelten wollten nicht offiziell als »Senat« gelten, um nicht Vitellius als Kaiser anerkennen zu müssen und so der Soldateska einen Vorwand zum Losschlagen zu geben.

58 P. Licinius Caecina ist mit dem Feldherrn Caecina nicht verwandt.

59 T. Clodius Eprius Marcellus stammte aus Capua (Tac. dial. 8); seinen Aufstieg verdankte er seiner Rednergabe, die er zu Denunziationen mißbrauchte: 66 klagte er Thrasea Paetus an (ann. 16,33). Er behielt seinen Einfluß unter Vespasian; 70–73 war er Prokonsul in Asia. Da er gegen Vespasian konspirierte, wurde er 79 zum Selbstmord gezwungen.

60 Auch er mußte wie andere Magistrate (vgl. Anm. 53) Otho bei seinem Abmarsch aus Rom begleiten (1,88,1).

61 Geleitbriefe (*diplomata*) wurden vom Kaiser oder vom Statthalter für besondere Reisende ausgestellt. Sie brachten dem Inhaber Reiseerleichterungen, Erlaubnis, die kaiserliche Post zu benützen usw. Mit dem Tod des Kaisers erlosch ihre Gültigkeit.

62 Das Fest zu Ehren der Fruchtbarkeitsgöttin Ceres fand vom 12. bis 19. April statt.

63 Vgl. Anm. I 91.

64 Vgl. 1,47,1 und Anm. I 104.

65 Valens und Caecina waren nach dem Sieg des Vitellius offiziell *legati Augusti* und hatten als solche nicht direkt mit dem Senat zu verhandeln.

66 Zu beachten ist der Kontrast: der Senat richtet ein Dankschreiben an das siegreiche Heer – die Soldateska fällt plündernd in Italien ein.

67 Vgl. Anm. I 43.

68 Vgl. Anm. I 40.

69 Iuba war ein bei den mauretanischen Fürsten häufiger Name (vgl. Anm. I 40). Das Gerücht besagte also, daß Albinus an die Errichtung eines von Rom unabhängigen Königreiches denke.

70 Sueton (Vit. 7) berichtet, daß Vitellius bei der Abreise von Rom nach Germanien seine Familie in einer Mietswohnung untergebracht und sein Haus vermietet hat. Um die Reisekosten bestreiten zu können, mußte er den Ohrring seiner Mutter versetzen.

71 Die *sella curulis* war der Amtssessel der höheren Magistrate: ein Klappstuhl aus Elfenbein, ohne Rücken- und Seitenlehne.

72 Vgl. 4,80: auf Befehl des Mucianus wird der Sohn des Vitellius getötet.

73 Vgl. 2,41,3.

74 Vgl. Anm. I 184.

75 Bei Fehlen eines Testamentes fiel das Vermögen an den Staat.

76 Vgl. Anm. I 64.

77 Vgl. 1,88,1; Anm. I 180.

78 Vgl. 1,62,2. Der Brief des Vitellius an seine Mutter begann mit der üblichen Formel: ›Germanicus matri s.‹ (Germanicus grüßt seine Mutter.)

79 Vgl. Anm. 61.

80 L. Arruntius war 6 n. Chr. Konsul, unter Tiberius wurde er Statthalter von Hispania Tarraconensis, das er aber in Ab-

wesenheit verwaltete, weil Tiberius ihn aus Argwohn in Rom zurückhielt. Nachdem Anklage gegen ihn erhoben worden war, beging er Selbstmord im Jahre 37 (ann. 6,47 f.).

81 Vgl. 1,60.

82 Vgl. Anm. 21.

83 Vgl. 1,59.64; 2,27.

84 Alpes Graiae (das Gebiet um den Kleinen St. Bernhard) war die nördlichste der drei kleinen Alpenprovinzen: Alpes Maritimae (Anm. 14), Alpes Cottiae, Alpes Graiae.

85 Die Gründe hiefür: 1,65.66; 2,29,1.

86 Die *legio XI* war in Dalmatien stationiert (Anm. 12), die *legio VII* in Pannonien (Anm. I 24), die *legio XIII* in Pannonien (Anm. 12). Zur *legio I Classica* vgl. Anm. I 25.

87 Nachtfeiern (*pervigilia*) zu Ehren der Bona Dea und Bacchanalien (*bacchanalia*, *orgia*) zu Ehren des Dionysos waren ursprünglich Frauen vorbehalten. Die dionysischen *orgia* in Italien standen später allen Dionysos-Mysten offen; sie wurden fünfmal im Monat gefeiert. Gegen das orgiastische Treiben der Dionysos-Mysten schritt der Senat öfter ein, am energischsten 186 v. Chr. durch das ›Senatus consultum de Bacchanalibus‹ (Liv. 39,8 ff.; CIL I 581); die Orgien wurden verboten, viele Anhänger hingerichtet. Der Verbreitung der Mysterien wurde damit aber kein Abbruch getan.

88 Weil er die ihm vom Heer angetragene Kaiserwürde abgelehnt hatte: 1,8,2 und Anm. I 31.

89 Tacitus verweist hier auf den Aufstand der Bataver unter Civilis.

90 Hier ist wohl ein Anklang an den berühmten Ennius-Vers beabsichtigt (ann. 500): ›moribus antiquis res stat Romana virisque‹ (auf alter Sitte und Männern beruht römischer Staat).

91 Nämlich von Ticinum, wo sich Vitellius zuletzt (68,1) aufgehalten hat.

92 Im Oktober des Jahres 69, da Cremona von den Flavianern gestürmt wurde: 3,32 f.

93 Vgl. 1,72,2; Anm. I 163. Für Caecina und Valens wurden die Monate September/Oktober freigemacht.

94 Wahrscheinlich ein Sohn des 1,48,1 erwähnten M. Licinius Crassus Frugi (Konsul 64); er war anscheinend in den Sturz seines Vaters am Ende der Herrschaft Neros verwickelt gewesen.

95 Vgl. Anm. I 68.
96 Vgl. 1,11,1; Anm. I 39.
97 Die *legio III Gallica* hatte unter Mucianus' Kommando in Syrien gestanden und war von Nero nach Mösien verlegt worden.
98 Vgl. Anm. I 182.
99 Cn. Domitius Corbulo war erfolgreicher Feldherr gegen die Parther; 67 berief ihn Nero zurück. Auf die Kunde, daß Nero seinen Tod beschlossen habe, beging er in Kenchreai bei Korinth Selbstmord (Dio Cass. 63,17,5 f.).
100 Vgl. Anm. 4.
101 Vgl. Anm. 3.
102 Von den bei Suet., Vesp. 5, angegebenen Wunderzeichen führte Tacitus nur zwei an: das in die Jugendzeit Vespasians fallende Zypressenwunder und die kurze Zeit vor der Mucianus-Rede erfolgte Weissagung auf dem Berg Karmel.
103 Auf dem Karmel, einem 20 km langen, bis 550 m hohen Bergrücken an der Mittelmeerküste südlich von Haifa, befand sich eine kanaanitische Kultstätte des Gottes Baal (Karmel).
104 Vgl. 1,11,1; Anm. I 39.
105 Sohaemus war König von Emesa in Syrien; er hatte von Nero das Königreich Sophene am oberen Euphrat erhalten.
106 Antiochus aus dem Hause der Seleukiden, König von Kommagene im nördlichen Syrien, wurde 72 auf Betreiben des Statthalters von Syrien L. Caesennius Paetus abgesetzt und lebte als Gefangener in Sparta und in Rom.
107 Er ist der Bruder der Berenike. Zu Berenike vgl. Anm. 5.
108 Erst unter Vespasian wurden zum Grenzschutz zwei Legionen in die Provinz Kappadokien verlegt und dem Kommando eines Konsularlegaten unterstellt. Bis dahin war Kappadokien von Prokuratoren aus dem Ritterstand verwaltet worden.
109 Die Flotte des Schwarzen Meeres war in Trapezunt in der Provinz Pontus stationiert und umfaßte 40 Schiffe (Ios. bel. Iud. 2,367).
110 In diesem Falle hätte Mucianus auf der Via Egnatia quer durch Makedonien und Griechenland nach Dyrrhachium (Durazzo) marschieren müssen. Er entschloß sich dann aber doch für den Marsch durch Mösien nach Pannonien.
111 Vgl. 2,74,1; Anm. 97.
112 Über ihn 1,79,5; Anm. I 169.

113 Die *legio XIII Gemina* (Anm. 12) war nach Errichtung des Amphitheaters (2,67,2) wieder nach Poetovio verlegt worden. Zur *legio VII Galbiana* vgl. Anm. I 24.

114 M. Antonius Primus aus Tolosa (Mart. epigr. 9,99,3); er wurde 61 wegen Beteiligung an einer Testamentsfälschung verurteilt (ann. 14,40,2 ff.). Galba gab ihm den Senatorenrang zurück und betraute ihn mit dem Kommando der *legio VII Galbiana*, die nach dem Einmarsch Galbas in Rom nach Pannonien verlegt worden war.

115 Cornelius Fuscus war als Prokurator Chef der Steuerverwaltung von Pannonien und Dalmatien. Unter Domitian war er Prätorianerpräfekt. Er fiel im zweiten dakischen Krieg (vgl. Hist. frg. 6).

116 Um welche Koloniestadt es sich gehandelt hat, ist nicht ersichtlich, wahrscheinlich war es eine Stadt in Südfrankreich oder in Oberitalien; R. Syme (in: *American Journal of Philology* 58, 1937, S. 7 ff.) denkt an Aquileia.

117 Vgl. Anm. I 137. Die Gladiatoren erhielten vor dem Kampf ein besonders kräftiges Essen: *sagina* (Mastkost). Der Gunstbeweis des Vitellius an sein Heer zeigt seine Denkungsart; man beachte die ironische Gleichsetzung des Heeres mit den sich mit *sagina* vollstopfenden Gladiatoren.

118 Die *toga praetexta* war das offizielle Amtsgewand der Konsuln und des Kaisers bei der Amtstätigkeit im Frieden: sie hatte einen breiten Purpursaum.

119 Die Adler gehörten zu den vollständig vertretenen Legionen: *I Italica*, *V Alaudae*, *XXI Rapax*, *XXII Primigenia*: 1,61.64; 2,100; 3,22), die Fahnen zu den Detachements von *I Germanica*, *IV Macedonica*, *XV Primigenia*, *XVI Gallica* (2,100; 3,22).

120 Die *phalerae* waren kreisförmige Silberbeschläge, die am Brustpanzer getragen wurden; *torques* waren Silber- oder Goldhalsketten, *armillae* ebensolche Armringe; sie dienten als militärische Auszeichnungen.

121 Nach römischer Sagenüberlieferung erlitten 306 Mitglieder der Gens Fabia an der Cremera, einem Bach etwa 12 km nördlich von Rom, den Opfertod für die Heimat im Kampf gegen die etruskische Rivalin Veji (Liv. 2,49 f.; Dion. Hal. ant. 9,15 zum Jahr 477). – Die Allia mündet bei Marcigliano in den Tiber. Hier wurden die Römer von den Galliern 387 v. Chr. vernich-

tend geschlagen; die Folge war die Eroberung und Plünderung Roms durch die Gallier (*vae victis!*): Liv. 5,37 ff.

122 Die Wagenrennnen im Zirkus wurden in der Kaiserzeit von vier Renngesellschaften (*factiones*) veranstaltet, deren Mannschaften Trikots in den Farben Rot (*russata*), Grün (*prasina*), Weiß (*albata*) und Blau (*veneta*) trugen. Jede Partei hatte ihre Anhänger (*fautores*); so war z. B. Caligula Anhänger der Grünen (Suet. Cal. 55), Vitellius der Blauen (Suet. Vit. 7). Negativ über die fanatische Begeisterung der Zuschauer urteilt Plinius (ep. 9,6).

123 C. Helvidius Priscus, als Sohn eines Primipilars in Cluviae (Samnium) geboren, schloß sich früh der stoischen Philosophie an. Unter Claudius war er Quästor in Achaia; in zweiter Ehe heiratete er Fannia, die Tochter des Thrasea Paetus (Plin. 9,13,3).; 51 war er Legionslegat in Syrien (Tac. ann. 12,48,2). 61 wurde er nach dem Tod des Paetus verbannt, Fannia begleitete ihn. Unter Galba kehrte er zurück; als Prätor entsühnte er den Bauplatz für den Jupiter-Tempel auf dem Kapitol (4,53,3). Wegen seines beleidigenden Auftretens gegenüber Vespasian wurde er verbannt (Plin. 7,19,4) und bald im Exil ermordet (Suet. Vesp. 15). – Thrasea Paetus, sein Schwiegervater, ebenfalls Anhänger der stoischen Philosophie, war unter Nero 66 angeklagt worden und hatte Selbstmord begangen (ann. 13,49; 16,21 f.).

124 Die morgendliche Begrüßung (*salutatio*) des Patronus im Atrium seines Hauses gehörte zu den Pflichten der Klienten. An der Zahl der zur *salutatio* Erscheinenden erkannte man die Bedeutung des Patrons.

125 Der Togabausch (*sinus*) entstand dadurch, daß man den über die eine Schulter nach vorne fallenden Togazipfel über die andere Schulter nach hinten warf. Der so entstehende Bausch konnte zum Aufbewahren kleinerer Gegenstände (Notiztafeln u. ä.) verwendet werden. Hier ist der Ausdruck gleichbedeutend mit »in der eigenen Tasche verschwinden lassen«. – Die Freigelassenen waren zur Unterstützung ihrer in Not geratenen früheren Herren verpflichtet. Die Verbannung hatte diesen Rechtsanspruch aufgehoben, der nun wiederhergestellt wurde.

126 Der am rechten Tiberufer gelegene Ager Vaticanus erstreckte sich von der Milvischen Brücke bis zum Ianiculus (Gianicolo). Seit dem Beginn des 1. Jahrhunderts v. Chr. entstand in diesem

wegen seines ungesunden Klimas verrufenen Gebiet ein Wohnviertel der kleinen Leute. Der Charakter dieses im Mittelalter Borgo genannten Quartiers blieb jahrhundertelang erhalten; es wurde unter Mussolini geschleift, heute erstreckt sich dort die Via della Conciliazione.

127 Diese Wirkung der Hitze auf die Germanen hatte Paulinus 2,32,1 vorausgesehen.

128 Die Normalzahl der Prätorianerkohorten betrug 9: vgl. Anm. I 18.

129 Nach der Apotheose des Augustus wurde die Priesterschaft der Sodales Augustales mit dem Kaiserkult betraut. Die *sodales* umfaßten 21 Mitglieder aus vornehmen Geschlechtern; der Priesterschaft gehörten Tiberius, Drusus, Germanicus und Claudius *extra ordinem* an (ein Mitgliederverzeichnis: CIL VI 1984). Mit dem Regierungsantritt der Flavier gibt es auch Sodales Flaviales. Die Sodales Titii sind der Sage nach von Romulus für den Sabinerkönig Titus Tatius begründet worden; Inschriften und sonstige Quellen fehlen. Vgl. Anm. I 36.

130 Über Asiaticus: 2,57,2; Polyclitus und Patrobius waren Freigelassene und Günstlinge Neros, über Polyclitus: 1,37,5. Patrobius war auf Befehl Galbas hingerichtet worden: 1,49,1.

131 Paarweise sind hochgestellte Personen und Freigelassene zusammengestellt, je ein Anhänger Galbas und einer des Vitellius: Vinius (Ratgeber Galbas) – Fabius Valens (Feldherr des Vitellius); Icelus (Freigelassener Galbas) – Asiaticus (Freigelassener des Vitellius). Das Gegensatzpaar aus der Zeit Vespasians sind der Feldherr Mucianus und der Denunziant Eprius Marcellus (s. Anm. 59).

132 Vgl. dazu 2,85.

133 Dem Hordeonius Flaccus war das Kommando über das linke Rheinufer übertragen worden: 2,57,1; Vettius Bolanus: 2,65,2.

134 Vgl. Anm. I 32. Cluvius Rufus (s. Anm. I 28) verwaltete Spanien in Abwesenheit: 2,65,2.

135 Ganz anders lautet das Urteil Suetons (Vesp. 4): »Er verwaltete Africa in unbestechlicher Weise unter allgemeiner Hochachtung.«

136 C. Calpetanus Rantius Quirinalis Valerius Festus war mit Vitellius verwandt; er war der Legat der *legio III Augusta*, 71 *consul suffectus* mit Domitian, 73 Statthalter in Pannonien, 79 in Hispania Tarraconensis.

137 Etesien sind die alljährlich (griech. ἔτος ›Jahr‹) in der Ägäis wehenden Nordwestwinde; diese Passate setzen um den 20. Juli ein. Durch sie wurde z. B. auch Caesar in Alexandria zurückgehalten (Caes. civ. 3,107). Zu den Etesien vgl. Plin. n. h. 2,124.

138 Flavius Sabinus, der Bruder Vespasians: s. Anm. I 100.

139 Rubrius Gallus: 2,51.

140 Ravenna wurde ab 38 v. Chr. von Octavianus zum Kriegshafen ausgebaut für die *classis Ravennas*; der Hafen von Ravenna hieß »Classis«: daran erinnert heute der Name der Kirche S. Apollinare in Classe.

## Buch III

1 Über ihn vgl. Anm. II 114.

2 Diese Worte beziehen sich auf das 2,42 geschilderte Mißverständnis: vor der Schlacht glaubten die Truppen Othos, das feindliche Heer sei von Vitellius abgefallen.

3 Übertreibend von dem Reitervorstoß von 2,41,2 gesagt.

4 Vgl. Anm. II 115.

5 Sein Sieg über die sarmatischen Rhoxolanen: vgl. 1,79, Anm. I 168; sein mißglückter Anschlag auf den Legaten Tettius Iulianus: 2,85,2; sein Anschluß an Vespasian: 2,96,1.

6 Sextilius Felix ist der Nachfolger des 1,70,2 genannten Petronius Urbicus.

7 Über die Benennung von Auxiliarformationen vgl. Anm. I 147. Über die *ala Auriana* ist nur bekannt, daß sie im 2. Jh. in Rätien stationiert war.

8 Vgl. Anm. II 21.

9 Darüber ist Genaueres nicht überliefert; da Domitia Longina, die Tochter Corbulos, Domitians zweite Gattin war, vermutet Heubner, Komm. III, S. 29, Domitia habe die Beseitigung des Verleumders ihres Vaters durchgesetzt.

10 Der Ausdruck *colonia* ist ungenau: Verona war seit 49 v. Chr. *municipium*, hatte also einen niedrigeren Status.

11 Nach 7,1 die *legio III Galbiana* und die *legio XIII Gemina*.

12 Der Legat Tettius Iulianus war vor den Nachstellungen des Aponius Saturninus geflohen: 2,85,2. – Vipstanus Messala war damals etwa 23 Jahre alt. Im ›Dialogus‹ führt ihn Tacitus als

Gesprächspartner ein. – Messala schrieb ein Werk über den Bürgerkrieg, das Tacitus in Buch 3 mehrmals zitiert.

13 Am Schaft der Feldzeichen waren Schilder befestigt mit den Bildern von Mars, Minerva und Bellona.

14 Die beiden Konsularlegaten sind Tampius Flavianus und Aponius Saturninus.

15 Zum Liburnerschiff vgl. Anm. II 19. Warum Bassus (über ihn 2,100 f.) abgesetzt wurde, ist nicht klar ersichtlich. Er blieb bei den Flavianern in hoher Stellung tätig: 4,3,1 leitet er eine Befreiungsexpedition nach Kampanien, im Jahre 71 war er Statthalter in Judäa, wo er auch starb (Ios. bel. Iud. 7,163).

16 Die *legio I Adiutrix* in Spanien (2,67,2), die *legio XIV* in Britannien (2,66,1).

17 Antonius Primus war unter Nero verbannt worden: vgl. 2,86,1, Anm. II 114.

18 Die *legio I Italica* und die sieben germanischen Legionen, allerdings stellen vier Legionen davon nur Detachements: vgl. Anm. II 119.

19 Das überlieferte *victi* (›besiegt‹) ist sinnlos, die vorgeschlagenen Konjekturen ergeben auch keine glatte Lösung: *ducti* (Halm) ›vom Zufall geführt‹; *recti* (Heraeus) ›vom Zufall geleitet‹; *iuncti* (Heubner) ›durch Zufall vereinigt‹.

20 Der gleiche Ausdruck 2,92,3, s. Anm. II 125.

21 Vgl. Anm. II 23.

22 Die Via Postumia führte von Cremona über Bedriacum nach Mantua.

23 Es sind die von Vitellius entlassenen, von Vespasian wieder in den Dienst genommenen Prätorianer (2,67,1).

24 Sie waren von den Flavianern nach Cremona zurückgetrieben worden (18,2) und hatten keine Zeit zu geordneter Aufstellung.

25 Vgl. Anm. I 76.

26 In der ersten Schlacht von Bedriacum hat vor allem die pannonische *legio XIII Gemina* unglücklich gekämpft: 2,43,2.

27 Vgl. 2,85,1: »So wollten die drei mösischen Legionen das pannonische Heer durch Briefe zum Anschluß bewegen«.

28 Vgl. Anm. II 97. Die *legio III* kämpfte unter Marcus Antonius 36–34 v. Chr. gegen die Parther. Zu den Kämpfen in Armenien im Jahre 63 n. Chr.: ann. 15,26; zu den Kämpfen gegen die Sarmaten: hist. 1,79.

29 Bei der Entlassung durch Vitellius (vgl. 2,67,1; Anm. III 23) mußten sie die Feldzeichen abliefern; auch in der zweiten Schlacht bei Bedriacum waren sie zunächst zurückgeschlagen worden: 23,1.

30 Die *legio III* war lange in Syrien stationiert; dort war sie wie andere römische Legionen mit dem orientalischen Sonnenkult vertraut geworden. Die Sonne manifestierte sich in verschiedenen göttlichen Gestalten: Elagabal, Mithras u. ä. Diese Götter wurden dann an die griechisch-römische Religion angeglichen: Apollo-Helios, Iuppiter Heliopolitanus. Tacitus weist hier auf den der römischen Staatsreligion widersprechenden Zug religiöser Verehrung hin. Vor allem durch die im Orient stationierten Legionen wurde die Sonnenreligion auch im Westen verbreitet.

31 Vgl. Anm. 12.

31a Vgl. Anm. IV 59.

32 C. Plinius der Ältere (23–79) nahm als Offizier an den Germanenkriegen 50/51 teil. Darüber schrieb er sein Werk ›Bellorum Germaniae libri XX‹; sein Geschichtswerk ›A fine Aufidii Bassi‹ war die Fortsetzung des Werkes von Aufidius Bassus und behandelte die Zeit von etwa 47 bis Vespasian. Von seinen zahlreichen Werken ist nur die ›Naturalis Historia‹ in 37 Büchern erhalten. Plinius, zuletzt Kommandant der Flotte von Misenum, starb beim Vesuvausbruch des Jahres 79.

33 Vgl. Anm. I 142.

34 Zur Sache: 2,45,2.3.

35 Mefitis ist die Deifikation schädlicher Erdausdünstungen (Serv. Aen. 7,84: *dea odoris gravissimi)*; der Göttin war in Rom auf dem Esquilin, der lange Begräbnisstätte des niederen Volkes war, ein Hain geweiht. Der Name stammt aus dem Oskischen.

36 Tiberius Sempronius Longus und P. Cornelius Scipio waren die Konsuln des Jahres 218 v. Chr.

37 Die Worte beziehen sich vordergründig auf die Zerstörung Cremonas im Jahre 69. Natürlich war dem Historiker Tacitus ein anderes Ereignis vertraut: Cremona war durch die Landzuweisungen an die Veteranen Caesars im Bürgerkriegsjahr 41 v. Chr. schwer getroffen worden (s. Servius, »Vita Vergilii«, in: Vergil, *Landleben. [...] Viten*, Lat./Dt., hrsg. von J. und M. Götte u. a., München 1970, S. 242 f.); Vergil verlor sein Land-

gut, das er in der Nähe von Mantua besaß (Verg. ecl. 9,28): ›Mantua, vae, miserae nimium vicina Cremonae.‹

38 Wie in der Republik leistete der scheidende Magistrat an seinem letzten Amtstag den Eid, sein Amt den Gesetzen entsprechend geführt zu haben (›se nihil contra leges fecisse‹).

39 Eine »Amtsenthebung« widerspricht grundsätzlich der Funktion römischer Magistratur, da der Magistrat inappellabel war (Th. Mommsen, *Römisches Staatsrecht*, Bd. 1, Leipzig $^{3}$1887, S. 628 ff.); erst nach der Zeit der Gracchen und dann im Prinzipat finden sich Fälle der Abrogation (ebd. S. 630, Anm. 4).

40 Am Morgen des 31. Dezember 45 war der *consul ordinarius* Q. Fabius gestorben. Cicero schreibt über Caninius Rebilus (ad fam. 7,30; übers. von H. Kasten: Cicero, *An seine Freunde. M. Tulli Ciceronis Epistularum ad familiares libri XVI*, Lat./Dt., München 1964): »Wisse, daß unter dem Konsulat des Caninius niemand gefrühstückt hat. Doch ist unter seinem Konsulat nichts Schlimmes passiert; er bewies nämlich eine ans Wunderbare grenzende Wachsamkeit, da er in seinem ganzen Konsulat keinen Schlaf sah.«

41 Iunius Blaesus hatte als Statthalter von Gallia Lugdunensis Vitellius bei seinem Durchmarsch fürstlich aufgenommen, war aber von Vitellius mit Mißtrauen behandelt worden: 2,59,2.

42 Der Park ist bei Suet., Nero 47, bei der Schilderung der Flucht Neros erwähnt. Da Nero nach Ostia fliehen wollte, wird der Park im Süden Roms zu lokalisieren sein. Plin. n. h. 36,23.25.36 nennt ihn als Standort berühmter Statuen.

42a Es handelt sich um den Bruder des A. Vitellius; zum gleichnamigen Vater L. V. vgl. Anm. I 117.

43 Blaesus leitete sein Geschlecht offensichtlich von Octavia, der Schwester des Augustus her. Über nähere Einzelheiten ist nichts bekannt.

44 Vgl. Anm. II 14.

45 Valerius Paulinus war als *procurator* nicht Statthalter der Gallia Narbonensis, wie Heraeus, Komm. z. St., und Heubner, Komm. III, S. 112, anzunehmen scheinen. Die Narbonensis wurde als Senatsprovinz von Prokonsuln verwaltet. Paulinus war dort wahrscheinlich als *procurator fisci*, als Verwalter der kaiserlichen Kasse, tätig.

46 Die Stadt Forum Iulii (heute Fréjus) wurde 46 v. Chr. von Caesar als Koloniestadt gegründet. Der Prokurator Valerius

Paulinus stammt von dort. Der Adressat des Plinius-Briefes 5,19, C. Valerius Proculus, der bei Forum Iulii Güter besitzt, ist wahrscheinlich ein Sohn des Genannten.

47 Vgl. Anm. II 4.

48 Nach ann. 12,40 gehörte er dem im heutigen Yorkshire siedelnden Stamm der Briganten an. Er war nach der Gefangennahme des Caratacus und seiner Auslieferung an Rom im Jahre 51 Führer der aufständischen Britannen im Jahre 69. Der Aufstand konnte erst durch den Statthalter Petilius Cerialis 71–74 endgültig niedergeschlagen werden (Agr. 8,2; 12,1 f.).

49 Zum Aufstand des Caratacus: ann. 12,36–40. Caratacus war 51 durch den Statthalter Ostorius Scapula besiegt worden und flüchtete zu Cartimandua, die ihn den Römern auslieferte. Er wurde in Rom von Claudius begnadigt (ann. 12,33). Der britannische Triumph des Claudius fand allerdings schon im Jahre 44 statt.

50 Den Aufstand des Civilis behandelt Tacitus 4,12–37. 54–79 und 5,14–26. 5,26 bricht der Bericht ab.

51 Vgl. Anm. I 32.

52 Polemon II. war 38–63 König von Pontus und bis 41 des bosporanischen Reiches (Halbinsel Krim). 63 vereinigte Nero Pontus und die Provinz Galatia; Polemon behielt an der Südküste Kleinasiens Kilikien. Seine Gattin war Berenike: s. Anm. II 5.

53 Das Zeugma (*retinebant* als gemeinsames Prädikat zu *signa armaque* und zu *desidiam licentiamque*) kann in der Übersetzung nicht wiedergegeben werden: die römischen Feldzeichen hatte die Kohorte nicht »behalten«, sondern erst zur Zeit der römischen Herrschaft »erhalten«.

54 Vgl. 2,83,2.

55 Ihr Standlager war am Orka-Fluß in Dalmatien: Anm. II 12.

56 *clavi* sind die Nägel der Soldatenstiefel. Das *clavarium* scheint eine Sonderzahlung für Soldaten während des Marsches gewesen zu sein.

57 Im Bürgerkrieg Marius/Sulla hatten 87 v. Chr. Marius und Cinna den Ianiculus besetzt und lieferten den Verteidigern der Stadt unter den Konsuln Cn. Octavius und Cn. Pompeius Strabo eine Schlacht (Appian, civ. 1,68; Liv. Perioch. 79; Vell. 2,21).

58 L. Cornelius Sisenna, Prätor 78, verfaßte eine Geschichte seiner

Zeit, in der er v. a. die Bürgerkriege zwischen Marianern und Sullanern behandelte. Sallust (Iug. 95,2) nennt ihn die beste, wenn auch nicht unparteiische Quelle dieser Zeit.

59 Die Heerführer der Flavianer nahmen also an, daß die direkte Verbindung nach Rom, die Via Flaminia, von den Vitellianern besetzt sei. Vitellius gibt dazu allerdings erst 55,1 den Befehl.

60 Das handschriftlich überlieferte *Asiam* ist nicht zu halten. Sirker ändert in *Daciam*; dieser Lesart schließen sich Fisher (Oxford) und Heubner (Teubner) an. Heubner verteidigt im Kommentar, III, S. 131, allerdings die Lesart *Moesiam*. Nach 46,2 scheint aber *Daciam* auch vom Inhalt her vertretbar: Mucianus hatte die Daker von Mösien abgewehrt und nach Dakien zurückgedrängt, also nach römischer Auffassung dort »Ruhe geschaffen«.

61 Alfenus Varus wird anstelle von Publilius Sabinus (2,92,1) Prätorianerpräfekt (3,36,2); über Iulius Priscus: 2,92,1.

62 Die Latiner erhielten 90 v. Chr. nach dem Bundesgenossenkrieg das römische Bürgerrecht. In der Kaiserzeit wurde das *ius Latii* an Provinzstädte verliehen als Vorstufe für das römische Vollbürgerrecht.

63 Dem Opferbrauch entspräche es, das Opfertier durch einen Hammer- oder Axtschlag zu betäuben. Dann stößt der *cultrarius* das Opfermesser in die Schlagader des Tieres, damit es verblute.

64 Claudius Apollinaris muß nach dem Abfall des Bassus, der ursprünglich die Flotten von Ravenna und Misenum befehligte (2,100; 3,12), ernannt worden sein.

65 In republikanischer Zeit trat das Volk in verschiedenen *comitia* zusammen: zu den *comitia curiata* vgl. Anm. I 51. Neben den *comitia centuriata* (Einteilung nach »Hundertschaften«) bestanden noch die *comitia tributa*, in denen das Volk nach den 35 *tribus* (4 städtischen, 31 ländlichen Wahlbezirken) abstimmte. Alle Formen der Volksversammlung verloren in der Kaiserzeit ihre Bedeutung; die *comitia tributa* wurden nur noch zur Getreideverteilung und zur Bestätigung von Aushebungen einberufen.

66 1,62,2; 2,62,2.

67 Q. Petilius Cerialis Caesius Rufus war 60 Legionskommandant in Britannien; dort verlor er die Schlacht von Camulodunum gegen die Königin Boudicca (ann. 14,32). Nach den Bürgerkrie-

gen übernahm er 70 das Kommando im Krieg gegen Civilis; 71 ging er als Statthalter nach Britannien, wo er Nordengland besetzte. In Britannien war er der Vorgänger des Agricola; er stand in nicht näher bestimmbarem Verwandtschaftsverhältnis zu Vespasianus.

68 Es ist das Lager der Vitellianer bei Narni: 58,1.

69 Die *Iuvenalia* waren von Nero im Jahre 59 eingesetzte Spiele zur Feier des Tages, an dem er zum ersten Mal seinen Bart schor. Es waren szenische Spiele, bei denen auch Nero als Kitharöde auftrat. Vielfach wurden Ritter und Senatoren zum Auftreten bei den Mimusdarstellungen gezwungen (ann. 14,15; 15,33; Suet. Nero 11). Die Spiele fanden ursprünglich im Privatpark Neros in der Nähe der Naumachia des Augustus auf dem rechten Tiberufer statt (ann. 14,15,2).

70 Vgl. 1,52.64.

71 Es ist der Apollo-Tempel auf dem Palatin: vgl. Anm. I 70.

72 Vgl. Anm. I 28.

73 T. Catius Silius Italicus: über ihn Plinius ep. 3,7. Er war der letzte *consul ordinarius* unter Nero; nach Plinius betätigte er sich unter Nero als Denunziant, glich diesen negativen Zug aber in den folgenden Jahren wieder aus als besonnener Freund des Vitellius und als ausgezeichneter Statthalter von Asia im Jahre 77. Er zog sich dann auf seine kampanischen Güter zurück, betrieb philosophische Studien und verfaßte das Epos ›Punica‹, eine poetische Behandlung des Zweiten Punischen Krieges.

74 Er sollte bei einem Mißerfolg Unterhändler bei Vitellius sein.

75 Vgl. Anm. I 117. Welche Verdienste sich Vitellius um Vespasian gemacht hatte, ist nicht bekannt.

76 *Lecticula* ist nicht als Deminutivum verwendet; das Wort bezeichnet ein »Tragbett«, das auch als Totenbett bei Leichenzügen verwendet wurde (vgl. Nepos, Att. 22,4: ›elatus est (Atticus) in lecticula [. . .] sine ulla pompa funeris.‹).

77 Hauptverantwortliche für das Komplott gegen Gaius (Caligula) im Jahre 41 waren der Prätorianerpräfekt Cassius Chaerea und der Tribun Cornelius Sabinus (Suet. Cal. 56 ff.).

78 Mit verhülltem Haupt floh Nero in die *villa suburbana* eines seiner Freigelassenen zwischen Via Salaria und Via Nomentana ungefähr am 4. Meilenstein vor Rom. Dort beging er Selbstmord.

79 Der Concordia-Tempel auf dem Forum soll 367 v. Chr. von

M. Furius Camillus nach dem Ausgleich zwischen Patriziern und Plebejern durch die *leges Liciniae Sextiae* gegründet worden sein. In diesem Tempel fanden oft Senatssitzungen statt: Cicero hielt hier seine 4. catilinarische Rede. Von Tiberius wurde der Tempel in ein Museum umgewandelt, in dem viele griechische Kunstwerke aus dem Hellenismus zu sehen waren.

80 Es sind die Kohorten des germanischen Heeres, die Vitellius zu seiner Leibwache gemacht hatte: 2,93 f.; 3,78,2.

81 Dieses Bassin lag auf dem Abhang des Quirinals.

82 Dieser erste Angriff erfolgte von der Nordwest-Ecke des Forums über den Clivus Capitolinus, dort, wo heute an der Porticus Deorum Consentium ein Weg zum Kapitol hinaufführt. Der kapitolinische Hügel hatte zwei Erhebungen: die Arx im Norden (Tempel der Iuno Moneta, heute steht dort die Kirche Santa Maria in Aracoeli) und im Südosten der eigentliche Collis Capitolinus mit dem Tempel des Iuppiter Optimus Maximus, die Senke dazwischen war das baumbestandene Asylum – heute ungefähr der Piazza di Campidoglio entsprechend.

83 Der Tarpeische Felsen ist eine Felswand am Südhang des Kapitolshügels; hier erfolgte der eine Angriff der Vitellianer, der andere von Norden her ungefähr an der Stelle, an der heute die breite Cordonata zum Kapitol hinaufführt.

84 Es ist kaum an Akroter-Figuren (Dachgiebelschmuck) zu denken, die Tacitus nicht als »Dachstützen« bezeichnen würde, sondern eher an einen bildlichen Ausdruck für die Dachsparrenkonstruktion.

85 Nach römischer annalistischer Überlieferung griff der mächtige etruskische König Lars Porsenna von Clusium (Chiusi) Rom an, um den vertriebenen Tarquinius Superbus zurückzuführen (Liv. 2,9 ff.; Dion. Hal. 5,22 ff.). Der Kampf wurde von den römischen Annalisten mit vielen heroischen Einzelheiten (z. B. Verteidigung des Tiberufers durch Horatius Cocles) ausgeschmückt. In Wahrheit handelte es sich wohl um einen inneretruskischen Streit um den Besitz von Rom; vgl. K.-W. Weeber, *Geschichte der Etrusker*, Stuttgart 1979, S. 114 f.

86 Vgl. Anm. II 121.

87 Etwa im Bürgerkrieg zwischen Marius und Sulla am 6. Juli 83 v. Chr.: Plut. Sulla 27; die Schuldfrage ist nicht geklärt: App. civ. 1,86; Liv. 26,27,5).

88 Zur Datierungsfrage: Heubner, Komm. III, S. 151 ff. – Dion.

Hal. 5,35, setzt wie Tacitus die Tempelweihe in das Jahr 247 *ab urbe condita* (507 v. Chr.), Livius, 2,8,6–8, aber in das Jahr 245 a. u. c. (509 v. Chr.). Allerdings sind die Konsularfasten der Frühzeit späte Konstruktionen. Sicher ist wohl, daß die in der Annalistik nach der »Vertreibung« der Könige genannten ersten Konsuln oder Prätoren etruskische »Statthalter« waren: Weeber (Anm. 85), S. 115. Der kapitolinische Tempel gehörte mit seinen Ausmaßen von 63 × 53 m zu den größten etruskischen Tempeln. Berühmt war der Firstschmuck, eine Quadriga des etruskischen Bildhauers Vulca aus Veji. Eine Vorstellung von seiner Kunst vermittelt der in Veji gefundene Apollo (Museo di Villa Giulia in Rom).

89 Da das Konsulat des Scipio und des Norbanus in das Jahr 83 fällt, paßt die überlieferte Zahl »415« weder für das Jahr 509 noch für das Jahr 507 (vgl. Anm. 88). Es ist ein Schreibfehler anzunehmen.

90 Sulla trug nach dem Sieg über Marius den Beinamen »Felix«: vgl. zur Tempelweihe, die ihm versagt blieb, Plin. n. h. 7,138: ›Hoc tamen nempe felicitati suae defuisse confessus est (sc. Sulla), quod Capitolium non dedicavisset.‹ (Er gestand ein, daß wirklich nur das eine zu seinem Glück gefehlt habe, nämlich daß er das Capitolium nicht hatte weihen können.)

91 Er ist der Sohn des Siegers über die Kimbern, Q. Lutatius Catulus. Den Tempel weihte er im Jahre 69 v. Chr.

92 Er war für die Monate November/Dezember Suffektkonsul. Zu den Konsuln des Jahres 69: 1,77,2; 2,60,2.

93 Die Isispriester und Tempeldiener trugen bei Kulthandlungen einen weißen Linnenumhang; vgl. Iuvenal 6,533 von den Isispriestern: *grex liniger* (leinentragende Schar). Suet. Dom. 1,2 gibt als Ziel der Flucht die *regio XIV* (Trastevere) an, wo sich Domitian im Haus der Mutter eines Studienfreundes versteckt.

94 Auf die Scalae Gemoniae (Seufzertreppe), eine den Osthang des Kapitols hinaufführende Felsentreppe, wurden die Leichen der Hingerichteten geschleppt und dort ausgestellt.

95 Vgl. Anm. I 99.

96 Tacitus nimmt hier den Bericht der 57–58,1 geschilderten Ereignisse in Kampanien auf.

97 Die Göttin Feronia stammt aus Etrurien, eines ihrer ältesten Heiligtümer lag in Südetrurien, in Capena südlich des Monte Soratte. Sie war wahrscheinlich eine Ackergottheit, im Heilig-

tum von Tarracina an der Via Appia scheint sie eine Rolle bei der Freilassung von Sklaven gespielt zu haben (Serv. Aen. 8,564: ›Bene meriti servi sedeant, surgant liberi‹: Wer sich ordentlich verdient gemacht hat, soll sich als Sklave hinsetzen, als Freier aufstehen). Vgl. Latte S. 189 f.

98 Das Saturnalienfest, der »römische Karneval«, wurde vom 17. bis 23. Dezember zu Ehren des Saturnus unter ausgelassenem Treiben mit gegenseitigen Beschenkungen und Bewirtungen gefeiert.

99 Saxa Rubra (Roter Felsen) ist ein Ort an der Via Flaminia jenseits der Milvischen Brücke.

100 Der Ausdruck *gratias agere*, eine feierliche, meist für Danksagungen an die Götter verwendete Formel, ist hier sarkastisch-ironisch verwendet: man muß den Zusammenhang mit 82,2 und 83,1 sehen, wo das feige Verhalten dieses Großstadtpöbels geschildert wird.

101 Arulenus Rusticus hatte als Volkstribun 66 versucht, die Verurteilung des Thrasea Paetus zu verhindern (ann. 16,26). Wegen einer Lobschrift auf Thrasea wurde er unter Domitian hingerichtet (Agr. 2; Suet. Dom. 10).

102 Musonius Rufus, um 30 in Volsinii (Bolsena) geboren. Er wurde 65 unter Nero auf die Kykladeninsel Gyaros verbannt, 69 von Galba zurückberufen, unter Vespasian wieder verbannt und von Titus begnadigt. Plinius, ep. 3,13, spricht anerkennend von ihm. Zu seinen Schülern gehören Epiktet und Dion von Prusa.

103 Die sechs Priesterinnen der Vesta hatten den Kult der Vesta zu leiten und das Feuer im runden Vesta-Tempel zu hüten. Mädchen aus patrizischen Geschlechtern traten mit dem 10. Lebensjahr in diese ordensähnliche Gemeinschaft ein, in der sie in der Regel bis zum 40. Lebensjahr blieben. Ihr Haus schloß an den Vesta-Tempel an. In der Republik standen sie unter der Aufsicht des Pontifex maximus, in der Kaiserzeit unter der des Prinzeps in seiner Eigenschaft als Pontifex maximus.

104 »Links« – von den heranrückenden Flavianern aus gesehen, also östlich. Es handelt sich wohl um den linken, auf der Via Salaria heranrückenden Stoßkeil, der von der Via Salaria dann nach rechts (nach Westen) zu den Horti Sallustiani abgebogen ist. Die Horti Sallustiani, ein vom Historiker Sallust angekaufter und ausgebauter Park, lagen auf dem heutigen Monte Pincio; unter Tiberius ging der Park in kaiserlichen Besitz über.

105 Sulla in den Jahren 88 und 82, Cinna 87.
106 Die Saturnalien (78,1) dauerten noch an.
107 Bei Suet., Vit. 16, ist es die Pförtnerkammer, deren Tür er durch Bett und Matratzen verrammelte; vor der Tür band er seinen Hund an. Bei Dio Cass. 65,20 versteckt er sich sogar in einem Hundestall.
108 Luceria in Apulien, wohin nach Suet., Vit. 1,3, in den Samnitenkriegen (2. Hälfte des 4. Jh. s v. Chr.) Vitellier zur Grenzsicherung entsandt worden sind. Sie haben sich dann dort endgültig niedergelassen.
109 Darunter sind v. a. A. Caecina und Lucilius Bassus (2,100) zu verstehen.

## Buch IV

1 Hochgewachsene Männer wurden als Germanen aus dem vitellianischen Heer angesehen.
2 Vgl. 3,76 ff.
3 Vgl. Anm. III 15.
4 Da sich Tarracina für Vespasian erklärt hatte und dafür unter den Vitellianern schwer zu leiden hatte (3,77), wäre eine Unterstützung durch Vespasian angebracht gewesen.
5 Der Sklave war also von Vitellius in den Ritterstand erhoben worden: vgl. Anm. I 43. – Zur Sache: 3,77.
6 Vgl. Anm. I 104. Teile dieses Senatsbeschlusses (die sogenannte *lex de imperio*) sind inschriftlich erhalten: CIL VI 930.
7 Domitian erhielt das *imperium proconsulare* wohl deshalb, weil Vespasian und Titus, die beiden Konsuln, nicht in Rom anwesend waren.
8 Vgl. Anm. I 168.
9 Triumphe und Triumph-Ehrenzeichen wurden nicht für Bürgerkriege verliehen, daher diente die Abwehr der Sarmaten auf dem Zug nach Italien (3,46) als offizielle Begründung.
10 Vgl. Anm. I 16 und II 123.
11 Cluviae ist eine nicht näher lokalisierbare Stadt im nördlichen Samnium. Darauf scheint das Glossem *regione Italiae Carecina* hinzuweisen: bei italischen Munizipien läßt Tacitus im allgemeinen eine nähere geographische Bestimmung weg. Die Carecini waren ein Stamm in Nordsamnium (Plin. n. h. 3,106).

12 Nach stoischer Lehre sind Macht, Adel, Reichtum, Gesundheit u. a. als *res extraneae* (äußere Güter) zu betrachten, die weder »gut« noch »schlecht«, sondern gleichgültig sind: griech. ἀδιάφορα Vgl. Seneca, ep. 94,8.

13 Zu Thrasea: s. Anm. II 123.

14 Vgl. Anm. II 59.

15 Q. Marcius Barea Soranus war 52 *consul suffectus*, dann Prokonsul in Asia. 66 wurde er unter Nero in einen Majestätsbeleidigungsprozeß verwickelt und beging zusammen mit seiner Tochter Selbstmord (ann. 16,33).

16 Das *aerarium*, die in den Kellergeschossen des Saturntempels untergebrachte Staatskasse, wurde in der Republik von den Quästoren verwaltet. Augustus übertrug die Verwaltung zwei *praetores aerarii*, Nero ersetzte sie durch zwei *praefecti aerarii* aus dem Stand der Prätorier. Nach Neros Tod scheint die Verwaltung wieder kurzfristig auf Prätoren übergegangen zu sein: vgl. Th. Mommsen, *Römisches Staatsrecht*, Bd. 2,1, Leipzig 1874, S. 558 ff.

17 Zu Musonius Rufus: 3,81 und Anm. III 102.

18 P. Egnatius Celer stammte aus Berytos (Beirut); er hatte 66 gegen seinen eigenen Patron Soranus falsches Zeugnis abgelegt: vgl. Anm. 15.

19 Calpurnius Galerianus war Sohn des C. Calpurnius Piso, des Hauptes der Pisonischen Verschwörung des Jahres 65.

20 Über Iulius Priscus: 2,92; 3,55.61.

21 Über Alfenus Varus: 2,29.43; 3,36.55.61.

22 Über Asiaticus: 2,57.95.

23 Es ist die von Rhein und Waal gebildete Rheininsel.

24 Bataver dienten schon unter Germanicus: ann. 2,8,3. Nach Dio Cass. 60,20,2 kämpften 8 Kohorten Bataver im Jahre 43 in Britannien; ann. 14,38 werden für das Jahr 61 wieder 8 Kohorten Bataver erwähnt; es sind sicher die gleichen, die hist. 1,59 und in den folgenden Kapiteln erwähnt werden.

25 Sertorius und Hannibal waren einäugig. Sertorius: Sall. hist. 1,88 M; Hannibal: Liv. 22,2,11.

26 Vgl. dazu 2,97,1, wo allerdings von diesem Rat des Hordeonius Flaccus nichts erwähnt ist.

26a Vgl. 2,69,1.

27 Gaius (Caligula) hatte 39/40 Feldzüge gegen die Germanen unternommen, die sich aber in Scheinangriffen erschöpften. Im

Triumphzug führte er dann Gallier mit, die als Germanen ausgegeben wurden.

28 Der Gegensatz »Friede« (garantiert und geschaffen durch die Römer) und »Knechtschaft« (von der Sicht der Unterworfenen aus) ist eine unaufhebbare Antinomie römischen Herrschaftsanspruches: vgl. die Rede des Calgacus (Tac. Agr. 30), mit dem inhaltlichen und rhetorischen Gegensatz: ›auferre, trucidare, rapere *falsis nominibus* imperium et, ubi solitudinem faciunt, pacem appellant‹ (Rauben, Morden, Stehlen nennen sie mit falschem Namen Herrschaft und, wo sie eine Wüste schaffen, Frieden). Zu beachten ist, daß alle Rom-feindlichen Angriffe bei römischen Autoren überliefert sind: Critognatus – Caes. Gall. 7,77; Mithridates im Brief an den Partherkönig Arsakes – Sall. hist. frg. 69 M (»Die Römer kennen seit alters nur einen Grund, um auf der ganzen Welt mit Stämmen, Völkern und Königen Krieg zu führen: die Gier nach Herrschaft und Reichtum«). Die römische Ansicht zum Problemkreis »Herrschaft Roms« vertritt gegenüber den Galliern Petilius Cerialis: Tac. hist. 4,74 f. Vgl. dazu H. Fuchs, *Der geistige Widerstand gegen Rom*, Berlin $^{2}$1964, S. 16 f., 47.

29 Zum Aufstand des Vindex: 1,6,2 und Anm. I 26. Arverner und Häduer hatten sich dem Vindex angeschlossen und waren bei Vesontio von Verginius Rufus, in dessen Heer auch Bataver dienten, geschlagen worden.

30 In der ersten Schlacht bei Bedriacum: 2,43.

31 Weder die zeitliche Verknüpfung mit Caesar noch die mit Augustus, der 27 v. Chr. den Zensus von Gallien festlegte, ist möglich. Hier und bei der folgenden Erwähnung der Niederlage des Varus (9 n. Chr.) ist an situationsgebundene rhetorische Übertreibung zu denken.

32 Es ist das Lager Castra Vetera (heute Xanten). Munius Lupercus war Legat der *legio XV*; außerdem lag in Vetera die *legio V*, deren Gros mit dem Legionsadler nach Italien abgezogen war: 1,61.

33 Vgl. 2,97,1.

34 Zu Munius Lupercus: 18,1. Numisius Rufus war Legat der *legio XVI*, die in Novaesium (Neuss bei Düsseldorf) lag. Warum er sich in Castra Vetera aufhielt, ist nicht ersichtlich.

35 In der Nähe vieler Lager entstanden *canabae* – Unterkünfte und

Verkaufslokale der Händler. Daraus entwickelten sich dann die Zivilstädte in der Nähe der Legionslager.

36 Vgl. Germ. 7,2: *effigiesque et signa quaedam detracta lucis in proelium ferunt* (Deshalb nehmen die Germanen auch gewisse Bilder und Zeichen, die sie aus den heiligen Hainen holen, mit in die Schlacht). (Übers. von M. Fuhrmann: Tacitus, *Germania*, Lat./Dt., Stuttgart 1972, Reclams Universal-Bibliothek, Nr. 9391 [2]). Es ist an Bilder von Tieren zu denken, die dem jeweiligen Gott geweiht waren.

37 Nach Vegetius (mil. 7,2) handelt es sich um eine sogenannte *sambuca*: einen dreigeschossigen Belagerungsturm; oben auf einer Balustrade stehen die Angreifer, vom mittleren Geschoß kann eine Brücke ausgeschwenkt werden, das Untergeschoß enthält einen Rammbock zur Erschütterung der Mauer.

38 Es gibt verschiedene Erklärungsversuche des »bösen Vorzeichens«: 1. Ableitung des Namens von *flaccus* ›schlapp, welk‹. – 2. Hordeonius: abgeleitet von *hordeum* ›Gerste‹ (also »Gerstinger«), mit Anspielung auf den strafbaren Tatbestand des Vertauschens von Weizen mit Gerste (*hordeum pro tritico datum*). – 3. Der alte, an Podagra leidende Hordeonius beginnt nach falschem Kriegsplan gegen den kraftstrotzenden Civilis den Krieg (Heraeus). – 4. Civilis steht in vorderster Front, Hordeonius erteilt seine Befehle vom Bett aus (Heubner).

39 Vgl. Anm. I 124.

40 Es wird hier allgemein eine Lücke angenommen, die wahrscheinlich eine Entfernungsangabe enthalten hat. Heraeus ergänzt: »13 Meilen von Novaesium entfernt«.

41 Im allgemeinen hatte das römische Legionslager vier Tore; die *porta praetoria* öffnete sich auf die dem Feind zugekehrte Lagerseite.

42 Es handelt sich um einen Schwungbalken, einen sogenannten *tollenno* (von *tollere* aufheben). Er bestand aus einem ungleicharmigen Hebel nach Art eines Schlagbaumes. Am längeren Arm war ein Haken befestigt, mit dem angreifende Feinde emporgerissen und durch Drehung des Hebelarmes hinter die Lagermauer geschleudert wurden (nach Heraeus, Komm. z. St.).

43 Alpinius Montanus war gebürtiger Treverer. Seine Entsendung wird 3,35,2 berichtet.

44 *Fasces cum securi* – das Rutenbündel mit dem Beil, das die

Befehlsgewalt der Konsuln und Prätoren ebenso wie die der Statthalter symbolisierte.

45 Vgl. 4,15,3.

46 Die Vasconer (Basken) siedelten in der Provinz Hispania Tarraconensis. Die zwei Kohorten waren 68 von Galba als Statthalter in Spanien aufgestellt worden. 71 wurden sie nach Britannien verlegt.

47 Novaesium: Hauptquartier des Hordeonius Flaccus (31,2); Mogontiacum: Standlager der *legio IV* und der *legio XXII* (vgl. Anm. I 30).

48 Es sind die 35,3 erwähnten *delecti.*

49 Die Belagerung von Mogontiacum ist im vorhergehenden Text nicht erwähnt. Es muß sich um ein kurzfristiges Unternehmen der im folgenden genannten Chatten, Usiper und Mattiaker handeln.

50 L. Calpurnius Piso war 57 zusammen mit Nero Konsul (ann. 13,31,1), von 60–63 war er *curator aquarum* (Aufsicht über die Wasserversorgung Roms), 62 mit der Reorganisation der Staatskasse (des *aerarium*) betraut.

51 Zum Stadtprätor: Anm. I 103. Iulius Frontinus war 70 Legionslegat in Gallien, 76–78 Statthalter in Britannien, 98 Suffektkonsul und 100 *consul ordinarius.* Er starb Anfang des 2. Jh.s (Plin. ep. 4,8,3). Von seinen Werken sind erhalten: 4 Bücher *Strategemata* (1–3: Kriegslisten; 4: hervorragende Kriegstaten). 97 war er *curator aquarum* (s. Anm. 50); seine Erfahrungen legte er nieder im *Commentarius de aquis.* Unter Domitian verfaßte er einen *Liber gromaticus*, ein Lehrbuch der Vermessungswissenschaft.

52 Wie Sohaemus, Antiochus und Agrippa: 2,81,1.

53 Vgl. 2,85.

54 Ein Fries mit überlebensgroßen Figuren, aufgestellt im Cortile delle Corazze im Vatikanischen Museum, zeigt Domitian in seiner Eigenschaft als *praetor urbanus*: der im Oktober 70 aus dem Orient zurückkehrende Vespasian grüßt mit erhobener Hand Domitian, den bis zu seiner Ankunft ranghöchsten Magistrat in Rom. Vgl. dazu Suet. Dom. 13.

55 Scribonianus Crassus war der ältere Bruder des L. Calpurnius Piso, des Adoptivsohnes Galbas. – Zum »Ahnenbild«: in Adelsfamilien wurden die Büsten der verstorbenen Familienmitglieder, mit Ehreninschriften (*tituli*) versehen, im Atrium aufgestellt.

56 Vgl. 2,65,2; Anm. I 28.

57 So wurden etwa die Monatsnamen unter Nero geändert: der Mai hieß *mensis Neronis* (ann. 15,74; 16,12), auch waren Feste zu Ehren von Mitgliedern des Kaiserhauses eingefügt worden.

58 Vgl. 4,10.

59 *Manes* oder *Di Manes* sind die »Totengeister«. »D. M.« (*Dis Manibus*) auf Grabsteinen ist die formelhafte Anrede an die Totengötter.

60 Demetrius war mit Seneca und Paetus befreundet. Unter Vespasian wurde er 71 aus Rom verbannt.

61 Iunius Mauricus war der Bruder des Arulenus Rusticus (3,80). Er war mit Plinius d. J. befreundet. Unter Domitian verbannt, konnte er unter Kaiser Nerva zurückkehren.

62 Rufus und Proculus Scribonianus waren Statthalter in Ober- und Untergermanien (Dio Cass. 63,17,2). Nero berief sie während seiner Kunstreise nach Griechenland und zwang sie zum Selbstmord, um sich in den Besitz ihrer Güter zu setzen.

63 Vgl. Anm. III 12.

64 M. Aquilius Regulus war unter Nero ein gefürchteter Denunziant. Die hier erwähnten Angriffe überstand er, war auch weiterhin ein unangenehmer, gefährlicher Zeitgenosse; Plinius kam durch ihn in Gefahr: ep.1,5,8–15. Im Jahre 100 wird er als Senator erwähnt: Plin. ep. 2,11,22.

65 Das heißt, es hatte für Nero keinen Reiz, gegen ihn vorzugehen.

66 Antonius Flamma war Prokonsul von Kreta und Kyrene. Er hatte sich anscheinend durch Bestechung zur Verhängung von Todesurteilen bewegen lassen, da bei Klage wegen bloßer Bestechung das Kollegium der *recuperatores* zuständig gewesen wäre. Die *recuperatores* waren die vom Prätor ausgewählten Richter in den Erpressungs- oder Repetundenprozessen.

67 Vgl. 2,67,1; 82,3.

68 Es sind die Truppen, die sich bei Narnia ergeben hatten: 3,63; 4,2,2.

69 Nach Suet., Vit. 11, hatte Vitellius die Konsulate auf zehn Jahre im voraus verteilt. Vgl. auch 3,55,2.

70 *Funus censorium* oder *funus publicum*, das Staatsbegräbnis, wurde in der Republik von den Zensoren genehmigt und veranstaltet.

71 M. Iunius Silanus, Suffektkonsul im Jahre 15 gemeinsam mit

Drusus, verheiratete 33 seine Tochter mit Caligula (C. Caesar); Caligula haßte ihn und trieb ihn 38 zum Selbstmord.

72 Statthalter und Legaten nahmen die Besetzung der Stabsstellen aus dem Bestand der Legionen vor. Diese *beneficiarii* waren von den üblichen *munera* (militärischen Diensten) befreite Legionäre (*immunes*, »Gefreite«).

73 Vgl. das negative Urteil des Tacitus über die Statthalterschaft Vespasians in Africa: 2,97,2 und Anm. II 135.

74 Vgl. Anm. I 151.

75 Vgl. 4,11,2 und Anm. 19.

76 Vgl. 1,7,1.

77 *e procuratoribus = procurator* (einer aus der Reihe der in Africa hintereinander wirkenden Finanzprokuratoren). Baebius Massa war Finanzprokurator in Africa. Unter Domitian gehörte er zu den gefürchteten Denunzianten. Von Vespasian wurde er in den Senatorenstand erhoben; nach der Statthalterschaft in Hispania Baetica wurde er von Plinius und Senecio angeklagt und verurteilt (Plin. 3,4; 7,33), behielt aber seinen unheilvollen Einfluß (Tac. Agr. 45).

78 Sallust, Iug. 18,8, beschreibt diese *mapalia* als länglich nach Art eines Schiffskiels, mit nach innen gewölbten Wänden (*oblonge, incurvis lateribus, tecta quasi navium carinae sunt*).

79 Vgl. Anm. I 71.

80 Glückverheißende Namen: Faustus, Felix, Valerius u. ä.; heilbringende Bäume: Eiche, Lorbeer, Myrte, Olive.

81 Es handelt sich um Häuptlinge gallischer Stämme, die sich zu dieser Zeit in Rom aufgehalten hatten.

82 Zu Classicus: vgl. 2,14,1 und Anm. II 16. – Die Schwadron der Treverer war Bestandteil des regulären Heeres: vgl. Anm. I 120 und 146.

83 Vgl. 4,18,4.

84 Über den Aufstand des Häduers Sacrovir und des Treverers Iulius Fronto vom Jahre 21 n. Chr. berichtet Tacitus ann. 3,40–46.

85 Vgl. Anm. I 26 und IV 29.

86 Vgl. 4,36,1.2.

87 Vielfach werden in den Übersetzungen und in den Kommentaren (Heubner, Komm. z. St.) die Begriffe *transfugae e transfugis et proditores e proditoribus* auf die römischen Soldaten bezogen (»zum zweiten Mal Verräter und Überläufer geworden«

– Sontheimer). Eine andere Erklärung scheint möglich: die Bataver und Treverer sind primär *transfugae et proditores* – ihnen wollen sich nun die römischen Legionen anschließen, sind also ebenfalls Überläufer; sollten sie unter dem Druck der anrückenden treuen Legionen wieder umschwenken, sind sie »Überläufer aus den Reihen der Überläufer«.

88 Nach Liv. 23,19,13 ist an Hunde, Katzen und Mäuse zu denken.

89 Veleda, german. ›Seherin‹. Über ihren großen Einfluß noch 4,65; 5,22.24; Germ. 8. Nach Statius (silv. 1,4,90) geriet sie später in römische Gefangenschaft, die vielleicht eher einer Asylgewährung entsprach.

90 Die Schilde steckten beim Marsch in ledernen Schutzhüllen, die Helme hingen über Brust oder Rücken herab.

91 Die Schwadron trug ihren Namen wahrscheinlich nach ihrem ersten Kommandanten L. Rusticus Picens (CIL III 10094). Nach der von Vespasian verfügten Neuordnung der Rheinarmee blieb sie auf Grund ihrer ehrenhaften Haltung bestehen.

92 Vgl. den ähnlichen Gedanken Agr. 21,2; Germ. 23; ebenso weist Caesar auf den für römische Historiographie topologischen Zusammenhang zwischen Luxus und Abhängigkeitsverhältnis von Mächtigeren hin: Gall. 1,1; 6,24.

93 Der Ausdruck *olim* (einst) ist rhetorische Übertreibung, da die Colonia Agrippinensis erst 20 Jahre vorher von Claudius gegründet worden war (vgl. Anm. I 124). Der Ausdruck *deductis* ist vom Terminus technicus *coloniam deducere* (eine Koloniestadt gründen) her zu verstehen.

94 Dieser Topos der Wahlmöglichkeit (Feldherr – Soldat) ist nach Sall. Catil. 20,16, gebildet. Dazu: K. Vretska, *C. Sallustius Crispus. De Catilinae coniuratione. Kommentar*, Bd. 1, Heidelberg 1976, S. 323 f.

95 Dieser Bericht stand im verlorenen Teil der ›Historien‹ zum Jahr 79, in dem Sabinus auf Befehl Vespasians hingerichtet wurde (Dio Cass. 66,16).

96 Vgl. 4,39,3.

97 Die *praefectura annonae* gehörte zu den höchsten ritterlichen Ämtern. Als *praefectus annonae* hatte Annius die Aufsicht über die Getreideversorgung Roms, er verlor damit allerdings seine militärische Befehlsgewalt.

98 Die Prätorianerpräfektur war in der Regel ein von Angehörigen

des Ritterstandes bekleidetes Amt. Der Nachfolger des Arrecinus Clemens als Prätorianerpräfekt war Titus (Suet. Tit. 6,1), was eine noch größere Anomalie darstellte.

99 Pöninische Alpen: Großer St. Bernhard (1,61); Cottische Alpen: Mont-Genèvre (1,61); Graius-Gebirge: Kleiner St. Bernhard (2,66); vgl. Anm. I 136, II 84.

100 Mit den Begriffen *ius* und *auspicium* nennt Iulius Auspex das wesentliche Merkmal römischer Befehlsgewalt: das (*iustum*) *imperium*, die rechtmäßige Befehlsgewalt, mit der das Recht der Vorzeichendeutung, des *auspicium*, und damit die Erforschung des Götterwillens verbunden war. In der Kaiserzeit lag das *ius auspicandi* beim Kaiser als dem Imperator; Kriege wurden also *sub auspiciis imperatoris* geführt. Vgl. Meyer, S. 117 ff., 123 ff.

101 Der 3,5,2 ebenfalls erwähnte Prokurator von Noricum rückte durch das Inntal und über den Arlberg in Helvetien ein.

102 *Equites singulares* bildeten a) einen Teil der kaiserlichen Leibgarde in Rom, b) einen Teil der Garde der Provinzstatthalter. Solche Garde-Reiter waren der Kern der hier genannten Schwadron. Sie ist auch später noch als *ala I Flavia Singularium civium Romanorum* nachweisbar.

103 Colonia Augusta Treverorum, heute Trier, wurde unter Claudius gegründet; Ende des 3. Jh.s wurde Trier Kaiserresidenz.

104 Zum Schicksal Cremonas nach der zweiten Schlacht bei Bedriacum zwischen Vitellianern und Flavianern: 3,32 f.

105 Vgl. Anm. I 101.

106 Diese Behauptung könnte etwa durch den Hinweis auf Iulius Vindex, Statthalter von Aquitanien im Jahre 68, gestützt werden (vgl. Anm. I 26). Zur Verleihung des römischen Bürgerrechtes an den gallischen Adel unter Claudius: vgl. Anm. I 29. Die Feststellung der generellen Gleichberechtigung der Gallier mit den Römern und der Hinweis auf die nur zur Sicherung Galliens verwendeten Tributzahlungen ist aber doch als eine aus der konkreten Situation erwachsene allgemeine Rechtfertigung römischen Herrschaftsanspruches zu verstehen. Vgl. Anm. 28; zur Rede des Cerialis: Syme, *Tacitus*, Bd. 1, S. 453 ff.

107 Verrat hatten die Soldaten dem Flaccus (4,36) und dem Vocula (4,59) vorgeworfen.

108 Numisius und Herennius wurden von den Aufständischen getötet: 4,59.70.

109 Vgl. Anm. II 137.

110 Vgl. den Exkurs über Serapis 4,83 f. und Anm. 112.

111 Der Name Basilides ist von griech. βασιλεύς (König) abgeleitet. Vespasian deutet die Erscheinung des Basilides als Verheißung seiner Herrscherwürde.

112 Die Herkunft des Gottes ist ein religionswissenschaftliches Problem: Er wird als genuin ägyptische Gottheit erklärt oder als Übertragung von Sinope (Tacitus; Plut. Is.), Seleukia oder Babylon angesehen. Das eigentliche Ursprungsland dieses synthetischen Gottes scheint aber Ägypten gewesen zu sein. Er wird mit Osiris gleichgesetzt. Plut. Is. 28: Der Eumolpide Timotheos (Eumolpiden: eleusinisches Priestergeschlecht, das jahrhundertelang die Hierophanten [Priester] für die Mysterien von Eleusis in Attika stellte) und der ägyptische Priester Manetho überlegen den Mischcharakter des Gottes. Serapis, in dem sich orientalische und griechische Elemente vereinen, diente den Ptolemäern als Einigungsmittel ihrer heterogenen Reichsbevölkerung. Der Typus der Serapis-Statue (Zeus-Kopf mit Modius auf dem Haupt) soll auf den athenischen Bildhauer Bryaxis zurückgehen. Verehrt wurde Serapis zusammen mit Isis, der Kult beider Götter breitete sich über das östliche Mittelmeer bis Afrika, Italien und Gallien aus. Im Jahre 38 ließ Caligula für die beiden Götter auf dem Marsfeld einen Tempel errichten. Den Höhepunkt erreichte die Isis-Serapis-Verehrung im 3. Jh.

113 Ptolemaeus, Sohn des Lagos, Feldherr Alexanders, war nach der Eroberung Ägyptens durch Alexander dort Satrap, ab 306 König. Er war der Begründer der Dynastie der Lagiden (Ptolemäer), die bis 30 v. Chr. (Kleopatra) in Ägypten herrschte.

114 Iuppiter Dis oder Dispater ist Pluto, der Gott der Unterwelt. Auch Serapis wurde als Unterweltsgottheit verehrt.

115 Ptolemaeus III. Euergetes regierte 247–222 v. Chr.

## Buch V

1 Titus, Sohn des nunmehr zum Imperator ausgerufenen Vespasian, hat als »Caesar« Hoffnung auf die Nachfolge.

2 Vgl. 2,81.

3 Der knappe Überblick über die »Anfangsgeschichte« der Juden

ist flüchtig gearbeitet und basiert wahrscheinlich zum Teil auf den judenfeindlichen Exkursen des Lysimachos (2. Jh. v. Chr.) in seinem Werk ›Aigyptiaka‹ und des Chairemon (wahrscheinlich im 1. Jh. Vorsteher des Museion in Alexandria). Chairemon ist einigermaßen greifbar in der gegen seine Ansichten gerichteten Polemik bei Iosephus (c. Ap. 2,14).

4 Kepheus ist der griechischen Sage nach der Vater der Andromeda.

5 Die Solymer werden bei Homer, Il. 6,184 und Od. 5,282, erwähnt.

6 Bokchoris ist der einzige Pharao der 24. Dynastie und regierte um die Mitte des 8. Jh.s v. Chr. Der Auszug der Israeliten aus Ägypten aber ist in die Regierungszeit des Pharao Merenptah (um 1270 v. Chr.), des Nachfolgers von Ramses II., zu setzen.

7 Das Heiligtum des Gottes Ammon liegt in der Oase Siwa in der libyschen Wüste. Hier ließ sich Alexander während seines Aufenthaltes in Ägypten zum Sohn des Zeus-Ammon erklären.

8 Der Gott Ammon wurde häufig in Gestalt eines Widders verehrt, der Gott Apis in Stiergestalt.

9 Die 7 Planeten: Merkur, Venus, Mars, Jupiter, Saturn, dazu noch Sonne und Mond.

10 Die gleiche Fehldeutung bei Iuvenal 14,100 f. – die Juden verachten die römischen Gesetze, zeigen nur Glaubensgenossen den Weg, führen nur Beschnittene zur ersehnten Quelle: und dies alles nach dem Gebot des Moses. Wie bei den absurden Vorstellungen vom Glauben der Christen (Inzest, Kindesmord, Kannibalismus usw.) wird der Grund in der strengen Absonderung der Juden und ebenso der Christen zu suchen sein, die dem Spiel der Phantasie freien Raum ließ.

11 Vgl. Germ. 19. *Agnati* sind Kinder, die über eine gewisse Zahl hinaus oder nach Testamentsabschluß oder aus einer zweiten Ehe geboren wurden.

12 Einen vergoldeten Rebstock ließ Herodes an der Tempeltür anbringen. Flavius Iosephus spricht ant. Iud. 5,5,4 von »mannsgroßen Trauben«. Eine Verwechslung mit dem »Aaron-Stab«, der zusammen mit den Gesetzestafeln und einem Korb mit Manna in der Bundeslade aufbewahrt wurde, ist möglich. Mit dem Aaron-Stab hatte Moses das Rote Meer geteilt.

13 Es sind der See von Meron, der See von Genezareth (Tiberias) und das Tote Meer.

14 Asphalt (Bitumen, Erdpech) ist durch Sauerstoffeinwirkung aus Erdöl entstanden. Das *bitumen Iudaicum* (Plin. n. h. 2,106.226 u. ö.) war besonders begehrt. Verwendet wurde es zum Abdichten von Schiffen, Weinkrügen, Amphoren, zum Konservieren von Holz und Metall. Nach dem hier in Massen gewonnenen Asphalt heißt das Tote Meer bei griechischen Autoren auch ἀσφαλτῖτις λίμνη, Asphalt-See.

15 Antiochus IV. Epiphanes (176–164 v. Chr.) versuchte, das Land zu hellenisieren: Ansiedlung von Griechen, Gründung der mit dem Tempel verbundenen Polis Akra auf dem Südost-Hügel Jerusalems, Errichtung eines Zeus-Altars im Tempel. Gegen diese Bestrebungen erhoben sich die Juden unter Führung der Makkabäer (Hasmonäer); das Haupt der Aufständischen war Judas Makkabäus. Hier wie in dem ganzen Abschnitt spricht bares Unverständnis und Haß des Römers gegenüber den Juden.

16 Der Abfall der Parther unter Arsakes erfolgte bereits 250 v. Chr. und fällt in die Regierung des Antiochus II. (260–245 v. Chr.). Es liegt hier offensichtlich ein Irrtum des Tacitus vor.

17 Die Priesterkönige entstammten dem Geschlecht der Hasmonäer. Johannes Hyrkanos I. (134–104 v. Chr.) war der erste Priesterkönig. Ihre Stellung war nicht unangefochten, v. a. regte sich der Widerstand der Pharisäer. Vgl. Anm. 18.

18 Auf ein Hilfegesuch der Pharisäer griff Pompeius 63 v. Chr. in die Thronstreitigkeiten zwischen den Hasmonäern Hyrkanos und Aristobulos ein. Hyrkanos wurde Oberpriester mit dem Titel *socius atque amicus populi Romani.* Judäa wurde von der römischen Provinz Syrien aus verwaltet; 37–4 v. Chr. regierte Herodes als römischer Vasallenfürst.

19 Nach der Schlacht bei Philippi (42 v. Chr.) ging M. Antonius in den Osten des Reiches, Octavianus kehrte nach Italien zurück.

20 Der Prinz – sein Vater Orodes war König – hatte 40 v. Chr. den Euphrat überschritten; er wurde 38 von Ventidius und Sosius, Legaten des Antonius, geschlagen.

21 Die Ventidii stammten aus Asculum im Picener-Land (Mittelitalien), dem Ausgangspunkt des Bundesgenossen-Aufstandes (90 v. Chr.). Sie gehörten der romfeindlichen Partei an. P. Ventidius Bassus wurde Anhänger Caesars, durch den er in den Senat kam. Nach Caesars Tod war er Legat unter M. Antonius. 39 und 38 besiegte er die Parther, Pacorus fiel.

22 C. Sosius, der Nachfolger des Ventidius als Feldherr im Vorderen Orient, unterwarf zusammen mit Herodes 37 v. Chr. die aufständischen Juden. Herodes wurde als Vasallenfürst eingesetzt.

23 P. Quinctilius Varus, mit Augustus verschwägert, war 6–4 v. Chr. Statthalter von Syrien. Er unterdrückte die Unruhen nach dem Tod des Herodes. Archelaos wurde Ethnarch über die Hälfte des Königreiches, Antipas und Philippus herrschten als Tetrarchen über je ein Viertel. Im Jahre 7 n. Chr. wurde Varus als *legatus Augusti* nach Germanien versetzt, wo er durch überhastete und ungeschickte Politik den Germanenaufstand provozierte; nach der Niederlage im Teutoburger Wald beging er Selbstmord.

24 Antonius Felix, der Bruder des Pallas, der am Hof des Claudius das Amt *a rationibus* (Finanzminister; vgl. Anm. I 15 und 101) bekleidete; Felix war von 52 bis ungefähr 60 Prokurator in Judäa. Vor seinem Tribunal mußte sich der Apostel Paulus verantworten: Act. Apost. 23,24.

25 Claudius war der Enkel des M. Antonius nach dessen Ehe mit Octavia, der Schwester des Augustus, Drusilla war die Enkelin des Antonius nach dessen Ehe mit Kleopatra.

26 In den Jahren 67 und 68.

27 Den Salomonischen Tempel hatte Nebukadnezar 587/586 zerstört. Der Neubau war nach der Plünderung durch Antiochus IV. (vgl. Anm. 15) von Herodes ab 19 v. Chr. in großzügiger Weise erweitert und ausgebaut worden. Nach der Zerstörung durch Titus blieben nur noch Ruinen (z. B. die Klagemauer), die heute noch eine Vorstellung von der gewaltigen Ausdehnung geben können.

28 Die Städte waren von den römischen Legionen unter Vespasian zerstört worden, wie etwa Jotapata im Norden des Landes, wo Flavius Iosephus das Kommando geführt hatte.

29 Vgl. 1,59,1 und Anm. I 132.

30 Die *legio VI Victrix* hatte Galba in Hispania Tarraconensis zum Imperator ausgerufen.

31 Die *legio II* war neu ausgehoben worden: 4,68,4.

32 Vgl. 4,77 ff.

33 Vgl. 4,79; 5,15.

34 »Dieser von Drusus im J. 9 v. Chr. zur Eindämmung des Rheins und der Waalgewässer in den rechten Arm beim Clevi-

schen Spyk an der damaligen Gabelung des Rheins [...] 10 Minuten unterhalb Cleve angefangene Steindamm und Flußdeich war 55 n. Chr. (ann. 13,53) von Pompeius Paulinus, dem Statthalter Niedergermaniens, vollendet worden. Jetzt gossen sich die Gewässer des Rheins in das Bett des linken, südlichen Rheinarms, der Waal.« (Heraeus, Komm. z. St., S. 202).

35 3,35,2; 4,31.

36 Jede der vier Nachtwachen (*vigiliae*) wurde durch ein Trompetensignal (*signum*) angekündigt, die Patrouillen wurden von den Wachen mit dem Losungswort angerufen (*vocibus*).

37 Vgl. Anm. II 11 und 19.

38 Wie der Ausdruck *exulem* (24,2) vermuten läßt, zog sich Civilis über den rechten Rheinarm wahrscheinlich in das Gebiet der Friesen zurück.

39 Um so einen Keil zwischen Volk und Führer zu treiben; ähnlich verfuhren im Peloponnesischen Krieg der spartanische König Archidamos gegenüber Perikles (Thuk. 2,13), Coriolan gegenüber den Senatoren (Liv. 2,39) und Hannibal gegenüber Fabius Maximus (Liv. 22,23).

40 Hier bricht der Text der Historien ab. Über das weitere Schicksal des Civilis ist nichts bekannt. Die Stellung der Bataver blieb nach dem Friedensschluß gleich wie vorher: Germ. 29 erwähnt Tacitus keine nachhaltige Verschlechterung in den Beziehungen zu Rom.

## *Historien-Fragmente*

1 Sulpicius Severus, um 400, aus Aquitanien stammend, gibt in seinen ›Chronika‹ (2 Bücher) einen historischen Abriß der Geschichte von Adam bis zur Zeit Konstantins.

2 Orosius aus Bracara (Portugal) lebte im 5. Jh. Sein Hauptwerk ist ein Abriß der Weltgeschichte: ›Historia adversus Paganos‹. Es wurde von Augustinus angeregt. Thema: Gegen die Vorwürfe, daß trotz der Christianisierung Roms das Imperium von äußeren Feinden bedroht sei, stellt Orosius fest: Die Menschheit war schon vor dem Erscheinen Christi von Leiden heimgesucht, mit dem Erscheinen Christi tritt aber eine Besserung ein.

3 Gordian wurde als Dreizehnjähriger 238 auf den Thron gehoben; 244 wurde er von seinem Nachfolger Philippus in Meso-

potamien getötet. Sein Grabmal steht in Dura-Europos. – Das Schließen der Tore des Janus-Tempels in Rom (Lage ungeklärt) bedeutet Frieden, das Öffnen Krieg (vgl. Fragment 4).

4 Über Cornelius Fuscus: s. Tac. hist. 2,86,3 und Anm. II 115. – Fuscus ist im Krieg gegen die Daker 85 gefallen. Der Nachfolger des thrakischen Königs Diurpaneus ist Dekebalus, der den Römern unter Trajan schwere Kämpfe lieferte; sie endeten mit dem Sieg der Römer (die Kämpfe sind auf der Trajan-Säule in Rom dargestellt) und der Einrichtung der Provinz Dacia.

5 Theodosius, Kaiser 379–395, wurde 379 von Gratian zum Augustus des Ostens ernannt. Die Kämpfe gegen die skythischen Stämme und die Goten endeten 382 mit der Ansiedlung der Westgoten als Foederaten an der unteren Donau.

6 Es ist der Historiker Pompeius Trogus, ein jüngerer Zeitgenosse des Livius. Seine 44 Bücher ›Historiae Philippicae‹ sind eine Universalgeschichte der nichtrömischen Welt. Erhalten ist das Werk in den Exzerpten des Iustinus (wahrscheinlich Anf. 3. Jh.).

7 Servius, lateinischer Grammatiker, lebte um 400. Sein Hauptwerk ist der Kommentar zu Vergil.

8 Nasamonen: Volksstamm, der an der Großen Syrte in Nordafrika siedelt.

9 Naryx: Stadt im epiknemidischen (westlichen) Lokris gegenüber von Euböa; das ozolische Lokris ist das östliche Gebiet, an der Nordküste des Golfs von Korinth gelegen.

# Inhaltsübersicht

## Buch I

## Buch II

## Buch III

## Buch IV

## Buch V

# Nachwort

## *Tacitus: Leben und Werk*

Nicht sehr zahlreich fließen die Quellen zur Biographie des Tacitus,[1] Hypothesen müssen mit mehr oder weniger Gewißheitsanspruch das Fehlende ergänzen. Geburtsort, Geburtsjahr und Todesjahr sind nicht überliefert, ja auch der Vorname ist unsicher. Als Historiker gibt sich Tacitus, was Bemerkungen zur eigenen Person betrifft, sehr wortkarg, erfreulich oft äußert sich aber der redselige Plinius in seinen Briefen zu Person, Werk und Einschätzung seines älteren Freundes.

Zwei Vornamen – Gaius oder Publius – werden von der Überlieferung zur Wahl gestellt; auch noch so viel gelehrter Arbeitsaufwand konnte bislang keine Klärung schaffen. Das Problem kann ohne Verlust ungelöst bleiben: Sidonius Apollinaris, Bischof von Clermont in der 2. Hälfte des 5. Jahrhunderts und Verfasser von Pastoralbriefen, nennt Tacitus zweimal »Gaius«: ep. 4,14,1; 22,2; im Codex Mediceus I lesen wir zu Buch 1 und 3 der *Annalen* »P. Corneli«.[2]

Das Geburtsjahr können wir aus Plinius, ep. 7,20,3, und der Tatsache, daß Tacitus im Jahre 88 die Prätur bekleidete, auf die Mitte der fünfziger Jahre festlegen. Obwohl die Gelehrten in der Frage des Geburtsortes mit viel Scharfsinn und in minutiöser Kleinarbeit sämtliche Indizien analysiert und geprüft haben, bleibt als Gewinn der Sisyphusarbeit die Wahl zwischen zwei Möglichkeiten: Gallia Narbonensis[3] oder Gallia Cisalpina (Padua?)[4].

Eine Notiz bei Plinius d. Ä. (n. h. 7,76), der einen Cornelius Tacitus als Finanzprokurator[5] der Provinz Belgica erwähnt, gibt uns wahrscheinlich einen Hinweis auf den Vater des Historikers, zumindest aber auf einen Verwandten. Jedenfalls gehört Tacitus zu den Kreisen des Provinzadels vor

allem der westlichen Provinzen des Reiches,[6] der in der frühen Kaiserzeit dank seiner Tüchtigkeit, seines Ehrgeizes und sicher auch dank des Festhaltens an dem alten adeligen Ehrenkodex zu höchsten Positionen aufsteigen konnte[7]. Ein Beleg für viele: Gnaeus Iulius Agricola, der aus der Gallia Narbonensis (der heutigen Provence) stammende Schwiegervater des Tacitus, der das Konsulat, auch in der Kaiserzeit Höhepunkt einer Senatoren-Karriere, bekleidete und unter Domitian Statthalter der Provinz Britannia wurde.
Mit einiger Sicherheit kann die politische Laufbahn des Tacitus, sein *cursus honorum*, bestimmt werden; wichtig hierfür sind zwei Stellen aus seinen historischen Werken:

> hist. 1,1,3: ›dignitatem nostram a Vespasiano inchoatam, a Tito auctam, a Domitiano longius provectam non abnuerim.‹
> ann. 11,11,1: [Domitian hielt Säkularspiele ab . . .] ›iisque intentius adfui sacerdotio quindecimvirali praeditus ac tunc praetor‹ (an denen ich mit besonderer Aufmerksamkeit teilgenommen habe, da ich das Priesteramt eines *XVvir* bekleidete und damals auch Prätor war).

Die Säkularspiele fallen in das Jahr 88, damals also war Tacitus Prätor.
Für zwei weitere Jahre haben wir sichere Zeugnisse: 77 heiratete Tacitus die Tochter des Iulius Agricola (Agr. 9,6) und 97 hielt er als *consul suffectus*[8] die Leichenrede für Verginius Rufus[9] (Plin. ep. 2,1,6).
Für den *cursus honorum* des Tacitus ergibt sich demnach folgende Abfolge: Unter Vespasian *vigintivir* oder *tribunus laticlavius*,[10] im Jahre 81 unter Titus Quästor, nach zwei bis drei Jahren unter Domitian Ädil und 88 Prätor. Nach der Prätur weilte Tacitus gemeinsam mit seiner Frau in offizieller Mission vier Jahre, 89–93, fern von Rom, so daß er am Begräbnis seines Schwiegervaters nicht teilnehmen konnte (Agr. 45). Genaueres über die Funktion des Tacitus in diesen Jahren (Provinzstatthalter, Legionslegat) läßt sich nicht

feststellen. Im Jahre 97 unter Kaiser Nerva erreichte er, sicher noch von Domitian nominiert, das Konsulat.
Dies und die Tatsache, daß Tacitus als relativ junger Mann bereits das Priesteramt eines *XV-vir* bekleidete, zeigt wohl deutlich, daß er keineswegs bei Domitian in Ungnade gefallen war, obwohl er im *Agricola* die Rückberufung seines Schwiegervaters aus Britannien dem Neid Domitians zuschreibt und auch sonst nicht müde wird, die Herrschaft Domitians als Inbegriff einer grausamen Despotie zu brandmarken.[11] Unter Trajan verwaltete Tacitus als Prokonsul die Provinz Asia, wahrscheinlich in den Jahren 112/113; es war dies ein Amt, das den Höhepunkt einer Senatoren-Karriere in der Kaiserzeit darstellte.
Seit Augustus trat neben das »republikanische« Regierungssystem (Senat und Magistrate) die immer mächtiger werdende kaiserliche Verwaltung: das Imperium Romanum wurde durch zwei nebeneinander wirkende »Regierungen« verwaltet. Die alten republikanischen Magistraturen (Quästor, Ädil, Prätor, Konsul und die Promagistrate) blieben bestehen, daneben aber trat das kaiserliche Regierungssystem, das die Bereiche der Stadt Rom, Italiens, der Provinzen, des Finanz- und Heereswesens umfaßte.[12] Die Provinzen fielen teils in die Kompetenz des Senates, teils in die des Kaisers. Das Legionsheer war in den »kaiserlichen« Provinzen stationiert, sie bildeten gewissermaßen den Grenzwall des Reiches; verwaltet wurden sie von *legati Augusti* – vom Kaiser (Augustus) ernannten Beamten. Die »senatorischen« Provinzen standen unter der Verwaltung von Prokonsuln, die wie in der Zeit der Republik vom Senat ernannt wurden.
Für viele Angehörige des Senatoren- und Ritterstandes ergab sich im Dienste des Kaisers die Möglichkeit einer steilen, auch finanziell interessanten Karriere in den Zentralstellen am kaiserlichen Hof oder in der Verwaltung der Provinzen. So gehörte etwa der Posten eines Statthalters (*legatus Augusti*) von Pannonien oder Syrien zu den Höhepunkten einer

senatorischen Karriere innerhalb der kaiserlichen Verwaltung, der des *praefectus Aegypti* oder des *praefectus praetorio* (Statthalter in Ägypten, Kommandant der kaiserlichen Leibwache in Rom) zu ebensolchen einer Ritter-Laufbahn. Die »republikanisch-senatorische« Karriere fand ihren Höhepunkt in der Statthalterschaft von Africa oder Asia.

Plinius d. J., der Freund des Tacitus, hat mehrere hohe Ämter innerhalb der kaiserlichen Verwaltung bekleidet, Tacitus anscheinend keines. Auch dies mag ein deutlicher Hinweis auf die reservierte Haltung des Historikers gegenüber dem Prinzipat sein, eine Haltung, die seine Darstellung der Prinzipatsepoche in seinen historischen Werken prägt.

Der Ruhm des Tacitus bei seinen Zeitgenossen gründet sich auf den Glanz und die Wucht seiner Beredsamkeit.[13] Schon erwähnt wurde seine Leichenrede auf Verginius Rufus im Jahre 97 (Plin. ep. 2,1,6). Im Jahre 100 übernahmen Plinius und Tacitus die Verteidigung der Provinz Africa im Erpressungsprozeß gegen den korrupten Statthalter Marius Priscus (Plin. ep. 2,11) und erreichten seine Verurteilung. Tacitus sprach dabei ›eloquentissime‹ (mit hinreißender Beredsamkeit) und σεμνῶς (mit Würde und Hoheit), Charakteristika, die man auch in den historischen Werken des Autors bestätigt findet.

Die Werke des Tacitus erschienen nach dem Tod Domitians (96) in der Regierungszeit Trajans.

Noch im Jahre 98 erschien der *Agricola*, die Biographie seines Schwiegervaters Gnaeus Iulius Agricola (*de vita et moribus Iulii Agricolae*), deren Hauptteil die Jahre der Statthalterschaft Agricolas in Britannien behandelt. Wahrscheinlich im gleichen Jahr veröffentlichte Tacitus die *Germania* (*de origine et situ Germanorum*), eine historiographisch-ethnographische Monographie über die Germanen. Tendenz und Absicht dieser einzigartigen kleinen Schrift sind nach wie vor in der Forschung umstritten: ist sie ein verselbständigter Exkurs der Historien oder eine gegen die offizielle Propaganda der Domitian-Zeit (die Kriege Domitians hätten

die Germanenfrage endgültig und siegreich beendet) gerichtete Tendenz-Schrift[14], oder Lobpreis der unverfälschten Lebensweise und Mannhaftigkeit der Germanen als Sittenspiegel gegenüber der Entartung und dem Sittenverfall bei den Römern[15]? Der *Dialogus de oratoribus* ist wahrscheinlich 102 (Konsulat des Widmungsträgers Iustus Fabius) oder bald danach erschienen. Hauptthema des geistvoll-urbanen Gesprächs der Teilnehmer ist der Unterschied zwischen alter republikanischer und moderner kaiserzeitlicher Rhetorik.

Den Abschluß bilden die beiden großen historischen Werke, die *Historien* und die *Annalen*, deren gebräuchliche Titel freilich nicht authentisch sind. Für beide Werke gibt Hieronymus (comm. in Zachar. 3,14) einen Umfang von 30 Büchern an: ›Cornelius Tacitus, qui post Augustum usque ad mortem Domitiani vitas Caesarum triginta voluminibus exaravit‹ (Cornelius Tacitus, der nach Augustus bis zum Tod des Domitian die Lebensschicksale der Kaiser in 30 Büchern behandelt hat). Daraus ergibt sich folgende mögliche Bücherverteilung: 16 Bücher Annalen, 14 Bücher Historien; da aber die Annalen kaum mit Buch 16 geendet haben, ist auch eine Verteilung von 18 Büchern Annalen und 12 Büchern Historien denkbar und wahrscheinlich. Von den Annalen sind erhalten die Bücher 1–5 (Anfang), 6 (ohne Anfang), 11 (ohne Anfang) – 16 (ohne Ende); von der behandelten Zeit (14–68) fehlen in der Darstellung die Jahre 29–31, 37–47 und 66–68.

Von den Historien, wahrscheinlich in den Jahren 105–110 erschienen, sind die Bücher 1–4 und der Anfang von 5 erhalten; sie behandeln die Jahre 69 und 70.

Aufmerksamkeit verdienen die Stellen, in denen sich Tacitus über seine historiographischen Pläne äußert:

Agr. 3: Nach den Schrecken der Domitian-Herrschaft fassen alle wieder Mut, denn Nerva scheint ›res olim dissociabiles‹ (ehemals unvereinbare Dinge) zu vereinen: Prinzipat und Freiheit. Aber die in langem Schweigen

hingebrachten Jahre behindern eine schriftstellerische Tätigkeit ...

›non tamen pigebit vel incondita ac rudi voce memoriam prioris servitutis ac testimonium praesentium bonorum composuisse.‹ (Dennoch soll es mich nicht verdrießen, wenngleich in ungeschlachter und rauher Sprache, ein Denkmal früherer Knechtschaft und ein Zeugnis gegenwärtigen Glücks zu erstellen.)[16]

Das geplante Werk – nämlich die *Historien* – sollte also die Jahre der Knechtschaft (Domitian) und das Glück der Gegenwart (Nerva, Trajan) enthalten. Tacitus änderte aber den Plan: Er behandelte nicht »das Glück der Gegenwart«, sondern wandte sich der Vergangenheit zu: Thema der Historien ist die Geschichte des flavischen Kaiserhauses von der Erhebung der Flavier und deren Vorgeschichte an (beginnend im Sommer 68) bis zum Tod Domitians (96).

hist. 1,1: Im Proömium zu den Historien kündigt Tacitus das nächste Werk an: ›[...] quodsi vita suppeditet, principatum divi Nervae et imperium Traiani, uberiorem securioremque materiam, senectuti seposui.‹

Die Geschichte Nervas und Trajans, eine ergiebigere und gefahrlosere Materie, will Tacitus also in seinem nächsten Werk behandeln. Allerdings ist auch dieser Plan nicht ausgeführt worden: Tacitus geht noch weiter in die Geschichte des Prinzipates zurück; die Gründe hiefür:

ann. 1,1: Da die Geschichte des Tiberius und der folgenden Herrscher zu ihren Lebzeiten aus Furcht verfälscht, nach ihrem Tod in frischem Haß niedergeschrieben worden war, beabsichtigt er:

›pauca de Augusto et extrema tradere, mox Tiberii principatum et cetera [...]‹ (kurz über Augustus, und zwar über seine letzten Lebensjahre zu berichten, dann den Prinzipat des Tiberius und alles weitere darzulegen [...]).[17]

Wie sich Tacitus in seiner historischen Forschung langsam

immer weiter in die Frühzeit des Prinzipates zurücktastet – der Beginn der Alleinherrschaft des Augustus liegt rund 85 Jahre vor dem Geburtsjahr des Tacitus! –, zeigt eine weitere Stelle:

ann. 3,24: Tacitus berichtet über die Schwierigkeiten des Augustus innerhalb seiner eigenen Familie, die ihn oft zu hartem Vorgehen gezwungen haben:
›sed aliorum exitus, simul cetera illius aetatis memorabo, si effectis in quae tetendi plures ad curas vitam produxero.‹ (Doch wie andere Männer endigten und was sich sonst in jener Zeit begab, will ich berichten, sofern nach Vollendung des Werkes, das ich mir vorgenommen habe, meine Lebenszeit für weitere Aufgaben ausreichen wird.)

Die hier angekündigte Geschichte der Regierungszeit des Augustus blieb ungeschrieben. Daß er aber im Alter noch diesen Plan gefaßt hat, widerlegt wohl die Ansicht, Tacitus habe die Annalen in greisenhafter Erstarrung und tiefer Verzweiflung geschrieben.[18]
Ebensowenig wie die Geschichte des Augustus hat Tacitus die Agr. 3 und hist. 1,1 angekündigte Darstellung der Kaiser Nerva und Trajan geschrieben. Über die Gründe dafür äußert er sich nicht und bietet so weiten Raum für Spekulationen um die Ursachen dieses »Wortbruches«. Vor allem in der deutschen Tacitus-Forschung fand zur Erklärung dieses Verstummens des Historikers die »Verdüsterungstheorie« großen Anklang:[19] Tacitus habe nach dem für ihn erschütternden Erlebnis der Domitian-Zeit, dem grausamen Wüten des Tyrannen und der feigen Fügsamkeit (›deforme obsequium‹: ann. 4,20,3) des Senates – auch des Tacitus selbst! –[20] mit ehrlicher Begeisterung den Regierungsantritt Nervas und die Herrschaft Trajans als Beginn eines neuen, glücklichen Jahrhunderts empfunden:

Agr. 3,1: Nerva vereinigt ›res olim dissociabiles [...] principatum et libertatem‹ (ehemals unvereinbare Dinge, Prinzipat und Freiheit).

hist. 1,4: über die Zeit des Nerva und Trajan: ›rara temporum felicitate, ubi sentire quae velis et quae sentias dicere liceat.‹

Da er aber erleben mußte, daß auch unter Trajan die Verwirklichung der *libertas* unmöglich sei, daß auch Trajan die ›res olim dissociabiles‹ eben nicht vereinen könne oder wolle, habe er erkannt, daß seiner eigenen Geschichtsschreibung die Aufgabe zufalle, die Wurzeln der Knechtschaft, des *servitium*, bloßzulegen und zur Belehrung der Nachwelt zu überliefern: Daher also die Abwendung von der Gegenwart, die Hinwendung zu den Anfängen des Prinzipates. Freilich fehlt bei ihm das stolze Bewußtsein des Thukydides, mit seinem Werk ein κτῆμα εἰς ἀεί, einen Besitz für immer, zu hinterlassen, er äußert den Glauben an den Nutzen einer solchen Darstellung »mit einer fast zaghaft anmutenden Verhaltenheit«.[21] »Der Verschiebung des Planes entspricht die Verdunkelung der Farben. In den Annalen ist das Finstere dichter zusammengeballt und undurchdringlicher als in den Historien. Rücksichtsloser, ja fast gehässig sind die Menschen, vor allem die Kaiser, dargestellt.«[22]

Es ist hier nicht der Platz, dieser Theorie eine neue entgegenzusetzen und mit besonderem Nachdruck auf Stellen hinzuweisen, in denen Tacitus auch den Zustand v. a. der ausgehenden Republik als schlecht und ablehnenswert erkennt, den Prinzipat als einzig mögliche Selbstverwirklichung Roms in neuer Zeit anerkennen muß; eine, wenn auch nicht die einzige Erklärung dieser Änderung im historiographischen Plan des Tacitus sei vermutungsweise angeführt:

Plinius wird von einem Freund aufgefordert, ein Geschichtswerk zu schreiben (Plin. ep. 5,8); er ist dazu bereit, allerdings unter mannigfachen Vorbehalten, sieht aber gerade für die Zeitgeschichte große Schwierigkeiten: ›graves offensae, levis gratia [...].‹ (Schwere Anstöße und wenig Dank! Denn abgesehen davon, daß es bei all den Lastern der Menschen mehr zu tadeln als zu loben gibt, heißt es, wenn man lobt, man habe gekargt, tadelt man, man habe

übertrieben, auch wenn man das eine in reichem Maße, das andere mit aller Vorsicht getan hat.)[23]
Als ein zeitgeschichtlicher Autor einmal aus seinem Werk im Freundeskreis vortrug, kam es zu einer fast tragikomischen Situation (Plin. ep. 9,27): ›Recitaverat quidam verissimum librum partemque eius in alium diem reservaverat. Ecce amici cuiusdam orantes obsecrantesque, ne reliqua recitaret. [. . .]‹ (Jemand hatte aus einer ganz objektiven Darstellung vorgetragen und sich einen Teil für einen späteren Tag aufgespart. Da traten doch die Freunde einer gewissen Person an ihn heran und baten und beschworen ihn, den Rest nicht vorzutragen; so sehr schämten sie sich zu hören, was sie getan hatten, die sich doch nicht schämen zu tun, was zu hören sie erröten macht. Und der Autor kam ihren Bitten nach; seine Glaubwürdigkeit litt ja nicht darunter.)
Es ist verlockend, in diesem Historiker Tacitus erkennen zu wollen, äußert sich doch auch er in ähnlicher Weise über die Schwierigkeiten der Zeitgeschichte: ann. 4,32 f. vergleicht er seine *Annalen* mit den Geschichtswerken der früheren Autoren. Diese konnten, so schreibt er, Kriege der Vorzeit, Eroberungen von Städten, Siege über fremde Völker, aber auch erbitterte innenpolitische Kämpfe darstellen und hatten so nach den Regeln der hellenistischen, auf psychagogische und darstellerische Effekte ausgerichteten Historiographie reiche Möglichkeiten, ihr Talent voll zu entfalten.[24] Tacitus dagegen (4,32,2): ›nobis in arto et inglorius labor‹ (meine Aufgabe ist eng begrenzt und ruhmlos). Denn Tacitus muß Verfolgungen durch die Herrscher, Denunziationen und Untergang Unschuldiger in ermüdendem Einerlei schildern – und der Vorwurf der Parteilichkeit trifft die Autoren der Vergangenheitsgeschichte nicht voll: ob sie römische oder punische Kriegstaten mit mehr Anteilnahme schildern, ist nach so vielen Jahren nebensächlich (ann. 4,33,4): »Dagegen leben die Nachkommen vieler, die unter des Tiberius Regierung Strafe oder Entehrung erlitten haben, heute noch, und mögen auch die Familien selbst ausgestorben sein, werden

sich doch manche finden, die ähnlicher Lebensart sind und daher glauben, Übeltaten, die man anderen vorwirft, bedeuten auch für sie einen Vorwurf. Auch gegen Ruhm und Tugend sind sie feindlich eingestellt: mit einer allzu nah gerückten Darstellung, glauben sie, beleuchte man ihr Gegenbild.«[25]
Diese Schwierigkeiten und Gefahren erkennt Tacitus also bei der Darstellung der Ereignisse unter Tiberius; um wie viel größer mußten sie bei der Behandlung der erlebten Gegenwart unter der Regierung Nervas und Trajans sein – bei der so wenig konzilianten und nach römischer Tradition personenzentrierten Art seiner Geschichtsschreibung? Die Geschichte der fernen Vergangenheit war von bedeutenden Autoren behandelt worden – und wer konnte Livius überbieten? Die Anfänge des Prinzipates darzustellen, wer kann es Tacitus verdenken, daß er darin eine ›uberior‹, wenn schon nicht ›securior materia‹ (einen ergiebigeren, wenn auch nicht gefahrloseren Stoff) erkannte?[26]

## *Die »Historien«*

Tacitus beginnt sein Werk mit dem 1. Januar 69, dem Konsulat des Sulpicius Galba und des T. Vinius, und stellt sich damit in die Tradition der republikanischen annalistischen Geschichtsschreibung.[27] Allerdings zerschneidet er mit diesem Zeitansatz den Zusammenhang des historischen Geschehens: die Ursachen der Erhebung Galbas zum Kaiser werden nicht erwähnt, sein Anmarsch aus Spanien nach Rom, die Zustände in Rom und den Provinzen nach Neros Selbstmord werden in einem summarischen Überblick (1,4 bis 1,11) abgehandelt, der nach der allgemeinen Charakterisierung des zu behandelnden Zeitabschnittes (1,2 f.) zwar ein wirkungsvolles, kontrastreiches Stimmungsbild bietet, die historischen Fakten aber nicht im zeitlichen und kausalen Zusammenhang anführt.

Die Vorgeschichte, die letzten Regierungsjahre Neros, soll hier schlagwortartig angeführt werden.

59 Nero läßt seine Mutter Agrippina ermorden (Tac. ann. 14,3–8; Suet. Nero 34; Dio Cass. 61,12 f.). Damit sind die fünf glücklichen Jahre der Regierung Neros, in denen er sich der Führung des Prätorianerpräfekten Burrus und des Philosophen Seneca anvertraut, zu Ende.

61 Tüchtige Generale garantieren außenpolitische Erfolge: Domitius Corbulo besetzt Armenien und macht Tigranes V. zum römischen Vasallenfürsten. Suetonius Paulinus siegt über die aufständischen Britannen unter ihrer Königin Boudicca.

62 Mit dem Tod des Burrus schwindet auch allmählich der Einfluß Senecas; Ofonius Tigellinus wird Nachfolger des Burrus und übt einen verhängnisvollen Einfluß auf Nero aus. Nero läßt sich von seiner Gattin Octavia, der Tochter des Kaisers Claudius, scheiden und heiratet Poppaea Sabina, deren Gatten Otho er als Statthalter nach Lusitania (Spanien, Portugal) abschiebt.

64 Brand Roms, erste Christenverfolgung (ann. 15,38–44).

65 »Pisonische Verschwörung«: unter Führung des C. Calpurnius Piso schließen sich viele Senatoren zu einer Verschwörung gegen Nero zusammen; es handelt sich um Anhänger einer stoisch gefärbten Philosophie, die vordergründig freilich eine romantisch verklärte Verherrlichung der republikanischen Geschichte Roms und eine Ablehnung orientalisch-despotischer Allüren der jeweiligen Herrscher zum Thema hat. Ziel der Verschwörer ist die Ermordung Neros; allzu lange und zögernde Beratungen führen zur Aufdeckung – ein allgemeines Blutbad unter der Senats-Aristokratie ist die Folge. Unter den Opfern sind neben Piso auch Seneca und Lucanus, der Dichter der *Pharsalia* (ann. 15, 48–63).

66 Nero begibt sich auf eine einjährige Künstlertournee

durch Griechenland (Suet. Nero 23,3). In dieses Jahr fällt der Ausbruch des Krieges in Judäa; Nero ernennt Vespasian zum Feldherrn.

68 Zu Beginn des Jahres kehrt Nero nach Rom zurück, begibt sich aber sogleich nach Neapel, um dort seinen künstlerischen Neigungen nachzugehen. Dort erhält er die Nachricht vom Abfall des Iulius Vindex, des Statthalters der Gallia Lugdunensis. Vindex fordert Galba, den Statthalter der Hispania Tarraconensis, zur Unterstützung auf. Zögernd schließt sich Galba dem Aufstand an, ein aktives Eingreifen bleibt ihm erspart, da L. Verginius Rufus, der Statthalter von Germania superior, Vindex in der Schlacht bei Vesontio besiegt und Vindex Selbstmord begeht.

Nero kehrt auf die Nachricht vom Aufstand des Vindex aus Neapel nach Rom zurück, aber statt energische Gegenmaßnahmen einzuleiten, verspielt er die Zeit mit Kindereien, läßt sich neue Wasserorgeln vorführen und verrennt sich in absurde Pläne – so will er unbewaffnet den Truppen des Vindex entgegentreten und sie durch Weinen umstimmen! (Suet. Nero 41.43.)

Mittlerweile ist Galba am 2. April vom spanischen Heer in Carthago Nova (Cartagena) zum Imperator und Legaten des Senates ausgerufen worden; Unterstützung findet er bei Otho, dem Statthalter von Lusitanien, und bei Caecina, damals Quästor in Hispania Baetica (Südspanien).

Die Prätorianerkohorten, geführt von Nymphidius Sabinus, verlassen Nero; der Senat bestätigt am 8. Juni Galba als Imperator. Nun flüchtet Nero über die Via Salaria aus Rom, in aussichtsloser Lage entschließt er sich zum Selbstmord, der nach kläglichen Versuchen mit Hilfe eines Sklaven gelingt. Berühmt geworden Neros »letzte Worte«: ›Qualis artifex pereo‹ (Welch ein Künstler geht mit mir zugrunde!).

Im Juli 68 bricht Galba von Spanien nach Rom auf und

trifft Ende September in Rom ein: Sein Weg war langsam und blutig, wie Tacitus schreibt (hist. 1,6,1).

Im Proömium (1,1) bestimmt Tacitus den Anfangspunkt seines Werkes, das Konsulat des Galba und des Vinius, und setzt sich zugleich deutlich von seinen Vorgängern ab: die Zeit der Republik war beschrieben worden von berühmten Autoren, die »mit gleicher Beredsamkeit und Freimütigkeit« die Geschichte der vergangenen 820 Jahre aufgezeichnet haben; nach der Schlacht bei Actium allerdings schwanden diese großen Talente, die Wahrheit wurde auf mannigfache Art entstellt. Die Gründe hiefür: Parteinahme für oder gegen die Herrscher und mangelnde Kenntnis des Staatswesens: ›inscitia rei publicae‹.
Tacitus anerkennt die Notwendigkeit des Prinzipates im Sinne der Friedenssicherung (›pacis interfuit‹), bezeichnet aber die Verschlechterung der historiographischen Tätigkeit als notwendige Folge dieser Verfassungsänderung.[28] Freilich war Tacitus nicht der erste, der diese Veränderung bemerkte. Das gleiche Thema behandelt Dio Cassius, ein griechisch schreibender Historiker des 2./3. Jahrhunderts.[29] Daß beide Autoren auf einen Historiker des 1. Jahrhunderts als Quelle zurückgehen, dürfte wahrscheinlich sein. Dio bringt die Hauptgedanken des Tacitus – politischer Wandel zum Prinzipat, Verschlechterung der historiographischen Bedingungen, mangelndes Wissen um das Gemeinwesen – in ausführlicherer Darstellung (53,19): »Es war (nach Actium) völlig unmöglich, daß die Menschen in einer republikanischen Demokratie Heil und Frieden finden konnten. Aber die Ereignisse danach können nicht in gleicher Weise wie die früheren dargestellt werden; denn früher wurden alle Vorgänge, auch wenn sie sich weit entfernt abgespielt hatten, im Senat oder vor der Volksversammlung vorgetragen. Deshalb konnten alle davon wissen, und viele zeichneten sie auf; und daher konnte man, auch wenn einige Schriftsteller einiges sehr häufig aus Furcht oder Gunst, Freundschaft oder

Feindschaft verfälschend darstellten, doch den Wahrheitsgehalt herausfinden bei anderen Autoren, die über dasselbe Ereignis schrieben, oder aus den offiziellen Mitteilungen. Aber danach begann man, das meiste geheim und hinter verschlossenen Türen zu behandeln; auch wenn einiges der Öffentlichkeit bekanntgegeben wurde, glaubte man es nicht, da es nicht überprüfbar war. So entstand der Verdacht, daß alles gesagt und getan wurde nach den Wünschen der Herrscher und ihrer Günstlinge. Daher wird über vieles, was nie geschehen ist, geschwätzt, aber vieles, was tatsächlich vorgefallen ist, bleibt unbekannt. Auch erschwerten die Größe des Reiches und die Fülle der Ereignisse die Genauigkeit der Darstellung.« Die Kenntnis des genauen Herganges und seiner Ursachen bleibt also auf einen kleinen Kreis beschränkt, die meisten, auch die Mehrheit der Senatoren, blieben vom Entscheidungsprozeß ausgeschlossen: Die Folge ist eben die ›inscitia rei publicae‹; an die Stelle des Wissens traten Gerüchte, Klatsch und Vermutungen – und es ist wohl Realität des Zeitgeistes, wenn sich Tacitus so oft auf diese dunklen Quellen beruft, freilich immer, um die jeweils Herrschenden in düsterem Licht erscheinen zu lassen.[30]

Wenn sich Tacitus im folgenden deutlich in der Betonung der Wahrhaftigkeit von seinen Vorgängern absetzt, so folgt er damit ebenfalls dem Beispiel anderer Historiker:[31] so hat etwa Sallust (im Proömium zu seinen *Historien*) seinen Vorgängern Parteilichkeit vorgeworfen, während er sich selbst der Objektivität verpflichtet fühle (fr. 5 M: möglicherweise kritisiert Sallust hier Cato; fr. 6 M).[32]

Die Versicherung der eigenen Unparteilichkeit (hier: ›incorruptam fidem professis‹) kann auf eine lange Ahnenreihe zurückblicken, gehört also zur Topologie der Historiographie. Als einer der ersten hat wohl Thukydides dieses Thema deutlich formuliert (1,22,1): »Wer aber [. . .] die Ereignisse sich doch etwa so vorstellt, wie ich sie berichtet habe, wird kaum fehlgehen. Er wird nicht blindlings den

Dichtern glauben, die in ihren Hymnen alles mit höherem Glanz schmücken, noch den Geschichtsschreibern, die in ihren Berichten mehr auf die Befriedigung der Hörlust achten als auf die Wahrheit.« Und 1,22,3: »Schwierig war die Auffindung der Wahrheit, weil die jeweiligen Augenzeugen nicht dasselbe berichteten, sondern je nach Gunst und Gedächtnis.«[33] Die prägnanteste Formulierung, die geradezu als beispielhaft im Positiven wie im Negativen in den Zitatenschatz eingegangen ist, schuf Tacitus im Proömium zu den Annalen: den Prinzipat des Tiberius werde er ›sine ira et studio‹ behandeln.

Daß schon in der Antike Zweifel an der Durchführbarkeit dieses hohen Anspruches auf Objektivität geäußert wurden, zeigt die Anwendung gerade dieses Topos im Proömium der *Apocolocyntosis* Senecas, der beißend-ironischen Persiflage auf die Vergöttlichung des verstorbenen Kaisers Claudius: »Was im Himmel vor sich ging am 13. Oktober im neuen Kaiserjahr, [...] das will ich zur Erinnerung berichten. Nichts soll mich dabei bestimmen, weder Haß noch Gunst. Es ist wahrhaftig, wie ich es erzähle.«[34]

Die Begründer der deutschen Geschichtswissenschaft im 19. Jahrhundert, Niebuhr und Ranke, berufen sich in ihrer genauen, objektiven Tatsachenforschung auf Tacitus, deutlich B. G. Niebuhr in seiner Vorrede zum ersten Teil der *Römischen Geschichte* (1811/12), wenn er von sich behauptet, »daß er Wahrheit suchte ohne alle Parthey und Polemik«. Bekannt ist L. Rankes Wort, Aufgabe des Geschichtsschreibers sei es, »blos zeigen, wie es eigentlich gewesen«.[35]

Ab der Mitte des 19. Jahrhunderts erhoben sich gegen diesen absoluten Objektivitätsanspruch energische Proteste »der in der Arena des Kampfes stehenden politischen Historiker«.[36]

So schreibt J. G. Droysen in einem Brief von der »Leisetreterei« Rankes; H. von Sybel sagt in der Marburger Festrede vom Jahr 1856 über die Wandlung in der Geschichtsschreibung: »Es gab keine objektiven, unparteiischen, blut- und

nervenlosen Historiker mehr. Ein höchst erheblicher Fortschritt.« Und der Mommsen-Schüler C. Bardt schreibt eine seiner Thesen zum Thema: ›historiam puto scribendam esse et cum ira et cum studio‹ (1866). H. von Treitschke bemerkte in seinem Gespräch mit dem Heidelberger Kollegen Hausrath (um 1867), »daß Tacitus das ›sine ira et studio‹, das er versprochen, nicht eingehalten habe; das sei aber auch gar nicht die Aufgabe des Historikers. Der Historiker soll zürnen und lieben, echte Leidenschaft sehe klarer als alle fischblütigen Klüglinge und nur der Geschichtsschreiber, der vom Standpunkt einer Partei schreibe, führe uns in das Leben der Parteien ein und orientiere uns wirklich«; und im Vorwort zum 5. Band der *Deutschen Geschichte im 19. Jahrhundert* schreibt Treitschke: »Welchen Mißbrauch treibt man doch heute mit dem Ausspruch ›sine ira et studio‹ – einem Wort, das niemand weniger befolgt hat als sein Urheber.«[37]

Doch bei aller Gegensätzlichkeit der Urteile hat man offensichtlich an Tacitus einen von ihm angeblich postulierten historiographischen Grundsatz bewundert oder getadelt, den er im genauen Sinne nie behauptet hat, nämlich den Grundsatz der historischen Objektivität. ›Sine ira et studio‹ meint ebenso wie ›incorruptam fidem professis‹ nur, daß Tacitus sein Werk ohne persönliche Rücksichtnahme auf die Herrscher, weder im Sinne einer freundschaftlichen Bindung noch aus persönlichen Haßgefühlen, unabhängig, unbeeinflußt und unvoreingenommen niederschreiben werde. Die Aufzählung der Kaiser, mit denen er weder im Guten noch im Bösen zu tun hatte (Galba, Otho, Vitellius), und der Kaiser, die seine Karriere förderten, soll verdeutlichen, daß er sich deshalb in seiner unvoreingenommenen Darstellung nicht beirren lassen werde. Der Unterschied zu der Forderung des Thukydides (1,21.22) nach genauer Tatsachenermittlung und – im Falle des Thukydides zu Recht behaupteter – historischer Objektivität ist offenkundig.

Es muß aber der moderne Kritiker beachten, daß Tacitus

wie jeder römische Historiker einer zweifachen Bindung von Traditionen verpflichtet war: (1) den Stil- und Inhaltsmerkmalen römischer Geschichtsschreibung, die ihrerseits aus der Verbindung der Annalen der Pontifices[38] mit den Stil- und Inhaltsansprüchen der hochentwickelten hellenistischen Geschichtsschreibung entstanden ist; (2) der stark traditionsgebundenen Vorstellungswelt der römischen Senatoren.

(1) Die zwei historiographischen »Schulen« des Hellenismus, die »tragische« und die »rhetorische«, bildeten ab dem 3. Jahrhundert allmählich eine Einheit.[39] Ziel der tragischen Geschichtsschreibung war es, durch Schilderung dramatischer Ereignisse im Leser Erschütterung, Mitleid und Lust (ἔκπληξις, πάθος, ἡδονή)[40] zu bewirken: Schilderungen dramatischer Vorgänge, großangelegte Schlachtengemälde, Peripetien (unerwartetes Umschlagen des Schicksals) sollten die Geschichtswerke in Tragödien in Prosa verwandeln. Die rhetorische Historiographie, begründet von den Isokrates-Schülern Ephoros und Theopomp, lehnte dagegen die breitausladende Schilderung des Gräßlichen und Schrecklichen ab, versuchte aber, durch frei erfundene Reden der handelnden Personen deren Motive und Entschlüsse zu begründen. Isokrates lehnte etwa bei der Erwähnung der Schlacht von Salamis eine eingehende Schilderung des Schlachtgetümmels, der Schmerzensschreie und aufmunternden Befehle ab, weil derartiges bei allen Schlachten gleich sei (Paneg. 97).

Als nun die Römer zur Zeit des Zweiten Punischen Krieges sich dieses literarische Genos aneigneten, nahmen sie als Vorbild für ihr eigenes Schaffen diese hellenistische Geschichtsschreibung, nicht die klassische eines Herodot oder Thukydides – ähnlich wie bei der Komödiendichtung, in der nicht Aristophanes, sondern Menander und die hellenistische Komödie die Vorbilder wurden.

So gestaltete Fabius Pictor (2. Hälfte des 3. Jh.s) die Stadtgründung Roms zu einem dramatischen Gemälde mit Er-

kennungsszenen, gefahrvollen Krisen, Verwandtenmord aus. L. Coelius Antipater, ein Historiker des 2. Jahrhunderts, war mit seiner Geschichte des Zweiten Punischen Krieges der Begründer der historischen Monographie; er erzielte fesselnde Wirkung, allerdings auf Kosten der Sachlichkeit, durch besonders ausufernde Übertreibungen. Bei der Schilderung der Niederlage am Trasimenischen See bot er Erdbeben, die ganze Städte zerstörten, unheilvolle Prodigien u. ä. m. auf (fr. 20 P, HRR I 163 ff.). Über die Größe des Expeditionsheeres Scipios schweigt er, malt aber die Wirkung aus: Die Vögel stürzten, erschreckt vom Geschrei der an Bord gehenden Soldaten, zu Boden; Italien und Sizilien scheinen nach der Abfahrt der Flotte entvölkert (fr. 39 P, HRR I 171); natürlich durfte die Schilderung eines Seesturmes nicht fehlen (fr. 40 P, HRR I 170), obwohl die Überfahrt tatsächlich bei ruhiger See erfolgte (Liv. 29,27, 6–8). Zutreffend bezeichnet Cicero Coelius als ›exornator rerum‹ – und diesem exornator billigt er den Vorrang zu vor den bloßen ›narratores‹, den Berichterstattern (de orat. 2,54).

Dieses Urteil Ciceros zeigt, daß die Geschichtsschreibung für die Römer nach hellenistischem Vorbild nicht nüchterner Tatsachenbericht, sondern rhetorisch ausgeschmücktes Kunstwerk war. Das Sammeln von Fakten, für uns eine wesentliche Aufgabe des Historikers, wurde von den senatorischen Historikern vielfach Gehilfen zugewiesen; die Zusammenstellung der Fakten, der ›commentarius‹, ist für den Römer »nackt«, allen rhetorischen Schmuckes wie eines Gewandes entkleidet.[41] Der Bewertungsmaßstab eines Geschichtswerkes ist also sein stilistisches Gewand, der Historiker wird an seinen rhetorischen Fähigkeiten gemessen, und so ist das vielzitierte Wort Ciceros über die Geschichtsschreibung zu verstehen: Atticus fordert Cicero auf, ein Geschichtswerk zu schreiben, damit die Römer endlich auch auf diesem Gebiet den Griechen etwas Gleichwertiges entgegensetzen können, und für diese Aufgabe ist

nur Cicero geeignet: ›quippe cum sit (historia) opus [...] unum hoc oratorium maxime‹ – da die Geschichtsschreibung ein Werk sei, das ganz besonders nach den Fähigkeiten eines Redners verlange (leg. 1,6).
Ausführlicher spricht Cicero über die Forderungen an ein Geschichtswerk in *De oratore* (2,62 f.): ›Videtisne, quantum munus sit oratoris historia?‹ (Seht ihr nicht, welch gewaltige Aufgabe die Geschichtsschreibung für einen Redner ist?)[42] Folgende Punkte führt Cicero im Anschluß an die peripatetische Geschichtstheorie an:

1. Nichts Falsches darf berichtet werden.
2. Nichts Wahres darf verschwiegen werden.
3. Es darf kein Verdacht der Sympathie oder Feindschaft aufkommen.
4. Das Werk besteht aus Stoff und stilistischem Ausdruck (›posita est in rebus et verbis‹).
5. Der Stoff muß chronologisch geordnet sein, die Schauplätze müssen beschrieben werden.
6. Bei den Vorgängen (›res gestae‹) gilt die Abfolge: Pläne – Ereignisse – Ergebnisse; eine Wertung durch den Historiker beurteilt die Pläne (›et de consiliis significari, quid scriptor probet‹).
7. Eine Darlegung sämtlicher Gründe, sei es Zufall oder Klugheit oder Unbesonnenheit.
8. Auskunft über Charakter und Leben der handelnden Personen.

Die Forderung nach Objektivität (Thukydides und nach seinem Vorbild Polybios) wird abgeschwächt zum Gebot persönlicher Unvoreingenommenheit; die Reduzierung geschichtsbildender Kräfte auf Zufall, Klugheit oder Versagen der handelnden Personen führt zu einer starken Personalisierung der römischen Geschichtsschreibung: Der einzelne Mensch als Handlungs- und Entscheidungsträger wird überbetont, überindividuelle Kräfte (soziale Entwicklungen, wirtschaftliche Veränderungen in Rom und in den Provin-

zen, Bedeutung des kaiserlichen Verwaltungsapparates, Bedeutung der Provinzen für die Reichsentwicklung) bleiben weitgehend außerhalb des Blickfeldes. Auch bei Tacitus sehen wir die Wirkung dieses Regelkanons v. a. in den *Annalen*: Die Geschichte Roms reduziert sich – bei aller Eindringlichkeit und Geschlossenheit des Werkes – zu einer Abfolge mehr oder weniger entarteter Caesaren. Die überindividuelle Leistung des Prinzipates – Neuordnung des Reiches und der Gesellschaft, Wandlung eines stadtstaatlich regierten Rom zu einem weltumspannenden Reich, Eigenleben der Provinzen und ihre Rolle im Gesamtreich –, das sind Themen, die für Tacitus nicht im Mittelpunkt seines historischen Denkens stehen.[43]

Die Forderung, die Absichten der Handelnden zu ergründen, führte, da vielfach Beweismaterial fehlte, oft zu haltlosen Vermutungen, zu psychologischen Ausdeutungen, und gerade hier entwickelte Tacitus eine unnachahmliche Meisterschaft: das Tiberius-Bild und das Nero-Bild in den *Annalen* sind psychologische Meisterstücke, in denen die allmähliche Enthüllung und Demaskierung dieser beiden Herrscher in beinahe klinischen Studien vorgeführt werden.[44]

Ein Beispiel aus den *Historien*: Unbeweisbar sind die Überlegungen, die Titus in Korinth anstellt: hist. 2,1. Er befand sich auf der Reise nach Rom, um im Namen seines Vaters Vespasian dem Kaiser Galba zu huldigen. In Korinth erfährt er von der Ermordung Galbas; er berät mit wenigen Freunden, also möglichst geheim, seine weiteren Schritte und entschließt sich zur Umkehr, schwankend zwischen Furcht vor Otho und der Hoffnung, daß Vespasian die Macht im Staat ergreifen werde. Die Parallelüberlieferung, für uns greifbar bei Flavius Iosephus (Bel. Iud. 4,497–503), berichtet nichts von Überlegungen des Titus, sie werden zur Gänze Tacitus zuzuschreiben sein.

Neben der psychologischen Deutung verfolgt Tacitus damit aber auch Zwecke der Komposition und der historischen

Erklärung:[45] Langsam tritt aus dem historischen Geschehen, dem Kampf der Thronprätendenten Galba, Otho und Vitellius, die am Ende siegreiche Partei Vespasians in immer deutlicheren Zügen hervor.
Hist. 1,10,3 wird nach der ausführlichen Charakteristik des »Kaisermachers« Mucianus auch Vespasian als Statthalter Judäas und Feldherr im Judenkrieg erwähnt: er verhält sich dem neuen Prinzeps Galba gegenüber neutral; seine künftige Machterhebung wird ganz vorsichtig göttlichem Walten zugeschrieben: ›occulta fati et ostentis ac responsis destinatum Vespasiano liberisque eius imperium post fortunam credidimus‹ (1,10,3).
1,50 gewinnt das Bild schon deutlichere Farben: Nach der Charakteristik Galbas (1,49) und vor dem Bericht über den Beginn des Vitellius-Aufstandes (1,50) schildert Tacitus die Stimmung in Rom nach Galbas Ermordung und vor dem drohenden Bürgerkrieg Otho/Vitellius: in den früheren Bürgerkriegen – Pharsalus, Philippi, Perusia und Mutina nennen die blutigsten Höhepunkte – habe trotz allem das Reich weiterbestanden; doch jetzt stehen einander Vitellius und Otho gegenüber: ›deteriorem fore, qui vicisset‹, der Schlechtere werde der Sieger sein! Doch sofort darauf fällt der Name des künftigen und endgültigen Siegers, des Vespasian: Er als einziger nach allen Herrschern vor ihm wandelte sich dann zum besseren: ›solusque omnium ante se principum in melius mutatus est.‹ In dieses »Crescendo« der Vespasian-Thematik gehören auch die Überlegungen des Titus in Korinth, die nun deutlich den künftigen Entwicklungsgang bezeichnen (2,1,3): ›sin Vespasianus rem publicam susciperet‹, wenn aber Vespasian die Macht im Staat übernähme ... Wieder ist dieser »Vespasian-Komplex« in den Bericht vom Krieg Otho/Vitellius eingeschoben: 1,90: Auszug Othos aus Rom; 2,11 ff.: Bürgerkrieg Otho/Vitellius. Der Sinn dieser Komposition ist klar: der Kampf der beiden Prätendenten soll als ein von Anfang an vergebliches, sinnloses Bemühen betrachtet werden. Höhepunkt und Abschluß findet diese

Vespasian-Thematik in der Rede Mucians, in der er Vespasian zur Übernahme der Herrschaft auffordert (2,74–77), und der Proklamation Vespasians durch die Heere in Ägypten und Syrien (2,79–82).
Die Gedanken und Hoffnungen des Titus entsprechen zwar der oben angeführten Forderung Ciceros an die Historiker, sind aber bei Tacitus nicht Selbstzweck: Der »psychologische Exkurs« und die Unterbrechung des zeitlichen Kontextes – 2,1–7 »stört« allerdings etwas den Erzählkomplex des Bürgerkrieges Otho/Vitellius –[46] geben dem Bericht vom Aufstieg Vespasians den Charakter des Unbezwingbaren und Unausweichlichen. Tacitus formuliert 1,4,1: ›[...] ut non modo casus eventusque rerum, qui plerumque fortuiti sunt, sed ratio etiam causaeque noscantur.‹ Absicht des Tacitus ist es, nicht nur die Wechselfälle historischer Ereignisse, die oft dem blinden Zufall unterliegen, zu berichten, sondern Sinn und Ursachen darzulegen. Eine ›ratio‹, einen Sinn der Wirren des Vierkaiserjahres sah er in dem unaufhaltsamen Aufstieg Vespasians zur Macht – und wohl auch, wie wir infolge des fragmentarischen Erhaltungszustandes der *Historien* nur erschließen können – im Sturz des Geschlechtes der Flavier mit Domitian.[47] Freilich gilt für diese Methode, hinter den Ereignissen den wahren Sinn der Geschichte zu enthüllen, das Wort eines modernen Historikers: »Aber daß sein Verfahren ihn befähigt habe, das Wesentliche im geschichtlichen Prozeß recht eigentlich zu erfassen, ist ein Mißverständnis der Aufgabe historischen Erkennens. [...] Die Zeitfolge und die Verkettung der Ereignisse sind im Geschehen so bedeutsam, daß kein Historiker sie vernachlässigen darf. Ein Verstoß gegen diese Naturordnung des Historischen ist eine Entstellung der Wirklichkeit.«[48] Jedoch: Tacitus folgt den Gesetzen der antiken Historiographie, nicht denen der im 19. Jahrhundert entstandenen wissenschaftlichen Geschichtsschreibung unserer Zeit.
Die Forderung Ciceros, der Historiker müsse sagen, was er

billige, war mit ein Grund für den »moralischen« Charakter der römischen Geschichtsschreibung. Jeder Historiker hält seiner Gegenwart im Hinblick auf die Vorfahren ihren moralischen Verfall vor, der so groß ist, daß das Ende des Römischen Reiches zu befürchten sei.[49] Diese eigenartige Haltung gegenüber Gegenwart und Vergangenheit, die Reduktion politischer Vorgänge auf moralische Ursachen, finden wir bereits bei Cato, ebenso bei Calpurnius Piso, vor allem aber, für uns greifbar, bei Sallust; alle Historiker setzen einen bestimmten Zeitpunkt für den Beginn des Verfalls an: Sallust etwa (Cat. 10) die Eroberung Karthagos im Jahre 146.[50] Daß diese Verfallsdaten nicht Ergebnisse einer allgemein verbindlichen wissenschaftlichen Erkenntnis sind, sondern mehr oder weniger persönliche Ansichtssache des jeweiligen Autors, zeigen schon die verschiedenen Zeitansätze: Wenn Sallust in seinen Historien das Wirken der größten Eintracht in die Zeit nach dem Zweiten Punischen Krieg setzt (fr. 11 M), so übersieht er – abgesehen von allen realhistorischen Komplikationen dieses Zeitabschnittes –, daß gerade in diesen Jahren Cato harte Worte gegen die Sittenverderbnis seiner Zeit schleudert: Liv. 33,4 (z. J. 195), Gell. 10,3,17 (z. J. 190).[51]

Tacitus verbindet die Vorstellung vom Beginn des Verfalls mit dem aus den Bürgerkriegen hervorgegangenen Prinzipat.[52] Er verlegt aber, wenn er ein historisches ›exemplum‹ braucht, diesen kritischen Punkt auch in einen anderen Zeitabschnitt: hist. 2,37 f., unmittelbar vor der Schilderung der ersten Schlacht bei Bedriacum, widerspricht er der bei einigen Autoren überlieferten Nachricht, die Heere des Otho und des Vitellius seien zu einem Friedensschluß bereit gewesen. Sein Beweis (2,38): Nach Erringung der Weltherrschaft hätten in Rom Streit und Hader zwischen Adel und Plebs geherrscht, die in Bürgerkriegen ausgetragen worden seien – und diese hätten in unaufhörlicher Folge über Sulla/Marius, Caesar/Pompeius, Caesarmörder/Antonius und Octavian bis zum jetzigen Kampf Otho/Vitellius geführt –

und nie habe sich Friedenswille gezeigt. Der Beginn der Kämpfe zwischen Senat und Plebs wird also in die Zeit der Weltherrschaft, in den Beginn oder die Mitte des 2. Jahrhunderts v. Chr., verlegt, statt, wie richtig wäre, in die ersten Jahrzehnte der Republik.[53]

(2) Bei einer kurzen Betrachtung der Wertung des Prinzipates durch Tacitus muß nun auch noch die zweite Form der Traditionsgebundenheit des Autors beachtet werden: Tacitus schrieb Geschichte als römischer Senator. Seit Fabius Pictor gehörte die Geschichtsschreibung zu den standesgemäßen Freizeitbeschäftigungen eines Senators. Im traditionellen Schema der Annalen führten diese Autoren die Geschichte Roms von der sagenhaften Gründung der Stadt bis auf ihre Zeit herab; im Ablauf der allgemeinen Geschichte trat natürlich bestimmend der Ruhm der eigenen ›gens‹, des eigenen Geschlechtes, hervor. Rom war der Mittelpunkt der geschichtlichen Welt, alles Geschehen ringsum wurde von Rom aus betrachtet; eine »Weltgeschichte« im Sinne Herodots, bei dem die bunten Bilder fremder Welten gleichwertig nebeneinandertreten, hat es bei den Römern bis zu Augustinus nicht gegeben. Und wie die Ahnenbilder, die ›imagines‹, im Atrium des Hauses den stets gegenwärtigen Ruhm der Vorfahren vor Augen führen, so ist es auch Aufgabe des adeligen Historikers, durch sein Werk die ›gloria‹ des Geschlechtes im Gang der Geschichte nachzuweisen. Daß dies in politisch bewegten Zeiten, etwa während und nach der Gracchenbewegung und des Jahrhunderts der Bürgerkriege, zu starken Geschichtsverfälschungen führen mußte, ist einzusehen, zumal Geschichte nun auch von berufsmäßigen Schriftstellern, vielfach Klienten vornehmer Patrone, wie etwa Valerius Antias und Claudius Quadrigarius, geschrieben wurde. Je nach Parteizugehörigkeit oder Geschlechtsgebundenheit des Autors trat dann die ›gloria‹ der Claudii, Valerii, Fabii, Metelli usw. strahlend hervor.

In dem Werk des Livius, in das wie in einen großen Strom

die einzelnen Werke der Annalisten einmünden, sind uns diese Literaturform und ihre Aussagen erhalten. Livius gibt die Angaben seiner Quellen wieder, äußert aber oft Zweifel an deren Richtigkeit, vor allem bei Valerius Antias – doch weiter geht sein kritisches Bemühen nicht. Für Livius ist die Geschichte ein »heiliges Schauspiel [. . .]. Die Sitten der Vorfahren erscheinen als die höchsten Normen, an denen das Tun und Lassen der Generation gemessen wird«.[54] Denn die Gegenwart ist auch bei Livius weit entfernt von dem hohen Standard der Vergangenheit, ja sie befindet sich geradezu in moralischer Auflösung (praef. 9). Um so notwendiger ist der Geschichtsschreiber als Künder der Vergangenheit, der seiner Zeit die ›exempla‹ der römischen Geschichte vorführt, um die Möglichkeit einer Neubesinnung und Umkehr vorzugeben:[55] »Dies besonders ist in der Erkenntnis der Geschichte heilsam und fruchtbar, daß du Belege für jegliches Verhalten auf erhabenem Denkmal sehen kannst. Da magst du für dich und deinen Staat nehmen, was du nachahmen kannst und was du, weil schimpflich in Beginn und Ausgang, meiden mußt« (praef. 10). Ein Kanon verschiedener Eigenschaften wie Streben nach ›virtus‹ und ›gloria‹, Disziplin, Treue und Zuverlässigkeit (›fides‹), Eintreten für die ›res publica‹, Schutz der ›socii‹, Beachtung des Götterwillens (›pietas‹) bildete das Verhaltensmuster der ›mores maiorum‹, deren Beachtung Rom zu seiner Größe emporgeführt hat. Sie konkretisierten sich gewissermaßen in einer Reihe von Männern, die als ›exempla‹ Träger dieser Eigenschaften waren: T. Manlius Capitolinus, P. Decius Mus, Mucius Scaevola, Horatius Cocles, Quinctius Cincinnatus usw. Wie wenig historisch im eigentlichen Sinne diese ›exempla‹ waren, zeigen etwa Cincinnatus und Regulus; sie wurden zu armen, hart arbeitenden Bauern umstilisiert, die in Zeiten der Gefahr für Rom den Pflug des Bauern mit dem Schwert des Feldherrn vertauschten. In Wahrheit war Cincinnatus Großgrundbesitzer, Regulus Mitglied eines reichen kampanischen Rittergeschlechtes, das

um 340 v. Chr. Aufnahme in den römischen Senatsadel gefunden hatte.[56]
Von den 142 Büchern des Werkes ist nur ein Viertel erhalten, v. a. fehlen die Bücher, in denen die Zeit des Augustus behandelt wurde: Der Schluß ist aber zulässig, daß Livius den Prinzipat des Augustus wohl ebenso wie Vergil als Ziel- und Höhepunkt der römischen Geschichte betrachtet haben wird. Seine Geschichte des römischen Volkes, gestaltet durch die großen Männer und ihre ›exempla‹, bietet gleichsam eine »Handhabe«, durch Rückwendung in die Vergangenheit die eigene Gegenwart und Zukunft zu meistern – ebenso etwa wie die Römeroden des Horaz mit dem Aufruf, die altrömischen ›virtutes‹ wieder zu beleben, wie die »Heldenschau« im 6. Gesang der *Aeneis* Vergils und wie das Forum des Augustus: dort standen in Nischen der beiden das Forum umfassenden Säulenhallen die Großen der römischen Geschichte, auf der einen Seite beginnend mit Aeneas und Ascanius, den Begründern des julischen Geschlechtes, auf der anderen Seite beginnend mit Romulus, dem Gründer Roms. Zielpunkt dieser Ahnenreihe – wie im Werk des Livius und in der »Heldenschau« der *Aeneis* (Aen. 6,788 ff.) – war Augustus, dessen Statue vor dem Tempel des Mars Ultor stand. »Im Grunde [. . .] bildete das Imperium (des Augustus) den logischen, von der Vorsehung gewollten Abschluß der Republik.«[57]
Wenn man die Wertung des Prinzipates bei Tacitus betrachtet, so sind zwei Vorbemerkungen notwendig:
(1) Livius, Horaz, Vergil lebten und schrieben unter Augustus, als viele Römer nach einem Jahrhundert der Bürgerkriege die Epoche des Augustus als Beginn einer neuen, besseren Zeit begrüßten. Als Tacitus unter Kaiser Nerva zu schreiben begann, war der Prinzipat eine in mehr als hundert Jahren gefestigte Staatsform. Auch wenn viele Herrscher das von Augustus geprägte Schlagwort der Wiederherstellung des freien Staates (›res publica restituta‹) in ihr »Regierungsprogramm« aufnahmen, konnte doch keinem Einsichtigen

verborgen bleiben, daß die eigentliche Macht beim Prinzeps, bei seinem Verwaltungsapparat und dem Heer konzentriert war, die alte Republik mit den republikanischen Organen aber nicht mehr als schöne Fassade bleiben mußte.[58]

(2) Tacitus schrieb als Senator, erfüllt vom Geist des senatorischen Traditionalismus: Obwohl gerade die alten Familien des senatorischen Adels, etwa die Cornelii Scipiones, die Metelli, die Cornelii Lentuli, Luculli, Lutatii, Hortensii, Calpurnii, in den Bürgerkriegen untergegangen waren oder nur in Nebenlinien weiterbestanden,[59] lebte im kaiserzeitlichen Senat noch der »republikanische Geist« weiter, trotz aller Demütigungen, die die Senatoren von manchen Herrschern hinnehmen mußten. Andererseits waren die Kaiser auf den Senat angewiesen: In ihm war noch immer die Summe der politischen Erfahrung konzentriert, viele hohe Ämter in Heer und Verwaltung konnten nur mit Senatoren besetzt werden – undenkbar etwa war es, daß ein Ritter oder Freigelassener ein Legionskommando hätte übernehmen können. Dazu kam die staatsrechtliche Komponente: Eine wie immer geartete Wahl oder Erhebung zum Imperator bedurfte der Bestätigung und Legitimierung durch den Senat.[60] Kein Kaiser konnte bei dem auf Beachtung rechtlicher Normen begründeten römischen Staatsdenken auf diese Legitimation verzichten, wenn auch die tatsächliche Macht des Prinzeps auf seinen nicht an ein Jahresamt gebundenen Vollmachten (›potestates‹: imperium consulare, imperium proconsulare, tribunicia potestas) und der Armee beruhte. So nannte sich etwa Galba nach seinem Abfall von Nero »Legat des Senates und des römischen Volkes« mit deutlichem Bezug auf die alte Formel ›senatus populusque Romanus‹ (Suet. Galba 10); die Rheinarmee erklärte ihrerseits bei der Meuterei gegen Galba, daß sie dem Senat und dem Volk die Entscheidung über die Wahl des neuen Imperators überlasse (Tac. hist. 1,12,1).

Daraus erklärt sich das Bemühen vieler Kaiser um ein gutes Verhältnis zum Senat,[61] so schwierig und durch Mental-

reservationen belastet auch das Nebeneinander von Prinzeps und Senat sein mußte: denn daß die eigentliche Macht beim Prinzeps lag, konnte auch dem konservativsten Senator nicht verborgen bleiben. Dazu kam noch die ideologisch-propagandistische Offensive des ersten Prinzeps: Augustus hatte es verstanden, sicher nach langen Beratungen mit seinen Freunden und Vertrauten,[62] die neue Staatsform des Prinzipates durch eine Reichs- und Herrscherideologie zu überhöhen: ihre Aussagen und Formprägungen hatten von Anfang an keine einheitliche Gestalt, sondern waren auf die verschiedenen soziologischen Gruppen abgestimmt:[63] die Idee der ›auctoritas principis‹ auf die Gruppe der Senatoren, die den Begriff des ›princeps senatus‹ aus den Zeiten der Republik kannten; die Begriffe des ›dux bonus‹[64] und der ›virtus imperatoris‹ auf die Armee; ›pater patriae‹ für die Bevölkerung Roms und Italiens ebenso wie die Betonung der ›res publica restituta‹ und des ›consensus universorum‹; die göttliche Verehrung des Herrschers als Zeichen der Loyalität fand willige Bereitschaft in den Provinzen. Daß nach den hundertjährigen Wirren des Bürgerkrieges das Programm der ›pax Augusta‹ von vielen aus Überzeugung angenommen und bejaht wurde, der wirtschaftliche Aufschwung der Provinzen ein deutliches Zeichen eines wohlüberlegten Reichsregimentes war –[65] dies alles machte den Prinzipat zu einer in der Vorstellungswelt der Römer fest verankerten Verfassungs- und Lebenswirklichkeit. Jedoch konnte keinem Einsichtigen die Kehrseite verborgen bleiben: Die Segnungen des Friedens, der ›pax Augusta‹ (›quies, securitas, otium‹), mußten um den Preis der alten ›libertas‹ erkauft werden (ann. 1,4,1): ›omnes exuta aequalitate iussa principis exspectare‹ (Die Gleichheit der Staatsbürger war beseitigt, und alle schauten nur noch auf die Befehle des Prinzeps)[66]. Eine Wiederkehr der alten republikanischen Zeiten aber war undenkbar – für Maternus im *Dialogus* ebenso wie für Galba in seiner Adoptionsrede (hist. 1,15 f.; bes. 1,16,1: ›si immensum imperii corpus stare ac librari sine

rectore posset, dignus eram, a quo res publica inciperet‹) – und auch für den Historiker Tacitus. Ihn als »Republikaner« zu bezeichnen, der sein Staatsideal in einer fernen Vergangenheit suche und an der Gegenwart schier verzweifle, vereinfacht die Frage nach der politischen Einstellung des Tacitus ebenso wie die Annahme, Tacitus habe sich von einem fast kritiklosen Bewunderer des Prinzipates unter Nerva und Trajan zu einem Prinzipatsgegner entwickelt.

Als Historiker hatte Tacitus den Prinzipat als Gegebenheit hinzunehmen; eine Rückkehr zur alten Republik, die endgültig in den Fehden der Adelsgeschlechter, in Korruption und Bürgerkrieg untergegangen war (ann. 1,1–2), zu erhoffen oder anzustreben mußte ihm als reine Phantasterei erscheinen: ›non aliud discordantis patriae remedium fuisse quam ut uno regeretur‹: dies führt Tacitus (ann. 1,9,4) als Meinung der ›prudentes‹, der Einsichtigen an – bei der Größe des Reiches, das in den letzten Jahrzehnten durch die ›discordia‹, die Zwietracht, schwer erschüttert worden war, blieb die Herrschaft eines einzigen Mannes das letzte »Heilmittel«. Doch läßt Tacitus sogleich eine andere Deutung folgen, die die erste nicht aufhebt, ihr aber durch den Gegensatz Relief und Schattierung gibt: Das eigentliche Motiv für Augustus sei seine ›cupido dominandi‹, seine Herrschsucht, gewesen (ann. 1,10,1). Die Erklärung des Prinzipates aus der historischen Entwicklung des Staates wird so im Kontrapost ergänzt durch eine persönlich-psychologische Erklärung: Die Form des Prinzipates ist abhängig von der jeweiligen Person des Prinzeps, von seinem Verhältnis zur Macht. Da der Prinzipat seiner Entstehung nach ein »verdecktes Machtsystem«[67] war, sieht Tacitus darin den Nährboden von Verstellung, Heuchelei (›dissimulatio‹), Schmeichelei (›adulatio‹) und schrankenloser Machtausweitung der Hofkamarilla.

Die Wertung des Prinzipates ist primär an die Person des Prinzeps gebunden; es gibt im Werk des Tacitus keine Stelle, an der der Prinzipat pauschal verurteilt würde. Es zeichnet

sich sogar bei der Schilderung der Regierungszeit des Tiberius (ann. 4,6) und der Anfänge der Herrschaft Neros unter der Leitung von Burrus und Seneca (ann. 13,4) eine positive Bewertung ab, die wir auch im Urteil über den ›principatus divi Nervae et imperium Traiani‹ als eine ›securior materia‹ und als ›rara temporum felicitas‹ (hist. 1,1,4) und als ›beatissimum saeculum‹ (Agr. 3; dort auch die Fügung der *Historien*: ›felicitas temporum‹) bestätigt finden. Eine nüchterne, illusionslose Wertung des Prinzipates geben die Reden Galbas (hist. 1,15 f.) und des Cerialis (hist. 4,74): die Größe des Reiches, die Sicherung des Friedens für Rom und das Reich erfordern das Regiment des Prinzeps.
Thema des erhaltenen Teils der *Historien* ist der Bürgerkrieg, der Kampf um die Macht im Staat: In den ersten drei Büchern treibt das Geschehen, ausgelöst von revoltierenden Armeen, in gewaltiger, unaufhaltsamer Dynamik auf Rom zu. Rom ist nicht nur Ausgangspunkt für den Überblick über die Lage des Reiches (1,4 ff.: wichtig ist die Dreierfolge der Betrachtung, ›qualis status urbis, quae mens exercituum, quis habitus provinciarum‹: Stadt, Heere, Provinzen), es ist vor allem Ziel der um die Macht kämpfenden Prätendenten Galba, Otho, Vitellius und Vespasian. Das Thema, unter dem Tacitus diesen blutigen Machtkampf verstanden wissen will, gibt er am Ende der Epochencharakteristik an: ›non esse curae deis securitatem nostram, esse ultionem‹ (1,3,2). Doch Rom ist nur noch Spielball der Machtinteressen, der Senat ängstlich hin- und hergerissen zwischen den rasch wechselnden Herrschern – ein Geheimnis war enthüllt worden: Zum ersten Male zeigte es sich, daß Herrscher auch anderswo als in Rom gekürt werden können (1,4,2). Die Machtkämpfe aber werden nicht so sehr geprägt durch die Persönlichkeit des Führers wie durch das blinde, aber zwangsläufig abrollende Handeln von Kollektiven:[68] Galbas Erhebung durch die Legionen liegt vor dem Bericht der *Historien*. Vitellius wird von der Rheinarmee, die von Valens und Caecina aufgestachelt ist, auf den Schild gehoben

– ohne sein Zutun: Ein Offizier meldet dem Vitellius, der gerade ein Gastmahl gibt (›epulanti‹, 1,56,2), den Entschluß des Heeres.

Als bitter-ironische Farce gestaltet Tacitus die Thronerhebung Othos (1,21 ff.). Niedrigste Motive – ›luxuria, inopia, ira in Galbam, in Pisonem invidia, metus‹ – treiben ihn zur Revolte (1,21,1), die er schon lange durch Anbiederung an die Soldaten vorbereitet hat (1,23,1). Doch die Entscheidung fällen andere, Otho wird zum Getriebenen: Das Heer ist über den knauserigen Geiz und die Strenge Galbas erregt und zur Meuterei entschlossen (›pronus ad res novas‹ [1,5,1]) – die altrömischen Werte der ›severitas‹ und des ›antiquus rigor‹ sind in der gewandelten Zeit nicht mehr tragbar (›cui iam pares non sumus‹ [1,18,3]). Die Ausführung des Anschlages übernehmen billige Kreaturen (1,24 Maevius Pudens; 1,25 der Freigelassene Onomastus). Als Otho den auf dem Palatin opfernden Galba verläßt, begrüßen ihn auf dem Forum 23 Bewaffnete als Imperator. Otho erschrickt über die geringe Zahl, aber die Soldaten heben ihn auf einen Tragsessel und schleppen ihn ins Prätorianerlager (›rapiunt‹ [1,27,2]). Das Verbrechen entwickelt Eigendynamik. Hier nimmt Tacitus wie oft in den Historien geradezu die Massenpsychologie vorweg:[69] Zunächst herrscht im Prätorianerlager Ungewißheit, aber schließlich fügen sich alle in die gegenwärtige Lage: »Wenige wagten das Verbrechen, mehr wünschten es, alle ließen es geschehen« (1,28) – und schließlich akklamiert eine zügellose Soldateska dem neu gekürten Imperator (›strepere cuncta clamoribus et tumultu [1,36,2]). Aus der Tat weniger entwickelt sich die ganze Ereigniskette: Galba und Piso werden ermordet, erst im Bürgerkrieg Otho/Vitellius entschließt sich Vespasian, ebenfalls die Herrschaft anzustreben; Not, Elend und Plünderung brechen über Italien, Rom und die Provinzen herein; Höhepunkt des Verbrechens (›facinus luctuosissimum foedissimumque‹ [3,72,1]) – der Brand des kapitolinischen Tempels, der doch Inbegriff der Unverletzlichkeit und Dauer des Reiches war,

ein ›pignus imperii‹, ein Pfand für den Bestand des Reiches.

Ähnlich auch der Anstoß zur Machtergreifung Vespasians, 2,74 ff., obwohl Tacitus durch die Komposition in Buch I und II (s. S. 740 ff.) die Unausweichlichkeit des Sieges der Flavianer betont. Die Verständigung zwischen Mucian und Vespasian ebenso wie die Reise des Titus nach Korinth und Paphos (2,1–7) lassen den Kampf Otho/Vitellius und den Sieg des Vitellius (2,11–73) als nutzloses Zwischenspiel erscheinen: ›struebat iam fortuna in diversa parte terrarum initia causasque imperio‹ (2,1,1). Als sich Vitellius und sein Heer (›ipse exercitusque‹ [2,73] – Vitellius ist nicht der Imperator, er steht mit seiner Soldateska auf gleicher Stufe!) in tödlicher Sorglosigkeit in Rom wüsten Ausschweifungen hingeben, schwenkt Tacitus in seinem Bericht zu Vespasian: ›At Vespasianus ...‹ (2,74). Doch Vespasian zögert, bedenkt ängstlich die Größe des gegnerischen Heeres, berechnet seine eigenen Hilfsquellen – an sich richtige Überlegungen, die einem tüchtigen Feldherrn angemessen sind (2,5.73–77); doch scheint Vespasian in sorgenvoller Ängstlichkeit zu erstarren: ›his pavoribus nutantem‹ (2,76). Erst die anfeuernde Rede Mucians führt eine Wende herbei, und in dieser Rede wird zum einzigen Mal in den Kämpfen des Vierkaiserjahres auf ein Ziel hingewiesen, das bei allen vorhergehenden Erhebungen hinter vordergründig-persönlichen Motiven verschwunden war: den Nutzen für den Staat, das ›utile rei publicae‹ (2,76,1). Doch die Entscheidung trifft wieder die Armee: zuerst die Legionen Ägyptens (2,79), dann – wenige Soldaten (›pauci milites‹ [2,80,1]) der Armee Vespasians, die ihrem Feldherrn als Imperator akklamieren. Erst jetzt wandelt sich Furcht zu Glücksgefühl: ›mens a metu ad fortunam transierat‹ (2,80,1). Das war also der Beginn der Herrschaft des flavischen Hauses, einer Herrschaft, »die in wechselndem Los dem Staat Segen und Schrecken, den Herrschern Glück oder Verderben brachte« (2,1).

Zwangsläufig treibt bei Galba, Otho, Vitellius die Entwicklung dem blutigen Ende zu. Die gleichen Szenenfolgen verstärken die Monotonie eines unausweichlichen Schicksals: Uneinigkeit der Vertrauten; Versuche, die errungene Macht zu konsolidieren; Kampf gegen die feindlichen Prätendenten, Ermordung oder Selbstmord – und jedesmal endet der Imperator, einst von Heer, Senat und Volk umjubelt, von allen verlassen in gräßlicher Einsamkeit.
Man hat Tacitus mit Recht einen Meister der szenischen Gestaltung genannt.[70] An Höhe- und Wendepunkte setzt er Szenen, in denen die Atmosphäre, das Unwägbare, das, was deutender Darstellung verschlossen bleibt, den Leser unmittelbar ansprechen: Galba, auf seinem Tragsessel über das Forum hin- und hergezerrt, während die meuternden Prätorianer schon heranstürmen; er stürzt vom Sessel und rollt hilflos zu Boden; Leibgarde, Begleiter und Volk fliehen (›desertum fuga populi forum‹), und vor dem Tempel des Divus Iulius, des ermordeten Caesar, erhält Galba den Todesstoß (1,40 ff.). – Vitellius: Zum Abdanken entschlossen, verläßt er in Trauerkleidung den Palatin (3,67); seine innere Unsicherheit, sein quälendes Schwanken werden nach außen projiziert. Das Volk jubelt ihm schmeichelnd zu – die Soldaten verharren in trotzigem Schweigen, und dann folgt das Bild der »Selbstentkleidung« des Imperators (3,68): Vitellius legt die ›insignia imperii‹ ab, doch der Pöbel zwingt ihn, auf seinem Platz zu bleiben; alle umdrängen ihn, und er kehrt auf den Palatin zurück, rat- und planlos: ›inops consilii‹. Sein Ende: Das Heer der Flavianer tritt zum letzten Sturmangriff auf das Prätorianerlager an, in äußerster Anstrengung ringen beide Heere noch einmal, zum letzten Mal, um die Entscheidung, Masse gegen Masse: ›cecidere omnes contrariis vulneribus‹ (3,84,3). Dazu der Gegensatz: Vitellius läßt sich von seinen letzten Getreuen auf Schleichwegen aus dem Palast tragen, um sich irgendwo zu verbergen. Doch kehrt er wieder in den Palast zurück – der ist öde, verlassen, alle Diener sind geflohen, Einsamkeit und Toten-

stille schrecken den Fliehenden –, und endlich verkriecht er sich in einem elenden Versteck. Die Soldaten zerren ihn hervor und zwingen ihn mit gezückten Schwertern, sein Antlitz den Beschimpfungen darzubieten und auf den Platz, wo der tote Galba gelegen, hinzublicken (3,84 ff.).
Nicht erst vor ihrem Tod sind diese Herrscher Getriebene (Galba: ›agebatur huc illuc‹ [1,40]; Vitellius: ›ad Gemonias . . . propulere‹ [3,85]), Getriebene sind sie vor und während ihrer kurzen Herrschaft: Hierin erkennt Tacitus ›ratio causaeque‹, den wahren historischen Grund, Sinn und Ursache der vielfach zufälligen Ereignisse. Ein »Gaukelspiel« (ann. 3,16) ist das Wirken der Mächtigen: sinnlos für sie selbst, tod- und verderbenbringend auch für das Reich und seine Bewohner; wenn überhaupt, so scheint es für Rom nur kurze Ruhepausen einer Entwicklung zu geben (in den *Historien* Vespasian und Titus, später dann Nerva und Trajan), die dann schließlich im verlorenen Teil der *Historien* in Domitian als dem Gipfel des Bösen endet.
Die Träger der wirklichen Macht aber, die Armeen, verwandeln das Reich in ein Inferno des Schreckens: Zwei Grundthemen läßt Tacitus gleich in Buch I anklingen – fast ermüdend monoton variieren sie alle von Rom ausziehenden und auf Rom anrückenden Heerscharen:
(1) Galbas Anmarsch auf Rom war langsam und blutig: ›tardum iter et cruentum‹ (1,6,1).
(2) Die militärische Disziplin, in Zeiten inneren Friedens unerbittlich festgehalten, löst sich auf in Zeiten von Bürgerkriegen (1,51,2); denn dann hat der gemeine Soldat größere Freiheiten als die Führer, die selbst in Wirren, Intrigen und Korruption verstrickt sind (2,29,3).
Was Tacitus von der Stimmung in der Rhein-Armee nach Galbas Ermordung schreibt, gilt für alle Heere der Prätendenten: Sie berauschen sich in Gedanken an der Eroberung von Städten, Verwüstung von Feldern, Plünderung von Haus und Hof (1,51,4). Immer wieder bricht aus unwägba-

ren, irrationalen Motiven plötzlich Panik in den Heerhaufen aus und entlädt sich in wildem Vernichtungswahn:
1,63: Ohne Grund erfaßt auf dem Marsch nach Italien das Heer des Valens wilde Panik (›subitus pavor‹); in blinder Raserei und ohne ersichtlichen Grund (›furore et rabie et causis incertis‹) fallen die Soldaten über die gallische Stadt Divodurum her und metzeln 4000 Bewohner nieder; und Einhalt gebietet nicht ein Befehl, sondern der Führer muß darum bitten (›precibus ducis‹).
Derartige Szenen wiederholen sich, im Heer Othos ebenso wie bei den Flavianern; Tacitus erkennt in dem aus blindem, panischem Schrecken erwachsenden blutigen Morden und Rasen geradezu eine typische Verhaltensweise der Masse.
1,80 ff.: Aus nichtigem Anlaß (›parvo initio‹) – an eine Kohorte wurden im Prätorianerlager auf Befehl Othos Waffen ausgeteilt – vermuten die Prätorianer Verrat an Otho; und wieder zeigt Tacitus in zwei kurzen Bemerkungen sein Wissen um das Verhalten einer zügellosen Masse von Soldaten: Der Anblick von Waffen erregt unter Betrunkenen das Verlangen, sie auch zu gebrauchen (80,1), und: ein Teil der Soldaten wußte von nichts, die üblen Elemente lauerten auf eine Gelegenheit zum Plündern, die Masse, wie üblich, war gierig versessen auf jede Art von Umsturz; das Ergebnis: eine Meuterei, die der Stadt beinahe den Untergang gebracht hätte (›orta seditio prope urbi excidio fuit‹). Das Folgende gestaltet Tacitus wieder zu einer beeindruckenden Mise en scène. Otho gibt gerade auf dem Palatin ein Gastmahl für die Spitzen der römischen Gesellschaft (1,81); beim Anstürmen der Prätorianer werden diese vornehmen Damen und Herren selbst zur plan- und sinnlos handelnden Masse: zitternd vor Angst (›trepidi‹) kommen sie zu keiner Entscheidung, wie sie sich verhalten sollen; und der Imperator: weil Otho sich fürchtete, fürchtete man sich vor ihm.[71] Mühsam lassen sich die Soldaten, die vielleicht noch stärker als die Tischgesellschaft von blinder Angst wie von Wahnsinn getrieben erscheinen (82,1: ›lymphaticis caeco pavore animis‹), durch

Bitten und Tränen Othos mäßigen; hier läßt Tacitus sarkastischen Humor aufblitzen: Gegen alle Würde der Reichsgewalt (›contra decus imperii‹ [82,1]) steigt Otho auf das Speisesofa, um sich besser Gehör zu verschaffen! Das Ergebnis der Meuterei: Rom wirkt wie eine eroberte Stadt, die Türen der Häuser bleiben geschlossen, nur wenige wagen sich auf die Straße.

Ebenso blind und unüberlegt schlagen die Flavianer aus nichtigem Anlaß los (3,10 f.): In der Ferne auftauchende (verbündete!) Reiter jagen ihnen »blinden Schrecken« (›vanam formidinem‹) ein; ihre Wut richten sie gegen einen ihrer Feldherrn; die meuternden Prätorianer Othos hatten niemanden, an dem sie ihre Wut abreagieren konnten, daher wandten sie sich gegen alle (1,82,1); die Flavianer vor Verona mißhandeln ihren Führer, und auch er kann nur durch Bitten des Primus Antonius gerettet werden (3,10,4).

Auch hierin erkennt Tacitus eine typische Handlungsweise der Heeresmassen: Eigenes Versagen, eigene Schuld wälzen die Soldaten auf ihre Führer ab (2,44,1: ›more vulgi suum quisque flagitium aliis obiectantes‹) und bedrohen diese mit Mord, oft hilft den Bedrohten nur rasche Flucht.

2,18,2: Gegen die richtige Kriegstaktik Spurinnas lehnen sich die unerfahrenen, ungebärdigen Soldaten (›indomitus miles et belli ignarus‹) auf, Spurinna muß sich den Soldaten fügen. Doch mit den Tatsachen des Krieges konfrontiert, fügen sie sich wieder – es bleibt der Vorwurf der Blindheit, des mangelnden Gehorsams (3,19,2).[72]

Eine Grunderkenntnis der Massenpsychologie, daß nämlich Masse etwas anderes ist als die Summe der Individuen, scheint Tacitus vorweggenommen zu haben. In der zweiten Schlacht von Bedriacum tötet der Sohn seinen auf der Gegenseite kämpfenden Vater. Als er den Vater erkennt, klagt er und fleht zu den Manen des Toten: der Allgemeinheit falle dieses Verbrechen zu, nicht einem einzelnen (3,25,2). Und die Masse? In Worten verfluchen sie den Krieg und das eben geschehene Verbrechen, fahren aber

fort, die gleichen Verbrechen zu begehen: ›factum esse scelus loquuntur et faciunt.‹
Die Heere der Prätendenten sind in verschiedenen Situationen als zügellose, aufsässige, stets zu Plünderungen und Meutereien bereite Masse geschildert; sie scheinen aber im Bericht des Tacitus dann erst völlig außer Rand und Band zu geraten, wenn sie den Boden Italiens betreten und sich Rom nähern: Kein Heer unterscheidet sich vom anderen, nicht die Unterlegenen, nicht die siegreichen Flavianer.
Wiederum setzt das Heer Galbas, des ersten Imperators, ein blutiges ›exemplum‹ (1,6,2): »Der Einzug in die Stadt: nach Hinschlachtung so vieler tausend waffenloser Soldaten[73] unheilvoll in der Vorahnung und sogar für die Mörder grauenerregend.« Als Mördertruppe zieht Galbas Heer in Rom ein! Im Gegensatz dazu zunächst das Verhalten der Senatoren: sie waren glücklich über das Ende Neros (1,4,3: ›sed patres laeti‹)! Aber dann bemächtigen sie sich der Freiheit allzu zügellos (›usurpata libertate licentius‹); sie waren der ›libertas‹ gar nicht fähig und verstanden sie als Zügellosigkeit (›licentia‹). Das also ist der Zustand Roms: Nach Neros Tod herrscht ein Machtvakuum, da Galba erst auf dem Anmarsch war; die Armee ist ein blutbefleckter Haufen, der Senat seiner Aufgabe nicht gewachsen: voll Freude über Neros Tod, ohne reale Einschätzung der Gegenwart.
Die Kapitelfolge 2,56–73 schildert den Marsch der Vitellianer durch Italien; bei Bedriacum hatten sie Othos Heer besiegt, und nun fielen sie in Italien ein. Das Land wurde »schwerer und schrecklicher heimgesucht als im Krieg« (56,1). Plünderung, Raub, Schändung und Mord kennzeichnen den Weg der Vitellianer. Vitellius selbst ist noch in Gallien (2,57), weiß nichts von Sieg und Vormarsch seiner Truppen. Die Heeresmassen machen sich selbständig, werden zu unabhängig agierenden Machtzentren. Hilflos und kläglich ist die Rolle der Hauptstadt Rom. Das Volk erhält die Nachricht vom Sieg des Vitellius im Theater – und applaudiert (2,55,1). Der Machtwechsel und seine blutigen

Folgen sind für den ›populus Romanus‹ ein Schauspiel gleich einem Gladiatorenkampf.[74] Der Senat aber beschließt für Vitellius alle Ehren, die er früher auch für Otho beschlossen hatte (1,47,1), dankt dem Heer und schickt eine Gesandtschaft, die der Freude Ausdruck geben soll (55,2): ›additae erga Germanicum exercitum laudes gratesque et missa legatio, quae gaudio fungeretur‹! Der Gegensatz zwischen Pseudoaktivität des Senats und dem Verhalten des Heeres kann nicht deutlicher ausgedrückt werden!
Doch erkennen wir aus der Kompositionskunst des Tacitus die wahren Machtverhältnisse. Die Kapitel 2,56–73 schildern das Treiben der vitellianischen Truppen, Höhepunkt die zusammenfassende Charakteristik in Kap. 73: ›saevitia libidine raptu in externos mores proruperant‹ – Barbaren sind sie geworden. Aber 2,74–86 berichten von den Entscheidungen Vespasians im Osten des Reiches; die Schlußkapitel 84–86 geben einen Überblick über die mächtigen und siegessicheren Rüstungen der Flavianer. In Kap. 87 wird wieder der Vitellius-Bericht aufgenommen, der Kontrast bedarf keines Kommentars: »Vitellius rückte, von Tag zu Tag verächtlicher und schlaffer [. . .] mit dem schweren Heerestroß gegen die Hauptstadt. 60 000 Bewaffnete folgten ihm – in Zügellosigkeit verkommen« (›licentia corrupta‹). Und Rom selbst zeigt sich von seiner abstoßendsten Seite. In trauriger Allianz ziehen dem Heerhaufen Senatoren, Ritter und Leute aus dem niederen Volk – Gaukler, Possenreißer, Schauspieler – entgegen. Sie erst machen den Anmarsch der Vitellianer zu einer »Last« (›onerabant‹ [87,2]). Italien wird wie Feindesland verwüstet (›ut hostile solum‹). So sehr auch die Soldaten untereinander zerstritten sind, Eintracht zeigen sie bei den Ausschreitungen gegen die Zivilbevölkerung: ›ubi adversus paganos certandum foret, consensu‹ (88,1). Einigkeit herrscht in der Masse nur, wenn es gilt, den niedrigsten Instinkten freien Lauf zu lassen; denn Führung, und daher Disziplin, gibt es nicht. Und das ist eine zwangsläufige Folge der Schwäche und der Zerstrittenheit der mili-

tärischen Führung – auch dies ein Grundthema für alle Prätendenten-Kämpfe. Da die Feldherrn untereinander zerstritten sind, breiten sich unter den Soldaten Zügellosigkeit und Ungehorsam aus;[75] die Soldaten wählen ihre Offiziere selbst, und diese sind dann nicht imstande und auch nicht willens, ihren Befehlen Nachdruck zu verleihen.[76]
Nach dem Einmarsch des Vitellius gleicht Rom einer von Barbaren eroberten Stadt (88,3), die Offiziere selbst treiben sich mit »Haufen Bewaffneter« in der Stadt umher: ›et tribuni et praefecti cum terrore et armatorum catervis volitabant‹. Und wenige Monate später, nach dem Ende des Vitellius, herrschen in Rom die »Befreier«: Die Befreiung Roms von Vitellius und der Nutzen für den Staat waren ja Schlagworte, die Mucian in seiner Rede an Vespasian als Motive für das Eingreifen in den Bürgerkrieg eingeführt hatte (2,76,1.3: ›utile rei publicae‹; ›polluendam perdendamque rem publicam relinquere sopor et ignavia videretur‹). Doch wie sieht die Wirklichkeit aus? 4,1: »Bewaffnet verfolgen die Sieger in der ganzen Stadt mit unversöhnlichem Haß die Besiegten; voll von Erschlagenen waren die Straßen, blutbefleckt die Plätze und Tempel« (4,1). Das also war die »Befreiung« Roms! Nach ihrem Sieg in der zweiten Schlacht bei Bedriacum hatten die Flavianer wider alles Recht die römische Koloniestadt Cremona geplündert und in einem Meer von Blut und Trümmern versinken lassen (3,33) – doch das schien nur eine Vorübung für ihr Wüten in Rom (4,3): ›ubique lamenta, conclamationes et fortuna captae urbis‹ (überall Klagen und Wehgeschrei, das Schicksal einer eroberten Stadt). Welch eine Demaskierung schönklingender Befreierparolen! Sogar das zuchtlose Treiben der Othonianer und Vitellianer schien dagegen vergleichsweise harmlos. Und drohend klingt im folgenden der Name »Domitian« an: er, der letzte Kaiser aus der flavischen Dynastie, zeigte noch kein Interesse für Regierungsgeschäfte, spielte aber bei Unzucht und Ehebruch den Kaisersohn (4,2,1). Ein Bild Roms, das an Düsterkeit kaum zu

übertreffen ist; wie weit es im Bericht über die Regierungsjahre des Vespasian und des Titus aufgehellt wurde, können wir nicht abschätzen.

Galba – Otho – Vitellius – Vespasian: ein Reich in Auflösung, die Hauptstadt ein Spielball im Machtkampf der Prätendenten, die Heere eine blindwütige Meute und der Senat hilf- und kraftlos zwischen den Machtansprüchen der rasch wechselnden Herrscher hin- und hertaumelnd.[77]

Mit bitterer Ironie schildert Tacitus die Hilflosigkeit des Senates, die Bereitschaft zu sklavischer Unterwerfung (Tiberius über den Senat: ›homines ad servitutem paratos [ann. 3,65,3]), kontrastierend dazu den hemmungslosen Mißbrauch der Freiheit in Zeiten eines Machtvakuums (hist. 1,4,3).

Auf das Gerücht von Othos Ermordung jubeln die Senatoren Galba zu – aber entlarvend wirkt, in welcher Gesellschaft sie dies tun: mit dem »Volk und dem ahnungslosen Pöbel« (hist. 1,35,1). Nach Galbas Tod folgt die rasche Kehrtwendung: Alles eilt zum Prätorianerlager, Volk und Senat – ein Wettlauf zu sklavischen Huldigungen für Otho (1,45). Zu eiligem Gehorsam sind die Senatoren bereit – unüberhörbar der Sarkasmus des Tacitus: »Es beruft den Senat der Stadtprätor, es wetteifern in Schmeicheleien die übrigen Magistrate, herbeigeeilt kommen die Senatoren« (›adcurrunt‹ [1,47]). Als Vitellius im Triumph in Rom einzieht, »treibt« er den Senat und das Volk vor sich her: ›senatum et populum ante se agens‹ (2,89,1).

In die Rollen tragikomischer Clowns gedrängt sieht Tacitus die Senatoren in Mutina und Bononia nach der Niederlage Othos bei Bedriacum (2,52–54). Die Niederlage Othos wird gerüchteweise gemeldet, die Otho noch ergebenen Soldaten bedrohen die Senatoren – und die fürchten, allzu zögernd zu Vitellius umzuschwenken. »Zitternd« treten sie zur Beratung zusammen, sogar die offizielle Anrede als ›patres conscripti‹ durch den Gemeinderat von Mutina ängstigt sie. Ein persönlicher Streit zwischen zwei Senatoren zeigt die hohen

Herren in Scheinaktivität bei einer »Übersprungshandlung«. Die Senatoren ziehen sich nach Bononia zurück, auf den Straßen verteilte Posten sollen auf Nachrichten warten und diese sofort weiterleiten. Eine neuerliche Kunde von Othos Tod führt zur allgemeinen Hinwendung zu Vitellius: ›omnium animi in Vitellium inclinavere‹ (53,2). Doch ein Gegengerücht versetzt die Senatoren aufs neue in helle Aufregung: Nun treten sie überhaupt nicht mehr zu Beratungen zusammen, jeder verkriecht sich in sein Schneckenhaus, ›sibi quisque consuluere‹ (54,2). Endlich befreit ein Brief des siegreichen Feldherrn Valens sie von aller Furcht.

Und doch spricht Otho in seiner Rede an die Prätorianer (1,83 f.) vom Senat in Tönen höchsten Lobes: Senat und ›res publica‹ sind identische Begriffe: Auf wessen Seite der Senat steht, der ist Vertreter der ›res publica‹ (84,3), Größe und Dauer Roms sind durch den Senat garantiert, seine Würde ist durch die ehrwürdigen Auspizien und seinen Stifter Romulus begründet (84,4). Wie ist dieser Kontrast zu den oben skizzierten Szenen erklärbar? Ist Othos Rede nur hohle Rhetorik, erwachsen aus seinem vordergründigen Zweckdenken, weil er sich in hilflosem Legitimationsstreben an eine Institution binden will, die gar nicht mehr existiert?[78]

Zwei weitere Beispiele sollen zu einem besseren Verständnis, zu einer möglichen Erklärung führen. Deutlich wird dieser Kontrast auch in der Adoptionsrede Galbas (1,15 f.) spürbar. Wenn Galba von sich sagt, er sei ›deorum hominumque consensu‹ zum Prinzeps berufen worden, übersieht er da nicht in gefährlicher Verblendung die wahre Lage? Otho ist zum Abfall entschlossen, die Rheinarmee steht in offener Rebellion. Ist es wirklich »Freiheitsersatz«, daß die Nachfolge nicht durch »Erbrecht«, sondern durch freie Wahl der Adoption bestimmt wird (16,1)? Ist damit die Garantie gegeben, daß wirklich immer der Beste gefunden wird: ›optimum quemque adoptio inveniet‹?

Man hat diese Rede als politisches Glaubensbekenntnis des

Tacitus aufgefaßt[79] oder als Mittel, die politische Blindheit Galbas zu kennzeichnen.[80] Den Gegensatz zwischen Scheinwelt der Illusion und harter Realität sieht V. Pöschl[81] hier ausgedrückt: »Nicht Kritik am Adoptionssystem« sei das Ziel, die Rede hat vielmehr die Aufgabe, »das Vernünftige, Theoretisch-Mögliche gegen das Faktisch-Eintretende zu setzen [. . .]. Was tatsächlich triumphiert, ist nicht das Vernünftige, sondern das Irrationale.« Oder hat Tacitus die Debatte über das Wesen der Adoption aus der Zeit Nervas und Trajans, in der sie aktuell war, zurückverlegt in das Vierkaiserjahr, um die »Hohlheit« dieser Art der Nachfolgeregelung und seine Kritik daran zu äußern: »schöne, gewinnende Fassade, hinter der sich eine harte und frostige Wirklichkeit verbirgt«?[82]

Ähnliche Schwierigkeiten scheint die Rede des römischen Feldherrn Petilius Cerialis vor den Gesandten der Treverer und Lingonen zu bieten (4,74 f.). Der Aufstand des Iulius Civilis hatte die römische Herrschaft am Rhein erschüttert, die Legionen boten ein Bild des Haders, der Meuterei, der inneren Auflösung. Die Vorgänge am Rhein aber waren nur ein Spiegelbild der Vorgänge im Reich: Kampf der Prätendenten, die Heere eine beutegierige, plündernde und mordende Meute, der Senat hilflos, das Volk von Rom ein charakter- und disziplinloser Pöbelhaufen. Es war ein Jahr, in dem Rom nahe dem Untergang war: ›annum [. . .] rei publicae prope supremum‹ (1,11,3). Aber in der Rede des Cerialis erscheinen die Legionen als Hüter der Ruhe (74,1), Rom ist die einzige Garantie für Frieden und Wohlergehen der Völker. Wenn das Reich unterginge, wären Kriege aller gegen alle (›bella omnium inter se gentium‹ – 74,3) die unausweichliche Folge. Friede und Rom bilden eine unauflösliche Einheit: ›pacem et urbem [. . .] amate colite‹ (74,4). Es gibt unter den Völkern aber keinen Frieden ohne Schutz durch Waffen, keinen Schutz durch Waffen ohne besoldeten Dienst, keinen Sold ohne Steuern und Tribute[83] – und diesen Schutz bietet allein Rom.

In allen diesen angeführten Beispielen ist es sicher verfehlt, durch Interpretation eine Einheit und Geschlossenheit herzustellen oder bloße Freude des Autors an ironischer Demaskierung der eigenen Gegenwart erkennen zu wollen. Widersprüche, Gegensätze liegen vor – und Tacitus hat sie erkannt; er bietet aber keine Lösung, sondern läßt das Unvereinbare als solches bestehen. Doch es sind nicht, wie oft angenommen, Gegensätze zwischen Schein und Sein, Illusion und Wirklichkeit. Galba verkennt seine wahre Lage, umgibt sich mit schlechten Ratgebern (1,6: Vinius, Laco), obwohl er doch durch Adoption »den Besten« zu finden glaubte. Gilt also die Wahl des Besten nur für die Nachfolgeregelung, nicht für andere Bereiche der Politik? Die Adoption scheiterte, weil sie zu spät kam, schlecht vorbereitet war, und Piso vielleicht doch nicht »der Beste« war (1,14,2). Galba lebt also in einer »Scheinwelt« – aber trotzdem behalten die Gedanken, die Galba über die Adoption äußert, ihre Gültigkeit: Der Adoptierende kann – und konnte es im Verlauf der Geschichte tatsächlich – den jeweils »Besten« finden.

Das Imperium schien also in den Kämpfen der Prätendenten der Auflösung nahe, Rom als Spielball der Machtinteressen bot ein Bild kläglichen Jammers: und doch war Rom der Garant des Friedens – es war Roms Aufgabe, eine auf dem Imperium begründete Ordnung zu verwirklichen. Tacitus erkennt die Gegensätze, die Roms Geschichte bestimmen, er beschreibt sie, aber er gibt keine Lösung, weil er sie als Historiker nicht geben kann; denn historische Realität ist nicht ein harmonisches Gefüge, sondern wird erlebt als Spannungszustand der Kontraste.[84] Tacitus war kein Idealist, der die Augen vor der Wirklichkeit verschloß, kein Träumer, der vor der gefährdeten Gegenwart in eine verklärte Vergangenheit flüchtete, kein Dichter, der Roms Friedens- und Herrschaftsaufgabe durch eine von Fatum und den Göttern gewollte Weltordnung gerechtfertigt und überhöht sah. Er war Realist und in dieser Hinsicht echter

Historiker, als er diese Aufgabe Roms eigentlich nie in idealer, vollkommener Weise verwirklicht sah. Gefährdungen und Bedrohungen erwuchsen immer aus der Mitte Roms selbst, wie er im Exkurs 2,37 f. darlegt. Das den Menschen angeborene Verlangen nach Macht (2,38,1: ›insita mortalibus potentiae cupido‹), um so größer, je größer das Reich, führte immer zu innerem Hader und Bürgerkrieg: immer der gleiche Götterzorn, die gleiche Raserei der Menschen, dieselben Ursachen für verbrecherisches Tun (2,38,2).
Die Geschichte der Bürgerkriege des Jahres 69, die Tacitus in den erhaltenen Büchern der *Historien* gibt, ist eine aus der Betrachtung der Ereignisse gewonnene Rechtfertigung zweier Urteile des Tacitus über den Prinzipat:

> hist. 1,1,1: ›postquam bellatum apud Actium atque omnem potentiam ad unum conferri pacis interfuit‹.
> ann. 1,1,1: ›[Augustus], qui cuncta discordiis civilibus fessa nomine principis sub imperium accepit‹ ([Augustus], der die ganze durch den bürgerlichen Hader erschöpfte Welt unter dem Namen eines Prinzeps seiner Herrschaft unterstellte).

In den Wirren der Bürgerkriege des Jahres 69 war der Glaube an diese Notwendigkeit der Herrschaftsordnung erschüttert, ja überhaupt ausgelöscht; denn »die wirkliche Eintracht, die letzte Grundlage jeder festen Gesellschaft, setzt voraus, daß in der Gemeinschaft eine feste, gemeinsame, unbestreitbare und praktisch auch unbestrittene Glaubensgewißheit darüber besteht, wer befehlen soll.«[85] – »Wenn diese Wirklichkeit [nämlich der Glaube an ein verbindliches Ordnungsgefüge], das einzige, was die Menschen automatisch und von innen heraus bindet und in Grenzen hält, durch die Verflüchtigung des Glaubens verlorengeht, so bleiben im sozialen Bereich nur noch Leidenschaften. Der Hohlraum, den der Glaube zurückgelassen hat, füllt sich mit dem Gas der Leidenschaftlichkeit, die den Seelen die Illusion gewährt, sie könnten sich im Raume frei bewegen. Jeder

verkündet, was ihm sein Vorteil oder seine Laune oder seine intellektuelle Manie eingibt; um der inneren Leere zu entfliehen und um eine Stütze zu fühlen, läuft er irgendeiner Fahne nach, die durch die Straßen getragen wird. Häufig ist es die frivolste und oberflächlichste Eigenliebe, die entscheidet, wofür einer Partei ergreift. Denn wenn die Gesellschaft in die Brüche gegangen ist, bleiben in ihr nur noch Parteien übrig.«[86]

*Helmuth Vretska*

Bis in seine letzte Lebenszeit hat mein Vater, Universitätsprofessor Dr. Karl Vretska†, die Arbeit an der Übersetzung mit lebhaftem Interesse verfolgt und mit wertvollen Hinweisen begleitet. Es sei daher als Ausdruck der *pietas* verstanden, wenn diese Ausgabe seinem Andenken gewidmet ist.
Für das Mitlesen der Korrekturen sowie manchen Rat danke ich meinen Freunden und Fachkollegen Frau Elisabeth Glavič und Herrn Reinhart Otti.
Die Vollendung der Arbeit wäre freilich nicht geglückt ohne das große Verständnis und fachbedingte Interesse meiner Frau Elisabeth, die mir erst Ruhe und Zeit für konzentrierte Arbeit geboten hat.

*H. V.*

## *Anmerkungen*

1 Übersicht bei Borzsák, S. 376 ff.; Fuhrmann (1975) S. 486 f.; Dudley, S. 13 ff.; Syme (1958) Bd. 1, S. 59 ff.; Martin, S. 26 ff.

2 Die bei Mylasa (Kleinasien) gefundene Ehreninschrift (OGIS 478) gibt zwar die vollständigen Namen der beiden Stifter der Inschrift, bedauerlicherweise aber nicht den des Widmungsträgers Tacitus! Vgl. dazu R. Meister, »Die Tacitus-Inschrift von Mylasa«, 1932, in: Jahreshefte des Österreichischen Archäologischen Instituts 27 (1932) Arch. Beibl., S. 233 ff.

3 So Syme (1958) Bd. 2, S. 611 ff.

4 So E. Koestermann, »Tacitus und die Transpadana«, in: *Athenaeum* 43 (1965) S. 167 ff., mit eingehender Diskussion aller Beweise, die für eine Herkunft des Tacitus aus Padua sprechen. Vgl. dazu (zustimmend) Borzsák, S. 377 ff., bes. S. 381.

5 Als Finanzprokurator war er dem Statthalter (*legatus Augusti*) der Provinz unterstellt und mit der Aufsicht über die Finanzverwaltung betraut.

6 Plinius (ep. 9,23) gibt uns fast die Lösung: Tacitus sitzt im Theater neben einem Ritter; nach einem wissenschaftlichen Gespräch fragt dieser den Tacitus: ›Italicus es an provincialis?‹ – Leider nennt er die Provinz nicht!

7 Dazu Syme (1958) Bd. 2, S. 566 ff.

8 Vgl. Anm. I 163.

9 Vgl. Anm. I 31.

10 Vigintivirat: Sammelname für mehrere kleinere Magistraturen, die vor dem *cursus honorum* bekleidet werden mußten. Die Gesamtzahl der Magistrate war 20, daher der Name. Bei den Militärtribunen unterscheidet man zwischen *angusticlavii* (Ritter, die an der Tunika den schmalen Purpurstreifen trugen) und *laticlavii* (Angehörige des Senatorenstandes mit breitem Purpurstreifen).

11 Vgl. Agr. 1–3; 45.

12 Ausführliche Darstellung bei Meyer, S. 374 ff.; Bleicken, T. 1, S. 139 ff.

13 Vgl. dazu Plin. ep. 7,20,4; 4,13,10.

14 So zuletzt H. Nesselhauf, »Tacitus und Domitian«, in: *Hermes* 80 (1952) S. 222–245; wiederabgedr. in: Pöschl (1969) S. 208 bis 240.

15 Schanz/Hosius, Bd. 2, S. 620; vgl. dazu Borzsák, S. 419.

16 Übers. von R. Feger, Stuttgart 1973 [u. ö.] (Reclams Universal-Bibliothek, Nr. 836 [2]).
17 Übers. von W. Sontheimer, Stuttgart 1964 [u. ö.] (Reclams Universal-Bibliothek, Nr. 2457 [4]).
18 So Paratore, S. 807.
19 So v. a. H. Drexler, F. Klingner, K. Büchner, W. Jens, J. Vogt, E. Kornemann. Vgl. dazu Flach, S. 202 ff.; Syme (1969) S. 200 ff.; Häußler, S. 400 ff.
20 Vgl. dazu Agr. 1–3; 45.
21 Vgl. ann. 4,32,2. Dazu Flach, S. 230.
22 Klingner, S. 517.
23 Übers. beider Zitate von H. Kasten (Plinius der Jüngere, *Briefe*, Lat./Dt., München 1968).
24 Quintilian (10,1,31) stellt die Historiographie neben die Poesie: ›est enim (historia) proxima poetis et quodam modo carmen solutum est et scribitur ad narrandum, non ad probandum totumque opus non ad actum rei pugnamque praesentem, sed ad memoriam posteritatis et ingenii famam componitur.‹ (Denn die Geschichtsschreibung steht der Dichtung am nächsten, sie ist gewissermaßen ein Gedicht ohne die Bindung an Verse; sie wird zum Erzählen verfaßt, nicht zum Beweisen, und alles, was in ihr dargestellt wird, gilt nicht der Rüstung zur Tat und einem gegenwärtigen Kampfgeschehen [wie bei der Redekunst], sondern der Erinnerung der Nachwelt und dem Ruhm des begabten Erzählers.) (Übers. von H. Rahn, Darmstadt 1975; Texte zur Forschung, Bd. 3.)
25 Übers. von Sontheimer (Anm. 17).
26 Vgl. dazu Flach, S. 63 f.; Syme (1969) S. 200 f.
27 Vgl. Fuhrmann (1960) S. 251, Anm. 2; Heubner, Komm. z. St.; Klingner, »Über die Einleitung der Historien des Sallust«, in: *Hermes* 63 (1928) S. 165 ff., weist auf die ähnliche Formulierung bei Sall. hist. 1 (fr. 1 M) hin, die für Tacitus also Vorbild war: ›res populi Romani M. Lepido Q. Catulo consulibus ac deinde militiae et domi gestas composui.‹
28 Ähnlich auch ann. 4,33.
29 Dio Cass. 53,19. Vgl. dazu Flach, S. 58 ff.
30 Vgl. etwa den Erzählkomplex vom Brand Roms: ann. 15,38 ff.
31 Vgl. auch ann. 1,1,2.
32 So auch Sall. Iug. 95,2 über L. Sisennas Geschichte der sullanischen Zeit. Vgl. dazu Vogt (1969) S. 44 f.

33 Übers. von H. Vretska, Stuttgart 1966 [u. ö.] (Reclams Universal-Bibliothek, Nr. 1807 [5]).
34 Übers. von W. Schöne, München 1957.
35 Dazu ausführlich Vogt (1969) S. 39 ff.
36 Zit. nach: Vogt (1969) S. 40.
37 Alle Zitate in diesem Absatz nach: Vogt (1969) S. 39 ff.
38 Vgl. dazu Vogt (1960) S. 129 f.; Martin, S. 14 ff.
39 Vgl. dazu Flach, S. 14 ff.
40 Diese Forderung hatte Aristoteles in seiner Poetik (1453a 13; 1453b 14 u. ö.) aufgestellt: daher die Bezeichnung »tragische« Geschichtsschreibung, deren Begründer aber nicht Aristoteles, sondern der Theophrast-Schüler Duris ist. Aristoteles betont (poet. 1451b) den Unterschied zwischen Geschichtsschreibung und Dichtung: Dichtung betrachtet mehr die Ganzheit, Historia dagegen mehr das Einzelereignis.
41 Cicero (Brut. 262) über Caesars *Commentarii.* Die übliche Auffassung des Wortes im Gegensatz zu ›historia‹ zeigen die Worte: ›sed dum [Caesar] voluit alios habere parata, unde sumerent, qui vellent scribere historiam‹ (Caesar wollte Stoff bereitstellen, dessen sich alle bedienen könnten, die ein Geschichtswerk schreiben wollten). Daß dies freilich eine Fiktion war, erkennt natürlich auch Cicero: die *Commentarii* Caesars sind ein genuin literarisches Werk.
42 Auch Quintilian (10,31,1) sieht die Aufgabe der Gerichtsrede im Beweisen, die der Geschichtsschreibung im Erzählen: ›scribitur (historia) ad narrandum, non ad probandum‹.
43 Vgl. Christ (1980) S. 146 f.
44 Literatur zum Tiberius- und Nero-Bild: Christ (1980) S. 149 f.
45 Vgl. dazu Briessmann (1955): er erkennt eine »flavische« Geschichtsschreibung, repräsentiert durch Flavius Iosephus, bei dem die Erhebung des Vespasian allein dem ›impetus‹ der im Orient stationierten Heere zugeschrieben wird; nach der flavischen Geschichtsschreibung hätten Vespasian und Titus die längste Zeit nicht an einen Umsturz gedacht. Bei Tacitus sei nun die »antiflavische« Tendenz stärker spürbar: Titus und Vespasian spielen gemeinsam mit Mucianus von Anfang an eine aktive Rolle (Verständigung Mucian/Vespasian: 2,7; Reise des Titus zum Aphrodite-Heiligtum in Paphos: 2,2 f.; Rede Mucians: 2,74 ff.). Gegen diese allzu mechanische Scheidung in pro- und antiflavianische Quellen: Büchner, »Die Reise des Titus«, S. 83 ff.

46 Vgl. Fuhrmann (1960) S. 267, 274 ff.; Schäfer, S. 458 ff.
47 Die Hinweise auf Domitian behandelt Schäfer, v. a. S. 470 ff.
48 Vogt (1960) S. 142.
49 Klingner, S. 495, spricht vom »schulmeisterlichen, zensorischen Zug der römischen Geschichtsschreibung«.
50 Über die verschiedenen Ansätze des Verfalls vgl. K. Vretska, *C. Sallustius Crispus. De Catilinae coniuratione. Kommentar*, Bd. 1, Heidelberg 1976, S. 200 f.
51 Ausführlich dazu: F. Hampl, »Römische Politik in republikanischer Zeit und das Problem des ›Sittenverfalls‹«, in: *Historische Zeitschrift* 188 (1959) S. 497–525; wiederabgedr. in [und zit. nach]: *Das Staatsdenken der Römer*, hrsg. von R. Klein, Darmstadt [3]1980 (Wege der Forschung, Bd. 46), S. 143–177; auch in: F. H., *Geschichte als kritische Wissenschaft*, hrsg. von I. Weiler, Bd. 3, Darmstadt 1979, S. 22–47. – Vgl. auch K. Christ, »Römische Geschichtsschreibung«, in: *Propyläen Geschichte der Literatur*, Bd. 1: *Die Welt der Antike*, Berlin 1981, S. 409 ff.
52 Der Gedanke, daß im Bürgerkrieg Caesar/Pompeius das freie Rom untergegangen sei, spricht aus dem Wort des Cremutius Cordus, Cassius (der Caesar-Mörder) sei der letzte Römer gewesen: Tac. ann. 4,34,1.
53 Vgl. Hampl (Anm. 51) S. 157, Anm. 25.
54 Zit. nach: Vogt (1960) S. 131.
55 Vgl. B. Gährken, »Livius«, in: *Interpretationen lateinischer Schulautoren*, hrsg. von H. Krefeld, Frankfurt a. M. 1968, S. 182.
56 Dazu Hampl (Anm. 51) S. 161; Christ (Anm. 51) S. 238 f.
57 F. Coarelli, *Rom. Ein archäologischer Führer*, Freiburg/Basel/Wien 1975, S. 109.
58 Vgl. Caesars Ausspruch über die freie Republik: ›nihil esse rem publicam, appellationem modo sine corpore ac specie‹ (Suet. Caes. 77, HRR II 45).
59 Dazu R. Syme, *Roman Revolution*, Oxford 1962, S. 490 ff.
60 Meyer, S. 370 f.; Bleicken, T. 1, S. 112 f.; Kienast, S. 145 ff.
61 Zu Augustus: Kienast, S. 78 f., 145 ff.; zum Beginn der Regierungszeit des Tiberius: ann. 1,14 (das Auftreten des Tiberius wird zwar von Tacitus als Heuchelei bezeichnet; vgl. aber Kienast, S. 101); zum Beginn der Regierungszeit Neros: Dudley, S. 129.
62 Auch wenn die bei Dio Cass. 52,2 ff. überlieferte Rede des

Agrippa für die echte Wiederherstellung der Republik und die des Maecenas für die Errichtung einer Monarchie fiktiv sind (W. Kunkel, »Über das Wesen des augusteischen Prinzipats«, in: W. Schmitthenner, Hrsg., *Augustus*, Darmstadt 1969; Wege der Forschung, Bd. 128, S. 313), so spiegeln sie doch die Atmosphäre dieser Beratungen wider. Zu denken ist auch an die Rolle des geheimen Drahtziehers und Finanziers L. Cornelius Balbus: s. Syme (Anm. 59) S. 114, 131.

63 Vgl. dazu Christ (1980) S. 181 ff., mit umfassenden Literaturangaben.

64 Horaz, carm. 4,5: ›lucem redde tuae, dux bone, patriae.‹ Zum Herrscher-Sonnen-Vergleich vgl. E. Doblhofer, *Die Augustus-Panegyrik des Horaz in formalhistorischer Sicht*, Heidelberg 1966, S. 86 ff.; allgemein zum Herrscherkult: A. Alföldi, *Die monarchische Repräsentation im römischen Kaiserreiche*, Darmstadt 1970.

65 Der Prinzipat als Garant des Friedens: ann. 1,1,1; 4,1; hist. 1,1,1. Die Provinzen sind mit dem neuen Zustand zufrieden: ann. 1,2,1.

66 Übers. von Sontheimer (Anm. 17). In aphoristischer Kürze drückt Lucanus (Phars. 1,670) diesen Gegensatz aus: ›cum domino ista pax‹. Eine ausführliche Dokumentation bei Wirszubski, S. 143 ff.

67 Christ (1978) S. 483.

68 Vgl. Schäfer, S. 459 ff.

69 Pöschl, in: Pöschl/Klinz, S. 18.

70 Pöschl (1959) S. 12.

71 Die Angst ist ein beherrschendes Thema im Werk des Tacitus: die Prätorianer fürchten Galba (1,5,2), die germanischen Heere empfinden Zorn und Furcht (1,8,2), die Bevölkerung Roms fürchtet die blutbefleckten Legionen Galbas, und diesen selbst ist ihre Tat, die Hinmetzelung waffenloser Soldaten vor den Toren Roms, »grauenerregend« (›formidulosus‹ [1,6,2]). Vgl. dazu Pöschl, in: Pöschl/Klinz, S. 20. Bezeichnend ist, daß es für Otho und Vespasian die Furcht ist, die sie dazu treibt, die Herrschaft anzustreben.

72 Vgl. 2,27,2 ff.: Valens muß sich vor den Soldaten in Sklavenkleidern verstecken; 2,36,1: Martius Macer; 2,51: Verginius muß durch ein Hinterhaus fliehen; 3,10,2: Tampius Flavianus; 3,11: Aponius Saturninus entflieht durch einen Backofen; 4,25: Hor-

deonius Flaccus; 4,27: Herennius Gallus; 4,36: Ermordung des Hordeonius Flaccus; 4,37: Aufruhr gegen Vocula, den die Soldaten aber aus Furcht vor den anrückenden Feinden zuerst schonen; 4,59: Ermordung Voculas.

73 Vgl. dazu Anm. I 25.

74 Noch gesteigert ist dieses Motiv 4,83: Wie Zuschauer bei einem Gladiatorenspiel verfolgt das Volk den Kampf der Flavianer und Vitellianer um Rom.

75 Galbas Berater (1,13,1); Vitellius; Valens/Caecina (2,30,3); Publilius Sabinus / Iulius Priscus (2,92); Otho: Kriegsrat von Bedriacum (2,23.24); Vespasian: Streit zwischen Primus Antonius und Mucian (3,52 f.; 4,11.39,3 u. ö.).

76 Othonianer (1,46,1); Vitellianer (2,94); Flavianer (3,49).

77 Einen guten Überblick über die Wertung des Senates bei Tacitus gibt Dudley, S. 123 ff. Eine umfassende Gesamtdarstellung bietet Grenzheuser.

78 In diesem Sinne etwa Heubner, Komm. z. St. I, S. 176. Den Gegensatz zwischen Schein und Sein erkennt Briessmann (1968) S. 164.

79 E. Kornemann, in: J. Vogt / E. Kornemann: *Römische Geschichte*, Leipzig [3]1933 (Einleitung in die Altertumswissenschaft, III,2), S. 71. Ebenso Vogt (1969) S. 49.

80 Heubner, Komm. I, S. 48, mit weiterführender Literatur.

81 Pöschl (1959) S. 32.

82 H. Nesselhauf, »Die Adoption des römischen Kaisers«, in: *Hermes* 83 (1955) S. 477 ff., hier S. 495.

83 Diese Gedankenkette lesen wir schon bei Cicero (ad Q. fr. 1,1,34). Sie wird zur Rechtfertigung der römischen Herrschaft verwendet von Orosius (hist. adv. paganos 5,1,1 ff.). Vgl. dazu Straub, S. 19 ff.

84 Auch viele Charakteristiken, die Tacitus seinen Personen gibt, schließen sich nicht mehr zu einer Einheit: Otho, ein weichlicher Günstling Neros und gerechter Statthalter (1,13,3); sein Leben und im Gegensatz dazu sein heroischer Selbstmord (2,49 mit Charakteristik 2,50). Vgl. Mucian (1,10); T. Vinius (1,48,3). Das bekannteste Beispiel aus den *Annalen*: Petronius Arbiter (ann. 16,18).

85 J. Ortega y Gasset, *»Geschichte als System« und »Über das römische Imperium«*, Stuttgart [2]1952, S. 110.

86 Ebd., S. 113.

# Verzeichnis der Abkürzungen

CIL Corpus Inscriptionum Latinarum [...]. 16 Bde. Leipzig/Berlin 1862–1943. $^{2}$1893 ff.

HRR Historicorum Romanorum Reliquiae. Ed. H. Peter. 2 Bde. Leipzig 1883–1906. $^{2}$1914.

Kromayer/Veith Kromayer, J. / Veith, G.: Heerwesen und Kriegführung der Griechen und Römer. München 1928. Nachdr. 1963. (Handbuch der Altertumswissenschaft. IV,3,2.)

OGIS Orientis Graeci Inscriptiones Selectae. Ed. W. Dittenberger. 2 Bde. Leipzig 1903–05. Nachdr. 1960.

RE Paulys Realencyclopädie der classischen Altertumswissenschaft. Neubearb. von G. Wissowa [u. a.]. Stuttgart 1893 ff.

Schanz/Hosius M. Schanz / C. Hosius: Geschichte der römischen Literatur bis zum Gesetzgebungswerk des Kaisers Justinian. 4 Bde. München 1890–1920 [u. ö.]. (Handbuch der Altertumswissenschaft. VIII,1–4.)

# Literaturhinweise

Die ältere Literatur und der Forschungsstand bis in die Zeit um 1930 in: Schanz/Hosius, Bd. 2, München 1935 (Handbuch der Altertumswissenschaft, VIII,2), S. 603 ff.


## *Forschungsberichte*

Büchner, K.: Lateinische Sprache und Literatur. Bern 1951. S. 159 ff.
Hanslik, R.: in: Anzeiger für die Altertumswissenschaft 13 (1960) S. 65 ff.; 20 (1967) S. 1 ff.; 27 (1974) S. 129 ff.
– in: Lustrum 16 (1975) S. 143 ff.; 17 (1976) S. 71 ff.

## *Kommentare*

Wolff, E.: Berlin 1914.
Heraeus W.: Leipzig/Berlin 1929. (Nachdr. Amsterdam 1966.)
Heubner, H.: 5 Bde. Heidelberg 1963–82.
Chilver, G. E. F.: A Historical Commentary on Tacitus' Histories [Buch 1,2]. Oxford 1979.

## *Sekundärliteratur*

Albrecht, M. v.: Geschichte der römischen Literatur. Bd. 2. Berlin [3]2012. S. 926–968.
Ash, R. (Hrsg.): Tacitus. Oxford Readings in Classical Studies. Oxford 2012.
Benario, H. W.: An Introduction to Tacitus. Athens (GA) 1975.
Bengtson, H.: Die Flavier. München 1979.
Birley, A. R.: The Life and Death of Cornelius Tacitus. In: Historia 49 (2000) S. 230–247.
Bleicken, J.: Verfassungsgeschichte und Sozialgeschichte des römischen Kaiserreiches. 2 Tle. Stuttgart 1978.
Borzsák, St.: Tacitus. In: RE Suppl. XI (1968) Sp. 373–512.
Briessmann, A.: Tacitus und das flavische Geschichtsbild. Wiesbaden 1955.
– Tacituslektüre und politische Bildung. In: Die alten Sprachen im Gymnasium. Hrsg. von F. Hörmann. München 1968. S. 162 ff.
Büchner, K.: Die Reise des Titus. In: K. B.: Studien zur römischen Literatur. Bd. 4: Tacitus und Ausklang. Wiesbaden 1964.

Christ, K.: Tacitus und der Prinzipat. In: Historia 27 (1978) S. 449 ff. Wiederabgedr. in: K. C.: Römische Geschichte und Wissenschaftsgeschichte. Bd. 2. Darmstadt 1983. S. 101 ff.
– Römische Geschichte. Einführung, Quellenkunde, Bibliographie. 3., durchges. und erw. Aufl. Darmstadt 1980.
Dudley, D. R.: Tacitus und die Welt der Römer. Wiesbaden 1970.
Flach, D.: Tacitus in der Tradition der antiken Geschichtsschreibung. Göttingen 1973.
– Römische Geschichtsschreibung. Darmstadt 2013.
Fuhrmann, M.: Das Vierkaiserjahr bei Tacitus. Über den Aufbau der Historien, Buch I–III. In: Philologus 104 (1960) S. 250 ff.
– Tacitus. In: Der Kleine Pauly. Lexikon der Antike. Bd. 5. München 1975. Sp. 486–493.
Grant, M.: Klassiker der antiken Geschichtsschreibung. München 1973. (Tacitus: S. 228 ff.)
Grenzheuser, B.: Kaiser und Senat in der Zeit von Nero bis Nerva. Diss. Münster 1967.
Häussler, R.: Tacitus und das historische Bewußtsein. Heidelberg 1965.
Heldmann, K.: *Sine ira et studio.* Das Subjektivitätsprinzip der römischen Geschichtsschreibung und das Selbstverständnis antiker Historiker. München 2011.
Kienast, D.: Augustus. Prinzeps und Monarch. Darmstadt 1982.
Klingner, F.: Tacitus und die Geschichtsschreiber des ersten Jahrhunderts nach Christus. In: F. K.: Römische Geisteswelt. Essays zur lateinischen Literatur. Hrsg. von K. Büchner. Stuttgart $^5$1979. S. 483–503.
– Tacitus. Ebd. S. 504–527.
Klinz, A.: Tacitus. In: Dialog IX: Werte der Antike. München 1975. S. 100 ff.
Kunkel, W.: Römische Rechtsgeschichte. Köln/Wien 1973.
Latte, K.: Römische Religionsgeschichte. München 1960.
Mann, G.: Römische Historiker – Tacitus als Beispiel. In: Latein und Europa. Hrsg. von K. Büchner. Stuttgart 1978. S. 168 ff.
Martin, R.: Tacitus. London 1981.
Mehl, A.: Römische Geschichtsschreibung: Grundlagen und Entwicklungen. Eine Einführung. Stuttgart 2001.
Mellor, R.: Tacitus. New York / London 1993.
– (Hrsg.): Tacitus. The Classical Heritage. New York 1995.
Mendell, C.: Tacitus. The Man and His Work. New Haven (CT) 1957.
Meyer, E.: Römischer Staat und Staatsgedanke. Darmstadt 1961.

Pagán, V. E.: A Companion to Tacitus. Chichester 2012.
Paratore, E.: Tacito. Rom ²1962.
Peterson, J.: Recht bei Tacitus. Berlin 2019.
Pöschl, V.: Einleitung. In: Tacitus: Historien. Stuttgart 1959.
– (Hrsg.): Tacitus. Darmstadt 1969.
– / Klinz, A.: Zeitkritik bei Tacitus. Heidelberg 1972.
Sailor, D.: Writing and Empire in Tacitus. Cambridge 2008.
Saylor, D.: Tacitus. Oxford Bibliographies Online Research Guide. Oxford 2010.
Schäfer, E.: Domitians Antizipation im 4. Historienbuch des Tacitus. In: Hermes 105 (1977) S. 455 ff.
Schmal, St.: Tacitus. Hildesheim / Zürich / New York 2005.
Schunck, P.: Studien zur Darstellung des Endes von Galba, Otho und Vitellius in den Historien des Tacitus. In: Symbolae Osloenses (1964) S. 38 ff.
Shannon-Henderson, K. E.: Tacitus and Religion. Oxford 2019.
Stackelberg, J. v.: Tacitus in der Romania. Tübingen 1960.
Straub, J.: Imperium et Libertas. In: Politik und literarische Kunst im Werk des Tacitus. Hrsg. von G. Radke. Stuttgart 1971. S. 9 ff.
Suerbaum, W.: Skepsis und Suggestion. Tacitus als Historiker und als Literat. Heidelberg 2015.
Syme, R.: Tacitus. 2 Bde. Oxford 1958.
– Tacitus und seine politische Einstellung. In: Gymnasium 69 (1962) S. 241–263. Wiederabgedr. in [und zit. nach]: V. Pöschl (Hrsg.): Tacitus. Darmstadt 1969. S. 177–207.
Vogt, J.: Tacitus und die Unparteilichkeit des Historikers. In: Würzburger Studien zur Altertumswissenschaft 9 (1936) S. 1–20. Wiederabgedr. in [und zit. nach]: V. Pöschl (Hrsg.): Tacitus. Darmstadt 1969. S. 39–59.
– Die Geschichtsschreibung des Tacitus, ihr Platz im römischen Geschichtsdenken und ihr Verständnis in der modernen Forschung. In: J. V.: Orbis. Ausgewählte Schriften zur Geschichte des Altertums. Freiburg/Basel/Wien 1960. S. 132 ff.
Wirszubski, Ch.: Libertas als politische Idee im Rom der späten Republik und des frühen Prinzipats. Darmstadt 1967.
Woodman, A. J. (Hrsg.): The Cambridge Companion to Tacitus. Cambridge 2009.

# Verzeichnis der Abbildungen und Karten



Den genannten Institutionen und Verlagen sei für die Reproduktions- und Abdruckgenehmigung gedankt.

# Verzeichnis der Eigennamen

(A = Anmerkung)

*Karte 1. Das römische Reich in der Kaiserzeit*

0
500
1000 km
SARMATIEN
Dnjepr
Olbia
Tyras
akien
BOSPOR. REICH
Donau
Mösien
Thrakien
Konst.
Adrianopel
Philippi
Nikomedien
Nicäa
Bithynien
Pontus
Zela
Galatien
Armenien
Tigranocerta
PARTHER-REICH
Kappadokien
Pergamon
Asia
Ephesus
Laodicea
Ikonium
Kilikien
Assyrien
Mesopotamien
Tigris
Karrhä
Euphrat
Delphi
Athen
Korinth
Sparta
Lykien
Antiochia
Palmyra
Syrien
Rhodus
Baalbek
Damaskus
Cypern
Kreta
Tyrus
Cäsarea
Jerusalem
Judäa
Arabien
Petra
Alexandria
Sais
Kyrenaika
Ägypten

Karte 2. Norditalien im Altertum

NOR
Venostes
Via Claudia Augusta
Atesis
[Stilfser Joch]
Aquae Bormiae
Raeticae
Anauni
Anaunium
Camunni
Tellium
Saturnis
Tridentini
Tridentum
Ausugum
Alpes Tridentinae
Sebatum
Littamum
Dravus
Sublavio
Isarcus
Pons Drusi
Bauzanum
Endidae
[Kreuzberg]
[Plöckenpaß]
Loncium
Alpes Carnicae
Iulium Carnicum
Laebactes
Belunum
Feltria
Osopus
Carni
Forum
Ceneta
Via Claudia Augusta
Opitergium
Via Postumia
Aquileia
Concordia
Tarvisium
Altinum
Acelum
Plavis
Meduacus (Brenta)
Sinus Tergestinus
Euganei
Sarnis
Vicetia
Verona
Patavium
Meduacus
Aponus
Ateste
Atesis
Portus Aedro
Brundulum
Neapolis
Parentium
Brixia
Sabini
Trumplini
L. Sebinus
Lacus Benacus
Sirmio
Arilica
Cenomani
Cremona
Bedriacum
Mantua
Ad Castoris
Andes
Anneianum
Jetziger Lauf der Etsch
Hostilia
Atria
Tartarus
Padus
Jetziger Po
MARE ADRIATICUM
Jetzige Küste
Fidentia
Brixellum
Parma
Tannetum
Regium Lepidum
Mutina
Forum Gallorum
Bononia (Felsina)
Lingones
Spina
Ad Padum
Spineticum Ostium
Ravenna
Classis
Claterna
Forum Cornelii
Faventia
Forum Livii
Forum Popilii
Rubico
Caesena
Ariminum
Ariminus
Mutilum
Sarsina
[La Cisa]
EMILIA
GALLIA CISPADANA
Friniates
Luna
[La Futa]
In Castello
Mevaniola
Pistoriae
Anneianum
Faesulae
Florentia
Luca
Fossae Papirianae
Pisae
Aquae Pisanae
Arnus
In Portu
Valvata
Portus Pisanus
Ad Aquilam
Ad Fines
Biturgia
Arretium
Volaterrae
Ad Fines
Vada Volaterrana
Sena Iulia
Ager Gallicus
Senones
Umbria
Pitinum Pisaurense
Sestinum
Urbinum Metaurense
Pitinum Mergens
Tifernum Tiberinum
Iguvium
Pisaurum
Forum Fortunae
Fanum Fortunae
Sena
Forum Sempronii
Cales
Sentinum
Aesis
Attidium
Tuficum
Crustumium

*Karte 3. Niedergermanien*

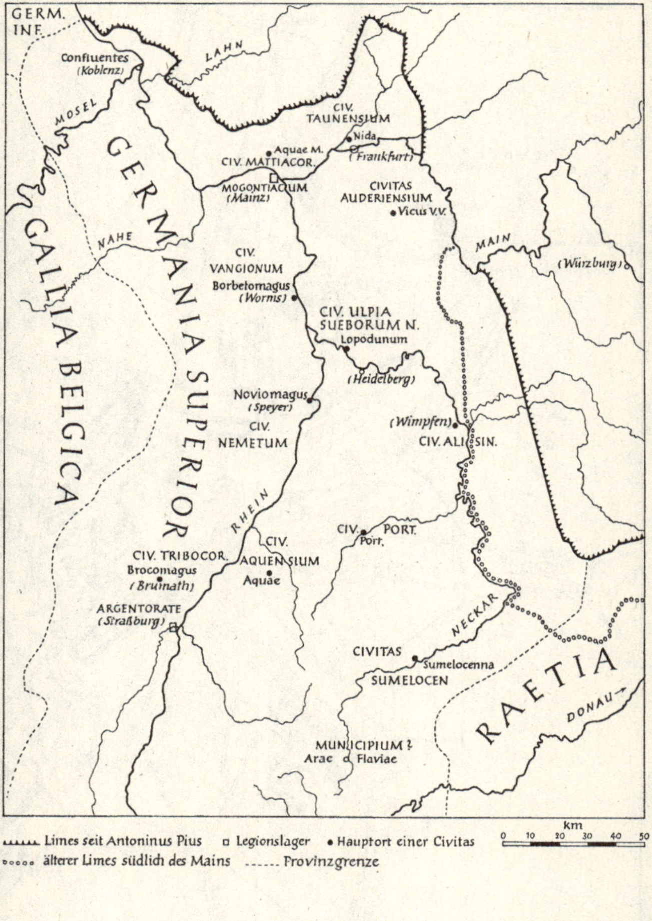


*Karte 4. Obergermanien*

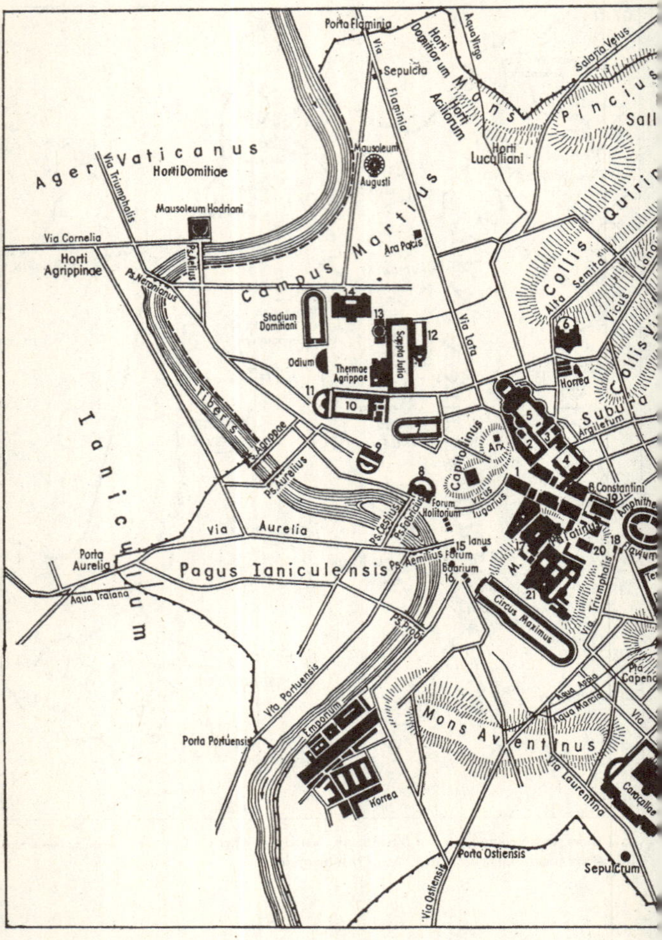


*Karte 5. Stadtplan von Rom zur Kaiserzeit*

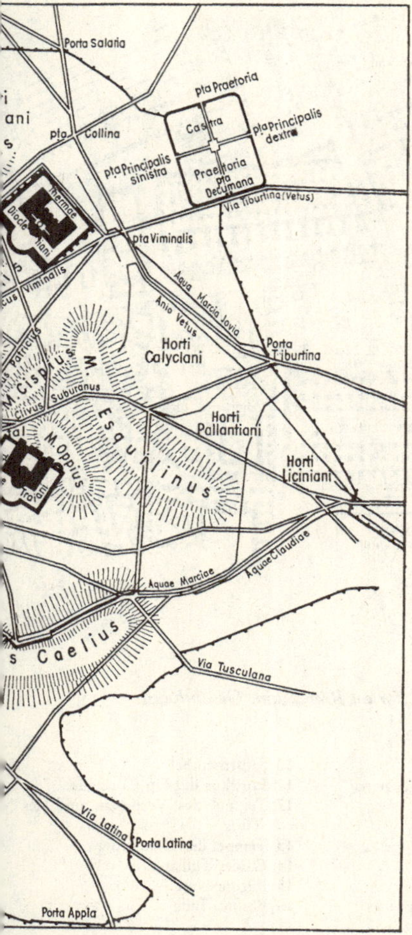


0 100 200 300 400 500 600 Meter

nachgewiesener
wahrscheinlicher Verlauf der Stadtmauer

1 Forum Romanum
2 Forum Caesaris
3 Forum Augusti
4 Templum Pacis
5 Forum Traiani
6 Thermae Constantini
7 Circus Flaminius
8 Theatrum Marcelli
9 Theatrum
10 Porticus Pompeii
11 Theatrum Pompeii
12 Iseum et Serapeum
13 Pantheon
14 Thermae Neronis
15 Templum (Portuni?)
16 Rundtempel
17 Domus Tiberiana
18 Arcus Constantini
19 Templum Veneris et Romae
20 Aedes Caesarum
21 Domus Augustana

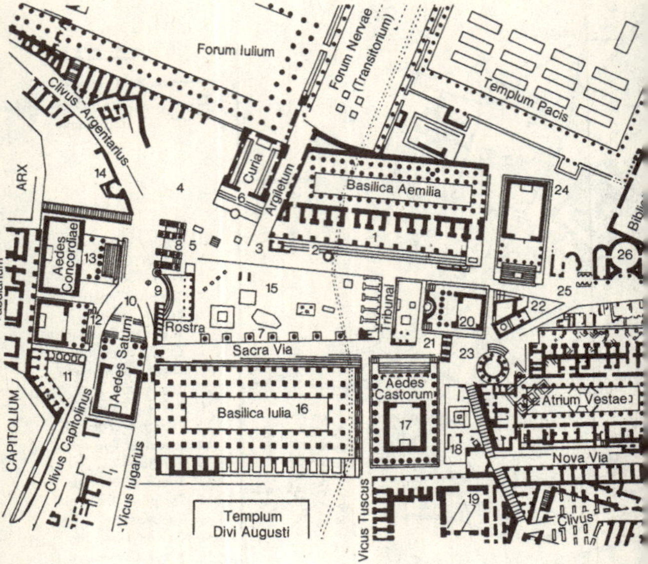


*Karte 6. Forum Romanum. Gesamtplan*

1 Basilica Aemilia
2 Heiligtum der Venus Cloacina
3 Ianustempel (?)
4 Comitium
5 Lapis Niger
6 Curia
7 Lacus Curtius
8 Bogen des Septimius Severus
9 Rostra Iulia
10 Saturntempel
11 Portikus der Dii Consentes
12 Tempel des Vespasian und des Titus
13 Tempel der Concordia
14 Carcer Tullianus
15 Forumsplatz
16 Basilica Iulia

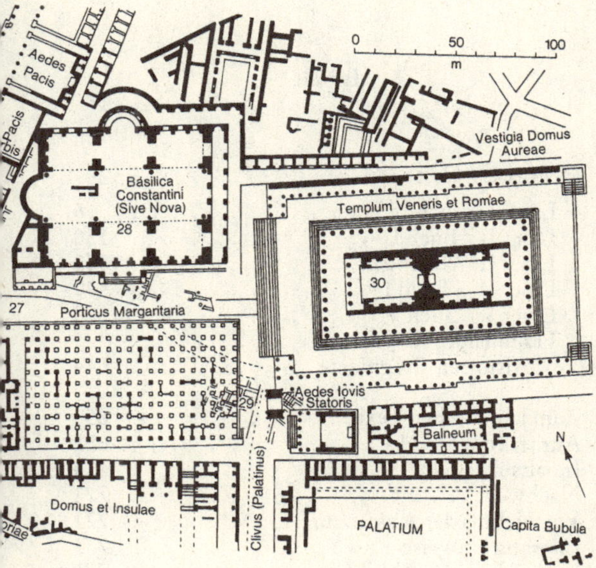


17 Tempel der Dioskuren
18 Iuturna-Quelle
19 Domitianischer Gebäudekomplex
20 Cäsar-Tempel
21 Augustusbogen
22 Regia
23 Vestatempel und Haus der Vestalinnen
24 Tempel des Antoninus und der Faustina
25 Arcinaischer Begräbnisplatz
26 Sog. Tempel des Romulus
27 Tempelchen des Dionysos (?)
28 Maxentius-Basilika
29 Titusbogen
30 Tempel der Venus und Roma

# Inhalt